思想的・睿智的・獨見的

經典名著文庫

策劃　楊榮川

五南圖書出版公司 印行

經典名著文庫

學術評議者簡介（依姓氏筆畫排序）

- 丘為君　美國俄亥俄州立大學歷史研究所博士
- 吳惠林　美國芝加哥大學經濟系訪問研究、臺灣大學經濟系博士
- 宋鎮照　美國佛羅里達大學社會學博士
- 林玉体　美國愛荷華大學哲學博士
- 邱燮友　國立臺灣師範大學國文研究所文學碩士
- 洪漢鼎　德國杜塞爾多夫大學榮譽博士
- 孫效智　德國慕尼黑哲學院哲學博士
- 秦夢群　美國麥迪遜威斯康辛大學博士
- 高明士　日本東京大學歷史學博士
- 高宣揚　巴黎第一大學哲學系博士
- 張光宇　美國加州大學柏克萊校區語言學博士
- 張炳陽　國立臺灣大學哲學研究所博士
- 陳秀蓉　國立臺灣大學理學院心理學研究所臨床心理學組博士
- 陳思賢　美國約翰霍普金斯大學政治學博士
- 陳清秀　美國喬治城大學訪問研究、臺灣大學法學博士
- 陳鼓應　國立臺灣大學哲學研究所
- 曾永義　國家文學博士、中央研究院院士
- 黃光國　美國夏威夷大學社會心理學博士
- 黃光雄　國家教育學博士
- 黃昆輝　美國北科羅拉多州立大學博士
- 黃政傑　美國麥迪遜威斯康辛大學博士
- 楊維哲　美國普林斯頓大學數學博士
- 葉海煙　私立輔仁大學哲學研究所博士
- 葉國良　國立臺灣大學中文所博士
- 廖達琪　美國密西根大學政治學博士
- 劉滄龍　德國柏林洪堡大學哲學博士
- 黎建球　私立輔仁大學哲學研究所博士
- 盧美貴　國立臺灣師範大學教育學博士
- 薛化元　國立臺灣大學歷史學系博士
- 謝宗林　美國聖路易華盛頓大學經濟研究所博士候選人
- 簡成熙　國立高雄師範大學教育研究所博士
- 顏厥安　德國慕尼黑大學法學博士

經典名著文庫176

邏輯研究　第二卷

現象學與認識論研究　第一部分

Logische Untersuchungen
Zweiter Band, Erster Teil

Untersuchungen zur Phänomenologie und Theorie der Erkenntnis

埃德蒙德・胡塞爾(Edmund Gustav Albrecht Husserl) 著
倪梁康 譯、導讀

經典永恆・名著常在

五十週年的獻禮・「經典名著文庫」出版緣起

總策劃 楊榮川

五南，五十年了。半個世紀，人生旅程的一大半，我們走過來了。不敢說有多大成就，至少沒有凋零。

五南忝為學術出版的一員，在大專教材、學術專著、知識讀本出版已逾壹萬參仟種之後，面對著當今圖書界媚俗的追逐、淺碟化的內容以及碎片化的資訊圖景當中，我們思索著：邁向百年的未來歷程裡，我們能為知識界、文化學術界做些什麼？在速食文化的生態下，有什麼值得讓人雋永品味的？

歷代經典・當今名著，經過時間的洗禮，千錘百鍊，流傳至今，光芒耀人；不僅使我們能領悟前人的智慧，同時也增深加廣我們思考的深度與視野。十九世紀唯意志論開創者叔本華，在其〈論閱讀和書籍〉文中指出：「對任何時代所謂的暢銷書要持謹慎的態度。」他覺得讀書應該精挑細選，把時間用來閱讀那些「古今中外的偉大人物的著作」，閱讀那些「站在人類之巔的著作及享受不朽聲譽的人們的作品」。閱讀就要「讀原著」，是他的體悟。他甚至認爲，閱讀經典原著，勝過於親炙教誨。他說：

「一個人的著作是這個人的思想菁華。所以，儘管一個人具有偉大的思想能力，但閱讀這個人的著作總會比與這個人的交往獲得更多的內容。就最重要的方面而言，閱讀這些著作的確可以取代，甚至遠遠超過與這個人的近身交往。」

爲什麼？原因正在於這些著作正是他思想的完整呈現，是他所有的思考、研究和學習的結果；而與這個人的交往卻是片斷的、支離的、隨機的。何況，想與之交談，如今時空，只能徒呼負負，空留神往而已。

三十歲就當芝加哥大學校長、四十六歲榮任名譽校長的赫欽斯（Robert M. Hutchins, 1899-1977），是力倡人文教育的大師。「教育要教眞理」，是其名言，強調「經典就是人文教育最佳的方式」。他認爲：

「西方學術思想傳遞下來的永恆學識，即那些不因時代變遷而有所減損其價值的古代經典及現代名著，乃是眞正的文化菁華所在。」

這些經典在一定程度上代表西方文明發展的軌跡，故而他爲大學擬訂了從柏拉圖的《理想國》，以至愛因斯坦的《相對論》，構成著名的「大學百本經典名著課程」。成爲大學通識教育課程的典範。

歷代經典・當今名著，超越了時空，價值永恆。五南跟業界一樣，過去已偶有引進，但都未系統化的完整舖陳。我們決心投入巨資，有計劃的系統梳選，成立「經典名著文庫」，希望收入古今中外思想性的、充滿睿智與獨見的經典、名著，包括：

- 歷經千百年的時間洗禮，依然耀明的著作。遠溯二千三百年前，亞里斯多德的《尼各馬科倫理學》、柏拉圖的《理想國》，還有奧古斯丁的《懺悔錄》。
- 聲震寰宇、澤流遐裔的著作。西方哲學不用說，東方哲學中，我國的孔孟、老莊哲學，古印度毗耶娑（Vyāsa）的《薄伽梵歌》、日本鈴木大拙的《禪與心理分析》，都不缺漏。
- 成就一家之言，獨領風騷之名著。諸如伽森狄（Pierre Gassendi）與笛卡兒論戰的《對笛卡兒沉思錄的詰難》、達爾文（Darwin）的《物種起源》、米塞斯（Mises）的《人的行爲》，以至當今印度獲得諾貝爾經濟學獎阿馬蒂亞・

森（Amartya Sen）的《貧困與饑荒》，及法國當代的哲學家及漢學家余蓮（François Jullien）的《功效論》。

梳選的書目已超過七百種，初期計劃首爲三百種。先從思想性的經典開始，漸次及於專業性的論著。「江山代有才人出，各領風騷數百年」，這是一項理想性的、永續性的巨大出版工程。不在意讀者的眾寡，只考慮它的學術價值，力求完整展現先哲思想的軌跡。雖然不符合商業經營模式的考量，但只要能爲知識界開啓一片智慧之窗，營造一座百花綻放的世界文明公園，任君遨遊、取菁吸蜜、嘉惠學子，於願足矣！

最後，要感謝學界的支持與熱心參與。擔任「學術評議」的專家，義務的提供建言；各書「導讀」的撰寫者，不計代價地導引讀者進入堂奧；而著譯者日以繼夜，伏案疾書，更是辛苦，感謝你們。也期待熱心文化傳承的智者參與耕耘，共同經營這座「世界文明公園」。如能得到廣大讀者的共鳴與滋潤，那麼經典永恆，名著常在。就不是夢想了！

二〇一七年八月一日　於

五南圖書出版公司

導讀

浙江大學哲學系教授　倪梁康

一九九七年末到一九九八年初，連著大大地舒了兩口氣：舒第一口氣是因爲一九九七年十月完成了集十多年之辛苦的《胡塞爾現象學概念通釋》之文稿，其中選胡塞爾現象學常用概念六百餘個，逐一翻譯、解釋。寫此書的主要奢望，一是在於爲現象學圈內關於現象學中譯名之統一的討論準備一個原始的起點；二是在於爲現象學圈外的愛智者進入胡塞爾的巨大思維視域提供一條可能的管道。當然這些意圖是否可以實現以及在何種程度上實現，又當別論。此處不提也罷。

而能舒第二口氣是因爲終於在一九九七、九八年的寒假，將兩卷本的胡塞爾《邏輯研究》中譯收尾。此項作業實可算是一大工程：全書分兩卷，第二卷再分兩個部分，外文原版達一千頁，中譯本近一百萬字。再加上在翻譯中還有第一版（一九〇〇／〇一年A版）和第二版（一九一三／二〇年B版）的差別需要顧及和標出，其困難程度可想而知。以分四卷出版的日譯本《邏輯研究》（東京，一九六八－一九七四年）爲例，主譯立松弘孝，其間還有另外二人參與，且未標出A、B版之差異，而從第一卷到第四卷的出版前後尚有八年之久。故而在譯第一卷時，上海譯文出版社的編輯劉建榮便曾打趣說，「譯完《邏輯研究》，你就可以安心退休了。」言下之意，縱使一生碌碌無爲，一旦譯出此書，亦足可聊以欣慰了。

當然，我舒一口氣的原因並不在此，至少不完全在此。《邏輯研究》的翻譯從一九九〇年開始，其間因各種原因一再地斷而又續。對我來說，能在一九九八年將它全部譯出，這首先意味著，很有可能在它問世一百年之際，亦即在二〇〇〇年出版它的中文本。雖說已經很遲，總還不算太遲。故我可先舒一口長氣，既對在九泉之下的原作者，也對關心此書的陌生的與熟悉的朋友們有個交待。

《邏輯研究》在雙重意義上是「劃時代」的：一方面自然是因爲它與二十世紀同齡，它的第一版發表於一九〇〇／〇一年，可以說是二十世紀的一聲開門禮炮；而二十世紀的結束也就意味著《邏輯研究》百年效果史的完成。另一方面，《邏輯研究》的發表意味著哲學史上一個新的時代之開闢，狄爾泰甚至將它譽爲「哲學自康德以來所做出的第一個偉大進步」。[1]波亨斯基在五十年代曾將《邏輯研究》看作是「對二十世紀哲學的最大豐富」，[2]這在今天來看也不能算是誇張。海德格雖然對其老師時有批評，但他始終承認對《邏輯研究》之研究構成他哲學的一個關鍵出發點，他的「現象學之路」絕大部分是圍繞這部著作展開；他對此書的迷戀，或者說，從此書中發出的「魔力」甚至「一直延伸到它的版式和扉頁

1 Vgl. Th. Rentsch, *Martin Heidegger. Das Sein und der Tod*, München/Zürich 1989, S. 19.

2 I. M. Bochenski, *Europäischen Philosophie der Gegenwart*, [2]1952, S. 143.

這些外在的東西上」。[3]似乎各種風格的哲學家都在《邏輯研究》中找到了他們所要尋求的東西。無論如何，隨《邏輯研究》發表而形成的歐洲大陸現象學運動，無疑可以被視爲本世紀最重要的哲學思潮。因而《邏輯研究》觀其左右足可以與《數學原理》論高低，視其前後更能夠與《存在與時間》相呼應。試圖爲二十世紀哲學撰寫歷史的哲學史家們甚至已經開始將本世紀的哲學發展歸納爲：「從胡塞爾到海德格」（這是 K. Wuchterl 於一九九五年所著《一門二十世紀哲學史的基石》一書的副標題。）[4]細想，這種大而統之的歸納雖然與現象學的風格相悖，卻也有其一定的道理：一門二十世紀哲學史必須從胡塞爾的《邏輯研究》開始，就像二十世紀心理學史可以從一九〇〇年的《夢的解析》開始一樣。而這個世紀的哲學雖不能說在海德格一九七六年逝世之後便截止，但至今似乎還沒有人能超越出他的巨大身影之外，二十世紀哲學的尾聲終究彌漫著海德格的餘音。[5]

儘管胡塞爾本人與海德格都曾將《邏輯研究》稱作「現象學的突破性著作」。[6]但他們

---

3 M. Heidegger, *Zur Sache des Denkens*, Tübingen ^{3}1988, S. 47, S. 82.

4 K. Wuchterl, *Bausteine einer Geschichte der Philosophie der 20. Jahrhunderts. Von Husserl zu Heidegger: Eine Auswahl*, Bern/Stuttgart/Wien 1995.

5 例如：羅蒂去年在阿姆斯特丹又出語驚人，他認爲二十世紀後半世紀的哲學都是對海德格各種回答，就像十九世紀的哲學可以視爲是對黑格爾的回答一樣。

6 參閱胡塞爾：《邏輯研究》，B VIII；海德格，GA 20, S. 98。

兩人用「突破」一詞所表達的並不一定是同一個意思。就胡塞爾而言，他想要說的首先是：《邏輯研究》集「十年孤獨而辛勞的工作」，[7]決定著他本人作爲哲學家之精神生活的「成功與不成功、幸福與不幸福」，甚至是「存在，還是不存在」；而在此之前，如胡塞爾自己在信中所述，「我的生活從一個絕望走向另一個絕望，從一個重新崛起走向另一個重新崛起。最終……產生出一個開端——《邏輯研究》，它們從那時起給了我支撐與希望。我用它們治癒了自己。」[8]因而《邏輯研究》的突破，首先可以是指胡塞爾在個人哲學信念上的突破。以後的解釋者們也將這個「突破」濃縮爲從心理主義到反心理主義的轉折。——早些年前人們曾認爲胡塞爾的這個轉變要歸功於弗雷格的批判。近年的研究結果表明，連弗雷格本人也不知道，早在他撰寫《算術哲學》之書評的三年前，胡塞爾便已脫離以前的立場並開始起草《邏輯研究》，因而他批判的已經是過去的胡塞爾。[9]

當然，胡塞爾用「突破」一詞所想表達的最主要還是這樣一個意思：「《邏輯研究》是一部突破性著作，因而它不是一個結尾，而是一個開端。」[10]他在此書發表幾年之後便開始從描述現象學轉向先驗現象學。因此當海德格開始進入現象學時，他已經發現，「大師本人

7　參閱 Hua XVIII, S. XXIII。

8　參閱 Husserl, Hua Brifewechsel Bd. IX, S.136, Bd. IV, S.22。

9　參閱 R. Bernet/I. Kern/E. Marbach: Edmund Husserl: Darstellung seines Denkens，Hamburg 1989, S. 12ff。

10　胡塞爾：《邏輯研究》I，B VIII。

當時對他這部在世紀之交出版的著作已經不再有很高的評價了」。[11]誠然，這種對自己以往著作的輕視，恰恰體現著胡塞爾本人的思維特點，他力求不斷的發展，爲此不惜一再地否定自身，以求達到最終的確然性。但這並未妨礙胡塞爾在二十年後回顧道：「我相信可以說，此書中那些縱然不盡成熟，甚至帶有失誤的東西，也是值得深思熟慮一番的。因爲這裡面的所有一切都產生於那種眞正貼近實事本身、純粹朝向其直觀自身被給予性的研究之中，尤其是產生於那種朝向純粹意識的本質現象學之觀點的研究之中，而唯有這種研究才能爲一門理性理論帶來成效。」[12]事實上，《邏輯研究》其所以影響綿延不斷，恰恰是因爲它所提供的不僅僅是對現象學精神的概論，而且是這精神本身。正是這種精神，才使狄爾泰爲之一振，認爲在《邏輯研究》中發現了精神科學不同於自然科學之「解釋」的「描述—分析方法」，故而在「認識論領域中開闢了一個時代」[13]。此後在胡塞爾本人生前出版的著作中，唯有《邏輯研究》和《內時間意識現象學講座》帶有現象學具體操作的成分。它們也被胡塞爾稱作「貼著地面的工作」[14]。固然，自一九五〇年起陸續出版的《胡塞爾全集》目前已達

11 海德格：《走向語言之途》，孫周興譯，臺北，一九九三年，第七十九頁。

12 胡塞爾：《邏輯研究》II/2, B_2 535。

13 Vgl. W. Dilthey, *Der Aufbau der geschichtlichen Welt in den Geisteswissenschaften*, [8]1992, S. 14, Anm.

14 參閱 Husserl, Ms. B I, S. 20。

三十卷，而且根據魯汶大學胡塞爾文庫一九九七的年終報告還有其他十卷已在編校之中並待出版，而這些卷帙浩繁的著述，包容了胡塞爾在實事研究方面大量具體而微的分析；但是，《邏輯研究》畢竟是開山之作，且經在出版方面以嚴謹乃至苛刻著稱的胡塞爾本人兩次審定，其作用和地位實非其他各卷所能取代。

我在一九八〇年前後初識現象學多屬機遇。當時瑞士學者耿寧（Iso Kern）恰好在華研究佛學唯識，他成爲我的現象學入門嚮導，並由此而引出已持續了十幾年的指導與提攜。耿寧本人曾在魯汶大學的胡塞爾文庫任職多年，在胡塞爾研究方面著有經典文獻《胡塞爾與康德》和《哲學的觀念與方法》，並主編《胡塞爾全集》第十三至第十五卷，系統地出版了胡塞爾在「交互主體性現象學」方面的研究手稿，在學術界頗有影響。他那時爲我開的書單首先是胡塞爾一九一六年在弗萊堡的就職講座「純粹現象學及其研究領域和方法」（《哲學譯叢》一九九四年，第五期），然後是《現象學的觀念》和《哲學作爲嚴格的科學》，接下來是《純粹現象學與現象學哲學的觀念》第一卷，最後才是《邏輯研究》及其他等等。這個進入現象學的管道現在看來是一條由一般概論到具體分析的道路。其精要在於，首先縱觀現象學廣廈之全貌，而後才登堂入室，逐一審視其中的各間宅舍，最後掌握現象學各個細微磚塊乃至它們具體的堆砌方法。

在沿著這個方向完成碩士論文之後，我於一九八五年到弗萊堡大學作哲學博士生，當時的導師是現任弗萊堡大學胡塞爾文庫的主任讓克（Bernhard Rang），曾著有《因果性與動機說明》和《胡塞爾的自然哲學》，主要從胡塞爾現象學的角度討論自然科學的基礎。我在弗萊堡所聽的第一堂課便是他的「《邏輯研究》研討」。記得他上課時特意帶了一個木質的圓球，在或明或暗燈光的照射下，用這個道具來向低年級的學生們解釋胡塞爾意向分析中的一個核心概念：「映射」（Abschattung）。由此而引出胡塞爾對一切意向對象的兩種被給予方式的劃分：事物性對象以映射方式被給予，體驗性對象以反思方式被給予。而讓克為現象學初學者所指的管道恰恰與耿寧的相反：首先讀《邏輯研究》，然後讀一九一三年的《純粹現象學與現象學哲學的觀念》第一卷，最後再去理解一九一六年的就職講座以及其他等等。這條入門之徑自然也有其所長：它與胡塞爾本人的思路歷程是平行的。如果前一條耿寧之路是沿系統線索行進的話，後一條讓克的道路可以說順應了發生的走向。

發生的道路自有其特長。遠的不說，海德格本人便是沿此道路進入現象學的。他在許多年後回顧說：「那時候我是胡塞爾的助手，每週一次與幾位日本同行一道研讀胡塞爾的第一部主要著作，就是《邏輯研究》。……我偏愛《邏輯研究》是為了入現象學之門。」[15]

---

15 海德格：《走向語言之途》，孫周興譯，臺北，一九九三年，第七十九頁。

德格一再聲言，《邏輯研究》是他哲學的出發點[16]，並將《邏輯研究》稱作是一部「帶有七個，甚至更多的印記」的著作。[17]他將自己日後與其老師的思想分歧歸諸於胡塞爾未能抗拒當時的哲學氣氛，屈從於新康德主義，從而在《邏輯研究》後的《哲學作爲嚴格的科學》（一九一〇／一一年）與《純粹現象學與現象學哲學的觀念》（一九一三年）中放棄了現象學的原則。當然海德格對胡塞爾還有另一個批評：胡塞爾缺乏與歷史的任何活的聯繫。[18]這兩個批評都有待深究，但前一個批評的隨意性似乎較爲明顯：胡塞爾在《邏輯研究》發表後身處兩大陣營之間，爲何沒有選擇日趨興盛的狄爾泰生命哲學，卻偏向已顯衰敗跡象的先驗哲學，[19]其中必然另有原委。況且若屈從生命哲學也不見得就維護了現象學的原則。但胡塞爾邁出的這一步導致了現象學運動的分流卻是事實。幾乎他當時的所有弟子都曾期望他將其精湛的分析能力運用於人類生存狀態的研究上。然而胡塞爾偏偏認爲這會導致人類主義的

---

16 參閱 Heidegger, *Sein und Zeit*, a.a.O., S. 38, *Unterwegs zur Sprache*, Pfullingen 91990, S. 90f., *Zur Sache des Denkens*, a.a.O., S. 47, S. 83。

17 參閱 Heidegger, GA 58, S.16。

18 參閱 Heidegger, *Zur Sache des Denkens*, a.a.O., S. 47。

19 如普萊斯納所言，胡塞爾一九一六年去弗萊堡繼任新康德主義代表人物李凱爾特的教椅，表明新康德主義後繼無人，表明它「連同其圈內圈外人在當時已經走到了盡頭」。（H. Plessner, *Zwischen Philosophie und Gesellschaft*, Frankfurt a.M. 1979, S. 45）

氾濫，因而在他研究手稿中雖然早已含有此類分析，但他始終將大量精力放在先驗的奠基之上。如今已經很難想象，倘若胡塞爾此後一生始終沿著《邏輯研究》的方向行進，現象學運動今日會以何種面目展現於世人。

海德格本人對《邏輯研究》的解讀方式與他對整個哲學史的解讀方式一致：他是用他的問題來考問被解讀的對象。一方面，他在早期《存在論》（一九二三年）的講座中指出，胡塞爾的《邏輯研究》「扭斷了」主—客體的虛假問題的「脖子」，而在此之前，「任何對此模式（主—客體模式）的沉思都沒有能夠剷除這個模式的不合理性」；故《邏輯研究》曲高和寡，始終不會成爲「公衆廢話」的論題。[20]在逐步弄清了海德格本意的今天，我們的確可以從他提供的這個角度來探討《邏輯研究》：胡塞爾在《邏輯研究》中的分析在某種程度上可以被視爲是用意向分析來澄清主—客體的模式的初步努力。但就胡塞爾本人的思想內在發展而言，則更應當說他是在《邏輯研究》之後才看清了這個「虛假問題」，並試圖透過發生分析來不斷地向這個問題的眞正起源深入。而爲海德格所反對的向先驗現象學的轉向，完全就是在這個發展過程中的必然一步。這裡當然不能再說開去。

20 參閱 Heidegger, GA 63, S. 82。

另一方面，海德格在早期和後期都一再強調，胡塞爾在《邏輯研究》中，首先是在第六研究中，已經切入了存在問題[21]（以後也曾有人專門以此課題作博士論文）。海德格研究最多的是其中的第六研究，尤其是第五章「明見與眞理」和第六章「感性直觀與範疇直觀」，其中包含著胡塞爾對眞理問題以及範疇直觀問題的論述。故而海德格所說的《邏輯研究》之「突破」主要是指胡塞爾在透過「範疇直觀」而向存在問題的突破——對範疇直觀的指明可以為我們揭示存在的起源，或者用布倫塔諾、海德格的話來說，可以揭示「對存在者的多重含義的規定」。這兩章實際上也是胡塞爾本人最為關注的章節。但胡塞爾恰恰認為，理解了這兩章也就可以理解他在此後的思想發展：「關於〈感性直觀與範疇直觀〉的一章連同前一章準備性的闡述，為從現象學上澄清邏輯明見性（當然隨之還包括對它在價值論領域和實踐領域的平行項的澄清）開闢了道路。如果人們關注了這一章，那麼某些對我《純粹現象學與現象學哲學的觀念》的誤解就會是不可能的。」[22]胡塞爾的這種想法，今天看來實在是與詮釋學的主張無緣，已近乎奢望或苛求了。話說回來，兩位大師至少在第六研究的第五章和第六章上有過短暫的聚合，交會之後似乎便又按著各自的軌跡行走下去。現在來回顧這個交叉點實在是很有趣的思維遊戲。

21　參閱 Heidegger, *Zur Sache des Denkens*, a.a.O., S. 47。

22　胡塞爾：《邏輯研究》II/2，B_2 534。

值得一提的是：在胡塞爾逝世五十多年、《邏輯研究》誕生近一百年之後，終於有一本用胡塞爾母語寫成的《胡塞爾傳》（法蘭克福／紐約，一九九五年）得以出版。它的開頭第一句便是：「胡塞爾是二十世紀的一位重要哲學家，而只有最少數的人才知道，爲什麼。」《邏輯研究》的中譯本的出版是否能使更多的讀者知其然更知其所以然，我還不能肯定。在以「後哲學時代」爲標記的今天，胡塞爾所做的那種對自然主義和相對主義的批判往往與流行意識相背，而他對確然性之苦苦追求更是被視爲不明生活形式和價值系統之雜多與間斷的眞諦。大概正是在這個意義上，傳記的作者也將胡塞爾稱作「最後的哲學家」。但我相信，縱使退一萬步說，胡塞爾以其畢生之努力至少還可以爲我們提供與「壞的懷疑論」相抗衡的另一個極點，因而永遠不會在思的事業中過時。

＊＊＊

譯者所追尋的理想當然是有能力用譯著來完全取代原著，使讀者不必糾纏在語言障礙之中。但此等理想永遠只是一個無法達到的終極狀態，無論譯者在這方面具有何等的願望與能力。因此，追求完善理解之理想的讀者還是應當盡可能閱讀或參照原著。這裡的譯著爲此理想的理解所提供的不是目的，僅是手段。記得熊偉先生曾認爲譯著的對象只能是那些略通原文的讀者而已，以此來強調閱讀譯著的前提。但願這個前提在這裡還不是一個必不可少的前提。

回顧自己對《邏輯研究》的多年翻譯，捫心自問已盡了可能之力。雖無良心之累，卻難作才疏學淺的託辭。譯文中能力所不及之處以及可能存在的疏漏偏差，還懇盼讀者朋友、專家同行來函指點。在此預先致謝！

最後照例還要做如下的說明以方便讀者：

一、《邏輯研究》的翻譯從一九九〇年開始，第一卷的翻譯於一九九二年二月完成。近三年半之後於一九九五年六月完成第二卷的第一部分。最後一部分，即第二卷的第二部分，一直到一九九八年三月方告全部結束。在此期間，已經不斷發現前面的翻譯所留存下來的錯誤，尤其是透過前面提到的《胡塞爾現象學概念通釋》一書的撰寫，初步完成了概念清理的工作，故而在一九九七/九八年翻譯最後一項研究時，我盡可能地將已確定的中譯名加以貫徹。因此，儘管我本人在以往的一些文章中曾強調譯名的統一性問題，但細心的讀者在這裡也會發現的幾個中心概念翻譯的不統一：

「Evidenz」在第一卷中被譯作「明證性」，在第二卷中則譯作「明見性」。其原因在於，我在第一卷翻譯時過多地顧及到前一個已成爲傳統的譯法，這個譯名受日譯名影響，明顯帶有不妥。到第二卷翻譯時，已經是忍無可忍——與其爲譯名統一而犧牲嚴格確切，不如反其道而行之。

類似的情況還表現在對「Adäquation」的翻譯上：它在第二卷的第一部分中先被譯作「相應性」，而後在第二部分中統一改譯作「相即性」。前一個譯名帶有過濃的日常含義，特別是在形容詞「相應的」（adäquat）上，因而在以後的翻譯中選擇了一個較爲生疏的概念，避免了可能的誤解。

「Apodiktisch-assertorisch」在第一卷中被譯作「（本質）可靠的－（事實）可靠的」。這個譯法更多是一種解釋而不是翻譯。因而在第二卷中下決心改譯作「絕然的斷然的」。

二、「Präsenz」、「präsent」、「Präsentation」、「präsentieren」在第二卷中統一譯作「體現」、「體現（性）的」、「體現」、「體現」。這種譯法的缺陷在於不易表明德文原文的動詞名詞差異，但它的長處更多，主要是可以統一地表現出該詞的統一詞根以及由它所突出的「原本性」之特徵。

還有一些雖語詞不同，但意義基本相同的概念則盡可能透過中譯來加以區別，例如：將「Phantasie」與「Imagination」分別譯作「想象」和「想像」；*「Wahrnehmung」與「Perzeption」分別譯作「感知」和「知覺」。而「Anschauung」與「Perzeption」則無法分別，統譯作「直觀」。如此等等，不一而足。

---

* 編按：「想像」一詞在胡塞爾現象學概念中，與一般含義有所不同。爲區別胡塞爾使用不同詞語表達意義基本相同的概念，本書譯者將「Imagination」、「Phantasie」（含相關詞）分別譯作「想像」與「想象」（可參見譯者《胡塞爾現象學概念通釋》〔臺北，五南圖書，二〇二二年〕頁二三七、三五二說明）。尊重作／譯者區別使用義近詞語原則，本書分別使用「想像」與「想象」。

三、以上所列出的這些概念都可以在書中以及書後的索引找到德文原文。這裡當然只能對本書中一些中心概念的中譯做出扼要的說明、解釋，否則「導讀」會變成現象學概念翻譯解釋辭典。如前所述，這樣一項工作我在此前已經初步完成。對胡塞爾現象學專有概念的翻譯解釋，有興趣的讀者可以參考拙著《胡塞爾現象學概念通釋》。

四、原著沒有列出概念索引，只有人名索引，且未標出A、B本頁碼。此次收尾，在幾個索引上花費了大量的功夫。但由於是人工作業，儘管不乏細緻耐心、儘管有過一一的核對，在概念的選擇和列出方面仍可能存有疏漏。縱使如此，也整整耗去了我一個月的時間，尤其是在「概念索引」上。但願它們能方便於讀者。在查閱時特別需要注意的是：原書的注腳在當頁，中文本則因技術問題而必須統一作章節附注處理，故而在原注腳中含有的概念便不會出現在給明的邊碼當頁，而需根據這個邊碼到後面的章節附注中尋找。為此還要敬請讀者諒解！

一九九八年三月於南京

第二卷凡例

一、本書根據德國女現象學家烏爾蘇拉·潘策編輯，海牙馬爾蒂努斯·內伊霍夫出版社一九八四年出版的《胡塞爾全集》第十九卷，即《邏輯研究》第二卷譯出。與《胡塞爾全集》第十八卷，即《邏輯研究》第一卷一樣，這個版本也是《邏輯研究》第二卷的校勘版，因而其中標出經胡塞爾修改過的《邏輯研究》第二版（一九一三年出版，以下簡稱B版）與第一版（發表於一九〇〇年，以下簡稱A版）的差異。與第一卷中譯本的做法相同，第二卷B版中增添的部分以及不同於A版的部分在譯文中用楷體字呈現，並在方括號的注文中再現A版的原文。這類校勘性的注釋以方括號[1]標明，作爲注腳附在當頁。而B版中的其他注則以阿拉伯數字1標明，作爲注腳附在當頁。

二、由於第二卷的B版分兩個部分，全書分兩個部分：第一至第五研究構成本書的第一部分，第六研究單獨構成本書的第二部分。兩部分的頁碼沒有延續A版前後連貫的做法。因此B版的頁碼分爲B_1和B_2。如A 167/B_1 168或A 561/B_2 178。

三、其餘的做法，均與《邏輯研究》第一卷的中譯本相同。

目次

第四研究 獨立的與不獨立的含義的區別以及純粹語法學的觀念 483

第三章　行爲的質料與基礎性的表象

第二卷編者引論

一

這卷《胡塞爾全集》所提供的是胡塞爾《邏輯研究》的第二卷：《現象學與認識論研究》。隨《胡塞爾全集》第十八卷[1]而開始的對《邏輯研究》全書新校勘版的編輯出版便據此而得以繼續下去。

與《導引》的新版一樣，這裡也選擇了產生於一九一三年（第二卷第一部分）和一九二一年（第二卷第二部分）的加工後的第二版文本作爲基礎文本——同時顧及到第三版對印刷錯誤的修改，這個文本可以被視爲是由作者本人最終定稿的版本，因爲胡塞爾允許出版社對這個文本做了幾次不加改動的複印。[2]第一版（一九〇一年）的變更部分在注腳中被

---

1 埃德蒙德．胡塞爾：《邏輯研究》第一卷：《純粹現象學導引》。（編者此後將《邏輯研究》第一卷簡稱爲《導引》。——中譯注）

2 文獻資料可以參閱後面的「文字校勘附錄」，第九二一頁及後頁。（由於這裡涉及《邏輯研究》第一、二版和全集本的校勘版兩種頁碼，中譯本無法以邊碼方式將兩個頁碼同時列出，因此沒有收入全集本校勘版的

引述。除《邏輯研究》第二部分的第一版和第二版的文本外，這一卷還包含第二部分的「作者本人告示」以及那些最初的加工嘗試，正如我們在胡塞爾的自藏本中的批注和夾頁上所看到的那樣（下一節就會談及這一點）。與此相反，從對第六邏輯研究的加工[3]中則產生出一些具有修訂特徵的獨立文章，基於這個特有的性質，它們要留待做特殊的編輯出版。[4]

估計從一九〇〇／一九〇一年《邏輯研究》的首次發表到至遲一九一三年間，胡塞爾將第一版的一個帶有空白頁的樣書作爲自藏本[5]使用，他在其中記下筆記並放入夾頁。他的批注大都涉及個別文字的修改、補充和對文本的說明，但也間或涉及文獻參閱提示和對被引作者的說明；此外，其中還包含（數量不少的）爲進行一次加工而做的編輯出版方面的指示。在夾頁上所做的闡述大部分被用作對某些文本段落的修訂和發揮，但它們也含有對這部著

「文字校勘附錄」。有需求的讀者只能查詢德文版的《胡塞爾全集》，英、法、日的譯本中也均未收入這個「文字校勘附錄」。——中譯注）

3 參閱後面第 XXV 頁（即面前這個《邏輯研究》全集本的羅馬數字號碼。中譯本以邊碼形式標出。以下均同。——中譯注）。

4 《胡塞爾全集》，第二十卷。（該卷的第一部分以《〈邏輯研究〉補充卷第一部分》爲題出版於二〇〇二年。——中譯注）

5 這個《邏輯研究》的自藏本包括三卷：《導引》自藏本和分爲兩卷的《邏輯研究》第二部分自藏本。——詳細的標示可以參閱後面的「文字校勘附錄」，第九二二頁及後頁。

作的各部分的反思以及對被引作者的辨析。[6]這些批注和夾頁的很大一部分極有可能產生於一九一〇和一九一一這兩年。因此，不僅是邊注和附錄的內容，而且它們的產生時間都很容易引起這樣一種推測：它們的寫作與在一九一一年秋開始認眞考慮的對《邏輯研究》的加工[7]有關。還有一個事實也可以爲此提供說明：胡塞爾在第二版中接受了三分之一的批注和總共七十五頁[8]夾頁中的八張（偶爾帶有在實事方面重要程度不等的改動）。[9]除此之外，

---

6 在這一版中付印的只是這些作爲夾頁的頁面，相反，同樣夾在自藏本中的那些節錄以及一些與《邏輯研究》的付印文本無關的文字則未被付印。

7 參閱後面第 XXIII 及後頁。

8 需要指出，胡塞爾讓一個叫瑙曼（K. Naumann）的人對這些夾頁中的五十九張做了改寫。這些改寫（文庫標號：M III 2 I 5）帶有胡塞爾手書的題記：「出自我的帶有夾頁的自藏本的速記筆記，約一九一〇年或一九一一年；一直持續到第五研究。由來自維也納的大學生瑙曼改寫爲普通文字。」我們最終既無法了解促使胡塞爾做出這個委託改寫的理由，也無法了解這個改寫進行的確切時間點。只能肯定地說，這個改寫不可能早於第二版的出版（一九一三年晚秋），否則瑙曼在整理這些爲付印文字而作的附錄時會給出第一版和第二版的頁碼。

9 關於這部著作的批注和附錄的劃分可以參閱後面第 XXIX 及後頁上對個別研究之新構形的提示。[這裡所說的以及後面還會一再提到的「新構形」（Neugestaltung），也就是胡塞爾在第二版前言中提到的「這些研究的新構形」（參閱 B XII。——中譯注）]

邊注也提示參閱十五份其他的附錄，並且這些提示大都是第二版中緊接著A文本[10]中的補充或改動處。最後這個說明已經暗示，現存的自藏本夾頁很可能已經不全。而對批注的情況也不得不做同樣的推測，因爲有一整系列的夾入頁面（主要是在第六研究的各頁之間）都已不存在了。然而，不僅是自藏本的外部狀況使得我們無法談論一個統一的加工階段；在內容方面，除了對《邏輯研究》的新構形的一些前工作（Vorarbeiten）以外，我們也不應有更多的期待。儘管如此，在面前的這個版本中發表的自藏本中的批注和夾頁[11]還是可以讓我們看到原初的加工計畫，可以使我們更充分的理解第二版的一些改動，而且它們還對《邏輯研究》印本的闡述附加了一些補充考察。

這個引論所要討論的完全是胡塞爾對《邏輯研究》的加工。這個加工發生在他思想的一個關鍵時期，胡塞爾此時正「試圖完整地把握住現象學的意義、方法和它在哲學方面的可能影響」。[12]一方面，他現在已經獲得關於「在與心理學以及與包含在所有存在領域中的先天

10 在這裡的版本中，第一版用標號A來表示，第二版則用B來表示。爲了避免誤解，我們區分B（第一卷）、B_1（第二卷、第一部分）和B_2（第二卷、第二部分）。其他的符號和標號參見「文字校勘附錄」，第九五七頁。

11 它們按其所涉及的《邏輯研究》印本的順序而得到付印（後面第七八五—九一七頁）。

12 B VIII（《胡塞爾全集》，第十八卷，第八頁）。——在這篇引論中，胡塞爾生前出版的著述始終按各個原本的頁碼來引述，而在括弧中則給出在《胡塞爾全集》範圍內的新版的相應卷數和頁碼。

科學的關係中的現象學之最終意義的較為清晰的自身理解」。[13]另一方面，透過對特殊的現象學還原的把握，他能夠對純粹現象學進行擴展，這門純粹現象學作為超越論的現象學現在不再只是意向體驗的本質學，而且——借助於顯現與顯現者的本質相關性——與此相一致地也是在這些體驗中自身展示出來的意向對象性的本質學。[14]

下面的闡述首先會提供對胡塞爾在這部著作的新版方面所做工作的一個編年史的概觀；而後這些闡述將涉及這個加工的計畫和實施；最後這些闡述將以對兩個版本的差異之提示而告結束（同時顧及那些源於自藏本的批注和夾頁）。作為對此的補充，特別要強調指出的是《邏輯研究》第一卷的編者引論，[15]讀者除此之外還可以在其中獲得《邏輯研究》兩卷本的哲學意義和文獻特點方面以及胡塞爾的原初出書計畫方面的教益。對於在著作形成方面之證據[16]的蒐集和評價，在第二卷方面沒有什麼可補充的。至於對胡塞爾思想從《算術哲學》（一八九〇年）到《邏輯研究》的過渡中的發展的追復描繪，這項工作則必須——就其尚未完成的方面而言[17]——留給未來的編輯出版來完成了。

---

13 手稿：F III 1/161a。——參閱後面第 XXX—XXXII 頁上對《邏輯研究》第二卷的〈引論〉的新構形的提示。

14 參閱《胡塞爾全集》，第二卷，第十—十四頁。

15 霍倫斯坦：〈編者引論〉，載於《胡塞爾全集》，第十八卷。

16 《胡塞爾全集》，第十八卷，第 XVII—XXXI 頁。

17 參閱《胡塞爾全集》，第二十一卷和第二十二卷。

二

對《邏輯研究》進行加工的最初打算可以追溯到一九〇五年。美國人皮特金（W. B. Pitkin）請胡塞爾允許他把《邏輯研究》翻譯成英文，[18]這個打算在半年後因多個出版社的拒絕而告失敗。從唯一保留下來的信（只是信的草稿）中可以看出，胡塞爾爲此目的而曾考慮對原文作一個縝密的修訂。[19]大約在同一時期，胡塞爾向他的出版商尼邁耶通報了皮特金的請求，並且借此機會也請尼邁耶告訴他，「出一個新德文版的前景如何」。[20]從現存的書信資料中還無法看出，皮特金的打算是否就是胡塞爾出德文新版之計畫的起因，或者這個計畫更早之前就有了。但無論如何，在直到那個打算已被確定爲失敗的半年時間裡，胡塞爾已開始考慮加工，或至少考慮加工的可能性，因爲他——還是與「英譯本」相關——在一九〇五年八月十日寫給霍金（W. E. Hocking）的信中寫到：「自《邏輯研究》以來，我取得了長足

18　皮特金致胡塞爾的信，一九〇五年二月八日。（若無特別標明，被引用的書信和書信草稿的原本或一個影本都保存在魯汶的胡塞爾文庫。）霍倫斯坦提供了這個英譯本計畫及其失敗的更爲詳細說明，載於《胡塞爾全集》，第十八卷，第 XXXVII 頁及後頁。

19　致皮特金的一封信的草稿，一九〇五年二月十二日[？]（轉引自《胡塞爾全集》，第十八卷，第 XXXVII 頁）。

20　致尼邁耶的一封信的草稿，一九〇五年復活節。

的進步，但很難把新東西和舊東西融合在一起。」

胡塞爾在修訂第一版的過程中所抱有的首要意向究竟是什麼，也許舍勒的一封信可以給出一個提示：「也許，在第二版中——利普斯對它非常好奇——對您的『行爲』（Akt）和『行爲形式』（Aktform）概念的更爲詳細的闡明以及對現象學目標的更爲詳細的陳述——就如您曾對我口頭辨析過的那樣——會驅散這種奇特的〔心理主義〕恐懼。」[21]我們無法最終確定，在胡塞爾帶有夾頁的自藏本裡的一部分邊注以及其中的夾頁是否就是這個加工嘗試的證據。無論如何，少數幾個可以肯定是產生於這個早期時段的鋼筆批注並沒有爲此提供任何資訊。

可以確定，對新加工之可能性的深入思考是在一九一一年才進行的。[22]使胡塞爾感到緊迫的是一個外部的動因：《邏輯研究》斷貨已久，而且原初的計畫，即「用一系列系統的論述」來使這部著作的新版變成沒有必要的計畫，由於在此期間已具體實施，但尚須在文字上加以統一的各項研究的篇幅，因而無法在可預見的時間內實現，[23]在確定了這一點之後，胡

21 舍勒致胡塞爾的信，一九〇六年三月五日。

22 B XVII（《胡塞爾全集》，第十八卷，第十六頁）。參閱致文德爾班的信，一九一一年一月十五日：「在這一年，我也要完成對拖延已久的《邏輯研究》第二卷[!]新版的處理。」——很可能胡塞爾在一九一一年三月前都還沒有做過這樣的思考。參閱致道伯特的信，一九一一年三月四日。

23 參閱 B IX（《胡塞爾全集》，第十八卷，第九頁）以及手稿：F III 1/161b。舒曼提供了一個對胡塞爾在《邏

塞爾就無法再繼續懸而不決，「阻攔一部如此被需求的、[24]並且在我看來仍然不可或缺的著作」〔的再版〕。[25]

當然，在一九一一年為此後的加工所做的事情，實際上遠遠超出了單純的「思考」：在《邏輯研究》第二卷帶有夾頁的自藏本中的鉛筆批注以及夾頁的很大一部分，即是說，為這部著作以後的新構形所需的工作材料，都最有可能產生於這個時間。

還需要提到萊納赫的「幫助」，他於一九一一年在「剛開始考慮重新修改的可能性時，就熱情而又在行地站在我〔胡塞爾〕一邊」。[26]自藏本中的一系列批注宣示了這個合作。[27]

輯研究》至《純粹現象學與現象學哲學的觀念》第一卷期間出版計畫的詳細概述，載於《胡塞爾全集》，第三卷，第一冊，第XVI—XXXIII頁。

24 對此參閱 B X（《胡塞爾全集》，第十八卷，第九頁）：「……這些研究如果能使對現象學感興趣的人感到有所幫助，那是因為它不僅僅提供一個綱領（更不是那種高高在上的綱領，哲學總是被視為這樣一種綱領），而是提供了現實進行著的、對直接直觀到和把握到的實事的基礎研究嘗試；這種研究是批判地進行的，它自己並沒有在對立場的解釋中喪失自身，而是保留了對實事本身和對關於實事的研究的最後發言權。」

25 手稿：F III 1，161b。此外參閱致道伯特的信，一九一一年三月四日。

26 B XVII（《胡塞爾全集》，第十八卷，第十六頁）。

27 參閱第十二頁第二十行、第三十一頁第十四—十五行、第三十八頁第五行、第四十六頁第二十三—二十四行、第五十三頁第二行、第五十五頁第十行，以及第一五三頁第十九行上的批注（在這裡是第七九一頁、第

《觀念》第一卷出版於一九一三年四月中旬，[28]胡塞爾是在它付印之後才開始《邏輯研究》新版的眞正工作的。這時他——至少就第二卷而論[29]——與自藏本接得非常緊。由於胡塞爾幾乎完全不加改動地從自藏本中接受了對「引論」的澈底加工，卻對《導引》和第一研究幾乎未作修改，因而他的努力直至六月中旬都主要指向第二至第五研究的新構形。尤其是第五研究經歷了決定性的改動：所有對《觀念》第一卷的參閱提示以及與此相關的修訂都肯定出自一九一三年。同樣產生於這一年的或許還有許多內容豐富的附加和修改，它們涉及胡塞爾此時已獲得的對現象學分析的意義以及對現象學與描述心理學的關係的自身理解，至少它們並不存在於自藏本中。胡塞爾於六月二十三日寫信給道伯特說：「目前我身陷於對第六研究的修訂。您得同情我！我必須在七月底完成印刷。第二至第五研究我已經定稿，並對它們的特殊風格做了修飾。」

七九五頁、第七九七頁、第八〇一頁、第八〇五頁以及第八二五頁）（用「在這裡」所標明的頁碼是指德文《胡塞爾全集》第十九卷的頁碼。在中譯本裡因技術原因而無法列出。對此還可以參閱本文注二中的譯者說明。——中譯注）

28 參閱《胡塞爾全集》，第三卷，第一冊，第XI頁和馬爾維娜·胡塞爾：〈埃德蒙德·胡塞爾的一張生活像素描〉，手稿：X I 4/X。

29 關於《導引》，可以參閱《胡塞爾全集》，第十八卷，第XL頁和第二六七頁。

一九一三年晚秋，[30]《導引》和第一至第五研究[31]已經出了「加工後的第二版」。胡塞爾於一九一四年夏季還做了許多內容豐富的加工嘗試，[32]但最後卻因戰爭已經開始而不得不中斷他的工作，第六研究是在八年之後才出了「部分加工過的」第二版。[33]

30　由於第二版的篇幅有所擴展，因此第二卷被分爲兩個部分。參閱 B XII（《胡塞爾全集》，第十八卷，第十一頁）。

31　第二版前言的落款日期是「一九二〇年十月」。普芬德（A. Pfänder）在一九一三年十一月十六日寫信感謝〔胡塞爾〕寄去《邏輯研究》第二版。

32　第二版前言的落款日期是「一九二〇年十月」。由於印刷所的一次罷工，書的付印一再止步不前〔參閱致曼科（D. Mahnke）的信，一九二〇年七月十日〕，這一卷在一九二一年初才得以出版［參閱維爾斯（H. Weyls）致胡塞爾的信，一九二一年三月二十六日］。

33　參閱致文德爾班的信，一九一四年四月九日：「我在這個假期裡的工作極度緊張，爲的是能夠完成對《邏輯研究》最後一卷的全新構想（拖欠的對第一版第六研究的單純修訂無法使我滿意。我甚至不得不收回已經付印的幾個大部分。我已經決定，不再寫這樣的部分著作，而是寫一部全新的著作，它會對我目前已有了長足進步的觀點做出全面考慮。）。」

三

在完成以上對胡塞爾在《邏輯研究》新版方面所做工作的編年史概述之後，我們現在要闡述一下這個加工的計畫和實施。在這裡有必要詳細地引述胡塞爾在其中對其思路做過反省的第二版前言。

胡塞爾在這個寫於一九一三年的前言中一開始便說：「這部已斷貨多年的著作以哪種形式再版，這個問題帶給我不少煩惱。對我來說，《邏輯研究》是一部突破性著作，因此它不是一個結尾，而是一個開端。在完成付印之後我便立即繼續我的研究。我試圖完整地把握住現象學的意義、方法和它在哲學方面的可能影響，試圖繼續全面地考察已提出的各種問題，同時我也試圖在所有本體的和現象學的領域內尋找並把握與之類似的問題。可以理解，隨著研究領域的擴展，隨著對錯綜複雜的意向『變異』以及對相互交織的意識結構認識的深入，有些在第一次進入這個新領域時所得出的見解會產生某些出入。而遺留的含糊性則得以澄清，多義性得以消除；一些孤立的說明以往無法受到特別的重視，現在則在朝向大的聯繫的過渡中獲得了基礎性的意義。——簡言之，原初的研究所獲得的不僅僅是大量的補充，而且還有重新的評價；從擴展和深入後的認識角度來看，甚至連原初的闡述順序也顯得不十分妥當。」[34]

---

34 B VIII（《胡塞爾全集》，第十八卷，第八頁）。

儘管如此，胡塞爾在開始時顯然具有這樣的意圖，即讓新版的《邏輯研究》「盡可能與《觀念》的立場」[35]相符合。在這個意義上，他——在《觀念》的前工作期間[36]——在一九一二年七月七日給霍金的信中寫到：「我想到冬季再去處理《邏輯研究》第二版——我擔心，這會變成一本全新的著作。」但在實施這個打算時胡塞爾很快便意識到，不可能「把這部舊著完全提高到《觀念》的水準」。[37]因此留給他的只有兩種可能：或者將《邏輯研究》以舊的形式出版，也就是不加改動地出版，或者尋找一個妥協的解決方式。

胡塞爾沒有考慮狄爾泰以及其他人的建議，[38]即「出於歷史的理由」而不加改動地付印這部著作。[39]這一方面是因為，他「在意識到對當下科學還發揮著活生生的作用時……不能

35 B X（同上書，第九頁）。

36 參閱《胡塞爾全集》，第三卷，第一冊，第XXXII頁及後頁。

37 B X（《胡塞爾全集》，第十八卷，第十頁）。

38 參閱手稿：F III 1/161b。——馬爾維娜．胡塞爾在她〈埃德蒙德．胡塞爾的一張生活像素描〉（手稿：X I 4/X）中曾回憶在哥廷根時狄爾泰的一次來訪。據說狄爾泰曾對胡塞爾夫人說：「……《邏輯研究》把哲學引入了一個新的時代。這部著作還會出許多版，請您運用您的影響力，不要讓它被加工，這是一個歷史的紀念碑，它必須以它原創的樣子保存下來。」（無法最終確定這次訪問是於何時進行的。舒曼在其《胡塞爾編年》的第八十七頁上只標出胡塞爾在柏林訪問狄爾泰的時間：一九〇五年三月。）

39 誠然，胡塞爾在一九一一年（參閱前面第XXIII頁及後頁）也曾首先考慮過這個可能性。至少萊納赫在

以歷史的方式對待自己」，[40]另一方面是因爲這部舊著的「缺陷」[41]：「我能允許所有那些疏忽、彷徨、自身誤解（儘管它們在第一版中難以避免而且可以原諒）再次去迷惑讀者，給他在對本質的明確把握過程中增加不必要的困難嗎？」[42]

由於《邏輯研究》可以「引導讀者進入到眞正現象學和認識論的工作方式中」，[43]因而它始終被胡塞爾視爲不可或缺的著作。如果它應當重新出版，那麼留給胡塞爾的只有一種妥協的解決方式：他「心情沉重地」決定走一條「中間道路」。[44]從他對李凱爾特所做的一個

一九一一年一月十九日寫信給康拉德（Th. Conrad）說，胡塞爾打算「不加任何修改地」出版《邏輯研究》的第二版。參閱 Ana 378，B II，萊納赫，慕尼黑巴伐利亞國家圖書館。

40 手稿：F III 1/161b。——這頁已經以不同方式被提到的手稿源於速記手稿〈爲《邏輯研究》所寫的一個〈序言〉的草稿（一九一三年）〉（芬克將它發表在《哲學雜誌》（*Tijdschrift voor Philosophie*）第一輯（一九三九年），第一〇六—一三三頁和第三一九—三三九頁上），在舒曼看來（〈關於胡塞爾「爲《邏輯研究》所寫的一個〈序言〉的草稿」的研究〉，載於《哲學雜誌》，第三十四輯（一九七二年），第五一三—五二四頁），它是寫於一九一三年九月中旬和十月初之間（同上書，第五一九頁）。

41 同上書。

42 B X 及後頁（《胡塞爾全集》，第十八卷，第十頁）。

43 B X（同上書，第九頁）。

44 參閱 B XI（同上書，第十頁）以及手稿：F III 1/161b。

說明中可以看出，他對此是多麼不心甘情願：他在一九一三年六月十一日給李凱爾特的信中說：「對舊文本所做的這種可惡妥協！我幾乎要爲自己沒有選擇出版重印的舒適出路而感到遺憾。但是——您當然也了解所有這些『但是』……」

胡塞爾要邁上的究竟是何種「中間道路」，這一點從規定了對《邏輯研究》之加工的三準則中的最後一個準則上顯露出來。[45]《邏輯研究》本身的文本特性提供了一種在不進行根本改變的情況下，將這個舊著提升到《觀念》的水準的可能性。胡塞爾這樣來描述《邏輯研究》的這個特徵：「在這部書中，人們會經歷到一種由低水準向高水準的不斷提高，會在這種上升性的工作中獲得愈來愈新的，然而又與已有的認識有關的邏輯學和現象學認識。新的現象學層次不斷出現並且規定著對原有層次的理解。」新版的構形也應當與舊著的這個特徵相符合：讀者應當「有意識地［被］引導……在最後一項研究中基本達到《觀念》所處的那個階段，並且，這項研究中原先所容忍的那種模糊性和不澈底性將得以明確的澄清。」[46]

在這個意義上，胡塞爾對《導引》和第一至第五研究進行了加工，並且從總體上而言已達到了對原著論述的一個重要改善。他在第二版中把澈底加工過的〈引論〉放在第一至第五研究之前，這個〈引論〉的綱領性陳述——與原初的加工計畫相符——在很大程度上是與

45　參閱 **B XI** 及後頁（同上書，第十頁及後頁）。

46　**B XII**（同上書，第十一頁）。

《觀念》第一卷的觀點相適配的。[47]與此相反，胡塞爾在一九一三年則把對第六研究的澈底加工——這些加工的很大一部分已經付印——保留不發，[48]因爲「單純修訂……無法」使他「滿足」。[49]據此，胡塞爾並未走完他所邁上的「中間道路」，或許也無法走完，除非是把第六研究變成一部全新的書。[50]對第五研究的加工[51]表明，胡塞爾將《觀念》第一卷的新認識納入到這部舊著之進程中的做法是多麼不成功。儘管提示了在論題「意向相關項」、「純粹自我」、「行爲質性」方面的根本改變，但對於新加工後的著作來說，這些改變所「發揮的效用」[52]僅僅在於，透過這些提示，這個研究的結果以某種方式被相對化了，即是說，在「精密地探討了一組基本問題」[53]之後，讀者被進一步指引到《觀念》第一卷上，它會「以它自己的方式說明讀者獨立地進一步發展，這種方式便是：從最終的根源上進行闡明；描述純粹意識的主要結構並系統地指明在純粹意識中尚待研究的問題」。[54]

---

47 參閱後面第 XXX—XXXIV 頁。

48 參閱 B_2 III（等於這裡的第五三三頁）。

49 參閱前面第 XXV 頁上所引的致文德爾班的信，一九一四年四月九日。

50 參閱同上書。

51 參閱後面第三五二—五二九頁。

52 B XIV（《胡塞爾全集》，第十八卷，第十三頁）。

53 B X（同上書，第九頁）。

54 B X（同上書，第十頁）。

四

現在接下來要提示這些個別研究的新構形（同時顧及到源於自藏本的批注和夾頁）。[55] 不言而喻，在這裡只能對這兩個版本的差別提供一個方向性的概述，這些差別偶爾會多得令人眼花繚亂。一旦看起來需要對那些變化之處做出更好的理解，我們就會求助於胡塞爾的其他著述、他的書信，當然同樣還有他的講座。[56]

［第二卷的］〈引論〉應當考慮的是「這些研究的目的，更一般地說，……對認識的現象學澄清所具有的……特殊性」，[57] 它自一九〇七年以來便在致弗里施—克勒（Frischeisen-Köhler）和致納托普的信中以及此後在第二版前言和「爲《邏輯研究》所寫的一個〈序言〉草稿」中成爲胡塞爾自我批評的靶子。對這個自我批評的重點可以做如下的概括：對現

55　與《導引》相關的加工可以參閱霍倫斯坦的「編者引論」，載於《胡塞爾全集》，第十八卷，第 XXXIX 頁及後頁。

56　關於一九〇一—一九一三年間的現象學思想的進展，有興趣者基本上只能從那些與胡塞爾的交談中以及從他的那些講座中得知。參閱手稿：F III 1/161a；〈爲《邏輯研究》所寫的一個〈序言〉的草稿〉，同上書，第三三〇頁；《觀念》，第一卷，第七十九頁（《胡塞爾全集》，第三卷，第一冊，第九十頁）；此外還可以參閱一九〇五年二月十八日致貢佩爾茲的信和一九〇八年十二月二十三日致納托普的信。

57　第二卷〈作者本人告示〉，第二六〇頁（在這裡是第七七九頁）。

象學運作的闡述沒有能夠正確地評價「現實地被進行的這些研究的本質意義和方法」。[58] 這裡所指的首先是將現象學標示爲「描述心理學」的著名做法。[59] 當然，這個「偏斜的標示」[60]——如胡塞爾日後清楚認識到的那樣——不只是一個術語上的差誤，而是一種開端上的不肯定性的標示：「實際上，那些分析是作爲本質分析來實施的，但並非始終在一種同等清晰的反思性意識中。對心理主義的整個反駁的基礎就在於，這些分析，尤其是第六研究的分析，但也包括其他研究的分析，乃是作爲本質分析來進行的，亦即作爲絕然明見的觀念分析來進行的。可是我一般不想承認這一點：我多年來認爲是心理學的東西，即那些從『相即感知』的明見性中所吸取的東西，所有這些難道都是先天的，或可以被理解爲先天的嗎？」[61]

一九一三年的加工所關注的主要事情就是收回將現象學標示爲描述心理學的「誤導做法」。[62] 這個標示之所以表明是誤導性的，乃是因爲「舊意義上的」描述心理學被理解爲

58 B XIII（《胡塞爾全集》，第十八卷，第十二頁）。

59 A 18（在這裡是第二十四頁）。

60 致納托普的信，一九〇八年十二月二十三日。

61 〈爲《邏輯研究》所寫的一個〈序言〉的草稿〉，同上書，第三三九頁及後頁。——也可以參閱 B XI（《胡塞爾全集》，第十八卷，第十一頁），第二準則。

62 B XIII（《胡塞爾全集》，第十八卷，第十二頁及後頁）。胡塞爾在一九〇三年的「關於一八九五—一八九九年德國邏輯學著述的報告」中已經明確地提出了對第一版引論陳述中的一些不相即性所做糾正的「幾個原則

要點」（《系統哲學文庫》，第九卷（一九〇三年），「第三條項」，第三九三—四〇八頁；新近發表於《胡塞爾全集》，第二十二卷，第二〇一—二一五頁）。參閱 B XIII 及後頁（《胡塞爾全集》，第十八卷，第十二頁及後頁，以及〈爲《邏輯研究》所寫的一個〈序言〉的草稿〉，同上書，第三三〇頁。此外還可以參閱霍倫斯坦的〈編者引論〉，載於《胡塞爾全集》，第十八卷，第 XLVII 頁及後頁。

早在一九〇二／一九〇三年冬季學期關於「認識論」的講座中，胡塞爾便已經對描述心理學和現象學的關係做了重新的反思，並且得出結論：「認識現象學據此而是對思維的與認識的心理體驗的純粹內在的描述，或者毋寧說，本質描述，就此而論，它是描述心理學。這是那個始終不斷重複著，但一再受到對立面反駁的主張所具有的好的意義，即：認識論建基於認識心理學之上。另一方面，被描述的並不是本眞的、自然的意義上的心理體驗，即被當作在某個心理中的發生事件。儘管現象學家也面對體驗，但他並不把它們當作體驗來考察，不當作時間上確定的個別性、個體的意識。而且，被確定的從來和永遠都不會是個別性，而是『本質』（Wesen）、實質（Essenzen），並且是從所有經驗客體化中、從與經驗自我的關聯中抽象出來。這裡所關涉的不是一種描述的、發生—心理學的分析。在心理學中，體驗現實地被視爲體驗、被視爲經驗人格性的行爲。但在認識論中，〔描述〕則被當作對普遍含義範疇和對象範疇以及與邏輯之物的主體實現相關的概念之澄清的底基。」（手稿：F I 26/83b）因此，胡塞爾在這裡還堅持使用「描述心理學」的標示。與此不同的是「講座E」，這個講座被他歸入上述關於「認識論」的講座中；他在講座E中明白無疑地說：「心理學—客體化的興趣將現象學轉變爲描述心理學……但現象學可以並且應當被視作純粹本質學。從觀念來看，它不是心理學，也不是描述心理學。」（手稿：F I 26/12a）

「經驗的（自然科學的）描述」，它所針對的是「自然現實的動物生物之實體狀態」，而現象學所「特有的『純粹』描述」則事關「在對體驗（即使是在自由想象中臆造的體驗）的範例性個別直觀的基礎上，進行的本質直觀以及在純粹概念中對被直觀到的本質的描述確定」。因此，現在被置於對立狀態的一方面是自然科學（心理學、物理學），它們的定律帶有「經驗普遍性的特徵，即：對自然有效」，另一方面是作爲本質科學的現象學：「它談論的是感知、判斷、感受等等本身，談論它們先天地、在無條件的普遍性中作爲純粹種類的純粹個別性所擁有的東西，談論那些只有在對『本質』……的純粹直觀把握的基礎上才能明察到的東西」。[63]

胡塞爾在對第二版的眾多補充和修改中強調了現象學的這種純粹本質的指向。[64]與此相

---

63 參閱B_1 18（在這裡是第二十三頁）。此外，這個在第二版中被全新構想了的對第6節的第三補充，是對引論的唯一較大的、不是源於自藏本的加工。在自藏本中可以找到一個內容上的初步陳述，這個陳述仍然還依據舊的文本。參閱出源於自藏本的批注和夾頁（後面將簡稱爲自藏本），第二十四頁注一、第一—二十八行（在這裡是第七九三頁）。

64 參閱B_1 2（在這裡是第六頁第十五行和第十六—二十六行）、B_1 3（在這裡是第七頁第二—三行）、B_1 5（在這裡是第十頁第二行）、B_1 6（在這裡是第十一頁第二行）、B_1 7（在這裡是第十一頁第二十九—三十一行）、B_1 9（在這裡是第十三頁第二十—二十二行）、B_1 15（在這裡是第二十頁第十二—十三行）、B_1 19（在這裡是第二十五頁第十七—十八行）。——對此首先也可以參閱後面第三五二頁及以後各頁上對第五研究的補充和修改。

符，心理學與現象學的差異[65]現在不僅僅在於，心理學是發生的心理學，即歸納解釋的心理學，而且還在於，心理學是經驗的心理學，是「關於動物實在的心理特性和狀態的經驗科學」。[66]

在剛才所引的對第6節的第三補充中，胡塞爾說：現象學所談的是「感知、判斷、感受等等**本身**」。這暗示了現象學問題範圍的一個擴展，這個問題範圍在第二卷的「現象學和認識論的個別研究」中受到限制，因爲這些研究的任務在於：「解決對邏輯學和邏輯思維之澄清的主要問題。」[67]

另一種擴展是在以下修改中宣露出來的：在第一版的「引論」中，胡塞爾對現象學提出的任務是：「爲我們提供一種對這些心理體驗［即邏輯體驗］的足夠廣泛的、描述的……

---

65 也可以參閱 B_1 6（在這裡是第十頁第三十二—三十三行）、B_1 9（在這裡是第十三頁第二十三行）。

66 B_1 7（在這裡是第十二頁）。

67 〔《邏輯研究》第一卷〕〈作者本人告示〉，載於《科學哲學研究季刊》，第二十四期一九〇〇年，第五一二頁（《胡塞爾全集》，第十八卷第二六二頁）。——對此參閱約一九一八年致施普朗格（E. Spranger）的一封信的草稿和一九三〇年十一月十六日致米施（G. Misch）的信（兩封信都在《胡塞爾全集》，第十八卷，第XIII頁及後頁上被引用）。此外參閱手稿：F I 26/6b。

理解，以便能賦予邏輯的基本概念以固定的含義。」[68]現象學的領域被限制在「對體驗按其實項組成所做的單純描述分析」上。[69]因此，現象學家應當「使現象學的狀況在他那裡純粹地、在擺脫了任何意向對象性之混雜的情況下發揮作用」。[70]只要對照一下第二版的相關文段，這兩版之間的原則差異就會顯現出來：被取消的是在排斥所有意向對象性的混雜的情況下把現象學限制在體驗的實項組成上的做法。現象學現在成爲「思維和認識體驗的本質論，同時不斷地關注那些本質上屬於這些體驗的被意指之物」。[71]

將意向對象納入現象學領域，[72]這個做法所提示的是意向相關項的概念和超越論還原的方法，而這就意味著一個胡塞爾在第一版時尚未達到的「明察階段」。[73]據此，這些變化超出了《邏輯研究》的原初構想，並且按照胡塞爾的意圖而使他在此期間就現象學的本質所獲

68 A 8（在這裡是第十頁）。

69 A 21（在這裡是第二十八頁）。

70 A 11及後頁（在這裡是第十六頁）。

71 B_1 7（在這裡是第十一頁）。

72 參閱後面第LI—LIX頁與第LXIII頁及以後各頁上對第五研究與「外感知和內感知……」附錄的新構形的提示。

73 參閱〈爲《邏輯研究》所寫的一個〈序言〉的草稿〉，同上書，第三三〇頁，以及參閱前面已經提及的致弗里施—克勒的信稿：「但其中首先缺少一種對我所現實施用的方法的清晰自我理解，就像在其中也缺少對我當時還無法完全擁有的認識批判之眞實觀念的闡述……。」（手稿：F I 42/37a）

得的「完整的反思明晰性」，「不僅在對〈引論〉的重新加工中，而且對後面的整個研究文字都發揮了效用」。[74]也可以在這個意義上來評價以下的變化：胡塞爾在第一版中所要做的是「對邏輯學的認識論澄清和未來建構的前工作」，[75]而在第二版中則想提供「一門從現象學本源上得到澄清的哲學邏輯學的前工作」[76]。[77]

XXXIV

---

74 B XIV（《胡塞爾全集》，第十八卷，第十三頁）。——參閱前面第 XXVIII 頁。

75 A 19（在這裡是第二十一頁及後頁）。

76 B_1 16（在這裡同上）。

77 參閱《觀念》，第一卷，第二〇四頁（《胡塞爾全集》，第三卷，第一冊，第二二八頁）：「將現象學還原以及同樣將純粹體驗區域標示為『超越論的』（transzendental）的做法是建立在這樣一個基礎上：我們在這個還原中找到了一個材料與意向活動形式的絕對區域，它們以特定的方式交織在一起，在這種交織中*按照內在必然性*包含著對如此這般被確定或可確定的東西的奇特意識到（Bewußthaben），這種被確定的或可確定的東西乃是意識本身的一個對立項、一個原則上的他者、非實項者、超越者；而且，對於最深邃的認識問題的唯一可設想的解答之原源泉（Urquelle）就在這裡，這些認識問題涉及對超越者的客觀有效認識的本質和可能性。」——此外參閱前面在第 XXX 頁上被引用的一九〇八年十二月二十三日致納托普的信，在此信中胡塞爾將現象學稱之為「認識批判的源泉論」。

* * *

從自藏本的批注和夾頁來看，可以推導出，胡塞爾對第一研究的加工嘗試的原初計畫要強於在第二版中所實際進行的。[78]除了眾多批注以外，還有十九張夾頁是屬於第一研究的；它們的闡述被考慮用來對某些文段進行加工和展開。

對批注和夾頁的概覽表明，它們首先與討論「本質性的區分」的第一章有關。第3、9、12、14節的大部分內容，在夾頁中都可以找到對應的、部分得到重要擴展的加工嘗試。在第二章的第23節，以及在第三章中的第26節，同樣有大段的文字得到了重新的（和擴充了的）加工。

就這些重新加工過的文段的內容而論，特別引人注目的是：有一系列源自第五和第六研究的論題被納入考察。[79]例如：在討論「對物理表述現象、意義給予的行爲和意義充實的行爲的現象學區分」的第9節中：含義充實、失實和爭執；合適的、局部的充實；含義闡述、

---

78 這些加工嘗試最有可能產生於——前面第XXIV頁上已經說過——一九一一年。儘管如此，胡塞爾仍在其「一九一一年復活節計畫」（手稿：F I 15/4b）中說明：含義學說可以在《邏輯研究》第二版中保持不變。

79 胡塞爾在這部著作發表之後不久便已經抱怨說，「……在此前的研究中沒有考慮到這個最後的、在冬季才全部完成的研究所得出的幾個重要結論……」。參閱致阿爾布萊希特的信，一九〇一年八月二十二日。

直觀化。[80]而在以「被表達的對象性」爲論題的第12節中：在稱謂行爲和論題行爲上的質性變異之可能性。[81]

特別値得提及的是第14節（「內容作爲對象、作爲充實的意義和作爲完全的意義或含義」）和第26節（「本質上機遇性的表達與客觀的表達」）的加工嘗試。

在「第14節的新加工嘗試」[82]中，胡塞爾在思考不屬於表達之本質的「與一個現時被給予的、充實其含義意向的對象性的關係」時，[83]十分突然地（而且尤其還是在一九〇八年的術語中[84]引入了意向相關項的含義概念：在這裡所說的不再是：「對象本身，即作爲這樣或

---

80 參閱自藏本，第四十四頁第二十一行（在這裡是第七九九頁）和 B_2 41、43 和 67（在這裡是第五七四、五七六、五九九頁）。

81 參閱自藏本，第五十二頁第二十三行（在這裡是第八〇二頁）以及 B_1 479（在這裡是第四九九頁）。

82 自藏本，第五十六頁第一行（在這裡是第八〇五頁）。

83 **A/B, 50**（在這裡是第五十六頁）。

84 胡塞爾在一九〇八年夏季學期開設了一個「關於判斷與含義的講座」（該講座已於一九八七年以《關於含義學說的一九〇八年夏季學期講座》爲題作爲《胡塞爾全集》第二十六卷出版。——中譯注）。《邏輯研究》第一研究的含義學說構成了這些考察的出發點。對「《邏輯研究》所運用的」含義概念的證義（Berechtigung）在這個講座中並沒有受到質疑，「這些研究的興趣始終原生地指向行爲的本質，只要這些行爲是構造著客體性的」（手稿：F I 5/29a）。但對於胡塞爾來說，構想第二個含義概念似乎是可能的，也是有必要的，這個

那樣被意指的（gemeint）對象」，[85]而是：「被臆指的（vermeint）對象性本身，作爲以此方式被思考和被設定，一如它在含義給予的意指中被意指的那樣。（即是說，不是絕然的對象性，而是在本體意義上的含義，作爲意指行爲的觀念相關項）。」[86]——問題在於，是否可以從自藏本的這些變化中推斷出，在第14節這裡所涉及的就是〔胡塞爾所說的〕那些「重要的地方」中的一個，在這些地方，應當「做優先考慮」的不是被片面強調的意向活動的含義概念，而是意向相關項的含義概念。[87]

對第26節後半部分[88]的加工與付印文字（兩個版本）的區別首先在於對在客觀的思想聯

含義概念「應當涉及與在那個種類的意義上的含義概念的純粹關係」（同上，31a）。——胡塞爾在一九〇八年講座中將這個產生於行爲方面的含義概念標示爲「物候學的」（phänologisch）或「想象的」（phansisch）含義概念，將相關的含義概念標示爲「現象學的」（phänomenologisch）或「本體的」（ontisch）含義概念（同上，31a+b）。

85 A/B, 50（在這裡是第五十六頁）。

86 自藏本，第五十六頁第一行（在這裡是第八〇五頁）。

87 B XIV 及後頁（《胡塞爾全集》，第十八卷，第十三頁及後頁）。——還需要指出，胡塞爾在《觀念》第一卷第一八二頁（《胡塞爾全集》，第三卷，第一冊，第二〇三頁）引入作爲意向體驗之組元的意向相關項時，除此之外還提示了《邏輯研究》第一研究的第14節。

88 自藏本，第八十八頁第十三行—第九十一頁第五行（在這裡是第八一二頁）。

繫中出現的「這個」（Dies）的功能的理解。在付印文字中，透過指示性含義進行的介紹只被用於「對思想性意指之主要特徵的簡稱，以及對此特徵的較爲簡易的管理」，[89]而在加工後的第二版中，「這個」還被賦予了一個統一化的功能：它回溯到在先的思想聯繫的一個成分之上，「『回指』向它的對象，重新設定它（在這自同性的意識中）並且有可能是在特殊意義上才將它對象化」。[90]——誠然，胡塞爾在這個加工嘗試中尚未偏離開《邏輯研究》[91]中對機遇性表達的理解。只是在自藏本的唯一一處，即在第26節結尾處的一個說明裡，視域意向性的思想才被含糊地提及，它才有可能導致對機遇性表達的控制[92]：「更確切地看，

89 A/B_1 84（在這裡是第九十頁）。

90 自藏本，第八十八頁第十三行—第九十一頁第五行（在這裡是第八一五頁）。

91 按照這種理解，對於機遇性表達來說，根本性的東西就在於：「根據機遇、根據說者和他的境況來決定它的各個現時含義」，「從觀念上說，……可以透過客觀表述來代替」。之所以「這種可替代性事實上……無法實現」，在胡塞爾看來是因爲「在時間規定和地點規定上的缺陷性」（A 90/B_1 90 及後頁，在這裡是第九十五頁及後頁）。——參閱胡塞爾在一九一三年前言中的自我批評，B XIV（《胡塞爾全集》，第十八卷，第十三頁）。

92 參閱《形式的與超越論的邏輯學》，第一七七頁，注一（《胡塞爾全集》，第十七卷，第二〇七頁）：「在《邏輯研究》中我還不具有關於視域意向性的學說，它們所有確定的作用都是在《觀念》中才被提出來。因此我在那裡〔在《邏輯研究》中〕還無法了解機遇性判斷及其意義。」

在『具體』科學的所有陳述中、首先是在所有與個體自然客體相關的、而後也與所有經驗種類相關的含義中都隱含著機遇性的因素……，所有關於個體之規定的個體關係點（座標的零點）都是機遇性地被規定的，我們與太陽、與地球表面、與耶穌的誕生相關聯，如此等等。」[93]

在《邏輯研究》第一研究的第二版中，胡塞爾從自藏本中只採納了小部分批注；他沒有顧及夾頁中的那些加工構想。新附加的修改、補充和刪除的數量也很小，以至於第一研究在第二版中從頭至尾都只受到適度的加工。從內容上看，在加工時所涉及的一部分是無關緊要的風格方面的修飾，但另一方面也涉及對已做陳述的釐清和修訂。有幾個補充和修改關係到現象學的純粹本質取向。始終未被顧及的是「『意向活動』與『意向相關項』之間的區別和平行關係」；同樣，在機遇性含義方面也未添加新的觀點。[94]因此，胡塞爾在他的加工本定稿之後首先聽命於他的第三準則：[95]這項研究「在新版中也保留其純準備工作的特徵。[96]它引起人們思考，它將現象學初學者的目光引向意向意識所含的最初的，然而卻已十分困難的

---

93 自藏本，第九十一頁第十九行及以後各行（在這裡是第八一七頁）。

94 參閱 B XIV 及後頁（《胡塞爾全集》，第十八卷，第十三頁及後頁）。

95 參閱 B XI 及後頁（《胡塞爾全集》，第十八卷，第十一頁），以及前面第 XXVIII 頁。

96 參閱第二卷的作者本人告示。

問題上，但它還不能完善地處理這些問題。」[97]

***

在《邏輯研究》第二卷發表一年後，胡塞爾在給斯圖姆夫的信中談及第二研究：「在這個闡述中讓人感到有所妨礙和不足的是：沒有對各種不同的『普遍性意識形式』的關係做出最終有效的澄清，而且幾乎完全缺乏那些包含著對這類形式之區分的描述分析。與此相關的是，沒有關注對這些區別問題的歷史處理，而且沒有以任何方式對它們進行現象學的探討。第二研究本質上是批判性的，而這些批判在內容上受限於歷史的境況。」[98]正是這種在其風格上和在其局限性中的封閉性，使得胡塞爾在一九一三年沒有對第二研究做出「澈底的改造」，他曾覺得這種改造值得「期望」，但終究放棄了期望，滿足於「個別的修訂」。[99]後面對此還會做出分析。

但在此之前還是要談一下自藏本的夾頁和批注，它們突出於付印文字（也包括第二

97 B XIV（《胡塞爾全集》，第十八卷，第十三頁）。

98 致斯圖姆夫的一封信的草稿，一九〇二年五月十一日。

99 參閱 B XV（《胡塞爾全集》，第十八卷，第十四頁）。

版）的特殊點在於：胡塞爾在這裡時而會超出舊的問題組成——儘管只是以參閱提示和批判說明的形式。在這方面需要提到的首先是「[A] 214的附錄」。[100]它關係到一個做了很大擴展的加工，即對第40節的一個文段的加工。在一段較長的補充中，胡塞爾首先區分最低階段上的類（Spezies），亦即「觀念世界中的個體」，以及種觀念（Artidee）和屬觀念（Gattungsidee）。而後他指明，「與這些單個的和總體的對象性之被給予性意識相關的現象學問題……必須得到解決，對於這些對象性的所有根本不同的區域而言都是如此。」[101]——在另一個附錄中宣告了胡塞爾後來在《觀念》第一卷中[102]針對《邏輯研究》所提出的一個批評，更確切地說，針對把「觀念化」（Ideation）一詞僅僅用於原本給予的（甚至大都是用於相即的）本質直觀的做法的批評：「我在第二研究中的闡述是不充分的……。任何一個根據一個非相即地顯現的對象或標記而進行的觀念化都應當在這裡得到闡述，並且必須得到考慮。」[103]

100 自藏本，第二一八頁第二十五行至下頁二十六行（在這裡是第八三二頁）。

101 在這個語境中除此之外還區分了「意識的內在」和「實項的內在」。參閱《胡塞爾全集》，第二卷，第七十頁以及第四十三頁及以後各頁；此外還可以參閱後面第 LXIII 頁及以後各頁上對「外感知與內感知……」附錄的新構形的提示。

102 參閱同上書，第十一頁，注一（《胡塞爾全集》，第三卷，第一冊，第十五頁）。

103 自藏本，第一一一頁第一行及以後各行，第二附錄（在這裡是第八一九頁）。

如果撇開這些偶爾的參閱提示和批判說明不論，那麼還可以完全普遍地做出如下的確定：在對第二研究的最終加工過程中，胡塞爾顯然非常貼近自藏本，因爲他在第二版中採納了自藏本中足有一半的邊注——其中大都是逐字逐句地採納；其餘的邊注或者帶有對闡述的小幅修改，或者也會帶有或多或少決定性的內容變異。[104]也有幾個對後面修改的文段的不加替代的刪除以及編輯方面的說明，可以被評價爲是第二版的「前階段」。最後，十分引人注目的還有自藏本與第二版在批注和修改的頻率和分配方面的一致。——那些沒有被採納到第二版中去的自藏本批注一方面涉及文本修改，另一方面涉及提示語和問題以及對個別文段的闡釋，但也涉及編輯方面的說明以及附加的文獻出處和插入提示。

對第二研究的第二版——如上所述——「儘管做出了大量個別的修訂」，卻沒有「進行徹底的改造」，[105]這些修訂——需要補充這一點——集中在十個較短的文段上，或者說，個別章節上。其餘的文字只受到適度的加工。

縱觀一下便可以看出，有一部分修改關係到少數幾個論題：以對近代抽象理論的扼要特

104 例如參閱 B_1 206（在這裡是第二〇九頁第二十四—二十五行），以及自藏本，第二〇九頁第二十四行（在這裡是第八三一頁）、B_1 219，（在這裡是第二二二頁第二十六行），以及自藏本，第二二二頁，注四（在這裡是第八三四頁）。

105 B XV（《胡塞爾全集》，第十八卷，第十四頁）。

徵描述爲內容的第6節中，心理學的解釋分析和認識論的澄清分析之間的區別被更進一步地稱之爲經驗分析和本質分析之間的區別。這裡強調，只有本質分析才提供「澄清認識『可能性』的必不可少的基礎。」[106]——與胡塞爾在第10節中對洛克之批判的六點相關，感覺和感性顯現的事物規定性之間的區別被更清晰地提取出來。[107]——第16節的加工集中於一段討論普遍名稱的謂語功能的短文。[108]值得一提的是胡塞爾在第一版發表後不久便當作靶子來批評的一個注釋：「但普遍謂語的情況是怎樣的呢？即是說，具體功能中的普遍名稱的情況是怎樣的呢？像一個A、幾個A、所有A這樣的構成情況究竟是怎樣的？我一再地觸及到這些問題——當然，在A 146頁的注釋中的觸及是非常笨拙的，我在那裡懷疑地問道（可惜我在修

106 參閱B_1 120及後頁（在這裡是第一二四頁及後頁）。——此外，現象學的本質取向及其與經驗心理學的關係還在一系列其他的、大都是較小的修改和補充中得到表露，它們散見於這整個研究。除其他以外還可以參閱，B_1 145及後頁（在這裡是第一五〇頁第七、十和十四行）、B_1 163頁（在這裡是第一六七頁第二十六行）、B_1 180及後頁（在這裡是第一八三頁第三十三行）、B_1 216（在這裡是第二一九頁及後頁第一行和第四行及後行）。

107 參閱B_1 128及後頁（在這裡是第一三三—一三五頁）以及B_1 217（在這裡是第二一九頁第二十六行及後行）（亦即在第40節中對洛克批判的簡短總結）。——此外參閱後面第LXIII頁上對「外感知與內感知」附錄的新構形的提示。

108 參閱B_1 147及後頁（在這裡是第一五二頁）。

訂過程中將這個在其前半部分意義上被理解的注釋修改為一個懷疑，並因此而使我自己，同樣也使讀者變得動搖不定）：這些表達所具有的、普全的、共同的A難道不是在提示著一個共同的東西，即這個共同的種類（Spezies）。然而這是說不過去的。」[109]在第二版中，對整個注釋的論述更為堅定，並用以下論證對這個問題做了否定：「A這個種類『隱含在』這些含義之中，但只是潛在地，而非作為被意指的對象。」[110]——最後在第37節的一個徹底加工過的文段中，胡塞爾宣告了超越論—構造的問題域：「事物與特性之間的這種差異是本體論的差異，它們……不是以一種實項因素的方式包含在各種被給予的現象本身之中並在其中可被指明的東西；毋寧說，它們回指到這樣一些意識體驗的聯繫之上，在這種聯繫中，它們一致地顯現出來，它們被經驗到，並且受到自然科學的規定。」[111]

其餘的修改（首先是對第23、31、40和41節的修改）主要是用來使所述內容變得更為清楚。這裡也包含幾個補充，在其中還採納了第六研究的思想。

---

109 致斯圖姆夫的一封信的草稿，一九〇二年五月十一日。

110 參閱B_1 147（在這裡是第一五一頁，注）。也可以參閱B_1 181（在這裡是第一八五頁第十五—十八行）。

111 參閱B_1 198及後頁（在這裡是第二〇二頁第二十七行至後頁第四行）。——也可以參閱B_1 219（在這裡是第二二一頁第二十六行和注四）：胡塞爾在第一版中還持這樣的看法，有可能存在著這樣的對象，「它們按其種屬來說處在對所有人類意識來說可及的顯現（Erscheinung）的彼岸」。在第二版中他用「實際上（faktisch）」代替了「按其種屬來說（ihrer Gattung nach）」。

* * *

在胡塞爾看來，第三研究是「是充分理解以後各項研究的一個根本前提」。[112]他在第二版中對第三研究做了連貫的大幅度加工。

尤其引人注目的是頻繁地加入了以下語詞：本質（的）、觀念的、先天的。這些突出了這項研究的本質特徵的改動足占了整個補充和修訂五分之一。爲了能夠對它們做出正確的評價，我們必須回溯到第一版的一個文段上。在第三研究的引論中，胡塞爾寫到：將不獨立內容與獨立內容之間的區別「理解爲一個普遍區別的特殊情況。然後它超出意識內容的領域，在對象一般的領域中成爲一個理論上極爲重要的區別。」[113]不獨立內容與獨立內容之間區別的——胡塞爾在第二版中以理清的方式補充說——「首先是在感覺材料的描述心理學領域中」作爲特殊情況「顯示出來的」。[114]胡塞爾本人於一八九四年在其〈對基礎邏輯學的心理

112 B XV（《胡塞爾全集》，第十八卷，第十四頁）。——還在二十年代，胡塞爾便把閱讀第三邏輯研究推薦爲對他著作之研究的「最佳出發點」（參閱博伊斯．吉布森，「從胡塞爾到海德格。博伊斯．吉布森一九二八年弗萊堡日記選錄」，史匹戈博編，載於《不列顛現象學學會評論》，第二輯（一九七一年），第七十八頁）。

113 參閱 A 222（在這裡是第二二七頁）。

114 B_1 225（在這裡是第二二七頁）。——也可以參閱 B_1 229（在這裡是第二三二頁第十行及後行）以及自藏本，第二三二頁第十行及後行（在這裡是第八四四頁）。

學研究〉[115]中曾探討過它。但在一八九七年發表的對這部著作的「作者本人告示」中，胡塞爾已經指責說，在那裡僅僅就（意識）內容所闡述的規定必須被理解爲規律，並且必須被轉用到對象一般之上。[116]從《邏輯研究》第二版的角度出發，胡塞爾將這裡所做的工作解釋爲一種「將明見性思想向一種純粹本質規律性思想的本體論轉變」。[117]姑且不論在一八九七年的「作者本人告示」中所談的是否已經是純粹本質規律性，即是說，「一種非經驗的、無限地普遍有效的規律性」；至少在第一版中，胡塞爾在前面所引的那個源自第三研究引論的文

115 「論對抽象與具體的區分」，載於〈對基礎邏輯學的心理學研究〉，第一部分，載於《哲學月刊》，第三十期，一八九四年，第一五九－一六七頁，新近付印於《胡塞爾全集》，第二十二卷，第九十二－一〇〇頁。——在第三研究的第3節至第6節，胡塞爾使用了這篇文章的第1節（參見**A 227/B_1 230**、注三：在這裡是第二三三頁）。參閱**A 225/B_1 229**（在這裡是第二三二頁）：「相反，關於內容的說法通常僅僅是在心理學的領域中活動，儘管我們在現在所須研究的這個區分上要提出一種限制，但我們不滯留在這個限制上。」——這項研究是以描述心理學的分析爲出發點的，對此可以參閱後面第**LI**頁及後頁上對第五研究之新構形的提示。

116 〈關於一八九四年德國邏輯學著述的報告〉，載於《系統哲學文庫》，第三卷（一八九七年），第二二四－二二八頁，新近付印於《胡塞爾全集》，第二十二卷，第一三二－一三五頁。

117 參閱同上書，第二二五頁，注*（《胡塞爾全集》，第二十二卷，第一三三頁）。——此外參閱自藏本，第二二七頁第一及以後各行（在這裡是第八三五頁）。

段後繼續說，「因此，對這個區別之闡釋在對象本身之純粹的（先天的）理論中占有體系性的地位」。[118]因而這裡的研究已經表露出後面各項研究的本質特徵。前面所列舉的第二版的改動據此而「不是後補的糾正」。關於這些改動，胡塞爾在一九一三年的「前言」中對第三研究的新構形所做的完全一般的說明更爲恰當：「這裡需要的是：更好地發揮這項研究的眞正意義以及在我看來它所獲得的重要結果的效用……」[119]

到此爲止的闡述有兩點需要補充：其一，胡塞爾在第三研究第一版中提到，不獨立內容與獨立內容之間的區別應當在對象本身的純粹理論中得到闡明，[120]而他在對第二研究第二版的一個補充中則說，這個區別「屬於先天形式本體論的範圍」。[121]胡塞爾曾在《觀念》第一卷中強調地指明「本體論」這個表達的引入，他在該處說：「我當時［即在《邏輯研究》第一版中］沒敢採用本體論這個由於歷史的原因而令人厭惡的表達，我把這項研究……稱之爲『對象本身的先天理論』的一部分，它也就是被邁農簡稱爲『對象論』的東西。與此相反，

118 A 222（在這裡是第二二七頁）。

119 B XV（《胡塞爾全集》，第十八卷，第十四頁）。

120 參閱前面引自第三研究引論的引文（A 222），胡塞爾在第二版中對此實際上未加改動。

121 B_1 219（在這裡是第二二一頁）。——也可以參閱 B_1 226（在這裡是第二二八頁第十三行）、B_1 248 及後頁（在這裡是第二五二頁第三、十五和二十五—二十六行）。

XLIII

我現在則認爲，時代已經變化，可以重新使用『本體論』這個舊的表達。」[122]——其二，在第三研究的一開始，胡塞爾便提示第二研究的一個文段。他在該處闡述：儘管擴展了對象概念，心理內容據此而只是對象的一個特殊種屬，但他還是將內容的說法，而不是對象的說法保留下來，因爲這樣一個被擴展理解的對象概念，在當時還流行的思維方式可能會引起反感並導致誤解。[123]如果我們考慮到，第三研究第一章的標題是「獨立對象與不獨立對象的區別」，而且在最初幾個段落中就馬上談及對象，那麼這個解釋現在當然就會有些讓人感到迷惑。胡塞爾之所以在自藏本中明確[124]依據被引用的文段並解釋，他絕不僅僅因爲該處所說的原因才保留了「內容」的說法，理由可能也在於此。現象學—認識論語境中的「對象」一詞，更多是用來標示在各個確定的相關性中的對象之物，因此，現在若將相關性的對立項及其因素也稱作對象，就會變得令人反感。因此，胡塞爾在第三研究中保留了「內容」一詞，但從這時開始是在限定的意義上，即作爲對實項內在的意識素材的標示，[125]這個區分便以它

122 《觀念》，第一卷，第二十三頁，注一（《胡塞爾全集》，第三卷，第一冊，第二十八頁）。——關於胡塞爾對邁農的辨析可以參閱〈爲《邏輯研究》所寫的一個〈序言〉的草稿〉，同上書，第三一九—三二三頁，以及(A)二二二的附錄（自藏本，第二二七頁/第一行及以後各行：在這裡是第八三五頁）。

123 參閱 **A** 216/B_1 218 及後頁（在這裡是第二二〇頁及後頁）。

124 自藏本，第二二八頁第十五行（在這裡是第八三六頁）。

125 參閱 **A** 232 及後頁 /B_1 236（在這裡是第二四〇頁）。——在第二版中，胡塞爾只是在第三研究的唯一一個

們爲出發點。[126]這個在自藏本中做出的糾正後來在第二版中始終未被顧及到。

前面已經提示過，胡塞爾認爲，這個對第三研究的加工所關注的主要事情是，「更好地發揮」第三研究的眞正意義及其結果的「效用」，並且「消除闡述中所含有的多方面的不完善性」。[127]這個努力首先表現在對第11節加工過的版本中，這一節的內容提取出精確的分析概念。在第二版中，第11節的結尾在充分加工後被補充爲第12節（原初的第12節[128]被刪去了）。這一節已擴展的、同時理清過的新構形一方面涉及分析規律及其殊相、分析的必然性之間的區別；[129]另一方面還涉及分析規律與綜合—先天規律之間的區別。

文段上認爲有必要修改術語，用「對象」來代替「內容」：B_1 267（在這裡是第二七三頁第十五、十八—十九、二十一—二十二行）。此外還可以參閱第五研究中的 B_1 294（在這裡是第三〇一頁第十三行）和 B_1 317（在這裡是第三二五頁第七行）。

126 參閱前面第 XLII，注腳三。——此外參閱後面 B_1 279（在這裡是第二八六頁第四—五行）。

127 參閱 B XV（《胡塞爾全集》，第十八卷，第十四頁）。

128 參閱 A 248-251（在這裡是第二六一頁及後頁）。胡塞爾在這節中討論「具體之物與事物。將獨立性和不獨立性的概念引申地運用於延續性和因果性的領域，以此使這對概念更爲一般化」。

129 關於（在分析的必然命題那裡起作用的）形式化和抽象之間的區別，可以參閱對第24節的擴展了的加工，B_1 284頁及後頁（在這裡是第二九一頁及後頁）。

當然，第11節同時也爲胡塞爾的一個做法提供了一個案例，即他在那些有著或多或少豐富內容的補充文字中，不時會超出原初問題域。例如在第11節的開頭，[130]他便在一個涉及含有實事的和單純形式之差異的補充中提到最高的、含有實事的屬以及植根於其中的質料本體論。——而在第9節，他在一個新構想的文段中區分「像數學概念那樣的『精確概念』或『觀念—概念』」以及「所有純粹描述的描述概念，亦即與直觀直接地和忠實地相符合的描述概念」。[131]

最後還需要指出，有一系列的修改被用於對術語的準確說明。[132]從源於他自藏本的下列說明中可以看出，胡塞爾在做這些修改時有多麼認眞：「誰較爲深入地深入到這裡進行的研究之本性中，誰就會全然理解，對明晰地被把握之物的明確闡述意味著何種困難，以及要想滿足可理解性的要求，爲什麼常常不可避免地要更換表達方式。」[133]

---

130 B_1 252（在這裡是第二五六頁第三—三十二行）。

131 參閱《觀念》，第一卷，第73—74節（《胡塞爾全集》，第三卷，第一冊，第一五三—一五五頁）。

132 所以胡塞爾——僅舉一例說明——在論及分片（Zerstückung）的地方於第二版中所說的是「擴展的（而非物理的）整體」或「部分」。參閱 B_1 267（在這裡是第二七三頁第二十七行）、B_1 269 及後頁（在這裡是第二七六頁第二、二十七行）、B_1 271（在這裡是第二七八頁第七—八行）、B_1 277（在這裡是第二八三頁第二十一行）。

133 自藏本，第二二八頁第十五行（在這裡是第八三六頁）。

就前面已多次提到的自藏本夾頁和批注而論——在事關第二版的「前階段」的闡述過程上，除了已經在第二研究那裡所指出的東西以外，基本上沒有什麼其他東西可說了。[134]——至於在第二版中未被採用的那些邊注，它們一方面涉及文字修改，另一方面涉及編輯方面的說明、附加的文獻出處和插入提示。——其中有兩個附錄值得特別提及：(1)分爲三段的「研究三」附錄：[135]它的內容是對第三研究的某些論題的普遍反思：對獨立者和不獨立者的區分；對不獨立性的劃分；普遍的連結形式。(2)「(A) 253」的附錄：[136]它提供了對相對不獨立性而言的範例證據（在現象學的、儀器化的、數學—客觀的時間中的時間點的相對不獨立性）以及對相對獨立性而言的範例證據［現象學伸展（Ausbreitung）的各個塊片的彼此相對的獨立性，和作爲個體「內容」的延展與這個屬的所有其他可能「內容」的空間延展（Ausdehnung）之關係中的相對獨立性］。

134 參閱前面第 XXXIX 頁上對第二研究新構形的提示。

135 自藏本，第二三九頁第一行及以後各行（在這裡是第八三七頁）。

136 自藏本，第二六五頁第九行（在這裡是第八五〇頁）。

***

第四研究與第三研究密切相關，這是指：在第三研究中被制定的部分與整體的形式結構，在第四研究中得到了首次使用。這個內容上的相屬性也表現在加工過程中：與第三研究的新構形一樣，第四研究的新構形也首先被用來對已做的陳述進行準確、有效的闡釋。但與此同時，第四研究的文字也在「內容上做了某些充實」，[137]因此，它比其原初的篇幅增加了一倍半。——在加工中，一些局部得到重大擴展的是第3、10、11、13、14節。這些加工應當按其順序在下面討論。

在第3節[138]涉及「含義的複合性與具體意指的複合性。被蘊含含義」的一長段新構想文字[139]中，這種「含義意向雙重性在這一次的加工中，受到了更清楚的和在現象學上更深入的理解」，[140]這種理解是透過向含義意識的回溯完成的。相對第一版的新意在於這樣一個認識：規定著含義本身的簡單性或複合性的那個方面，亦即「具體完整的含義意識所具有的這

137 B XV（《胡塞爾全集》，第十八卷，第四頁）。

138 B_1 298-301（在這裡是第三〇六—三〇八頁）。——如果沒有另加說明，以下的引文均出自第二版的這個文段。

139 B_1 297（在這裡是第三〇五頁）。——新撰的標題已經提示了決定性的修改。

140 B_1 301 及後頁（在這裡是第三〇九頁）。

樣一個意向本質」所屬於的那個方面，「必須預設一個更寬泛的意向內涵作為基礎，這恰恰符合這個狀況，即：在同一意義上的同一個被意指之物……能夠以極為不同的方式，帶著變化不定的組成而在規定性特徵方面『被表象』，並且必須帶著某個組成而被表象——而這種變化和這個組成的複合卻並不涉及含義本身。」這第二個方面提供了「分析的可能性並且隨後提供了謂詞的含義理解的可能性」。在第二版中隨之而有一個新的觀點受到思考，這個觀點令人回想到作為可確定性的視域之不確定性的思想。[141]

第10節和第11節得到了很大的擴展。——在第10節中，胡塞爾在普遍地闡釋了含義複合體中的先天合規律性之後，實施了一系列的案例分析，這些分析使他得出結論：「每一個具體的含義都是一個材料和形式的相互包容，每一個具體的含義都服從於一個可以透過形式化而得到純粹確定的形態觀念，此外，每一個這樣的觀念都有一個先天的含義規律與之相符合。」[142]透過對第10節的這種加工，在第一版中被暗示的思想得以充分地展開，而第11節的

---

141 參閱《觀念》，第一卷，第八十頁（《胡塞爾全集》，第三卷，第九十一頁）以及第一二九頁（《胡塞爾全集》，第三卷。第一冊，第一四五頁）：「此外還需要提到：各個被給予之物大都被一個不確定的可確定性之暈所包圍，這個暈具有其『在諸表象系列』的相互分離中的『展開著的』貼近的方式……」——對此也可以參閱在上述文段中尤其是 B, 299（在這裡是第三〇六頁第三十四行至第三〇七頁第六行）。

142 參閱 B, 317 及後頁（在這裡是第三二五—三二七頁）。——新撰的這段文字與第一版的區別在於：一再強調規律的本質特徵，以及透過形式（「分析」）連結來襯托質料連結。

研究則透過結尾處的補充[143]而得到擴展：「質料的偷換」（suppositio materialis）的相似物讓位於對形容詞謂語的名詞化或定語的名詞化，後者爲「植根於表述或含義本質之中的含義變更」[144]的另一部分。

第四研究最後兩個段落得到了尤爲澈底的（不只是涉及個別文段的）加工：

在第13節中胡塞爾大致勾畫了一門純粹邏輯學的含義形式論的本質與建構。在這裡，第二版的闡述在以下幾點上偏離開原初的文字：(1)含義形式論的任務得到了進一步的規定：它「研究含義的本質規律構造以及建基於其中的含義連結和含義變更的規律」。[145] (2)在顧及第14節闡述的情況下確定：純粹形式論構成了純粹含義有效性學說的必要基礎。[146] (3)特別強調了，對含義形式的確定是在「純粹性」中，亦即在「排除『認識質料』的情況下」進行的。[147] (4)如果在與那些有待確定的形式相關聯時所說的是有效性，那麼這意味著——根據第二版的闡述：「……它們是在任意的殊相化中提供了現實存在的含義——作爲含義而存在的

143 參閱 B_1 318-321（在這裡是第三二七—三三九頁）。

144 B_1 321（在這裡是第三三九頁）。

145 B_1 328（在這裡是第三三六頁）。

146 B_1 329（在這裡是第三三七頁）。——也可以參閱 B_1 295（在這裡是第三〇三頁第一—三行）、（在這裡是第三四二頁第三五〇頁第二十五—二十七行）。

147 B_1 329（在這裡是第三三七頁及後頁）。

含義——的形式。」[148] (5)在闡釋原始連結形式時談到所謂「詞項」（Termini），胡塞爾將它們理解爲規律的變項，在這裡已經從變換不定的句法形式中抽象了出來。[149]

第14節的前半部分討論須待避免的無意義的規律以及須待避免的悖謬的規律。[150]新構形在這裡一方面被用來對純粹語法的無意義做更鮮明的概念規定，無意義有別於任何一種悖謬，不僅有別於純粹形式的、分析的悖謬，而且有別於那種含有實事的質料的悖謬。另一方

---

148 B_1 330（在這裡是第三三八頁）。——也可以參閱B_1 326（在這裡是第三三四頁第二十五—二十六行）。

149 B_1 331（在這裡是第三三九頁）。參閱《觀念》，第一卷，第二十五頁（《胡塞爾全集》，第三卷，第一冊，第二十九頁及後頁）：「但在任何情況下我們都會必然地回到最終詞項、最終基底，它們自身不再含有任何句法構形。」——此外，胡塞爾在這裡還提示——與在第13節（第二版）中一樣——他關於純粹邏輯學的哥廷根講座。這裡所說的可能是一九〇八／一九〇九年冬季學期的講座（手稿：F I 1），在這個講座中，胡塞爾系統地概述了純粹邏輯含義形式論的內容，第三研究的主要思想在這裡得到了「經過某些修訂」的闡述（同上，42a）。——就前面所說需要提示的是：胡塞爾在這個講座中將「詞項」定義爲「核心質料」或「核心內容」（同上，53b和55a），這是一個他在第二版的第四研究第11節中也引入的概念（參閱B_1 325頁及後頁：在這裡是第三三四頁）。（該講座以「舊邏輯學與新邏輯學」爲題作爲《胡塞爾全集·資料編》第六卷出版於二〇〇三年。）

150 參閱B_1 333（在這裡是第三四二頁）。

面，還補充地提示了在分析規律領域中的一個區分：按照將邏輯範疇區分爲含義範疇和形式本體論範疇的做法，在這些分析規律之間也存在著命題的分析規律與本體論的分析規律的差異。——在第14節的後半部分中的論題是純粹語法或（按在第二版中的說法）純粹邏輯語法的[151]觀念。與他在第二版的通常不去分析他所受到的批評的習慣[152]相反，胡塞爾在這裡以三個較長的補充來對馬爾蒂（A. Marty）的指責進行辨析。[153]

與前面兩個研究的情況一樣，胡塞爾在對第四研究進行最終加工時也緊接自藏本：足有一半的邊注和在夾頁中記錄下的五個較短的修改或補充可以被視爲是「第二版的前階段」；誠然，它們之中只有三分之一被逐字逐句地採納。——那些沒有被採納到第二版中的批注一部分涉及文字修改，一部分涉及批判性的或解釋性的邊注。值得一提的有三個內容豐富的

L

---

151 B_1 333（在這裡是第三四二頁第三行）。——對於改變這個稱號的做法，胡塞爾曾在第14節的注一（B_1 340：在這裡是第三四八頁及後頁）中做出論證。——此外也可以參閱在第六研究中的改動：B_2 106、B_2 181 和 B_2 193 及後頁（在這裡是第六三六、七一〇和七二三頁）

152 參閱 B XVI 及後頁（《胡塞爾全集》，第十八卷，第十五頁）。

153 參閱 B_1 337-341（在這裡是第三四五—三五〇頁）。

附錄，它們都與唯一的一個論題有關，即第9節的論題：「對被分離出的合義之理解」。[154]「(A) 304/305」的附錄[155]是對第9節的一個擴展加工。「(A) 306」附錄[156]的開端也是如此，但它隨後便展開爲一個對含義意識的分析，在其結尾處胡塞爾做出與合義相關的確定：「語音以及對含義的語音指示可能會代替那些合義的表達（κατά μηδεμίαν συμπλοκήνᾰ）出現，但含義並不會現實地以意識的方式被構造出來，不會現實地被給予或變爲被給予性：唯有當我們進入到本眞的、清晰的、自發的和明確的意識領域中，它們才會如此，而這時我們必定會發現作爲一個更全面的、獨立的含義整體之因素而埋藏著的合義之含義」。[157]緊接於此的還有另一個附錄，胡塞爾沒有將它歸入特定的文段。這個附錄討論的是獨立的和不獨立的含義—完備的和不完備的表達。[158]

---

154 A 304/B, 314（在這裡是第三三二頁）。

155 自藏本，第三三二頁第二十八行（在這裡是第八六〇頁）。

156 自藏本，第三三四頁第二行及以後各行（在這裡是第八六一頁）。

157 同上，（在這裡是第八七一頁）。

158 自藏本，第三三四頁第三十一行（在這裡是第八七一頁）。

***

LI 第五研究所探討的是「現象學的主要問題（尤其是現象學判斷學說的主要問題）」，[159] 它在第二版中受到了連貫的大幅度加工。縱覽一下便可以看到，對它的加工主要涉及以下論題：現象學分析的意義以及它與描述心理學的關係；將現象學分析限制在對意識而言的實項內在之物上；純粹自我的問題；關於行爲質性的學說以及稱謂表象的概念。後面將按此順序來逐一提示第五研究的新構形。

但在此之前還要對自藏本的批注和附錄做一個簡短的提示：就第五研究而言，這些批注和附錄並不具有十分重要的意義。第三章和第五章幾乎沒有批注，其餘的各章則只有極少的批注。此外，約有四分之一未被採納到第二版中的批注涉及編輯方面的說明、附加的文獻出處和插入提示。在總共六個、有些是篇幅很短的附錄中，有四個附錄含有對個別文段的批評注釋；它們關係到第7、14、40節。一份篇幅較大的「(A) 336」的附錄[160]討論了（發生的和描述的）心理學與純粹現象學的關係；一份「第五研究第六章的筆記」[161]指明了「認之爲可疑」（Für-fraglich-halten）是一種共形的（konform）變更。——只有約五分之一的批注

159 B XV 及後頁（《胡塞爾全集》，第十八卷，第十四頁及後頁）。

160 自藏本，第三六九頁第三十一行（在這裡是第八七九頁）。

161 自藏本，第五二〇頁第一行及以後各行（在這裡是第八九四頁）。

（但沒有任何一個附錄）在最終的加工編輯中被顧及到。

對第五研究主要是前三章特別多的補充和修改，反映了胡塞爾當時所獲得的對現象學分析之意義以及它與描述心理學的關係的自身理解。

透過新加工而得以明確的是，可以區分出分析的兩個階段：心理學的—經驗科學的分析，這些研究便以其為出發點，以及現象學的—觀念科學的分析。胡塞爾在大量的插入和修改中強調了「在闡述中與心理學的東西所發生的連結」，[162]以及從首先是描述心理學地進行的[163]——現在叫作「在經驗觀點中進行的」[164]——分析的出發點。[165]然而胡塞爾同時也堅定地指明：這個「心理學觀點的自然出發點」[166]只能被視為是「一個中間階段」，「從那些屬於心理學的經驗—實在觀點和此在設定中（例如：從那些作為在一個實在的時—空世界中體驗著的動物實在「狀態」的體驗中）不會有任何東西繼續發揮效用，一言以蔽之，我們所指

LII

162 B_1 399（在這裡是第四一三頁）。

163 B_1 350／注*（在這裡是第三六〇頁）。

164 B_1 397（在這裡是第四一一頁）。

165 B_1 345（在這裡是第三五四頁第十五行）、B_1 348（在這裡是第三五七頁第三十—三十二行）、B_1 354（在這裡是第三六五頁第五行）、B_1 382（在這裡是第三九六頁第三—四行）、B_1 398（在這裡是第四一二頁第二—十行），以及其他各處。

166 參閱 B_1 397／注*（在這裡是第四一一頁）。

的和所要求的始終是純粹現象學的本質有效性」。[167]

胡塞爾在第二卷第一版的〈引論〉[168]中便已陳述說，純粹現象學必須回溯到具體的意識體驗上，這樣它「對認識意義的思索」才不會終結於一個單純的意見之中，而是可以達到明晰的知識。但只是在第二版中才得以明確，這些具體的體驗在具有純粹本質取向的現象學中具有哪些功能：它們是作為在它們之中進行的觀念化的示範性個別情況而服務於這門現象學；[169]即是說，所有經驗科學的統覺和此在設定都始終是被排斥的。因此，即便是臆想的範例，現在也足以能夠成為觀念化的基礎。[170]

LIII

---

167 B_1 399（在這裡是第四一三頁）。——對現象學的純粹本質取向的其他提示可以參閱 B_1 344（在這裡是第三五三頁第二十八—二十九行）、B_1 351（在這裡是第三六一頁第四行）、B_1 355（在這裡是第三六六頁第十四—十五行）、B_1 356（在這裡是第三六七頁第四—五行）、B_1 363（在這裡是第三七七頁第四—五行）、B_1 368（在這裡是第三八一頁第十八—十九行）、B_1 372（在這裡是第三八六頁第十四—十六行）、B_1 393（在這裡是第四〇七頁第二十二—二十三行）、B_1 413（在這裡是第四二七頁第二十—二十一行）、B_1 469（在這裡是第四八八頁第六—十一行），以及其他各處。

168 A 6和A 19（在這裡是第九和二十五頁）。

169 B_1 369（在這裡是第三八二頁第十四—二十一行）、B_1 398（在這裡是第四一二頁第二十二—二十五行）、B_1 418／注*（在這裡是第四三二頁）。此外參閱「引論」：B_1 18（在這裡是第二十三頁第十六—十九行）、B_1 19（在這裡是第二十五頁第十七—十八行）。

170 B_1 398（在這裡是第四一二頁第二十三—二十四行）。

胡塞爾的一個持續的要求在於：在每一個新的，首先是心理學地進行的分析過程中可以確定，對所有經驗－實在之物的排斥是可能的。[171]但最重要的是明察到，這種排斥「實際上」「肯定」是以這樣一種方式來進行的，即：「現象學的本質直觀就是作為在內直觀基礎上的觀念化，它使觀念化的目光唯獨朝向被直觀的體驗的本己實項的或意向的組成，並且使這些分散在單個體驗中的種類體驗的本質以及它們所包含的（即『先天的』、『觀念的』）本質狀態被相應地直觀到。」[172]即是說，觀念化的現象學本質直觀雖然以內直觀為出發點，但卻原則上透過這種對所有此在預設的排斥而有別於內直觀。明見性的源泉，不可能永遠處在一個作為設定此在的行為的內直觀中。因此，胡塞爾在第二版中避免使用「內直觀」這個表達。[173]

與其所要求的對所有經驗實在的此在之排斥相關，胡塞爾提示[174]參閱《觀念》第一卷的

171 參閱 B_1 348（在這裡是第三五七頁第二十八－三十行）、B_1 350／注*（在這裡是第三六〇頁）、B_1 369（在這裡是第三八二頁第十六－十八行以及下一頁的第八－十三行）、B_1 373／注*（在這裡是第三八七頁）、B_1 384 及後頁（在這裡是第三九九頁第一－三行）、B_1 386（在這裡是第四〇〇頁第十九－二十二行）、B_1 418／注*（在這裡是第四三二頁）。

172 B_1 440（在這裡是第四五六頁）。

173 參閱 B_1 389（在這裡是第四〇三頁第十七－十八行）、B_1 438（在這裡是第四五五頁第八行）。

174 B_1 348（在這裡是第三五七頁）。

第二篇「現象學的基本考察」，在這個考察中進行著「朝向超越論的、純粹的意識的目光轉向」。[175]第五研究的分析是以心理主義爲出發點的，就此而論，胡塞爾對在基本考察的第二章中實施的意識本質分析所做的確定當然就是有效的：「我們的考察是本質性的；但顯然，體驗、體驗流，因而也包括任何意義上的『意識』，這些本質的單一個別性都隸屬於作爲實在事件的自然世界。我們並未在此背棄自然觀點的基地。」[176]

在第五研究的開端，並且是在對第一個意識概念的定義過程中，有一處修改已經十分醒目，胡塞爾此後在一個新附加的注腳[177]中著重討論了這個修改。意識在第一版中被定義爲「自我體驗的現象學統一」，[178]現在則被稱作「自我體驗的實項—現象學統一」。[179]在上述注腳中，胡塞爾加入這樣的說明：「『現象學的』這個詞與『描述的』這個詞一樣，在本書的第一版中所意指的都僅僅與實項的體驗組成有關。」「但是」，胡塞爾繼續說，「在對已進行的各項研究的再次深思中，以及在對被探討的實事的更深入考慮中——尤其是從這裡開始——，有一個問題會開始變得敏感，並且還會愈來愈敏感，即：對意向的對象性本身（就

175《觀念》，第一卷，第一〇八頁（《胡塞爾全集》，第三卷，第一冊，第一三三頁）。

176 同上書，第六十九頁（《胡塞爾全集》，第三卷，第一冊，第七十九頁及後頁）。

177 B_1 397／注＊（在這裡是第四一一頁）。

178 A 326（在這裡是第三五六頁）。參閱 B_1 346（在這裡是第三五六頁第一行）。

179 B_1 347（在這裡是第三五六頁）。

像它在具體的行爲體驗中被意識到的那樣被理解）的描述展示了另一個描述的方向，即純粹直觀地和相應地進行的描述的方向，這個方向不同於對實項的行爲組成的描述方向，並且這種描述也必須被標示爲現象學的描述。」因此，「現象學的」（或「描述的」）和「實項的」，現在不能再被當作同義的來使用。[180]

撇開這些對術語的修改不論，在新加工的第五研究中沒有任何跡象顯示，胡塞爾自己遵循了這個被引用的注腳的「方法暗示」。即是說，原初將現象學分析局限在實項體驗組成上的做法被取消了，[181]但對這種限制卻又做了著重的提示。[182]

還應當提到的是：胡塞爾在《觀念》第一卷[183]中引入作爲意向體驗組元的意向相關項

180 參閱下列修改和補充：B_1 372（在這裡是第三八五頁第十六—十七行）、B_1 373（在這裡是第三八七頁第一行）、B_1 397（在這裡是第四一一頁第九行和第十一行）、B_1 398（在這裡是第四一二頁第九行）、B_1 412（在這裡是第四二七頁第六行）、B_1 421（在這裡是第四三五頁第十八行）、B_1 434（在這裡是第四五九頁第三十二行）、B_1 504（在這裡是第五二六頁第十二行）、B_1 506（在這裡是第五二七頁第二十八行及後頁第一行）。

181 可以參閱 B_1 440（在這裡是第四五六頁第二十八—二十九行）（轉引自前面第 LIII 頁）。誠然，這段引文來自一個普遍的反思，它被附加於第二版的第27節「直接直觀的證據……」中。

182 B_1 369（在這裡是第三八二頁第十八—十九行）、B_1 399（在這裡是第四一二頁第三十—三十一行及後頁注*）。

183 《觀念》，第一卷，一八二頁（《胡塞爾全集》，第三卷，第一冊，第二〇三頁）。

時，還提示「關於一個行爲的『質料』」可以參閱「第五研究第20、21節」。但這不能被理解爲：對這些章節的分析就已經是意向相關項的分析了。胡塞爾在《觀念》第一卷的另一處[184]說，「儘管實事的本性在很大程度上迫使它【《邏輯研究》】進行了一些意向相關項的分析，這些分析仍然更多是被視爲對平行的意向活動結構的標誌；這兩個結構的本質平行性在那裡尚未得到闡明。」

現象學研究領域的範圍在《觀念》第一卷中得以擴展，這不僅是因爲引入了意向對象，而且同時也因爲引入了與作爲「可確定的X」、作爲「純然統一點」[185]的意向相關項相對立的極、純粹自我，[186]任何個別的體驗都是從這個純粹自我發出，並且又再回歸到它之中。[187]

184 同上書，第一八二頁（《胡塞爾全集》，第三卷，第一冊，第二〇三頁）。

185 同上書，第二七〇頁（《胡塞爾全集》，第三卷，第一冊，第三〇一頁）以及第二七二頁（《胡塞爾全集》，第三卷，第三〇三頁）。

186 馬爾巴赫（E. Marbach）探究了這個將純粹自我引入現象學之做法的動機問題，並且也顧及到迄今爲止未發表的胡塞爾遺稿。參閱馬爾巴赫（E. Marbach），《胡塞爾現象學中的自我問題》，《現象學叢書》，第五十九卷，海牙，一九七四年。馬爾巴赫得出結論：在這裡產生決定作用的是「對一個意識流的統一原則的確立問題」（同上書，第一二五頁）。

187 參閱《觀念》，第一卷，一六〇頁（《胡塞爾全集》，第三卷，第一冊，第一七九頁）。

胡塞爾曾在《邏輯研究》第一版中否認了「作爲必然的關係中心」[188]的純粹自我。他把現象學的自我，亦即被還原爲現象學被給予之物的經驗自我，定義爲體驗的複合、定義爲各個意識流。[189]在對第二版的一個補充中，胡塞爾說明：「這個闡述在這一點上是不合適的，即：經驗自我和物理事物一樣，是同一個等級的超越。如果對這種超越的排斥以及向純粹—現象學被給予之物的還原不保留作爲剩餘的純粹自我，那麼也就不可能存在眞正的（相應性的）『我在』的明見性。」[190]儘管如此，胡塞爾還是將第一版基本無改動地接納到第二版中，並且是「以此作爲與納托普的有趣的論戰性辨析的基質（參閱他的新著《普通心理學》，第二卷，一九一二年版）」。[191]胡塞爾之所以能夠將這個不再爲他所贊同的對純粹自我的態度採

---

188 A 342（在這裡是第三七四頁）。

189 參閱致霍金（E. W. Hocking）的信，一九〇三年九月七日：「……如前所述，一個作爲關係點、中心等等的純粹自我是臆想。我只把（相互內在地交織在一起的）意向體驗視爲是原初的和實在的，我們出於經驗—實踐的動機而以統攝的方式將它們追加地把握爲和命名爲『體驗』，也就如此而把它們與自我聯繫起來……。」

190 B_1 357（在這裡是第三六八頁）。

191 B XVI（《胡塞爾全集》，第十八卷，第十五頁）。也可以參閱 B_1 363 上的「第二版的補充」（在這裡是第三七六頁）。——這裡還需要提到，胡塞爾在他收藏的納托普《普通心理學》一書的題爲「意識、被意識性和自我」的第二章中做了許多批注。——也可以參閱對第三七六頁的「文字校勘說明」，第十八—二十行，後面第九四三頁及後頁。

納到第二版中，乃是因為這個態度「**對於這一卷的整個研究來說始終是無關緊要的**。儘管純粹自我的問題不僅在其他領域中非常重要，而且作為純粹現象學的問題也是一個非常重要的問題，我們仍然可以在對整個自我問題不做表態的情況下，系統深入地研究現象學的極為全面的問題領域，這些領域普遍地涉及意向體驗的實項內涵以及它們與意向客體的本質關係。我們在這裡的研究僅僅限制在這些領域之中。因為考慮到納托普在第二次加工後最新出版的《心理學引論》第一卷這部如此重要的著作中對上面的論述做了深入分析，所以我在這一版中沒有刪除這些論述。」[192]

如前所述，胡塞爾基本上未加改動地從第一版中採納了第一章和第二章的有關文段。對它們的加工局限在對原有陳述所做的一些微小的風格修改和清晰化。這裡尤為引人注目的是，胡塞爾在第一版中所宣導的自我觀，現在反而得到了比在那裡強得多的顯露。[193]

---

192 B_1 363（在這裡是第三七六頁）。也可以參閱《觀念》，第一卷，第一一〇頁（《胡塞爾全集》，第三卷，第一冊，第一二四頁）：「……儘管對於許多研究來說，純粹自我的問題可以始終處在懸置狀態（in suspenso）。」

193 參閱以下的修改和補充：B_1 346（在這裡是第三五六頁第二—三行）、B_1 351（在這裡是第三六一頁第二十四行）、B_1 352（在這裡是第三六二頁第十—十一行）、B_1 354（在這裡是第三六四頁第七行）、B_1 355（在這裡是第三六六頁第二十四行）、B_1 357（在這裡是第三六八頁第十二—十四行）。

在兩個新加入的注腳[194]中，胡塞爾提示參閱「關於『行爲質性』之學說的進一步建構」，它們「導致了某些根本性的深化和修正」。下面將會最爲簡略地說明，這種在第二版的幾個補充中得到大致闡述的「進一步的建構」究竟何在。

在《觀念》第一卷中，胡塞爾將意向性的特徵描述爲一個普全的介質（Medium），它自身承載著所有的體驗。[195]與此相應，所有行爲——無論是認識行爲、中意行爲、情感行爲，還是意願行爲——都在一個本質統一的意義上是「設定」（Setzung），因爲在它們之中包含著「意向」和「執態」。[196]但這個信念的原命題（Urthesis）與那些意向地回返到它之上的信念樣式「具有一個獨特的優勢，即它們的設定的潛能性蔓延到整個意識領域」。[197]所有在其他樣式中透過一個設定的行爲而被設定的東西，「也被設定爲存在著：只是並非現

194 B_1 357 和 B_1 488（在這裡是第四七三和五〇八頁）。

195 參閱《觀念》，第一卷，第一七一頁（《胡塞爾全集》，第三卷，第一冊，第一九一頁）。

196 參閱同上書，第二四一頁（《胡塞爾全集》，第三卷，第一冊，第二六八頁及後頁）。

197 在考慮對這個信念概念進行擴展的過程中，胡塞爾在第二版中將客體化行爲從質性上區分爲存在信仰（belief）行爲和「單純表象」時注釋說：「在這裡懸而未決的是，『設定性信念』的概念伸展得有多遠，它自身在何種程度上殊相化。」（B_1 481（在這裡是第五〇一頁）。

時地被設定。但現時性可以合乎本質地被創造出來。」[198]——「單純表象」在《邏輯研究》中還是一個與其他行爲質性相並列的本己行爲質性，現在則只是對信念樣式的一種中立性變更[199]（這種變更使得行爲的設定特徵變爲無效，成爲一個單純的思想），[200]並且表明自身是一種普遍的意識變更，因爲所有行爲，包括非信念的行爲，都可以被轉送到一個信念的原命題（doxische Urthesis）之中。[201]

LVIII

---

198 參閱《觀念》，第一卷，第二四三頁（《胡塞爾全集》，第三卷，第一冊，第二七〇頁）。

199 胡塞爾在《邏輯研究》中對「中立的」一詞的使用可以參閱 B_1 490（在這裡是第五一〇頁第二十四行）、B_1 497（在這裡是第五一五頁第十五行），並且這個詞在第一版中已經出現：A 429/B_1 494（在這裡是第四七七頁）。

200 參閱《觀念》，第一卷，第二二三頁及後頁（《胡塞爾全集》，第三卷，第一冊，第二四七—二四九頁）。

201 參閱 B_1 499（在這裡是第五二一頁）：「單純表象」現在被定義爲「作爲某種『存在信仰』形式的質性變更」。——此外參閱《觀念》，第一卷，第二七四頁（《胡塞爾全集》，第三卷，第一冊，第三〇五頁）：「現在對我們來說，中立的『擱置』顯然不再像那裡〔即在《邏輯研究》第五研究中〕一樣是一個與其他質性相並列的『質性』（命題），而是『反映著』所有質性並因此而『反映著』整個行爲一般的變更。」——這個「關於『行爲質性』之學說的進一步建構」的最初起點已經可以在一九〇五年夏季學期關於「判斷理論」的講座中（Ms. F I 27/99b-102b）找到。——關於這個複雜問題可以參閱在《胡塞爾全集》第二十三卷中發表的、產生於一九〇八至一九一二年間的文字，以及馬爾巴赫（E. Marbach）的〈編者引論〉，同上書，第 LXIII 頁及以後各頁。

胡塞爾還明確提醒注意另外一組修改，它們涉及「稱謂表象」的概念。這個現象學判斷理論的概念表明自身——在認識論提問的意義上得到擴展，超出了對邏輯體驗的澄清之後[202]——代表著「一種更爲寬泛的，但具有確定範圍的『命題的』、『單束設定的』行爲」。[203]胡塞爾在第二版中也對稱謂表象的有效性區域做了相應的相對化，[204]固然，他還保留了舊的術語，甚至在它只是作爲種屬術語發揮作用的地方也是如此。[205]同時，胡塞爾還大致說明了首先是於此期間在一系列補充和修改中對第36節所做的擴展。[206]最後，在涉及「客體化行爲的質性差異與質料差異」的第38節的一個新構想出來的文段中，[207]他闡釋了對客體化行爲的基本區分，即區分爲命題的（單束的）和綜合的（多束的）行爲。

---

202 參閱前面第XXXII頁上對引論的新構形的提示。

203 B_1 476（在這裡是第四九五頁）。

204 參閱B_1 462（在這裡是第四八〇頁第二十五—二十七行及後頁注釋二）、B_1 465（在這裡是第四八三頁第十—十一行）。

205 參閱B XVI（《胡塞爾全集》，第十八卷，第十五頁）：「我過於保守的地方也許僅僅在於，我害怕觸動這部書中的舊術語，因而保留了『稱謂表象』這個根本不合適的用語。」

206 尤其參閱B_1 473-476（在這裡是第四九一—四九五頁）。

207 B_1 481-484（在這裡是第五〇一—五〇三頁）。

在結尾處還要對一處修改做個提示：在與「行爲特徵」、「立義」、「統覺」的關 LIX
聯中，胡塞爾在第二版刪除了，或者說，取代了——只有一個例外——「解釋活動」（deuten）或「解釋」（Deutung）的說法。[208]

＊＊＊

如前所述，[209]第六研究——在現象學關係中最重要的研究[210]——在其加工方面占有一個特殊的地位：在一九一三年底便已付印了很大一部分的經過澈底加工的文字[211]並沒有得以出

---

208 B_1 381（在這裡是第三九五頁第十三—十六行和第二十八行）、B_1 383（在這裡是第三九七頁第六—七行）、B_1 393（在這裡是第四〇七頁第五—六行）、B_1 503（在這裡是第五二五頁第十六行）、B_1 506（在這裡是第五二八頁第四行）。此外在第二研究中：B_1 194（在這裡是第一九八頁第三十三行）以及在第三研究中：B_1 231（在這裡是第二三四頁第十八行）。——相應的修改也出現在附錄「外感知與內感知……」中，B_1 231-233（在這裡是第七六〇—七六二頁）：胡塞爾在第二版中自始至終不再使用「詮釋」（Interpretation），而是使用「統覺」（Apperzeption）。

209 參閱前面第 XXV 頁。

210 參閱 B XVI（《胡塞爾全集》，第十八卷，第十五頁）。

211 參閱《胡塞爾全集》，第二十卷。

版。取而代之的是：胡塞爾又以第一版的舊的、部分得到加工的文字作爲一九二一年第二版的基礎。[212]可以確定，他在這次加工過程中再次通讀了自藏本，因爲他將幾個批注（大都是所做陳述的清晰化和更正）納入到了第二版中。與此相反，無法得知的是，胡塞爾此時在自藏本中是否做過新的加入。從今天可以見到的批注中，有少數幾個產生於一九○一年至一九○六年，大多數的產生日期則極有可能是在一九一○／一九一一年。這一情況也適用於那三個附錄。但可以假設，這些邊注和夾頁並不構成原初曾有的加工資料的全部。即是說，在第六研究的頁面（Seiten）中缺少了足有三分之一的裝訂於其中的頁面（Blätter）。[213]有兩點可以支援原初曾有這些頁面的假設：其一，在許多地方可以看出，它們是被撕下來的；其二，在《邏輯研究》第二版的文本中，我們可以在一些頁面上找到一些無替代的刪除以及無相應插入文字的插入符號，正是在這些頁面之間缺少那些曾裝訂於其中的頁面。

儘管可以假設這個加工是不完善的，從現存的批注和夾頁中仍然可以回推出胡塞爾原初的加工計畫：一方面，在書邊所做的編輯出版方面的說明、問號和刪除號、對文段的加括弧以及無替代的刪除，這些都顯示：胡塞爾在一九一一年就已經計畫對第六研究進行全面的修改。另一方面，對批注的分配則顯示，胡塞爾的努力當時主要是針對前三章：它們得到的批注相對要多。從第四章開始，批注的數量逐漸減少，以至於在第七章至第九章中最後只

212 參閱 B_2 III（在這裡是第五三三頁）。

213 確切的說明可以從後面第九二二頁上的「文字校勘附錄」中獲得。

能找到幾個說明。附錄「外感知與內感知……」——除去一個對康德的內感知概念的提示以外——沒有被批注。

當然，更爲困難的是根據現有的材料來對胡塞爾原初加工計畫的內容性觀點做出陳述：一方面人們可以獲得這樣的印象，即胡塞爾當時的意圖主要在於對原初所作的陳述進行更好的（同時也是更清晰化的）闡述。至少，自藏本中有一大部分修改、對個別文段的闡釋和批判說明[214]以及補充的提示[215]都在加強這一印象。在術語方面，胡塞爾看起來也力求做到精確化。[216]

214 在這裡值得一提的是一個較長的邊注（自藏本，第六一三頁第五行及以後各行：在這裡是第九〇八頁），在這個邊注中胡塞爾提醒注意在第14節（即第二版中的第15節）和第23節闡述中「映射」概念所具有的雙重含義。

215 首先可以在第一章的附錄中找到這樣一些（其內容在大多數情況下並不豐富的）補充。這裡還要提到下列增補：在第10節（即第一版中的第11節）的一個附錄中，胡塞爾探討了在充實關係中質性的作用（自藏本，第五七四頁，第二十三行：在這裡是第九〇二頁）並且因此而填補了論述中的一個缺口，他在第一版中曾對此有所提示（A 520/B_2 48：在這裡是第五八一頁；也可以參閱在自藏本中對這一處的修改：第五八一頁第六行及以後各行：在這裡是第九〇三頁）。

216 除此之外，下列修改也說明了這一點：根據他在 A 505/B_2 33（在這裡是第五六七頁）上的說明，「符號（signitiv）行爲」對於胡塞爾來說是與「含義意向的行爲」同義的。與此相應，在談及含義功能之外的符號意向時，他每每在自藏本中將「符號的」修改爲「空乏意向」（有時則不加替代地刪除「符號的」）。——

另一方面，胡塞爾於一九〇八年在其「關於判斷與含義的講座」中已經說過：必須「在一些關係上根本性地超越出」第五和第六研究。[217]然而自藏本幾乎沒有提供這方面努力的資訊。可以提到的至多是在第6節、第14節（即第一版中的第15節）、第21節和第22節中的一些修改和無替代的刪除，它們涉及這樣一些被給予方式：回憶、想象和圖像意識。在這個關聯中，「圖像性」、「類比」、「相似性」這些概念被無替代地刪除了。[218]或許值得一提的還有，胡塞爾在自藏本中以不同的方式強調，他要把行爲僅僅理解爲「意指著的」、在顯著的意義上「被進行的」。[219]在這裡宣告了《觀念》第一卷意義上的術語變化：行爲和意向體驗在《觀念》第一卷中不再——像在《邏輯研究》中那樣——被同義地使用，因爲有必要「持

胡塞爾在他的哥廷根講座中就已經反對過在《邏輯研究》中將符號表象和象徵表象的術語當作標示「空乏表象」整個種屬來使用的做法。參閱手稿：F I 5/11b和13a（一九〇八年）。

217 手稿：F I 5/15a。

218 胡塞爾原初曾試圖用圖像性的種類行爲特徵來界定相對於感知表象之本眞性（Eigentlichkeit）而言的直觀想象表象和回憶表象的「非本眞性」（Uneigentlichkeit）。只是在一九〇四／一九〇五年冬季學期關於「想象和圖像意識」的講座（發表於《胡塞爾全集》第二十三卷）中，胡塞爾才放棄了這個觀點。參閱馬爾巴赫，「編者引論」，同上書，第LIV—LIX頁）。

219 參閱自藏本，第五六九頁第二十五—三十七行、第五七七頁第三十—三十四行、第五八六頁第八行以及第六八〇頁第三十三—三十四行（在這裡是第九〇一頁、第九〇三頁、第九〇四頁和第九一五頁）。

久地考慮進行了的和未進行的行爲之間的樣式區別」。[220]最後還要對第10節（即第一版的第11節）的一個新構想的文段做一提示，在這個文段中表達了一個在三十年代手稿中探討的生活世界—科學的論題：「……從一面來看只是個別化和不完善的、映射的東西，在向另一面的過渡中則於一種不斷更新的各個映射之持續流動中，成爲證實著的和日趨完善的感知，在這裡有可能會使一個引領的實踐興趣和從屬於它的實踐觀點得到完全滿足（因爲實踐興趣的事物絕不是純粹理論認識的『無限任務』）。」[221]

在第二版中，第六研究的三個篇章有了強度不同的加工。第一篇幾乎是逐字逐句地被採納到新版之中：加工局限於微小的風格修改、對文獻參閱

LXII

---

220 《觀念》，第一卷，第一七〇頁（《胡塞爾全集》，第三卷，第一冊，第一八九頁及後頁）；此外參閱第六十三頁（《胡塞爾全集》，第三卷，第一冊，第七十二頁及後頁）。——在這個關聯中需要提示在自藏本中對第五研究第33節的一個補充（自藏本，第四七六頁第二十五行及以後各行：在這裡是第八九〇頁）。胡塞爾在這裡將「被一個意指所貫穿的」行爲與一個思想「在『意識背景中』的『萌動』」的情況相對立。對此參閱《觀念》，第一卷，第六十一頁及以後各頁（《胡塞爾全集》，第三卷，第一冊，第七十一—七十三頁）。

221 自藏本，第五七四頁第十一行（在這裡是第九〇二頁）；也可以參閱第十六行的插入文字。——一九三四年，胡塞爾在手稿 B I 15/25b 上說明：「在實踐生活中我並不具有缺失（Manko）意識，不具有在知道我永遠不會達到終點的情況下的不滿足——我並不處在理論的觀點中。」

提示的頁碼的調整，以及對原有陳述的清晰化和修正。

第二篇雖然整體看來也只受到了適當的加工，但在第六章和第八章中卻有幾個不長的段落有不尋常的大幅修改。它們討論的是下列論題：第46節中感性對象在感知中的素樸構造；[222]第49節中在主語作用以及整個稱謂作用中的實事狀態；[223]第62節中範疇直觀的充實作用，[224]以及第66節中對康德的辨析。[225]最後還要提到心理主義之中心點在其中受到抨擊的第65節，[226]對它的加工也相對較多。

第三篇——撇開幾個無關緊要的修改不論——則是逐字逐句地被採納到第二版中。[227]

222 B_2 146（在這裡是第六七四頁第十八—二十九行）。

223 B_2 158及後頁（在這裡是第六八六頁第十九行至後頁第十六行）。

224 B_2 189及後頁（在這裡是第七一八頁第十九行至後頁第九行）。

225 B_2 202及後頁（在這裡是第七三二頁第二行至後頁第十二行）。

226 參閱霍倫斯坦：「編者引論」，載於《胡塞爾全集》，第十八卷，第XXXV頁。

227 胡塞爾對第九章的評價是前後不一致的：一九一三年，他在《觀念》第一卷題爲「對判斷的表達和對情感意向相關項的表達」的第127節中提示參閱第六研究的最後一章，它的分析——胡塞爾強調說——「儘管有一些可爭議和不成熟之處……卻仍然是在前進的方向上運動」（《觀念》，第一卷，第二六四頁，即《胡塞爾全集》，第三卷，第一冊，第二九四頁）。——在一九二一年的前言中，胡塞爾則說明，「在這部著作的第一版發表之後不久，我就已經改變了我對疑問句和願望句之現象學闡述問題的態度」（B_2 VII（在這裡是第五三六頁）。

＊＊＊

附錄「外感知與內感知。物理現象與心理現象」也是在一九二一年的第二版中才與第六研究一同出版。然而與第六研究不同，胡塞爾對附錄做了相當大的加工。

對附錄的關鍵性加工明顯地集中於第5節的一個新構想的較長文段中，它討論「顯現（Erscheinung）這個術語的歧義性」。這裡區分了三個顯現概念：作爲具體的直觀體驗的顯現、作爲被直觀的（顯現的）對象的顯現，以及作爲第一個意義上的顯現的實項組成部分的顯現，即主要是指體現性的感覺（präsentierende Empfindungen）。在胡塞爾對感覺和現象學事物的規定性之間的差異做了闡述之後[228]，緊跟著便是第二版的上述文段，[229]在闡述過程中，胡塞爾將現象學定義爲「一門關於體驗一般的學說，並在其中還包含著，一門關於所有那些在體驗中明見地可證明的、不僅是實項的，而且也是意向的被給予性的學說」。

---

228 這個差異在第二版中得到了更爲明確的揭示：作爲意識內在的感覺內容原則上有別於那些超越出意識統一的實在特性（B_2 234及後頁；在這裡是第七六三—七六五頁）。——還可以參閱被胡塞爾刪除的文段A 707（在這裡是第七六六頁）：胡塞爾在這裡提出這樣一種觀點，即這個區別可以被取消——當然「只能在相即感知的理想情況中（我們不考慮這個情況）」。

229 B_2 235及以後各頁（在這裡是第七六五頁及後頁）。——如果未做其他說明，則下面的引文均出自這個段落。

與第一版不同，[230]現在他還把意向對象，或者——用一九〇七年五次講座的語言來表達——「意向意義上的內在之物」、實項的超越之物[231]納入到了現象學的領域之中。相反，超越之物一般則作爲一種附加的實存而被排斥。[232]與此相應，胡塞爾在前面所引的文段中繼續說，純粹現象學是「一門關於『純粹現象』的本質學說」，而這就意味著，「它不立足於那種透過超越的統覺而被給予的物理的和動物的自然，亦即在心理物理自然的基地之上，它不做任何與超越意識的對象有關的經驗設定和判斷設定；也就是說，它不確定任何關於物理的和心理的自然現實的眞理（即不確定任何歷史意義上的心理學眞理）並且不把任何眞理作爲前提、作爲定理而接受。毋寧說，它將所有那些超越出相即的、純粹內在直觀被給予性（即超越出純粹體驗流）的統覺和判斷，設定純粹地作爲體驗自身之所是而接受，並且對它們進行純粹內在的、純粹『描述性』的本質研究。」

如果胡塞爾在一九二一年的前言中說，他在附錄方面要較少保守些，[233]那麼這只能是

---

230 參閱前面第 XXXII 頁及後頁上引自《邏輯研究．引論》中的相關文段。

231 參閱《胡塞爾全集》，第二卷，第五十五頁；而關於對現象學領域的這整個擴展可以參閱〈現象學考察的第二階段〉，同上書，第七—十頁和第四十三頁及以後各頁。

232 參閱同上書，第九頁。——參閱對附錄的下列修改：B_2 232（在這裡是第七六一頁第二十一—二十七行）和 B_2 241 及後頁，即第 7 節，第二點和第三點（在這裡是第七七一頁及後頁）。

233 參閱 B_2 VII（在這裡是第五三六頁）。

指，他使現象學考察第二階段的結果對新加工「發揮了效用」。[234]因爲，「不是排除實項的超越之物……，而是排除作爲一種僅僅是附加的實存的超越之物」——這是更爲深入的規定，是現象學還原的概念在這個階段上所獲得的更爲清晰的意義。[235]

* * *

在這些提示的結尾處應當允許我致以謝詞。我要感謝這個版本的幾位主持人：方濟各會的梵．布雷達教授（†）、埃斯林教授和伯姆教授，以及科隆胡塞爾文庫的幾位主任：施特雷克教授、蘭德格雷貝教授和福爾克曼—施魯克教授（†），他們對我的編輯工作給予了信任和大力支持。

無法一一提到魯汶胡塞爾文庫和科隆胡塞爾文庫的所有工作人員的姓名。我要對他們所有人表示我的謝意。

特別要感謝的是魯道夫．貝耐特博士，我能夠與他討論這個編輯中的某些問題，他的建議和鼓勵給了我很大幫助。對第一卷的編者——埃爾瑪．霍倫斯坦教授，我要感謝他在解決

---

234 參閱 B XIV（《胡塞爾全集》，第十八卷，第十三頁）和前面第 XXXIII 頁。

235 參閱《胡塞爾全集》，第二卷，第九頁。

共同的文本校勘方面的問題時所予以的合作。文科碩士迪特・洛瑪先生和米夏埃爾－約阿希姆・策姆林先生的協作，對我極有助益。他們極爲周密和仔細地爲我校對了清樣，並且也接受了所有其他在付印期間突發的工作。還要衷心地感謝伊莉莎白・布隆克女士在製作付印樣稿方面所做的可靠而耐心的工作。

烏爾蘇拉・潘策

《邏輯研究》

第二卷

《現象學與認識論研究》

第一部分

引論

A3
$B_1$1

第1節　現象學研究對於認識批判的準備和純粹邏輯學的澄清而言的必然性

從邏輯工藝論的立場出發，人們往往會承認邏輯學以語言闡釋爲開端的必然性。我們可以在彌爾那裡讀到：「語言顯然是思維最重要的手段和工具之一，不言而喻，這個工具所具有的任何缺陷以及對它使用方式上的任何缺陷都會加倍地干擾和迷惑這項工藝訓練，都會損壞對已有成果的信任。……在未熟悉各種語詞的含義和正確用法之前就去研究科學方法，這是一種本末倒置的做法，這無異於在未學會正確使用望遠鏡之前就去觀察天文。」[1]但彌爾認爲，這種必然性的一個更深原因在於，不這樣做的話，我們便不可能去研究命題的含義，它是一種位於我們科學的「門檻邊」的對象。

這位傑出的思想家所做的最後一個說明已經接觸到了對於純粹邏輯學而言的關鍵著眼點，而且我們可以注意到，它已經接觸到作爲哲學學科的純粹邏輯學的關鍵著眼點。因而我預設一點：人們不願滿足於將純粹邏輯學僅僅建設成我們的各種數學學科中的一種，即一個產生於素樸實事有效性中的命題系統，而是要去追求與這些命題有關的哲學清晰性，即：明察在這些命題的觀念可能的運用中發揮作用的認識方式的本質以及隨同它們一起構成的意義

1 彌爾：《邏輯學》，第一冊，第一章，第1節。

給予（Sinngebung）和客觀有效性的本質。語言闡釋肯定[1]屬於爲建造純粹邏輯學而在哲學上不可或缺的準備工作之一，因爲只有借助於語言闡釋才能清晰無誤地把握住邏輯研究的眞正客體以及這些客體的本質種類與差別。但這裡所涉及的不是經驗的[2]、與某個歷史上已有的語言相關的意義上的語法闡釋，而是涉及最普遍種類的闡釋，這些闡釋屬於一門客觀的認識理論以及——與此最密切相關——思維體驗與認識體驗的純粹[3]現象學的更廣泛領域。這種現象學與它所屬的體驗一般的純粹現象學一樣，僅僅研究那些在直觀中可把握、可分析的體驗的純粹本質普遍性，而不研究那些在經驗中被統攝的體驗，這些體驗是實在的事實，是在顯現爲並被設定爲經驗事實的世界中體驗著的人或動物的體驗。現象學用本質概念和規律性的本質陳述將那些在本質直觀中直接被把握的本質和建立在這些本質中的本質聯繫描述性地、純粹地表達出來。任何一個這樣的本質陳述都是在最確切詞義上的先天陳述。這個領域[4]便是爲了認識批判地準備和澄清純粹邏輯學的目的所必須深入研究的領域；因而我們[5]的研究也將在這個領域進行。

A4

[1] 在A版中爲：誠然。

[2] 在A版中爲：特殊的。

[3] 在A版中爲：純粹描述的。

[4] 在A版中爲：這整個領域。

[5] 在A版中還有：下面的。

純粹[6]現象學展示了一個中立性（neutral）研究的領域，在這個領域中有著各門科學的根。一方面，純粹現象學服務於作爲**經驗科學的心理學**。它純粹直觀地——尤其是作爲思維和認識的現象學——在本質普遍性中分析和描述表象的、判斷的和認識的體驗，心理學將這些體驗經驗地理解爲動物自然現實關係中的各種偶然實體事件，因而只對它們做經驗科學的研究。[7]另一方面，現象學打開了「湧現出」**純粹邏輯學**的基本概念和觀念規律的「泉源」，只有在把握住這些基本概念和觀念規律的來歷的情況下，我們才能賦予它們以「明晰性」，這是認識批判地理解純粹邏輯學的前提。純粹邏輯學在認識論或現象學方面的基礎工作中包含著許多極爲困難，但卻無比重要的研究。我們可以回憶一下在《邏輯研究》第一卷[8]中[2]對純粹邏輯學任務的說明，即：確定並澄清那些賦予所有認識以客觀意義和理論統一的概念和規律。

2　參閱本書第一卷《純粹邏輯學導引》最後一章，尤其是第66、67節。

[6]　在A版中未加重點號。

[7]　在A版中爲：一方面，純粹現象學爲作爲**經驗科學的心理學**做準備。它分析和描述（特別是作爲思維和認識的現象學）表象的、判斷的和認識的體驗，心理學應當對這些體驗進行發生上的說明，應當對它們的經驗規律關係進行研究。

[8]　在A版中爲：部分。

第2節　對這些研究目標的澄清

所有理論研究最終都會落實在陳述中，即便它們絕不僅僅是在表達行爲中進行的，甚至不僅僅是在完整的陳述中進行的。只有用這種形式，眞理，尤其是理論才能成爲科學的恆久財富，才能成爲記錄在案並隨時可用的知識寶藏和不斷進取的研究寶藏。無論在思維與言說之間是否有一種必然的連結，無論以論斷形式進行的推論判斷的顯現方式是否是一種出自本質根據的[9]必然的顯現方式，有一點可以肯定：沒有語言的表達幾乎就無法[10]做出那些屬於較高智性領域，尤其是屬於科學領域的判斷。

因此，純粹邏輯學所要研究的那些客體，起初是披著語法的外衣而被給予的。更確切地看，這些客體可以說是作爲在具體心理體驗中的嵌入物（Einbettungen）而被給予的，這些心理體驗在行使**含義意向**或**含義充實**的作用時【在行使後一種作用時是作爲形象化的、明見化（evidentmachend）的直觀】，隸屬於一定的語言**表達**並與語言表達一起構成一種**現象學的統一體**。

$B_1$4

[9] 在A版中爲：絕對的。

[10] 在A版中爲：就不能。

在這些複合的現象學統一體中，邏輯學家須要將他所感興趣的各種組元（Komponenten）析取出來，因而首先要將邏輯表象活動、判斷活動和認識活動進行於其中的那些行爲特徵（Aktcharakter）析取出來，並在描述分析中對它們進行如此廣泛的研究，直至它們能夠有利於促進他的邏輯工作。理論性的東西在心理體驗中「實現」自身，並且在心理體驗中以個案的方式被給予，這是一個事實；但從這個事實中不能自然而然地直接匯出這樣一個結論，即：這些心理體驗必須被視爲邏輯研究的首要客體。純粹邏輯學家的首要的和眞正的興趣並不在於心理學的判斷，即具體的心理體驗，而是在於邏輯的判斷，即那種相對於雜多的、在描述上極其差異性的判斷體驗而言同一的陳述含義。[3]當然，在[11]個別體驗中總有某個始終共同的特徵與此觀念的統一體相符合。但由於在純粹邏輯學家這裡，關鍵並不在於具體的東西[12]，而是在於與此有關的觀念，在於在抽象中把握到的普遍的東西，所以他看起來沒有理由[13]離開抽象的基礎，摒棄觀念而把具體體驗[14]作爲他所感興趣的研究目標。

A6

3 參閱本書第一研究，第11節。

[11] 在A版中還有：判斷本身本質實現於其中的。

[12] 在A版中還有：及其個別特徵。

[13] 在A版中爲：沒有直接的理由。

[14] 在A版中爲：具體之物以及對它的具體體驗。

與此同時，即便對具體思維體驗的現象學分析並不屬於純粹邏輯學的原本己（ureigenen）領域，但這種分析對於促進純粹邏輯學的研究仍然是必不可少的。[15]因爲，任何邏輯之物，只要它應當作爲研究客體而爲我們所擁有，並且使建基於它之中的先天規律的明見性（Evidenz）得以可能，那麼它們就必定是在具體的充盈（Fülle）[4]中[16]被給予的。但邏輯之物起初是以一種不完善的形態被給予我們的：概念是作爲或多或少動搖不定的語詞含義被給予我們，規律則因由概念構成而作爲同樣動搖不定的論斷被給予我們。儘管我們並不會因此而缺乏邏輯的明察，我們仍然可以明見地把握到純粹規律，並認識到它奠基於純粹思維形式之上。但是這種明見性還是受那些在現時的規律判斷中發揮作用的語詞含義的制約。語詞所帶有的隱祕的雙關意義會使其他的概念補加進來，命題的含義因而有了變化，但人們往往誤以爲它仍具有原有的明見性。反過來也有可能是這樣一種情況：由這種雙關的含義引起的誤解扭曲了純粹邏輯學命題的意義（例如：將這些命題解釋成經驗心理學的命

A7 $B_1$5

---

4 充盈（Fülle）在胡塞爾那裡是指意識的感性材料。——中譯注

[15] 在A版中爲：屬於純粹邏輯學原本領域的儘管是觀念分析而非現象學分析，但後者對於前者的促進卻是必不可少的。

[16] 在A版中爲：主觀的實現中。

題），從而導致純粹邏輯之物喪失其以往經驗到的明見性以及它獨一無二的含義。

因此，邏輯觀念的這種被給予狀態以及在它們之中構造起來的純粹規律的被給予狀態是無法令人滿意的。由此而產生出使**邏輯的觀念、概念和規律達到認識論上的清楚明白**的重大任務。

而**現象學的分析**便起步於此。

作爲有效的思維統一性的邏輯概念必定起源於直觀；它們必定是在某些體驗的基礎上透過觀念化的（ideierend）抽象而產生的，並且必須在新進行的抽象中一再地重新被驗證，以及在與其自身的同一性中被把握。易言之：我們絕不會僅僅滿足於「單純的語詞」，亦即不會滿足於「對語詞單純的象徵性理解」，一如我們最初在反思純粹邏輯學提出的那些關於「概念」、「判斷」、「眞理」等等連同其各種劃分的規律之意義時所做的那樣。那些產生於遙遠、含糊和非本眞直觀中的含義對我們來說是遠遠不夠的。我們要回到「實事本身」。我們要在充分發揮了的直觀中獲得這樣的明見性：這個在現時進行的抽象中的被給予之物與語詞含義，在規律表達中所意指之物是眞實而現實的同一個東西；而且在認識實踐中，我們要喚醒我們所具有的心境，即：用可再造的直觀（或者說，用直觀地進行的抽象）進行充分反復的測量，從而在含義的不可動搖的同一性中牢牢把握住含義。同樣，透過將那些在不同表達環境中附加給同一個術語的那些**變動不居**的含義加以直觀化，我們也可以使自己確信這種模稜兩可含義的事實；我們可以獲得如下的明見性，即：語詞在這裡和那裡所指的東西，可以在有本質不同的直觀因素中或直觀形態中得到充實，或者說，在本質不同的各種普

$B_1$6

遍概念中得到充實。透過對被混淆的概念的區分以及對術語的恰當修改，我們而後也可以獲得我們所期待的邏輯命題的「清楚和明白」。

邏輯體驗的現象學的目的在於，爲我們對這些心理體驗和寓居於其中的意義提供一種足夠廣泛的、描述性的（而非一種諸如經驗心理學的[17]）理解，以便能賦予邏輯的基本概念以固定的含義，這些含義具有以下特徵：它們透過對含義意向和含義充實之間的本質聯繫的回溯性分析研究而得到澄明；它們所具有的可能的認識功能也得到理解並且同時也得到確定；簡言之，它們就是純粹邏輯學本身的興趣、主要是對這門學科之本質認識批判的明察的興趣所要求的那些含義。邏輯的和意識行爲方面的基本概念迄今爲止仍未得到完善的澄清；它們帶有各種各樣的多義性，這些多義性極爲有害、極難確定，而且又因人而異地受到截然不同的把握，以至於我們必須尋找一下純粹邏輯學和認識論如此落後的主要原因在哪裡。

誠然，我們必須承認，沒有現象學的分析，某些在自然觀點中對純粹邏輯學領域的[18]概念區分與劃界也可以達到明見性。由於相關的邏輯行爲[19]是在對充實著的直觀的相即適配中（in adäquater Anpassung）進行的，因而現象學的狀況本身在這裡並未得到反思。但是，

A8

B$_1$7

[17] 在A版中爲：發生心理學的。

[18] 在A版中爲：純客觀的。

[19] 在A版中爲：這些區分與劃界。

即使是最充分的明見性也會令人迷惑，它所把握到的東西也會得到錯誤的詮釋，它的可靠決斷也可能遭到拒絕。我們尤其要考慮到，哲學反思具有一種（絕非偶然的）趨向，它總想悄悄地將客觀觀點與心理學觀點混爲一談，混淆這兩方面雖然本質相關、卻有原則差異的被給予性，而後在對邏輯客觀性的詮釋中受到心理學誤釋的欺騙；這種狀況要求我們做出澄清性的研究。這種研究就其本性來看只有透過現象學來完成，即借助於思維體驗與認識體驗的現象學本質論，同時不斷地關注那些本質上屬於這些體驗的被意指之物（恰恰是以在這些體驗中本身以自身「表現」、自身「展示」等等方式被意指的東西）。只有透過一門純粹的現象學，透過一門絕非是心理學、絕非是關於動物實在的心理特性和狀態的經驗科學的現象學，心理主義才能得到澈底的克服。只有現象學才能也在我們的領域中爲下面這項工作提供所有的前提，即：最充分地確定純粹邏輯學的全部基本區分和明察。只有現象學才能去除那樣一種假象，這種假象起源於本質根據之中，因而起初是不可避免的；它使我們很容易將客觀邏輯的東西轉釋爲心理學的東西。[20]

$B_1$8
A9

[20] 在A版中爲：它總是將客觀的考察方式與現象學的考察方式混爲一談，而不從認識論上明察它們之間的恰當聯繫，並且讓現象學在客觀方面的誤釋來迷惑自己；這種狀況決定了：一門充分發揮了的思維和認識體驗的現象學，連同一門爲我們澄清主客體關係的認識論，將構成下面這項工作的前提，即：可靠地、最終地確定那些即便不是所有、也是絕大多數的客觀—邏輯劃分和觀點。

顯而易見，在上述現象學分析的動機與那些產生於最普遍的認識論基本問題中的動機之間存在著本質的聯繫[21]。因爲，如果我們是在最廣泛的普遍性中——即在抽象出所有「認識質料」的形式普遍性中——提出這些問題的話，那麼這些問題就[22]被納入到一個問題圈中，它們屬於對一門純粹邏輯學的觀念進行徹底澄清的問題。一個事實是：所有思維和認識都與對象或事態有關，它們都似乎切中了對象或事態，以至於後者的「自在存在」顯示爲一種在雜多的現實的或可能的思維行爲中或意指中的可證實的同一[23]；另一個事實是：在所有思維中都寓居著一種思維形式，它服從觀念的規律，而且是服從那些對認識一般的客觀性或觀念性做出限定（umschreiben）的規律。——我要說，這兩個事實一再地挑起如下的問題：客觀性的「自在」被「表象」，在認識中被「把握」，就是說，最後還是成爲主觀的，這句話讓人如何理解[24]？對象是「自在」的並且在認識中「被給予」，這句話是什麼意思？作爲概念或規律的普遍之物的觀念性如何能夠進入實在心理的體驗流並且成爲思維者的認識財產？隨認識把握[25]所涉及的對象的不同——或個別對象、或普遍對象，或事實、或規

---

[21] 在A版中爲：並無本質的差異，這點可以輕易地確定。

[22] 在A版中爲：這些問題本身。

[23] 在A版中爲：這些對象或事態相對於雜多的眞實或可能的思維行爲而言是「雜多中的同一」，即具有觀念的性質。

[24] 在A版中爲：客觀性的「自在」爲什麼會被表象，就是說，爲什麼在某種程度上又會再成爲主觀的。

[25] 在A版中有引號。

律——，事物與智性的相即（adaequatio rei ac intellectus）在這些不同的情況中分別意味著什麼？諸如此類。但現在已經很清楚，這些問題與上面暗示過的純粹邏輯之物的澄清問題是完全不可分的。澄清邏輯觀念，如概念和對象、眞理和定律、事實和本質的任務不可避免地要導向這些問題；此外，必須處理這些問題的另一個原因還在於：若非如此，人們在現象學分析中所追求的澄清工作本身的本質就會永遠是一團模糊。

第3節　純粹現象學分析的困難

對邏輯學基本概念的澄清之所以困難，自然是因爲嚴格的現象學分析是異常困難的；無論這種對體驗的內在分析是根據**純粹**的本質（在排除所有經驗事實和個體個別的情況下）進行的，還是在經驗的——心理學的觀點中進行的，這些困難總的來說是同一類的。心理學家們通常是在思考作爲心理學具體認識源泉的內感知的過程中對這些困難進行闡釋；這些闡釋[26]當然無法以正確的方式進行，因爲他們將外感知和內感知錯誤地加以對置。[27]所有困難的根源都[28]在於現象學分析所要求的那種反自然的直觀方向和思維方向。我們的意圖並不在於對

A10　B$_{1}$9

[26] 在A版中有以下內容：通常。

[27] 在A版中還有一注腳：參閱本書第二卷，第五研究以及這一卷末尾的第一附錄。

[28] 在A版中爲：根本的困難。

那些雜多的、相互交迭構成的行爲的**進行**，並隨之而素樸地將那些在其意義中被意指的對象設定爲和規定爲存在著的，或者以假設的方式以這些對象爲開端，據此而設定一些結論，如此等等；我們的意圖毋寧在於進行「反思」，即：使這些行爲本身及其內在的意義內涵成爲對象。在對象被直觀、被思考、被理論地思維並在某種存在變式（Seinsmodalitäten）中被設定爲現實的同時，我們不應把我們的理論興趣放在這些對象上、不應按照它們在那些行爲意向中所顯現或起作用的那樣將它們設定爲現實，恰恰相反，那些至今爲止非對象性的行爲才應當成爲我們所要把握、所要理論設定的客體；我們應當在新的直觀行爲和思維行爲中去考察它們，分析、描述它們的本質，使它們成爲一種經驗思維的或觀念化思維的對象。[29]然而，這樣一種思維方向是與那些最爲牢固的、從我們心理發展的一開始就不斷增強著的習慣相違背的。因而人們有一種幾乎無法消除的秉好：一再地從現象學的思維態度回落到素

[29] 在A版中爲：我們不是去進行那些雜多的、相互交迭的意識行爲，從而僅僅面對這些行爲的對象；而是要進行「反思」，即：使這些意識行爲本身成爲對象。在對象被直觀、被思考、被相互聯繫、在一種規律性的觀念角度上被考察、如此等等的同時，我們不應把我們的理論興趣放在這些對象上、不應放在這些在行爲意向中顯現或生效的對象上，恰恰相反，我們應當把我們的理論興趣放在那些至今爲止非對象性的行爲上，這些行爲才應當成爲我們所要把握、所要理論設定的客體；我們應當在新的直觀行爲和思維行爲中去考察它們，分析、描述它們的本質，使它們成爲一種比較著和劃分著的思維的對象。

$B_1$10

樸—客觀的態度中；把那些在原初行爲的自然進行中隸屬於行爲對象的規定性劃歸給行爲本身[30]，或者說，劃歸給內在於行爲的「顯現」（Erscheinung）或「含義」（Bedeutung），甚至還將所有類型的眞實存在的對象，如觀念（考慮到它們能夠在觀念的直觀中明見地被給予），[31]視爲對對象的表象的現象學組成部分。

對心理行爲的任何內在描述的可能性，以及更進一步說，現象學的本質論的可能性原則上受到一種困難的威脅，人們已多次論述過這種困難，它表現在：當人們從素樸的行爲進行向反思的觀點，或者說，向從屬於反思的行爲進行過渡時，必然會改變素樸的行爲。我們應當如何正確評價這種變化的方式和範圍，甚至，我們究竟能否知道這種變化——無論它是作爲事實還是作爲本質必然性？[32]

一種困難在於難以獲得可把握的、在反復的認同中明見的結果，另一種困難在於難以闡

[30] 在A版中爲：把那些原初顯現的對象歸給現象本身，即歸給事實的心理體驗。

[31] 在A版中爲：將全部意向對象。

[32] 在A版中爲：由於我們應當在第二性的行爲中去關注原初的行爲，並以至少在某種程度上對原初行爲的對象的關注爲前提，因此這裡必然要考慮到「意識的狹窄性」這個困難狀況。此外，這種變化會在第二性反思行爲對原初行爲的現象學內涵的反思中產生干擾性影響：缺乏訓練的人會輕易地忽視這種變化的出現，而即使是經驗豐富的人也難以估價這種變化。

述並向他人傳達這些結果，這兩種困難實際上是平行的。根據最精準的分析而明見地被確定爲是本質狀況的東西，應當在這樣一些表達中被闡述出來，這些表達即使富含差異性也僅僅是與我們所熟悉的[33]自然客體性相適配，這種客體性是以意識的方式在體驗中構造起自身的，而這些[34]體驗只有借助於一些十分多義的語詞，如：感覺、感知、表象等等，才能得到直接的標示。此外，人們還得借助於一些能夠命名在行爲中的意向之物、行爲所朝向的對象性的表達。對意指的行爲進行描述，同時卻不回溯到在表達中被意指的實事上，這是完全不可能的。而且極易被忽視的是：這種連同行爲一起被描述並且幾乎在所有現象學描述中都連同行爲一起被涉及的「對象性」，已經經歷了一種意義變更，從而本身便隸屬現象學的領域。[35]

但如果我們將這些困難暫且存而不論，那麼在如何將已獲得的明察可信地傳達給他人方面也還會出現新的困難。這些明察只能爲那些經過訓練而有這方面能力的人所核對總和證實，即：他能夠在那種反自然的反思習性（Habitus）中進行純粹的描述，就是說，[36]能夠

$B_1$11

[33] 在A版中爲：原初的。

[34] 在A版中爲：主觀的。

[35] 在A版中爲：我們須得用我們所擅長的關於對象的表達來生造一些描述性的表達，這種表達使得我們只能非常間接地去指明［與對象］相應的行爲及其描述性的差異。。

[36] 在A版中爲：置身於那種反自然的反思習性和反思的研究之中並且。

使現象學的狀況在他那裡純粹地[37]發揮作用。這種純粹性要求我們：在我們的陳述中不能錯誤地夾雜任何由於我們素樸地接受和評價這樣一些對象性而產生的陳述，這些對象性是指在那些有待從現象學上探討的行爲中經歷了存在設定的對象性。但這種純粹性也禁止我們以任何其他方式越出行爲本身的本質內涵之外，即是說，它禁止我們利用與這些行爲本身相關的自然統攝與設定，亦即禁止我們將它們作爲心理學實在、作爲這個自然或某個自然的某種「有靈魂生物」的狀態來利用（無論是泛泛的一般，還是示範性的利用）。以此方式進行研究的能力是無法輕易獲得的，而且它例如無法透過心理學[38]實驗的大量訓練來替代，或無法借助於這種訓練來獲取。

但無論一門純粹現象學，尤其是一門邏輯體驗的純粹現象學所遭遇的困難有多大，它們也絕不是那種使得任何克服它們的企圖都顯得毫無指望的困難。目的明確、願獻身於這項偉大事業的一代研究者之間的堅定合作（我貿然做此判斷）將會使這個領域中的最重要的[39]問題、與這個領域的基本狀態有關的問題得到充分的決斷。這裡是一組可及的、對於一門科學的哲學的實現[40]來說根本性的發現。當然，這些發現缺乏耀眼奪目的光彩；它們缺乏在實際

[37] 在A版中還有：、在擺脫了任何意向對象性之混雜的情況下。

[38] 在A版中爲：心理物理學。

[39] 在A版中爲：較根本的。

[40] 在A版中爲：理論哲學。

生活方面或在推動更高的情感需求方面直接可把握的有用性；它們還缺乏實驗方法的顯赫裝置，而實驗[41]心理學正是借助於這些裝置才贏得了信任和眾多的合作者。

第4節　對邏輯體驗的語法方面的關注之必要性

邏輯學家需要用分析的現象學來爲他的邏輯學做準備工作和奠基工作，這種分析的現象學此外和首先涉及「表象」，並進一步涉及**表達的**表象。但在這些複合行爲中，邏輯學家的原初興趣屬於那些附著在「單純表達」上並發揮著含義意向和含義充實作用的體驗。然而他也始終不能忽視這些複合行爲的感性語言方面（在複合行爲之中構成「單純」表達的東西），以及它與那些啓動的意指活動（beseelendes Bedeuten）[42]之間的連結方式。如所周知，含義分析常常容易不爲人注意地受**語法**分析的左右。誠然，鑒於直接含義分析的困難，任何能夠間接地預期其結果[43]的手段、哪怕是不完善的手段，都不會不受歡迎；然而，儘管語法分析能帶來這種積極的幫助，但它一旦取代**眞正的含義**分析，由此而造成的欺騙性

[41] 在A版中爲：繁榮的生理學的。

[42] 在A版中爲：含義。

[43] 在A版中爲：體驗。

A13

則要比它帶來的積極幫助大得多。如果我們用那種不經訓練也可進行並且在實際思維中常常運用的反思粗略思考一下思想及其語言上的表達，我們就會注意到思維和話語之間的平行關係。我們都知道，語詞是有所指的，並且一般說來，不同的語詞會清楚地表現不同的含義。倘若我們眞的可以將這種一致性視爲一種完善的、先天被給予的一致性，尤其是視爲一種爲本質性的含義範疇造就出其語法範疇中的完善對應面的一致性，那麼，一門語言形式的現象學本身同時也就包括了含義體驗（思維體驗、判斷體驗等等[44]）的現象學，含義分析也就可以說是與語法分析相合了。

毋須深思便可確定，一種可以滿足這些廣泛要求的平行關係既沒有本質根據的支援，而且實際上也[45]並不存在，而且語法分析據此也就無法在一種對作爲感性外在現象之表達的單純劃分中進行；毋寧說，它對含義之區別的關注從原則上規定了它的性質[46]。但**這些在語法上事關重大的**含義區別有時是**本質性的**，有時則是**偶然性的**，這取決於：話語的實際目的究竟是將自己的表達式強制用於本質性的含義區別，還是用於偶然性的（僅僅在交往中出現得特別多的）含義區別。

[44] 在A版中還有：，只要它們都是含義載體。

[45] 在A版中爲：實際上。

[46] 在A版中爲：不斷關注在很重要的並且必不可少的一部分上規定了它的性質。

$B_1$13

但如所周知，表達的差異並不僅僅是由含義的區別來決定的。我在這裡只想提醒注意修辭（Färbung）的區別以及話語所具有的美學趨向：它們抵制表達式上的空乏單調以及在語音上和韻律上的不諧和，並因此而要求有一批可供選擇的同義表達。

由於口頭表達的區別與思想的區別，尤其是語詞形式與思想形式籠統地爲一體著，人們很自然地會想在每一個顯現出的語法區別後面去尋找邏輯的區別，因此，**從邏輯上來說很重要的一件事便在於：分析地澄清表達與含義之間的關係**，並且在從模糊的意指活動（Bedeuten）向那種相應的、明確而清晰的、透過豐富的範例直觀而得到滿足和自身充實的意指活動的回復過程中[47]去認識這樣一種方法，用這種方法可以在任何已有情況下判斷一種劃分究竟應當被視作邏輯的劃分，還是應當被視作單純語法的劃分。

對語法差異和邏輯差異之間的區別僅僅做一般性的、舉一些合適的例子便可輕易獲得的認識是不夠的。一般地認識到語法區別並不總是與邏輯區別攜手並進，易言之，語言以同樣有效的形式既明確表現了質料的含義區別所具有的廣泛交往的有用性，也表現了基本邏輯區別（即先天地建基於含義的普遍本質之中的區別）所具有的廣泛交往的有用性——這種一般的認識甚至會爲一種有害的偏激主義（Radikalismus）提供幫助，這種偏激主義過分地限制邏輯形式的範圍，它把一大批極爲重要的邏輯區別誤作單純的語法區別而加以拒絕，只保留

[47] 在A版中爲：**從意指向充實著的直觀的回復過程中**。

$B_1$14 A14

少數幾個邏輯區別以維持傳統的三段論。我們知道，布倫塔諾便是失足於這種過激，即便他對形式邏輯做了極有價值的改革嘗試。唯有澈底地澄清表達、含義、含義意向和含義充實之間的現象學的本質關係[48]，我們才能獲得一個可靠的中間位置，語法分析和含義分析之間的關係也才能得到必要的澄清。 A15

第5節　對下列分析研究之主要目標的標示 B$_1$15

我們因此而要進行一系列的分析性研究，以便澄清那些對於一門純粹的或形式的邏輯學來說是構造性的觀念，首先是那些與純粹—邏輯學的形式論有關的觀念[49]，這些研究將從含義體驗的經驗制約性出發，力圖從「表達」中把握：「表達」或「意指」[50]這些多義的說法究竟指的是什麼？哪些本質劃分（無論是現象學的劃分，還是邏輯學的劃分）先天地[51]包含在表達之中？以及，——我們先談表達的現象學方面——如何合乎本質地描述體驗，將體

[48] 在A版中爲：純粹現象學的關係。

[49] 在A版中爲：前工作，以便使一門形式的邏輯學、首先是一門純粹邏輯的形式論的實現成爲可能。

[50] 在A版中「意指」兩字未加引號。

[51] 在A版中爲：一般地。

驗[52]納入哪種純粹的、先天具有意指能力的屬?在體驗中進行的「表象活動」和「判斷活動」與相應的直觀的關係如何?它們如何在其中「直觀化」,如何有可能在其中「強化」並「充實」自身,在其中獲得其「明見性」,如此等等。顯而易見,與此有關的研究必須先行於所有那些與對基本概念、邏輯範疇的澄清有關的研究。關於行爲,或者說,關於那些在表象的標題下受到邏輯學考察的觀念含義的基本問題也屬於這些引導性的研究的系列。一項重要的任務在於澄清並區分表象這個詞所接受的各種概念,這些概念給心理學、認識論和邏輯學造成了諸多的迷惑。類似的分析也涉及判斷的概念,即在爲邏輯學所考慮的意義上的那種判斷。這是所謂「判斷理論」的意圖所在,但就其主要部分來看,或者說,就其本質困難而言,「判斷理論」實際上是「表象理論」。當然,我們在這裡所從事的絕不是一門心理學理論,而是一門受認識批判的興趣界定的表象體驗和判斷體驗的現象學。

與表達式的體驗本身的本質內涵[53]一樣,體驗的意向[54]內涵、體驗的對象意向的觀念意義,即:含義的統一和對象的統一,都需要得到進一步的探討。我們首先要探討體驗之間的雙邊關係,探討那種起初會令人不解的方式:同一個體驗應當並且可以在雙重意義上擁有一

[52] 在A版中爲:心理體驗。

[53] 在A版中爲:的現象學內涵,即純粹描述性內涵。

[54] 在A版中爲:客觀。

個內容，在同一個體驗中，除了它本身的實項內容之外，還應當並且可以寓居著一個觀念的、意向的內容。

這一方面的研究還包括關於邏輯行爲的「對象性」或「無對象性」問題、意向對象與眞實對象之劃分的意義問題，還包括對眞理的觀念以及眞理與判斷的明見性觀念之間關係的澄清，同樣包括對其他相互緊密聯繫的邏輯範疇與意向活動範疇的澄清。這些研究可以部分地等同於有關邏輯形式之構造的研究，但前提自然是：隨著賦形的、範疇的概念的澄清，採納還是拒絕某個被聲稱的邏輯形式的問題（即對這個形式是僅僅在語法上、還是在邏輯上區別於其他已被認識的形式的懷疑）也已經得到解決。

這樣，對下面所要進行的研究具有引導性意義的[55]問題範圍便大致得到了標明。此外，這些研究並不要求自身的完整性。它們並不想提供一個邏輯學體系，而是想提供一門從現象學本源上得到澄清的哲學邏輯學的前工作[56]。這樣一種分析性研究的途徑當然也完全不同於那種對在邏輯有序的體系中已充分獲得的眞理進行最終闡明的途徑。

[55] 在A版中爲：與下面的研究有關的。

[56] 在A版中爲：我在這裡並不想提供一個邏輯學體系，而是想提供對邏輯學的認識論澄清和未來建構的前工作。

第6節 補充[57]

補充一。以上所說明的各項研究不可避免地從多方面要超出狹窄的現象學領域，爲了澄清邏輯觀念並使它們成爲直接的明見性，確實需要對這個領域進行探討。這個領域恰恰是不能從一開始就被給予的，而只能是在研究的過程中得到界定的。[58]尤其迫切的是要區分對邏輯術語理解中的許多模糊雜亂的概念，並且在其中找出眞正的邏輯概念，從而擴大我們的研究範圍。

補充二。要從現象學上對邏輯學進行奠基，我們還必須克服這樣一個困難：這種奠基必須在闡述本身之中運用幾乎所有它想要澄清的概念。與此相關，在現象學（以及認識論）基本研究[59]的系統順序方面還存在著某些始終無法彌補的缺陷。如果我們認爲思維是我們首先必須澄清的東西，那麼就不能允許在澄清的闡述本身之中不加批判地運用那些有問題的概念或術語[60]。但我們卻又不能首先指望：只有在邏輯質料的實際聯繫導向這些概念之後，對這

[57] 在A版中第6節以普通字形印出，在B版中改用小體字形印出。

[58] 在A版中還有：許多起初顯得具有認識論方面重要性的東西，在隨後的分析中被證明在認識論上毫無意義。但。

[59] 在A版中爲：認識論的前研究。

[60] 在A版中爲：（或毋寧說是術語）。

些概念的批判分析才是必要的。換言之，自在自爲地看，對純粹邏輯學的系統澄清和對任何一門學科的系統澄清一樣，都要求人們循著事情的順序、循著有待澄清的科學的系統聯繫逐步地向前邁進。但在這裡的情況中，爲了保證我們的研究能夠進行，就需要不斷地打破這種系統的順序；人們需要在事情的自然順序導向概念之前就消除掉那些會威脅到研究本身進程的概念混亂。這些研究的進程可以說是「之」字形的；尤其當我們由於密切依賴各種認識概念從而必然要一再地回到原初的分析上，並且在新的分析上證實原初的分析以及在原初的分析上證實新的分析時，這個比喻就更爲恰當了。

補充三。一旦人們把握了**我們**這種意義上的現象學，那麼他就不會再做這樣一種指責了——如果按通行的做法把現象學解釋爲描述心理學（在自然的經驗科學的意義上），那麼這種指責是完全合理的——。這種指責是指：所有以對認識的系統現象學澄清爲任務的認識論都建立在心理學的基礎上。因而純粹邏輯學，即在認識論上得到澄清並被我們稱爲**哲學**學科的純粹邏輯學，最終也建立在心理學的基礎上，儘管只是建立在心理學的最低階段上，亦即對意向體驗的描述研究的基礎上。因此，爲什麼要那麼起勁地反駁心理主義呢？

我們當然會回答：如果心理學這個詞保留其舊的意義，那麼現象學恰恰就**不是**描述的心理學，它所特有的那種「**純粹**」描述，即在對體驗（即使是在自由想象中**臆造**的體驗）的範例性個別直觀的基礎上進行的本質直觀，以及在純粹概念中對被直觀到的本質的描述確定，並不是經驗的（自然科學的）描述，毋寧說它排斥所有自然進行的經驗的（自然主義的）統覺和設定。描述心理學對感知、判斷、感情、意願等等的確定乃是針對自然現實的動物生物之實體狀態而言，正如有關物理狀況的確定不言而喻是針對自然事件、針對現實的自然事件而非臆造的自然事件所做。這裡的每一個普遍定律都帶有經驗普遍性的特徵，即：對這個自然是有效的。但現象學卻不談論動物生物的狀態（甚至都不去談論一個可能的自然一般的動物生物狀態），它談論的是感知、判斷、感受等等本身，談論它們先天地、無條件的（unbedingt）普遍性中作爲純粹種類的純粹個別性所含有的東西，談論那些只有在對「本質」（本質屬、本質類）的純粹直觀把握的基礎上才能明察到的東西；與此完全類似，純粹數學在對觀念普遍性的純粹直觀的基礎上，談論數字、幾何學談論空間形態。因此，純粹邏輯學的（以及所有理性批判的）闡明的基礎不在於心理學，而在於現象學。同時，在另一種完全不同的功能上，現象學又是任何一門——可以完全有理由自稱爲是嚴格科學的——心理學的基礎，正如純粹數學，如純粹空間論和純粹運動論，是任何一門精密的自然科學（關於經驗事物及其經驗形態和運動的自然論）的必然基礎一樣。關於感知、意願以及其他任何體驗構形的本質認識當然也適用於相應的動物生物的經驗狀態，就像幾何認識也適用於自然的空間形態一樣。[61]

---

[61] 在A版中爲：補充三。現象學是描述的心理學。因此，認識批判基本上就是心理學或至少只能建立在心理學的基礎上。從而，純粹邏輯學也就建立在心理學的基礎上——那麼整個對心理主義的反駁又是爲了什麼呢？

一個仔細讀過《純粹邏輯學導引》的讀者是不會提出這種指責的；我們當然要駁斥這種指責，正如我們在這

第7節　認識論研究的無前提性原則

正如人們經常強調的那樣，一項具有嚴肅的科學性要求的認識論研究必須滿足**無前提性的原則**。但我們認爲，這個原則無非就意味著：嚴格地排斥所有**在現象學**上[62]無法完全實現的陳述[63]。任何認識論的研究都必須在純粹現象學的基礎上進行。它所追求的「理論」無非

個引論第2節中已暗示過的那樣：純粹邏輯學的這種心理學奠基，即純粹描述性奠基的必要性不能攪亂我們對邏輯學和心理學這兩門科學的相互獨立性的認識。因爲，純粹的描述只是理論的前階段，但還不是理論本身。所以，同一項描述可以爲不同的理論科學作準備。作爲完整的科學的心理學並不是純粹邏輯學的基礎，而是某些構成理論心理學之前階段的描述（這是指：它們描述經驗對象，理論心理學則探討這些對象的發生聯繫），同時也構成這樣一些基本抽象的基礎，透過這些抽象，邏輯學家明見地把握到他的觀念對象和觀念聯繫的本質。

對認識體驗的純粹描述性研究不具有任何理論心理學的興趣，將這種研究與眞正心理學的、以經驗說明和經驗發生爲目的的研究區分開來，這在認識論上具有特別重要的意義，因此，我們最好還是提**現象學**而不提描述心理學。這樣做還有另一方面的原因，即：在某些研究者的用語中，描述心理學這個表達所標誌的是這樣一個科學心理學研究的領域，這個領域的特徵在於：在方法上偏好內經驗並抽象於所有心理物理的說明。

[62] 在A版中未加重點號。

[63] 在A版中爲：假設。

是對下列問題的思索和明見的理解，即：思維和認識究竟是什麼，即按其純粹的屬的本質來看，它們究竟是什麼；它們必定具有什麼類型和形式；它的對象關係具有哪些內在的結構；在這些結構方面，像有效性、論證、直接與間接的明見性這些觀念以及與它們相對立的觀念分別意味著什麼；這些觀念相對於可能的認識對象的區域而言具有哪些特殊性；形式的和質料的「思維規律」如何透過與認識意識所具有的結構性本質聯繫的先天關係來闡釋自身的意義和作用[64]。如果這種對認識之意義的思索提供的不是一種單純的意見，而是提供一種明晰的知識，像這裡所嚴格要求的那樣，那麼它就必須在被給予的思維體驗和認識體驗的範例性的基礎上作爲純粹的本質直觀[65]來進行。思維行爲有時會朝向超越的客體，甚或朝向不存在的和不可能的客體，但這並不會造成妨礙。因爲，人們必須注意到，[66]這種對對象的朝向、這種對一個非實項地處於體驗的現象學組成中的[67]客體的表象和意指是相關體驗的一個

$B_1$20

[64] 在A版中爲：它們究竟爲何有權提出對對象性的要求，認識的觀念，尤其是先天認識的觀念中包含哪些本質形式，建立在這種形式中的「形式」規律在什麼意義上是思維規律，並且，它們在什麼意義上限定了理論認識以及整個認識的觀念可能性。

[65] 在A版中爲：純粹地。

[66] 在A版中爲：顯然，。

[67] 在A版中爲：在現象學上未實現的。

描述性特徵，因而，這種意指的意義必須純粹在體驗本身的基礎上得到澄清和確定；這種澄 A20
清和確定也根本不可能以其他方式進行。

與純粹認識論有別的一個問題是我們對超越意識的「心理」實在和「物理」實在之認定的證實：究竟必須在現實的意義上，還是必須在非本眞的意義上來理解自然研究者所做的關於這些實在的陳述；在顯現的自然、即作爲自然科學相關項的自然的對面放置第二個、在一種強化了的（potenziert）意義上的超越的世界，這種做法是否有意義和有理由；如此等等。關於「外部世界」的存在和自然的問題是一個形上學的問題。作爲對觀念本質和對認識思維之有效意義的普遍啟蒙，認識論雖然包含著這種普遍問題，即：有關那些原則上已超越出對其認識之體驗的物性的、實在的對象的知識或理性猜測是否可能以及在何種程度上可能，這些知識的眞正意義必須依據哪些準則；但認識論並不包含這種經驗方面的問題，即：我們作爲人是否確實能夠根據事實地被給予我們的材料來獲得這種知識，認識論更不包含將這種知識付諸實現的任務。[68]在我們看來，認識論實際上根本不是一種理

[68] 在A版中爲：與認識論完全不同的一個問題是我們對與我們自身的自我相區別的「心理」實體和「物理」實體設定的證明：這些實體的本質是什麼，它們服從於哪些規律，它們是否包括物理學家的原子和分子，如此等等。關於「外部世界」的存在和自然的問題是一個形上學的問題。與此相反，作爲對觀念本質或對認識思維之有效意義的一般闡述，認識論雖然包含著這種一般問題，即：有關那些在思維體驗中未自身被給予、因而未在確切的意義上被認識的對象的知識或理性猜測是否可能以及在何種程度上可能，這些知識的眞正意

論[69]。它不是一種在理論說明之統一的確切意義上的科學。理論意義上的說明是從普遍規律出發去闡明（Begreiflichmachen）個別之物，並從根據（Grundgesetz）規律出發去闡明普遍規律。在事實的領域中我們涉及的是這樣一些認識：在各種狀況的現有組合（Kollokationen）中發生的事情，是必然地，即按照自然規律而發生的。在先天的領域中我們所涉及的則是：從全面總體的必然性出發並且最終從我們稱之爲公理的最原始的和最總體的關係規律出發去理解低階段上的特種關係的必然性。然而，在這種理論的意義上認識論沒有什麼可以說明，它不建立演繹性理論並且也不把自己納入這種理論。我們完全可以把我們在《純粹邏輯學導引》中所論及的那種最普遍的認識論、亦可說是形式的認識論看作[70]是對最廣泛的知性中的純粹數學的哲學補充，這個意義上的知性以系統理論的形式將所有先天的、範疇的認識結合爲一體。這種理論的理論以及闡明這門理論的形式認識論要先於所有的經驗理論，即：先於所有說明性的實在科學；一方面先於物理的自然科學，另一方面則先於心理學，並且自然也先於所有形上學[71]。它並不想在心理學或心理—物理學的意義上說明認

A21 B₁21

義必須依據哪些準則；但認識論並不包含這樣一種特殊的問題：我們作爲人是否確實能夠根據事實地被給予我們的材料來獲得這種知識，認識論更不包含將這種知識付諸實現的任務。

[69] 在A版中還有：。並且它自身也不包含任何理論。

[70] 在A版中爲：根據《純粹邏輯學導引》的論述，它無非。

[71] 在A版中爲：尤其先於所有形上學；此外，一方面先於物理的自然科學，另一方面則先於心理學。

識、**說明**客觀自然中的**事實性**[72]事件，而是想根據其構造因素或規律**闡明**認識的**觀念**[73]；它並不想探究事實的認識行爲所處於其中的那些並存（Koexistenz）和演替（Sukzession）的實在關係，而是想**理解**認識的客觀性在其中得到表明的那些**特種**[74]關係的**觀念意義**；它想透過向相即充實的直觀的回復而使純粹的認識形式和規律變得清楚而明白。這種闡明是在認識現象學的範圍內進行的，如我們所見，這門現象學是指向「純粹」認識的本質結構以及從屬於它們的意義組成的。在它的科學確定中自始至終都不包含絲毫有關實在存在的論斷；就是說，任何形上學的論斷、任何自然科學的論斷以及特殊的心理學論斷都不能在它之中作爲前提發生效用。[75]

顯而易見，純粹現象學的認識「理論」而後又可以**運用**於所有那些自然的、好的意義上「素樸的」科學，這些科學透過這種方式而轉變爲「**哲學的**」科學。換言之，它們轉變成這樣一些科學，這些科學所提供的是在任何一種可能的和可被要求的意義上受到澄清和保證的

[72] 在A版中爲：時間性。

[73] 在A版中未加重點號。

[74] 在A版中未加重點號。

[75] 在A版中爲：如我們所見，這種闡明極力地需要一門認識體驗的以及整個直觀體驗和思維體驗的現象學，一門以對體驗按其實項組成所做的單純描述分析爲目的，而非以對體驗及其因果關係的發生分析爲目的的現象學。

認識。至於實在科學，它也要在認識論上受到澄清，這項澄清工作也可被表達爲：「**自然哲學方面的**」或「**形上學方面的**」充分評價和利用。

下列研究正是要滿足這種形上學、自然科學、[76]心理學方面的無前提性。不言而喻，它並不會因爲一些對分析的內容和性質毫無影響的插入說明而受到損害，它更不會因爲闡釋者對其讀者圈所做的眾多表達而受到損害，這個讀者圈的存在——與作者自己的存在一樣——並不構成這些研究的內容上的前提。即使我們例如從語言的事實出發去說明某些語言的表達形式的單純交往含義，我們也超越這些爲我們所劃定的界限，如此等等。人們可以輕易地證實，以下的分析可以獨立地獲得其意義和認識論價值，它們不依賴於語言以及它所服務的人的相互交往是否現實地存在，不依賴於像人和自然這種東西究竟是否存在，或者，不依賴於所有這些東西究竟是否只是在想象和可能性中存有。

被表述的結論的眞正前提必須是在命題之中，這些命題要滿足這樣一個要求：它們所陳述的東西可以得到**相即的**（adäquat）、**現象學的證實**[77]，因而可以滿足最嚴格意義上的**明見性**[78]；此外，這些命題始終只能在它們直觀地受到確定的那種意義上被運用。

A22

[76] 在A版中爲：物理學和。

[77] 在A版中爲：盡可能相即的、現象學的證明。

[78] 在A版中爲：明見性。

第一研究　表達與含義

第一章 本質性的區分

A23
B$_1$23

第1節　符號這個概念的雙重含義

將**表達**（Ausdruck）與**符號**（Zeichen）這兩個術語做等義使用的做法並非罕見。但注意到以下情況不無助益：在一般的、通常的用語中，它們絕非始終一致。每個符號都是某種東西的符號，然而並非每個符號都具有一個「**含義**」（Bedeutung）、一個借助於符號而「**表達**」出來的「意義」（Sinn）。在許多情況下甚至不能說，這個符號所「標示」的東西，就是它爲此而被稱作一個符號的東西。而且即使是在這種說法成立的地方，我們也可以注意到，人們並不始終想把這種標示活動（Bezeichnen）視爲那種刻畫著各個表達的「意指活動」（Bedeuten）。即是說，**指號**（Anzeichen）［或記號（Kennzeichen）、標號（Merkzeichen）等等］意義上的符號**不表達**任何東西；除非它在完成指示（Anzeigen）作用的同時還完成了一個意指（Bedeuten）作用。如果我們——就像我們在談及表達時不由自主地習慣做的那樣——首先將我們的討論範圍局限在那些活的對話中產生作用的表達上，那麼指號這個概念與表達概念相比，便顯得是一個在範圍上更廣的概念。但就其內涵而言，指號並不因此而成爲一個屬。意指**並不是一種指示意義上的符號存在**。意指的範圍比較窄；這只是因爲意指——在告知的話語中（in mitteilender Rede）——總是與那個指號存在的狀況交織在一起，而指號之所以論證了一個較廣的概念，是因爲指號可以擺脫這種交織的狀況而單獨出現。但表達也會在**孤獨的心靈生活**中發揮它們的意指作用，它們在這裡**不再作爲指號發揮作用**。因此，實際上在這兩個符號概念之間並不存在寬與窄的關係。

但這裡還須做進一步的說明。

$B_1$24
A24

第2節　指示的本質

在這兩個依附於「符號」一詞的概念中，我們首先考察指號（Anzeichen）這個概念。我們將這裡普遍存在的狀況稱爲指示（Anzeige）。在這個意義上，烙印是奴隸的符號，旗幟是民族的符號。這裡包括了所有那些作爲「特徵」屬性（「charakteristische」Beschaffenheit）的原初詞義上的「標記」（Merkmale），它們會妥當地將它們附著於其上的那些客體變得易於識別。

但指號概念所涉及的範圍要廣於標記概念。我們將火星上的運河稱爲智性的火星人存在的符號，將化石骨骼稱爲太古動物存在的符號等等。這裡也包括回憶符號，如手絹包著的一個可愛的紐扣、紀念碑等等。如果有合適的物體、進程或關於它們的規定性被編造出來，以便使它們能夠作爲指號發揮作用，那麼它們便叫作符號（Zeichen），無論它們是否行使這種作用。在涉及那些隨意的或帶有指示的意圖而造出的符號時，人們也談及「符號標示活動」（Bezeichnen），這一方面是就這個創造了指號的行爲而言（打烙印、用粉筆記帳等等），另一方面是在指示本身的意義上，即是說，是就指示著的客體或被標示的客體而言。[1]

A25
$B_1$25

1 「標示」或「標示活動」在這裡分別指「Bezeichnen」一詞在德語中所具有的動、名詞兩種含義，也就是說，它既可以指一個行爲，也可以指一個對象。——中譯注這些區別以及類似的區別並不會揚棄在指號的概念方面的本質統一性。在本眞的意義上，一個東西只有在當它確實作爲對某物[1]的指示而服務於一個思維著的生物時，它才能被稱作指號。因此，如果我們想把握始終共同的東西，就必須回溯到這些活的作用的案例上。在這些案例中我們發現有一種狀況是共同的，即：某人現時地（aktuell）知曉一些對象或事態的存在，這些對象或事態在下列意義上爲此人指示了另一些對象或事態的存在：他把對一些事物存在的信念體驗[2]爲一種動機，即信仰或推測另一些事物存在的動機（而且是一種不明晰的動機）。各種指示著的和被指示的事態是在思維者的判斷行爲中構造起自身，而上述動機便在這些判斷行爲之間建立起一種描述性的統一，這種統一不應被理解爲一種奠基於判斷行爲之中的「構形質」（Gestaltqualität）[3]；指示的本質就處在這種統一中。說得更明白些：判斷行爲中的動機引發活動的統一（Motivierungseinheit）本身具有判斷統一的性質，並因此在它的總體性中具有一個顯現著的對象性的相關物，具有一個統一的事態，它在這種統一性中顯現出來，在其中被意指。顯然，這個事態僅僅表明，這一些事物之所以可以存在或必定存在，是因爲那一些事物已經被給予了。這個可以被理解爲一種對實際聯繫之

[1] 在A版中爲：某種東西。

[2] 在A版中爲：感受。

[3] 在A版中爲：也可以說是一種奠基於判斷行爲之中的構形質。

表達的「因爲」，乃是動機引發活動的客觀相關物，這裡的動機引發活動是一種可描述的、由眾多判斷行爲交織成一個判斷行爲的特殊交織形式。

第3節　指明與證明

但是，在這裡對現象學實事狀況所做的描述是如此一般，以至於它不僅包括了對指示之**指明**（Hinweisen），而且還包括了對眞正的推理和論證之**證明**（Beweisen）。然而這兩個概念必須被區分開來。前面我們已經透過對指示的**不明晰性**的強調而暗示了這個區別。實際上，當我們從另一些事態的存在中明晰地推論出一個事態的存在時，我們並不把前者稱爲後者的指示或符號。反之，只有在這種明晰的或有可能明晰的推理情況中，才能談得上在本眞的邏輯意義上的證明。當然，在那些被我們當作證明和最簡單地當作推斷而提出的東西中，有許多東西是不明晰的，甚至是錯誤的。但只要我們是將它們作爲證明和推斷而提出來的，我們就要求得到一個可以明察到的結論。與此相關：推理（Schluß）和證明（Beweis）在客觀上與主觀的推理活動（Schließen）和證明活動（Beweisen）相符合，或者說，理由和結論的客觀狀況與主觀的推理活動和證明活動相符合。這些觀念的統一不是相關的認識體驗，而是這些認識體驗的觀念「內容」，是命題。無論誰來判斷這些前提、推論和它們兩者的統一，前提所證明的都是推論。在這裡所表現出來的是一種觀念的合規律性，這種合規律性超越了那些在此地、此時（hic et nunc）透過動機引發活動而連結在一起的判斷，而且這

A26
$B_1 26$

種合規律性在超經驗的普遍性中把所有具有同一內容的判斷本身，甚至把所有具有同一形式的判斷本身都歸結在一起。在明見的論證中，我們主觀地意識到的，正是這種合規律性，而且透過對在現時的動機引發活動的聯繫（Motivierungszusammenhang）中（在現時的推理和證明中）統一體驗到的判斷的觀念化反思，即透過對各個命題的觀念化反思，我們主觀地意識到規律本身。

所有這些說法都與指示的案例無關。在指示的案例中恰恰排除了明晰性的可能，也可以客觀地說，在指示的案例中排除了對相關判斷內容的觀念聯繫認識的可能。每當我們說，A事態是B事態的一個指號，前者的存在指明了後者的存在，這時我們就會完全確定地去期待：確實可以發現後者是在那裡；但當我們這樣說時，我們並不認爲在A和B之間有一種明晰的、客觀的聯繫；對我們來說，我們的判斷內容在這裡並不處在前提和推論的關係中。誠然，當一個（而且是間接的）論證聯繫客觀存在時，我們仍然常常會談及指號。一個奇數次的代數方程式存在著，這個狀況可以作爲符號而（例如我們說）服務於一個計算者，這個符號表明這個方程式至少有一個實根。但確切地看，我們在這裡所涉及的只是這樣一種可能性而已，即：對方程式的奇數性的察覺可以作爲直接的、不明晰的動機服務於這個計算者——在他並未現時地提出明晰證明的思想聯繫的情況下——，這個動機使他爲了計算的目的而去利用在規律上從屬於這個方程式的特性。每當出現這類情況時，每當某些事態確實可以作爲其他一些本身是從這些事態中推導出的事態的指號而被人運用時，它們在思維意識中

A27
B$_I$27

並非作爲邏輯理由而服務於人，而是借助於一種聯繫[4]，這種聯繫來源於以往的現時證明，甚或是來源於這樣一種學習，即抱著相信權威的態度在各種作爲心理體驗或心境的信念之間進行的學習。當然，在這種情況下有可能只是習慣性地知道一個合理聯繫的客觀存在，但這也不能改變前面那個事實。

如果據上所述，指示（或者說，這個事實作爲客觀給予的狀況而顯現於其中的那種動機引發活動的聯繫）與必然性聯繫不具有本質的關係，那麼人們當然就要問，指示是否必定會要求與或然性聯繫有本質關係。每當一物指明另一物時，每當對此物存在的信念經驗地（即以偶然的、非必然的方式）引發出（motivieren）對彼物存在的信念時，這種引發的信念對於被引發的信念來說難道不是必定會具有一種或然性根據嗎？這裡不是仔細推敲這個迫切問題的地方。我們只需注意這樣一點：只要這種經驗的動機引發活動也服從一種觀念的判決，這種觀念判決允許人們談論合理的和不合理的動機，即在客觀的角度上談論與虛假的（無效的，即不能給出或然性理由的）指號相對立的、現實的（有效的，即對或然性，甚至有可能對經驗[5]的可靠性進行論證的）指號，那麼，對前面這個問題就必定要做出肯定的回

A28
$B_1$28

[4] 在A版中爲：經驗—心理學的聯繫。

[5] 在A版中爲：物理的。

答。例如：人們可以回憶一下有關火山的爭論：火山現象是否是一個指號，它意味著地球的內部是一種熾熱的液體，或如此等等。有一點可以肯定：指號這個說法並不一定與或然性的想法有關。或然性的想法通常不以單純的猜測爲基礎，而是以堅定無疑的判斷爲基礎；因此，擁有其本己領域的觀念判決必定會首先要求對在單純猜測中的確定信念做出適當的限制。

我在這裡還要說明一點：動機引發活動（Motivierung）這個說法在我看來是無法回避的，而在它的一般意義中包含著論證和經驗的指向。因為事實上在這裡有著一種完全明確無誤的現象學共同體，它是如此明顯，以至於它可以在通常的意義上宣布：人們不僅僅可以在指示所具有的邏輯的意義上，而且可以在指示所具有的經驗的意義上一般地談論推理和結論。這種共同性所延伸的範圍顯然要更廣些，它還包括情感現象的領域，特別是意願現象的領域，原初所談的動機僅僅是指這些現象中的動機。在這裡，「因為」也發揮著一定的作用，這個詞在語言上的運用範圍和最一般意義上的動機引發活動一樣廣泛。因此，我不能認為邁農對布倫塔諾術語的指責[2]是合理的，我在這裡也沿用了這些術語。但我完全同意他的

2　參閱邁農，《哥廷根學報》，一八九二年，第四四六頁。

這樣一個說法，即：對動機引發活動的感知無非就是對因果性的感知[6]。

第4節　附錄：指示產生於聯想

指號這個概念的起源[7]是在心理事實之中，就是說，它在心理事實中被抽象地把握到，而這些心理事實又包含在一個更爲寬泛的、歷史地被稱之爲「觀念聯想」的事實群組中。因爲，在「觀念聯想」（Ideenassoziation）這個標題下，不僅包含著聯想規律所表達的東西，包含著透過「重新喚起」（Wiedererweckung）而引起的「觀念結群」（Vergesellschaftung der Ideen）的事實所表達的那些東西，而且還包含著更多的事實，在這些事實中，聯想 A29 $B_1$29

[6] A本的附加與修改：內感知（＝明見的、相即的感知）。（胡塞爾在他的《邏輯研究》第一版和第二版自藏本中還寫上了一些重要的「附加與修改」。《胡塞爾全集》第十九卷的編者將它們列入到版本注中。這裡便是這樣的一個例子。中譯本以「B本的附加與修改」或「A本的附加與修改」爲題將它們譯出，也列在版本注中。以下均同。——中譯注）

[7] 在A版中爲：心理學的起源。

透過對固有特徵和統一形式的創造而在這些事實中表明自身。[3]聯想不僅把內容喚回到意識之中，而且還讓意識根據內容本質的規律性規定把這些內容與現有的內容連結在一起。當然，聯想並不能阻止這些純粹建立在內容之中的統一，例如：不能阻止在視野中視覺內容的統一以及如此等等。但聯想卻創造出新的現象學特徵和統一，它們的必然性規律根據（Gesetzgrund）恰恰不在被體驗的內容之中，不在這些內容的抽象因素的種屬中。[4]如果A把B喚入到意識之中，那麼這兩者不只是同時地或先後地被意識到，而是有一種**可感受到**的聯繫在這裡湧現出來，這種聯繫表現爲一物對另一物的指明關係，此物與彼物的**相屬關係**。從單純的共在之物中構造出彼此相屬之物——或者說得更確切些：從單純的共

A30 $B_1$30

3 當然，我們在這裡繼續運用擬人化的創造性聯想這一說法以及其他一些形象的表達，我們之所以對這些表達並不求全責備，這只是因爲它們用起來比較順手。無論對這裡所說的事實進行科學嚴謹的，然而非常繁瑣的描述有多麼重要，但爲了更易於理解，在毋須最終嚴格性的地方，形象的說法也就是不可或缺的。

4 我在前面所談的是**被體驗的**內容，而不是顯現的、被意指的對象或過程。所有那些**實項地**構造出個體的「體驗」意識的東西，都是被體驗的內容。感知到的東西、回憶到的東西、表象到的東西等等，則是被臆指的（vermeinter）（意向的）對象。[8]對此更爲詳細的說明可以參閱後面的第五研究。

[8] 在A版中爲：心理學的成就。

在之物中構造出各個相屬地顯現著的意向統一——，這就是聯想功能的連續成效[9]。所有經驗統一（Erfahrungseinheit），作爲事物、過程、事物秩序和關係的經驗層面上的統一（empirische Einheit），都是現象的統一，都是由顯現對象所具有的、統一地突顯出來的各個部分和各個方面的相屬性所造成的統一。在現象中，一物在一定的秩序和連結中指明另一物。而個別之物本身在這種往返的指明中並不是單純被體驗的內容，而是顯現的對象（或者是對象的部分、對象的特徵，如此等等），這對象之所以顯現出來，乃是因爲內容不再自身有效，而是使一個與它們不同的對象表象出來，這樣，經驗便賦予這些內容以新的現象學的[10]**特徵**。現在，在這些事實的領域中也包含著指示的事實，即：一個對象或一個事態不僅使人回想起另一個對象或事態並以這種方式指出另一個對象或事態，而且一個對象或事態同時還爲另一個對象或事態提供見證，建議人們去設想另一個對象或事態同樣存在，而這些在上述方式上是可以直接被感受到的。

[9] 在A版中爲：心理的。

[10] 在A版中還有：只是在例外的情況下這兩者才相互一致。

第5節　表達作爲有含義的符號。從表達中分離出一個不屬於表達的意義

我們從各種指示性的符號中劃分出各種有含義的符號，即各種表達。當然，我們是在一種有限制的意義上採用「表達」這個術語，它的有效性範圍並不包括某些在通常用語中被稱之爲表達的東西。我們在其他方面也必須以此方式來強迫語言：有必要時，我們可以將那些只具有含糊術語的概念從術語上加以確定。爲了做出暫時的說明，我們首先設定，每句話語、話語的每個部分，以及每個本質上同類的符號都是表達，而此話語是否被說出，就是說，此話語是否在交往的意圖中被朝向某些人，這是無關緊要的。與此相反，我們要將表情和手勢排除在表達之外，這些表情和手勢無意地、至少不帶有告知意向地伴隨著我們的話語，或者，在這些表情和手勢中，一個人的心靈狀態即使不透過話語的作用也可以得到使周圍人可以理解的「表達」。表情和手勢這類表示並不是話語意義上的表達，它們並不像表達那樣，在表示者的意識中與被表示的體驗是同一個現象；在表情和手勢這些表示中，一個人並不告知另一個人什麼事情，他在表示時不具有以表達的方式提出某種「思想」的意向，無論是爲別人，還是當他獨自一人時爲他自己。簡言之，這類「表達」實際上不具有含義。即使有第二個人在解釋我們的無意表示（例如那些「表達活動」），並且能夠透過這些表示而了解我們內心的思想和感情活動，這裡的情況也不會因此而改變。對於詮釋它的詮釋者來說，它「意味著」某些東西；但即使對於詮釋者來說，它也仍然不具有確切的語言符號意義上的含義，而只具有指號意義上的含義。

在下面的考察中，這些差異將會得到完整的概念上的說明。

A31
$B_1 31$

第6節　屬於表達本身的現象學區別和意向區別問題

在表達上，一般可以區分以下兩個方面：

一、就其物理方面而言的表達（感性符號、被清楚地發出的一組聲音、紙張上的文字符號，以及其他等等）。

二、某些與表達以聯想的方式連結在一起的心理體驗，它們使表達成爲關於某物的表達。這些心理體驗大都被人們稱作表達的意義或表達的含義，而且人們認爲，透過這種稱呼可以切中這些術語通常所指的意思。但我們將會看到，這種觀點是錯誤的，而且僅僅在物理符號和賦予意義的體驗之間做出區分是不充分的，尤其對於邏輯目的來說是不充分的。

特別在名稱方面，我們早已做出相關的說明。在每一個名稱上，我們都可以區分這個名稱所「傳訴」的東西（即那些心理體驗）和這個名稱所意指的東西，另一方面，我們還可以區分這個名稱所意指的東西（意義、稱謂表象的「內容」）和這個名稱所指稱的東西（表象對象）。我們必然也會在所有表達那裡發現類似的區別，並且仔細地研究它們的本質。在表達那裡，我們也可以區分「表達」和「指號」[11]這些概念，與此並無爭執的是，在活的話語

A32
$B_1$32

[11] 在A版中無引號。

中，表達同時也可以作爲指號起作用。我們馬上就會闡釋這一點。此外，下面還會出現另一些與含義以及描畫性的、也許是明見化的直觀之間的可能關係有關的重要區別。只有透過對這些關係的關注，我們才能對含義這個概念做出純粹的確定，並且進一步對在含義的符號作用和含義的認識作用之間的基本對立做出純粹的劃分。

第7節　在交往作用中的表達

爲了析出把握這些邏輯本質的差異，我們首先來考察表達的交往作用，這個作用的實現乃是表達原初的天職所在。只有當言談者懷著要「對某物做出自己的表示」這個目的而發出一組聲音（或寫下一些文字符號等等）的時候，換言之，只有當他在某些心理行爲中賦予這組聲音一個他想告知於聽者的意義時，被發出的這組聲音才成爲被說出的語句，成爲告知的話語。但是，只有當聽者也理解說者的意向時，這種告知才成爲可能。而且聽者之所以能理解說者，是因爲他把說者理解爲一個人，這個人不只是在發出聲音，而是在**對他說話**，因而這個人同時在用這些聲音進行某種意義賦予的行爲，這些行爲想要向他傳播些什麼，或者說，這些行爲想要將它們的意義告知給他。相互交流的人具有彼此互屬的物理體驗和心理體驗，在這兩種體驗之間的相互關係是透過話語的物理方面而得到中介的，正是這種相互關係才使精神的交流最初成爲可能，使有聯繫的話語成爲話語。說與聽、說中對心理體驗的傳訴（Kundgabe）和聽中對心理體驗的接受（Kundnahme），這兩者是相互歸屬的。

A33
$B_1$33

一旦把握到了這一層關係，人們就會認識到，**交往**話語中所有的表達都是作爲指號在起作用。對於聽者來說，這些表達是說者「思想」的符號，就是說，它們是說者的意義給予的心理體驗，也就是那些包含在告知意向中的心理體驗。我們將語言表達的這個作用稱之爲**傳訴的作用**。傳訴的內容是由被傳訴的心理體驗所構成的。我們可以在一種較爲狹窄的和一種較爲寬泛的意義上理解「被傳訴」這個謂語。我們將**狹義上**的傳訴限用於那些**意義給予的行爲**，而**廣義上**的傳訴則可以包含說者的所有行爲，即所有那些由聽者根據說者的話語（並且也可能透過這話語對這些行爲所做的陳述）而附加給說者的行爲。例如：如果我們陳述（aussagen）一個願望，那麼對願望的判斷便在狹義上得到傳訴，而願望本身則在廣義上得到傳訴。同樣的情況也適用於通常的感知陳述，它屬於現時的感知，聽者可以輕易地理解它。在這裡，感知行爲是在廣義上被傳訴，建立在這個行爲之上的判斷則是在狹義上被傳訴。我們立即要說明一點：通常的說話方式也允許人們將被傳訴的體驗稱之爲**被表達的**體驗。

對傳訴的理解並不是一種例如關於傳訴的概念性的知識，不是一種關於陳述方式的判斷；對傳訴的理解僅僅在於，聽者將說者**直觀地**理解爲（統攝爲）一個對此和對彼進行表達的人，或者我們也可以說，聽者將說者**感知**爲這樣的一個人。如果我聽一個人說話，那麼我就是在將他感知爲一個說者。我聽他在敘述、在證明、在懷疑、在願望等等。聽者在同樣的意義上感知傳訴，就像他在感知傳訴者本人一樣——儘管那些使此人成爲此人的心理現象作爲它們之所是，並不可能落實爲對一個他人的直觀。通常的話語也將一種對陌生人心理體驗的感知分派給我們，我們「看」到他的憤怒、他的痛苦等等。這種話語是完全準確的，例如：只要人們也將外在的物體事物視爲是被感知的事物；而且一般說來，只要人們不把感知這個概念限制在相即感知，即最嚴格意義上的直觀上面。如果感知的本質特徵在於直觀的臆指（vermeinen），在於將一個事物或一個過程把握爲一個自身當下的過程——而這樣一種臆指是可能的，甚至是在無限多的情況中被給予的，同時並不帶有任何概念性的、表達性的把握——，那麼接受（Kundnahme）就是對傳訴（Kundgabe）的感知。當然，在這裡，前面已經提到的那個本質區別還存在著。聽者感知到，說者表露出某些心理體驗，就此而言，聽者也感知到這些體驗；但聽者本身並不體驗到這些體驗，他對這些體驗的感知不是一個「內」感知，而[12]是一個「外」感知。在相即直觀中眞實地把握存在，根據一個直觀的，但不相即的表象臆指地（vermeintlich）把握一個存在，這兩者之間存在著巨大的差異。在前一種情況中所涉及的是一個被體驗到的存在，在後一種情況中所涉及的是一個與眞理不符的假設的存在。接受和傳訴之間的相互理解恰恰要求某種在傳訴與接受中展開的心理行爲的兩方面的相互關係，但絕不是要求它們的完全相同性。

A35
$B_1$35

[12] 在A版中還有：僅僅。

第8節　在孤獨心靈生活中的表達

我們至今爲止所考察的都是在交往作用中的表達。表達所具有的這種交往作用的本質基礎就在於：表達是作爲指號在發揮作用。但是，即使在與自己交流而不做告知的心靈生活中，表達也被賦予了一個重要的角色。很明顯，這個作用的變化並不會改變表達的本質。表達一如既往地具有它們的含義，並且具有與在交往話語中同樣的含義。只有當我們的興趣僅僅朝向感性之物、僅僅朝向單純作爲聲響構成物的語詞時，語詞才不再是語詞。但只要我們生活在對語詞的理解中，語詞就在進行表達，而且無論這個語詞是否朝向某人，它都表達同一個東西。

由此看來很明顯，表達的含義以及那些本質上包含在表達中的東西與表達的傳訴成就是不可能相等的。或者我們是否應當說：我們在孤獨的心靈生活中也在用表達進行著傳訴，只是這種傳訴不是針對第二者進行的而已。或者我們是否應當說，孤獨的說者是在對他自己說，語詞對他來說也是符號，即他自己心理體驗的指號？我不相信可以提出這樣的見解。當然，語詞在這裡和在任何地方一樣，都是作爲符號在發揮作用；而且我們甚至在任何地方都可以將語詞看作是一種指向（Hinzeigen）。如果我們對表達和含義的關係進行反思，並且爲此目的而將意義充實了的表達的複合的、同時也是緊密統一的體驗劃分爲語詞和意義這樣兩個要素，那麼語詞本身在我們看來就是自在地無關緊要的，而意義則在我們看來就是用此語詞所「指向」的東西，就是借助於這個符號所意指的東西；因此，表達似乎將興趣從自身引開並將它引向意義，將它指向意義。但這種指向（Hinzeigen）不是我們在前面所闡述過的意義上的指示（Anzeigen）。符號的此在並不會引發含義的此在，更確切地說，並不會引發我們對含義此在的信念。被我們用作指號（記號）的東西，必定被我們感知爲在此存在著的。這一點也適用於在告知的話語中的表達，但不適用於在孤獨的話語中的表達。在孤獨的話語中，我們並不需要眞實的語詞，而只需要被表象的語詞就夠了。在想象中，一個被說出的或被印出的語詞文字浮現在我們面前，實際上它根本不實存。我們總不能將想象表象，甚或將那些爲它奠基的想象內容與被想象的對象混爲一談吧！這裡實存著的不是被想象的語詞聲音或者被想象的印刷文字，而是對這些聲音或文字的想象表象。這裡的區別和在被想象的半人半馬怪與關於半人半馬怪的想象表象之間的區別是相同的。語詞的不實存並不妨礙我們。但它也不會引起我們的興趣。因爲就表達之爲表達的作用而言，這根本就是無關緊要的。而在語詞的實存事關重要的地方，意指的作用則是與傳訴的作用相結合的：思想不僅僅應當以意指的方式被表達，並且也應當透過傳訴而被告知；這當然只有在現實的說與聽中才是可能的。

A36
$B_1$36

誠然，在孤獨的話語中，人們在某種意義上也在說，而且，他自己將自己理解爲說者，甚至將自己理解爲對自己的說者，這肯定也是可能的。就像某人對自己說：這件事情你搞砸了，你不能再這樣下去。但在眞正的、交往的意義上，人們在這種情況中是不說的，他不告知自己什麼，他只是將自己想象爲說者和告知者。在自言自語時，語詞不可能以對心理行爲此在而言的指號（Anzeichen）的作用而服務於我們，因爲這種指示（Anzeige）在這裡毫無用處。我們自己就在同一時刻裡體驗著這些相關的行爲。

A37
$B_1$37

第9節　從現象學上區分物理的表達顯現、意義給予的行爲與意義充實的行爲

如果我們現在撇開那些專門屬於傳訴的體驗不論，而是就表達本身所包含的差異而言來考察表達——無論表達是在孤獨的話語中，還是在交往的話語中發揮作用，表達都包含這些差異——，那麼有兩樣東西似乎會保留下來：一是表達本身，二是它所表達的作爲其含義（其意義）的東西。在這裡有許多關係交織在一起，與此相符，關於「被表達出來的東西」的說法和關於「含義」的說法都是多義性的。如果我們立足於純粹[13]描述的基地之上，那麼意義啟動了的表達這個具體現象便可以一分爲二，一方面是物理現象，表達在物理現象中根據其物理方面構造起自身；另一方面是行爲，它給予表達以含義，且有可能給予表達以直觀的充盈，而且在行爲中構造起與被表達的對象性的聯繫。正是由於這些行爲的緣故，表達才比一個單純的語音更多。表達在意指某物，而且正是因爲它意指某物，它才與對象性的東西發生聯繫。這個對象性的東西或者由於有直觀相伴而顯現爲現時當下的，或至少顯現爲被當下化的（例如在想象圖像中）。在這種情況中，與對象性的關係便得到實現。或者情況並非如此；表達的作用也是含有意義的，即使表達缺乏奠基性的、給予它對象的直觀，它也仍然比一個空乏的語音更多。表達與對象的關係是包含在單純的含義意向之中的，就此而論，

[13] 在A版中爲：首先立足於心理學。

這種關係現在尚未得到實現。例如：**名稱**在任何情況下都在指稱它的對象，也就是說，只要它**意指**這個對象，它也就在指稱這個對象。但在單純的意指中，如果對象不是直觀地矗立於此，因而也就不是**作爲**被指稱的對象（即作爲被意指的對象）矗立於此，那麼情況就會不同。由於首先被充實的是**空乏**的含義意向，因而對象關係也就得到實現，指稱便成爲名稱和被指稱者之間現時被意識到的聯繫。

如果我們將無直觀的含義意向和充實了的含義意向之間的根本差異作爲我們的基礎，那麼根據對那些感性行爲的劃分，即對表達作爲語音顯現於其中的那些感性行爲的劃分，我們便可以將兩種行爲或兩個行爲序列區分開來：一方面是那些對於表達來說本質性的行爲，只要表達還是表達，就是說，只要表達還是啟動意義的語音，這些行爲對於表達來說就是本質性的。我們將這些行爲稱作**含義賦予的行爲**，或者也稱作**含義意向**。另一方面是那些儘管對於表達來說非本質的，但卻與表達在邏輯基礎上相關聯的行爲，這些行爲或多或少合適地充實著（證實著、強化著、說明著）表達的含義意向，並且因此而將表達的對象關係現時化。我們將這些在認識統一或充實統一中與含義賦予的行爲相互融合的行爲稱作**含義充實的行爲**。我們可以將它簡稱爲**含義充實**，但這個簡稱只有在排除了那種容易產生混淆的可能性之後才能使用，這種混淆是指將含義充實這個簡稱與**整個**體驗混爲一談，在此整個體驗中，一

A38
$B_1$38

個含義意指在相關的行爲中找到充實。在表達與其對象性[5]的已實現的關係中，被啟動意義的表達與含義充實的行爲達到一致。語音首先與含義意向達到一致，含義意向又（與意向和其充實達到一致的方式相同）與有關的含義充實達到一致。現在，只要不是指「單純」表達，人們通常就把**整個表達**都理解爲那種意義被**啟動**的表達。因而人們實際上不能（像我們常見的那樣）說，**表達所表達的是它的含義**。較爲恰當的是另一種關於表達的說法，即：**充實的行爲顯現爲一種透過完整的表達而得到表達的行爲**；例如：陳述就意味著對一個感知或想象的表達。

A39
$B_1$39

幾乎毋須再次指出，在告知的話語中，傳訴既可以包括意義賦予的行爲，也可以包括意義充實的行爲。賦予意義的行爲甚至構成了傳訴的本質核心。告知意向的興趣必定首先在於使聽者了解這些賦予意義的行爲；只有當聽者將這些告知的意向附加給說者，聽者才能理解說者。

第10節　含義意向行爲的現象學統一

前面所區分的表達現象的行爲是一個方面，含義意向、有可能也包括含義充實是另一個

5　我常常選用「對象性」（Gegenständlichkeit）這個比較不確定的表述，因爲在這裡所涉及的都不僅僅是狹義上的對象，而且也涉及事態、特徵，涉及非獨立的實在的形式或範疇的形式等等。

方面，這兩個方面並不僅僅是在意識中聚合在一起，就好像它們只是同時被給予而已。毋寧說它們構成了一個具有特殊性質的密切交融的統一。每個人都可以從他的內經驗中意識到這兩個組成部分的不等值性，它反映出在表達和透過含義而被表達的（被指稱的）對象之間關係的不相等性。語詞表象與給予意義的行爲，這兩者都被體驗到了；但我們在體驗語詞表象的時候，我們完全不生活在對語詞的表象中，而是僅僅生活在對語詞的意義、對語詞意指活動的進行中。而在我們這樣做的同時，在我們完全投身於含義意向的進行並且有可能也投身於含義充實的進行的同時，我們的興趣完全朝向在含義意向中被意指的並且借助於含義意向被指稱的對象。（確切地說，這兩者指的是一回事。）語詞的作用（或者毋寧說，直觀的語詞表象的作用）恰恰就在於，引發我們的意義賦予的行爲，指出那些在此行爲「中」被意指的並且也許是透過充實的直觀而被給予的東西，迫使我們的興趣僅僅朝向這個方向。

這種指向並不能被描述成爲一種僅僅是有規則地將興趣從此物引向彼物的客觀事實。一對表象客體A B借助於一種隱蔽的心理學的協調而處在這樣一種關係之中：對A的表象會有規則地引起對B的表象，而且興趣會從A轉而向B——這個情況還沒有使A成爲對B的表象的表達。毋寧說，表達的存在是一個在符號和符號所標誌之物間[14]的**體驗統一**中的描述性因素。

A40
$B_1$40

[14] 在A版中還有：，更確切地說，**在啟動意義的符號顯現和充實意義的行爲之間**。

如果我們將興趣首先轉向自爲的符號，例如轉向被印出來的語詞本身，那麼在物理的符號顯現和它的爲它打上表達烙印的含義意向之間的描述性區別就會最清楚地表現出來。如果我們這樣做，那麼我們便具有一個與其他外感知並無二致的外感知（或者說，一個外在的、直觀的表象），而這個外感知的對象失去了語詞的特徵。如果它又作爲語詞起作用，那麼對它的表象的特徵便完全改變了。儘管語詞（作爲外在的個體）對我們來說還是直觀當下的，它還顯現著；但我們並不朝向它，在眞正的意義上，它已經不再是我們「心理活動」的對象。我們的興趣、我們的意向、我們的意指——對此有一系列適當的表達——僅僅朝向在意義給予行爲中被意指的實事。純粹現象學地說，這無非意味著：如果物理語詞現象構造於其中的直觀表象的對象願意作爲一個**表達**而有效，那麼這個直觀表象便經歷了一次本質的、現象的變異。構成這個直觀表象中對象現象的東西不發生變化，而體驗的意向特徵卻改變了。毋須借助於任何一個充實性的或描畫性直觀的出現，意指的行爲就可以構造起自身，它是在語詞表象的直觀內涵中找到其依據的，但它與朝向語詞本身的直觀意向有著本質的差異。與這個意指行爲特殊地融合在一起的常常是那些新的行爲或行爲複合體，它們被稱作充實性的行爲，而且它們的對象顯現爲在意指中被意指的對象，或者說，借助於意指而被指稱的對象。

我們在下一章中必須進行一項補充性的研究，目的在於探討這樣一個問題：按照我們的闡述，「含義意向」構成了表達的現象學特徵，使表達與空乏的語音相對立，這種「含義意向」是否在於將被意指對象的想象圖像與語音單純地連結在一起，也就是說，這種「含義意

A41
$B_1$41

向」是否必然要在這種想象行爲活動的基礎上才能構造起自身；或者，我們毋寧應當說，相伴出現的想象圖像屬於表達的非本質性組成部分，並且它實際上已經屬於充實的作用了，儘管這種充實在這裡僅僅具有一種部分的、間接的、暫時的充實的性質。爲了使我們的主要思路能夠具有一個較大的封閉性，我們在這裡不去考慮對現象學問題進行更深入的探討；與此相同，在這裡進行的整個研究中，我們對現象學事物的探討，僅僅是爲了對首要的本質差異做出確定的需要。

從我們至此爲止所提供的臨時描述中已經可以明確地看出，要想正確地描述現象學的實事狀態，麻煩是不會少的。只要人們明白，所有對象和對象關係對於我們來說只有透過那種與它們有本質差異的臆指行爲才成爲它們本身所是，在這種臆指行爲中[15]，這種對象和對象關係被表象給我們，它們正是作爲被意指的統一而與我們相對立，那麼我們就會感到，這些麻煩實際上是不可避免的。對於**純粹現象學**的[16]考察方式而言，除了這些意向行爲的交織物之外，別無其他。只要占主宰地位的不是現象學的興趣，而是素樸—對象的興趣，只要我們還生活於意向行爲之中，而不是對這些行爲進行反思，那麼所有的說法當然都是簡單明白和直截了當的。對於我們在這裡所說的問題，人們會很簡單地用表達和被表達之物、名稱

[15] 在A版中加了重點號。

[16] 在A版中爲：描述心理學的（純粹現象學的）。

A42
$B_1$42

和被指稱之物、注意力從此物向彼物的轉移等等這樣一些說法來解釋。但凡在現象學興趣占主導地位的地方，我們便會遭遇在[17]對所應描述的現象學狀況方面的困難，這些現象學狀況儘管已被我們無數次地體驗到，但卻通常是未被我們對象性地意識到，而且我們必須借助於表達來描述它們，而這些表達生來就只適用於通常的興趣領域，即只適用於那些顯現著的對象性。

第11節　觀念的區分：首先是對表達與作爲觀念統一的含義的觀念區分

至此爲止，我們始終將可理解的表達作爲具體的體驗來考察。我們現在不再將表達的兩方面要素，即表達顯現與意義賦予的或意義充實的行爲當作我們的考察內容，而是來考察那些以某種方式在這些體驗「中」被給予的東西：表達本身、它的意義以及隸屬於它的對象性。即是說，我們從行爲的實在關係轉向行爲對象或行爲內容的觀念關係。主觀的考察讓位於客觀的考察。表達與含義之間關係的觀念性立即表現爲：當我們在詢問某個表達（例如：「二次冪的餘數」）的含義時，我們所說的表達顯然不是指這個在此時此地被發出的聲音構成物，不是這個短暫的、作爲同一物永不復返的聲響。我們所指的是那個「種類的」表達。

A43
B1 43

[17] 在A版中還有：在引論中已說明的。

無論誰說出「二次冪的餘數」這個表達，它都是同一的一個東西。這個情況也對**含義**的說法有效，也就是說，含義顯然不是指賦予意義的體驗。

舉任何一個例子都可以表明，這裡所需做出的是一個本質的區分。

如果我（在現實的話語中，這是我們始終要設定的前提）陳述：「一個三角形的三條高相交於一點」，那麼這個陳述的基礎當然在於，我確實是這樣判斷的。誰聽懂了我的陳述，他也就知道了這個判斷，也就是說，他將我統攝爲那個做出此判斷的判斷者。但是，我在這裡所**傳訴**的我的判斷活動也是表達句的含義嗎？它也是陳述所**意謂**的東西（besagt），而且在這個意義上也就是陳述所表達的東西嗎？顯然不是。在通常情況下，人們幾乎不會對陳述的意義和含義問題做出這種理解，以至於他會想到要回溯到作爲心理體驗的判斷上。毋寧說，每個人都會這樣來回答這個問題：無論誰提出這個陳述，無論他在什麼情況下和在什麼時間裡提出這個陳述，這個陳述所陳述的都是**同一個**東西；這個被陳述的東西就是「一個三角形的三條高相交於一點」——不比這更多，也不比這更少。因此，從根本上說，人們是在重複「同一個」陳述，而且人們之所以重複它，是因爲對於這個同一之物來說，即對於這個陳述所具有的含義來說，這個陳述是這樣一個尤爲恰當的表達式。我們隨時都可以在對陳述的重複中將這個陳述的含義作爲同一之物喚入到我們的意識之中，在這個同一的含義中，我們始終無法發現任何一個判斷活動和判斷者的痕跡。我們相信，一個事態的客觀有效性已經得到保證，而且我們以陳述句的形式將這個有效性本身表達出來。事態本身就是它之
A44 B$_1$44 所是，無論我們是否聲稱它的有效性。它是一個自在的有效性統一。但這個有效性顯現給我

們，並且，就像它顯現給我們的那樣，我們將它客觀地提出來。我們說：它就是這樣的。不言而喻，如果它不是這樣顯現給我們的話，換言之，如果我們沒有做此判斷的話，我們也就不會這樣說，我們就不能做出陳述；因而這是一同包含在作爲心理學事實的陳述之中的，這屬於傳訴。但也僅僅屬於傳訴。因爲傳訴包含在心理體驗之中，而在陳述中被陳述的東西始終不是主觀之物。我的判斷行爲是一個短暫的體驗，它產生又消失。但陳述所陳述的東西，「一個三角形的三條高相交於一點」這個內容不是一個產生又消失的東西。無論我或其他人在同樣的意義上對這同一個陳述做出多少次表達，無論人們對它做過多少次判斷，而判斷的行爲也隨情況的不同而各有差異；但判斷行爲所判斷的**東西**，陳述所陳述的**東西**始終是同一個。它是一個在嚴格的語義上的同一之物，它是同一個幾何學眞理。

所有陳述的情況都是如此，哪怕它們所言說的**東西**是錯誤的，甚至是荒謬的。即使在這種情況中，我們也可以將認之爲眞的和陳述的短暫體驗與它們的觀念內容、與作爲多中之一的陳述含義區分開來。我們在各種明見的反思行爲中也可以認識到作爲意向之同一的陳述含義；我們並不是隨意地將陳述意向置入陳述之中，而是在陳述中發現它。

在缺乏「可能性」或「眞理性」的情況下，陳述的意向當然就只是「象徵性地」被實施；它無法從直觀和根據直觀進行證實的範疇作用中吸取到構成其認識價值的充盈。正如人們習慣說的那樣，它不具有「眞正的」、「本眞的」含義。我們在後面還要進一步研究在意指的意向和充實的意向之間的區別。要想描述這些互屬的觀念統一構造於其中的各種行爲，澄清它們在認知中現時「相合」（Deckung）的本質，就需要進行艱難而廣泛的研究。但可以肯

A45
$B_1$45

定，任何一個陳述，無論它是否處在認識作用之中（就是說，無論它在相應直觀中和在構造它的範疇行爲中是否充實了或是否能夠充實其意向），它都具有它的意指，而在這種意指中，含義作爲其統一的種類特徵構造起自身。

當人們把「這個」判斷稱之爲「這個」陳述句的含義時，人們所指的也是這種觀念的統一——只是判斷這個詞的基本多義性常常會立即導致人們將這種被明晰地把握到的觀念統一與實在的判斷行爲混爲一談，也就是將陳述所傳訴的（kundgibt）東西與陳述所意謂（besagt）的東西混爲一談。

我們這裡對完整陳述所做的說明也適用於現實的和可能的陳述部分。如果我做這樣一個判斷：「如果在任意一個三角形中內角之和與兩直角不相等，那麼平行公理也就無效」，那麼前一個假言判斷句自身就不是一個陳述；我實際上並不聲稱有這種不等性存在。這個假言判斷句也可以說是意謂了什麼，而它意謂的東西與它傳訴的東西又是完全不同的。它所意謂的東西，不是我的假設的心理行爲，儘管爲了能夠眞實地說，我當然必須像我所做的那樣已經進行這一心理行爲；毋寧說，在這個主觀行爲被傳訴的同時，一個客觀之物和觀念之物被表達出來，這就是這個假設連同其概念內涵，這個假設可以在雜多可能的思維體驗中作爲意向性的統一出現，並且在那種對所有思維進行刻畫的客觀觀念的考察中明見地作爲自身同一的東西而成爲我們的對象。

這一情況同樣又適用於其他的陳述部分，也適用於那些不具有命題形式的陳述部分。

第12節　續論：被表達的對象性

根據至此爲止所做的考察，關於「一個表達所表達之物」的說法已經具有幾個不同的含義。**一方面**它與傳訴一般（Kundgabe überhaupt）有關，並且在其中尤其是與意義給予的行爲有關，但同時也與意義充實的行爲有關（只要這種行爲發生）。例如：在一個陳述中，我們表達我們的判斷（我們傳訴這個判斷），但也表達感知以及其他意義充實的、將陳述的意指直觀化的行爲。**另一方面**，關於一個表達所表達之物的說法涉及這些行爲的「內容」，並且首先涉及含義，它們常常被稱之爲被表達的含義。

值得懷疑的是：如果我們不立即對被表達狀態（Ausgedrücktsein）的一個新的意義進行比較性的思考，那麼對最後這個段落的範例分析是否足以提供對含義概念的哪怕是暫時性說明。「含義」、「內容」、「事態」以及所有與此相近的術語都帶有如此起作用的多義性，以至於我們即使小心地選擇表達式，我們的意向也會遭到誤解。現在需闡述的被表達狀態的第三個意義與在含義中被意指的並透過這種意指而被表達的**對象性**有關。

每個表達都不僅僅表達某物（etwas），而且它也在言說某物（Etwas）；[6] 它不僅具有 A46 $B_1$46

6 胡塞爾在第一句話中用的是以小寫字母開始的代詞「某物」（etwas），在第二句中則用的是以大寫字母開始的名詞「某物」（Etwas），以此強調被表述之物的概念中含義與對象的區別。——中譯注其含義，而且也與某些對象發生關係。這種關係在一定的情況下是多重的關係。但對象永遠不會與[18]含義完全一致。當然，含義與對象這兩者只是因爲給予表達以意義的心理行爲的緣故才同屬於表達。如果人們在這些「表象」方面區分「內容」和「對象」，那麼這指的也就是在表達方面的區分：表達所意指的或「所意謂的」東西以及表達所言說的東西。

如果我們透過對許多事例的比較而得以確信，多個表達可以具有同一個含義，但卻具有不同的對象，並且，多個表達可以具有不同的含義，但卻具有同一個對象，那麼，區分含義（內容）和對象的必要性就顯而易見了。當然，與此同時還存在著這樣的可能性，即：這些表達根據這兩個方向而相互區分，它們也在這兩個方向中相互一致。後一種情況表現在同義詞重複的（tautologischen）表達中，例如：表現在那些語言不同而含義和指稱相同的表達中（「倫敦」、「London」、「Londres」；「二」、「zwei」、「deux」、「duo」等等。）。

A47 B$_1$47

在區分含義與對象關係方面最清楚的例子是由名稱提供給我們的。就對象關係而言，「指稱」是在名稱那裡的一個常用說法。兩個名稱可以意指不同的東西，但卻指稱同一個東西。例如：「耶拿的勝利者」——「滑鐵盧的失敗者」；「等邊三角形」——「等角三角形」。在這些對子中，被表達的含義顯然是不同的，儘管這些對子兩方面所意指的是同一個

[18] 在A版中還有：（這裡對那種異常特殊的、邏輯上無價值的事例忽略不計）。

對象。那些由於其不確定性而具有一個「範圍」的名稱的情況也與此相同。「一個等邊三角形」和「一個等角三角形」這兩個表達具有同一個對象關係，同一個可能的運用範圍。

相反的情況也可能出現，即：兩個表達具有同一個含義，但卻具有不同的對象關係。「一匹馬」這個表達無論在什麼樣的語言關係中出現，它都具有同一個含義。但如果我們這一次說，「布塞法露斯是一匹馬」，[7]另一次則說，「這匹拉車馬是一匹馬」，那麼在從一個陳述轉向另一個陳述的過程中，意義給予的表象顯然發生了變化。儘管這個表象的「內容」、「一匹馬」這個表達的含義還沒有改變，但對象關係卻發生了變化。表達借助於同一個含義這一次表象出布塞法露斯，另一次表象出拉車馬。所有通名，[8]即具有一定範圍的名稱的情況都是如此。「一」是一個始終具有同一含義的名稱，但人們並不能因此而將各個不同的「一」不加區分地算作是同一的；這些「一」都意指同一個東西，但它們在對象關係上卻各不相同。

專名的情況則與此不同，無論是個體客體的還是總體客體的專名。像「蘇格拉底」這個

A48
B₁48

7 「布塞法露斯」（Bucephalus）是著名的皇家軍馬。——中譯注

8 亦即通常所說的「普全名稱、全稱」（universeller Name）。這裡需要留意胡塞爾對「普遍的」（allgemein）、「總體的」（generell）、「普全的」（universell）的術語區分。第一個概念比較含糊，它隱約地將後兩個概念包含在自身之中。——中譯注

詞，只有當它可以意指不同的事物時，換言之，只有當它是一詞多義時，它才能指稱不同的事物。只要語詞只具有一個含義，它也就只指稱一個對象。同樣，像「這個二」、「這個紅」等等這類表達也是如此。我們正是要將**多義的**（歧義的）名稱區別於**多值的**（大範圍的、普全的）名稱。

所有其他的表達式都與此情況類似，儘管在它們這裡，關於對象關係的說法會因爲其多層次性而造成一些困難。例如：如果我們考察具有「S是P」形式的陳述句，那麼被視爲是陳述對象的通常是一個主詞對象，即被陳述的那個對象。但我們也有可能做出另一種理解，即把整體的、隸屬於陳述的事態[19]都理解爲那個在名稱中被指稱的對象的相似物，並且將它與陳述句的含義區分開來。如果這樣理解，那麼就必須把「A比B大」和「B比A小」這樣一類對句拿來做例子。它們不僅僅在語法上有差異，而且在「思想上」，即在它們的含義內容方面，也是有差異的。但它們表達的是這同一個事態，這同一個實事以雙重的方式謂語地得到理解和陳述。無論我們現在是在這個意義上還是在另一個意義上（而每個意義都有其合理性）定義陳述的對象這個說法，涉及同一個「對象」而含義卻不相同的陳述總是可能的。

[19] 在A版中爲：在**整個**被陳述的事態。

第13節　含義與對象關係之間的聯繫

A49
B₁49

從這些例子來看，在表達的含義與表達忽而指稱這個對象之物、忽而指稱那個對象之物這一特性之間的區別（當然還有含義和對象本身之間的區別），可以被視爲已確定的。此外很明顯，在每個表達都包含的這兩個可以區分的方面，彼此間還存在著相互的緊密聯繫；就是說，一個表達只有透過它的意指才能獲得與對象之物的關係，因此可以合理地說，表達是**借助於**它的含義來標示（指稱）它的對象，或者說，意指的行爲就是意指各個對象的特定方式——只是含義意指的這種特定方式以及含義本身可以在對象方向保持同一的情況下發生變換。

只有透過對表達的認識作用和表達的含義意向的研究，我們才能對這些關係做出更爲深入的現象學澄清。這些研究將會得出這樣的結論：我們不能過於認眞地對待在每個表達上都可以區分「兩個方面」這種說法，更確切的說法應當是，表達的本質僅僅在於它的含義。但同一個直觀（如我們在下面將要證明的那樣）能夠爲不同的表達提供充實，只要這個直觀能夠以不同的方式被範疇地把握到並且可以與其他直觀綜合地連結在一起。我們將會聽到，表達與它的含義意向在思維聯繫和認識聯繫中不僅使自己符合直觀（我指的是在外感性和內感性的顯現中），而且也使自己符合各種理智形式，透過這些形式，那些單純被直觀到的客體才成爲合乎知性地被規定的、彼此相互關聯的客體。由此看來，當表達不具備認識作用時，它也仍然作爲符號（symbolisch）意向而指向具有範疇**形式**的統一。這樣，在同一個

A50
B₁50

（但在範疇上受到不同把握的）直觀中以及因此而在同一個對象中可以包含不同的含義。另一方面，當數個對象的整體範圍與一個含義相符合時，這個含義的特有本質就在於，它是一個不確定的含義，也就是說，它為可能的充實提供了一個領域。

但願這些簡短說明暫時夠用了；它們只應當從一開始便防範這樣一個謬誤，即認為可以在意義給予的行為上區分兩個方面，一個方面給表達以含義，另一個方面則給表達以對象方向上的規定性。[9]

第14節　內容作為對象、作為充實的意義和作為完全的意義或含義

「傳訴」、「含義」和「對象」這些相關的說法本質上屬於任何一個表達。隨著每一個表達都會有某物被傳訴，在每一個表達中都會有某物被意指並被指稱，或以其他方式被標示。而在充滿歧義的說法中，所有這一切都叫作「被表達」。如前所述，對於表達來說，與一個現時被給予的、充實著它的含義意向的對象性的關係並不是本質性的關係。如果我們將這個重要的情況也考慮進去，那麼我們會注意到，在已實現了的與對象的關係中還有一個雙

9　對此可以參閱特瓦爾多夫斯基在《關於表象的內容和對象的學說》（維也納，一八九四年，第十四頁）一書中所設想的「在雙重方向上運動的表象活動」。

重性的東西可以被稱之爲是被表達的：一方面是對象本身，即作爲以這種或那種方式被意指的對象；另一方面，而且是在更爲本眞的意義上，是在構造著對象的含義充實行爲中的對象的觀念相關物，即充實著的意義。也就是說，只要含義意向根據一致的直觀而得到充實，換言之，只要表達在現時的指稱中與被給予的對象發生聯繫，對象就會作爲在某些行爲中「被給予的對象」而構造起自身，而且對象在這樣一些行爲中是以同一個方式——只要表達確實是在使自己符合直觀被給予之物——被給予的，即是說，這個對象也是以這種方式被含義所意指。在含義與含義充實之間的相合統一中，含義作爲意指的本質與含義充實的相關性本質達到一致，而這就是充實的意義和（我們也可以這樣說）透過表達而被表達出來的意義。例如：在涉及感知陳述（Wahrnehmungsaussage）時，人們說，感知陳述在表達感知，但人們也說，它在表達感知內容，與任何一個陳述一樣，在感知陳述方面我們也區分內容和對象，而且是這樣來區分，即：內容被理解爲同一的含義，它可以被聽者（即便他自己不是感知者）正確把握到。我們在充實著的行爲中，即在感知中和在其範疇形式中也正是進行相應的區分，透過這些行爲，合乎含義地被意指的對象性作爲被意指的對象性與我們直觀地相對立。我認爲，我們必須在充實著的行爲中再次區分內容，即所謂（具有範疇形式的）感知的合乎含義之物，以及被感知的對象。在充實的統一中，這個充實的內容與那個意指的「內容」相互「相合」，以至於在對相合統一的體驗中，同時被意指和「被給予」的對象不是雙重地，而是作爲「一個」對象與我們相對立。

對意義賦予的行爲的意向本質的觀念把握使我們獲得作爲觀念的意指著的含義，與此

A51
$B_1$51

相同，對含義充實行爲的相關本質的觀念把握也使我們獲得同樣是作爲觀念的充實著的含義。在感知中，這是同一性內容，它屬於那些以感知的方式意指著同一個對象（並且確實是作爲同一個對象）的可能感知行爲的總體。因而這個內容是這一個對象的觀念相關物，此外，這個對象完全也可以是一個臆想的對象。

我們可以這樣來規整「表達所表達之物」或「被表達的內容」這些說法的多層歧義，即：我們區分在主觀意義上的內容[20]和在客觀意義上[21]的內容。在客觀意義上的內容方面，我們必須劃分：

作爲意指著的意義的內容，或作爲意義、絕然含義（Bedeutung schlechthin）的內容，

作爲充實著的意義的內容，以及

作爲對象的內容。

A52 $B_1$52

第15節　與這些區別有關的關於含義與無含義（Bedeutungslosigkeit）之說法的歧義性

如果我們將含義和意義這些術語不僅運用於含義意向（它與表達本身是不可分的）的內

[20] 在A版中還有：（在現象學、描述心理學、經驗實在的意義上）。

[21] 在A版中還有：（在邏輯學、意向性、觀念的意義上）。

容上，而且也運用於含義充實的內容上，那麼自然就會產生一種非常令人不快的歧義性。因爲從上面對充實事實所做的暫時的簡短說明中已經可以看到，意指的和充實的意義在其中構造起自身的這個雙方面的行爲絕不是同一個行爲。但是，充實的統一作爲認同的或相合的統一所具有的特性，迫使我們將原來僅用於意向的含義和意義這些術語又轉用到充實上。這樣，儘管我們試圖透過形容詞的變化來消除歧義，這些歧義卻幾乎是不可避免的。不言而喻，我們要繼續將「含義」全然（schlechthin）理解爲這樣一種含義，它作爲意向的同一之物對表達本身來說是**本質性的**。

此外，「含義」（Bedeutung）對我們來說是與「意義」（Sinn）**同義的**。這一方面是因爲，在這個概念上有這兩個平行的術語會非常方便，我們可以用它們來進行替換；尤其是在像我們現在進行的這些研究中，當「含義」這個術語的意義要受到探討時，這種方便性就更爲明顯了。但我們之所以這樣做，更多地則是出於另一方面的考慮：將這兩個詞作爲同義詞使用，這已經是根深蒂固的習慣。考慮到這種情況，我們便會感到，以下的做法並非是毫無疑義的，這種做法就是：區分這兩個術語的含義——例如：像弗雷格[10]所建議的那樣——並且將一個術語用於我們所說的意義上的含義，將另一個術語用於被表達的對象。我們在這裡要立即補充一點：這兩個術語在科學用語中和在日常用語中一樣帶有歧義性，這些

A53
B$_1$53

10 弗雷格：〈論意義與含義〉，載於《哲學與哲學批判雜誌》，第一〇〇卷，第二十五頁。

歧義性與我們在前面區分被表達這個說法時所涉及的那種歧義性相比毫不遜色，而且還更爲複雜。以一種對邏輯明晰性來說極爲後補的方式，而且常常是在同一個思維序列中，人們可以時而把握到被傳訴的行爲，時而把握到觀念的意義，時而把握到作爲有關表達之意義或含義的被表達的對象性。由於固有的術語劃分已經破裂，所以現在概念本身含糊不清地交雜在一起。

與此相關還存在著一些根本性的混亂。例如：普全（universell）名稱和多義（aquivok）名稱不斷地被混雜在一起，因爲在缺乏固定概念的情況下，人們不知道怎樣把多義名稱的**多義性**和普全名稱的**多値性**區分開來，後者也就是指普全名稱所具有的與眾多對象發生陳述關係的能力。另一方面，與此相關的是那些在涉及集合（kollektiv）名稱和普全名稱之間差異的眞正本質時常常表現出來的不明晰性。因爲，在集合含義得到充實的情況中，被直觀到的是多個事物，換言之，充實可以劃分爲多個個別直觀，這樣，如果意向和充實沒有被劃分開來的話，人們確實會覺得，有關的集合表達具有眾多的含義。

但對我們來說更重要的是，要仔細地將這些會造成嚴重後果的關於**含義**和**意義**的說法的歧義性，或者說，關於**無含義**表達或**無意義**表達的說法的歧義性劃分開來。如果我們將這些相互混淆的概念區分開來，我們就可以得到下面的序列：

一、表達這個概念中含有這樣的意思，即：它具有一個含義。如前所述，正是這一點才將它與其他的符號區分開來。因此，確切地說，一個無含義的表達根本就不是表達；它至多也只是一個要求，或一個初看是表達、細看卻根本不是表達的東西。例如：「Abracadabra」

A54
$B_1$54

這種聽起來類似語詞的發音就是這樣一種東西；然而另一方面，還有一些眞實表達的組合也屬於這種貌似表達而又非表達的東西，它們與任何統一的含義都不相符合，但它們的外表又讓人覺得它們是在陳述一個統一的含義。例如：「綠是或者」。

二、對象的關係在含義中構造起自身。因而，有意義地使用一個表達和在表達時與對象發生聯繫（表象這個對象），這兩者是一回事。這裡的問題根本不在於，對象是否存在或對象是否是臆想的，甚至是否是根本不可能的。但是，如果人們在本眞的意義上，也就是說在包容了對象存在的意義上，詮釋下面這個命題，即：表達是因爲具有含義才與對象發生關係，那麼，若是有一個與它相應的對象實存，表達便具有**含義**[22]，若是這樣一個對象不實存，表達便**不具有**含義。實際上我們常常聽到人們在談論含義（Bedeutung），但他們以此指的卻是**被意指的**（bedeutet）對象；這樣一種用語是無法堅持下去的，即便在它之中摻雜著眞正的含義概念。

三、如果含義如上面所做的那樣被視爲與表達的對象性相同一，那麼像「金山」這樣一類名稱便是無含義的。但人們一般會將無對象性與無含義性區分開來。相反，人們卻喜歡把那些充滿矛盾的、帶有明顯不相容性的表達，例如「圓的四方形」，稱之爲無意義的，或者

[22] 在A版中未加重點號。

在等値的措辭中否認它們具有一個含義。例如：在西格瓦特看來，[11]一個像「四方形的圓」這樣的矛盾措辭不表達任何我們可以想象的概念，它只提出那種含有不可解決的任務的語詞。他認爲，「不存在圓的四方形」這個存在命題排除了將這些詞結合成概念的可能性。同時，西格瓦特特別強調要把概念理解爲「一個語詞的普遍含義」，因此（如果我們理解正確的話），他所理解的概念也正是我們所理解的概念。埃德曼[12]以類似的方式做出判斷，他舉的例子是「一個四方形的圓是輕率的」。若要保持前後一致，我們就必須在將直接荒謬的表達稱作無意義的同時也將間接荒謬的表達稱作無意義的，這些間接荒謬的表達是指一大批被數學家們在繁雜而間接的證明中證實爲先天無對象的表達，同樣，我們也必須否認像「正十面體」等等這類概念是概念。

馬爾蒂對這兩位研究者提出批評說：「如果語詞無意義，我們怎麼能夠理解這類東西是否存在這樣的問題，並且對此做出否定的回答？即使是爲了提出這一問題，我們也必須以某種方式想象這樣一類矛盾的質料。」[13]……「如果將這種荒謬性稱之爲無意義，那麼這只能

11　西格瓦特：《無人稱動詞》，第六十二頁。

12　埃德曼：《邏輯學》，第一卷，第一版，第二三三頁。

13　馬爾蒂：〈論無主語語句以及語法與邏輯學和心理學的關係〉，第六篇文章，《科學哲學季刊》，第十九期，第八十頁。

意味著，它顯然不具有合理的意義……」[14]這些批評完全是恰當的，因爲前兩位研究者的表達方式很容易引起這樣的猜測：他們是否把眞正的、在前面第一點中已標誌出來的無含義性混同於完全另一種無含義性，即一個充實的意義的先天不可能性。因此，在這個意義上，如果一個表達的意向與一個可能的充實相符合，換言之，如果一個表達的意向與統一直觀的可能性相符合，那麼這個表達便具有一個含義。統一直觀的可能性顯然是指一種觀念的可能性；它與表達的偶然行爲和充實的偶然行爲無關，而與它們的觀念內容有關：即作爲觀念統一（在這裡可以被標示爲意指的意向）的含義和在某些關係上以它爲標準而充實著的含義。這種觀念關係是透過那些根據充實統一的行爲而進行的觀念化抽象[23]被把握到的。如果情況相反，那麼我們把握到的便是含義充實的觀念不可能性，即根據對部分含義在被意指的充實統一中的「不相容性」的體驗所把握到的含義充實的觀念不可能性。

對這些狀況的現象學澄清要求我們進行困難而複雜的分析，這一點在後面的研究中將會得到表明。

四、一個表達意味著什麼，在這個問題上我們當然要回溯到這樣一些案例上，在這些案例中，表達在行使著現時的認識作用，或者換言之，表達的含義意向借助直觀而得到充

A56
$B_1$56

14 同上，第八十一頁注。也可參閱第五篇文章，載於同上，第十八期，第四六四頁。

[23] 在A版中爲：是在事實性的充實統一中抽象地。

實。以此方式，「概念表象」（即含義意向）獲得其「清楚性和明白性」，它證實自己是「正確的」，是「現實」可行的。可以說，開給直觀的支票得到了兌現。由於現在意向行爲在充實統一中與充實的行爲相合，並因此而以最緊密的方式與它融合（即便這裡還有一些差異性留存下來），因此，人們很容易會覺得，表達是在這裡才第一次獲得含義，表達是從充實的行爲中才吸取到含義。也就是說，人們會傾向於將充實的直觀（人們在這裡常常忽略了給這些直觀以範疇形式的行爲）視爲含義。但是——對這些狀況我們還將做更爲深入的研究——，充實並不總是完善的充實。伴隨著表達的常常是一些相距甚遠的、只能做出部分描畫的直觀，即使它們仍然還是直觀。但由於人們沒有進一步考慮到各種情況的現象學差異，所以人們最後會把表達一般的意指性（Bedeutsamkeit），包括那些不能要求得到適當充實的表達的意指性，都移置到相伴的直觀圖像中去。這裡當然需要前後一致地否認荒謬表達具有含義。

A57 B$_{1}$57

因此，新的含義概念來自於對含義與充實直觀的混淆。根據這個新概念，當且僅當表達的意向（用我們的說法是含義意向）確實得到充實時，無論是部分的充實，還是遙遠的或非本眞的充實，表達才具有一個含義；簡言之，當且僅當對表達的理解透過某一個「含義表象」（像人們習慣說的那樣），即透過某些描畫性的（illustrierend）圖像而被啟動時，表達才具有一個含義。

具有重要意義的是對與此相對立的和流行的觀點的反駁，爲此需要進行更廣泛的考察。這將是下一章的任務，在這裡，我們則繼續逐一地列舉各種不同的含義概念。

第16節　續論：含義與共稱（Mitbezeichnung）

五、彌爾還引入了關於無含義性的說法的另一層歧義，並且這個歧義是建立在又一個新的，即第五個關於含義的概念的基礎上。他把名稱的意指性的本質視爲共稱（connotation），並且據此而提出，不被共稱的名稱是無含義的。（時而也有一些謹愼的，但卻同樣含糊的說法：在「本眞的」或「嚴格的」意義上的無含義。）如所周知，彌爾所理解的共稱的名稱也就是那些稱呼一個主語、而且自身包含一個定語的名稱；而他所理解的不共稱的名稱（not-connotative）則是指那樣一些名稱，它們稱呼一個主語、但不（我們這裡可以說更清楚些）指明一個定語是這個主語所帶有的。[15]專名以及屬性的名稱（例如：白）是不共稱的。彌爾[16]將這種專名比喻爲在《一千零一夜》的著名神話中強盜畫在屋子上用來做分辨的那個粉筆符號。[17]他接著說：「如果我們給出一個專名，那麼我們就進行了一項工 A58 $B_1$58

15 彌爾：《邏輯學》，第一卷，第二章，第五節。貢佩爾茲譯本，I，第十四頁和第十六頁。

16 同上書，第十九、二十頁。

17 這個例子取自神話傳說《一千零一夜》中「阿里巴巴與四十大盜的故事」：阿里巴巴由於得知強盜藏匿寶物的祕密而引起強盜的殺機。強盜查到阿里巴巴的住處，在屋子的門上畫了一個圓圈作爲記號，準備夜裡來殺他。聰明的女僕麥兒卓娜知道了強盜的居心，便在所有人家的屋門上都畫上圓圈，使強盜無法辨認。後來強盜頭子自己查到阿里巴巴的住處，記住了阿里巴巴房子的特徵，才得以找到阿里巴巴。——中譯注作，這項工作與那個強盜用粉筆畫所打算做的工作在某種程度上是相似的。儘管我們不是在這個對象本身上做標記，但卻可以說是在對這個對象的表象上做標記。一個專名只是一個**無含義的符號**，我們在精神中將這個符號與對這個對象的表象連結起來，以便這個符號一旦在我們眼前或在我們思想中出現，我們就可以想到這個個體的對象。」

在這部書的下一個段落中彌爾又說：「如果我們陳述某一個事物的專名，如果我們指著一個男人說，這是米勒或邁耶，或者我們指著一座城市說，這是科隆，那麼，僅僅如此，我們除了告知聽者這是這些對象的名稱以外，並沒有告知他關於這些對象的任何知識……。而如果人們在共稱的名稱中談及對象，那麼情況就會兩樣。如果我們說：這個城市是用大理石建造的，那麼我們就給聽者一個知識、一個對他來說可能是全新的知識，這個知識是透過多詞的、共稱的名稱『用大理石建造』而被給予的。」這種名稱「不只是符號，它們比符號更多，它們是有含義的符號；而共稱就是構成它們含義的東西」。[18]

A59 $B_1$59 如果我把彌爾的這些觀點與我們自己的分析放在一起，那麼我們可以清楚地看到，彌爾混淆了那些原則上可以區分的[24]差異。他首先是混淆了指號與表達的差異。強盜的粉筆畫只是一個指號（記號），專名則是一個表達。

18 參閱同上書，第十八頁。「只要人們給予對象的那些名稱在進行著告知，就是說，只要這些名稱在眞正的意義上具有一個含義，那麼含義就不在於它們所稱呼的那些東西，而在於它們所共稱的那些東西。」

[24] 在A版中爲：根本不同的和重要的。

像任何一個表達一樣，專名作爲指號也在發揮著作用，即發揮著它的傳訴作用。在它和強盜的粉筆畫之間確實存在著一種相似性。如果強盜看到粉筆畫，他便知道：這就是他應當掠搶的屋子。如果我們聽到專名，那麼我們就會產生有關的表象並且知道：這個表象就是說者在自身中進行的並同時想在我們心中喚起的那個表象。但名稱在這裡還具有表達的作用。傳訴的作用僅僅是含義作用的輔助手段。問題首先並不在於這個表象；關鍵並不在於把我們的興趣引向這個表象或與它有關的任何東西，而是在於把我們的興趣引向被表象的對象[25]，它也就是被意指的和被指稱的對象，在於向我們提出這個對象本身。這樣，它才在陳述句中顯現爲被陳述的對象，在願望句中顯現爲被願望的對象，如此等等。只是因爲這個功效的緣故，專名才能和其他名稱一樣，成爲複合的和統一的表達的組成部分，成爲陳述句、願望句以及其他類型句子的組成部分。但在與對象的關係中，專名不是指號。這是一目了然的，我們只要考慮到，指號的本質在於指出一個事實、一個此在，而被指稱的對象卻根本不需要被視爲是實存著的對象[26]。如果彌爾在進行他的比較的過程中將專名與那個人的表象從本質上連結在一起，就像粉筆畫與屋子從本質上被連結在一起那樣，但同時卻又補充說，這種結合的目的在於，一旦這個符號在我們眼前或在我們思想中出現，我們就可以想到這個個體的對象——那麼恰恰是這個補充使他所做的比較從中間斷裂開來。

A60
B₁60

[25] 在A版中未加重點號。

[26] 在A版中爲：存在。

彌爾合理地將那些為我們提供關於對象的「知識」的名稱與那些不提供關於對象的「知識」的名稱區分開來；但無論是這種區分，還是與此等值的對共稱名稱和非共稱名稱的區分，都與有意指之物和無意指之物的區分無關。此外，從根本上說，前兩個區分在邏輯上不僅是等值的，而且恰恰就是同一的。它們指的是在定語的和非定語的名稱之間的區別。提供一個事物的「知識」和提供關於這個事物的定語，它們在這裡指的是同一回事。一個名稱是直接指稱它的事物，還是透過它所具有的定語的中介來指稱這個事物，在這兩者之間肯定存在著一個重要的區別。但這個區別是在表達這個統一的屬以內的區別，正如與此平行的和極為重要的稱謂含義的區別，或者說，邏輯表象的區別一樣，它把含義分為定語的含義和非定語的含義，而這個區別是在含義這個統一的屬之內的區別。

彌爾本人以**某種**方式感覺到了這個區別，因為他時常不得不一方面談專名的含義，另一方面，在涉及共稱的名稱時，他卻談到「本真的」和「嚴格的」意義上的含義；當然，在這裡更好的做法是在一個全新的（而且絕不值得提倡的）意義上來談含義。無論如何，在引入他對共稱名稱和非共稱名稱所做的富有價值的劃分時，這位出色的邏輯學家所採取的那種方式會對剛才所接觸到的完全另一類的區分造成極大的混亂。

除此之外，我們還要注意，彌爾對一個名稱**所稱呼**的東西和它所**共稱**的東西之間的區分不能被混同於那個只是與此相近的區別，即在一個名稱**所指稱**的東西和它**所意指**的東西之間的區別。彌爾的闡述尤其助長了這種混淆。

A61
$B_1$61

進一步的研究將會表明這些區別是多麼重要，我們絕不能將它們當作「單純語法的區別」而以蔑視的和膚淺的態度來對待它們；但願進一步的研究將會澄清，沒有我們所建議的對各個素樸區別的嚴格劃分，就無法可靠地提取出邏輯意義上的表象和判斷這兩個概念。

第二章　對含義賦予行爲的特徵刻畫

第17節　描畫性的想象圖像被誤認爲含義

我們對含義概念或含義意向概念的確定依據了這樣一個現象學[1]特性，這個特性對於表達本身來說是本質性的，並且使得表達在意識中以描述的方式有別於單純的語音。按照我們的學說，這個特性是可能的而且常常是現實的，即使表達不處在認識作用中，不處在它與感性化直觀的如此鬆散而疏遠的關係中，它依然會具有這個特性。現在是對一種即使尚非主導的，但已然流行的觀點進行批判分析的時候了，這種觀點與我們的見解處於對立的狀態，它認爲，活的、有含義的表達所具有的全部成就都在於，喚起某種始終被歸屬於表達的想象圖像。

根據這種觀點，理解一個表達就意味著找到隸屬於這個表達的想象圖像。如果這些想象圖像不出現，那麼表達就無意義。我們經常可以聽到人們把這種想象圖像本身稱之爲語詞含義，並且自認爲這個稱呼與通常所理解的表達的含義是相符合的。

這種起初還易於理解的學說居然有可能存在，並且儘管早已受到無成見的研究者[2]的指責還仍然有可能存在，這證明了描述心理學是處於何種落後的狀態之中。的確，在許多情

[1] 在A版中爲：心理的。

[2] 在A版中爲：考察者。

A62
$B_1$62

況中，語言表達都伴隨著一些與它的含義相近或相遠的想象表象；但是，這正反駁了那些所謂最明顯的事實，即：要想理解語言表達，就始終需要理解這樣一種伴隨。這同時也就是說：想象表象的此在並不構成表達的意指性（Bedeutsamkeit）（甚至不構成它的含義本身），想象表象的缺失也不會對表達的意指性造成妨礙。只要我們對那些時而被發現的想象伴隨者（Phantasiebegleiter）進行對比考察，我們就會得出這樣的看法：在語詞含義不改變的情況下，這些想象伴隨者會發生多重的變化，而且它們往往與語詞含義只具有極爲疏遠的關係，而表達的含義意向是在更爲本眞的直觀化中得到充實或增強的，要想完成這種直觀化總要花費一些氣力，而且甚至常常會徒勞無功。人們在某些探討抽象知識領域的著作中讀到和觀察到——在完全理解作者陳述的情況下——一些超出被理解的語詞之外的東西。這種觀察的狀況對於對立的觀點來說肯定是極爲有利的。引導這種觀察的就是那種想找到想象圖像的興趣，從心理學上來看，首先要有這種興趣，然後想象圖像本身才可能出現。而且，如果我們想將那些在後補的反思中可以被發現的東西直接就看作是原初的實際組成，那麼所有在觀察過程中新湧入的想象圖像也就應當被視作這個表達所具有的心理學內涵。但是，即使這種受到反駁的觀點、即將意指性的本質視爲想象之伴隨（Phantasiebegleitung）的觀點，在這些觀察的狀況上占有上風，它至少也必須在這類事例中放棄在心理學觀察中尋找虛假的證實的打算。我們可以以被充分理解的代數符號或整個公式或定律爲例，譬如，「任何一個奇數次的代數方程式都至少具有一個實根」，這個方程式讓人們進行必要的觀察。我可以介紹一下我自己剛才發現的東西：在後一個例子中我想到的是一本打開的書（我認出這是

A63
$B_1 63$

一本塞雷[1]的《代數學》），然後是用陶伯納字體印出來的代數函數的感性原型，而在根這個詞旁邊的是著名的符號「√」。在此期間我將這個命題讀了十幾遍，並且完全理解了這個定律，但我沒有找到一絲一毫屬於這個被表象的對象性的伴隨性想象（begleitende Phantasien）的痕跡。同樣，在對例如「文化」、「宗教」、「科學」、「藝術」、「微分學」等等表達的直觀化過程中，我們也同樣沒有發現屬於這些對象的伴隨性想象。

在這裡還要指出的是，上述情況不僅關係到那些對極為抽象的和透過複雜的關係來中介的對象的表達，而且也涉及個體對象的名稱，涉及名人、城市、風景的名稱。直觀當下化的能力也許是存在著的，但它在這個時刻並未被實現。

第18節　續論：論據與反論據

人們會指責說：在這些情況中，想象也是出現的，只是出現得極為短促而已，內圖像（inneres Bild）一旦出現便馬上消失。對此，我們會回應說：在圖像消失之後，對表達以及對表達所具有的完整而生動的意義的整個理解還在持續著，因而這種理解恰恰不可能處在圖像之中。

1　這裡所說的塞雷（Serret），應當是法國數學家塞雷（J. A. Serret，一八一九—一八八五年）。——中譯注人們還會指責說：也許是圖像變得無法被注意到，或者它一開始就無法被注意到，但無論它是否能夠被注意到，它都在那裡，並且是它使得持續的理解成爲可能。對此，我們也將毫不懷疑地回答說：我們在這裡並不想研究這樣一個問題，即：是否有必要做出這樣一種出於發生心理學理由的假設，以及這種假設是否值得推薦。對於我們的描述性問題來說，這種假設顯然是毫無用處的。人們承認，想象圖像常常是無法被注意到的。人們也不否認，即使在無法注意到它們的情況下，對表達的理解依然能夠存在，並且這種理解能夠很好地被注意到。但是，如果說，一個抽象的體驗因素（即被認爲在想象圖像中構成意義的那個因素）可以被注意到，而這整個體驗（即具體完整的想象表象）卻無法被注意到，那麼這難道不是一種謬誤嗎？我們還要繼續問：如果一個**含義是荒謬的**，那麼這裡的情況又會如何呢？在這裡，圖像之所以無法被注意到，並不是由於心理力量在充實程度上的偶然性，而毋寧說是由於圖像本身根本不可能實存，因爲有關思想的**可能性**（含義的一致性）始終是靠明見性來擔保的。

人們當然也可以指出，我們自己就在以某種方式將荒謬性加以感性化，例如：自身封閉的直線、內角之和大於或小於兩個直角的三角形。我們的確也可以在元幾何學的論著中找到對這類構想物的描畫。可是絕不會有人眞的認爲，這種類型的直觀可以被視爲是對有關概念的眞實直觀，而且可以進一步被視爲是語詞含義的擁有者。只有在想象圖像作爲被意指的實事之圖像確實適合於這個被意指的實事時，才可以理解在這個圖像中去尋找表達之意義的誘惑。但是，就算我們將這些具有自身意義的荒謬表達排除掉，這種適合性就會是規則了 A64 B$_1$64

嗎？笛卡兒就已經指出了「千角形」這個例子，並用它來說明想象和智性的區別。對千角形的想象表象並不比封閉的直線、相交的平行線那樣的圖像更適當；在這兩者那裡，我們所發現的都不是充足的例證，而是對被思之物粗糙的和只是部分的圖像化。我們說的是一條封閉的直線，而畫出的是一條封閉的曲線，因而我們所做的只是對封閉性的感性化。同樣，我們思考的是一個千角形，而想象的是某個具有「許多」邊的多角形。 A65 $B_1$65

此外，根本不需要對這些幾何的例子進行特別挑選就可以證明，在含義一致的情況下，直觀化也會是不適當的。確切地看，如眾所周知的那樣，沒有一個幾何學的概念是可以被相即地感性化的（adäquat versinnlichen）。我們想象或描畫一條線，而且將它說成是或將它看作是一條直線。我們對所有幾何圖形的做法都是如此。圖像總是作爲支撐而被理智所使用。它並不提供被意指的構想物的眞實事例，而只提供那種感性方式的感性構形的事例，這些構形是幾何學「觀念化」的自然出發點。幾何學構想物的觀念正是在這種幾何學思維的智性過程中構造起自身，這種觀念表現在那些可定義的表達所具有的固定含義中。這個智性過程的現時進行是最初構成原始的幾何學表達的前提，而且是對這些表達的認識證明，但這個智性過程卻並不是重新喚起對這些表達的理解以及繼續有意義地使用這些表達的前提。這些短暫的感性圖像是以一種在現象學上可把握和可描述的方式作爲單純的理解輔助工具來發揮作用的，它們並不是作爲含義本身或含義載體本身而發揮作用的。

也許人們會指責我們的觀點是極端唯名論，就好像我們的觀點是在將語詞與思想加以

A66 $B_1$66

等同。有些人甚至會覺得我們的學說是荒謬的，因爲根據我們的學說，一個象徵、[2]一個語詞、一個命題、一個公式被理解，而同時在直觀上除了這個思想所具有的無精神的感性軀體（如寫在紙上的這一筆劃等等）之外卻無物存在。可是，前一章的闡述[3]能夠證明，這根本不是將語詞與思想加以等同。對於我們來說，當我們不借助於想象圖像來理解象徵時，在此存在的不僅僅是象徵；毋寧說，在此存在的是理解，是這個特別的、與表達有關、對表達進行釋義（deuten）、賦予表達以含義並因此而賦予表達以對象關係的行爲體驗。我們從本己的經驗出發而完全知道，是什麼東西將作爲感性複合體的單純語詞與有含義的語詞區分開來。我們甚至可以不去考慮含義而單單朝向語詞的感性類型。有時也會出現這種情況，即：一個感性事物首先自爲地引起興趣，隨後我們才意識到它作爲語詞或其他象徵所具有的特徵。當一個客體被我們視爲是一個象徵時，這個客體的感性習性並不發生變化；或者反過來說，當我們不考慮一個通常被視爲是象徵的客體的意指性時，這個客體的感性習性並不發生變化。同樣，在這裡並沒有什麼新的心理內容附加到舊的、獨立的心理內容中，就

2 「象徵」（Symbol）與「符號」（Zeichen）在胡塞爾那裡基本上是同義詞。因此，對後面出現的象徵性表象、象徵思維、符號意識、符號功能等等概念也可做與此相應的理解。——中譯注

3 例如：可以參閱〔《邏輯研究》第二卷，第一研究〕第10節，第四十頁以後。（胡塞爾在這裡和以下所引的《邏輯研究》頁碼均爲B版頁碼，即相當於中譯本邊碼的B_1 40或B_1 59等等。——中譯注）

好像在這裡現在有了平等內容的一個組合或連結似的。但是，這同一個內容卻改變了它的心理習性，它帶給我們另一種感覺，不僅在紙上的一個感性筆劃顯現給了我們，而且這個物理顯現被視爲是我們所理解的符號。而在我們對它進行這種理解的過程中，我們並不進行一個與這個作爲感性客體的符號相關的表象或判斷，而是進行另一種完全表象與判斷，即與這個被標誌的實事有關的表象和判斷。因此，含義就存在於這個意義給予的行爲特徵（Aktcharakter）中，隨著興趣指向的不同：或是朝向這個感性符號、或是朝向透過這個符號而被表象的（甚至無須借助於任何想象圖像而被圖像化的）客體，這個行爲特徵也是全然不同的。

第19節 無直觀的理解

透過我們的觀點可以完全清楚地理解，一個表達如何能夠有意義地，但無描畫性直觀地發揮作用。但在這個純粹象徵思維的事實面前，那些將含義因素誤置到直觀中去的人便會陷入不可破解的迷宮。對他們來說，無直觀的言說也是無意義的；但眞正無意義的言說根本就不是言說，這種言說無異於機器發出的噪音。無論如何，人們對一些熟記的詩句和祈禱句等等所做的有口無心的背誦就是這樣一種言說；但我們在這裡所要說明的那些情況卻不屬於這類言說。冷靜的考察將會表明，我們絕不能嚴格地對待那些常見的比喻，如鸚鵡學舌或鵝的嘮叨，還有著名的引文：「在缺少概念的地方，語詞會及時補上」，以及其他類似的用語。

A67
$B_1$67

「無判斷的言語」或「無意義的言語」這類表達可以並且必須根據像「無感情的、無思想的、無精神的人」等等這樣一些類似的表達的標準來加以解釋。「無意義的言語」所指的顯然不是一個缺少判斷的言語，而是一個沒有表現出自己聰明的思考的言語。甚至連這個被理解爲荒謬性（悖謬）的「無意義性」也是在意義中構造起自身的：在悖謬表達的意義中便包含著：意指某些客觀上不相一致的東西。

對立的一派現在只能緊急地假設：存在著無意識的和未被注意到的直觀，以此來尋找遁途。但只要看一眼在那些明顯存在著奠基性直觀的情況中，這些奠基性直觀所具有的成就，我們就可以知道這種假設是多麼無用。在絕大多數的情況中，這種直觀根本就是與意向含義不相符合的。這一事實並不會爲我們的觀點造成任何困難。如果意指性並不處在直觀之中，那麼無直觀的言說並不因此而必定就是無思想的言說。如果直觀消失，那麼還會有一種行爲仍然附著在表達上（或者說，附著在感性的表達意識中），這種行爲恰恰與那種在直觀未消失的情況下與直觀相聯繫並且有可能提供對直觀對象之認識的[3]行爲是同一類的。因此，意指活動進行於其中的那個行爲也就既存在於前一種情況中，也存在於後一種情況中[4]。

[3] 在A版中爲：與直觀相聯繫，提供對直觀對象之認識的。

[4] 在A版中還有：，或者，在前一種情況中和在後一種情況中至少存在著共有同一個含義本質的同類行爲。

第20節　無直觀的思維與符號的「代表作用」

A68
B₁68

必須完全弄清這一點：直觀化的圖像性，在那個不僅包容著散漫的日常思維，而且也包容著嚴格的科學思維的最廣泛思維領域中所產生的作用是非常微小的，甚至根本不發揮作用，而且我們能夠在最現時的意義上根據「單純象徵性的」表象來進行判斷、推理、思考和反駁。如果人們在這裡用「**符號的代表作用**」來描述這一事態，彷彿符號本身在替代著某種東西，而在象徵思維中的思維興趣卻朝向符號本身一樣，那麼這種描述就是極爲不合適的。實際上這些符號並不以任何方式、也不以代表的方式是思維考察的對象，毋寧說我們是全然生活在含義意識或理解意識之中，即使沒有伴隨的直觀，這種含義意識和理解意識也不會不存在。人們必須考慮到：象徵思維只是因爲新的「意向」特徵或行爲特徵的緣故才是一個思維，這個特徵使有含義的符號與「單純的」符號得以區分開來，後者是指在單純感性表象中作爲物理客體構造起來的那個語音。這個行爲特徵乃是一個在對無直觀的，但被理解的符號之體驗中的**描述性**特徵。

也許人們會指責這裡所做的對象徵思維的解釋，人們會說，它們是與那些在**符號算術思維**的分析中所表現出來的，並且被我在其他地方（在《算術哲學》中）所強調過的最可靠的事實相違背的。在算術思維中，單純的符號的確在替代著概念。用蘭貝特的話來說，每一種計算術的成就都在於：將「**實事理論**還原爲**符號理論**」。算術符號「被如此地挑選出來並且被如此地完善化，以至於我們可以用這些符號的理論、組合、變化等等來做那些否則必須用

A69
B₁69

概念來做的事情」。[4]

如果我們更進一步看，那麼符號並不是在單純的意義上的物理客體，這些物理客體的理論和組合等等對我們是毫無用處的。這類事物屬於物理科學或實踐的領域，而不屬於算術領域。只有當我們將算數運算與有規則的**遊戲**運算，例如：象棋遊戲運算進行比較時，那些符號的眞正意指才會顯示出來。在下棋時，棋子並不被視爲是這個具有這樣或那樣形態和顏色的、由象牙或木材所製成的事物。它們在現象上和物理上的構造如何，這是完全無關緊要的並且可以隨意變化。它們毋寧說是透過遊戲的規則才成爲象棋的棋子，也就是說，成爲這種遊戲的籌碼，這些規則賦予它們固定的**遊戲含義**。同樣也可以說，算術符號除了它們原本的含義之外還具有它們的遊戲含義，這些含義是根據算數運算的遊戲及其眾所周知的運用規則而制定的。如果人們將算術符號純粹地看作是這種規則意義上的遊戲籌碼，那麼對算術遊戲任務的解決就會導向數字記號或數字公式，在原本的和眞正的算術含義的意義上對這些符號和公式的解釋同時也就是相應的算術任務的解決。

因此，在符號算術思維和計算的領域中，人們用來運算的不是**無含義的**符號。它們不是「單純的」符號，不是那種物理的、擺脫了所有含義的、作爲那些帶有算術含義的原初符號

---

4 蘭貝特：《新工具論》，第二卷，一七六四年，第二十三和第二十四節，第十六頁。（蘭貝特在這裡沒有明確地涉及算術。）

B$_1$70 A70 之替代物的符號；毋寧說，它們是在替代著算術上有含義的符號，但它們被賦予了一定的運算含義或遊戲含義。一個自然地，而且可以說是無意識地構成的多重含義系統將會是無限有效的；原本的概念序列所要求的那種無比繁大的思維工作透過較爲簡易的「象徵性」運算而得以省略，這種「象徵性」運算是在相應的遊戲概念序列中進行的。

不言而喻，人們必須論證這樣一種操作的邏輯權利並且精準地規定它的界限；這裡的問題僅僅在於去除那種由於對數學的「純粹象徵性」思維的誤解而容易引起的混亂。如果人們理解在上述意義上關於在算術中作爲算術概念（或者說，作爲那些帶有其算術含義的符號）之「替代物」的「單純符號」的說法，那麼他們也就會明白，對算術符號的代表作用的指明實際上根本沒有涉及我們所探討的問題，即：一個不帶有伴隨性的——描畫性的、例證性的（exemplifizierend）、明見化的——直觀的明確思維是否可能。在這樣一種無直觀思維意義上的象徵思維和在那種用替代性運算概念來進行的思維意義上的象徵思維，這是兩件不同的事情。

第21節　考慮這樣一個必然性：爲了澄清含義和爲了認識建基於含義之中的眞理而必須回返到對應性直觀上

A71 B$_1$71 人們可能會問：如果那些純粹象徵性地發揮作用的表達之含義，是處於行爲特徵之中的，這種行為特徵使對語詞符號的理解有別於對一個無意義的符號的理解，那麼，爲了使含義的區別得到確定，使多義性得到明見的顯露，或者使含義意向的偏差得到限定，我們爲什麼要回溯到直觀上呢[5]？

而且人們可能還會問：如果這裡所主張的對含義概念的理解是正確的，那麼，爲了明察那些純粹地建立在概念之中的認識，也就是說，爲了明察那些僅僅透過對含義分析而產生的認識，我們爲什麼也要運用相應性直觀呢[6]？一般來說，這實際上就意味著：爲了能夠「明確地意識到」一個表達的意義（一個概念的內容），人們必須進行一個相應的直觀；人們在此直觀中把握到這個表達所「本眞意指的」東西。

然而，發揮著象徵作用的表達也在意指著某些東西，而且這種表達無非就是那種在直觀上得到澄清的表達。意指並不是借助於直觀才得以進行；否則我們就必須說，我們在極大部分的話語和讀物中所體驗到的東西只是一種對聲音和光線組合的外部感知或虛構而已。我們無須再重複說，現象學被給予性的內容明見地[7]反駁了這種說法，也就是說，我們用聲音符號和文字符號來意指這些和那些東西，而這種意指是一種儘管是純粹象徵的、但仍然是理

[5] 在A版中爲：我們爲什麼必須回溯到直觀上呢。

[6] 在A版中爲：不能放棄相應性直觀呢。

[7] 在A版中爲：明確的經驗內容。

解性的說與聽的**描述性特徵**。下列說明為我們提供了對第一個問題的回答：各種單純象徵的含義意向彼此之間常常沒有清楚的區別，這使我們無法輕易地和可靠地對它們進行認同和區分，但這恰恰是我們要做出一個儘管不明見、但卻在實踐上有用的判斷所必需的前提。爲了認識例如在「蚊子」和「大象」這樣的含義之間的區別，我們無須採取特別的措施。但是，只要含義在流暢地相互過渡，而且只要含義的不被注意的偏差抹去了那些要想做出一個可靠的判斷所必須堅持的界限，那麼直觀化便提供了清晰化的自然手段。由於表達的含義意向在各種不同的和在概念上不互屬的直觀中得到充實，因此，隨著充實方向的明確劃分，含義意向的差異性同時也就明確地顯示出來。

但是，在第二個問題上卻需要考慮：判斷活動（所有在確切意義上的現時認識活動）的**所有**明見性都以在直觀上充實了的含義爲前提。當我們談到那些「產生於對單純語詞含義之分析」的認識時，我們所指的恰恰不是那些由語詞所引起的東西。我們所指的是那種只需對「概念本質」進行當下化便可以獲得的認識，在這些「概念本質」中，普遍的語詞含義完整地得到充實，而關於那些與概念相符合的對象，或者說，那些從屬於概念本質的對象的實存與否的問題則被排斥在外。但這種概念本質絕不是語詞含義本身，因而，「純粹建基於概念（或本質）之中」以及「僅僅透過對含義分析而產生」這兩個短語只是由於其多義性而可以表達同一件事情。毋寧說，這種概念本質無非就是充實性的意義，它是「被給予的」，因爲語詞含義（更確切地說，語詞的含義意向）最終落實在各種相應的、素樸直觀性的表象中，以及最終落實在某些對這些表象的思維加工和構形中。這裡所說的分析因而並不涉及空乏的

A72
$B_1$72

含義意向，而是涉及爲這些意向提供充實的對象性和形式。[8]所以這種分析也根本不提供對含義的各個單純的部分和狀況的陳述，而是提供有關那些在含義中被認爲具有這樣和那樣規定性的對象一般的明晰必然性。

當然，這些考慮向我們指明了一個已經一再被視爲是不可或缺的現象學分析的領域，這種現象學分析使那些在含義和認識之間、或者說在含義和澄清性直觀之間的先天關係得以明見化，這樣，這些分析便必定能夠透過對充實性意義的區分以及透過對這種充實的意義的研究而完滿地闡明我們的含義概念。

第22節　不同的理解特徵與「相識性質性」

我們的觀點是以一種對含義賦予的行爲特徵的雖不完全明確、但卻可靠的劃分爲前提

[8] 在A版中爲：我們所指的是那種產生於對普遍語詞含義的「概念本質」的當下化之中的認識，而關於那些與概念相符合的對象存在與否的問題則被排斥在外。但這種概念本質絕不是語詞含義本身，因而，「純粹建立在概念（或本質）之上」以及「僅僅透過對含義分析而產生」這兩個短語由於其多義性而可以表達同一件事情。毋寧說，這種概念本質無非就是充實性的意義（被理解爲種類），它是「被給予的」，因爲語詞含義具體地存在於各種相應的、感性直觀的表象中以及具體地存在於某些對這些表象的思維加工和陳述中。這裡所說的分析因而並不涉及空乏的含義意向，而是涉及這些充實性的對象化和形式化。

A73　$B_1$73

的，即使在那些缺少這種直觀化含義意向的情況中，這種劃分也是我們的觀點的前提。而且人們確實不能認爲，那些主宰著對符號的理解或對符號的有意義使用的「象徵表象」在描述上是等值的，它們就在於一種**無區別的**、對於所有表達都同一的特徵：彷彿只有那些單純的語音、那些偶然的感性含義載體才構成差異。人們可以透過多義表達的例子而輕易地證實，我們絲毫無須伴隨性的直觀化活動，便可以進行突然的含義變化並認識這種變化。在這裡所明見地表現出來的描述性差異不可能與同一個感性符號有關，它必定與那種會發生特別變化的行爲特徵有關。在這裡還要指出這樣一些情況，在它們之中，含義始終是同一的，而語詞則在變化著。例如：在那些存在著方言差別的案例中。在這裡，感性上各不相同的符號被我們視爲是同義的（我們甚至有可能言說「同一個」僅僅屬於不同語言的語詞），在再造的想象爲我們提供有關對含義直觀化的圖像之前，這些符號已經使我們直接地感到它們是「同一個」。

在這些例子上，人們同時還可以看出：有人認爲理解特徵最終無非是被里爾[5]稱之爲「相識性特徵」以及被赫夫玎[6]不太合適地稱之爲「相識性質性」的東西，[7]這種想法起初

A74
$B_1 74$

5 里爾：《哲學的批判主義》，第二卷，第一部分，第一九九頁。

6 赫夫玎：〈論再認識，聯想和心理主動性〉，載於《科學哲學季刊》第八卷，第四二七頁。

7 對此也可參閱福爾克特：《經驗與思維》，第三六二頁。

看起來是可信的，但實際上是不可取的。沒有被理解的語詞也可以向老朋友一樣出現在我們面前；那些被熟記的希臘詩句在記憶中保留得比對它們意義的理解更爲持久，它們還顯得是熟識的，但卻已經不再被理解了。缺失的理解常常是在以後才爲我們突然想起（很可能是早在母語的翻譯表達或其他含義依據出現之前），這樣，除了相識性特徵之外，我們現在又有了作爲顯然是一個新事物的理解特徵，它在感性上並不改變內容，但卻賦予了一個新的心理特徵。人們也可以回憶一下，當我們在偶爾不加思索地閱讀或朗誦早已熟悉的詩作時，這種閱讀或朗誦會以一種方式轉變爲理解。這類例子還有很多，它們使理解特徵所具有的特性成爲明見性。

第23節　表達中的統覺和直觀表象中的統覺

在理解的[8]立義[9]（verstehende Auffassung）中進行著對一個符號的意指，就每一個立義在某種意義上都是一個理解或意指而言，這種理解的立義與那些（以各種形式進行的）客

---

8 我對「理解」一詞的使用並不是在那種限定的意義上，也就是說，它不僅僅只是表明一個說者和一個聽者之間的關係。自言自語的思維者也理解他的語詞，而這種理解簡單地說就是現時的意指。

9 「立義」，即賦予一堆感覺材料以意義，在胡塞爾的哲學術語中與來源於康德的「統攝」概念是同義的。——中譯注

體化的立義是很接近的，在後者之中，對一個對象（例如「一個外部」事物）的直觀表象（感知、虛構、反映）借助於一個被體驗到的感覺複合而對我們產生出來。然而，這兩種立義的現象學結構[9]卻是根本不同的。如果臆造一個先於所有經驗的意識，那麼從可能性上來看，這個意識**所感覺到**的與我們**所感覺到**的是同一個東西。但它不直觀任何事物和事物性的事件，它不感知樹木和房屋、不感知鳥的飛翔或狗的吠叫。人們馬上會嘗試這樣來表達這個事態，即：對於這樣一種意識來說，感覺不**意指**任何東西，感覺不**被看作**是一個對象特性的**符號**，感覺的複合不被看作是這個對象本身的符號；感覺始終被體驗到，但卻缺少一種（產生於「經驗」之中的）客體化**釋義**（Deutung）。在這裡與在表達和相近的符號那裡一樣，我們都可以談論含義與符號。

然而，如果我們在這裡所談的是感知的情況（簡單起見我們僅以感知為例），那麼這種說法就不能被誤解為：意識先看到感覺，再使感覺本身成為一個感知的對象，然後又成為一個建立在感知基礎上的釋義的對象；這種過程發生在實際上已被對象性地意識到的客體那裡，這些客體，例如：語音，在真正的意義上是作為符號而發揮作用的。感覺顯然只是在心理學的反思中才成為表象客體，而它在素樸直觀性的表象中儘管是表象體驗的**組成部分**（是其描述性內容的部分），但絕不是表象體驗的**對象**。感知表象之所以得以形成，是因為被體

A75　$B_1 75$

[9] 在A版中為：構造。

驗到的感覺複合是由某個行爲特徵、某個立義、意指所啟動的（beseelt）；正因爲感覺複合被啟動，被感知的對象才顯現出來，而這個感覺複合本身卻顯現得極少，就像這個被感知的對象本身構造於其中的行爲也顯現得極少一樣。現象學的分析還表明，感覺內容可以說是爲這個透過感覺而被表象的對象的內容提交了一個類似建築材料的東西：因而我們一方面談到被感覺的顏色、廣延、強度等等，另一方面談到被感知的（或者說，被表象的）顏色、廣延、強度等等。這兩方面相應的東西並不是一個同一之物，而只是一個在種類上很接近的東西，人們可以透過一些例子來輕易地證明這一點：我們看到的（感知到的、表象到的等等）這個球的均勻的色彩並沒有爲我們感覺到。

那些在表達意義上的符號就是以這樣一種「釋義」爲基礎的，但這種釋義僅僅是一種第一立義（erste Auffassung）。如果我們考察一個較爲簡單的情況，即：表達被理解，但並未被描畫性的直觀所啟動（belebt），那麼透過這種第一立義，單純符號便顯現爲在此時此地被給予的物理客體（例如：語音）。但這個第一立義奠定了一個第二立義的基礎，這個第二立義完全超越出被體驗的感覺材料，並且不再在這個材料中爲現在被意指的和全新的對象性找到其建築材料。這個新的對象性在一個新的意指行爲中被意指，但並不在感覺中被體現（präsentiert）。這個意指、這個表達性符號的特徵恰恰是以符號爲前提的，而這個意指就顯現爲是對這個符號的意指。或者，純粹現象學地說：這個意指是一個被染上了這樣或那樣色彩的行爲特徵，它將一個直觀表象的行爲當作必然的基礎。在這個直觀表象的行爲中，表達作爲物理客體構造起自身。但是，這個表達只有透過被奠基的行爲才會成爲完整的、眞正

$B_1 76$
A76

的意義上的表達。

這是無直觀地被理解的表達的最簡單情況。對最簡單的情況有效的東西，必定也對最複雜的情況有效。在最複雜的情況中，表達與相應性的直觀相互交織在一起。如果一個表達時而伴隨著描畫性的直觀、時而不伴隨著這種直觀而被有意義地使用，那麼這個表達也就無法從各種不同的行爲中獲得其意指性的來源。

誠然，根據這裡尚未顧及到的更爲細微的層次劃分與支脈劃分來分析這個描述性的事態，這並不是一件輕而易舉的事情。尤其困難的是對直觀化表象之作用的正確把握，確認甚至闡明它們所成就的含義意向、它們與那些已經在無直觀的表達中作爲意義賦予的體驗而發揮作用的理解特徵或意指特徵的關係。這裡恰恰是現象學分析的廣闊領域，也是邏輯學家所無法回避的領域，如果他想要澄清在含義與對象、判斷與眞理、模糊的意見與確鑿的明見之間的關係的話。下面我們將會用有關的分析來進一步證實我們的觀點。[10]

$B_1$77
A77

10 參閱本書第二卷，第六研究。

第三章　語詞含義的偏差與含義統一的觀念性

第24節　引論

我們在前一章中探討的是意指（Bedeuten）的行爲。但在第一章所得出的結論中，我們將含義本身（Bedeutung selbst）與作爲行爲的意指（Bedeuten als Akt）區分開來，含義本身是相對於各種可能行爲之雜多性而言的觀念的統一性。這種區分以及其他與此有關的區分——區分在主觀意義上和在客觀意義上的被表達的內容，區分在客觀意義上的作爲含義的內容和作爲名稱的內容——都明確無疑地存在於無數的情況中。因而，它們也存在於所有那些與某個合適地被闡述的科學理論相關的表達情況中。可是除此之外還有一些其他的不同情況。我們需要格外地注意這些情況，因爲它們帶有一種將這些已經獲得的區分重新攪亂的趨向。這是一些在含義上有偏差的表達，尤其是它們還帶有機遇性和模糊性，這些表達在這裡會給我們造成極大的困難。這一章的研究課題就在於：在有偏差的意指行爲與觀念統一的含義之間做出區分，以此來解決這些困難。 B$_1$78

A78

第25節　傳訴內容與名稱內容之間的相合關係

正如表達可以涉及其他對象一樣，它們同樣也可以與表達者的當下心理體驗有關聯。據此，表達可以分爲兩種：一種表達是那些**同時也傳訴著它們所指稱的**（或者就是它們所標示的[1]）對象之物的表達，而在另一種表達那裡，**被指稱的內容**和**被傳訴的內容是分離開來的**。疑問句、願望句、命令句便提供了第一類表達的例子；第二類表達的例子則是由那些與外部事物、過去的本己心理體驗、數學關係等等有關的表達所提供的。如果有人說出這樣一個願望：「我想要一杯水」，那麼這對於聽者來說就是說者願望的一個指號。但這個願望同時也是陳述的對象。被傳訴之物與被指稱之物在這裡達到了局部的相合。我之所以說局部的相合，這是因爲傳訴顯然延伸得更遠些。在它之中還包含著「我想要等等」這些語詞中所表達出來的判斷。那些關於說者的表象、判斷、猜測的陳述的情況也與此相同，也就是說，它們具有「我表象，我認爲，我判斷，我猜想，等等……」。初看起來，甚至連完全的相合的情況也似乎是可能的，例如：「在我現在正表達的語詞中所傳訴的心理體驗」，即便我們在進一步觀察中可能會發現，對這個例子的解釋是不可信的[2]。與此相反，在像「2×2＝4」這樣一類陳述中，傳訴與被陳述出來的[3]事況是完全分離的。這個命題與下面這個命題是完全不同的：「我判斷，2×2＝4」。這兩個判斷甚至都不是等值的；一個可以爲眞，另一個可以爲假。

[1] 在A版中爲：所描畫的。

[2] 在A版中爲：對這個例子的解釋並非毫無問題。

[3] 在A版中爲：被指稱的。

當然還需要說明，如果我們對傳訴概念做*較爲狹窄*的理解（即在前面所限定的意義上來理解傳訴概念[1]），那麼在上述例子中所說的那些對象便不再屬於被傳訴的體驗的領域。誰對自己的瞬間心理體驗進行陳述，他也就透過一個判斷而傳達了這些體驗的現存。正是因爲他傳訴了這個判斷（即這樣一個內容的判斷：他希望、期望這個或那個等等），他才被聽者統攝爲希望者、期望者等等。這樣一個陳述的含義就在於這個判斷之中，而有關的內心體驗則屬於那些被判斷的對象。如果現在僅僅在狹義上將那些自身帶有表達含義的被指示的體驗算作傳訴，那麼傳訴的內容和指稱的內容在這裡和所有地方一樣，都始終是被分離開來的。[4]

A79

1　參閱本書第一研究，第一章，第7節，第三十三頁。

[4]　在A版中還有一個段落：指稱與含義的關係也和傳訴與指稱的關係相類似。在通常的情況中以及在那些僅僅對於客觀認識來說重要的情況中，含義與對象是分離的。下面這個例子表明，這兩者完全有可能處在相合關係中：我現在（在這些語詞中）所說出的第一個名稱的含義。

第26節　本質上機遇性的表達與客觀的表達

那些與傳訴的瞬間內容具有指稱關係的表達屬於表達的更廣泛的組成，它們的含義隨情況的不同而變化。但這種變化是以一種極為特別的方式發生的，以至於人們不得不懷疑，他們在這裡所說的是否是一些多義詞。我現在用「我希望您幸福」這些語詞來表達一個願望句，這些語詞可以被無數個其他人用來表達具有「同一個內容」的願望。但不僅這些願望本身隨情況的不同而變化，而且這些願望所陳述的含義也隨情況的不同而變化。這一次是A這個人面對B這個人，而另一次則是M這個人面對N這個人。如果A對B做出與M對N「同樣的希望」，這個願望句的意義顯然仍是各不相同的，因為在這個願望句中還包含著面對面的人的表象。但這種多義性完全不同於像「Hund」這個詞所具有的多義性，這個詞可以是指一種動物〔狗〕，也可以是指一種小礦車（在礦山作業中常用的那種）。當人們在談及多義性時，它們所看到的首先是在這個例子中所表現出來的這類多義性表達。這種多義性並不能動搖我們對含義的觀念性和客觀性的信念。因為我們可以隨意地將這種表達限制在一個含義上，並且，無論如何，這種表達所具有的各個含義雖然被附以同樣的稱呼，但這個偶然的狀況並不會影響到這些含義中的任何一個含義的觀念統一。但前面所說的另一種表達是怎樣的呢？在那些表達那裡，我們曾經說明，相對於人及其體驗的變化而言，它們的含義統一是同一的，但由於現在含義恰恰隨著人及其體驗的變化而改變，那麼在這些表達那裡，我們還能堅持說，它們具有同一的含義統一嗎？顯然，我們在這裡所涉及的不是一些偶然的多義

A80
$B_1$80

性，而是一些不可避免的多義性，這種多義性是無法透過人爲的措施與協定而從語言中刪除的。

我們對下列區別做出這樣的更爲明確的定義：一方面是**本質上主觀的和機遇性的**表達，另一方面是**客觀的**表達。爲了簡單起見，我們將限制在正常起作用的表達上。

我們將一個表達稱之爲**客觀的**，如果它僅僅透過或能夠僅僅透過它的聲音顯現內涵而與它的含義相聯繫並因此而被理解，同時無須必然地考慮（Hinblick auf）做陳述的人以及陳述的狀況。一個客觀的表達有可能以不同的方式是多義的；這樣，它便與多個含義處於上面所描述的那種關係中，同時，這個表達每一次實際上引起的或意指的是這些含義中的哪一個，這要取決於心理學狀況（取決於聽者的偶然思想方向，取決於那些已經處在流動狀況中的語序以及由語序引起的傾向[5]等等）。對說者以及他的境況的考慮在這個關係中也可能同樣在發揮著有益的作用。但語詞究竟能否在這些含義的一個含義中被理解，這並不是以那種必不可少的條件（conditio sine qua non）的方式取決於這種考慮。

另一方面，我們將這樣一種表達稱之爲本質上主觀的和機遇性的表達，或簡稱爲**本質上機遇性的**表達，這種表達含有一組具有概念統一的可能含義，以至於這個表達的本質就在於，根據機遇、根據說者和他的境況來確定它的各個現時含義。只有在觀看到實際的陳述狀

A81
$B_{I}81$

[5] 在A版中爲：話語的更全面的思想聯繫的內部一致性。

況時，在諸多互屬的含義中才能最終有一個確定的含義構成給聽者。因而，由於理解在正常的情況下隨時都在進行自身調整，所以在對這些狀況的表象中以及在它與表達本身的有規則的關係中便必定包含著對於每一個人來說都可把握到的而且是充分可靠的支撐點，這些支撐點能夠將聽者引導到在這個情況中被意指的含義上。

在客觀的表達中包含著像是所有理論的表達，也就是「抽象」科學的原理和定理、證明和理論建立於其上的那些表達。現時話語的狀況絲毫不會影響到好比一個數學表達意味著什麼。我們讀到它並且理解它，同時無須去思想某個說者。而那些被用來滿足日常生活之實際需要的表達則與此完全不同，而且，那些在理論科學中被一同用來為科學結論做準備的表達也與此完全不同。後一類表達是指這樣的表達：這些表達或是伴隨在研究者自己的思維活動之中，或是研究者透過它們來向其他人傳訴他的思考和努力、他的方法上的措施和暫時的信念。

每一個含有人稱代詞的表達都缺乏客觀的意義。「我」這個詞在不同的情況下指稱一個不同的人，並且它是借助於不斷更新的含義來進行指稱的。它的含義每一次是什麼，這只有從生動的話語中以及從它所包含的直觀狀況中才能得知。如果我們讀了「我」這個詞而不知道，寫這個詞的人是誰，那麼這個詞即使不是一個無含義的詞，也至少是一個脫離了它的通常含義的詞。誠然，這個詞不會被猜測為是一個隨意的阿拉貝斯克；[2] 我們知道這是一

2 阿拉貝斯克（Arabeske）是一種阿拉伯風格的裝飾圖形。——中譯注

個語詞，並且是一個當時的說者爲了標示自己所用的語詞。但是，這個被引起的概念表象並不是「我」這個詞的含義。否則我們就完全可以用「這個當時標示著自己的說者」來替代「我」。顯然這個替代不僅過於異常，而且也會導向一些具有不同含義的表達。例如：我們不說「我很愉快」，而是說，「這個當時標示著自己的說者很愉快」。標示出當時的說者，這是「我」這個詞的普遍含義作用，但我們用來表達這一作用的概念卻並不是直接地和本身地構成這個詞的含義的概念。

在孤獨的話語中，「我」的含義本質上是在對本己人格的直接表象中完成的，因而在這個表象中也包含著在交往話語中的「我」這個語詞的含義。每一個說者都具有他的「我」的表象（以及他的個人的「我」的概念），因此在每一個說者那裡，這個詞的含義都是不同的。但由於每一個談論自己的人都說「我」，所以這個詞具有一種對此事實而言普遍有效的指號特徵。借助於這一指示，聽者便形成了對這個含義的理解，他現在不僅將這個與他直觀相對的人立義爲這個說者，而且也將他理解爲這個說者之言說的直接對象。「我」這個詞自身並不具有那種能夠直接喚起特殊的、在有關的話語中規定著「我」的含義的「我」表象的力量。它並不能像「獅子」這個詞那樣發揮作用，這個詞能夠自在自爲地喚起獅子表象。毋寧說，在「我」這個詞那裡有一個指示性的功能在發揮作用，它好像在對聽者呼喚：你的對立者指的是他自己。

但是我們在這裡還需要做一補充。確切地看，人們不能這樣來理解此事，彷彿對說者的直接表象自身，便具有「我」這個詞的完整含義。我們當然不能將這個詞視爲是這樣一

B_I83
A83

種多義詞：它的各個含義必須借助於所有那些可能的人的專名才能被辨認出來。在這個詞的含義中顯然還以某種方式一同包含著這個自身意指的表象，以及在其中進行的那種指向（Hindeuten）對說者的直接個體表象的表象。我們必須承認，在這裡有兩個含義以一種特別的形式互為基礎地建造起來。第一個是與普遍作用有關的含義，它與這個詞相連結，以至於在現時表象中可以完成一種指示性的作用；這個含義就其自身而言是對另一個個別表象有利的，並且它同時還以一種概括的方式將這個表象的對象標明為是一個此時此地（hic et nunc）被意指之物。我們可以將第一個含義標示為*指示性*的含義，將第二個含義標示為*被指示*的含義。[3]

對於人稱代詞來說有效的東西，當然對指示代詞也有效。如果有人說「這個」，那麼他在聽者那裡所直接引起的，並不是他所指之物的表象，而首先是這樣一個表象或信念：他在

3 與進一步澄清這個區分有關的闡述可以參閱本書第二卷，第六研究，第5節。[6]

[6] B本的附加與修改：可惜我在對第26節的修訂中以及在付印時也仍然沒有注意到，在這裡所做的闡述中，那些舊的（在我研究的進程中被修正了的）觀點仍然沒有被澈底刪除掉並且因此而與［《邏輯研究》第二卷第四研究的］第5節不完全相一致。因此，對指示性含義和被指示的含義之間的區分還應參閱在第四九四、四九五頁上［對這個第5節］的附加中所做的更明確、更出色的闡述。

指某個處於他直觀領域或思維領域中的東西，他要將這個東西指給聽者看。在話語的具體狀況中，這個思想會成爲充分指明眞正被意指之物的準繩。被孤立地讀到的「這個」還是缺乏它的眞正含義，它之所以被理解，只是因爲它引起了它的指明性作用的概念（那個被我們稱之爲語詞的指示性含義的東西）。但是，在此詞發揮正常作用的任何一個情況中，只有在對它的對象性相關物強行表象的基礎上，這個詞的完整的和眞正的含義才能得到闡明。

當然還要說明：指示代詞常常是以一種方式來發揮作用，我們可以將這種方式當作與客觀方式相等值的東西來加以運用。在數學關係中，一個「這個（dies）」以一種在概念上固定的方式指明一個這樣和那樣已被確定的東西，無須顧及到現時的表達就可以將它理解爲一個這樣被意指的東西。例如：在明確地提出一個定理之後，數學的闡述會這樣繼續進行：「由此而得出這個，即……」。在這裡可以在無須改變意義的情況下，用這個有關的定理本身來替代「這個」，並且從闡述本身的客觀意義來看，這一點是自明的。當然我們還要注意貫穿在這個闡述中的聯繫，因爲這個指示代詞自在自爲地所包含的並不是這個指明的被意指的含義，而只是這個指明的思想。透過這個指示性含義來進行的介紹只是對思想性意指之主要特徵的簡稱以及對此特徵的較爲簡易的管理。但在那些通常的情況中顯然不能說同樣的話，在這些情況中，指明性的「這個」和其他的形式並不意指例如說者所面對的這間房子、他面前飛翔的鳥等等。在這裡必須假設這樣的（隨情況的不同而變化的）個體直觀，僅僅回顧以前所陳述的客觀思想是不夠的。

此外，在這些本質上機遇性的表達領域中還包含著與主體有關的那些規定：「這裡」、

A84

「那裡」、「下面」，或者「現在」、「昨天」、「明天」、「後來」等等。我們最後再考慮一個例子：「這裡」標誌著說者所具有的範圍模糊的空間環境。誰運用這個詞，他就在根據對他這個人及其地點性的直觀性表象和設定來意指他所處的位置。這個地點性隨情況的不同而變化並且也隨人的不同而變化，但每一個人都可以說「這裡」。指稱這個說者的空間環境，這又是這個語詞的普遍作用，而且這種指稱是這樣進行的：這個詞的本眞含義是根據在當時對這個地點的表象才構造起來的。[7]當然，只要「這裡」始終是指稱一個地點本身，那麼這個含義的一個部分就是普遍概念性的含義；但與這個普遍之物相銜接的、而且是以一種隨情況不同而變化的方式相銜接的，是一個直接的[8]地點表象，這個直接地點表象在已有話語的狀況中透過對這個「這裡」的指示性的概念表象而得到理解性的強調，並且被歸屬於這個指示性的概念表象。

當然，這個本質上機遇性的特徵也可以轉移到所有那些部分帶有這些表象或類似表象的表達上，這還包括所有那些雜多的說話形式，說者以這種說話形式將某種與他有關的或者

A85　$B_1$85

[7] 在A版中爲：這個詞的第一性含義包含在當時對這個地點的表象之中。A本的附加與修改：與第八十五頁第五行的「這裡」這個例子有關，這句話必須自然地並且也與第八十四頁的正確理解相一致地意味著：「這個詞的眞正含義是根據當時對這個地點的表象才得以構造起來的。」

[8] 在A版中爲：直觀的並且至少是直接的。

透過與他本身的關係而被思考到的東西正常的表達出來。也就是說，所有那些在感知、信念、思考、願望、希望、擔憂、命令等等方面的表達也具有這種本質上機遇性的特徵。所有與**定冠詞**的聯繫也是如此，在這些聯繫中，定冠詞只是透過種類概念或屬性概念而與個體之物發生聯繫。如果我們德國人說「這個」皇帝（dem Kaiser），那麼我們所指的當然是當今的德國皇帝。如果我們晚上要「這個」燈（die Lampe），那麼每個人指的都是他自己的燈。

注釋：在這一段落中所探討的那些帶有本質上機遇性含義的表達並不能被納入到保羅所做的那種有益的分類中去，他將表達分為具有通常性含義的表達和具有機遇性含義的表達。他的分類理由在於，「語詞在每次被使用時都具有一個含義，這個含義並不必須與這個語詞通常自在自為地所具有的那個含義相一致。」[4] 但保羅也考慮到了在我們的意義上本質上機遇性的含義。他說[5]：「有一些[在機遇性使用中的]語詞，它們在本質上是被用來標誌某些具體事物的，但儘管如此，與一個特定的具體事物自身的關係並不附著在它們身上，而是必須透過個別的使用才能被給予它們。人稱代詞、物主代詞、指示代詞以及指示副詞便

4 保羅：《語言史原理》，第三版，第六十八頁。

5 同上書，最後一個段落。

是這種語詞，像『現在』、『今天』、『昨天』這類語詞也是如此。」[6]但我覺得，在這個意義上的機遇性事物已經脫離出這個定義上的對立之外。表達所具有的這種通常性含義是根據機遇來獲得其含義統一的，因而在某種其他的意義上也是機遇性的。人們完全可以將具有通常性含義的表達分為具有通常單義性的表達和具有通常多義性的表達；通常多義性的表達又可以分為通常在確定的含義與事先可指定的含義之間搖擺不定的表達（如偶然性的多義詞「Hahn」、「acht」[7]等等）和不發生這種動搖的表達。只要後者是根據個別情況來確定它們當時的含義，而它們確定其含義的方式則是通常性的，那麼這種表達就是我們所說的具有本質上機遇性含義的表達。

第27節　其他類型的有偏差的表達

本質上機遇性的表達常常將說者的意見不完整地表現出來，這種不完整性還進一步提高了這類表達的偏差。對本質上機遇性的表達與客觀表達的區分是與其他那些同時標誌著多義性的新形式的區分交叉在一起的；例如：在完整的表達與不完整的（省略性的）表達之間的

6　這種限制在具體事物上的情況當然不是本質性的。例如：指示代詞也可以指明抽象事物。

7　在德語中，「Hahn」具有公雞、開關等多種含義；「acht」具有八、注意等多種含義。——中譯注

區分，在正常產生作用的表達與非正常產生作用的表達之間的區分，在精確的表達與模糊的表達之間的區分。那些由於省略性的簡稱而看上去固定和客觀的表達實際上是一些主觀的和動搖的表達，對此，通常說法中的無人稱動詞提供了很好的例證。沒有人會像理解數學定理「有多面體」那樣來理解「有蛋糕」這句話。後者所指的並不是普遍絕對地有蛋糕存在，而是指「此時此地」——「在喝咖啡時」——「有蛋糕」。「在下著雨」所指的不是普遍地在下著雨，而是指「現在」「外面」在下著雨。在這個表達中所缺乏的東西並不只是被隱瞞不說，而是根本沒有被明確地考慮到；但它肯定屬於那個在此說法中被意指的東西。顯然，在加入這些補充之後，那些在上面所確定的意義上可以被標明爲本質上機遇性的表達就得以產生。

如果表達極爲**簡略**，以至於它們沒有偶然性的機遇就不能夠表達一個完整的思想，那麼在一個話語的眞正被表達的內容，即透過有關詞語的始終相同的含義作用而被顯示出的和被把握的話語內容與它們的機遇性意指之間的差異就會更大。例如：「走開！」「喂，這位！」「哎呀！」「可是——可是！」等等。這些一部分是殘缺不全的、一部分是主觀不定的含義透過說者和聽者身處的直觀事態而得到相互補充或相互區分；它們使這些有欠缺的表達成爲可理解的表達。

在那些與表達的多義性有關的區分中，我們還提到在**精確**的表達和**模糊**的表達之間的差異。在日常生活中的大多數表達都是模糊的，例如：「樹」和「灌木」、「動物」和「植物」等等，而所有在純粹理論和規律中作爲其組成部分出現的表達則是精確的。模糊表達不具有

$B_1$88

一個在任何使用情況中都同一的含義內涵；它們根據一些典型的、但僅僅部分清晰的和不確定地被立義的事例來決定它們的含義，這些事例在各種不同的情況中，甚至在同一個思想進程中都會發生多重變化。這些事例產生於一個在實事上統一的（或者至少看上去是統一的）領域之中，它們規定了各種不同的、在通常是相近的或密切相關的概念，隨話語狀況的不同以及話語所經歷的思想引發狀況的不同，從這些概念中便顯露出這個概念或那個概念，但這種事情大都是在不能可靠地進行認同或區分的情況下發生的，這種可靠的認同和區分可以防止相關概念的暗中混淆。

與這種模糊表達的含混性有關的是另一些表達的含混性，這些表達是對那些顯現出來的[9]規定性的相對簡單的種屬的表達，這些規定性以空間的、時間的、質性的、強度的規定性的方式始終在相互過渡著。那些根據感知和經驗而顯現出來的典型特徵，例如：空間形態和時間形態、顏色形態和聲音形態等等，規定著有含義的表達，由於這些類型處在流暢的相互過渡之中（這是一種在它們的較高種屬範圍之內進行的相互過渡），因此這些表達本身也必定是變動不居的。儘管我們在一定的距離和界限的範圍內能夠可靠地運用這些表達，也就是說，在這樣一些領域中，在那裡，類型得以清楚地表現出來，它可以明見地被認定並且明見地區別於其他相距甚遠的規定性（「鮮紅」與「烏黑」、「行板」與「急板」）。但這

[9] 在A版中爲：現象上的。

A88

B$_{1}$89

些領域的邊界是模糊的，它們溢入到廣泛種屬的相關性領域之中，並且制約著那些過渡領域，在那裡，對這些表達的運用是有偏差的和不可靠的。[8]

A89

第28節　含義的偏差作爲意指的偏差

我們已經認識了各種類型的表達，它們的含義變動不居，而且就話語的偶然狀況會對這種變化產生影響而言，它們總地說來是主觀的和機遇性的。與它們相對立的是另一些表達，只要這些表達的含義通常不具有[10]任何偏差，那麼它們就是在相應廣泛的意義上的客觀的和固定的表達。如果我們非常嚴格地理解這種無任何偏差狀況，那麼在這方面便只有精確的表達，在另一方面則是那些模糊的並且還出於各種其他原因隨機變化的表達。

但現在要考慮這樣一個問題：含義偏差的這些重要事實是否會動搖我們對含義的理解，即：含義是觀念的（並且因此而是固定不變的）統一，或者，它們是否會在這種理解的普遍性方面造成根本性的限制？尤其是那些在前面被我們標誌爲**本質上**主觀的或機遇性的多

8　參閱埃德曼，「類型劃分理論」，載於《哲學月刊》，第三十期。

[10]　在A版中爲：不因爲對語詞的固定聯想，或同時不因爲對有關話語的固定聯想而產生。

義表達以及在模糊表達和精確表達之間的區別有可能在這方面給我們帶來懷疑。因而問題在於：含義是否分爲客觀含義和主觀含義、固定的含義和隨機變化的含義？並且，初看起來，這個區分換而言之只能這樣來理解：一些含義以固定種類的方式體現了觀念的統一，它們始終不爲主觀表象和思維的變化所動；而另一些含義則處在主觀心理體驗的變動之中並且作爲暫時的事件時而在此，時而又不在此？

人們[11]必定會做出決斷說：這樣一種觀點是不確切的。與一個固定的表達所具有的內容一樣，那些被主觀的、其含義隨機而定的表達在特定情況中所意指的內容恰恰在此意義上是一個觀念統一的含義。這一點明確地表現在這樣一個狀況中：從**觀念上**說，在同一地堅持其暫時具有的含義意向的情況下，每一個主觀表達都可以透過客觀表達來代替。

當然，我們在這裡必須承認，這種可替代性不僅是因爲實踐要求的緣故而未得到實現，例如：由於它的複雜性的緣故，而且這種可替代性事實上在最廣泛的程度上也是無法實現的，而且甚至永遠無法實現。

實際上很明顯，我們所持的主張，即每一個主觀表達都可以用一個客觀表達來取代，從根本上說無非意味著**客觀理性的無局限性**。所有存在著的東西都是「自在地」可認識的，它們的存在是在內容上被規定了的存在，它們在這些和那些「自在眞理」中表明自己。所有存

B$_1$90
A90

[11] 在A版中還有：也許。

在著的東西都具有自在地確定不變的屬性與關係，而且，如果它是在事物性自然意義上的實在存在，它便都具有它在空間和時間中確定不變的廣延和位置，它的確定不變的保持方式和變化方式。但是，所有自身確定不變的東西都必然可以受到客觀的規定，而所有可以受到客觀規定的東西，從觀念上說，都可以在確定不變的語詞含義中被表達出來。與自在存在相符合的是自在眞理，而與自在眞理相符合的又是固定的和單義的自在陳述。誠然，爲了始終能夠眞實地表達出自在眞理，不僅需要有足夠多的、各不相同的**語詞符號**，而且首先需要有足夠多的精確的、有含義的**表達**——在這個詞的完整意義上理解的表達。我們必須有能力構造所有這些表達，即這些與理論有關的所有含義的表達，並且有能力明見地辨認或區分它們所具有的與這些含義相關的含義。

但這個理想離我們還無限地遙遠。人們只要想一想在時間規定和地點規定上的缺陷性就夠了：我們只能透過已有的個體實存的關係來規定它們，除此之外，我們沒有其他能力，而這些個體實存本身又無法受到一種精確的、不帶有任何（由於對本質上主觀表達的使用而造成的）混濁的規定。人們可以將那些本質上機遇性的語詞從我們的語言中刪除出去，並且可以試圖用單義的和客觀固定的方式來描述某個主觀體驗。但任何一種嘗試顯然都是徒勞的。

然而，這一點是明白無疑的[12]：就含義本身來看，在它們之間不存在本質區別。實際

[12] 在A版中爲：我覺得，例如：每一個地點規定和時間規定從理想的可能性來說都可以成爲一個從屬於它的本己含義的基質。每一個地點必然都自在地與任何一個其他的地點有區別，正如每一個顏色質性都區別於任何

A91　$B_1$91

的語詞含義是有偏差的，它們在同一個思想序列中常常會變動不居；並且就其本性來看，它們大部分是隨機而定的。但是，確切地看，含義（Bedeutung）的偏差實際上是意指活動（Bedeuten）的偏差。這就是說，發生偏差的是那些賦予表達以含義的主觀行為，並且，這些行為在這裡不僅發生個體性的變化，而且它們尤其還根據那些包含著它們含義的種類特徵而變化。但是，含義本身並沒有變化。這種說法的確有些悖謬，除非我們像在統義的和客觀固定的表達那裡一樣，也在多義的和主觀混濁的表達那裡始終堅持將含義理解為觀念的統一[13]。而那種傾向於固定表達的通常說法認為，無論誰來說出同一個表達，含義都始終是同一個；這種關於同一含義的說法要求我們這樣來理解含義，不僅如此，我們分析的主導目的首先也要求我們這樣做。

A92

一個其他的顏色質性一樣。如果一個直接地（並且不以改造的方式、甚至是在與一個已有的個體性的相互關係中）意指著與它同一的質性的表象是先天可能的；然後，如果一個對此表象的可能重複在繼續保持其同一意指的情況下也是先天可能的，最後，如果這個作為含義的同一的意指與一個表達的連結又是先天可能的，那麼，個體化的規定必定也是先天可能的，無論它們此外與其他的規定還有哪些重要的區別。

無論如何，我們剛才所考慮的這種理想的可能性以及那種作為認識論之基礎的、明見地先天可靠的可能性使我們明白這樣一點。

[13] 在A版中還有：即種類。

第29節　純粹邏輯學與觀念含義

實際上，只要純粹邏輯學涉及概念、判斷、推理，它所從事的便僅僅是這些在這裡被我們稱之爲含義的觀念統一[14]；而且，由於我們竭力想從心理學的和語法的結合之中發掘出含義的觀念本質；由於我們此外還致力於澄清那種建立在這種本質之中的、先天的相即關係，即與被意指的對象性的相即關係，因此我們現在已經處在純粹邏輯學的範圍之中了。

這一點從一開始就很明顯，只要我們一方面考慮到邏輯學相對於眾多科學所具有的地位——它是一門以科學本身的觀念本質爲目的的法則論（nomologisch）科學；或者也可以說，純粹就其理論內涵和聯繫而言，它是一門關於科學思維一般的法則論科學；而且如果我們另一方面注意到，一門科學的理論內涵無非就是它的那些獨立於所有判斷者和判斷機遇之偶然性的理論陳述的含義內涵，這種陳述在理論形式上是一致的，而理論之所以具有客觀有效性，乃是因爲它的統一作爲含義統一與被意指的（並且在明見的認識中「被給予」我們的）對象性在觀念規律上是相符合的。無可置疑，在此意義上叫作含義的東西，完全含有觀念的統一，這些觀念統一在雜多的表達中得到表達，並且在雜多的行爲體驗中得到思考，而且正如它們有別於偶然的表達一樣，它們也必定有別於思維者的偶然體驗。

[14] 在A版中爲：純粹邏輯學所從事的僅僅是這些在這裡被我們稱之爲含義的觀念統一。

$B_1$92　A93

如果所有現有的理論統一按其本質都是含義統一，而且如果邏輯學是關於理論統一一般的科學，那麼同時也就很明顯，邏輯學必定是關於含義本身的科學，是關於含義的本質種類和本質區別以及關於純粹建基於含義之中的（即觀念的）規律的科學。因爲在那些本質區別中也包含著那種在對象性的和無對象的含義之間的、在眞的和假的含義之間的區別，並且因而在這些規律中也包含著純粹的「思維規律」，它們所表達的是含義的範疇形式與含義的對象性或眞理性之間的聯繫。

傳統邏輯學的一般言說方式和探討方式是與這種將邏輯學理解爲一門關於含義的科學的觀點相對立的，前者用心理學的術語或用可做心理學解釋的術語，如表象、判斷、肯定、否定、前提、結論等等來進行操作，而且傳統邏輯因此會認爲，它所確定的是眞正單純的心理學區別，它所探討的是與這些區別有關的心理學規律性。儘管如此，在進行了《純粹邏輯學導引》的批判性研究之後，傳統邏輯的這種觀點無法再迷惑我們。這種觀點僅僅表明，邏輯學距離對那些構成它本己研究領域的客體的正確理解還多麼遙遠，並且，它還需要從那些它本打算從理論上對其本質加以澄清的客觀科學那裡學會多少東西。

只要科學是在闡釋系統理論，只要科學不是在傳達主觀的研究和論證的單純進程，而是在展示被認識爲是客觀統一的眞理的成熟果實，那麼判斷、表象和其他心理行爲便無從談起。客觀的研究者當然會**定義**表達。他會說：「人們將活力、品質、積分、正弦等等理解爲這個和那個。」但他以此僅僅指明他的表達的**客觀的**含義，他在這些他所看到的並且在區域眞理中作爲構造性因素起作用的「概念」上打上自己的標籤。他所感興趣的不是理解，而是這個被他看作是觀念的含義統一的概念以及這個本身由概念構成的眞理。

客觀的研究者而後會提出命題。他在這裡當然要提出主張和做出判斷。但他並不想談論他的或某個其他人的判斷，而要談論有關的事態，如果他在批判性的思考中涉及命題，那麼他所指的是觀念的陳述含義。他稱之爲眞或假的不是判斷，而是命題；命題對他來說是前提，並且命題對他來說是結論。命題不是由心理行爲構成的，不是由表象行爲或認之爲眞的行爲構成的；相反，即使命題不又再由命題所構成，它們最終也是由概念所構成。

命題本身是推論的基石。在這裡也存在著推理行爲和這種行爲的統一內容之間的區別，後者也就是推論，即某些複合陳述的同一含義。那個由推論形式所構成的必然結論的關係不是判斷體驗的經驗心理學聯繫，而是可能的陳述含義的觀念關係，命題的觀念關係。它「實存」或「存有」[15]，這意味著：它有效，而這種有效性是一種與經驗判斷者無任何本質關係的東西。如果自然研究者從槓桿定律、重力定律等等出發推導出一個機器的作用方式，那麼他當然在自身中體驗到各種主觀行爲。但他統一地思考的並加以連結的東西則是概念和命題，連同它們的對象關係。在這裡，與這種主觀的思想連結相符合的是客觀的（即與那個在明見性中「被給予的」客觀性以相即的方式相符合的）含義統一，無論是否有人在思維中將這種含義統一加以現時化（aktualisieren），它們都仍然是它們所是。

B_{I}94

[15] 兩個引號爲B版所加。

A95 $B_1$95

這是普遍的情況。即使科學研究者在這裡沒有機會將語言性的東西和符號性的東西與客觀性的東西和含義性的東西明確地分離開來，他卻肯定知道，表達是偶然性的東西，而思想、觀念同一的[16]含義是本質性的東西。他也知道，他並不造出思想和思想聯繫的客觀有效性，並不造出概念和眞理的客觀有效性，就好像這種客觀有效性與他的精神或普遍人類精神的偶然性有關似的；相反，他是在明察、發現這種客觀有效性。他知道，這種客觀有效性的觀念存在不具有一種「在我們精神中的」心理「存在」的含義，因爲用眞理和觀念之物的眞正客觀性可以揚棄所有實在的存在，其中也包括主觀的存在。即使有個別的研究者時而會對這些事情做出其他的判斷，這種情況也是在他們專業科學聯繫之外以及在後來進行的反思中發生的。如果我們可以像休謨那樣判斷說，人的行爲能夠比人的話語更好地證明人的眞實信念，那麼我們就必須批評這些研究者，說他們自己不能理解自己。他們沒有做到無成見地注意那些他們在其素樸的研究和論證中所意指的東西；他們聽任那些邏輯學的冒牌權威用心理主義的虛假推論以及主觀主義的錯誤術語將他們引入歧途。

就其客觀內涵來看，所有科學都是由這同一個同質材料而構造成一門理論的，它是[17]含義的觀念複合體。我們甚至還可以說，這整個被稱之爲科學理論統一的雜多含義交織物本身

[16] 在A版中爲：種類同一的。

[17] 在A版中還有：種類。

又歸屬到一個包含著它的所有組成部分的範疇之中，它本身在構造著一個含義統一。

因此，如果在科學中具有本質決定意義的東西是含義而不是意指，是概念和命題而不是表象和判斷，那麼它們在那門探討科學本質的科學中便必定是一般的研究對象。實際上，所有邏輯事物都包含在**含義和對象**[18]這個互屬的範疇中。所以，如果我們以複數的形式談到**邏輯範疇**，那麼這只能是指那些在含義這個屬（Gattung）之內相互區分的純粹的類（Artung），或者是指那些**範疇性地被把握的對象性本身**[19]的互屬形式。然後，那些需由邏輯學來陳述的規律便建立在這些範疇中：一方面是那些不去顧及含義意向和含義充實之間的觀念聯繫，即不去顧及含義的可能認識作用，而是與含義的單純複合有關的規律，即複合爲新的含義（無論是「實在的（real）」，還是「虛像的（imaginär）」新含義）。[9]另一方面則是在更確切意義上的邏輯規律，它們在含義的對象性和無對象性、含義的眞與假、含義的一致性和悖謬性方面與含義有關，只要它們受含義的單純範疇形式所規定。與後一種規律相符合的是在等值的和相關的措辭中的**對象一般的規律，只要它們被設想爲是僅僅透過範**

A96　B_I96

9 在本書第二卷，第六研究中有對這個問題更爲詳細的論述。

[18] A本的附加與修改：含義、直觀（作爲含義充實）和對象。

[19] A本的附加與修改：充實性直觀和透過它而構造起來的、範疇性地被把握的對象性本身。

疇而被規定的東西。所有那些能夠在對各種認識質料的抽象中根據單純含義形式而被提出的、關於存在和眞理的有效陳述都包含在這些規律之中。

第四章　含義體驗的現象學內容和觀念內容

第30節　在心理學意義上的表達性的體驗內容與在統一含義意義上的表達性的體驗內容

在我們看來，含義的本質並不在於那個意義賦予的體驗，而在於這種體驗的「內容」，相對於說者和思者的現實體驗和可能體驗的散亂雜多性而言，這個體驗內容是一種同一的、意向的[1]統一。在這種觀念意義上的有關含義體驗的「內容」完全不是心理學所理解的那種內容，即不是一個體驗的某個實在部分或某個方面。如果我們理解一個名稱——無論它指稱的是物理之物還是心理之物，是存在之物還是不存在之物，是可能之物還是不可能之物——，或者，如果我們理解一個陳述——無論它在內容上是眞還是假，是一致的還是悖謬的，是被判斷的還是被臆造的——，那麼，這個表達或那個表達所表明的東西（一言以蔽之，那個構成**邏輯**內容並在純粹邏輯聯繫中恰恰被標誌爲表象或概念、判斷或定理等等的含義）就絕不是那種在實在的意義上能夠被看作是有關理解行爲之部分的東西。這種體驗當然也具有它們的心理學成分，它是內容並且由內容組成——這是指在通常的心理學的意義上的內容。在這個體驗中首先包含著體驗的感性組成部分，語詞在純粹視覺、聽覺、動覺內容方

B₁97

1 「意向的」（intentional）這個詞，就其構造來說，既可以用在含義上，也可以用在意向對象上。因此，意向的統一並不必然意味著被意指的統一、這個對象的統一。

面的顯現，此外還包含著對象性的釋義的行爲，這種釋義將語詞納入到空間和時間之中。從這方面來看，心理學組成如所周知是一個非常繁雜的、隨個體的不同而變化很大的組成；但對於同一個個體而言，它也隨時間的不同而變化，並且這種變化是在「同一個」語詞方面的變化。我在這些伴隨著並支持著我的語詞表象中想象各種由**我的**聲音說出的語詞，在這些想象中也時而出現**我的**速記的和正常的書寫文字符號等等——這些都是**我**個人的特性，並且它們只屬於**我的**表象體驗的心理學內容。在心理學的意義中此外還包含著雜多的和無法透過描述而輕易把握的、在行爲特徵方面的區別，這種行爲特徵構成在主觀方面的意指或理解。如果我聽到「俾斯麥」這個名字，那麼要想理解這個詞的統一含義，我是否將這個偉人表象爲一個戴著寬邊軟呢帽、穿著長大衣的人，還是在想象中根據這個和那個圖像描繪的標準來表象他，這是完全無關緊要的。甚至直觀化的或間接啟動含義意識的想象圖像是否是當下的，這也是無足輕重的。

在對一種常見的觀點所做的反駁中，我們曾經論證過，[2] 表達活動的本質存在於含義意向之中，而不存在於那些有可能在充實過程中加入到這個含義意向之中的、或多或少完善的、或較爲貼近或較爲遙遠的圖像化（Verbildlichung）之中。但只要這些圖像化存在著，它們也就與含義意向密切地交融在一起；由此可以理解，就各種不同的情況來看，那個在

A98　$B_1$98

2 參閱本書第一研究，第二章，第17節，第六十一頁以後。

按其意義發揮作用的表達的統一體驗同樣在含義方面表現出重大的心理學差異性，但這個表達的含義卻始終不變。我們也曾經指出，[3]確實有某種東西與含義在所屬行爲中的所具有的這種同一性（Selbigkeit）相符合；因此，被我們稱之爲含義意向的東西不是一種無差異 A99 的、透過與充實性直觀的聯繫才能得以區分，即得以外在區分的特徵。毋寧說，在不同的含義中，或者說，在含義以不同方式發揮作用的表達中還包含著內容不同地被描述的含義意向，而所有被同義地理解的表達都帶有同一個含義意向，即一個具有同樣規定的心理特徵。由於這一特徵，那些在表達的心理學內涵方面有極大差異的表達體驗首先成爲對同一個 $B_1$99 含義的體驗。不言而喻，意指的偏差決定了在這裡會有某些限制產生，但這些限制不會造成對這個實事之本質的任何改變。

第31節　意指的行爲特徵與觀念同一的含義

雖然我們指明了這種相對於心理學上的變換之物而言的心理學上的共同之物，但我們還沒有標明我們在各個表達或各個表達性的行爲那裡所想澄清的差異，即在它們的心理學內涵和它們的邏輯內容之間的差異。因爲在心理學的內涵中當然包含著在任何情況中都相同的東

3　參閱本書第一研究，第二章，第22節，第七十三頁。

西，同樣也包含著隨機變化的東西。因而我們也根本不主張：始終保持不變的行爲特徵本身就是已經含義了。例如：陳述句「π是一個超越數」所表明的東西——我們在讀這個句子時所理解的東西，以及在說這個句子時所意指的東西——並不是我們思維體驗的一個個體的、僅僅隨時可重複的特徵。在不同的情況中，這種特徵在個體上也各不相同，而這個陳述句的意義卻應當是同一的。如果我們或某一個其他人帶著同一個意向來重複同一個命題，那麼每個人都具有他自己的現象、他自己的語句和理解因素。但與個體體驗的這種無限雜多性相對的是在這些體驗中被表達出來的東西，它始終是一個同一之物，是在最嚴格詞義上的同一個。命題含義並不隨人和行爲的數量而增多，在觀念的邏輯的意義上的判斷是同一個判斷。

我們在這裡堅持含義所具有的這種嚴格同一性，並且將它區別於意指所具有的那種恆固的心理特徵，這種做法並不是出於一種對細微差異的主觀偏好，而是出於這樣一種可靠的邏輯信念，即：人們只有用這種方式才能正確地理解邏輯的基本事態。我們在這裡所做的也不是一個要透過大量說明才能論證的單純假設；相反，我們將它作爲一個直接可把握的眞理來運用，並在這裡遵循所有認識問題中的最後權威，即：明見性。我明見到，我在重複的表象行爲、判斷行爲中所意指的或所能意指的是同一個東西，即同一個概念或同一個命題；我明見到，在談到例如「π是一個超越數」這個命題或這個眞理的地方，我所看到的絕不是某個人的個體體驗或體驗因素。我明見到，這句反思性的話語的確是以在素樸話語中那個構成含義的東西作爲其對象的。我們最後還明見到，我在這個命題中所意指的東西，或者，（如果

$B_1$100　A100

我是聽到這個命題的話）我在這個命題中作爲其含義而把握到的東西，始終是同一的，無論我是否在思考、無論我是否存在、無論所有思維的個人和思維的行爲是否存在。同樣的情況也適用於任何一個含義，適用於主語含義、謂語含義、關係含義和連結含義等等。它首先也適用於那些原初屬於含義的觀念規定性，在這些觀念規定性中包含著——這裡我們僅舉幾個特別重要的爲例——「眞的」與「假的」、「可能的」與「不可能的」、「總體的」與「單個的」、「確定的」與「不確定的」等等謂語。

我們在這裡所主張的這種眞正的同一性無非就是**種類的同一**性。這樣，而且只有這樣，它才能作爲觀念的統一性包容個體個別性的散亂雜多性（συμβάλλειν εἰς ἕν）。當然，這些與觀念同一的含義相關的雜多個別性就是各個相應的意指行爲因素，就是各個**含義意向**。因此，含義與各個意指行爲的關係（邏輯表象與表象行爲的關係，邏輯判斷與判斷行爲的關係，邏輯推理與推理行爲的關係）就與種類的「紅」與這裡放著的紙條都「具有」同一種「紅」的紙條的關係一樣。每一張紙條除了其他構造因素之外（廣延、形式等等）都具有它的個體的「紅」，即這個顏色種類的**個別情**況，而「紅」本身則既不實在地存在於這張紙條之中，也不實在地存在於任何世界之中，而且也更不存在於「我們的思維之中」，因爲這個思維也一同屬於實在存在的領域，一同屬於時間性的領域。

我們也可以說，含義構成了一組在「**普遍對象**」意義上的**概念**。它們因此而不是那種若不在「世界」的某處實存就會在一個天國（τόπος οὐράνιος）中或在上帝的精神中實存的對象；因爲這種形上學的假設是荒謬的。誰習慣於將存在僅僅理解爲「實在的」存在，將對象

$B_1$101　A101

僅僅理解爲實在的對象，他就會認爲有關普遍對象及其存在的說法是根本錯誤的；而我們在這裡卻不會感到有任何不妥，我們首先用這種說法來指示某些判斷的有效性，即一些關於數字、命題、幾何構成物等等的判斷的有效性，而且我們現在問自己，在這裡是否像在其他任何地方一樣，必須給作爲判斷有效性之相關物的被判斷之物賦予「眞實存在的對象」的稱號。實際上，[1]從邏輯上看，七個多面體是七個對象，七首曲子也同樣是七個對象；力的平行四邊形定理是一個對象，巴黎城也同樣是一個對象。4

第32節　含義的觀念性不是在規範意義上的理想性

含義的觀念性（Idealität）是種類一般觀念性的一個特殊情況。因而含義的觀念性絕不具有**規範的理想性**（Idealität）的意義，就好像它涉及的是一種完善的理想、一種理想的極限價值，而它的對立面則是對此理想或多或少貼近的現實化的個別情況似的。當然，「邏輯概念」、即在**規範**邏輯意義上的術語，就其意指活動方面而言是一個理想。因爲認識工藝的要求在於：「在絕對同一的含義中使用語句；排斥所有的含義偏差。區分各種含義並在陳述

A102
$B_1$102

4　有關普遍對象之本質的問題可以參閱本書第二卷，第二研究。

[1]　在A版中爲：（即使它只是假設的有效性），或者說，將它理解爲這些判斷的主體。

性思維中透過在感性中有明確差異的符號來維持這些含義的差異性。」但這種規定所涉及的是那些只能服從於此規定的東西，它涉及有含義的術語的構成、對主觀選擇的關注以及對思想的表達。無論意指活動發生何種偏差，含義「自身」（如前所述）是種類的統一；它們本身不是理想。在通常的、規範的意義上的理想性不排斥[2]實在性。理想是一個具體的範例（Urbild），它甚至可以作爲現實事物存在，並且可以矗立在人們眼前，正如初涉藝術者將一位藝術大師的作品設定爲他在其創作中所仿效和追隨的理想一樣。即使理想無法實現，它在表象意向中也至少是一個個體。而種類的觀念性則是實在性和個體性的唯一對立面；種類不是可能的追求目標，它的觀念性是「在雜多中的統一」的觀念性；有可能成爲一個實踐理想的不是種類本身，而只是它所包含的一個個個別之物。

第33節　「含義」與種類意義上的「概念」這兩個概念並不相合

我們曾說過，諸含義構成一組「普遍對象」或種類。當我們想要談論種類時，每個種類都預設了一個它在其中被表象出來的含義，而這個含義本身又是一個種類，儘管如此，一個種類在其中被思考的那個含義，以及這個含義的對象、即這個種類本身，這兩者不是同

A103

[2] 在A版中爲：包含著。

一個東西。我們在個體領域中，例如對俾斯麥本身和對他的各種表象進行區分，類似「俾斯麥——最偉大的德國政治家」等等；與此完全相同，我們在種類領域中例如也對4這個數和對關於這個數的各種表象、如「數字4——在數列中的第二個偶數」等等進行區分。也就是說，一方面是我們所思考的普遍性，另一方面是我們思考它時所置身於其中的含義普遍性——前者不會消解在後者之中。無論含義本身是否是普遍對象，它們在它們所涉及的對象方面都分爲**個體含義**和**種類含義**；出於可以理解的語言原因，我們也可以將種類含義稱作**總體含義**。因此，例如：作爲含義統一的個體表象是總體性的，而它們的對象則是個體性的。

第34節　含義在意指的行爲中並不對象性地被意識到

我們曾說過，在現時的含義體驗中，與統一的含義相符合的是作爲種類之個別情況的個體特徵：正如在紅的對象中，與種類的差異「紅」相符合的是紅的因素。如果我們進行這個行爲，而且如果我們彷彿就生活在這個行爲中，那麼我們所指的當然是它的對象而不是它的含義。如果我們像是做出一個陳述，那麼我們所判斷的是有關的實事，而不是這個陳述句的含義、不是在邏輯意義上的判斷。對我們來說，在邏輯意義上的判斷要在一個反思的行爲中才成爲對象，在這個反思行爲中，我們不僅僅回顧這個被做出的陳述，而且也進行必要的抽象（或者毋寧說，實施觀念化）。這種邏輯反思不是一個在人造的條件下形成的行爲，也就是說，不是一個在例外的情況下進行的行爲；相反，它是**邏輯**思維的一個正常組成部分。它的特徵在於理論聯繫和對此聯繫的理論思考，這種思考是在對剛剛進行的思維行爲之**內容**的反思中逐步進行的[3]。我們可以舉這種思考的一個非常普通的例子：「S是P嗎？**這**是可能的。但這樣的話，從**這個**命題中就會匯出，有M；而這是不可能的；因而我開始時認爲可能的**那個**東西，即S**是**P，就必定是錯誤的，如此等等。」人們須注意在這裡加了重點號的那些語詞以及在這些語詞中被表達出來的觀念化。「S是P」**這個**命題作爲課題貫穿在這個思考之中，它顯然不僅僅只是在我們的思想首先出現於其中的第一個思維行爲中的一個短促的含義因素；而在進一步的發展中，邏輯反思得以進行，那個被我們在統一思維聯繫中觀念化地和認同化地立義爲同一個東西的命題含義還在繼續被意指。只要一個統一的理論論證在進行之中，情況便總是如此。因此，如果不去觀看前提的含義內涵，我們就不能進行陳述。由於我們對前提進行判斷，所以我們不僅生活在判斷中，而且我們也對判斷內容進行反思；只有在觀看到這些內容的情況下，結論句才顯得是有理由的。正是因爲如此並且僅僅是因爲如此，前提句的邏輯形式（不過它沒有得到那種普遍的、概念的強調，這種強調是在結論式中才表達出來的）才能成爲對結論句之推論的明見規定。

$B_1$104

[3] 在A版中爲：構造起來的。

第35節　含義「自身」和表達性的含義

我們至此爲止所談論的主要是含義，正如含義這個詞的通常相對意義已表明的那樣，含義是表達的含義。但在那些作爲含義而實際起作用的觀念統一與它們所連結的、即那些使它們在人類心靈生活中得以現實化的符號之間並不自在存在著一個必然聯繫。因此我們也不能主張：所有這類觀念的統一都是表達性的含義。每一個新的概念構成的情況都告訴我們，一個原先從未實現過的含義是如何實現自身的。數字——在算術所設定的那種觀念意義上的數字——不是在計數行爲中產生和消失的，因此，無窮數列具有一個客觀確定的、由觀念規律性所嚴格劃定的總體對象的總和，任何人都無法將這個總和增加或減少；觀念的、純粹邏輯的單位、概念、命題、眞理，簡言之：邏輯含義，它們的情況也與此相同。它們構成一個觀念完整的總體對象的總和，對於這些對象來說，它們的被思考和被陳述是偶然的。因此，有無數個含義在通常的、相對的詞義上僅僅是可能的含義，但它們從來沒有被表達出來，並且由於人類認識能力的局限性而永遠無法被表達出來。

B_1105　A105

第二研究　種類的觀念統一與現代抽象理論

引論

A106
B$_{1}$106

根據前一項研究的闡釋，我們在對意指活動的行爲特徵的觀看中把握到含義的觀念統一，這種意指具有其特定的著色作用（Tinktion），它使一個已有表達的含義意識有別於一個含義不同的表達的含義意識。這當然不是說，這個行爲特徵就是具體項（Konkretum），作爲種類的含義就在它的基礎上對我們構造起來。毋寧說，這個被理解的表達的全部體驗才是這種具體項，行爲特徵作爲賦予活力（beseelend）的著色活動正是寓居於這個體驗之中。含義與意指性表達之間的關係，或者說，含義與這個意指表達的含義著色（Bedeutungstinktion）之間的關係，就是一種與例如在紅的種類與直觀的紅的對象之間的關係，或者說，就是一種在紅的種類與在一個紅的對象上顯現出來的紅的因素之間的關係。當我們在意指紅的種類時，一個紅的對象對我們顯現出來，我們在這個意義上觀看這個對象（我們尚未意指這個對象）。同時，在它身上顯現出紅的因素，因此我們在這裡又可以說，我們朝此觀看（wir blicken darauf hin）。但我們也並不意指這個因素、這個在此對象上的個體確定的個別特徵，就像我們陳述一個現象學說明時所做的那樣：這個顯現對象的不相交（disjunkt）表面部分的紅的因素同樣也是不相交的，在做此陳述時，我們並不意指那些紅的因素。紅的對象和在它身上被突出的紅的因素是顯現出來的，而我們所意指的卻毋寧說這是同一個紅，並且我們是以一種新的意識方式在意指這個紅，這種新的意識方式使種類取代於個體而成爲我們的對象。因此，同樣的情況也適用於含義與表達和對表達之意指的關係，無論表達是否與相應性直觀有聯繫。

所以，作爲種類的含義是透過抽象而在被標明的底層上形成的；但這裡所說的抽象顯然不是那種在非本眞意義上的*抽象*，這種非本眞的意義一直主宰著經驗主義的心理學和認識論，用這個意義是根本無法把握到種類之物的；而且，這個意義沒有被用來從事對種類之物的把握，這對後人實在可以說是一件幸事。在對純粹邏輯學進行哲學奠基時，要對抽象問題做雙重考慮。這一方面是因爲，純粹邏輯學必須從本質上顧及對含義的範疇劃分，與個體對象和普遍對象之對立相符合的劃分便屬於這種劃分。另一方面則尤其是因爲，含義一般——即在種類統一意義上的含義——構成了純粹邏輯學的領域，因而對種類本質的任何誤認都會涉及它自己的本己本質。所以，在這裡有必要在一系列的引論性研究中立即來解決抽象問題，並且透過維護與個體對象並存的種類（或觀念）對象的固有權利來確定純粹邏輯學和認識論的主要基礎。這裡就是相對主義的和經驗主義的心理主義與觀念主義（Idealismus）的分界點，觀念主義才是一門自身一致的認識論的唯一可能性。

觀念主義這個說法在這裡當然不是指一種形上學的教條，而是指這樣一種認識形式，它不是從心理主義的立場出發去排斥觀念之物，而是承認觀念之物是所有客觀認識的可能性條件。

A108
B$_1$108

第一章　普遍對象與普遍性意識

第1節　普遍對象是在一種與個體行爲有本質差異的行爲中被意識到

我們在前面曾用幾句話闡釋了我們自己的立場。應當無須多做闡釋便可證明這一立場的合理性。因爲我們所確保的所有那些東西——對種類對象和個體對象之劃分的有效性和不同的表象方式，即這些和那些對象被我們清楚地意識到的不同方式——，都是用明見性來向我們擔保的。而這種明見性是隨著有關表象的澄清而自身被給予的。我們只須回到個體表象或種類表象在其中得到直觀充實的情況上，就可以在這些問題上獲得最清楚的明晰性：這些表象所意指的究竟是什麼，而且在這些表象的意義中的哪些東西必須被視爲根本不同的，哪些東西必須被視爲根本相同的。然後，對這兩方面行爲的反思將會使我們看到，在這些行爲的進行方式方面是否存在著本質的區別。

現在，就行爲的進行方式而言，比較性的考察告訴我們，我們意指種類之物的行爲與我們意指個體之物的行爲事實上是根本不同的；無論我們在後一種情況中所意指的是整個具體之物，還是意指一個在這個具體之物上的個體部分或個體標記（Mermal）。這兩方面肯定具有某種現象的共同性。同一個具體之物在這兩個方面都顯現出來，而且由於它的顯現，同一種感性內容是在同一個立義方式中被給予的；這就是說，現時被給予的感覺內容和想象內容的同一總體都受到同一個「立義」（Auffassung）或「釋義」（Deutung），在這種「立義」或「釋義」中，**對象**的現象連同那些透過這些內容而被體現出來的**屬性**對我們構造起自身。但是，這一個相同的現象卻承載著兩種不同的行爲。這一次，這現象是一個**個體的**意指

$B_1$109　A109

行爲的表象基礎，這個個體的意指行爲是指我們在素樸的朝向中意指顯現者本身，意指這個事物或這個特徵，意指事物中的這個部分[1]。另一次，這現象是一個種類化的立義與意指的行爲的表象基礎；這就是說，當這個事物，或毋寧說，當事物的這個標記顯現時，我們所意指的並不是這個對象性的標記，不是這個此時此地，而是它的內容、它的「觀念」；我們所意指的不是在這棟房屋上的這個紅的因素，而是這個紅。這個意指就其立義基礎來看顯然是一個被奠基的意指（參閱《邏輯研究》第二卷，第六研究，第46節），只要一個新的、對紅這個觀念的直觀被給予性而言構造性的立義方式是建立在對這個個體房屋或對它的紅的「直觀」基礎之上。[2]正如作爲普遍對象的種類透過這種立義方式[3]的特徵而得以成立一樣，與此密切相關的種屬的產生也是這樣進行的，例如：一個紅的東西（即一個在自身中包含著紅

[1] 在A版中爲：將顯現者意指爲這個事物，意指爲這個特徵或意指爲這個事物中的這個部分。

[2] B版的附加。參閱A本的附加與修改：關於對個體意指與普遍意指的劃分：根據第六研究，個體意指與一個素樸行爲有關，即與那個顯現有關，在這項研究第三章第26節中被定義爲展現的那些東西，是與一個設定性的或不設定的質性相連結的；但在普遍意指的情況中，在素樸行爲的基礎上，或者說，在素樸展現的基礎上，一個新的質性建造起來，連同它一起建造起來的是一個新的立義方式，在這個新的立義方式中，與普遍對象的關係得以構造出自身。

[3] 在A版中爲：考察方式。

的東西）、這個紅（這棟房屋的紅），以及如此等等。那種在種類和個別之間存在著的原始關係在這裡得以顯露出來，那種透過比較來統觀雜多個別的可能性得以形成，並且我們有可能明見地判斷：在所有這些情況中，個體因素都是一個不同的因素，但在「每一個」情況中實現的都是同一個種類；從種類上看，這個紅與那個紅是同一個紅，即它們是同一個顏色，而從個體上看，這個紅與那個紅又不是同一個紅，即它們是不同的對象性特徵。就像所有基本邏輯學[4]區別一樣，這個區別也是一個範疇區別。它隸屬於可能的意識對象性本身的純粹形式。（參閱《邏輯研究》第二卷，第六研究，第六章和第七章。）[5]

第2節　普遍對象之說法的必不可少性

概念實在論的偏激所導致的結果在於，人們不僅否認了種類的實在性，而且也否認了種類的對象性。這當然是不合理的。是否有可能或有必要將種類理解爲對象，要想回答這個問題，我們顯然只有回溯到那些指稱著種類的名稱的含義（意義、所指）上，以及回溯到那些要求對種類有效的陳述的含義上。如果人們可以這樣來解釋這些名稱和陳述，或者說，如果

[4] 在A版中爲：認識論。

[5] 在A版中爲：「意識的形式」。它的「起源」在於「意識方式」，而不在於變動不居的「認識質料」。

人們可以這樣來理解那些給予它們以內在含義的稱謂思想和陳述思想的意向，即：意向的眞正對象是個體的，那麼，我們就必須採納對立派別的學說。如果情況不是這樣，如果在對這些表達的含義分析中表明，它們的直觀的和本眞的意向明見地不是指向個體客體，而且尤其是如果在這種分析中表明，在這些表達中所包含的與某一個範圍的個體客體的普遍性關係只是一種間接的關係，這種關係指向這樣一些邏輯聯繫，這些邏輯聯繫的內容（意義）在新的思想中才得以展開，並且要求得到新的表達，那麼，對立派別的學說就明見地是錯誤的。事實上，在個體的個別性和種類的個別性之間進行區分完全是不可避免的，例如：經驗事物是個體的個別性，數學中的數和流形、純粹邏輯學中的表象和判斷（概念和命題）是種類的個別性。

我們曾經一再強調，「數」是一個自身包含著1、2、3……這些個別性的概念。例如一個數是2這個數，而不是兩個個體個別性的隨意組合。如果我們所指的確是後者，並且即使是完全不確定地意指後者，我們也必須說明這一點，而且這樣一來，隨著陳述的改變，思想也必定發生變化。

與個體的和種類的個別性之間區別相符合的是同樣本質性的個體的與種類的普遍性（普全性（Universalität））之間的區別。這些區別完全也可以適用於判斷領域並且貫穿在整個邏輯學的始終：單個的判斷分化爲個體單個的判斷和種類單個的判斷；前者例如有：「蘇格拉底是一個人」，後者例如有：「2是一個偶數」，「圓的四方形是一個悖謬的概念」；普全判斷分化爲個體－普全的判斷和種類－普全的判斷；前者例如有：「凡人都會死」，後者

A111
B$_1$111

例如有：「所有解析函項都是可分的」，「所有純粹邏輯學的命題都是先天的」。

這些區別和類似的區別都是絕對無法被消除的。它們不是一些單純的簡略表達，因爲任何繁雜的描述都無法消除這些區別。

此外，我們可以透過對每個案例的親眼觀察來使自己相信，一個種類在認識中眞實地成爲對象，而且與種類有關的對同類邏輯形式的判斷是可能的，就像與個體對象有關的判斷也是可能的一樣。我們還可以從我們特別感興趣的群組中舉出一個案例。我們曾說過，邏輯表象、統一含義都是一些觀念對象，無論它們本身所表象的是普遍之物還是個體之物。例如：「柏林市」作爲在一再重複的話語和意指中的同一個意義；或者，在無須對畢達哥拉斯定律做精確陳述的情況下，對這個定律的直接表象；或者，還有對「畢達哥拉斯定律」的表象本身。

就我們的立場而言，我們需要指出，每一個在思想中的這樣的含義無疑都可以被視爲統一，而且在一定的情況下，甚至可以對它做出明見的判斷：它可以與其他的含義相比較並且與其他的含義相區別；它可以是一個對於許多謂語而言的同一主語，對於雜多關係而言的同一關係點；它可以與其他含義相加並且作爲一個單位被計數；作爲同一含義，它自己又是一個與雜多新含義有關的對象——所有這些都與其他那些不是含義的對象，例如：馬、石頭、心理行爲等等，完全相同。只是因爲這個含義是一個同一之物，它才被當作同一之物來對待。這對我們來說是一個不容反駁的論據，而且這當然適用於所有種類統一，同樣也適用於那些不是含義的統一。

A112
$B_1$112

第3節　種類的統一是否可以被理解爲是一種非本眞的統一。同一性和相同性

我們想在舊傳統意義上堅持種類之物的嚴格同一性，而流行的學說則依據於廣泛流傳的關於同一性的非本眞說法。我們常常把相同的事情說成是「同一件」事情。例如：當一些產品出現在我們面前，它們按照同一個模式被生產出來，看上去完全相同，也就是說，它們在我們所感興趣的所有方面都相同，這時，我們會說，「同一個櫃子」、「同一件短裙」、「同一頂帽子」。在這個意義上，人們也談及「同一個信念」、「同一個懷疑」、「同一個問題」、「同一個願望」等等。人們認爲，這種非本眞性也包含在「同一個種類」這樣的話語中，尤其是包含在「同一個含義」的話語中。就一個始終相同的含義體驗而言，我們說「同一個含義」（「同一個概念」和「同一個命題」），就一個始終相同的色彩而言，我們說「同一個紅」（普遍的紅）、「同一個藍」等等。

我要對這個論據提出異議，關於相同事物之同一性的非本眞說法作爲一種非本眞說法恰恰需要回溯到相應的本眞說法上；但這樣也就回溯到了同一性上。我們的確發現，在相同性存在的地方，也存在著嚴格的和眞正意義上的同一性。我們不能將兩個事物標示爲相同的，同時卻沒有給明這兩個事物在哪個方面（Hinsicht）是相同的。我所說的這個「方面」就是同一性之所在。每一個相同性都與一個種類有關，被比較之物隸屬於這個種類；這個種類對於這兩個事物來說都不只是一個相同之物，而且也不可能只是相同之物，因爲否則就無法避免最悖謬的無窮後退（regressus in infinitum）。由於我們標示出比較性的關係，因而

A113
B_1113

我們也就借助於一個普遍的種屬術語而指出了種類差異的範圍，那個在被比較的成分中同一地顯露出來的種類差異就處在這個範圍之中。如果兩個事物在形式方面是相同的，那麼這個有關的形式種類便是同一之物；如果它們在顏色方面是相同的，那麼這個有關的顏色種類便是同一之物，如此等等。誠然，並不是每個種類都可以在語詞中得到清晰的表露，因而我們常常在這方面缺乏合適的表達，也許很難對它們做出明確的說明；但我們可以看到它們，而且它們規定著我們關於相同性的話語。當然，如果人們要從本質上將同一性定義爲是相同性的臨界狀況，哪怕僅僅是在感性領域，我們也會覺得這是一種對眞實事態的顚倒。同一性是絕對無法定義的，但相同性卻並非如此。相同性是隸屬於同一個種類的諸對象的關係。如果人們不再被允許談論種類的同一性以及談論相同性產生的關係，那麼關於相同性的說法也就喪失了自己的基礎。

第4節　對將觀念統一還原爲分散的雜多這一做法的異議

我們還要將注意力引到其他方面去。如果有人想將關於一個屬性的說法回溯到某些相同性關係的組成上，那麼我們就必須提出在對比中產生的如下區別來加以考慮。我們比較一下我們的兩種意向：

一、當我們在直觀的相同性中對某一組客體做出*統一的立義*時，或者當我們一下子認識到它們的相同性本身時；或者當我們在*比較性的*個別行爲中認識到一個特定客體與這組的其他個別客體以及最後認識到與這組的所有客體的相同性時，我們所具有的意向。[1]

二、當我們——也許甚至是根據同一個直觀基礎——將那個構成相同性關係，或者說，將那個構造比較性關係的屬性理解為一個**觀念**統一時，我們所具有的意向。

在這裡明見無疑的是：我們這兩方面意向的目標、即那個被意指並且作為我們陳述主體被指稱的對象之物是完全不同的東西。無論有多少客體在直觀或比較中浮現在我們面前，它們以及它們的相同性在第二種情況中都肯定沒有被意指。在這裡被意指的是「普遍之物」，是觀念的統一，而不是這些個體之物和雜多之物。

這兩方面的意向的事態不僅在邏輯學上是完全不同的，而且在心理學上也是完全不同的。在第二種情況中根本不需要進行相同性直觀，甚至不需要進行比較。我將這張紙認作紙、認作白的，我在這裡無須進行某種相同性直觀和比較就可以明確地理解「紙」和「普遍的白」這兩個表達的一般意義。此外，儘管人們可以說，如果那些相同的、透過相同性而發生相互直觀聯繫的客體沒有一同顯現，在心理學上就永遠不會產生出概念表象。但是，這個心理學的事實在這裡是完全無關緊要的，這裡的問題在於，屬性在認識中是作為什麼在發揮作用，以及它在認識中必須明見地作為什麼產生作用。

A114 $B_1$114

1 參閱在我的《算術哲學》中關於直觀的集合立義的較為詳細的論述，尤其參閱在第十一章中關於直觀的相同性認識的論述。

最後還有一點很明顯：如果有人想以下列方式來說明對一個種類的意向，即：這個意向是一種不斷地被把握到的對相同性群組的個別性的表象，那麼每次被表象的個別性就只能包含這些群組中的少數幾個成分，也就是說，它們永遠無法窮盡這些群組的整個範圍。因此人們會問，如果我們不具有種類的統一，從而也不具有那種使此統一能夠獲得與在思想上被表象的（在A的大全表達意義上被意指的）全部A的雜多[6]之聯繫的大全（Allheit）的思維形式，那麼是什麼使這個範圍的統一得以成立，是什麼使這種統一對我們的意識和知識來說成爲可能。僅僅指明「同一個」始終共同的因素當然是無濟於事的。它在數量上有如此之多，遠遠超過我們所能表象的這個範圍的個別客體。本身還需要統合（einigen）的東西怎麼能夠*進行統合*？

同樣，認識到這個範圍的所有成分是彼此相同的，這樣一種客觀可能性也無濟於事；它無法爲我們思維和認識的範圍提供統一。這種可能性如果不被思考到或者明察到，它對於我們的意識來說根本就是無。但在這裡，一方面範圍統一的思想已經被預設了；另一方面，範圍的統一本身又作爲觀念統一與我們相對立。顯然，任何一種將觀念之物的存在曲解爲一種可能的實在存在的企圖都必定要失敗，因爲可能性本身重又是觀念對象。就像在實在[7]世界 $B_1$115 A115

[6] 在A版中爲：大全。

[7] 在A版中爲：所有。

中無法找到普遍的數、普遍的三角形一樣，我們也無法找到可能性。

因此，經驗主義的觀點想透過向種類對象之範圍的回溯而省略對種類對象的設定，這種做法是行不通的。它無法告訴我們，是什麼爲我們提供了這個範圍的統一。下面的指責將會使這一點更加清楚。經驗主義觀點訴諸於「相似性區域」，但卻對這裡的困難估計不足：任何一個客體都屬於眾多的相似性區域，因而現在必須回答的問題在於，這些相似性區域本身是怎樣相互區分的。可以明顯地看到，如果沒有已經被給予的種類統一，那麼無窮後退（regressus in infinitum）便不可避免。一個客體A與其他客體相似；從a的角度來看，它與這些客體相似，從b的角度來看，它又與那些客體相似，如此等等。但角度本身並不意味著，一個創造出統一的種類在此存在著。因此，是什麼使那個例如由「紅」所決定的相似性區域統一地相對於由「三角形」所決定的相似性區域呢？經驗主義的觀點只能說：這是兩個不同的相似性。如果A和B在紅的方面相似，並且如果A和C在三角形方面相似，那麼這兩種相似性是不同種類的相似性。但我們在這裡又遇到了種類。相似性本身被比較並且構成種和屬以及構成它們的絕對成分。因此我們又要回溯到這些相似性的相似性上，並且如此無限地進行回溯。

第5節　續論：彌爾與斯賓塞之間的爭論

誠然，人們常常已經感覺到，心理主義觀點將種類統一分解爲包含在此統一中之雜多的

$B_1$116
A116

做法不是沒有困難的；但在解決這些困難時，人們會過早地自我安慰。觀察彌爾[2]的做法是很有趣的：他堅持屬性的同一性的說法，並且試圖在斯賓塞面前證實這種說法，這與他自己的心理主義教義是相矛盾的；而斯賓塞則只承認完全相同的屬性這種說法。[3]在看到不同的人時，我們所具有的感官感覺並不是同一的，而只是完全相同的，因此，斯賓塞認為，在每一個人中的人屬（Menschentum）也只能被標誌為是一個不同的屬性。但是，彌爾指責說，這樣一來，同一個人的人屬在此時和在半小時以後也是不同的了。他認為這是不對的，[4]「如果每個普遍表象都不被看作是『雜多中的同一之物』，而被視為是與它可以運用於其上的事物同樣多的表象，那麼普遍的表達也就不存在了。如果當『人』被運用於漢斯時是一個自為的事物，而當它被運用於彼得時又是另一個事物，那麼，即使它所標誌的是兩個完全相似的事物，一個名稱也根本不會具有普遍的含義。」

這個指責是正確的，但也完全適用於彌爾自己的學說。他在幾行之後不久又說：「每一個普遍名稱的含義都是一個外現象或內現象，它最終是由感覺構成的，並且，一旦這些感覺

$B_1$117
A117

2 彌爾：《邏輯學》，第二卷，第二章，第3節，結尾部分的注釋（貢佩爾茲譯本，I，第一版，第一八五—一八六頁）。

3 斯賓塞：《心理學》，第二卷，第294節注釋（費特譯本，II，第五十九—六十頁）。

4 同上書，第一八六頁。

的聯繫中斷，它們便不再是個體同一性意義的同一感覺了。」彌爾相信自己能輕易地避開在這裡明顯地暴露出來的困難。他問道，「現在，給予一個普遍名稱以其含義的共同之物究竟是什麼呢？斯賓塞只能回答說：這是感覺的相似性；而我卻要反駁說：屬性就是這種相似性。屬性的名稱分解到最後就是我們感官感覺（或其他感覺）之相似性的名稱。每一個普遍名稱，無論它是抽象的還是具體的，都標誌著或共同標誌著一個或幾個這樣的相似性。」[5]

這眞是一個特別的解決方式。也就是說，「共同標誌」不再是由通常意義上的屬性所組成的，而是由相似性所組成的。但這種轉換又有什麼用處呢？任何一個這種相似性都不是指個體的和短暫的相似性感覺（feeling），而是指那個同一的「雜多中的同一之物」，因此，在這裡被排斥掉的東西恰恰是被設爲前提的東西。當然，這些無法解釋的問題也並沒有因此而得以減少。每一個不同的屬性都與一個不同的相似性相符合。但是，由於任何一個個別的比較情況都與一個特殊的相似性相符合，也就是說，任何一個屬性都包含著無數的可能相似性，因此，我們究竟能在多大程度上談論一個相似性呢？這個問題會將我們導向在前面已經討論過的問題，即：所有這些相似性的統一聯繫是透過什麼而得到論證的，這是一個爲了認識相對主義觀點的謬誤性而必須提出的問題。

彌爾自己已經對他的解釋有所顧慮，因爲他在後面又補充說：「很難否認這樣一個事

5 同上書，第一八六頁。

$B_1$118
A118

實，即：如果上百個感官感覺彼此相同，無法區分，那麼就應當將它們的相似性稱之爲唯一的相似性，而不是上百個僅僅與一個別的感官感覺相似的相似性。相互比較的事物是多，但那個對所有這些事物來說都共同的東西則必須被看作是『一』，與此完全相同，無論一個名稱被說出多少次，並且儘管每次在數量上都與不同的聲音感覺相符合，但這個名稱卻被理解爲『一』。」這眞是一種獨特的自欺欺人之法；就好像我們可以公布一種說話方式，以此來規定：行爲的雜多性是否與被思之物的統一性相符合；就好像賦予話語以統一意義的並不是意向的觀念統一。被比較的「事物」當然是多，對它們來說的共同之物當然也必須被理解爲一；但之所以有此「必須」，是因爲那個共同之物恰恰就是一。而且，如果這一點對於「相似性」有效，那麼它對於那些不加修飾的屬性本身也有效，這些屬性從而也就與那些感覺（feelings）從本質上區別開來。所以，這樣的說法是不可取的。人們畢竟是在研究概念而不是在從事心理學。

彌爾在《邏輯學》第一八五頁說：「斯賓塞與我之間的爭論僅僅是一個語詞上的爭論，因爲我們兩人……都不相信屬性是一個具有對象性存在的實在事物；我們只將屬性視爲是一種指稱我們感官感覺（或我們對感官感覺之期待）的特殊方式方法，這種指稱是根據這些感官感覺與引發這些感覺的外在對象所具有的關係來進行的。因此，由斯賓塞所引起的這個爭論問題並不涉及某個現實存在事物的特性，而是涉及名稱相對於哲學目的而言較大或較小的適合性，這些哲學目的具有對一個名稱的兩種不同的使用方式。」我們當然也不提倡屬性實在論的觀點，但我們要求做出更加明確的分析：在這種「對一個名稱的兩種不同的使用方

A119　$B_1$119

式」後面還隱藏著什麼？是什麼爲「名稱相對於哲學目的」以及相對於思維「所具有的適合性」提供了論證？彌爾忽視了一點，即：一個名稱的統一意義以及任何一個表達的統一意義都是一個種類的統一，因此，如果將種類的統一還原爲語詞含義的統一，那麼問題只不過是被推延了而已。

第6節　向下面各章的過渡

在前面的觀察已經可以看出，有必要對一個對立的觀念進行批判。這裡所涉及的是一系列與經驗主義抽象理論的形式相一致的思想，無論它們在內容上是多麼不同。但看起來有必要現在就賦予這個批判以一個較大的活動場所，以便使我們關於普遍對象和普遍表象之本質的觀點能夠運用於對近代抽象理論的各種主要形式的檢驗分析。對其他觀點之錯誤的批判性指明將會給我們提供機會，對我們自己的觀念做補充性的建構並且同時檢驗它的可靠性。

經驗主義的「抽象理論」[6]與大多數近代認識論的學說一樣，將兩種本質不同的科學興趣混爲一談：一種興趣與對體驗的**心理學說明**（Erklärung）有關，另一種興趣與對體驗的

B_1120

6 在這裡說「理論」並不十分合適，我們在下面就會看到，這裡沒有什麼可以理論化，或者說，沒有什麼可以解釋的東西。

思想內容或意義的「邏輯學」澄清（Aufklärung）以及對它們的可能認識成就的批判有關。前一種興趣所涉及的是對經驗聯繫的指明，這些經驗聯繫將被給予的思維體驗與那些在實在發生的河流中的其他事實相連結，這些事實或者是引起此體驗的原因，或者是由此體驗所造成的結果。而相反，後一種興趣的目的則在於那些屬於語句的「概念的起源」[8]；也就是說，它的目的在於，透過對在充實意義上的——這個意義是我們借助於合適的直觀[9]才得以實現的——概念意向的明見證實來澄清概念的「眞正意指」或含義[10]。對這些現象學聯繫的本質的研究提供了從認識批判上澄清認識「可能性」的必不可少的基礎；因而在我們這裡，它也爲我們提供了必不可少的基礎，使我們能夠從本質上說明那些關於普遍對象（或者說，關於作爲相應的普遍概念之對象的單個對象）的有效陳述的可能性，而且與此相關地對這樣一種合理意義做出明晰規定，在這個意義上，普遍之物能夠作爲存在之物而有效，個別之物能夠作爲一種隸屬於普遍謂詞的東西而有效。任何一門想成爲認識論的、即想進行認識說明的抽象學說，如果它不是去描述那些種類之物在其中爲我們所意識到的直接性的、描述性的事態，借助於這種事態去解釋屬性名稱的意義，並且進一步去明見地解決種類本質所遭受

A120

[8] 在A版中爲：概念「分析」。

[9] 在A版中爲：形象化。

[10] 在A版中爲：澄清含義。

的誤釋，而是迷失在對抽象過程的因果性的、經驗心理學的分析之中，對抽象意識的描述性內涵一掠而過，將其興趣主要朝向無意識的心境、朝向假定性的聯想混雜體，——那麼這門抽象理論從一開始就偏離了自己的目標。我們在這裡通常可以發現，普遍意識的內在本質內涵[11]根本沒有被注意到以及被標示出來，而我們所要進行那種心理學的說明卻恰恰是在這種普遍意識中進行的。

同樣，一門抽象理論，如果它的目的雖然在於那些內在地處在所有眞正的（即直觀的）抽象之中[12]的事物的領域，並因此而避免了將本質分析和經驗分析（認識論的**澄清**（aufklärend）分析和心理學的**說明**（erklärend）分析）[13]加以混淆的錯誤；但它卻陷入到由普遍代現（Repräsentation）這種說法的多義性所引起的另一種相近的混淆中去，即落入到對**現象學**分析和**客觀**分析的混淆中去：那個原來僅僅是由意指的行爲歸派給其對象的東西，現在卻被當作實項的構成要素（reelles Konstituens）而劃歸給了這些行爲本身，——那麼這門抽象理論也就從一開始就偏離了自己的目標。於是，在這裡[14]至關重要的意識及其

[11] 在A版中爲：本質核心。

[12] 在A版中爲：常常內在地處在意識中的所有現時抽象之中的。

[13] 在A版中爲：認識論的澄清性分析和心理學的解釋性分析。

[14] 在A版中爲：從理性上說唯一。

$B_1$121

內在本質[15]的領域又再被默默地遺棄，一切又再陷入到混亂和迷惘之中。

下面的分析將要表明，最具影響的近代的抽象理論恰恰具備以上這些概括性特徵，這些理論出於上面所概述的原因實際上已經偏離了自己的目標。

A121

[15] 在A版中爲：直接被意識之物。

第二章　以心理學方式對普遍之物所做的實在設定

第7節　以形上學方式和心理學方式對普遍之物的實在設定[1]。唯名論

在關於普遍對象學說的發展中，有兩種錯誤解釋占據了統治地位。第一種錯誤解釋在於以**形上學的**方式對普遍之物做**實在設定**，在於設想處於思維之**外**的一個實在的種類存在。第二種錯誤解釋在於以**心理學的**方式對普遍之物做**實在設定**，在於設想處在思維**之中**的一個實在的種類存在。

第一種錯誤解釋的基礎是（在傳統觀點意義上的）柏拉圖實在論，而與這種錯誤解釋正相反對的是舊的唯名論，不論是極端的唯名論，還是概念論的唯名論。與此相反，對第二種錯誤解釋的反抗，尤其是洛克式的反抗，規定了自柏克萊以來的近代抽象理論的發展並且使得這種發展決定性地朝向了極端唯名論一邊（如今人們將這種唯名論統稱之爲唯名論並且將它與概念論對置起來）。因爲人們相信，爲了避免洛克抽象觀念的荒謬性，必須完全否認普遍對象是特殊的思維統一，並且完全否認普遍表象是特殊的思維行爲。由於人們誤解了普遍直觀（除了那些抽象觀念以外，人們通常也將傳統邏輯學視爲普遍直觀）與普遍含義之間的區別，因而他們會將這後一種「概念表象」（這一說法雖然不是他們的原話，但卻是他們的

$B_{1}122$

1 「實在設定」並不是理想的中譯。德文原文爲：Hypostasierung，源於拉丁文、希臘文名詞 hypostasis，意爲：基礎、實體、實在。動詞化後該詞的原義應爲：將……視爲實在的或實存的，將……實體化。——中譯注

原意）連同其特殊的表象意向加以拒絕，並且將個體的、僅在心理學上特殊的個別表象視爲「概念表象」之基礎。

這樣，又有第三個唯名論的錯誤解釋與前兩種錯誤解釋相銜接，這種唯名論相信，它能夠以各種形式在對象和行爲方面將普遍之物轉釋成個別之物。

只要人們對這些錯誤解釋還有現實興趣，我們就必須對它們逐個地進行分解。我們至此爲止的考慮已經表明，這裡的問題的本質在於：關於普遍對象之本質的有爭議問題與關於普遍表象之本質的有爭議問題是不可分割的。如果我們不去清除這樣一種懷疑，即：普遍對象如何能夠被表象出來，而且更進一步說，如果我們不去反駁那種似乎能夠透過科學的、心理學的分析來加以證明的理論，即：只有個別表象存在，我們因而僅僅意識到並且也僅僅能夠意識到個別客體，我們因而也必須把關於普遍對象的說法理解爲*臆造的*或*完全非本真的*，——那麼，我們就根本沒有可能令人信服地說明關於普遍對象之說法的特殊有效性。

我們可以將那種柏拉圖化的實在論看作是早已完結的東西置而不論。相反，那些似乎趨向於心理學化的實在論的思想動機在今天顯然還有效用，這一點，從人們對洛克通常所採取的批判方式上便可以看出。在這一章中，我們將詳細研究這些思想動機。

第8節　一個迷惑人的思路

人們也許會針對我們的觀點提出如下想法，這些想法並不是出自嚴肅的信念，而只是爲了間接地證明關於種類就是普遍對象之說法的不可行性：

如果種類不是實在之物，並且也不是思維中的東西，那麼它們就什麼也不是。我們怎麼能談論某種甚至不存在於**我們思維**之中的東西呢？因此，不言而喻，觀念之物的存在是意識中的存在。所以我們可以合理地說：意識內容。與此相反，實在的存在不僅僅是意識之中的存在或內容—存在（Inhalt-Sein），而是自在存在（An-sich-Sein）、超越的存在、意識之外的存在。 A123

然而，我們不要迷失在這種形上學的歧途上。對我們來說，意識的「之中」和意識的「之外」同樣都是**實在的**。個體連同它的所有組成部分都是實在的；它是一個此地和此時。對我們來說，時間性（Zeitlichkeit）就足以是實在性的特徵標誌。雖然實在的存在和時間性的存在不是同一概念，但卻是範圍相同的概念。當然我們並不是說，心理學的體驗是在形上學意義上的事物。然而，如果舊的形而上學信念在這一點上是合理的，即：所有時間性的 $B_1$124 存在都必然是一個事物，或者一同構造著事物，那麼心理學的體驗和形上學意義上的事物也就同屬於一個事物性的統一。而如果所有形上學的東西都應當始終被完全排斥的話，那麼人們便只能透過時間性來定義實在性了。因爲這裡的問題僅僅取決於一點，即：這是觀念之物的非時間性「存在」的對立面。

此外很明顯，只要我們談論普遍之物，它就是一個被我們所思之物；但它卻並不因此而就是一個在思維體驗中的實在組成部分意義上的思維內容，它也不是一個在含義內涵意義上的思維內容，毋寧說，當我們談論普遍之物時，它便是一個被思的**對象**。難道人們會看不出，一個對象，即使它[1]是一個實在而眞實地實存著的對象，也不能被理解爲是一個思維著它的行爲所具有的實在組成部分？而臆想之物和荒謬之物，只要我們談論它們，也就是一個我們所思之物？

我們的目的當然不在於，將**觀念之物**的存在（Sein）與**臆想之物**或**悖謬之物**的**被思存在**（Gedachtsein）置於同一個層次之上。[2]後者是根本不實存的（existieren），人們實際上絕對無法對它們進行任何陳述；而且即使我們去談論它們，就好像它們具有其本己的存在方式、即「單純意向性的」存在方式一樣，但只要我們對這些話語做略爲詳細的考察就會發現，它是一種非本眞的話語。事實上，在「各個無對象的表象」之間僅僅存在著某些規律性的有效聯繫，但由於這些聯繫與那些與對象性表象相關的眞理具有相似性，因此它們才得以引出有關那些實際上並不存在的、單純被表象的對象的說法。相反，觀念對象則眞實地實存著（existieren）。我們不僅可以明見無疑地談論這些對象（例如：談論2這個數、談論紅這個質、談論矛盾律以及其他等等），並且可以想象它們是帶有謂詞的，而且我們還可以**明晰**地把握到與這些對象有關的某些範疇眞理。如果這些眞理有效，那麼所有那些作爲這種有

2 對此可以參閱埃德曼：《邏輯學》第一卷，第一版，第八十一和八十五頁。特瓦爾多夫斯基：《關於表象的內容和對象的學說》，第一〇六頁。

[1] 在A版中還有：一般說來。

B_1125　A124

效性之客觀前提的東西也都必然有效。如果我明察到，4是一個偶數，而這個被陳述的謂語的確與4這個觀念對象相符合，那麼這個對象也就不是一個單純的臆想，不是一個「單純的說法（façon de parler）」，不是一個眞正的虛無。

這一點並不會排除以下的可能性，即：這個存在的意義、而且隨之還有這個謂詞陳述的意義在這裡就完全地和特別地等同於這樣的情況：一個實在的主詞被附加了或被剝奪了一個實在的謂詞、它的特性[2]。換言之：我們並不否認，而是強調這一點：由於在觀念存在與實在存在之間存在著區別，因而我們要考慮到，在存在之物（或者也可以說：對象一般）的這個概念統一內部就存在著一個根本的範疇區別：作爲種類的存在和作爲個體的存在的區別。與此相同，隨一個個體之物究竟是被附加了還是剝奪了其各個特性[3]、一個種類之物究竟是被附加了還是被剝奪了其各個總體規定性的不同情況，謂詞陳述的概念統一也分爲根本不同的兩種。但這個區別並沒有揚棄對象概念中的最高統一，並且沒有與此相關地揚棄[4]範疇的命題統一的對象概念。無論如何，某種東西（一個謂詞）會附加給或不附加給一個對象（主詞），而這種最一般的附加的意義連同它所包含的規律便規定著這個存在或這個對象一般的最普遍意義；就像總體性的謂詞陳述的較爲特殊的意義連同它所包括的規律也規定著

[2] 在A版中爲：屬性。

[3] 在A版中爲：屬性。

[4] 在A版中爲：揚棄在對象概念中的。

（或設定了）觀念對象的意義一樣。如果所有那些存在著的東西都合理地被我們視爲存在著，而且是我們在思維中借助於明見性而把握爲存在著的那樣存在著，那麼我們就不可能去否認觀念存在的特有權利。實際上，在這個世界還沒有一門詮釋術能夠將這些觀念對象從我們的言說和思維中消除。

第9節　洛克的抽象觀念學說

如我們所聞，洛克哲學對普遍之物做心理學實在設定的做法（Hypostasierung）曾具有特殊的歷史影響。它是透過如下的思路而產生的：

在實在現實中不實存著像普遍之物這樣一類東西，實在地實存著的只有個體的事物，它們根據其種、屬方面的相同性和相似性而依次排列。如果我們維持在直接被給予之物、被體驗之物的領域內，用洛克的話來說，維持在「觀念」的領域內，那麼事物現象就是在如下意義上的「簡單觀念」的複合：同一種簡單觀念、同一類現象特徵通常會以個別的或群體的方式一再地回歸到這些複合中。現在我們指稱這些事物，並且不僅用專有名稱來指稱它們，而且主要是用共有名稱來指稱它們。但事實在於，我們可以用同一個普遍名稱來同義地指稱許多事物，而這個事實表明，必然有一個普遍意義、一個「**普遍觀念**」與這個普遍名稱相符合。

如果我們進一步看到，這個普遍名稱以何種方式涉及相應類型的對象，那麼隨之就會表明，它與這些對象的聯繫是借助於同一個、對所有這些對象來說共同的特徵（或複合特徵）

A126　$B_1$126

來進行的，而且這個普遍名稱的同義性只能在這樣一個範圍內有效，即：對象只是借助於這個特徵，而不是借助於另一個特徵（或者說，只是借助於這個特徵觀念，而不是借助於另一個特徵**觀念**）而得到指稱。

因此，普遍含義中進行的普遍思維具有一個前提：我們具有**抽象的能力**，即具有那種從作爲特徵複合被給予我們的現象事物中**分離出**（abtrennen）局部觀念、個別特徵觀念、並且將它們與作爲其普遍含義的語詞相連結的能力。這種分離的可能性和現實性透過這樣一個事實而得到了保證：每一個普遍名稱都具有其本己的含義，即負載著一個僅僅與它相連結的標記觀念（Merkmalidee）；同樣，我們可以隨意地抽取出某些標記並使它們成爲新的普遍名稱的特殊含義。

當然，「抽象觀念」或「普遍觀念」的形成、精神的這種「虛構」和「造作」的形成並不是輕而易舉的，它們「呈現出來時並不像我們所以爲的那樣容易。以三角形爲例：要想形成**三角形的普遍觀念**（這還不屬於最寬泛、最困難的觀念），非得需要一些辛苦和技巧不可，因爲這個三角形觀念既**不是斜角的**，也**不是直角的**，既**不是等邊的**，也**不是等腰的**，又**不是不等邊的**；它既**同時是所有這一切**，又**不是它們其中的某一個**。實際上，觀念是一種不能實存的不完善之物；各種互不相同和互不相容的觀念的某些部分都混雜在這樣一個觀念中。誠然，爲了便於知識的傳達和知識的增長，精神[3]在它的這種不完善的狀況下需要運用

3 洛克所用的英文原文是「mind」，對此較爲公認的中譯應是「心」或「人心」。但胡塞爾在這裡所採用的

這些觀念，並且試圖儘快地獲得這些觀念……，我們還是有理由認爲，這些觀念正是我們的不完善性的標誌。」[4]

第10節　批評

在這個思路中交織著許多基本錯誤。洛克認識論以及整個英國的認識論的基本缺陷、即在「**觀念**」這個觀念上的含糊性，都在其結論中表現得非常明顯。我們可以記錄下這樣幾點：

一、觀念被定義爲內感知的每一個客體：「我將精神在自身中直接觀察到的任何東西、或感知、思想、理解等等的直接對象稱作觀念。」[5]在可以理解的擴展中——無須進行現時

是德譯文，而在德譯文中，「mind」大都譯作「Geist」，即「精神」。這裡爲上下文的統一起見，一律將「mind」按德譯文譯作「精神」。——中譯注

4 洛克：《人類理解論》，第四卷，第七章，九。——這裡採用的是雷克拉姆（Reclam）出版社「總文庫系列」中，舒爾策的仔細的德譯本。（但仍有些許小的缺陷。中譯文根據英文原文做了補充修正。——中譯注）

5 洛克：《人類理解論》，第二卷，第八章，八。也可參閱洛克致沃克斯特的第二封信（《哲學著述》，主編：約翰，倫敦，一八八二年，第二卷，第三四〇頁和第三四三頁）：「只要他思考某物，他就必然在他思想中具有他精神的直接客體，這也就是說，他就必然具有觀念。」（這裡引用的是英文原文。——中譯注）

的感知——，內感知的任何可能客體、而且最後在內在心理學意義上的任何內容、任何心理體驗一般都被納入到觀念的標題下。

二、但在洛克那裡，觀念同時也具有較爲狹窄的含義，即：表象，這個含義明顯地是指一個非常有限的體驗的種類，進一步說是指意向體驗的種類。每個觀念都是指關於某個東西的觀念，它表象某個東西。

三、然後，洛克還將表象與被表象之物本身、顯現與顯現物、行爲（作爲意識流實項、內在組成部分的行爲現象）與被意指的對象[5]混爲一談。這樣，顯現的對象便成爲一個觀念，它的諸標記（Merkmale）便成爲局部觀念。

四、與在第三點中所標明的那種[6]混淆有關的是，洛克將那些屬於這個對象的標記混同於那些構成表象行爲之感性內核的內在內容，即混同於感覺（Empfindungen），立義的行爲對它們進行對象性的解釋，或者，立義的行爲誤以爲可以透過它們而感知到或以其他方式直觀到那些對象性的標記。

五、此外，在「普遍觀念」的標題下還混淆了作爲種類屬性的標記和作爲對象性因素的標記。

[5] 在A版中爲：行爲與被意指的對象、顯現與顯現物。

[6] 在A版中爲：這種。

A128

六、最後，尤爲重要的是，洛克根本沒有區分在直觀表象（顯現、浮現的「圖像」）意義上的表象和在含義表象（Bedeutungsvorstellung）意義上的表象。與此同時，人們既可以把含義表象理解爲含義意向（Bedeutungsintention），也可以理解爲含義充實（Bedeutungser-füllung）；因爲洛克同樣也從未區分過這兩者。

只是因爲這些混淆（認識論直到今天還仍然爲它們所累）的緣故，洛克關於抽象的、普遍的觀念的學說才給人造成一種假象，就好像它是明白無疑的一樣。直觀表象的對象、即那些如其正在顯現給我們的那樣而被把握到的動物、樹木等等（因而並非作爲那種在洛克看來就是眞實事物的「第一性質」和「力」的構造物——因爲它們無論如何也不是那種在直觀表象中顯現給我們的事物），絕不能被看作是「觀念」[7]的複合，並且因此也絕不能被看作是「觀念」[8]本身。它們並不是可能的「內感知」的對象，就好像它們在意識中構成了一個複合的現象[9]內容，於是可以作爲實項材料而在意識中被人們發現[10]一樣。

我們這是在含糊的話語中用同樣的語詞來標示感性地顯現著的事物規定性和展示著的感

B1129

[7] 在A版中未加引號。

[8] 在A版中未加引號。

[9] 在A版中爲：心理。

[10] 在A版中爲：在意識中被人們現實地發現。

知因素，因此，我們時而是在客觀特性的意義上、時而又在感覺的意義上談論「顏色」、「光滑」、「形態」，但我們不能受這些話語的誤導。在這兩者之間原則上存在著對立。感覺在相關的事物感知中借助於啟動它們的立義來展示客觀規定性，但它們永遠不會是這些客觀規定性本身。顯現的對象，正如它所顯現的那樣，對於作為現象的顯現來說是超越的。即使我們可以出於某種原因而將顯現的規定性本身區分為單純現象的規定性和真實的規定性，就像在傳統意義上的第二性的規定性和第一性的規定性；第二性規定性的主體性永遠不可能意味著這樣一個悖謬：它們是現象的實項組成部分。外直觀的顯現客體是**被意指**的統一，但它們不是在洛克話語意義上的「觀念」或觀念複合。所以，透過普遍名稱來進行的指稱並不在於從這些觀念複合中提取出個別的、共同的觀念，並將它們與作為其「含義」的語詞連結起來。儘管指稱作為本真的、根據直觀進行的指稱可以特別地指向某一個別的標記，但這種指向是一種意指，它的意義與對一個具體對象本身的指向的意義是類似的。而且這種意指在**自為地**意指著某個在對具體事物意指中以某種方式被一同意指的（mitgemeint）東西。但這並不意味著，意指是在進行一種分離。[11]

[11] 在A版中為（緊接上文，不分段）：儘管這種意向對象（被誤認為）是由那樣一些因素構造起來的，這些因素全部產生於感知＊並且而後也要透過這種感知才能得到實現。但這些因素通常並不是相應地（adäquat）被給予的，並且，如果它們能夠相應地得到實現——這對於它的作為整體的總體複合來說無論如何也是不可能的——，那麼這種可能性至多也就是對未來內容進行感知的可能性，它所涉及的不是各種現實的和現存的意

A129　$B_1$130

我們可以一般地說：一個意向所朝向的東西會透過這種朝向而成爲行爲自己的對象。它成爲**自己的**對象和它成爲一個與其他對象相**分離的**對象，這是兩個根本不同的主張。只要我們將標記理解爲屬性因素，那麼標記便與具體的基底（Untergrunde）是明見不可分的。這類內容不可能是自爲的。但正因爲如此，它們可以自爲地被意指。意向不進行分離，它進行意指，而且只要它意指的僅僅是這個東西而不是其他東西，它就顯然鎖定了其意指的東西。這對於任何意指來說都是有效的。必須明白，並非每一個意指都是一個直觀，而且並非

識內容，它所關係的不是對某種心理當下之物的觀看。「外」直觀的客體及其特徵是被意指的統一，但不是在洛克定義的意義上的「觀念」。

從這一實際狀況可以明顯地看出，一個自爲地朝向個別特徵的意向可能性絕不以對這個特徵的分離，或者說，絕不以它作爲孤立之物的被給予存在爲前提。如果整個對象只是以一種被意指之物的方式被給予我們，同時，這個對象作爲一個如此被意指的東西在意指本身中根本不是實在的，那麼，即使對象的這些特徵沒有在本眞的意義上被給予，也就是說，即使它們沒有在意指本身中再次是實在的，一個朝向對象的這些特徵的意指也將會是可能的了。這不僅僅以直觀的方式，例如以局部感知的方式，是可能的，而且以另一種意向的方式，例如以某種含義意向的方式，也是可能的。但如果這特徵本身實際上根本沒有被給予，那麼人們也就不可能說，它是或它必須是作爲被分離之物而被給予的。

*雖然在這裡所涉及的根本不是對心理行爲的反思，但我仍然用內感知來稱呼這些行爲，我之所以這樣做的原因將在關於外感知和內感知的附錄中得到說明。

每一個直觀都是一個相應的、將其對象完整無遺地[12]包容在自身之中的直觀。

但所有這些還不足以解決我們的問題[13]。個體、個別的對象因素還不是種類的屬性。如果被意指的是前者、即因素，那麼這種意指便具有個體意指的性質；如果被意指的是種類，那麼這種意指便具有種類意指的性質。不言而喻，對屬性因素的強調即使在這裡也並不意味著對這個因素的分離。儘管在後一種情況中，意指在某種程度上也朝向顯現的因素，但這種朝向是以一種根本全新的方式進行的；在同一個直觀基礎上，有區別的只可能是行爲特徵。在通常意義上的屬表象（如樹木、馬等等）和直接事物表象（對具體事物的直接表象）之間也可以注意到類似的區別。我們在任何地方都必須區分：一方面是素樸的整體直觀和局部直觀，它們構成基礎，另一方面是變動不居的行爲特徵，它們作爲思想性的東西建造於直觀的基礎上，同時無須對感性-直觀內容做絲毫更動。

當然，如果分析得更詳盡一些，那麼我們還可以看到比爲了批評洛克而必須考慮的更爲雜多的行爲區別。這個直觀個別之物這一次是直接被意指爲這裡的**這個**，而後它又被意指爲**一個普遍之物**的載體、一個定語的主語、一個經驗屬的個別之物；另一次它又被意指爲**這個普遍之物**本身、例如：一個在局部直觀中被強調的標記的種類；再一次卻是一個這樣的種類

[12] 在A版中爲：實項地。

[13] 在A版中爲：還不夠。

B$_1$131　A130

被意指爲一個（觀念的）屬的一個類，如此等等。在所有這些立義方式中，在一定情況下起著基礎作用的可以是同一個感性感知。

雜多的範疇形式是在「本眞」思維的各種區別中現時地構造起來的，現在緊隨這些「本眞」思維之後的還有諸表達的象徵意向（symbolische Intentionen）。所有那些以陳述的和意指的方式被陳述和被意指的東西，也許根本沒有以本眞的、直觀充實的方式被現時化（aktualisiert）。這種「思維」就是一種「單純象徵的」或「非本眞的」思維。

洛克無法公正地對待這一現象學事態。我們在前面說過，[6]含義意向是借助於感性－直觀的圖像而充實自身的，而這個感性－直觀的圖像被洛克看作是含義本身。我們最後的考察證實了並說明了我們對他所做的這一批評。因爲，無論我們將含義理解爲意指著的含義，還是將它理解爲充實著的含義，洛克將感性－直觀的圖像等同於含義本身的做法都是錯誤的。意指著的含義就在於表達本身。表達的含義意向構成普遍意指意義上的普遍表象，而這種普遍意指無須任何現時的直觀基礎便有可能進行。但從我們以上的考慮中已經可以得出：在一個充實有可能得以完成的情況下，感性－直觀的圖像並不是含義充實本身，而僅僅是這個充實行爲的基礎。這樣，與這種僅僅「象徵地」進行的普遍思想、即與普遍語詞的單純含義相對應的就是那種「本眞地」進行的思想，這種思想自身奠基於一個感性直觀的行爲

A131

$B_1$132

6 參閱前面列舉的洛克所做之混淆中的最後一點。

之中，但它並不與這個行爲相等同。

現在我們便完全理解了在洛克思路中發生的錯誤混淆。他認爲，每個普遍名稱都具有它自己的普遍含義，這是不言自明的，他由此自明性出發而主張：在每個普遍名稱中都包含著一個普遍觀念，而這個普遍觀念對這個普遍名稱來說無非只是對標記的一個直觀性的特別表象（該標記的一個特別顯現）。洛克提出這一主張的必然原因在於：由於語詞含義是根據這個標記的顯現才充實自身的，因此他便將語詞含義和這種顯現本身混爲一談；這樣，被區分的含義（無論它是意指性的含義，還是充實性的含義）變成了對標記的被區分的直觀。由於洛克同時也沒有將標記的顯現和顯現的標記區分開來，[7]正如他也沒有區分作爲因素的標記和作爲種類屬性的標記一樣，[8]所以他提出的「普遍觀念」實際上是一種對普遍之物的心理學實在設定，普遍之物變爲實項的意識材料。[9]

---

7 參閱前面第一二七頁，三。

8 參閱前面第一二八頁，五。

9 奇怪的是，甚至洛采（我們有義務感謝他對柏拉圖觀念論的解釋）也落入了那種對普遍之物的做實在設定的錯誤的陷阱。人們可以在他一八七四年的《邏輯學》第五〇九頁以後，尤其是第三一六節中讀到這方面的觀點。

第11節　洛克的普遍三角形

正是由於這些錯誤的緣故，這位偉大的思想家在舉一個三角形的普遍觀念爲例時，便陷入了荒謬。這個觀念是一個三角形的觀念，它既不是直角，也不是銳角，以及如此等等。當然，人們似乎很容易首先將三角形的普遍觀念理解爲這個名稱的普遍含義，而後將直觀的特別表象、或者說將意識中所屬的標記複合體的直觀特別存在歸諸於這個普遍含義。現在我們具有一個內圖像，它是一個三角形並且此外什麼也不是；屬標記（Gattungsmerkmale）從種差中被分離出來，並且自身獨立成爲一個心理實在。

我們幾乎無須說，這種觀點不僅是錯誤的，而且是悖謬的。普遍之物的不可分離性，或者說，它的不可實現性是先天有效的，它建立在這個屬本身的本質中。在涉及[14]三角形的例子時，人們也許會更有力地說：根據對三角形的定義，幾何學先天地證明，每一個三角形或者是銳角，或者是鈍角，或者是直角等等。幾何學不關心在「現實」的三角形和「觀念」的三角形，即作爲圖像浮現在精神中的三角形之間的區別。凡先天不相容的東西，就始終是不相容的，也就是說，它在圖像中也是不相容的。一個三角形的相應圖像本身就是一個三角形。所以，如果洛克以爲，他可以明確地承認一個實在的普遍三角形明見地不實存，並把這

[14] 在A版中爲：建立在這個屬的概念中。尤其是在涉及。

種承認與這個三角形在表象中的實存連結在一起，那麼他就錯了。他沒有看到，心理的存在也是實在的存在，而且當我們將被表象的存在（Vorgestellt-sein）與現實的存在（Wirklich-sein）相對立時，那麼這並不是指、也不應當是指心理之物和心理以外之物的對立，而是指在單純**被意指之物**意義上的被表象之物和在與意指相應之物意義上的**眞實之物**之間的對立。但被意指的存在（Gemeint-sein）並不意味著心理實在的存在（Psychisch-real-sein）。

首先，洛克必定也會說：一個三角形（Dreieck）是一個具有三角性（Dreieckigkeit）的東西。但這個三角性本身並不是一個具有三角性的東西。因此，關於三角形的普遍觀念作爲三角性觀念是關於每一個三角形本身都具有的東西的觀念；但它不是一個三角形本身的觀念。如果人們將普遍含義稱之爲**概念**，將定語本身稱之爲**概念內容**，將這些定語的每一個主語稱之爲**概念對象**，那麼人們也可以這樣來表達：將概念內容同時也理解爲概念對象是荒謬的，或者，將概念內容納入到概念範圍之中是荒謬的。[10]

$B_1$134

此外還可以注意到，洛克的謬誤不止是這些，因爲他將普遍三角形不僅僅理解爲一個缺乏所有特殊差異的三角形，而且還將它理解爲一個同時也**將所有這些差異統一在一起的**三角

10　因此我並不認爲邁農的觀點是正確的，他批評洛克混淆了概念內容和概念範圍。參閱《休謨研究》第一卷，第五頁（維也納科學院哲學歷史類會議文獻，一八七七年，第一八七頁）。

形，[11]也就是說，他把分有這個三角形的各個種類所具有的範圍歸諸於三角形概念的內容。但這在洛克那裡只是一個短暫的小過失。無論如何很明顯，普遍含義的「困難性」並未給我們理由來嚴肅地抱怨人類精神的「不完善性」。

注釋：一部關於普遍對象學說的新論述以及其他一些情況表明，[12]至今為止，洛克關於普遍觀念之學說的錯誤，所得到的闡明是多麼微乎其微。這部關於普遍對象的新著是根據埃德曼的程序來展開的，它除了承認個體對象以外，也承認普遍對象——但這當然不是在**我們所主張的那種意義上**。特瓦爾多夫斯基是這樣說的：「透過普遍表象而被表象的東西是一個對這個普遍表象來說尤為特別的對象」，[13]而且它是一組對許多對象來說共同的組成部分」。[14]普遍表象的對象是「一個從屬於這個普遍表象的表象所具有對象的一個部分，這個

A134　B₁135

11 參閱前面第9節、第一二六頁引文中最後強調的部分。

12 例如：也可參閱這一研究的第五章的附論。

13 參閱特瓦爾多夫斯基：《關於表象的內容和對象的學說》，第一〇九頁。

14 特瓦爾多夫斯基：《關於表象的內容和對象的學說》，第一〇五頁。

部分與其他個別表象的對象的某些部分之間存在著一種**相同性**關係」。[15] 普遍表象在某種程度上是「非本真的表象」，因為在許多人看來，它是無法進行的。「儘管如此，那些承認可以對普遍表象的對象進行陳述的人，也必須承認有這種表象。而情況顯然是如此。人們無法在直觀上表象一個三角形：一個既非直角、又非鈍角、又非銳角的三角形，一個既不具有顏色、又不具有一定大小的三角形。但肯定有一種對這類三角形的間接表象，就像也肯定存在著對白色的黑馬、木製的鋼炮等等的間接表象一樣。」我們接下來還讀到，「柏拉圖的觀念無非就是普遍表象的對象。柏拉圖賦予這種對象以實存。今天我們不再如此行事。普遍表象的對象是被我們所表象，但它並不實存……。」[16]

很明顯，這是洛克式的悖謬的重返。我們當然具有關於「一個普遍三角形」的「間接表象」；因為這僅僅是指那個悖謬的表達的含義。但我們絕不會承認，對三角形的普遍表象就是對一個普遍三角形的間接表象，或者，就是對一個藏在所有三角形之中，但既非銳角、又非鈍角等等的三角形的表象。特瓦爾多夫斯基十分堅定地否認普遍對象的實存——若是為了他所強加的荒謬性，那麼這種做法還是合理的。但像「有概念、命題」、「有代數的數字」等等這樣一類真正的實存命題的情況會如何呢？在特瓦爾多夫斯基那裡和在我們這裡完全一

15 同上。

16 最後的兩段引文引自特瓦爾多夫斯基：《關於表象的內容和對象的學說》，第一〇六頁。

B1136　A135

樣，實存都不是指**實在的**[15]實存。

還有一點也很難理解：普遍對象既然應當是從屬的具體之物的一個「組成部分」，那它怎麼可能會缺乏直觀性，而不是必定與這個具體之物一起分有直觀。如果一個整全內容被直觀到，那麼它的所有個別特徵也會隨此內容以及在此內容中一同被直觀到，而且其中的許多個別特徵會自為地顯示出來，它們「突出自身」並因此而成為自己直觀的客體。我們難道不可以說，我們看到綠色的樹，同樣也看到在這樹上的綠色？當然，我們無法看到「**綠**」這個**概念**，既無法看到在含義意義上的概念，也無法看到在屬性、在綠這個種類意義上的概念。但把概念理解為個體客體的部分、「概念對象」的部分，這也是荒謬不堪的。

第12節　共同圖像說

在做出這些思考之後，我們無須再做新的分析便可以表明，在傳統邏輯學中，任何以其他形式在「**共同圖像**」標題下產生作用的對普遍之物的實在設定都帶有悖謬性，並且都是由於與洛克所做混淆相似的錯誤才得以產生的。共同圖像在種差方面的含混不清與匆促草率絲毫也不會改變這些共同圖像的具體化。含混不清的是某些內容的**規定性**，它在於質性過渡之

A136

[15] 在A版中未加重點號。

連續性的形式。而匆促草率則絲毫不會改變這些變動不居的內容中的任何一個個別內容的具體性。這個問題的本質並不在於這些變動不居的內容，而在於那個朝向恆定標記的意向的統一。

第三章　抽象與注意力

第13節　唯名論理論將抽象理解爲注意力的功用

我們現在過渡到對一門極具影響的抽象理論的分析上，這門理論首先是在彌爾反駁漢彌爾頓的那篇文章中形成的。這門抽象理論認爲，抽象僅僅是注意力的一個作用。彌爾說，儘管既不存在普遍表象，也不存在普遍對象；但我們在直觀地表象個體具體之物的同時，我們也可以將唯一的注意力或唯一的興趣朝向對象的不同部分或不同的方面。那個**自在和自爲的**標記，即那個**分離的**、既不能是現實的，也不能被表象爲現實的標記，則可以**受到自爲的關注**，它成爲一個**唯一的**、並因此而對所有其他相關標記忽略不計之興趣的客體。我們可以如此理解對抽象一詞的雙重運用，即這種時而肯定性、時而否定性的運用。

而後，彌爾對這些主要思想的補充又提供了兩方面的考察，一方面是關於普遍名稱與直觀對象所具有的這些突出的個別特別之聯想性連結的考察，另一方面是關於名稱透過對這些特徵以及對這個注意力的習慣性集中的再造性喚起而對這些連結所造成的影響的考察。彌爾指明，這些聯想性連結是如何主要透過顯著的標記來規定進一步聯想的進程，並且因此而如何推動了在思想運動中的**實事性**統一。我們最好是從剛才提到的彌爾爭論文章中獲取對這些思想的更爲詳細的論述。此外，彌爾從他的概念論對手漢彌爾頓那裡接受了那種將抽象理解爲注意力之作用的觀點。我們讀到：

「一個『概念』的構成並不在於：將那些自身表明是組成這個概念的屬性從同一客體的所有其他屬性那裡分離出來，並且使我們有可能脫離任何其他屬性來想像這些屬性。我們

$B_1$138　A137

既不將它們想象爲、也不將它們思考爲、也不以任何方式將它們認識爲是與一個事物相分離的東西，而僅僅是把它們當作是一種在與許多其他屬性之組合中對一個個體客體之觀念的構形。但是，儘管我們只將它們視爲是一個大的聚合體的一個部分，我們仍然能夠將我們的注意力集中在它們上面，同時忽略那些我們在對它們進行組合思考時與它們相連的其他屬性。在集中注意力的過程中，如果這種集中足夠強烈，那麼我們有可能會暫時意識不到所有其他的屬性，並且我們有可能在短暫的時間裡實際上意識不到任何當前的東西，但我們仍可以意識到構成這個概念的那些屬性。總的說來，注意力無論如何也只能完全專注到這樣一種程度，即：它仍然還意識到屬於這個具體觀念的其他因素：儘管如此，精神在均衡其集中努力的力量方面是虛弱的，而且在注意力放鬆時，如果這個完整的具體觀念繼續受到注視，它的其他構造因素便顯現出來而被意識到。因此，嚴格地說，我們不具有總體概念；我們只具有具體客體的複合觀念：但我們有能力僅僅只注意這個具體觀念的某些部分，並且在這種唯一的關注中，我們可以使這些部分來完全地確定我們透過聯想而被喚起的思維過程；並且我們能夠繼續進行一系列僅與這些部分有關的沉思或推理，正如我們能夠撇開其餘部分而構想出它們一樣。

使我們能夠做到這一點的主要是對符號的使用，尤其是對那種最有效的和熟悉的符號、亦即名稱的使用。」[1]

1　彌爾：《對威廉・漢彌爾頓爵士哲學的考察》，第三九三、三九四頁。（此處引用的是彌爾的英文原文。——中譯注）

而且，與漢彌爾頓《邏輯學講座》中的一段文字有關，我們還進一步讀到[2]：「它的基本原理在於，如果我們希望能夠從客體的某些屬性方面來考慮這些客體——我們所回憶的客體總是帶有這些屬性，而且我們對客體的回憶將我們的注意力僅僅引導到這些屬性上——，我們就必須賦予這個屬性的複合一個種類名稱，或者賦予具有這些屬性的客體種屬一個種類名稱，這樣才能達到我們的目的。我們在這些屬性和某個清晰的聲音組合之間製造一個人爲的聯想，這種聯想可以保證：當我們在聽見這個聲音或看到傳達這個聲音的書寫符號時，它們會使某個具有這種屬性的客體的觀念出現在精神中，在這個觀念中，唯有這些屬性可以被生動地喚入到我們的精神之中，即喚入到在我們的意識中已經模糊的那個具體的觀念的殘餘之中。由於這個名稱僅僅與那些屬性相連結，因此，這個名稱自身既有可能在這一個具體組合中，也有可能在另一個具體組合中喚起那些屬性。在特殊的情況下，它所喚起的組合依賴於最新的經歷、偶然的記憶、其他一些在精神中已發生過的、甚或正在發生的思想的影響，據此，這個組合並不始終是相同的，然而它很少與那個暗示它的名稱強烈地連結在一起；在名稱與那些構成這種約定符號的屬性之間的連結是逐漸變得強烈的。對這一組特殊的屬性與一個給定的語詞的連結用有力的紐帶將它們在精神上加以結合，這紐帶較之於那將它們與具體影像之殘餘連結在一起的紐帶要更爲有力。我們也可以用漢彌爾頓爵士的術語來

2 同上書，第三九四、三九五頁。（此處引用的是彌爾的英文原文。——中譯注）

B$_1$139　A138

表達這一觀點：這種連結在我們的意識中賦予屬性和名稱以統一。只有做到這一點，我們才具有漢彌爾頓爵士所定義的『概念』。這就是與此相關的精神現象的全部。我們具有一個具體的再現（representation），我們具有某些透過標記而得以區分的組成因素，這些標記將這些因素標明給特別的關注；而這種關注在極度劇烈的情況下會將所有關於其他事物的意識都排除出去。」

第14節　指責，這些指責同時也涉及任何一種形式的唯名論。

(a)一種對目標點（Zielpunkt）的描述性確定的缺陷

在這些和類似的闡述中首先引起我們注意的是，儘管這些闡述十分詳細，但它們卻根本沒有試圖去準確地標示描述性的被給予之物和須被澄清之物，沒有試圖將這兩者置於相互關係之中。我們扼要地重複一下我們自己的、肯定是清晰的和自然的思路。對我們來說，被給予的是在名稱領域中的某些區別；其中包括那些指稱個體之物的名稱和指稱種類之物的名稱。如果我們爲了簡單起見而限制在直接名稱上（在較寬泛意義上的專名），那麼，一方面是像「蘇格拉底」或「雅典」這些名稱，另一方面是像「4」（作爲數列的一個個別成分的4這個數）、「c」（作爲音序的一成分的c調）、「紅」（作爲一顏色的名稱）這些名稱，這兩個方面就會相互對立起來。與這些名稱相符的是某些含義，借助於這些含義，我

B$_1$140　A139

們可以與對象相聯繫。人們會想，關於這些被指稱的對象是什麼的問題，是根本不會引起爭議的。一方面是蘇格拉底這個人，雅典這個城市或其他一個個體對象；另一方面是4這個數，c這個音調，紅這種顏色或一個其他的觀念對象[1]。我們在對這些語詞的有意義使用中所意指的是什麼，我們所指稱的對象是什麼，它們在這裡被我們看作是什麼——這些是任何人都無法反駁我們的。因此明見無疑的是，當我在總體的意義上，例如：在「4是7的相對質數」的定律中說「4」時，我指的恰恰是4這個種類，我在我的邏輯目光中對象性地擁有它，也就是說，我對作爲對象（主項（subjectum））的它做出判斷，但卻不是對某個個體之物。因而我也不是對一個由四個實事構成的個體群組或對某個構造性因素進行判斷，不是對這樣一個群組的某個部分或某個方面進行判斷；因爲每一個部分作爲一個個體之物本身的部分又是個體的。但是，使某物成爲對象，成爲謂語陳述或定語陳述的主語，這只是對表象的另一個表達而已，即在那種在所有邏輯學中都決定性的（儘管不是唯一的）意義上的表象。因此，我們的明見性就意味著：既存在著「普遍表象」，即關於種類之物的表象，也存在著關於個體之物的表象。

A140

我們曾談及明見性。在含義的對象差異方面的明見性預設了一點：我們超越出對表達的單純象徵使用的領域之外，而且以相應性直觀（korrespondierende Anschauung）爲我們的

$B_1$141

[1] 在A版中爲：一個其他的種類。

最終教益。我們根據直觀表象來進行與單純含義意向相符的含義充實，我們實現它們的「本眞」意指。如果我們在前面所舉的例子中這樣做了，那麼當然就會有某個個別的四的群組在圖像（im Bilde）中浮現在我們面前，在這個意義上，它是我們的表象行爲和判斷行爲的基礎。但我們並不對它們進行判斷，我們並不在對上述例子的主語表象中意指它們。當我們說，它是7的相對質數時，我們指的不是圖像群組，而是這個種類的統一。而這個種類統一，實際地說，當然也不是在顯現的群組之中和之旁的東西，因爲這種東西又會再是一個個體之物，一個此時此地（**ein Jetzt und ein Hier**）。但是，儘管我們的意指本身是一個現在—存在之物，它意指的卻不是一個現在，它意指的是4，是這個觀念的、無時間的統一。

現在，進一步的現象學描述就在對個體意指和種類意指——對純粹直觀性的、純粹象徵性的、以及象徵的同時又充實著它的含義意向的意指——之體驗的反思中進行。它們的任務在於，指明在盲目的（即純粹象徵的）意指和直觀的（本眞的）意指之間的、對於認識之澄清而言基礎性的關係，並且說明，在直觀意指的領域中，隨意向的朝向不同——或朝向個體之物或朝向種類之物——，個體圖像如何以不同的方式合乎意識地[2]產生作用。我們因此而不得不回答像是這樣的問題：普遍之物如何以及在何種意義上在個別行爲中成爲主觀意識並有可能成爲明晰的被給予性，而且它如何能夠獲得與那些隸屬於它的個別性的無限的（因而

[2] 在A版中爲：作爲意識基礎。

$B_1$142　A141

無法透過合適的圖像性而被表象的）領域之關係。

在彌爾的分析中與在其他類似的分析中一樣，都沒有做出對那些透過明見性而被給予之物的素樸承認，並且與此相符地也沒有踏上剛才所描畫的思路。那個在反思的澄清中必須被視爲是確定之點的東西，在彌爾的分析中被漠不關心地撇在一邊，這樣，理論便偏離了它的那個事先已經從目光中喪失的目標，或者不如說，那個從未被明確看到過的目標。這些分析所告訴我們的東西，在有關這些或那些心理學前提的方面或在有關直觀地得以實現的普遍意識，所具有的這些或那些成分方面是富於教益的，或者說，在有關符號在對統一的思想特徵的調整中，所具有的心理學作用方面是富於教益的，以及如此等等。儘管如此，這與普遍含義的客觀意義以及包含在普遍對象（主語、個別性）的話語中和在與其有關的謂語陳述中的無疑眞理根本沒有直接的關係；而間接的關係也還尚待澄清。顯然，彌爾的觀點與所有經驗主義觀點一樣，都無法依據於那些明見的出發點或目標點，因爲這種觀點急於想證明：那些明見性所想讓人明察到的眞實存在之物是虛無的。這些東西就是普遍對象以及它們於其中合乎意識地構造起自身的普遍表象。「普遍對象」、「普遍表象」這些表達當然會讓人重新回想起過去的嚴重錯誤。但無論它們在歷史上經歷過多少誤解，必定會有一個對它們做出合理論證的規範詮釋。而經驗心理學[3]無法爲我們提供這種規範詮釋；要想得到這種詮釋，我們

A142

[3] 在A版中爲：發生心理學。

就必須回復到那些透過總體表象而得以構造並與作爲其謂語陳述之主語的普遍對象相關的定律所具有的明見意義之上。

第15節　(b)現代唯名論的起源是對洛克關於普遍觀念之學說的過度反應。這種唯名論的本質特徵與透過注意力進行抽象的學說

$B_1$143

彌爾的抽象理論以及他的經驗主義追隨者完全與柏克萊和休謨的抽象理論一樣，頑固地反對「抽象觀念」的錯誤。洛克曾在對普遍表象的詮釋中陷入到他的荒謬的普遍三角形而不能自拔，這一偶然狀況促使他的這些後繼者們頑固地認爲，有關普遍表象的嚴肅話語必然會導致人們做出荒謬的詮釋。人們沒有看到，這個錯誤主要是產生於「idea」（觀念）這個詞——同樣還有「Vorstellung」（表象或觀念）這個德文詞——的含糊多義性之中，而且對於一個概念來說是荒謬的東西，對於另一個概念則能夠是可能的和合理的。人們在洛克的各個鬥士這邊也可以看到這一點，因爲觀念這一概念在他們那裡也始終處在由洛克所誤導的那種含糊性之中。由於這一事態，人們陷入到*新的唯名論*中，用反對實在論這樣一種說法已經不再能夠規定這種唯名論的本質了，對它的本質之規定現在在於反對概念論（Konzeptualismus）：人們不僅反對洛克的荒謬的總體觀念（generelle Begriffe），而且也反對在完整和眞正詞義上的普遍概念（Allgemein-begriffe），即在這樣一種意義上的普

遍概念：它可以透過對思維的客觀含義內涵的分析而得到明見的指明，並且是作爲一種對於思維統一的觀念來說構造性的概念而得到指明。

人們之所以會產生這種看法，乃是因爲對心理學分析有所誤解。將目光始終僅僅朝向原本的直觀之物以及朝向所謂邏輯現象的可把握之物，這是一種自然趨向；它誘使人們將那些與名稱並存的內圖像（innere Bilder）理解爲這些名稱的含義。但如果人們弄清了：含義無非就是我們用表達所意指的東西或我們對表達所做的理解，那麼人們就不可能再堅持這種觀點。因爲，[4]如果意指是處在直觀性的個別表象之中，這些表象向我們「說明」普遍名稱的意義，那麼這些表象的對象就是被意指之物，並且完全就像它們直觀地被表象的那樣是被意指之物，這樣，每一個名稱就都是一個歧義的專名。爲了合理地對待這一差異，人們說：當直觀性的個別表象在與普遍名稱相聯繫出現時，它們就是新的心理學作用的載體，以至於它們或是規定了其他類型的表象進程，或是以其他方式併入到思維進行的過程之中，或是以其他方式來管理（regieren）這個過程。

A143 B$_1$144

然而，這裡根本還沒有說出，在現象學的實事狀態中究竟包含著什麼。在此地和在此時，即當我們有意義地陳述這個普遍名稱的時候，我們所意指的是一個普遍之物，而這個意指與我們對一個個體之物的意指不同。這個區別必須**在個別化了的體驗的描述內涵中**、在總

[4] 在A版中爲：然後。

體陳述的個別而現時的進行中得到證明。與這些體驗具有因果連結的是什麼，各種體驗會導致何種心理學效果，這些問題與我們毫不相干。它們與抽象心理學有關，但與抽象現象學無關。

在我們這個時代的唯名論思潮影響下，概念論的概念當然會面臨偏移的危險，以至於人們甚至會爭論：堅定地自稱爲唯名論者的彌爾是否屬於唯名論。[3]但我們不能將唯名論的本質理解爲，它帶著澄清普遍之物的意義和理論功能的意圖迷失在作爲單純語音的名稱的盲目聯想遊戲之中；而應理解爲：它帶著這種澄清的目的完全忽略了那個**特殊的**意識，這個意識一方面展示在生動地被感覺到的符號意義中，展示在對它們的現時的理解中，展示在可理解的陳述意義中；另一方面展示在那些構成對普遍之物的「本眞」表象的相關性的充實行爲中。換言之，展示在普遍之物於其中「自身」被給予我們的那種明晰的觀念化（Ideation）中[5]。這種意識對我們來說就意味著它所意指的東西，無論我們是否知道所有那些心理學，是否知道心理的前提和結論，是否知道聯想的因素以及其他等等。如果唯名論者將這種意識經驗地解釋爲人類本性的事實[6]，如果他說這種意識因果地依賴於這些或那些因素，依賴於

A144
$B_1$145

3 例如參閱邁農的《休謨研究》，I，第六十八頁［二五〇］。

[5] 在A版中爲：現時抽象。

[6] 在A版中爲：對這種意識進行發生的解釋。

這些或那些先行的體驗、無意識的因素等等，那麼我們對此提不出原則性的指責。我們只會注意到，邏輯學和認識論對這些經驗心理學的[7]事實沒有興趣。但唯名論者的說法並非如此，他們認為，關於與個體表象相對的普遍表象的各種不同話語實際上都是無意義的。並不存在一種在特有的、為普遍名稱和含義提供明見性的普遍意識之意義上的抽象；實際上只存在著個體直觀和一種有意和無意的過程遊戲，這些過程並不將我們引導出個體之物的領域之外，並不構造出本質上新的對象性，即不會使本質上新的對象性被意識到並在可能的情況下成為自身被給予性。

與任何心理體驗一樣，任何思維體驗從經驗上看都具有其描述性內涵，並且從因果方面看都具有其原因和結果，它以某種方式干預生活的運轉，並且行使著它的發生（genetisch）作用。但屬於**現象學**並且主要屬於**認識論**（作為對觀念思維統一或體驗統一的現象學澄清）領域的唯有本質和意義[8]：即我們在陳述時所**意指**的什麼；根據其**意義**而構造出這個意指**本身**的是什麼；它如何根據其本質而用局部意指建造出自身；它指明了哪些**本質**[9]形式和**差異**，以及其他類似的東西。認識論所感興趣的必定是那些僅僅**在含義體驗和充實體驗本身的**

B$_1$146
A145

[7] 在A版中為：發生的。

[8] 在A版中為：這樣一些東西。

[9] 在A版中未加重點號。

內涵中，並且作爲本質之物被指明的東西。如果我們在這些可被明見地指明的東西中也發現普遍表象和個體—直觀表象之間的差異（它無疑是存在著的），那麼，關於發生[10]作用和聯繫的話語便不會對它們發生任何影響，甚至不會有助於對它們的澄清。

但如果人們像彌爾所做的那樣，把對直觀對象的一個個別的屬性規定性（一個不獨立的特徵）的唯一**注意力**看作是處在現時意識中的行爲，這個行爲在被給予的發生事態中賦予名稱以「普遍」含義，那麼他們在這方面就無法獲得顯著的進展並且無法擺脫我們的指責。如果與彌爾持相同觀點（儘管不持相同的極端經驗主義傾向）的較爲新近的研究者們之所以將自己稱之爲概念論者，是因爲普遍含義的存在是用那種使「屬性」對象化的興趣來加以保證的，那麼這些人的學說就實際上仍然還是而且永遠會是唯名論的。

普遍性對他們來說始終還是符號的聯想功能的事情，它存在於「同一個符號」與「同一個」對象之物的連結之中——或者毋寧說，與那個在始終相同的規定性中一再回返的、而且有時是透過注意力而得以突出的因素的連結之中，這種連結是在心理學上受到規整的連結。但這種**心理學作用的普遍性**並不是**屬於邏輯體驗本身的意向內容的普遍性**；或者客觀地和觀念地說，不是**屬於含義和含義充實的普遍性**。唯名論者已經完全喪失了後一種普遍性。

[10] 在A版中加有重點號。

$B_1$147

第16節 (c)心理學作用的普遍性和作爲含義形式的普遍性。普遍之物與一個範圍之關係的不同意義

A146

爲了充分清楚地說明在心理學作用的普遍性與屬於含義內涵本身的普遍性之間的重要差異，完全有必要注意普遍名稱和含義的不同邏輯作用，並且與此相關地注意關於它們的普遍性或關於它們與個別性的範圍之關係的話語的不同意義。

我們確定以下三個並列的形式：「一個A」、「所有A」、「A一般」（A überhaupt）；例如：「一個三角形」、「所有三角形」、「三角形」，後者〔「三角形」〕是根據「三角形是一種[11]形態」的定律而得到解釋的。4

---

4 A這個字母在這些聯繫中所象徵的那個語詞必定是作爲合義的（synkategorematisch）而有效[12]。獅子、一頭獅子、這頭獅子、所有獅子等等表達肯定共同具有、甚至明見地共同具有一個含義因素；但是，這個含義因素[13]是不可孤立的。儘管我們可以只說「獅子」，但這個詞只有根據那些形式中的一個形式才能具有獨立的

[11] 在A版中爲：個。

[12] 在A版中爲：似乎首先必定被看作是共同有關的。

[13] 在A版中還有：，人們會這樣想，。

在謂語陳述的功能中，「一個A」的表達可以在無限多的範疇陳述中被用作謂語，而這類眞實的或自身可能的陳述之總和規定著所有那些可能的主語，它們或者眞實地就是「一個A」，或者能夠在不帶有不相容性的情況下是「一個A」；一言以蔽之，它規定著「A」這個「概念」的眞實的或可能的「範圍」。這個普遍概念「A」，或者說，這個普遍謂語[15]「一個A」關係到這個範圍的所有對象（我們爲了簡單起見在眞理的意義上理解這個範圍），這就是說，它對這裡所標示的全部定律都有效；而從現象學上說[16]，關於相符內容的判斷有可能是明見的判斷。因而這種普遍性屬於謂語的邏輯作用。在個別行爲中，在含義「一個A」的各種進行中，或者在相符的形容詞謂語的進行中，這種普遍性是無（nichts）；它在其中

A147　$B_1$148

意義。這些含義中的某一個含義是否並不包含在所有其他的含義中，對屬於A的種類的直接表象是否並不隱含在所有其他的含義中，對這些問題的回答必須是否定的：A這個種類「隱含在」這些含義之中，但只是潛在地，而非作爲被意指的對象。[14]

[14] 在A版中爲：這些含義中的某一個含義是否並不包含在所有其他的含義中，對屬於A的種類的直接表象是否並不隱含在所有其他的含義中？。

[15] 在A版中爲：普遍含義「A」，或者說，。

[16] 在A版中爲：從主觀上說。

被不定性的形式所替代。「一個」這個詞所表達的是一個形式，這個形式明見地隸屬於含義意向或含義充實[17]，即在它所意指的東西方面隸屬於含義意向或含義充實。這是一個最終無法還原的[18]因素，它的特性只能被人們承認，而不能透過任何心理學—發生學的考察而被抹消。觀念地說，這個「一個」表達了一個原始的邏輯形式。類似的情況顯然也適用於「一個A」的構成（Bildung），它同樣意味著一個原始的邏輯構成形式。[19]

我們曾說過，我們這裡所說的普遍性屬於謂語的**邏輯**形式，它是作爲某種類型的定律的**邏輯可能**性而成立的。對這種可能性的邏輯特徵的強調意味著：這裡所關涉的是一個先天可明察的、屬於作爲種類統一的含義、但不屬於在心理學上偶然行爲的可能性。如果我們明察到，「紅」是一個普遍的，即與許多可能主語[20]相連結的謂語，那麼意指便不是朝向那些根據對時間性體驗的發生和消失進行規整的自然規律而能夠在實在意義上存在的東西。在這裡根本沒有談到體驗，而只是談到同一個謂語「紅」，以及談到這同一個謂語出現於其中的那些命題在同一個意義上的統一定律之可能性。

[17] 在A版中還有：的行爲特徵。

[18] 在A版中爲：意識因素。

[19] 在A版中爲：類似的情況顯然也適用於「一個A」的在複合中的連結方式，它同樣意味著一個原始的邏輯複合形式。。

[20] 在A版中爲：客體。

如果我們過渡到「所有A」的形式上，那麼普遍性在這裡屬於行爲本身的形式。我們明確地意指「所有A」，我們的表象和謂語陳述在普全（universell）判斷中與它們中的任何一個都有關聯，儘管我們也許連唯一的一個「A」「本身」都不表象，或不「直接」表象。這種對範圍的表象恰恰不是對這個範圍的各個成分的表象之複合，因此，浮現著的（vorschwebend）個別直觀也根本不屬於「所有A」的含義意向。在這裡，「所有」這個詞也指明一種特殊的含義形式，而對它是否可以分解爲更小的形式的問題則可以置而不論。

如果我們最後再考察一下「A（種類）」的形式，那麼普遍性現在也屬於含義內涵本身。但我們在這裡面臨的是一個完全不同類型的普遍性，即種類之物的普遍性，它與範圍普遍性處在非常貼切的邏輯關係之中，但卻與範圍普遍性有著明見的區別。「A」和「所有A」（同樣：「某個A一般」——無論是哪一個）在含義上並不是同一的；它們的差異性不是「單純語法差異」，而且最終甚至是只能透過語音來規定的差異。這是**在邏輯上**有別的形式，它們表達出本質性的含義區別。種類普遍性的意識必須被看作是「表象」的一種本質上的新的方式，並且被看作是這樣一種方式，它不僅意味著一種對個體個別性的新的表象方式，而且還使一種新的個別性被意識到，即**種類的個別性**。這是什麼樣的個別性以及它們與個體個別性的先天關係如何，或者說，與個體個別性的區別如何，這些當然可以從邏輯眞理中得知，這些建立在純粹形式之中的邏輯眞理對於這些和那些個別性以及它們的相互關係是先天（即根據其純粹本質、根據觀念）有效的。在這裡不存在模糊性和可能的混

A148　B$_1$149

亂，只要人們堅持這種眞理的素樸意義，或者也可以說，堅持有關含義形式的素樸意義，對這些含義形式的明見的詮釋就叫作邏輯眞理。只有在心理主義和形上學思路中的錯誤越度（μετάβασις）才會帶來模糊性；它製造出虛假問題並且又製造出解決這些問題的虛假理論。

第17節　(d)在唯名論批判上的運用

如果我們現在再回到唯名論的抽象理論上，那麼，正如我們根據如上所述可以得知，這門理論的錯誤首先在於，它完全忽略了意識形式（意向形式和與它們相關的充實形式）的不可還原特性。由於缺乏描述分析，它沒有明察到，邏輯形式無非就是這種被提高到統一意識的形式，即本身又被客體化爲觀念種類的含義意向形式。而普遍性恰恰也屬於這種形式。此外，唯名論混淆了普遍性的各種概念，我們前面已對它們做過劃分。唯名論單方面地偏好那種屬於在謂語陳述作用中的各個概念的普遍性，它在這裡是一種可能性，即透過謂語陳述而將這些概念與諸多主語連結在一起的可能性。但由於唯名論誤識了這種可能性所具有的邏輯—觀念的、根植於含義形式之中的特徵，因此它把那些對於有關謂語與命題的意義來說必然陌生的、甚至與這種意義不可比的心理學聯繫強加給這種可能性。由於唯名論同時聲稱在這些心理學分析中完全闡明了普遍含義的本質，因此它的混淆以尤爲粗暴的方式涉及普遍之物的普遍性和種類表象的普遍性。我們已經認識到，這兩種普遍性作爲寓居於自爲的個別行爲之中的含義形式而屬於這種行爲的含義本質。在現象學上屬於個別行爲之內在本質的東

A149　$B_1$150

西[21]，現在看起來已經被解釋成這樣一些心理學事件的遊戲，這些事件對於個別行爲（而整個普遍性意識恰恰活躍於個別行爲之中）不能做出任何言說，除非是以原因或結果的方式。

第18節　關於作爲總體化力量的注意力的學說

$B_{1}151$

誠然，上面的批判性說明並沒有涉及幾位近代的、與彌爾（或進一步回溯到柏克萊）相聯繫的研究者，因爲他們把作爲相對於雜多性的無差異統一性之種類如何產生這樣一個問題單獨地提出來，而不試圖透過或是將它回歸爲聯想作用的普遍性、或是回歸爲對同一名稱和概念在其範圍的所有對象上的一般運用的方式來解決這個問題。

$B_{1}150$

這裡的思想是這樣的：

抽象作爲唯一的興趣當然會引發普遍化（Verallgemeinerung）。事實上，被抽象的屬性顯然只是在我們稱作現象對象的屬性複合之顯現中的一個組成部分。但在無數個這樣的複合中能夠出現「同一個」屬性，即一個內容完全相同的屬性。使這同一個屬性的各個重複得以區分的僅僅是個體化的連結。因此，抽象作爲唯一的興趣便會導致被抽象之物的差異性的喪失，它的個體性的喪失。與集中的朝向相反而形成的對所有個體化因素的忽略則提供了事

[21] 在A版中爲：共同構造著個別行爲的東西。

實上始終作爲同一之物的屬性，因爲它在所有應當進行抽象的情況中都無法表明自身是有差異的。

人們說，在這種觀點中同時包含了爲理解普遍思維所必需的一切。——我們在這裡最好是讓那位天才的克羅因的主教來說話，他在剛才所闡述的學說方面是第一個發起者，儘管他在自己的學說中不僅對這裡所涉及的思想、而且還對其他的思想發生過影響。他認爲，起先看上去很困難的是：「如果我們不是首先在一個三角形的抽象概念上看到，一個關於所有個別三角形的定律被證明爲是對所有個別的三角形都同樣有效的，我們如何還能用其他方法知道這個定律爲眞呢？因爲，即使我們看到，一個特性屬於某個個別的三角形，我們仍然無法從中得出，這個特性也以同樣的方式屬於另一個並非在所有方面都與前一個三角形相同一的三角形。例如：即使我指出，一個等腰直角三角形的三個角等於兩個直角，我仍然無法從中推導出，這也適用於所有其他的具有一個直角和兩條等邊的三角形。由此**看來**，爲了確定這個定律是普遍爲眞的，我們必須或是對每一個個別的三角形提供一個特殊的證明，或是必須一勞永逸地指明三角形的普遍觀念，這個觀念被所有個別不同的三角形所分有，並因此而相同地代表著所有這些三角形。」

「對此我的回答是，儘管我在進行證明時所看到的觀念，例如：一個等腰直角三角形的觀念，它的各個邊具有一定的長度，我也仍然可以有把握的知道，同一個證明也可以運用於所有直角三角形，無論它們具有何種形式和大小。這是因爲在提供證明時**所考慮**的既不是直角，也不是兩條邊的相等性，也不是這些邊的一定長度。儘管我所看到的這個構成物本身帶

$B_1$152
A151

有所有這些特性，但在對這個定理的證明中絕不會提到這些特性。這裡並沒有說，這三個角之所以等於兩個直角，是因爲它們中間的一個角是直角，或是因爲包含著這個角的那些邊的長度是相等的；在這裡得到充分指明的是，這個直角也可以是一個斜角，那些邊也可以是不等的，而這個證明卻依然有效。正是由於這個原因，而不是因爲我從一個三角形的抽象觀念那裡獲得證明的緣故，我才推導出，被一個個別的直角等腰三角形所證明的東西對於任何斜角不等邊的三角形也爲眞。在這裡必須承認，人們可以在不關注角的特殊特性或邊的狀況的情況下將一個圖形僅僅看作是三角形。人們可以在這個程度上進行抽象；但這絕不證明，人們可以構造出抽象的、普遍的、帶有內部矛盾的三角形觀念。與此相同，只要彼得是一個人，我們能夠觀察他，同時卻不必去構造前面所說的那種一個人或一個生物的抽象觀念，因爲並非所有被感知之物都受到觀察。」[5]

$B_1$153　A152

第19節　批評。(a)對一個特徵因素的關注並不取消它的個體性

只要我們回想一下抽象論所要達到的目標，即澄清普遍含義和個體含義之間的區別，也就是要把握出這個區別的直觀本質，那麼我們立刻就會明白，我們必須拒絕這種初聽起來非

5 柏克萊：《人類知識原理》，〈引論〉，第16節（根據於貝韋格的翻譯，第十二—十四頁）。

常誘人的觀點。我們應當回想一下直觀行爲，在這些行爲中，單純的語詞含義（象徵含義）隨直觀而充實自身，並且是如此地得到充實，以至於我們能夠看到，表達和含義「究竟所指的」是什麼。根據上面的觀點，抽象是這樣一種行爲，在這個行爲中，普遍意識是作爲對普遍名稱的意向之充實而得以進行的。我們必須始終關注這一點。現在讓我們來看一下，這種突出的抽象是否具有這種剛才被闡述過的能力，尤其是它是否在這樣一種前提下具有此種能力，這個前提乃是一個在理論中起著本質作用的前提，即：抽象的注意力所突出的那個內容是具體直觀對象的構造性因素，一個實項地寓居於這個具體直觀對象之中的標記。

無論人們如何刻畫注意力的特徵，它都是一種以特殊的描述方式偏好意識的對象並且（撇開某些程度上的差異不論）在各種情況中也只是根據它所偏好的對象的不同而自身各有分別的作用（Funktion）。因此，按照那種將抽象等同於注意的理論，在對個體之物的意指（例如那種屬於對專名之意向的意指）和對普遍之物的意指（附著於屬性名稱上的意指）之間不存在本質的差異；它們之間的差異僅僅在於，精神目光所確定的這一次可以說是整個的個體對象，而另一次則是屬性。但我們現在要問，由於屬性在理論的意義上應當是對象的一個構造性因素，因此，它是否也完全像整個對象一樣必定是一個個體的個別之物。設想一下：我們將我們的注意力集中於剛才還在我們面前的樹的綠。如果有人能夠做到這一點，甚至將這種集中進一步提高到被彌爾設想爲對所有一同相關的因素都無意識（Bewußtlosigkeit）的地步，那麼，如人們所說，所有那些對於個體化區分的進行來說可把握的支撐點就都會消失殆盡。即使有一個其他的、帶有完全相同顏色的客體突然被強加給

$A_{I}153$ $B_{I}154$

我們，我們也不會注意到這個區別。我們唯一所朝向的這個綠對我們來說始終是同一個。讓我們承認以上所說的一切都有效。但這個綠和那個綠**現實上**是同一個綠嗎？我們的健忘或有意的盲目是否有可能造成如此的影響，以至於客觀不同的東西不再像以前那樣不同，以至於我們所關注的對象因素可以不再是此時和此地存在著的**這個**，而是另一個東西？

我們總不能懷疑，這個差異是否現實地存在著。只要對兩個具體有別的、帶有「同一個」質性，例如「同一個」綠的現象進行比較，我們就會明見地看到，每一個現象都有**它自己**的綠。這兩個現象並非相互連生，好像它們共同具有「同一個」作爲個體—同一之物的綠一樣；毋寧說這一個事物的綠實在地區別於另一個事物的綠，正如它們所寓居於其中的整體也相互區別一樣。否則，如何會存在那種統一的質性的構建（Konfigurationen），在這種構建中，同一個質性可以重複出現，而關於「一個顏色在整個面積上的展開」的說法還有什麼意義呢？任何一個在幾何學上對面積的分割都明見地與對一個統一顏色的劃分相符合，然而，我們卻在完全相同顏色的前提下聲稱並且允許自己聲稱：「這個」顏色始終是「同一個」。

據此，這門理論根本沒有使我們釐清關於一個同一的屬性之話語，關於作爲雜多中統一的種類之話語的意義何在。明見無疑的是，這種話語所指的不是那個作爲種類的個別情況而進入到感性現象之中的對象因素。那些對於個別情況來說具有意義和眞理的陳述，對於種類來說，則是錯誤的並且簡直就是悖謬的。色彩具有其地點和時間，它展開自身並且具有自己的強度，它產生並且消失。如果將這些謂語運用在作爲種類的顏色上，那麼它們只會產生純

B$_1$155
A154

粹的悖謬。如果房屋被燒毀，所有的部分也就化爲灰燼；個體的形式和質性、所有構造性部分和因素也都不復存在。現在，例如：有關的幾何學的、質性的和其他的種類已經被燒毀了嗎？或者，這樣的說法並不是純粹的荒謬？

我們總結一下以上所說。如果注意力的抽象理論是正確的，而且如果在這門理論的意義上，對整個客體的注意和對它的部分和特徵的注意本質上是同一個行爲，只是透過它們所朝向的客體才得以相互區別，那麼對於我們的意識、我們的知識、我們的陳述來說就不存在種類。無論我們是進行區分還是進行混淆，意識始終朝向個體的個別之物，而且它作爲個體個別之物對於意識來說是當下的。但由於人們現在無法否認，我們是在清楚的意義上談論種類，我們在無數的情況中所意指和指稱的不是個別之物，而是它的觀念，我們同樣可以對這個作爲主語的觀念的一（dieses ideale Eins）做出陳述，就像我們可以對個體的個別之物做出陳述一樣，因此，這門理論便偏離了它的目標：它想澄清普遍性意識，卻在其澄清的內容中放棄了普遍性意識。

第20節　批評。(b)[22]對來自幾何學思維的論據之反駁

現在，這種對普遍思維做出理解的理論提供了哪些有利條件呢？柏克萊曾急切地闡述

[22] B版的附加。

A155　$B_1$156

說，我們在對一個與所有三角形有關的定理的幾何學證明中只能看到一個個體三角形，即這個描畫的三角形，而且我們在這裡只能運用那些將一個三角形一般標示為三角形的規定，而所有其他的規定則被忽略不計，柏克萊的這一闡述難道不是正確的嗎？我們只運用這些規定，這就是說，我們只關注這些規定，我們使它們成為一個唯一的注意（Aufmerken）的客體。因此我們不設定普遍觀念也可以過得去。

最後的這個結論是確定無疑的——只要我們將普遍觀念理解為洛克學說所主張的那種觀念。但為了避開這個暗礁，我們根本無須誤入唯名論學說的歧途。我們可以在本質上贊同柏克萊的闡述；但我們必須拒絕他強加於這些闡述的解釋。他將抽象的基礎與被抽象之物混為一談；將具體的個別情況、即普遍性意識從其中吸取其直觀充盈的個別情況與思維意向的對象混為一談。按照柏克萊的說法，幾何學的證明似乎是對寫在紙上的墨水三角形或對寫在黑板上的粉筆三角形的證明，而且在普遍思維中偶然浮現在我們面前的個別客體似乎是我們思維意向的客體，而不是我們思維意向的單純依據。這樣，一個在柏克萊意義上朝向被描繪圖形的幾何學的運算就會產生出奇特的結果，但很難是令人滿意的結果。對於在物理意義上的被描繪之物來說，任何幾何學的定律都是無效的，因為它實際上根本不是而且從不可能是一條直線圖形、一個幾何學的圖形。觀念的幾何學規定性不處在這個被描繪之物中，正如顏色不處在對有顏色的物體的直觀中一樣。數學家當然要觀看被描畫的東西，而且它會像其他直觀客體一樣顯現給他。但他在其任何一個思維行為中所**意指**的都不是這個被描畫的東西，不是在它之中的一個個體個別特徵；相反，只要他不偏離課題，他意指的就是「一條直線一般」（eine Gerade überhaupt）。這個思想就是他的理論證明的主語成分。

因此，我們所關注的東西既不是直觀的具體客體，也不是這個客體的一個「抽象的部分內容」（即一個**不獨立的因素**），毋寧說，它是在種類統一意義上的觀念。它是在邏輯意義上的抽象；據此，在邏輯學上和[23]認識論上被標示爲抽象的不是對一個部分內容的單純突出，而是那種在直觀基礎上直接把握種類統一的特殊意識。

第21節　對被直觀對象的一個不獨立的因素之關注與對相應的種類屬性之關注之間的區別

也許這裡有必要進一步分析一下這門有爭議的理論的困難。在對立的進行中，我們自己的觀點可以得到表明。

在這門學說看來，對一個屬性因素的集中注意（Aufmerken）應當構成對普遍含義的直觀充實，即對從屬的屬性之名稱所帶有的那個普遍含義的直觀充實（「本眞的」意指）。對這個種類的直觀意指與對集中注意的進行，這兩者應當是一回事。但是，我們現在要問，當**我們的目光明確指向個體因素**時，情況會是怎樣的呢？這兩方面的區別何在？如果對象上的

$B_1$158
A157

[23] 在A版中爲：或。

某個體特徵、它的特殊的色彩、它的高雅的形式等等引起我們的注意，那麼我們便特別地關注這個特徵，但我們卻並不進行普遍表象。同一個物體也涉及完整的具體之物。一方面是僅僅注意個體顯現的形態，另一方面是對那個可以直觀地把握在無數實在形態中實現的相應觀念，它們兩者的區別何在？

對立的一方也許會回答：在個體觀察的過程中，個體化的因素屬於興趣範圍，而在種類觀察的過程中，這些因素始終是被排斥的；「興趣僅僅指向普遍之物」，即朝向一個自身還不足以受到個體劃分的內容。我們現在不在上述批評的基礎上做進一步追究——對個體化規定的關注才造成了個體性，而對它的不關注則取消這種個體性嗎？——，而是提出這樣一個問題：在個體觀察中，那些被我們共同關注到的個體化因素是否也必然被我們**所意指**。個體的專名是否也隱含地指稱個體化的規定，例如：指稱時間性或地點性？這裡是朋友漢斯，我稱他爲漢斯。他無疑是個體地被規定的，一個特定的地點、一個特定的時間段被歸屬於他。但如果這些規定性也一同被意指，那麼他的名字就會隨著朋友漢斯邁出的每一步，隨著我稱呼他的每一個個別情況的不同而改變其含義。人們很難做出這樣的聲稱，也不會想採用這樣的遁詞，即：這個專名實際上是一個普遍名稱：似乎它所專有的普遍性在與同一個事物性個體的雜多時間、情況、狀態[24]的關係中並不在形式上不同於事物屬性或種屬觀念「事物

[24] 在A版中爲：現象。

$B_1$159

一般」[25]的種類普遍性。

無論如何，在對對象的一個部分或一個特徵進行注意觀察時，此地和此時對我們來說常常是無關緊要的。也就是說，我們並不特別地注意到它們，同時我們卻並沒有想到要在一種普遍表象的意義上進行抽象。

也許人們在這裡還會借助於這樣一種設定，即：個體化的規定受到附帶的關注。但這對我們來說也沒有什麼用處。附帶地被留意到的東西有許多，但它們還遠不會因此而被意指。只要普遍性意識以直觀的方式、作爲眞實的和眞正的抽象在進行著，奠基性直觀的個體對象就肯定會一同被意識到[26]，儘管它根本還沒有被意指。彌爾關於在抽象唯一規定方面的無意識的說法是一種無用的，並且確切地說，甚至是[27]荒謬的臆想。[6]在許多情況中，當

A158

6 人們很容易看出，這種所謂的「無意識性」（Bewußtlosigkeit）會導致洛克式的對普遍觀念的荒謬分離（χωρισμός）的重返。沒有「被意識到的」東西不能區分被意識到的東西。如果對三角形因素一般的唯一關注是可能的，以至於須被劃分的特徵從意識中消失了，那麼這個「被意識到的」對象、這個直觀的對象就會是三角形一般，僅此而已。

[25] 在A版中爲：屬性的或事物性種屬觀念。

[26] 在A版中爲：一同被關注到。

[27] 在A版中爲：，確切地說，無用的和。

我們就一個直觀的個別事實來陳述與之相符的普遍性時，我們所看到的始終是這個個別之物，我們對這個情況中的個體之物不是突然變得盲目無視；例如：當我們觀看著盛開的茉莉花，嗅著它的芬芳陳述說：茉莉花具有一種醉人的芳香，這時我們肯定不會對這個個體的茉莉花視而不見。

如果人們最後還想抓住這樣一個新的出路[28]，即：儘管個體化之物不像那個我們主要感興趣的東西那樣受到特別關注，也不像那些完全處在主導興趣之外的客體那樣受到附帶關注，而更多地是作為屬於此興趣的並且以一種特有的方式隱含在它的意向之中的東西而**一同被關注**（mitbeachtet），——那麼人們就已經離開了這門理論的基地。這門理論原先的要求是：只要對被給予的具體對象或對在對象中被給予的特性進行單純強調性的觀看就夠了，而現在的結果卻是：它在假設那些它本應省略掉的各種不同的意識形式。

第22節　在對注意力的現象學分析中的基本缺陷

這同時也將我們引向這門理論的最要害之點。這個要害在於這樣一個問題：什麼是注意力？我們當然不是在指責這門理論沒有為我們提供一門得到實施的注意力現象學和注意力心

[28] 在A版中為：遁途。

A159　B$_1$160

理學，而是指責它沒有在就其目的而言必要的程度上澄清注意力的本質。[29]它必須確證，是什麼東西賦予注意力一詞以統一的意義，然後再看，它的運用範圍有多廣，以及哪些對象可以在正常的意義上被看作是受到關注的對象。而且它首先也必須探問，注意活動與那些使名稱和其他表達具有意義的意指活動（Bedeuten oder Meinen）處在何種關係之中。這樣一種有爭議的抽象理論只有借助於那個由洛克引發的偏見才成爲可能，這個偏見就是：意識在其行爲中直接地和本眞地所朝向的那些對象、特別是注意的對象，必然是意識的心理內容、意識的實項（reell）事件。看上去完全顯而易見的是：意識行爲只能在那些在意識中現實被給予的東西上、即在意識自身實項地作爲其組成部分所蘊含的那些內容上[30]才得以直接地進行。未被意識的東西因而只能是一個行爲的間接對象，而整個過程的發生非常簡單：行爲的直接內容、它的第一對象是作爲那個未被意識之物的代表、作爲它的符號或圖像而產生作用。

A160
$B_1$161

[29] 在A版中還有一個注腳：邁農在他的具有推動作用的《休謨研究》（第一卷，十六，第一九八頁，一八七七年）做出不同的判斷。他說：「如果注意力也屬於精神生活的那些事實，而心理學對這些事實所做的澄清最少，那麼我們借助於內經驗卻完全可以了解注意力，以至於只要抽象可以被回歸爲注意力現象和觀念聯想現象，而這幾乎是毫無疑問的，那麼抽象問題便至少可以被看作是一個已經解決了的問題。」。

[30] 在A版中爲：在意識所構造的那些內容上。

如果習慣了這種觀察方式，那麼人們就很容易做出這樣的舉動，即：爲了澄清那些屬於行爲意向的客觀關係和形式，人們首先去觀看那些作爲被誤認爲直接對象的在場（präsent）意識內容，然後，由於受到那種關於代表或符號之話語的虛假自明性的迷惑，人們又將那些本眞的、貌似間接的行爲對象完全忽略不計。現在，人們在暗中將所有那些透過行爲根據其素樸的意指而被置入到**對**象之中的東西附加給內**容**；然後，它的屬性、它的顏色、形式等等被直截了當地標示爲內容，並且在心理學的意義上被現實地解釋爲內容，像是被解釋爲感覺。

我們還有機會可以充分地觀察到，這整個觀點與清晰的現象學事態[31]是多麼相違背，而且它在認識論中造成了多少危害。在這裡只需指出這一點便夠了：像是如果我們表象或評判一匹馬，我們所表象和評判的恰恰是這匹馬，而不是我們的各種感覺。我們顯然只是在心理學的反思中才表象和評判我們的感覺，我們不能將這種心理學反思的理解方式加入到直接的事實組成中去。這裡所包含的感覺（Empfindungen）或想象材料（Phantasmen）的總和**被體驗**到並且在這個意義上被意識到，這並不意味著，並且也不能意味著：這個總和就是一個意識的**對象**，即一個在指向它的感知、表象、判斷意義上的意識的**對**象。

這種錯誤的觀點而今也在對抽象理論發揮著有害的影響。由於受到那些被誤認的自明性

[31] 在A版中爲：最清晰的經驗陳述。

的迷惑，人們會將被體驗的內容當作我們所關注的正常客體。顯現著的具體之物被看作是諸多內容、亦即諸多屬性的複合，它們組合成一個直觀圖像。而這些被理解爲（被體驗到的、心理的）內容的屬性意味著，由於它們是不獨立的，因而它們無法與具體完整的圖像相分離，而只能在這個圖像上被關注到。我們無法理解，這類屬性規定的抽象觀念應當如何透過這樣一種抽象理論而產生出來，這些觀念儘管可以被感知到，但卻按其本性來說永遠不能相即地（adäquat）被感知，甚或[32]永遠不能以一個心理內容的形式被給予。我僅提醒人們注意一下三維的空間形態，尤其是封閉的物體面積或整個物體，如球體和立方體。而概念表象（begriffliche Vorstellungen）在任何時候都是借助於感性直觀而得以實現的，並且沒有一個直觀因素作爲個別情況與它們相符，即使在內感性的領域中也沒有，那麼無數個這樣的概念表象的情況又是怎樣的呢？這裡肯定談不上對在（感性）直觀中的被給予之物、甚至對被體驗的內容的單純關注。 A161 $B_1$162

在我們的立場上，我們首先要在至此爲止大都因爲簡單而受到偏好的**感性**抽象的領域中進行區分，即區分兩種行爲，在一種行爲中，一個屬性因素直觀地「被給予」，另一種行爲是建立在前一種行爲之上的行爲，它們不是單純對這個因素的注意，而毋寧說是一種新的、總體化地（generalisierend）意指著從屬種類的行爲。這裡的問題並不在於，這種直

[32] 在A版中爲：亦即。

觀是否以相應性的方式提供屬性因素。我們還要進行補充性的區分，即區分兩種抽象的情況，一種情況是那些素樸地和有可能相應地以感性直觀爲依據的感性抽象；另一種情況是非感性的或至多是部分感性的抽象，即這樣一些抽象情況：已經實現了的普遍性意識一部分建立在感性直觀的行爲上，[33]另一部分建立在非感性的行爲上，並因此而與思想的（範疇的）形式有關[34]，這些思想形式按其本性無法在任何感性中得到充實。來自外感性和內感性的、未經混淆的概念提供了第一種情況，如顏色、聲響、疼痛、判斷、意願；第二種情況則是由系列、數目、對立、同一、存在以及其他合適的例子提供的。在下面進行的研究中，我們還必須對此區別進行認眞的探討。

第23節　關於注意力的有意義說法不僅包含了直觀領域，而且也包含了思維的整個領域

B$_1$163 A162

關於注意的話語的統一意義並不要求在心理學意義上的（作爲我們所注意的對象的）

[33] 在A版中爲：並且。

[34] 在A版中爲：自身包含思想形式。參閱A本的附加與修改：與思想（＝範疇）形式有關。參閱本書第六研究，第60節，第六五四頁以後。

「內容」[35]，以至於這種意義超越出直觀的領域而包含了整個思維領域。在這裡，思維的進行方式是無關緊要的，無論它是以直觀奠基的方式，還是以純粹象徵的方式進行。如果我們在理論上探討「文藝復興時期的文化」、「古希臘的哲學」、「天文學觀念的發展」，探討「橢圓弧的函數」、「N次曲線」、「算數運算的規律」等等，那麼我們會關注所有這一切。如果我們進行「某個A」這樣一種形式的思想，那麼我們所關注的恰恰是「某個A」，而不是這裡的這個東西。如果我們的判斷具有「所有的A都是B」的形式，那麼我們的注意力便屬於這個普全的（universell）[36]實事狀態，我們所涉及的便是全體性（Allheit）而非這個或那個個別性。情況處處都是如此。當然，任何一個思想，或者說，任何一個自身一致的思想都可以成爲直觀性的思想[37]，只要它以某種方式建立在「一致性」直觀的基礎上。但在直接直觀基礎上、在內感性或外感性基礎上進行的注意並不能意味著對此直觀的現象學[38]內容的注意，同樣也不能意味著對在此直觀中顯現的對象的注意。「確定的某個」或「隨意的某個」、「所有」或「任何」，「和」、「或」、「不」、「如果」、「所以」以及其他

A163
$B_1$164

[35] 在A版中未加引號和括弧。
[36] 在A版中爲：普遍的（allgemein）。
[37] 在A版中爲：明見的。
[38] 在A版還有：（描述—心理學的）。

等等，它們是無法在一個奠基性的感性直觀的對象上被指明的東西，它們不是可以被感覺到、甚或可以得到外在的展示和描畫的東西。當然，所有這一切都有某些行爲與之相符；語詞總會具有其含義；只要我們理解這些含義，我們就在運用某種屬於對象意向的形式。但這些**行爲**[39]並不是我們所意指的**客體之物**[40]；它們是意指活動（表象活動）本身，它們在心理學的反思中才會成爲對象。**意指的客體之物**[41]隨情況不同而可以是普全的**實事狀態**[42]「所有A都是B」，可以是總體的實事狀態「這個A（種類）是B」，也可以是不確定的單個實事狀態「某個A是B」等等。我們所注意的，既不是那種例如伴隨著思維表象而成爲明見性奠基的個體直觀，也不是那種爲直觀構形或在被構形的直觀中自身得到充實的行爲特徵，而是在行爲進行中在此基礎上得以「明見的」**思想客體**，在思想上受到這樣或那樣理解的**對象**與**實事狀態**。而且我們在「抽象」中不是單純地觀看個體直觀之物（注意地感知它們等等），而是把握一個思想性的東西、一個合乎含義的東西，這樣一種「**抽象**」當然只能意味著：我們生活在對這種思想性的、時而這樣、時而那樣被構形的行爲的明晰進行之中。

[39] 在A版中未加重點號。
[40] 在A版中未加重點號。
[41] 在A版中未加重點號。
[42] 在A版中未加重點號。

因而，注意力這個統一概念的範圍是如此寬泛，以至於它無疑地包含了直觀意指和思維意指的全部領域，即包含了在一個具有確定限制的、但足夠寬泛地被理解的意義上的表象的領域，它包容直觀，同樣也包容思維。最後，這個領域所延伸的範圍與關於某物的意識所具有的範圍一樣廣。因此，關於作爲在意識領域中的某種偏好的「注意」（Aufmerken）的各種說法關涉到某個不依賴於意識類型的種類（不依賴於意識方式）的差異。我們進行某種「表象」，然而我們卻不「集中於（konzentrieren）」它們的對象，而是「集中於」其他表象的對象。[43]

如果人們將留意（Bemerken）想象爲一種素樸的、無法進一步描述的方式，即：那些在意識統一中得到綜合的內容如何被我們特殊地意識到的方式，它們如何向我們「突現出來」或被我們「發現」的方式；如果我們在類似的意義上否認在表象方式中的所有差異，而後把注意力視爲是在這個範圍內占支配地位的一種昭示性和強調性的作用；那麼人們對這些

[43] 在A版中爲：我們也可以不說表象，而說「留意」（Bemerken）——我們在這裡必須在一種相應寬泛的、完全合乎語言的，並非經過人爲擴展的意義上來理解「注意」。（與其同義的還有意識，這當然是一個極爲多義的詞。）因此，關於作爲在意識領域中的某種偏好的「注意」的各種說法關涉到某個不依賴於表象類型的種類（不依賴於表象方式）的差異。我們進行某種表象，然而我們卻不「集中於」這些表象的對象，而是「集中於」其他表象的對象。

$B_1$165　A164

概念的理解便過於狹窄，而這些概念所具有的更寬泛的含義是無法消除的，因此人們不可避免地要回落到這些更寬泛的含義之中。由於受到對對象和心理內容之混淆的迷惑，人們沒有看到，我們所「意識到的」對象在意識中並不是像在一個盒子裡一樣簡單地在此存在，以至於人們僅僅可以在其中發現它，並且可以去抓住它；相反，它是在對象意向的各種形式中才首先自身構造[44]爲一種東西，即對我們而言存在並有效的東西。人們沒有看到，從對一個心理內容的[45]發現，即對一個心理內容的純粹內在（immanent）直觀[46]，直至對不是或不能內在地[47]被發現的對象的外直觀和想象，從這裡開始，直至最高的思維形態連同其雜多的範疇形式和以其爲依據的[48]含義形式，都貫穿著一個本質統一的概念；無論我們是感知地、想象地、回憶地進行直觀，還是以經驗和邏輯—數學的形式進行思維，都有一個意指、一個意向存在著，它指向一個對象，它是一個關於此對象的意識。但是，一個在心理聯繫中的內容的單純此在並不是這個內容的被意指（Gemeintsein）。心理內容的被意指首先是在對這個

[44] 在A版中未加重點號。

[45] 在A版中還有：審愼。

[46] 在A版中爲：內直觀。

[47] 在A版中爲：眞實地。

[48] B版的附加。參閱A本的附加與修改：範疇形式和以它們爲依據的。

內容的「留意」中生成的，這種留意作爲對此內容的指向恰恰是一種表象。將一個內容的單純被體驗狀態（Erlebtsein）定義爲它的被表象狀態（Vorgestelltsein），並且轉而進一步將所有被體驗的內容稱爲表象，這是哲學所知道的最嚴重的概念混亂了[49]。無論如何，這種概念混亂所造成的認識論和心理學錯誤極爲眾多。如果我們堅持意向的、對於認識論和邏輯學來說唯一具有權威性的表象概念，那麼我們就不會再做這樣的判斷，即：表象與表象之間的所有區別都可以還原爲被表象的「內容」的區別。與此相反，明見無疑的是，尤其是在純粹邏輯的領域中，**任何原初的邏輯形式都與一種特有的意識方式**[50]或與一種特有的「表象方式」相符合。誠然，在這個意義上，**任何新的意向關係**[51]也以某種方式始終與**對象**[52]有關，即**構造著新的形式**[53]，對象性恰恰是以這些形式而被意識到[54]，因而人們可以說，表象的所有區別都在被表象之物中。但這樣的話，人們就必須注意，**被表象之物的區別**、**客觀性的區** A165 $B_1$166

[49] 在A版中爲：這是在哲學中無可類比的概念混亂。

[50] 在A版中未加重點號。

[51] 在A版中未加重點號。

[52] 在A版中未加重點號。

[53] 在A版中爲：製造著思想形式。

[54] 在A版中爲：在這些形式中被思考。

別恰恰是雙重的[55]，即**範疇形式**[56]的區別和「**實事本身**」[57]的區別，實事本身可以在大多數形式中**作爲**[58]一個同一的實事而**被意識到**[59]。下面的研究將會對此做更詳細的論述。

[55] 在A版中未加重點號。

[56] 在A版中爲：含義形式。「形式」二字在A版中未加重點號。

[57] 在A版中未加重點號、引號。

[58] 在A版中未加重點號。

[59] 在A版中爲：顯現出來。

第四章　抽象與代現[1]

1　這裡需要強調：

1.「Repräsentation」這一概念在胡塞爾術語中通常與「Präsentation」和「Appräsentation」相對。「Präsentation」意味著事物在意識中的原本被給予方式，相當於在意識中對事物的感知或當下擁有（gegenwärtighaben）；而「Repräsentation」則反之，它是指事物在意識中的非原本被給予方式，相當於在意識中對事物的想象或當下化（vergegenwärtigen）；而「Appräsentation」則又有別於前兩者，它既可以包含在「Präsentation」之中，卻又本質上屬於一種「Repräsentation」。我將「Präsentation」譯作「體現」，將「Repräsentation」譯作「再現」，最後將「Appräsentation」譯作「共現」，它的確切意義爲：隨一起「體現」或摻雜在「體現」中進行的「再現」。

2.但胡塞爾在這裡提到的「Repräsentation」不是他本人現象學術語上的「再現（Repräsentation）」，而是在受英國經驗主義影響的心理學代現論（Repräsentationstheorie）意義上的「代現」。英文中的「Representation」大都被譯作「表象」或「表徵」。但在德文中，「Repräsentation」則被用來標示「表象」（Vorstellung）的本質特徵：表象是一種對非當下被給予之物的當下化；表象的對象只是某個事物或某一類事物的「代表」（Repräsentant）。爲區別起見，我在這裡將「Repräsentation」譯作「代現」。當然，在涉及胡塞爾意義上的「Repräsentation」時，我仍採用「再現」的中譯。——中譯注

第24節　普遍表象作爲思維經濟的技藝手段（Kunstgriff）

如果人們樂於將普遍概念和名稱看作是單純的**技藝手段**，這種技藝手段可以使我們省去對所有個體事物的個別觀察和個別命名，那麼他們就犯了一個從中世紀唯名論那裡承襲而來的錯誤。人們說，透過概念作用，思維著的精神便克服了由於個體個別性的無限雜多性而給它造成的限制。借助於它的思維經濟功能，它間接地達到了認識目標，而這個認識目標透過直接的方式是永遠無法達到的。普遍概念賦予我們以這樣一種可能性，即：可以說是以一捆、一索的方式（bündelweise）來觀察事物，一下子（mit einem Schlag）將整個種屬、即一下子將無數客體都陳述出來，而無須去理解和判斷每一個客體自身。

將這個思想帶給近代哲學的是洛克。例如：在《人類理解論》第三卷第三章的結尾，洛克認爲：「……人們構造出抽象觀念，並且將它們與名稱相連結，從而在精神中確定這些概念，這樣，人們就有可能彷彿是一捆、一索地來觀察事物和闡述事物。關於事物的知識的增長和傳達就更爲容易和迅速。相反，如果人們的語詞和思想僅僅局限於個別事物，那麼知識的擴展就會緩慢。」[2]

A166
$B_1$167

2 也可參閱本書第一研究第一章，第9節，第一二七頁[1]（*此注腳內容在本書第二九九頁）。在新近的哲學家中我要提及李凱爾特（H. Rickert）的文章「論自然科學概念構成的理論」，載於《科學哲學季刊》，第XVIII期。（此處引用的是洛克的英文原文。——中譯注）

這種闡述會表明自己是悖謬的，只要人們考慮到：沒有普遍含義，所有陳述都無法進行，因而個體陳述也無法進行，而且，根據單純的直接個體表象而進行的思維、判斷、認識在邏輯上的重要意義也就無從談起。人類精神對雜多個體事物的最理想的適應、對相應的個別理解的現實的、甚至是不費力的實施並不會使思維成爲多餘。因爲如此而可達到的成效根本就不是思維的成效。

在直觀的道路上，例如：並不存在規律。雖然爲了思維生物的維持而需要有對規律的認知，這種認知有利地調節著直觀期待表象（Erwartungsvorstellung）的形成，並且這種調節較之於聯想的自然特徵所做的規整要更爲有利。但思維功能與思維生物之維繫的關係，在我們這裡是指思維功能與人類之維繫的關係，隸屬於心理人類學，而不屬於認識批判。作爲觀念統一的規律所具有的功能就在於，以普遍陳述含義的方式將無數可能的個別情況**邏輯地**包含在自身之中，而這是直觀所無法做到的，即使是神的直觀也無法做到。直觀恰恰不是思維。思維的完善性顯然在於作爲「本眞」思維的直觀思維；或者說，在於這樣一種認識，在這種認識中，思維意向彷彿是得到滿足地過渡爲直觀。然而，根據前一章所做的簡短闡述，我們已經可以得出這樣的結論：如果人們想把直觀——在通常的外感性或內感性的意義

A167
$B_1$168

[1] 在A版中爲：第一二六頁。

上所理解的直觀——理解爲本眞的智性作用，而概念理解的（begreifend）[2]思維的眞正任務就在於，借助於間接的、省略直觀的手段來克服這種智性作用所帶有的、可惜是過分狹窄的局限性，那麼，這就是一種對這個事態的根本錯誤的解釋。誠然，我們習慣於將一個大全直觀（allerschauend）的精神看作是邏輯理想；但這只是因爲，我們也將大全知識、大全思維和大全認識默默地附加給大全直觀。據此，我們將大全直觀的精神想象爲一種不僅僅進行著（無思想的、即便是相即的）直觀、而且也在範疇上爲它的直觀構形並對它們進行連結的精神，現在，這種精神還在這種被構形和被連結的直觀中獲得它的思維意向的最終充實，並據此而實現大全認識的理想。因而我們必須要說：目的、眞實的認識不是單純直觀，而是那個相應的、在範疇上被構形並因此[3]而與思維完全相符的直觀，或者反過來說，是那個從直觀中吸取著明見性的思維。只有在思維認識的領域之內，「思維經濟學」——它更多地是一種認識經濟學——才具有意義，並且也就具有其廣闊的區域。3

3 也可參閱本書第一卷《純粹邏輯學導引》，第九章。

[2] 在A版中爲：代現性的（repräsentative）。

[3] 在A版中加有重點號。

第25節　普遍代現（Repräsentation）是否可以作爲普遍表象的本質特徵而被運用

A168
$B_1$169

剛才所描述的將普遍概念理解爲省略思維的技藝手段的做法，透過代現理論而獲得了進一步的提高。人們說，實際上只存在著直觀的個別表象，所有思維都是在這些表象中進行的。但是，出於迫不得已的情況或爲了方便起見，我們用某些其他的表象作爲代表（Stellvertreter）來替代實際上應當進行的表象。普遍的、與整個等級（Klasse）有關的代現運用這種發明性的技藝手段可以得出這樣一種結果，就好像眞正的表象始終是當下的；或者毋寧說是可以得出一種集中作用的結果，即：把我們根據現實表象能獲得的所有個別結果都歸集到一起。

不言而喻，我們在前面所做的指責也一同涉及這個學說。但代現的思想在那些並不十分注重或根本不注重代表（Stellverstretung）作用之思維經濟價值的抽象學說中也發揮著作用。問題於是在於，這個與思維經濟學學說相分離的思想是否能夠有助於對普遍含義的本質描述。無論如何，代現一詞具有變動不居的多義性。毫無疑問，人們可以冒險做此表達[4]：普遍名稱或奠基性的個別直觀就是這個等級的「代表」（Repräsentant）[5]。但必須考慮，

[4] 在A版中還有：可以在一種好的意義上說。

[5] 在A版中未加引號。

這個詞的不同含義是否相互混淆，因此，用它來進行描述，而不是對它進行澄清，這種做法是否會造成混亂，或者會恰恰有利於錯誤的學說。

根據我們的闡述，普遍表象（無論我們在這裡所理解的是普遍含義意向還是相應的含義充實）與直觀的個別表象的區別並不是心理學功能的區別，並不是那種在我們心理生活過程的聯繫中被賦予某些外感性和內感性的個別表象的作用區別。與此相符，我們就沒有必要再去分析代現理論所做的闡述，這些闡述將代現僅僅說成是一種心理學的作用，同時卻根本不涉及基本的現象學事實，不涉及那些賦予普遍表達和思維的個別體驗以其全部特徵的新型意識方式。這個基本點有時被順帶地接觸到；從個別表達中可以看出，人們並未完全忽略現象學的東西。甚至大多數闡述會對我們的批評回答說：我們所強調的正是他們的觀點。誠然，代現作用顯示在一種從現象上說極爲特別的特徵中。但普遍表象在這裡無非只是一個以**另一種方式被著色的**（tingiert）個別表象而已；直觀被表象之物在這種著色（Tinktion）中被我們看作是彼此類似個體的整個等級的**代表**。然而，如果人們將這樣一種在邏輯上和認識論上最重要的東西當作個體直觀的少許附加品來對待，這種附加並不對體驗的描述性內容有任何重要影響，那麼上面所做的那種承認仍然於事無補。儘管人們在這裡並未完全忽略那個首先在思想上啟動了語音和描畫性圖像的新的行爲特徵，但人們仍然認爲沒有必要帶著特殊的描述性興趣來面對它；人們以爲，只要做出關於代現的那些膚淺[6]討論，所有事情便

A169
$B_1$170

[6] 在A版中爲：不十分清楚的。

都已得到了解決。人們沒有意識到，在這些和類似的行爲特徵中包含著所有邏輯之物；只要在邏輯意義上談到「表象」和「判斷」及其雜多形式，那麼規定著這種行爲的就是概念。人們沒有注意到，這些行爲特徵的**內在本**質就在於，它們是關於普遍之物的意識，而且所有那些被意指的普遍性樣式，只要它們是在形式和規律方面涉及純粹邏輯學，它們就只能借助於這種意向特徵的相符樣式而成爲被給予性。人們也沒有看到，雖然個體直觀以某種方式爲新的、建立在它們之上的思想表象行爲（無論是「象徵的」表象，還是「本眞的」表象）提供了基礎，但它們本身連同它們本己的感性—直觀意向卻根本不進入到思想內容之中，因此，有關代現的話語的主要意義、亦即代現理論的宣導者們所主張的那個意義預設了前提，而在這裡所缺乏的恰恰是這個前提。

第26節　續論：普遍性意識的各種變異與感性直觀

A170　$B_1$171

在這裡做更爲詳細的闡述並非無益。我們強調，那種賦予名稱或圖像以代現特徵的新觀點是一種新的表象行爲；在意指中（並且不僅是在普遍意指中）進行著一種相對於「外」感性或「內」感性的單純直觀而言新的意指方式，它具有與單純直觀中的意指完全不同的意義並且常常也具有完全不同的對象。而且，根據普遍名稱的邏輯作用的不同，根據它出現於其中並有助於其定形的那個含義聯繫的不同，這個新的意指的內容（如我們有時已經注意到的那樣）[4]也各不相同，它在其描述性本質方面具有雜多的差異性。個體被直觀的東西不再完全像它所顯現的那樣被意指；相反，這裡被意指的忽而是一個在其觀念統一中的種類（Spezie）（例如「音階c」，「數字3」），忽而是一個作爲分有普遍之物的個別性總體的階別（Klasse）（「這個音階上的所有聲音」；從形式上說：「所有A」），忽而是這個種類（「一個A」）中或這個階別（「在A中的某個東西」）中的一個不定個別之物，忽而是這個被直觀的個別之物，但被視爲是屬性的載體（「這裡的這個A」），如此等等。每一個這樣的變異（Modifikation）都對意向的「內容」或「意義」[8]有所改變；換言之，每走一步，那種在邏輯學[9]意義上叫作「表象」[10]的東西，即就像在邏輯上被理解和被意指地那樣被表象的東西，都會發生變化。各種相伴的個體直觀是否保持不變，這是無關緊要的；如果意指（表達的意義）發生變化，邏輯表象就會變化，而只要對它的意指不變，邏輯表象也就

A171　$B_1$172

4 參閱本書第二研究，第三章，第16節，第一四七頁以後[7]。

[7] 在A版中爲：第一四六頁以後。

[8] 在A版中未加重點號。

[9] 在A版中未加重點號。

[10] 在A版中未加引號。

保持同一。我們在這裡甚至無須強調，奠基性的顯現可以完全忽略不計。

思想的和感性的「立義」（Auffassung）之差異是一個本質性的差異；它並不像我們例如時而將「這個客體」立義爲蠟像，時而（在受到迷惑的情況下）立義爲活人那樣，彷彿只有兩個個體—直觀的立義在相互變換。我們也不應受這樣一種狀況的迷惑，即：表象性的意向也能夠以思想性的個別表象、多數表象和總體表象的形式指向個體的個別性（指向一個、多個或所有這類個體個別性）。明見無疑的是，意向的特徵完全不同於任何一個直觀的（感性的）表象，因而含義內涵也完全不同於直觀的表象。意指「一個A」不同於素樸直觀地表象一個「A」，又不同於在直接的意指和指稱（即透過專名的指稱）中關涉到「A」。對「一個人」的表象不同於對「蘇格拉底」的表象，而對「蘇格拉底這個人」的表象又與前兩種表象不同。對「幾個A」的表象不是對「這個A」或「那個A」的直觀之和，也不是一個將已有的個別直觀聚爲一體（儘管這種對對象相關物、對總和的聚合是一種超越出感性直觀領域的額外功能）的相加行爲。當這些個別表象作爲示範性直觀而成爲基礎時，我們的目的並不在於這些顯現的個別性和它們的總和；我們所意指的恰恰是「幾個A」，而這是無法在任何外直觀、也無法在任何內直觀中被直觀到的。這種情況當然也適用於其他的普遍含義形式，例如：適用於「二」或「三」的數字形式，也適用於「所有A」的總體形式。一旦我們理解「所有A」的表達並且合乎意義地使用它，這個總體就是在邏輯學的意義上被表象的。也就是說，它是以統一思想的方式被表象的，而且它只有以這種方式或以一種相應的「本眞的」形式才能被意識到。因爲我們只能直觀這個東西和那個東西。無論我們經歷了多少個別

A172　B$_1$173

性，無論我們如何起勁地將它們相加，我們最多只能表象所有的「A」，倘若這個概念範圍確實已被窮盡的話；但「所有A」並未被表象，邏輯表象並未被進行。另一方面，如果邏輯表象被進行，那麼它就會達到直觀，可以企盼並獲得對自身的澄清。但人們可以看到，使我們看到能夠「本眞地被意指」之物的，並不是那種對被表象的對象性的感性－直觀的建立，即對這裡所說的全部「A」的感性－直觀的建立。毋寧說，思想的意向必須以其形式與內容所要求的方式與直觀相關聯，並且必須在直觀中得到充實，這樣便產生出一種複合行爲，它獲得清楚和明晰的優點，但它並不會取消思想，並不會用單純的圖像來取代思想。

我們在這裡不得不滿足於這些暫時的並且還很膚淺的解釋。爲了澄清思維與直觀、非本眞表象和本眞表象的區別，我們將在本書最後一項研究中進行全面的分析，同時，一個新的直觀概念會與通常的、感性的直觀概念區別開來。

第27節　普遍代現的合理意義

根據這些考慮，我們現在根本不會想再去熟悉那些早已爲人們所好的關於普遍符號與直觀圖像的代現作用的話語。由於帶有多義性，而且尤其是帶有在對它所做的通常解釋中的多義性，這些話語無法有助於我們對在普遍形式中活動的思維所做的描述刻畫。

表象的普遍性應當包含在代現的普遍性之中。倘若我們將代現的普遍性理解爲那種在直觀基礎上進行的新的意識方式，或者更確切地說，理解爲那種變換不定的變異，而普遍性意

A173　$B_1$174

識就是在這些變異中得到描述的，無論它被描述爲對種類之物的意識，還是被描述爲全體性意識（Allheitsbewußtsein），或是被描述爲不確定的統一性意識（Einheitsbewußtsein）或多數性意識（Mehrheitsbewußtsein）等等，——那麼一切都還正常。關於直觀圖像的代現作用之說法還可以在這個意義上被使用，即：直觀圖像在自身中只是將有關種類的一個個別之物表象出來，但這個直觀圖像是作爲建立在它之上的概念意識的支點在發揮作用，以至於對種類的意向、對概念對象之總體的意向、對這一種類中的一個個別之物的意向以及如此等等，都借助於它才得以成立。這樣，在對象方面，直觀對象本身也可以被稱之爲代表，即對種類、等級、不定地被意指的個別之物等等的代表。

對於描畫性的直觀圖像有效的東西，對於那些無須形象的幫助而「代現」地產生作用的**名稱**來說也是有效的。正如含義意識可以在不相應的和最終遠離本眞示範的直觀基礎上展開自身一樣，它們也可以在單純的名稱上展開自身。名稱是代表，這無非意味著，它的物理顯現是有關意指著概念客體的那個含義意向的載體。

在這種理解中不可能含有唯名論的位置。因爲思維現在已經不再還原爲某種對名稱和個別觀念的外在使用，甚至無意識聯想的機械過程，在這種機械過程中，個別性就像一個計算器上的數字號碼一樣當場顯示出來；與此相反，存在著一種與直觀表象（作爲那種直接關涉到顯現對象的意指）具有描述性差異的概念表象：一種根本上全新的意指，它本質上包含著「一」與「多」、「二」與「三」、「某物一般」、「所有」等等形式。而且，其中還包括

A174　B₁175

著**這樣一**種形式，在這種形式中，**種類以被表**象對象的方式構造自身[11]，以至於它可以作爲可能的定語陳述或謂語陳述的主語而發揮作用。

第28節　代現作爲代表（Stellvertretung）。洛克與柏克萊

但在歷史上的抽象理論中，關於普遍代現的說法並不具有剛才所闡述的、而且是唯一合理的內容，對於這些內容來說，代現這個名稱當然已不再合適。這裡所指的毋寧說是**符號對被標示之物的**代表（die Stellvertretung des Zeichens für das Bezeichnete）。

洛克已經在與其抽象觀念學說相關的方面賦予代表本質性的作用，柏克萊及其後繼者們的抽象理論從洛克那裡接受了這一思想。例如：我們在洛克那裡讀到[5]：「顯而易見……，普遍（general）與普全（universal）不屬於事物的實在實存；它們毋寧說只是理智的發明和創造，而且它們是爲了理智自己的用途而被理智構造出來的，它們**只與符號有關**，**不論**

5　洛克：《人類理解論》，第三卷，第三章，第十一節。（此處引用的是洛克的英文原文。重點號應爲胡塞爾所加。——中譯注）

[11]　這一段中的三處重點號爲B版所加。

這些符號是語詞還是觀念。……如果語詞作爲符號而服務於普遍觀念，並且可以無分別地運用在許多個別事物上，那麼語詞便是普遍的；……如果觀念作爲許多個別事物的代表而被提出，那麼觀念就是普遍的；……它們的普遍特性僅僅存在於由理智賦予它們的那種能力之中，即那種能夠標示或代表許多個別性的能力。因爲它們所具有的含義僅只是人的精神附加給它們的一種關係而已。」

柏克萊對洛克抽象論的生動抨擊涉及洛克的「抽象觀念」，但洛克附加給這些觀念的代現作用則被柏克萊轉加給各種在場的（präsent）個別觀念或自在、自爲的普遍名稱。我在這裡引用《人類知識原理》導論中的下列闡述：「如果我們將我們的語詞與一個特定的意義相連結而且只談論概念性的東西，那麼我相信，我們必須承認，當一個自在和自爲地是個別觀念的觀念被用來代現或替代所有其他的這類個別觀念時，它便成爲普遍觀念。爲了舉例說明這一點，人們可以想象一下：一個幾何學家要證明，一條線如何被分成相等的兩部分。他畫一條一英寸長的黑線；這條線自在和自爲地是一條個別的線，儘管如此，它在它所標示的東西方面卻是普遍的，因爲它在這裡被用來代表所有個別的線，無論這些線的狀態如何，以至於被它所證明的東西也就被所有的線所證明，換言之，被一條普遍的線所證明。同樣，正如個別的線由於被用作符號而成爲普遍的線，線這個自身是個別的名稱也是由於被用作符號才成爲普遍的。並且，正如任何觀念的普遍性都不建立在這樣的基礎上，即：它是一個抽象的或普遍的觀念的符號；而是建立在這樣的基礎上，即：它們是所有能夠存在的個別直線的符號，因此，我們必須認爲，線這個詞之所以具有普遍性，原因是同一個，即它無差異地標

A175

$B_1$177

示著各種不同的個別的線。」[6]

「根據我的理解，普遍性並不處在某物的絕對實證的本質或概念[nature or conception]之中，而是處在一種關係之中，這種關係是指某物與它所標示或代現的其他個別之物的關係，透過這種標示或代現，那些按其本質來說是個別的名稱、事物或概念[things or notions][7]便成為普遍的。」[8] A176

「看起來……一個語詞之所以成為普遍的，不是由於它被用來作為一個抽象普遍觀念的符號，而是因為它被用來作為許多個別觀念的符號，**它可以在精神中無差異地喚起這些個別觀念中的任何一個**[any one of which it in differently suggests to the mind]。例如：如果說，『運動變化與使用的力成正比』，或者說『所有具有廣延性的東西都是可分的』，那麼

---

6 我引用的是於貝韋格的譯文（帶有細微的更動），第九—十頁（第12節）。（這段以及後面兩段引文的重點號應為胡塞爾所加。——中譯注）

7 「Things or notions」。人們知道，「事物」對柏克萊來說無非就是「觀念」的複合而已。但無論如何，「notions」**在這裡**是指與精神及其活動相關的表象（Vorstellung），或者是指那些其客體「包含著」這些活動的表象，正如所有關係都帶有這種包含性質一樣。柏克萊將這些表象從根本上區別於感性觀念，並且有意不把它們稱為觀念（參閱第142節）。這些表象因而與洛克的反思觀念是一致的，並且它們既包含純粹的反思觀念，也包含混合觀念。此外，我們對柏克萊的「notion」概念幾乎無法做出統一和清晰的確定。

8 同上書，第15節，第十二頁。

人們可以將這些關於運動和廣延的規則理解爲普遍的；儘管如此，人們卻並不能得出，它們在我的精神中引起一個對無運動物體或無確定方向和速度之運動的表象……。相反，在這些規則中僅僅包含著，無論我觀察哪些運動，無論這些運動是慢還是快，是垂直還是水平還是傾斜，無論它們是這個客體還是那個客體的運動，與它們有關的公理都同樣會證實自身。與此相同，另一個定律也會在任何一個特殊的廣延上證實自身……」[9]

$B_1$178

第29節　對柏克萊的代現論的批判

我們針對這些闡述可以做如下批評。柏克萊聲稱，個別觀念是被用來代表所有其他同類的個別觀念，這個聲稱從「代表」這個詞的正常含義來看是站不住腳的。只有當一個對象接受了否則應當是由其他對象來進行（或經歷）的事情時（或者是這些事情的客體時），我們才談論「代表」。所以，一個被授以全權的律師作爲代表來進行他的代理人的業務，使者代表統治者，簡略的象徵代表複雜的算術表達，以及如此等等。我們現在要問，在我們這裡所涉及的情況中，暫時的、生動的個別表象是否行使著代表作用，它是否接受了一件本應由一個其他個別觀念，甚至是由任何一個同一級的個別觀念來完成的事情？根據柏克萊的清楚表

A177

9 同上書，第11節，第八十九頁。（參閱弗萊瑟（Fraser）主編的《柏克萊著作集》，第一四四頁。）

達，這當然是確定無疑的，但實際上卻並非如此。顯而易見的僅僅是，這個現有的個別觀念所做的事情，**同樣也可以**由另一個個別觀念來進行；就是說，每一個個別觀念都可以被用來作爲抽象的基礎，作爲普遍含義的直觀奠基。有關代表的思想因而是透過這種**反思**才產生出來，即：每個個別觀念在這種作用中都是等值的，而且如果我們選擇了其中的一個，那麼任何一個其他的觀念都可以代表它，反之亦然。只要我們直觀地進行一個普遍意指，這種思想就是**可能的**，但它絕不因此而是現實的，尤其是因爲它自己恰恰是更多地預設了那個它所要取代的普遍概念。據此，個別觀念也只能是它們自己的可能代表，而不是現實代表。

但柏克萊卻認眞地看待這種代表，而且在這裡一方面依據普遍陳述的意義，另一方面依據在幾何學證明中的形象作用。前一個依據是指前面引自《人類知識原理》導論第11節中的文字。如果我們判斷說：「所有具有廣延性的東西都是可分的」，那麼我們就是指，無論我們觀察的是什麼，任何一個具有廣延性的東西都將被證明是可分的。普遍名稱（或者說，始終相伴的個別觀念）根據這個定律的意義而代現著任何一個個別的具有廣延性的東西，無論它們是什麼，因此，這個給定的個別觀念「在精神中以無差異的方式」喚起了這個等級中的任何其他個別觀念。

可是柏克萊在這裡混淆了兩個根本不同的事物：

一、符號（名稱或個別觀念）是在概念範圍中的任何一個個別之物的代表，它在柏克萊看來甚至喚起了（suggests）對這些個別之物的表象。

二、符號具有含義，具有意義，「所有A」或「無論哪一個A」。

A178 $B_1$179

就後者而言，這裡沒有談到在代表意義上的代現。可以有一個或幾個A被喚起或被完全直觀地表象出來；但我正在看（但並不帶著看的目的）[12]的這個個別之物並不指明任何其他的、它所替代的東西，它更不會指明任何一個這一類的個別之物。所有「A」或任何一個隨意的「A」是在完全另一種意義上被代現，即：在思想上被表象。在一個統一的脈動（Pulse）中，在一個同質的和特有的行爲中，「所有A」的意識被進行；這個行爲不具有任何與所有個別的「A」有關的成分，而且它不可能透過對個別行爲或個別喚起的組合與交織而被制定出來或被替代。透過它的「內容」、它的可從觀念上把握的意義，這個行爲關係到這個範圍中的任何一個成分，但並非以實在的方式，而是以觀念的、即邏輯的方式。我們對所有「A」所做的陳述，即在一個具有「所有A都是B」這種形式的統一定律中所做的陳述，對於每一個確定存在的A_0都自明地和先天地有效。從普遍到個別的推論可以在每一個給定的情況中進行，並且謂詞「B」可以邏輯合理地對A_0進行陳述。但是普遍判斷並不因此就將特殊判斷實項地（reell）包含在自身之中，普遍表象並不因此就將隸屬於它的個別表象實項地包含在自身之中，無論這裡所說的實項是在哪一種心理學的或現象學的[13]意義上的實項；因而前者也不會以一捆、一索的代表的方式包含後者。所有這些「純粹的」、未與經

[12] 在A版中爲：觀察。

[13] 在A版中爲：描述的。

A179　　$B_1$180

驗此在設定相混淆的普遍概念，如數、空間構成物、顏色、強度，它們構成的範圍是無限的[14]，這種無限性就已經將這種闡釋標示爲悖謬。

第30節　續論：柏克萊從幾何學證明過程中得出的論據

其次，柏克萊還依據於被幾何學家在證明中加以使用的**畫線的例子**。柏克萊在這裡和在其他地方一樣將那些爲數學思維提供支撐的感性個別情況（或者毋寧說是觀念個別情況的感性相似物）作爲證明的主語來運用，這一點表明，他受到經驗主義傾向的錯誤引導，這種傾向處處使感性—直觀的[15]個別性優先於本眞的思維客體[16]；就好像這種證明是對紙上的筆劃、黑板上的粉筆三角形進行的，而不是對直線、對絕對和「普遍」三角形。我們在前面[10]已經糾正了這個錯誤，並且指出，這個證明實際上不是對被描畫的個別性的證明，而是從一

$B_1$181

10 參閱本書第二研究，第三章，第20節，第一五五頁。也可參閱洛克，《人類理解論》，第四卷，第一章，第9節。

[14] 在A版中爲：未混淆的普遍概念所構成的範圍是有限的。

[15] 在A版中爲：直觀的。

[16] 在A版中爲：思維行爲。

開始就是對普遍性的證明：對所有普遍的和在一個行爲中被思考的直線的證明。這一事實也不會因爲幾何學家的說話方式而改變，他們普遍地提出他們的定律，並且例如用這些話來開始他們的證明：「AB是任意的一條直線」……。這並不是說，證明首先是對這個「AB」直線（或對一個特定的、透過它來代表的觀念的直線）而進行的，然後這個「AB」又作爲任何其他直線的代表而起作用；相反，這只是說，這個「AB」在直觀象徵化中將一個樣本表象出來，然後，它被用來作爲對「一條直線一般」這個思想的最可能直觀性設想[17]的支點，這種思想構成邏輯聯繫的眞實的和連續貫穿的組成部分。

這種代表論對於澄清普遍思維並無許多幫助，這也表現在這樣一個問題中，即：普遍思維與那些在對**紙上的直線**之證明中必然會出現的雜多普遍表象的關係如何。與這些普遍表象相一致的直觀性並不能同樣被理解爲證明著的思維的客體。因爲否則連一個唯一的定律也無法得到構成；我們就只有代表性的個別觀念，但卻不具有思維。難道人們相信透過對這些個別性進行某種混雜就可以使一個謂詞判斷成立？普遍名稱以及它在謂語中的普遍含義的作用顯然不同於它們在主語中的作用，而且如我們已經注意到的那樣，這種作用隨邏輯形式、即思想聯繫形式的不同而各有差異，普遍含義與這些形式相融合，但它們在融合過程中仍然同

A180

[17] 在A版中爲：構造。

一地保留著一個核心內涵並且由於不同的句法作用而發生變異（modifizierend）。[11]在所有這些形式中，「思維」自身的構造得以顯示，或者客觀地說，含義的觀念本質得到先天的展開（就像數字的本質在數的形式中得到展開一樣），人們用所謂代表的空話又怎麼能夠解釋這些形式呢？

第31節　被指出的這些謬誤的主要起源[18]

如果人們指責洛克和柏克萊，說他們完全忽略了在個體意向中的個別觀念與在普遍意向（作爲概念意識的基礎）中的個別觀念之間的描述性區別，那麼人們就走得太遠了。我們在

11　參閱本書第一四七頁的注釋4。

[18]　A本的附加與修改：不言而喻，在這些段落中，在含義的標題下所包含的不僅是含義意向的意向本質，而且也包含含義充實的意向本質。這種表達方式具有一定的方便性，但它要求對含義概念做類似的擴展，正如我們在本書第六研究的第八章中已經在思維、判斷、表象、抽象等等術語上所承認的那樣，應當區分「非本眞的」和「本眞的」含義。（當然，尤其是從對含義作用的流行理解方式來看，運用這樣一種說法並非毫無顧慮。）據此，在研究的進程中，大都需要對普遍含義這個概念作廣義的理解，它既包含對普遍之物的象徵性的意指，也包含對普遍之物的直觀性觀視（intuitive Erschauen）。尤其在結尾一章必須做這種理解。

$B_1$182

各種表達中可以確定：是「精神」賦予個別觀念以代表作用，是「精神」將顯現的個別性作爲代表來使用；而且這兩位偉大的思想家肯定也已承認，這種精神活動是有意識的，並因此而從屬於反思的領域。但是，他們的基本認識論錯誤或混亂是從一個前面[12]已揭示過的動機中產生出來的，即：他們在進行現象學分析時幾乎僅僅堅持直觀個別之物，可以說是僅僅堅持思維體驗中伸手可及的東西，僅僅堅持名稱和示範性的直觀，而他們同時卻不知道如何從行爲特徵開始，因爲這些行爲特徵恰恰不是伸手可及的東西。所以他們一再地尋找某些更進一步的感性個別性以及某種對這些個別性的感性可表象的使用方法，以便能夠賦予思維以一種實在，他們對於這種實在抱有偏見，而這種實在在現在又不願在現實的[20]現象中顯示出來。他們無法做到，將思維行爲視爲是純粹現象學地[21]展示出來的東西，並因此將它們視爲一種全新的行爲特徵，一種相對於直接直觀而言新的意識方式。他們沒有看到，對於那些不受傳統偏見之迷惑[22]來觀察事態的人來說，這一點是顯而易見的，即：這些行爲特徵就是對這些

A181

12　本書第一四二頁及以後各頁[19]。

[19]　在A版中爲：第一四三頁以後。

[20]　在A版中爲：素樸的。

[21]　在A版中爲：現象的。

[22]　在A版中爲：不帶傳統偏見之眼鏡。

和那些含義內涵的意指（Meinen, Bedeuten），除了意指之外，人們在它們後面再也無法找到任何其他的東西或能夠是其他的東西。

作爲「含義」的東西可以如此直接地被給予我們，就像作爲顏色和聲音的東西是直接被給予我們的一樣。[23]它無法再進一步被定義，它是描述上的終極之物。只要我們進行或理解一個表達，這個表達就對我們意指某物，我們現時地意識到它的意義。這種[24]理解、意指、實施一個意義，它們都是對這個語音的聽或對某一個同時的想象材料的體驗。在顯現的聲音之間的現象學差異是如何明見地被給予我們，含義之間的差異也就如何明見地被給予我們。當然，含義的現象學並未因此而達到了它的終點，相反，它由此才得以開始。人們一方面必須確定在象徵—空泛的含義與直觀充實的含義之間所存在的那個在認識論上的基礎性區別，另一方面必須研究含義的本質種類和連結形式。這便是現時的含義分析的各個領域。人們透過對有關行爲及其被給予性的當下化來解決這個領域中的問題。[25]在純粹現象學的認同與區別、連結與劃分中，以及透過總體化的抽象，人們獲得本質性的含義種類和含義形

A182　$B_1$183

[23] 在A版中爲：作爲「含義」的東西可以如此直接地爲我們所知，就像作爲顏色和聲音的東西是直接爲我們所知的一樣。。

[24] 在A版中爲：理解一個表達，這個表達就對我們意指某物，我們實施它的意義。而這種。

[25] 在A版中爲：或行爲種類的當下化來解決這個領域中的問題，。

式；換言之，人們獲得邏輯的基本概念，這些概念不是別的，就是對原始含義區別的觀念把握。

然而，人們沒有對含義進行現象學的分析，以便確定邏輯的基本形式，或者反而言之，人們沒有弄清邏輯形式無非就是行爲的典型特徵和（在複合意向的構造中）它們的連結形式，而是進行通常意義上的邏輯分析；人們考慮，在含義中就對象方面而言被意指的是什麼，以便在行爲中實項地[26]尋找這個被意指爲對象的對象。人們的思考是在含義之中的思考，而不是關於含義的思考；人們探討的是被表象和被判斷的實事狀態，而不是表象和判斷（即稱謂的和陳述的含義）；人們宣稱並相信已經進行了描述性的行爲分析[27]，而實際上人們早已離開了反思[28]的基地，並把客觀分析當作現象學分析的基礎。而且，純粹—邏輯的分析也是客觀的，這種分析所探討的是那些「包含在單純概念（或含義）中的東西」，即：那些作爲在這種形式中被思考之物而先天地被歸給對象一般（Gegenständen überhaupt）的東西。在這個意義上，純粹邏輯學和純粹數學的公理是「透過單純的概念分析」才產生出來的。在完全不同的意義上，現時的含義分析所研究的是「那些包含在含義之中的東西」。

[26] 在A版中未加重點號。

[27] 在A版中爲：描述—心理學的分析。

[28] 在A版中爲：心理學反思。

只有這裡的表達方式才是本眞的表達方式：含義以反思的方式成爲研究的對象，受到探問的是含義的現實部分和形式，而不是對含義對象來說有效的東西。洛克提出其普遍觀念論的方式，也包括他提出代現論的方式，同樣，柏克萊關注和維護這種代現論的方式，尤其是他對普遍定律之意義的考慮方式，[13]它們都爲以上所說提供了充足的例證。

A183

13 可以參閱前面第一七七頁[29]所引用的他的例子分析，引自《人類知識原理》導引第11節。

[29] 在A版中爲：第一七六頁。

第五章　關於休謨抽象理論的現象學研究[1]

[1] A本的附加與修改：在第五章中，也許在這整個研究中都必須考慮馮・邁農關於「抽象與比較」的最新論述（《心理學與生理學研究雜誌》，第二十四卷）。可惜我在完成這部書後以及在付印期間無法再進行新的研究。邁農所引用的馬里（E. Mally）關於「抽象與相似性認識」的文章（《系統哲學文庫》，第六卷）我至今尚未見到。

第32節　休謨對柏克萊的依賴性

今天已經不再需要強調，休謨的抽象觀絕然不同於柏克萊的抽象觀。[1]然而，這兩種觀點又是如此相近，以至於我們不會無法理解，休謨在《人性論》第七節的闡述的開端上會將他自己的命題強加給柏克萊。B$_1$185 他寫到：「一位大哲學家已經反駁過……傳統觀點，並且主張，所有普遍觀念都只是個體觀念，它們與某些名稱相連結，這些名稱賦予它們以較爲廣泛的含義，並且在有些情況下會將其他相似的個別觀念喚入到回憶之中。我認爲這一見解是近年來科學王國中最偉大、最值得尊敬的發現之一。」[2] A184 這當然不完全是柏克萊的見解。柏克萊並未像休謨所希望的那樣，相信普遍觀念有力量使相伴的個別觀念成爲其他同一等級的個別觀念的代表。在柏克萊看來，普遍名稱可以不透過相符的個別觀念而自爲地發揮代現的作用，而個別觀念也可以不透過名稱來發揮代現的作用，最後，這兩者可以同時發生，但名

1　參閱邁農：《休謨研究》，I，第三十六頁［二一八］。

2　我引用的是利普斯（Th. Lipps）的功德無量的德譯本《人性論》（第一卷，第一章，第7節，第三十頁），但用「觀念」（Idee）取代了「表象」（Vorstellung）。我們仍可以繼續保留利普斯用特殊的表象概念（Vorstellungsbegriff）來翻譯休謨這個術語[idea]的做法。（胡塞爾僅在這段引文中用「Idee」（觀念）來替代利普斯的德譯「Vorstellung」（表象），在以後各段引文中則仍維持利普斯的原譯。爲保持前後一致，我在這裡仍按中譯的習慣將休謨的「idea」概念統一譯作「觀念」。——中譯注）

稱在與代現性的表象的連結中並不具有優越性。然而主要的問題始終在於：普遍性是在代現之中；而休謨將代現理解爲顯現的個別性對其他個別性的代表，這些其他個別性是指那些如柏克萊所說透過前者而從心理上「被喚起」的，或如休謨所說，被喚入到回憶之中的其他個別性。

這樣，我們的指責便也一同涉及休謨，甚至是更尖銳地涉及他，因爲對代表以及對代現的個別表象之引發的語詞理解在柏克萊那裡看起來還有些模糊不清，而在休謨這裡則顯得赤裸裸地明確無疑。

第33節　休謨對抽象觀念的批判及其誤認的結果。他對現象學要點的忽略

因此，柏克萊學說的精神在主要之點上爲休謨所接受。但休謨並不是仿效性的人物，他繼續發展了這一學說；他試圖更精確地構造它，尤其試圖在心理學上深化它。從這方面看，我們所要探討的並不完全是休謨所提出的那些反對這門抽象觀念學說的論據，而更多地是他將這門學說與之相連結的聯想—心理學的考察。他用來反對抽象觀念說的論據本質上沒有超越出柏克萊的思想範圍，而且，如果休謨正確地確定了證明目標，那麼這些論據完全是無可辯駁的。在洛克哲學意義上的抽象觀念，即透過對源於具體圖像的特徵觀念的分離而產生的抽象圖像已經被肯定地證明爲是不可能的。但休謨自己用這樣一句話來概括他的結論：「因此，抽象表象（觀念）自身是個體的，無論在它們所表象的東西方面如何普遍。在

A185　$B_1$186

我們精神中的圖像僅僅是一個個別對象的圖像，即使它們在我們判斷中得到如此的運用，就好像它是普遍的一樣。」[3]休謨的批判顯然不能證明**這些**命題。它所證明的是：抽象圖像是不可能的；而且它可以與此相關地得出結論，如果我們儘管如此仍然在談論普遍表象，這些普遍表象作爲普遍名稱的含義（或含義充實）而從屬於普遍名稱，那麼在具體圖像上還必定添加了某些創造出這種含義普遍性的東西。這種附加的東西不可能（如果這個思考是在正確進行的話）存在於新的具體觀念之中，因而也不可能存在於名稱—觀念之中；具體圖像的混雜體所做的恰恰只能是將它所含圖像的具體客體表象出來。如果我們現在沒有忽略，意指活動（Bedeuten）的普遍性（無論它是含義意向的普遍性，還是含義充實的普遍性）是**以可感受的方式**寓居於**每一個**我們在其中理解普遍名稱並與直觀發生有意義聯繫的**個別情況**之中的東西，而且是一種以直接明見的方式使這種普遍表象區別於個體直觀的東西，那麼結論就只能是：構成這個差異的是意識方式、是意向方式。一個新的意指活動特徵表現出來，在這種意指活動中被意指的不是那個直觀顯現著的絕然對象，既不是語詞—觀念的對象，也不是相伴的實事—觀念的對象，而是在實事—觀念中得到示範的質性或形式，而且它被普遍地理解爲種類意義上的統一。

$B_1$187

3 同上書，第三十四頁[在格林和格羅瑟（Green and Grose）主編的版本中爲：第一卷，第三二七—三二八頁]。

然而休謨仍然堅持柏克萊的代現思想並且將它完全膚淺化了，因爲他不去觀察（在含義意指和含義充實中的）含義特徵，而是迷失在那些發生性的聯繫之中，這些聯繫賦予名稱以聯想關係，即與這一等級的對象的聯想關係。普遍性顯示在主觀體驗之中，並且，如其所強調的那樣，顯示在一個普遍意指的個別進行之中；對此他隻字未提並且也未做過有效的說明。他同樣也沒有注意到，在這裡所顯示的東西表明自身具有明確的描述性差異：「普遍性」意識或是帶有總體（generell）普遍性的特徵，或是帶有普全（universell）普遍性的特徵，或者它根據這些或那些「邏輯形式」[2]而帶有不同的色彩。

「觀念形態」的心理學（「ideologische」Psychologie）和認識論企圖將一切都還原爲「印象」（感覺）和對「觀念」的聚合排列（想象材料，作爲「印象」的淡化了的影子），這樣一種心理學和認識論當然會對意識方式、意向體驗意義上的行爲感到不舒適。我在這裡要提醒人們注意，休謨是如何徒勞無益地在存在信仰（belief）概念上費心盡力，並且一再試圖將此意識行爲的特徵作爲力度或與力度類似的東西納入到觀念之中。所以，「代現」也必須以某種方式被還原爲伸手可及的東西。據說發生—心理學的分析可以做到這一點；據說它可以表明，我們如何將我們所體驗到的單純個別圖像「**超出它的本性之外**」而運用在我們

[2] 在A版中爲：在這些或那些「邏輯形式」中。

$B_1$188　A186

的判斷中，「**就好像**它是普遍的一樣」。4

以上被加了重點號的措辭並未特別地標示出休謨立場的含糊性特徵。從根本上說，休謨以這個「就好像」承認了他的偉大前輩洛克的觀點：普遍觀念的理論——**如果**這些觀念是可能的——實現了它們的目的。他沒有注意到，洛克的普遍觀念作爲脫離開具體內容的小品詞（Partikeln）本身又將意味著個體的個別性，而且鑒於它們與它們同類（無論它們是分離於具體觀念，還是寓居於具體觀念之中）的不可區分性這一狀況，它們還無法獲得思想的普遍性。他沒有注意到，對此需要特有的行爲，特有的意指（Meinen oder Bedeuten）方式。即使在預設了洛克的抽象物的前提下，也需要總體思想的形式才能以統一的方式去意指一個由諸多無法實項地表象的個別性所組成的範圍。同樣，對我們來說，屬（Genus）是透過總體（generell）思維的行爲才自身構造爲對意識而言的同一性統一[3]；如此等等。客觀的相同性關係存在著，它無須主觀地顯示出自身；但這種相同性關係與個別被意識到的[4]相同之物並不相干；能夠賦予個別之物以相同性範圍思想聯繫的不是別的東西，恰恰是**思想**。

A187

4 同上書，第三十四頁[在格林和格羅瑟（Green and Grose）主編的版本中爲：第一卷，第三二七—三二八頁]。

[3] 在A版中爲：屬（Genus）是透過總體思想的行爲才作爲同一性統一而產生出來的。

[4] 在A版中爲：被體驗到的。

第34節　休謨的研究與兩個問題的回溯關係

如果我們現在來看一下休謨心理學分析的內容，那麼我們便能夠透過兩個問題來表達他用這些分析所想獲得的結果：

一、個別觀念如何會具有其代現作用；它如何從心理學上產生這種能力，即：作爲同一等級的其他類似觀念，並且最終是同一等級的所有可能觀念的代表而起作用的能力？

二、同一個個別觀念可以納入到許多相似性範圍（Kreis）之中，而它在每一個**特定的**思想聯繫中只是代現**一個**這樣的範圍的觀念。因此，爲什麼恰恰是這個代現的範圍在這個聯繫得到突出，是什麼在以這種方式限制著個別觀念的代表作用，並且從而使意義的統一成爲可能？

顯然，如果人們放棄那個在這裡至關重要的代現概念，並且用易於理解的和眞正的普遍表象之概念來替代它，即用普遍含義或含義充實（在本書第六研究，第52節所述意義上的普遍直觀）[5]的概念來替代它，那麼這個心理學問題就會保持其好的意義。一般認爲[6]，

[5] B版的附加。參閱A本的附加與修改：或含義**充實**（在本書第六研究，第52節，第六三三頁所述意義上的普遍直觀）。

[6] 在A版中爲：可以肯定。

A188　$B_1$189

普遍觀念是從個體—直觀[7]表象中發生形成的。但是，儘管對普遍之物的意識一而再、再而三地是由個體直觀所引起的，而且它從個體直觀中吸取其清晰性和明見性，這種意識也並不因此就是直接從個別直觀中產生的。因而我們如何做到：超出個體直觀，不去意指顯現的個別之物，而是意指其他的東西，意指那個在個體直觀中得以個別化的、但卻非實項地包含在它之中的普遍之物？所有那些賦予普遍之物以變換的對象關係並構成邏輯表象方式之區別的形式是如何產生的？然後，一旦我們對聯想關係進行解釋，我們也會涉及心境的（dispositionell）相似性群組以及與它們外在相聯的符號。這樣，第二個問題也就成爲現時的，即：相似性範圍如何可能保持它們的確定一致，而不在思維中發生混亂。

在這個問題上，如果我們一方面將休謨對抽象的探討稱之爲一種極端的錯誤，另一方面卻要求賦予這些探討以其應得的榮譽，即：它爲心理學的抽象理論指明了道路，那麼這種做法並非是一個矛盾。休謨對抽象的探討在邏輯學和認識論的方面是一個極端的錯誤；邏輯學和認識論的問題在於：純粹現象學地研究認識體驗，觀察自爲存在的和自爲包含的思維行爲，以便對基本的認識概念做出澄清。而休謨的發生分析顯然無法達到理論上的完善性和最終有效性，因爲它缺乏作爲基礎的充分描述分析。但這並不妨礙它包含著一系列極具價值的思想，這些思想能夠一如既往地受到關注，而它們的有益影響也已得到了發揮。

[7] 在A版中爲：直觀。

此外，與休謨完全缺乏一種對思維的嚴格描述分析這一狀況有關，或者說，與他用經驗—心理學的[8]研究來替代認識論研究的做法有關，由於休謨將思維理解爲一種認識—經濟學的作用，因而他也以爲自己具有一個對思維進行認識論澄清的視點。在這方面，休謨是洛克哲學的眞正學生。我們在前一章[5]中已經充分說明，對此應當提出何種批評。

第35節　休謨抽象論的主導原則、結論和闡述性思想

休謨對其心理學闡述的主導原則做了如下表達：

「如果那些［對我們的精神來說任何時候都是當下的］觀念按其本性來說只是個體的，而且它們的數量在同一時間是有限的，那麼它們就只是根據習慣才在它們所代現的東西方面成爲普遍的，並且自身包含無數其他的觀念。」[6]

5　參閱本書第二研究，第24節，第一六六頁及以後[9]。

6　休謨：《人性論》，第三十九頁（在格林和格羅瑟主編的版本中爲：第一卷，第三三二頁）。

[8]　在A版中爲：發生—心理學的。

[9]　在A版中爲：第一六五頁。

結論是：

「一個個別觀念透過與普遍名稱的連結便成為普遍的，這個普遍名稱根據習慣而與許多其他的個別觀念有〔聯想〕關係，以至於它會樂於將這些個別觀念引導給想象力。」[7]

下面這段引文標示出**這些闡述的主要思想**：

「這種對觀念超出其本己本性之外的運用，乃是基於我們能夠在精神中以一種不完善的、但卻與生活目標相符合的方式將所有可能程度的量與質集中在一起……如果我們發現，許多我們經常遇到的對象都具有相似性，那麼我們對所有這些對象就用一個名稱，無論我們在它們的量和質的程度上感知到何種差異，也無論在它們那裡還會產生哪些差異。如果這對於我們來說已經成為習慣，那麼一旦那個名稱響起，它就首先會喚起那些對象中的一個對象的觀念，並且會導致想象力對它以及它的所有確定特性和比例進行把握。但是，正如我們已經預設的那樣，同一個語詞常常也被用在其他個別事物上，這些事物在某些方面不同於那些對精神來說直接當下的觀念。而這個語詞又不能喚醒所有這些個別事物的觀念。但——如果我可以這樣說——它**接觸**到心靈，並且喚醒了我們在觀察這些觀念時所養成的習慣。這些個別事物對於精神來說並非現實地和實事地當下，而只是潛能的；我們並不是在我們的想象力中將它們全部取出，而只準備根據當前的意圖和必要去觀察它們其中的任何一個。這個語詞

A190　$B_1$192

7　同上書，第三十七頁（在格林和格羅瑟主編的版本中為：第一卷，第三三〇頁）。

喚起一個個別觀念，並且隨此觀念一同喚起某個合乎習慣的觀念趨向（custom）。然後，這種合乎習慣的趨向喚起另一個我們恰恰可能需要的個別觀念。由於在大多數情況下不可能喚起這個名稱所指的所有觀念，因而我們便以一種僅僅是局部的觀察來簡化我們的工作。我們同時確信，這種簡化僅只會給我們的思維帶來微小的不利。」8

但願這些引文可以有助於我們以一種對於我們的意圖而言足夠的清晰性來回憶休謨理論的主要內容。我們在這裡無法深入地對它進行批判分析，因為發生問題不屬於我們的任務範圍。

A191

8 同上書，第三十四頁[10]（在格林和格羅瑟主編的版本中爲：第一卷，第三二八—三二九頁[11]）。（「某個合乎習慣的觀念趨向」這一中譯是根據利普斯的德譯文翻譯的。休謨的英文原文僅爲「a certain custom（某個習慣）」。在後面的論述中，胡塞爾也沿用了利普斯的德譯，並且將「habits」（習性）也稱作「合乎習慣的趨向」。——中譯注）

[10] 在B版中爲：第四十頁。

[11] 在B版中爲：第三三二頁。

第36節　休謨關於「理性的區分」（distinctio rationis）的學說，對此學說的溫和詮釋和極端詮釋

我們對休謨關於理性的區分的學說尤爲感興趣，透過這一學說，前面所說的第二個問題也同時間接地得到了解決。這裡的問題在於，我們如何能夠將那些無法成爲（即無法透過一種在洛克所說的分離意義上的抽象而成爲）自爲的觀念的抽象因素區別於直觀客體。如何區分剛才直觀到的「白色球體」與「白色」或「球形」，因爲「白色」和「球形」不能作爲（在洛克意義上的）觀念而起作用，這些觀念作爲特殊的、可與具體觀念相分離的部分被包含在具體觀念之中。柏克萊透過對注意力的強調力量而回答了這個問題。休謨在這裡想更深入一步，他提供了如下的解答：[9]

如果我們將這個白色球體與一個黑色球體相比較，並且另一方面與一個白色立方體相比較，那麼我們便會注意到兩個不同的相似性。透過許多次這類比較，我們將客體劃分爲各個相似性範圍，並且，我們透過形成著的合乎習慣的趨向（habits）而學會「*從不同的視點觀察*」每一個客體，這些視點與那些能使此客體被納入到不同的、然而確定的範圍之中的相似性相符合。當我們時而將我們的目光朝向單純的顏色時，我們並沒有區分顏色，但卻帶著一

9 同上書，第四十頁（在格林和格羅瑟主編的版本中爲：第一卷，第三三二—三三三頁）。

種反思來進行事實上統一的和不可分割的直觀，但由於習慣我們只是非常模糊地意識到這種反思」。在這種模糊的意識中，例如：白色的立方體[12]浮現在我們面前，由此而產生出一種相似性（即顏色方面的相似性），我們的目光朝向這個相似性，以至於被感知的白色球體僅僅被納入到顏色的相似性範圍中。隨這種反思方式的不同，或者說，隨在反思中被給予的相似性的種類的不同，在同一個直觀客體上，一個不同的「因素」被關注；或者與此本質上相一致：同一個直觀被用作普遍表象的所謂抽象的基礎；在每一個相似性範圍中都以聯想的方式包含著一個特殊名稱，以至於透過內反思，普遍名稱也受到觀察視點的[13]規定。

心理學研究在這裡不是我們的實事課題，因而我們實際上並不打算對這種理論嘗試的重要價值以及另一方面它的不成熟做出批判性的把握。但我們必須在某種程度上探討它，這種探討要考慮一個對休謨的陳述看起來具有推動作用的悖謬思想，這個思想同時又在現代休謨主義者們那裡得到明確的宣導。對這個思想可以作如下的陳述：

標記、內屬性並不是在眞實的意義上寓居於那些「擁有」它們的對象之中的東西。或者用心理學的術語來說，一個直觀內容的各種不同的、相互不可分割的方面或因素，例如：色彩、形式等等，它們被我們當作在這個內容中現存的東西而加以把握，但它們事實上根本不

$B_1$194　A192

[12] 在A版中爲：黑色的球體。

[13] 在A版中爲：觀察「方面」（Hinsicht）的。

在這個內容之中。毋寧說只存在著一種現實的部分，即那種也可以自爲地有分別地顯現出來的部分，一言以蔽之：塊片（Stücke）。所謂抽象部分內容，也就是那些雖然不能自爲存在（或自爲地被直觀），但卻可以自爲地受到關注的部分內容，在某種程度上只是具有實在根據的（cum fundamento in re）臆想。並不是顏色在有色之物中，形式在有形之物中，而是在事實上只存在著那種可將有關的客體納入到它們之中的相似性範圍，某些包含在對此客體直觀中的習性（habits），透過直觀而引發或策劃的那些未被意識的素質（Dispositionen）或未受關注的心理過程。

更確切地看，這裡的疑問是雙重的：一個客觀的懷疑和一個主觀的懷疑。在客觀方面，這個懷疑涉及顯現的對象與其內屬性的關係；在主觀[14]方面則涉及顯現本身（被理解爲內在體驗）[15]與它們在感覺方面的內涵的關係，以及它們在整個感性內容方面的內涵的關係，這些感性內容是指在直觀行爲中經歷著客體化「立義（Auffassung）」（統覺）[16]的內容。在這種立義[17]中，相應的對象性特徵或屬性得以顯現[18]。因此，這裡的問題一方面涉及球體本

A193

[14] 在A版中還有：或心理學。

[15] 在A版中爲：、現時的心理體驗。

[16] 在A版中爲：解釋（Deutung）。

[17] 在A版中爲：解釋。

[18] 在A版中還有：給我們。

身以及它的內屬性，例如它的均勻的白色；另一方面又涉及這個球體的顯現[19]以及包含在這個顯現中的感覺複合；其中包括例如連續映射出來的白色感覺——那個在感知中均衡地顯現出來的客觀白色的主觀相關物。但休謨在這裡和在其他地方一樣，忽略了這個區別。顯現與顯現之物在他那裡融爲一體。

我無法肯定，這些命題是否切中了休謨本人的見解，或者，他是否只是（在對洛克的反駁中）認爲，具體的客體在其特徵方面始終是簡單的，即在這些特徵的不可分割性意義上的簡單，而這些特徵作爲「一致性因素」[10]仍然是在個別的、同類的客體本身之中現存的東西。如果這個解釋正確，那麼休謨在這個問題上便始終與柏克萊相一致，只是休謨的目的在於：從心理學上澄清「理性的區分」得以成立的方式。

這個問題顯然具有好的意義，即便人們堅持將抽象因素看作是眞實內居的東西。人們所探問的恰恰是：由於個別特徵只能在最緊密的相互滲透中出現並且永遠不能自爲地單獨出現，因此，它們如何能夠成爲直觀意向和思維意向的唯一客體；而在直觀意向方面，應當如

10 參閱同上書，第三十五頁（在格林和格羅瑟主編的版本中爲：第一卷，第三三八頁，注）。

[19] 在A版中還有：（球體觀念）。

A194　$B_1$195

何解釋注意力的偏好，它現在恰恰留意（Bemerken）垂青於這個標記，而後則留意垂青於另一個標記。

第37節　對這門學說之極端詮釋的指責

由於我們在這裡不能受心理學興趣的引導，因而我們不必對這樣一些批評做出說明，這些批評是指在預設了對休謨闡述之溫和理解的前提下所形成的批評。這裡需要說的僅只是：在休謨這些思想的基礎上，再加以適當的變化，也許就可以構建一門可以使用的理論。人們首先不應認眞地對待神祕的「內反思」。米勒（G. E. Müller）[在由舒曼（F. Schumann）[11]發表的筆錄中]以一種極爲清晰和敏銳的方式對休謨的理論做了更爲仔細的組建，而且儘管他本人似乎偏好極端的解釋，休謨的出發點或萌芽的有益性在這個組建中仍然明顯地表現出來。

我們現在轉向對休謨學說的極端解釋之批判上。它正處在認識論興趣領域的中心。它在受到澈底的實施時會陷入到相當多的困難之中。

如果與絕對標記相符合的抽象內容在具體直觀中本身就是虛無，那麼連結內容和聯繫內容在對相應的統一形式之總和的直觀中就更是虛無了。不言而喻，「理性的區分」的問題以

11　舒曼：〈論時間直觀的心理學〉，《心理學與感官生理學雜誌》，第十七卷，第一〇七—一〇八頁。

A195　$B_1$196

及解決這個問題的原則對於所有抽象內容來說都是同一個。因此，它們對於關係內容和連結內容來說以及對於絕對內容來說都是同一個。因此，在有色對象上的（或有色對象所具有的）顏色的虛假現存（Vorfinden）或區別是如何成立的，對這個問題，人們不能透過向這個有色對象與其他有色對象之間相似性之現存的回溯來回答。因爲，如果我們前後一致地將這個說明進行下去，那麼這種現存就必須被回歸爲這個相似性與其他相似性之間的相似性之現存（以顏色爲例：由那些在有色客體之間存在著的相似性組成的相似性群組）；說明原則必須再次被運用在這個相似性上，如此等等。

這個論據從抽象內容——我們將這些內容理解爲在具體直觀的統一中實項地被體驗到的諸因素——轉而運用到對「外部」對象的標記和複合形式的表象上。因此，我們在前面相對於休謨而強調的區別應當在這裡發揮作用，即：在作爲實項當下的對象顯現（作爲體驗）[20]的具體直觀與被直觀（被感知，被想象等等）的對象之間的區別。這裡必須注意，這個對象不應被歸屬爲某種自然科學的或形上學的超越[21]，它就是被意指爲它在這個直觀中所顯現的東西，也可以說是被意指爲它對這個直觀來說有效的東西。因此，球體的顯現與顯現的球體相對立。同樣，球體顯現的被感覺的內容（作爲在現象學上可以爲描述分析[22]所發現的因素）

[20] 在A版中爲：心理體驗。

[21] 在A版中爲：不應被當作某個自然科學的或形上學的基礎。

[22] 在A版中爲：可以爲心理分析。

與顯現的**球體**的（被感知的、被想象的）**部分**或**方面**又相互對立；例如對**白色的感覺**和**球體**的白色相互對立。

在做了以上陳述之後，我們可以說：如果有人將有關對那些抽象的、對象的規定性的直觀表象的說法解釋成單純的虛假話語，並且聲稱，每當我們相信，我們正在感知例如一個屬性白色時，實際上被感知的或被表象的都僅僅是這個顯現的對象與其他對象之間的相似性而已；那麼，他就陷入到了一個無窮後退（unendlichen Regreß）之中，因爲關於這個被表象的相似性也需要受到與此相應的解釋。

但這個有爭議觀念的荒謬性也直接表現在：儘管存在著所有這些明見性，意向客體還是被歸屬於一個與它明見不同的客體[23]。在一個直觀的意向中所包含著的東西，我認爲在感知中所把握的東西，在想象中所虛構的東西，它們都是毋庸爭議的。我可能會誤識感知對象的存在，但我不可能誤識這一點，即：我將這個感知對象作爲帶有這樣或那樣規定性的東西來感知，並且它**在這個感知的意指**中不是一個完全不同的東西，例如：它不會不是一隻金龜子，而是一棵聖誕樹。**這種在規定性描述中或在對意向對象本身的認同與區分中的明見性**儘管具有其局限性，這是顯而易見的，但它是眞實和眞正的明見性。沒有這種明見性，甚至連享有盛譽的**內直觀**[24]的明見性——只要「內感知」被理解爲對**意向**體驗的感知，這種內

[23] 在A版中爲：還是被當作一個與它明見不同的客體的基礎。

[24] 在A版中未加重點號。

A196

B$_1$198

感知的明見性就[25]常常被混同於前一種明見性——都是毫無用處的；只要表達性的話語得到提出，而且對被內感知的體驗[26]的描述區分得以進行，這個明見性就已經被預設了，就此而論，對意向體驗的區分和描述不可能不關涉到這些意向體驗的意向對象[27]。12

這種明見性在這裡對我們是有用的。直觀這個對象的紅與直觀某個相似性關係，這兩者有明見的不同。如果人們將後一種直觀歸結爲未被注意或未被意識到的東西，那麼結果只能是不利因素的增加，因爲人們爲了一個不可被關注之物而犧牲了這個明見被給予的意向。

只要**內容**在反思的現象學[28]分析中成爲感知**客體**，前面所做的思考便一同進入到當下的、與顯現**客體**有關的思考之中。即使我們不再將並且不再能夠將球體**顯現**（體驗）稱之爲事物並且不再將那些寓居於它之中的抽象內容稱之爲特性[29]或標記，在這裡所涉及的這個描

12 參閱這一節結尾的「注釋」二。

[25] 在A版中爲：它。

[26] 在A版中爲：材料。

[27] 在A版中爲：或者就根本談不上明見性。

[28] 在A版中爲：心理。

[29] 在A版中爲：屬性。

A197

述性事態的方面就仍然保持不變。這種在事物與特性之間的差異是本體論的差異，它們不是體驗特徵，它們不是以一個實項因素的方式包含在各種被給予的現象本身之中並在其中可被指明的東西；毋寧說，它們回指到這樣一些意識體驗的聯繫之上，在這種聯繫中，它們一致地顯現出來，它們被經驗到，而且受到自然科學的規定。[30]

在顧及這個事態的情況下，我們也可以將這個對於區分普遍意向對象有效的明見性運用於對內部材料的意向區分。在這樣一種臨界情況中，即：當被意指的對象從屬於（完全具體的）體驗本身的實項內容時，「內」感知[31]的明見性便發揮作用了；我們不僅具有被意指材料之差異性的明見性，而且也具有關於它們的現實此在的明見性。當我們將我們分析的興趣不是朝向例如顯現的球體，而是更多地朝向球體的顯現，並且在這個球體顯現上區分部分和方面，並且任意地將那個透過被感覺的內容而對我們所意謂的東西忽略不計，這時，我們不僅具有這樣的明見性，即：這個顏色內容、這個總體內容等等被感知到[32]，而且我們同時 $B_1$199

[30] 在A版中爲：這種差異是形上學的差異（或者也可以說是自然科學的差異）；事物性不是現象學的特徵，它不是以一個實項因素的方式包含在各種被給予的現象本身之中並在其中可被指明的東西；相反，它回指到經驗的聯繫之上，最終地和客觀地回指到自然規律性的統一之上。

[31] 在A版中爲：「內感知」。

[32] 在A版中爲：這個構形內容等等顯現出來。

也具有這樣的明見性，即：它是[33]現實的。即使我們不能始終做到對釋義（Deutung）忽略不計，並且我們更少能夠做到對被體驗的內容進行隨意寬泛的分析；但這兩者無論如何在大致上都是可能的。正如在意向對象差異方面的明見性並不因爲這個原因而被取消，即：我們一旦超出這個大致的差異的領域，便容易在我們的意向上產生誤識；也就是說，正如像在金龜子和聖誕樹之間的差異——這兩者純粹地被視爲是它們在我們的意向中作爲意向客體而被意識到的那樣——是一個眞正的明見性，與此相同，同樣有一個眞正的明見性常常在告訴我們：顏色因素、感覺是在統一的直觀中實項現存的，有某種東西在共同構造著這個直觀，而且這個東西在直觀中是一個不同於總體因素的東西。它並不會因爲下列情況而受到影響，即：不可思議的是這些因素的分離、它們的自爲存在，而不是它們的單純附著狀態或被擁有狀態。

人們說，某些心理過程，如未被注意的相似性序列的引發是自在存在的，有關的絕對簡單的具體之物因此而僅僅獲得某種特徵、某個色彩，獲得一個詹姆斯（James）[13]的「邊緣」（fringe），但這種說法仍然沒有公正地對待上面所說的這個明見的事態。因爲，首先，

A198　$B_1$200

13 這裡指的是美國哲學家和心理學家詹姆斯（William James，一八四二—一九一〇年）。——中譯注

[33] 在A版中爲：是在此。

「邊緣」也具有其實在性，就像那些被假設的無意識過程一樣，而它們此外在純粹現象學的考察中根本與我們無關；其次，「邊緣」是一種附加物，它們既可以在此，也可以不在；因此，如果我們在這裡將這些被假設的「邊緣」等同於在具體之物上可以被明見地注意到的因素，那麼後者整個地就會成爲在一個載體上的附屬品，而這個載體就會完全帶有那種漂亮的無質性實體的特徵，再也不會有人把它當回事。

感覺因素、顏色因素、形態因素和其他內在的[34]規定性確實作爲構造直觀的因素而從屬於直觀的統一，這個明見性是無法用任何方式被否定掉的。人們至多只能將它們解釋爲某種融合的結果，或者也可以解釋爲實項地、但卻以不被注意的方式包含在這些結果的要素本身之中的產物；但是，無論這在心理學的角度上是多麼有趣[35]，這個描述性的直接成果，這個爲了澄清概念和澄清認識而受到考察的東西卻並不會因此而有絲毫改變。從理論上排斥這些抽象內容以及抽象概念，這就意味著企圖將那些事實上是所有明晰思維和明晰證明之前提的東西證明爲是臆想的。

也許，在放棄這些假設性考慮時，人們還會指責說，「理性的區分」只是在判斷中被給予。這個絕對統一的現象存在於這一方面，然後有一個陳述附加上去，這個陳述將內部的差

A199

[34] 在A版中爲：統一的色彩、形態以及這類內部。

[35] 在A版中還有：和多麼重要。

異判歸給這個現象。但這並不說明，這個現象就確實具有內部差異。

我們將會回答：顯而易見，只要我們對一個體驗進行判斷，就會有兩樣東西在此：體驗和陳述。但陳述也可以是正確的，而且只要它是明晰的，它就是正確的。如果有人承認，一個包含狀態（Enthaltsein）眞實地被給予並且被體驗到，這種情況是存在著的，那麼他只可能是根據明見性來做出這種主張的。而如果明見性曾經指明過一個包含狀態，那麼它肯定就是在這裡做出的指明。當然，人們不應對包含的概念進行不必要的限制，即把它限制在「分割成相互脫離的塊片」的概念上。如果人們堅持這個狹義的概念，那麼這個語詞就會消失，但這個實事卻仍然是清晰的。

注釋[36]：

一、有一個思想系列與我們在這裡所探討的思想系列相近，這個思想系列我們在前面已經遇到過。[14] 這個思想系列所涉及的問題是：種類是否能夠作為對象來考察，或者，如果

$B_1$201

14 參閱本書這一研究，第一章，尤其是第3節至第5節，第一一二—一一八頁。

[36] 在A版的目錄中缺。

說，事實上只存在著那些根據相似性來排列的個體對象，那麼這種說法是否更正確些。相反，在剛才所作的闡述中沒有涉及種類問題，而只涉及種類的個別情況。人們不僅否認可以普遍地談論一個思維客體——紅，而且也否認可以談論紅的一個個別情況，一個作為此地此時出現的直觀因素的紅。種類在明見普遍性意識中彷彿就是自身被給予的，如果個別情況——它的直觀被給予是現實進行抽象的前提——受到相對主義的曲解，那麼這種明見的普遍性意識當然就無法構造自身，所以這些相似的論據本質上是相互聯繫的。

二、正如我已補充說明的那樣，在邁農的極為重要的研究「論更高序列的對象以及它們與內感知的關係」（可惜發表太遲，已無法對我在《邏輯研究》方面有所說明）一文中，有關在對內在對象本身的明見的承認與內感知之間的關係方面，他做了一些論述（《心理學與感官生理學雜誌》，第二十一卷，第二篇，第二〇五—二〇七頁）。如果我理解正確的話，那麼前一種明見性在邁農看來是與那個內部的、**涉及實存**（Existenz）**的**[37]**表象**的明見性相一致的。這樣的話，他所指的明見性就不可能是我們在這裡所說的明見性。當然，我也認為，所謂內在對象不可能是一個**在表象**中的對象（特瓦爾多夫斯基也曾論述過此

B₁202　A200

[37] 在A版中未加重點號。

事[15]）；在表象方面實存著的東西無非只是對這個對象的意指，也可以說是表象的含義內容。但是，我用「聖誕樹」的表象所意指的恰恰是一棵聖誕樹、一棵透過這個或那個標記而被規定的這一種類的樹，而不是指例如金龜子或其他任何東西——這樣一種明見性永遠不能被歸派給一個單純的感知，即便這個感知是與單純表象體驗有關的感知。毋寧說，這是一種陳述的明見性，它們的複合含義意向根據許多行為、根據許多表象、根據對這些表象進行連結的認同和劃分而得到充實。而且即使不考慮在意向方面的行為，我們在充實方面僅靠內感知也仍然是不夠的。對上述認同和劃分行為的內感知顯然不能用來說明同一性與差異性之存在的明見性。

第38節　懷疑從抽象的部分內容被轉用到所有部分一般上

與在抽象部分內容方面的懷疑相符合的還有一種在具體部分內容方面、在塊片方面的可能懷疑。一個同質的白色平面被我們視為是一個可分的客體，而所有在現時劃分中可區分的部分都被我們作為事先就在它之中存在的部分而置入到它之中。我們將此也轉用於感覺。

B₁203　　A201

15 在那部一再受到批判，但儘管如此仍然是仔細的和出色的論著中。（即：特瓦爾多夫斯基，《關於表象的內容和對象的學說》。可以參閱本書第一研究，第13節；第二研究，第8節和第11節。——中譯注）

在對這個白色平面的觀察中被現時地體驗到的內容[38]包含著塊片，這些塊片與總體內容的關係類似於客觀平面塊片與整個平面的關係。如果有人讓我們注意：我們在對這個平面的直觀表象中「使我們的目光受它的引導」，而且我們由此而體驗到不同的、相互流入的內容的雜多性，那麼這並不會使我們產生迷惑。我們正好將這種觀點轉用於這些內容中的任何一個內容。

但我們如何知道，這個內容確實是一個複合呢？如果我們想象對這個統一白色的平面進行分割，那麼與此相應的感覺內容可能眞的會指明各個部分之間的連結；但原初的內容透過這種想象並不會保持不變。這個現在被給予的、複合的、被間斷性所分片的內容與原初的、完全統一的、自身無差異的內容是不同一的。「人們可以想象在這些部分中分割一個統一，但這種部分只能是臆想出來的部分。」[16]我們在這些不可分割的意識內容的基礎上進行某些想象活動和判斷活動，並且將這些活動的產物歸入到原初的內容本身之中。

但是，如果我們轉向對那個起先尚未被反駁的情況的論述，即轉向那些已經由直觀內容指明了劃分的情況的論述，那麼懷疑還會繼續在這裡徘徊。這個體驗在這裡難道不也是首

16 舒曼，同上，《心理學與感官生理學雜誌》，第十七卷，第一三〇頁。

[38] 在A版中爲：心理內容。

A202

先向我們提供一個確定的統一內容[39]，然後我們將它標示爲一個由各個部分所合成的內容，因爲我們進行了一些恰恰使這種標示能得以成立的新的操作？通常的說法意味著，我們現在在**這個**內容上注意到這個部分，然後注意到另一個部分，再注意到另一個部分。但體驗隨著每一個步驟而發生變化。透過那種將被感覺到的內容與被感知的或被想象的內容相混淆的趨向，那些極爲不同的內容一步一步地成爲原初內容的基礎；各次被注意到的部分不僅處在留意（Bemerken）的視點上，而且更確切地說，處在觀看（Sehen）的視點上，而且它所提供的感覺不同於當它處在背景中時所提供的感覺。如果我們更嚴格地堅持這些內容，那麼每次被偏好的內容便只能像是被一個與它不是分離、而是交織在一起的、模糊的、完全混亂的一堆東西所包圍，或者說，被一個「邊緣」，一個「暈」所包圍，如果人們仍想命名這個不可命名之物的話。在從一個部分向另一個部分過渡時，這個事態一般說來還是相同的，但內容上卻一再變化，即使我們對它目不轉睛也會如此。如果人們想這樣來闡述對這個間接的被看見之物（或相應的體驗部分）的這個或那個部分的注意，就好像在同一的內容統一中只有一個個別的部分可以被注意到，同時無須顧及在體驗本身中發生的變化一樣，那麼這是對這個描述性事態的一個粗糙描述。在這裡與在抽象內容那裡一樣，發生原因將我們回指到某些經驗聯繫之上，它們使自爲的注意活動（Aufmerken）得以可能並在意識中預示其影響。這個

$B_{1}204$

[39] 在A版中爲：我們在這裡難道不也會首先具有一個確定的統一內容。

間接的被看見之物是作爲某個產生於一個經驗有限的相似性領域之中的東西的符號而發揮作用；透過注意力的突出，一個釋義被給予，並且在通常情況下，隨此釋義還有一個內容變化（「想象的加入」[40]）也被給予。

A203 但是，如果人們指責說，對被體驗到的內容的重複當下化（Vergegenwärtigung）和對比告訴我們，關於部分的學說即使在內容那裡也有其合理性，那麼懷疑者就會退回到那些依據這類對比而經常發生的錯誤上，退回到對顯現的事物與被體驗的內容的混淆、對對象對比和內容對比的混淆上，等等。

第39節　對懷疑的最後提升以及對它的反駁 $B_1$205

然而，如果我們在這個懷疑的方向上繼續走下去，那麼我們就必須懷疑，究竟是否有某一種部分存在；更進一步說，究竟是否有具體內容的複數存在，因爲說到底（如果我們在這裡敢於做出這個判斷），在共存與延續中出現的內容始終在某種方式上是統一的。懷疑最後會在這樣一個主張中達到頂點：意識是一個絕對統一的東西，關於這個意識，我們至少無法知道，它是否具有部分內容，它是否會在某個體驗中展開自身，無論這體驗是同時性體

[40] 在A版中未加引號。

驗，還是時間上相續的體驗。

很明顯，這樣一種懷疑主義會使任何一門心理學都成爲不可能。17我在做過上述闡釋之後無須再說明，這種懷疑論是如何出現的。所有內在[42]現象的河流都不會取消這樣一種可能性，即：首先將這些現象納入到模糊的、儘管完全清晰的（因爲是直接根據直觀而構造出來的）概念中去，然後在這些概念的基礎上進行雜多的、實事上雖然粗糙，但仍然明見的劃分[43]，這些劃分足以使一項心理學的研究成爲可能。

至於白色平面的例子，我們在對「白色平面」內容的對比觀察中（我在這裡所指的不是在事物性觀察中的白色平面本身）可以注意到那些變化，但也可以隨此變化一起注意到那個相同之物，甚至是同一之物。並非是那些被想象到其中的限制才構成了塊片，而是這些限制僅僅劃定了它們的範圍。明見無疑的是，這些塊片確實是在「白色平面」內容的統一之中現

17 如果我沒有看錯的話，舒曼在他那種本身當然值得稱讚的追求中，即對盡可能的嚴格和無成見性的追求中正走向這種懷疑。（參閱前面所引的[41]論述。）

[41] 在A版中還有：極有價值的。

[42] 在A版中爲：心理。

[43] 在A版中爲：決斷。

$B_1$206　A204

存的，這個在同一意向中被確定的內容與同一的、僅僅透過那種想象而被改變的內容無限制地**相合**，前者與後者在被限定的部分方面**相合**。這些部分曾經在並且始終還在整體之中，只是不再作爲被劃分的自爲的統一體。這些內容會發生一定的偏差和變動，我們沒有把握，甚至沒有可能對它做出完全同一的確定，但這並不會取消這些判斷的明見性。它們與所有以關於直觀被給予之物本身之忠實「表達」的方式而做出的純粹描述的[44]判斷一樣有效，這種有效是在某個可能偏差的領域之內的有效，亦即帶有一定含糊性標記的有效。[18]不言而喻，我們僅僅考察這樣一些情況，在這些情況中，所有關係都表明**大致**的差異，也就是說，現實地處在我們前面所說的那種大致的明見性的領域內。

如果我們在相反的方向上前進，想象一個現存的分片被取消，那麼這種明見性也會顯示出來。假如一個平面分裂爲一個白色的和一個紅色的截面，那麼在單純質性變化的情況下，這兩個截面部分的同一性仍然會保留下來。我們只要想象一下，一個截面的白色和另一個截面的紅色連續地相互轉渡，這兩個塊片就會匯合爲一個內部無差異的統一體；但即使如此，這一點還是明見無疑的：這裡所得到的結果不是一個絕對簡單的內容，而只是一個同質

18 這裡當然還需有更仔細的研究。

[44] 在A版中爲：關於心理體驗的經驗。

的統一，在這個統一中所有內部劃分都喪失殆盡。這些部分還明見地存在於此，但是，儘管每一個部分都具有它的質性和所有那些屬於具體性的東西，它們還是不具備那種相互脫離的質性間斷性，並因此也不具備那種與那些一同融合進來的部分相隔絕的分離特徵。

如果我們將經驗概念和關係轉化爲精確的概念和關係，如果我們構造出關於廣延、平面、質性相同性和連續性等等觀念，那麼先天精確的定理便會產生，它們會將那些建立在嚴格概念意向中的東西分解開來。與它們相比，純粹描述的[45]陳述只是一些不準確的近似。但是，儘管含糊之物、全部單個的、現象的個別性領域[46]不屬於精確認識的領域（這種認識是用純粹的觀念之物來操作的），它卻並不因此而被排除在認識一般的領域之外。

據此也就可以看出，我們必須如何對待那些更進一步的、而且最終導向對所有部分和差異之否定的懷疑。在個別情況下，在感性（也包括特殊心理）[47]體驗流動時，產生懷疑是非常可能的；但這種懷疑不是在任何情況下都可能。只要有大致的區別，那種排除了任何合理懷疑的明見性就是可以達到的。

A205　B₁207

[45] 在A版中爲：經驗的。

[46] 在A版中爲：經驗。

[47] 在A版中爲：在心理。

附論　現代休謨主義

休謨的哲學富含天才的心理學分析，並始終貫穿著認識論方面的心理主義，它與我們這個時代的主導趨向極為相符，因而不可能不具有鮮活的影響。甚至人們可能會說，休謨的影響從未像今天如此強烈過。完全可以將一大批研究者稱之為休謨主義者。同時，人們在這裡又可以觀察到，在這種歷史影響的擴散中，它所造成的混亂與它所具有的長處相當，甚至前者幾乎要超過後者。尤其是在「理性區分」的理論方面，我們在新的著述中常常可以見到與這門學說的極端意義相符的個別表達和闡釋。[19] 但科內利烏斯[48]則是帶著特別的堅定性和詳盡性來宣導這個理論。他的《心理學作為經驗科學》體現了一種企圖，即在現代心理學的基礎上，以有史以來最為極端的方式全面地實施一門心理主義認識論。就這部著作是心理學而言，它包含了一些非常有趣的和富有啟發的個別闡釋；但就這部書是認識論而言，我認為可以提出這樣的主張：屬於認識的**意向內容**（屬於它的觀念意義，屬於它所意指的並因此而必然共同設定之物）的東西被混同於屬於認識的**意向對象**的東西，而它們兩者又被混同於那種

19　參閱例如埃德曼：《邏輯學》，第一卷，第一版，第八十頁。

[48]　在A版中還有：新近。

或近或遠地屬於認識體驗的單純心理學構造的東西（有可能是僅僅屬於意向的伴隨現象的東西，或者屬於它的未知的或未被注意的發生原因的東西）。——我認為，在科內利烏斯的論述中所做的這些混淆的範圍如此之大，這在哲學文獻中幾乎是前所未有的，它們為認識論問題的整個探討方式打上了如此清晰的烙印，這也是史無前例的。[20]這一點尤其表現在我們在此所談論的問題領域中。為了這些問題的緣故，我們要在這裡逗留一下，並且根據幾段（一些出自這位作者的《心理學作為經驗科學》，一些則出自他的一篇補充文章）引文來說明這一點。要想證明一個科學學派誤入了歧途，那麼最為有益的做法就是去研究：在它的代表人物那裡得以貫徹的結論究竟是什麼，並且同時去確證：他們認為已經達到的那種最終理論是否恰恰會使他們糾纏到明見的不利狀況中。

20 科內利烏斯從威廉·詹姆斯那裡接受了對「馬賽克心理學」（Mosaikpsychologie）的批判，接受了「邊緣」學說，但未接受[49]認識論的立場。詹姆斯沒有將休謨哲學現代化，而我認爲，科內利烏斯卻這樣做了。人們在本書中可以看出，詹姆斯在表象體驗的描述心理學領域中的天才考察並不會迫使人們接受心理主義。因爲，我從這位出色的研究者那裡所獲得的在描述分析上的促進恰恰有利於我擺脫心理主義的立場。

[49] 在A版中爲：小心的。

A207

科內利烏斯在涉及米勒的筆錄並且完全贊同其內容時說[21]：「各種特徵的差異……建立在這樣一個基礎上，即：內容根據其相似性而被歸納到群組中並且被標以共同的名稱。因此，當我們談到一個內容所具有的各種特徵時，我們所指的無非是一個內容對各種這樣的群組的從屬性，這些群組是由相互相似的並因此而被相同指稱的內容所構成的。」我們在休謨那裡還沒有讀到過如此明確的表達，也許這位大哲學家會猶豫，是否要贊同這句話。「我們所指的」正是意義。難道人們能夠做出這樣的主張，哪怕是在片刻中：「這個聲音很弱」這句話的意義與「它屬於一個相似性群組，無論此群組被稱為什麼」這句話的意義是同一個？如果人們說，為了能夠談論這個聲音的弱度，我們必須回憶幾個在弱度方面相似的聲音，那麼我們就無須為此爭論了。事情可能就是如此。但我們所指的是對這個群組的從屬性，例如：對n個客體的從屬性嗎？即使無數多的相似客體能夠作為一個群組站在我們面前並且現實地站在我們面前，這個可疑表達的意義難道就會在於對這個群組的從屬性嗎？當然，「這個聲音很弱」與「它屬於那些在弱度方面相似的客體的總和」這兩個表達在含義上是等值的。但等值性不是同一性。如果人們說，假如我們沒有注意到弱的聲音的相似性，那麼關於聲音弱度的說法就永遠不可能產生；而且如果人們繼續說，每當我們有意義地談論弱的聲音時，對這樣一些較早體驗的記憶殘餘便會以某種方式被引發，它們在心境的

21 科內利烏斯：〈論構形質〉（Gestaltqualität），《心理學與感官生理學雜誌》，第二十二卷，第一〇三頁。

A208　B₁209

（dispositional）持續作用中規定著現在體驗的特徵：**那麼事情可能就是如此**[50]。但所有這些與意義有何關係呢？與我們用語詞所意指的東西又有何關係呢？現在的意指是一個直接被給予的和特有的體驗，它如何會連同它們的明見內容一起產生出來？它在發生方面必然地包含著哪些東西？它在未被意識到和未被注意到的東西中以什麼作為它的生理學和心理學基礎？——研究這些問題可能是極為有趣的。但透過這種途徑來尋找關於我們所意指的東西的答案，這卻是悖謬的。這個錯誤與日常唯物主義（Alltagsmaterialismus）所犯的錯誤相似，這種唯物主義向我們保證，聲音事實上只是空氣震動、音響引發等等。在這裡，**對被給予之物的發生解釋的理論假設也被混同於這個被給予之物本身**[51]。

進一步的闡釋表明，這裡所涉及的並非是科內利烏斯在表達上的暫時不確切性。所以我們讀到：「幾乎無須提到，根據前面所陳述的理論，簡單內容的『共同特徵』不能被用來一般地說明在這些內容之間存在的相似性——正如人們習慣於將一張牆紙與另一張牆紙的相似性……回歸為顏色的相同性一樣。因為，根據上述理論，關於那種顏色相同性的主張

$B_1$210

[50] 在A版中爲：那麼我們確實無法反駁。

[51] 在A版中爲：對體驗的發生解釋的理論假設也被混同於這個體驗本身。

無非只是對這兩個內容與以前熟悉的其他內容之間的相似性的主張而已。」[22] 這一個主張就「是」[52]（而「是」這個詞是由科內利烏斯本人加的重點號）那一個主張，那麼這兩個主張就是同一的主張。在這個闡釋的意義中甚至還包含著這個可疑的相同性主張對每一個人都有不同的意義，並且在不同的時間裡具有不同的意義。它取決於「其他的熟悉的內容」，即取決於以前所體驗到的內容，這些內容隨個人的不同和隨時間點的不同而發生變化。

如果科內利烏斯補充說，[23]「謂詞的含義並不需要每次都以分離表象的形式出現，而可以在『剩餘的聯想』中……被給予」，那麼這也不會對他有多少幫助。現時聯想無法做到的事情，剩餘聯想也不會做到，後者甚至只應被看作是代用品。科內利烏斯**用他的理論遮蔽了事實**[53]，以至於他幾乎要說，[24]「抽象內容」或「抽象表象」的表達是對「一個內容與其他內容在某些方面存在的相似性之表象」的「縮寫」。每一次標示出一個內容所具有的不同特

A209
B$_1$211

22 同上，第一〇四頁。

23 同上，注釋三。

24 同上，第一〇八頁。

[52] 在A版中未加重點號。

[53] 在A版中爲：將他的理論強加於事實。

徵中的哪一個特徵，這個內容在哪個方向上或根據哪個方面受到觀察，這要取決於，那些不同的相似性中哪一個相似性被我們意識到（被我們『內部地感知到』）」。25

科內利烏斯不願人們將他的觀念稱之為唯名論。然而，極端唯名論也始終將普遍名稱與所屬等級的關係看作是透過相似性而獲得的關係，而且在它[54]那裡與在科內利烏斯這裡一樣，普遍名稱都只是一種模稜兩可。在這門理論的意義上，對名稱在等級上的運用出於心理學的原因而受到限制，但名稱的含義則處在各次被體驗到的單個相似性中，因此隨情況不同而發生變化。這個等級的觀念統一雖然限制了含義的雜多性，但它不創造並且不能創造這個泛義概念的一個含義。此外，我們應當如何知道這個觀念統一，如何知道這一組透過一個相似性而被聚攏的客體，這在這門理論的基地上始終是個謎；26這門理論在其內容中取消了它自身的前提。

25 同上。

26 從根本上說，這可以是邁農的論據（同上，《心理學與感官生理學雜誌》，第二十一卷，第二三五頁），儘管在他的學說中缺乏觀念的統一意識。只有在兼顧到意向同一性及其特有形式的情況下，邁農的指責[55]才會有說服力。

[54] 在A版中爲：他們。

[55] 在A版中還有：，如果我的看法正確，。

在科內利烏斯那裡常常可以發現一種特定的感受，即：普遍意識[56]也是一種在**描述上**有效的並且要求說明的東西。例如我們讀到：「謂詞就其起源和含義而言並不標示這個或那個個別內容，也不標示一定數量的部分內容，而是更多地標示著某種對於所有這些內容來說共同的東西：與謂詞相聯並決定著謂詞含義的『普遍表象』就是（那種無法進一步描述、但對每一個人來說都在內感知中直接熟悉了的）**對相似性的回憶**，它將所有那些內容都**相互連結在一起**。」當然，這個「無法進一步描述、但對每一個人來說都在內感知中直接熟悉了的東西」恰恰就是那個特殊的含義意識，就是普遍意指[57]的**行為**。但這裡所引的語句還是以某種方式對這個無法描述之物進行了描述，並且在我看來是不正確的描述，因為**行為特徵**被一個感性內容所替代，而且是被一個臆想的內容所替代，它至少在現象學上[58]是無處尋覓的。

假如我們無法完全從字面上來理解這一處引文，那麼我們還可以尋找科內利烏斯在對心理學的陳述中更為準確的論點；我們可以在其中探尋，科內利烏斯如何來論證這個含義賦予的行為特徵，這個特徵必須明確地被確定為真正需要說明的東西，它必須在其本質變化中得到區分，並且根據這些確定的區別而在所有發生分析之前得以明示。這樣，我們就會觀察到

A210
B_I212

[56] 在A版中還有：（它在我們看來是一個從本質上構造出普遍表象的特殊行爲特徵）。

[57] 在A版中爲：釋義。

[58] 在A版中爲：透過內感知。

兩個基本混淆。第一個是對客觀事實與主觀事實的混淆，前一個事實是指普遍名稱透過聯想關係而被限制在相似性範圍上，後一個事實是指我們在個別行為中意指普遍之物，因而在一個意向中與這個等級、與一個作為此等級環節的不確定的個別之物、與這個統一的種類等等產生關聯。極端唯名論似乎與這個混淆十分接近。唯有這種混淆才使得極端唯名論成為可能，它們兩者是同生同滅的。我們在科內利烏斯的《心理學作為經驗科學》中還可以遇到與前一個混淆交織在一起的第二個混淆，在這個混淆中，根本不同的事物又再被混為一談；這就是對記憶的不精準性或「含糊」被再造的想象材料的含混性和流動性與那種作為普遍意識的行為形式而屬於普遍意識[59]的普遍性特徵的混淆，或者是與在那些意向的內容中的不確定性的混淆，這種不確定性構成了「不定」冠詞的確定含義。下列引文可以為證。

「相似的內容被體驗的次數愈多，它們的記憶圖像也就愈少……被回歸為時間上確定的內容，這些內容也就愈多地獲得普遍表象的特徵，愈多地被用作在特定相似性界限內的任何一個隨意內容的象徵。」[27]我們再加上這樣一段引文：[28]「一個初次聽到的語詞還無法被理

A211
$B_1$213

27 科內利烏斯：《心理學作爲經驗科學》，第五十八頁。

28 同上書，第六十二—六十三頁。

[59] 在A版中爲：作爲表象意向的行爲形式而屬於表象意向。

解……。但只要在回憶這個語詞時，當時與這個聽到的語音相連結的其他內容中的任何一個內容也被回憶起來，那麼這個語詞的第一個含義便隨之而被給予。[29]……與含義的……不精準性相符，語詞含義起先也是不精準的：由於與這個語詞相聯的記憶表象不僅可以被用作一個完全確定的體驗的象徵，而且還使這個語詞的特性在一定的界限內不確定，因此這個語詞也必然因為那種記憶表象的聯想而成為一個多義的語詞。反過來，一個後來的內容據此也能夠與這個語詞相連結，只要它和以前與此語詞相聯的內容之間的差異性沒有超越出那個界限……因此，隨著一個語詞含義的產生……一個抽象的和多義的象徵也必然被創造出來，它以同樣的方式標示著一系列不同的、在某些方面相似的內容；這個語詞含有概念性含義，因為透過其含義的產生，它作為象徵被用來向這個個體標示所有那些在一個特定的相似性系列中處在某個界限之內的內容。」[30]在同一篇的結尾處我們還讀到：[31]「我們認為……不僅語詞、而且表象也可以在這樣一個意義上是普遍的（並且甚至隨時都能夠在某種界限內是普遍

$B_1$214　A212

---

29 一個α回憶一個β，這個狀況會使β成爲α這個「表達」的「含義」嗎？若是，那麼教堂就成爲教士住宅的「含義」了，如此等等。

30 緊接於此，含義被定義爲可能指稱的範圍——與「含義的產生」之說法形成對照，這裡的含義涉及在每一個個別情況中的生動語詞意義。但作爲意義的含義與作爲指稱的含義之間的區別在科內利烏斯那裡根本沒有得到明確的劃分。

31 同上書，第六十六—六十七頁。

的），在這個意義上，概念論也聲稱有這種普遍性；但是，這種普遍性始終被包容在某種透過這個劃分的已有精細性所規定的界限之內，而語詞的普遍性則不以任何方式受這種被聯想的想象材料之普遍性界限的限制。」

「不存在這樣一個三角形的表象，在這個表象中，銳角三角形和鈍角三角形的特性得到統一，在這點上，我們絕對贊同柏克萊而反對洛克；但是，**在任何一個三角形的表象中**都表象出邊和角的**完全確定關係**，在這點上，我們只能同樣確定地做出**否定**。我們無法用一個確定的、完全準確的邊的比例將一個三角形的想象材料構造出來，正如我們在任何時候都不能描畫一個這樣的三角形一樣。我們先提到的那個三角形之所以是不可能的，乃是因為銳角三角形和鈍角三角形的形式差異是如此之大和如此為我們所熟悉，以至於我們在任何一個三角形那裡都無法對相應的特性產生懷疑。但是，對一個完全確定的三角形的表象——被闡釋的那個表象——是由於其他的原因才成為不可能，即因為我們對三角形形式的區分永遠不可能是一個完全準確的劃分，相反，在回憶中至少有一些小的差異總是為我們所忽略。」

從這些引文中完全可以明晰地看出前面所標明的混淆。在科內利烏斯看來，由於我們始終將這個個別之物混同於類似的個別性的緣故，一個個別之物的象徵會標示在一個相似性系列中的每一個環節，也就是說，它被認為能夠使人們回憶起每一個環節，而這樣的一個象徵已經是普遍象徵了。此外，普遍概念的無差異性，即在那些不屬於此概念內容的各個概念對象的規定性方面的無差異性，被等同於回憶圖像的模糊性。而在結尾一段中，科內利烏斯相信可以透過以下方式來調解在柏克萊和洛克之間關於普遍三角形觀念的爭論，即：他把另一個問題強加給一個帶有矛盾規定性的三角形的感性可表象性問題，這另一個問題是指：我們是否能夠在想象中準確地設想一個幾何學上具有各種給定關係的確定三角形（即洛克的三角形觀念），或者，我們是否能夠認識一個被設想為與幾何學理想相符的三角形並且將它區別於不太理想的三角形；同時，作為模糊性的不確定性似乎又被混同於對這個理想之例證的不準確性。科內利烏斯認為，一個感性的三角形觀念有可能在自身中將矛盾的特性、而且將無數矛盾特性統一起來；它只是不能將一些過於粗糙的區別統一起來，例如：鈍角三角形和銳角三角形的特性這樣的區別。我們很難贊同這種對洛克三角形觀念的心理主義復興。我們無法使自己確信：在邏輯學和幾何學上悖謬的東西會在心理學上是可能的。

第六章 對各種抽象和抽象物的概念的劃分

A214
B_I216

第40節　對兩種關於抽象和抽象物的概念的混淆，一種是與不獨立的部分內容有關的抽象和抽象物概念，另一種是與種類有關的抽象和抽象物概念

主張透過注意力進行抽象的理論所預設的東西，也正是關於「理性區分」的學說所否定的東西，即：**在內容本身之中存在著某種區別，這種區別與抽象物和具體物的區別相符合**。在這門關於「理性區分」的學說看來，只存在一種部分、一些塊片（Stücke）、一些可分離的或可被想象爲是分離的部分。而對立的一方則將這種「**獨立的**」部分（斯圖姆夫的術語）區別於不獨立的「**部分內容**」，並且將一個內容的內部規定性也算作不獨立的「部分內容」，但同時將那些塊片以及在此內容中可注意到的（客觀地說，在其中現存的）統一形式排除在外，這些形式使這些內容得以連結成爲一個整體的統一。與這個區別有關，人們也談論**具體的和抽象的**內容或內容部分。[1]

自洛克以來的抽象理論將在**突出強調**這些「**抽象內容**」**意義上的抽象問題**混同於在**概念構成意義上的抽象**問題。在後一個問題上所涉及的是一種對這樣一種行爲的本質分析，在這種行爲中，一個種類被我們明見地意識到；或者說，在後一個問題上所涉及的是透過向充

1　本書的第三研究是對他（在對象與一般對象部分之區別的必然擴展方面）的更爲仔細的探討。

B₁217 A215

實性直觀的回溯來澄清一個普遍名稱的含義；但是，在經驗—心理學[1]方面，探討這個問題的目的則在於研究在人類意識聯繫中的相應的心理學事實，它涉及人類普遍表象在素樸直向生活（Dahinleben）的自然過程中或在任意的和邏輯的概念構造的人爲過程中的發生起源[2]。這裡所探討的抽象表象是這樣一些表象，它們的意向朝向種類，而不是朝向那些不獨立的或抽象的內容。如果這些意向在直觀上得到充實，那麼它們的基礎就在於具體直觀連同它們的那些似乎是被強調了的抽象內容；但被意指的種類並非是這些部分內容本身，後者在受到任何強調的情況下本身也不會在普遍意識中成爲被意指的內容，不會成爲本己關注行爲的客體。[3]然而，從前面的批判性研究中已經可以明晰地看出，在對象中的抽象因素或不獨立因素常常被混同於種類，相應的、主觀上被體驗到的抽象內容被混同於抽象概念（某些名稱的含義），還有，對這些抽象內容的強調，或者說關注的行爲又被混同於普遍表象的行爲。例如：在洛克那裡，抽象觀念就是普遍含義；但它們被描述爲標記，並且被心理學化

[1] 在A版中爲：發生。

[2] 在A版中爲：人類普遍表象在經驗的自然過程中或在任意的和邏輯的概念構成的人爲過程中的發生起源。

[3] 在A版中爲：如果這些含義在直觀上得到充實，那麼它們的基礎就在於具體直觀連同被突出的抽象內容；但它們並不是這些內容本身。

（psychologisiert）爲抽象的、與具體直觀相分離的感覺內容[4]。注意力理論同樣指出對這種抽象內容進行本己關注（同時無須對此內容做出分離）的可能性，並且它因此而相信自己澄清了普遍觀念（作爲含義）的起源。以同樣的方式，人們否認抽象內容的直觀性，[2] 儘管這些內容作爲具體直觀的因素也一同被直觀到；人們之所以這樣做，是因爲他們受到普遍概念的感性的非直觀性的迷惑。這些概念當然不能作爲圖像制定出來。如果說，那種想畫出聲音或想透過氣味來反映顏色，以及一般說來，透過異質（heterogene）內容來反映異質內容的做法是荒謬的，那麼，想感性地表現一個本質上非感性之物的做法就是加倍的荒謬。[6]

各種不同的抽象和抽象物的概念需要得到劃分，我們現在來探討這些概念的差異。

B₁218

2 例如赫夫勒—邁農：《邏輯學》，第二十五頁。也可參閱前面第一三四—一三五頁[5]對特瓦爾多夫斯基的批判說明。

[4] 在A版中還有：抽象內容。

[5] 在A版中爲：第一三五頁。

[6] 在A版中爲：，正如聲音不能被畫出或顏色不能透過氣味來反映，以及一般說來，異質的內容不能透過異質的內容來反映一樣。

第41節　對圍繞不獨立內容概念的各種概念之劃分

如果我們將那些在近代抽象理論中關於內容的隨意說法保留下來，那麼我們就可以說：

(a)「**抽象的**」內容是**不獨立的**內容，「**具體的**」內容是**獨立的**內容。我們將這個區別想象爲客觀規定了的區別；即：具體內容按其自然本性來說能夠是自在自爲的，而抽象內容只有在具體內容之中或之旁才是可能的。3

很明顯，關於**內容**的說法在這裡可以並且必須得到比在現象學意義上的實項意識因素[7]更爲廣泛的理解。現象的外部對象（der phänomenale äußere Gegenstand）顯現出來，但它不是一個實項的意識材料[8]（至少在這種情況下不是，即：如果人們不是錯誤地將「意向的」對象，即僅僅**被意指**的對象解釋爲這個意向在其中得以進行的那個體驗的實項組成部分[9]）。這個現象的外部對象作爲整體是具體的；那些寓居於它之中的規定性，如顏色、形

A216

---

3 在本書的下一項研究中有對這個規定的根據和內涵的更詳細說明。

[7] 在A版中爲：在心理學意義上的被體驗的意識因素。

[8] 在A版中爲：心理內容。

[9] 在A版中爲：那個心理體驗的組成部分。

式等等，即那些被理解爲它的統一性的構造因素的東西，它們是抽象的。這個在具體與抽象之間的**對象**性區分[10]是更爲一般的區分；因爲內在[11]內容僅僅是對象的種類等級（這當然不是指，事物的種類等級）。這個可疑的區別因此被標示爲抽象的和具體的**對象**或對象部分之間的區別更合適。如果我在這裡繼續談論內容，那麼這是因爲我不想引起大多數讀者的持續反感。在這個從心理學基地上形成的區分中，直觀化始終自然而然地去抓住感性的事例，對象一詞在這個區分中過多地被解釋爲事物，以至於那種將一個顏色或形式標示爲對象的做法並沒有讓人覺得是有害的，甚至沒有讓人覺得是混亂的。可是我們必須明確地看到**關於內容的說法在這裡絕不局限在實項意義上的意識內容領域，而是一同包括了所有個體對象和對象部分**[12]。即使是那些對我們直觀化了的對象的領域也不會限制我們。毋寧說，這個劃分也具有本體論的[13]價值：有可能存在著這樣的對象，它們實際上（faktisch）[14]處在對所有人類意識來說可及的顯現（Erscheinung）的彼岸。簡言之，這個區分涉及在無限普遍性中的個體對象一般並且本身屬於先天形式本體論的範圍。

[10] 在A版中爲：對象性區分。

[11] 在A版中爲：心理。

[12] 在A版中未加重點號。

[13] 在A版中爲：形上學的。

[14] 在A版中爲：按其**種屬**來說。

A217　$B_1$219

(b)如果我們現在以「抽象內容」的客觀（本體論）概念爲基礎，那麼抽象所指的便是這樣一種行爲，透過這種行爲，一個抽象的內容「被區分」，也就是說，透過這個行爲，一個抽象的內容雖然沒有被分離，但卻成爲一個朝向它的直觀表象的本己客體。它在有關的具體之物中並隨著這個具體之物顯現出來，它從這個具體之物中被抽象出來，但它受到特殊的意指，而且在這裡還不僅僅被意指（如在一個「間接的」、單純象徵性的表象中），而是作爲它被意指的東西同樣直觀地被給予。

(c)但我們在這裡還要考慮到一個重要的並且已多次強調過的[4]區別。如果我們注意一個立方體的「顯現出來的」一個平面，那麼這就是我們直觀表象的「抽象內容」。但那個與此顯現的平面相符的、眞實被體驗到的內容是與這個平面本身不同的；它只是一個「立義」（Auffassung）的基礎，借助於這個基礎，在它被感覺的同時，那個與它不同的立方體平面得以顯現出來。被感覺到的內容在這裡不是我們直觀表象的客體，它只是在心理學或現象學的「反思」中才成爲客體。儘管如此，從描述分析中可以得知，它不僅被一同包含在具體的

4　也可參閱本書第六研究，第15節[15]。

[15]　在A版中爲：第五研究，第二章。參閱A本的附加與修改：第六研究（第15節，第五二五頁以後。）。

$B_{I}220$

立方體顯現的整體中[16]，而且，相對於在這個對有關平面的表象中所有其他沒有發揮再現作用的內容而言，它以某種方式得到突出和強調。當然，如果它本身成爲[17]一個特別朝向它的表象意向的對象[18]，那麼它也會受到突出和強調，只是這時（即在[19]反思中）又附加了這個意向。因此，對這個內容的突出（Hebung）——它本身不是一個行爲，[5]但卻是那樣一些行爲的顯現方面的描述性的特性，在這些行爲中，這個內容成爲一個本己意向的載體——可以被稱之爲抽象。但這樣便規定了一個全新的抽象概念。

(d) 如果人們認爲，抽象是一個特殊的行爲，甚或是一個在描述方面特殊的體驗，它使抽象的內容從其具體基礎中突出出來，或者，如果人們認爲這種突出的方式就是抽象內容本身的本質，那麼這裡就會產生出另一個抽象之物的新概念。人們不是在內容的本己本性中，而是在被給予方式中尋找抽象之物相對於具體之物的區別；只要一個內容在進行抽象，它就叫做抽象的，只要它不進行抽象，它就叫做具體的。

A218

5 在本書第五研究，第9—11節所嚴格確定的意義上。

[16] 在A版中還有：在具體的立方體顯現的整體中一同被給予。

[17] 在A版中未加重點號。

[18] 在A版中未加重點號。

[19] 在A版中還有：心理學。

人們很容易注意到，那種將內容差異的特徵回歸爲行爲的傾向是由於對以下抽象概念和具體概念的混淆所致，在這些概念那裡，實事的本質是在行爲之中。

(e)如果人們把在積極意義上的抽象理解爲對一個內容的偏好關注，把在消極意義上的抽象理解爲對同時一起被給予的內容的忽略，那麼抽象這個詞便失去了它與那些在不獨立內容意義上的抽象內容的唯一聯繫。人們在具體內容那裡也談論抽象，誠然只是在消極的意義上談論；例如人們「在擺脫基礎的抽象中」關注這些具體之物。

第42節　對圍繞種類概念的各種概念之劃分

(a)人們區分抽象概念和具體概念，並且將概念理解爲名稱的含義。據此，與這個劃分相符合的是這樣一個對名稱的劃分，並且，在唯名論邏輯學中，通常也只有這種語法的劃分得到闡釋。我們可以很方便地以此爲出發點。名稱可以指稱個體，如「人」、「蘇格拉底」；名稱也可以指稱屬性，如「德行」、「白色」、「相似性」。前者被人們稱之爲具體名稱，後者被稱之抽象名稱。與後者相符的謂語表達，如「有德行的」、「白的」、「相似的」，被人們歸入到具體名稱中。我們必須更準確地說，如果它們與之有關的可能主體是具體的主體，它們就是具體的。情況並非總是如此：像「屬性」、「顏色」、「數」等等名稱在謂詞上與屬性（作爲種類的個別性[20]）有關，而與個體無關，或者至少是在謂詞意義發生變化的情況下才與個體具有間接的關係。

在這種語法區分的後面顯然還隱藏著一種邏輯的區分，即對指向屬性的稱謂含義與指向分有這些屬性的對象的含義之區分。如果人們與赫巴特一起將所有邏輯表象（我們可以說，它們是指稱謂含義）都稱之爲概念，那麼這種概念就分解爲抽象概念和具體概念。但如果人們偏好關於概念之說法的另一個意義，即：概念＝屬性，那麼這就是一個在表象著概念的那些含義與表象著概念對象本身的這些含義之間的區別。這個區別是相對的，只要概念對象自身又能夠再具有概念的特徵，即在與某些新對象的相關性中具有概念的特徵。但這不可能無限（in infinitum）地進行下去，最終我們必然會走向概念與那些不能再作爲概念起作用的概念對象之間的絕對區別；因此，一方面是屬性，另一方面是「具有」屬性、但本身不是屬性的對象。這樣，這個含義的區別便與一個在對象領域中的區別形成一致，換言之，這是一個個體對象和種類對象（「普遍」對象）之間的區別。但是，無論普遍對象，還是普遍表象（普遍含義），更準確地說，對普遍對象的直接表象，它們都雙關性地意味著「概念」。紅這個概念或者是指紅本身——當人們將這個概念與它的雜多對象、紅的事物相對置時所做的那樣——或者是指紅這個名稱的含義。顯然，這兩者所處的關係與「蘇格拉底」的含義和

[20] 在A版中爲：統一性。

蘇格拉底本身所處的關係相同。當然，由於對這些區別的混淆，「含義」這個詞也是模糊不清的，以至於人們毫無顧忌地忽而將表象對象、忽而將表象的「內容」（名稱的意義）稱之爲含義。此外，只要含義也意味著概念，那麼關於概念和概念對象的相關說法便是模稜兩可的：它時而涉及屬性（紅）與具有此屬性的對象（紅的房子）之間的（在先具有決定性的）關係；時而又涉及邏輯表象（例如「紅」這個詞或「忒提斯」這個專名的含義）與被表象的對象（屬性紅、女神忒提斯）之間的關係。

(b) 但是，也可以以另一種方式來把握具體表象和抽象表象之間的區別，即：如果一個表象**直接地**、不借助於概念（屬性）表象來表象一個**個體對象**，那麼這個表象就被稱之爲**具體的**；而在相反的情況中，它被稱之爲抽象的。這樣，在含義領域中，一方面是**專名的含義**，另一方面是**所有其他的稱謂含義**。

(c) 與以上所標示的抽象一詞的諸含義相符的還有一個關於抽象之說法的新含義圈。它包含著那些使抽象「概念」得以產生的行爲。更準確地說，它關係到這樣一些**行爲**，在**這些行爲中**，**普遍名稱獲得與種類統一的直接聯繫**；而且，它又關係到從屬於這些在其定語或謂語作用中的名稱的行爲，就是在這些名稱中，像「一個A」、「所有A」、「幾個A」、「一個是A的S」等等這樣一類的形式被構造出來；最後，它還關係到這樣一些行爲，在這些行爲中，對於我們來說，在雜多思維形式中被把握的對象是明見地作爲如此被把握的而「**被給予的**」，換言之，它關係到這樣一些行爲，在這些行爲中，概念意向得到充實，獲得其明見性和清晰性。這樣，我們便根據對一個紅的事物的單個直觀而直接地把握「紅」這個

A221　　$B_1$223

種類統一「本身」。我們觀看這個紅的因素，但卻進行一種特別的行爲，這個行爲的意向朝向「觀念」，朝向這個「普遍之物」。在這種行爲意義上的抽象完全不同於對紅的因素的單純關注或突出；爲了說明這個區別，我們已經一再地談及**觀念化的**（ideeierend）抽象和**總體化的**（generalisierend）抽象。關於抽象的傳統說法便是以這個行爲爲目標；我們在這個意義上透過「抽象」所獲得的不是個體特徵，而是普遍概念（對作爲思維統一的屬性的直接表象）。無論如何，同一個關於抽象的說法也延伸到對已說明的、較爲複雜的形式的概念表象上；在表象中，「一個A」、「多個A」等等從所有其他特徵中被抽象出來；這個抽象表象A接受了新的「形式」，但並未接受新的「質料」。

B_1224

第三研究　關於整體與部分的學說

A222
B1225

引論

「**抽象**」內容與「**具體**」內容之間的區別表明自身是與**不獨立**內容與**獨立**內容之間的斯圖姆夫式區別相同一的，這個區別對於所有現象學研究來說都具有如此重要的意義，以至於看起來不可避免地要預先對它進行詳盡的分析。我在前一項研究[1]中已經提到，可以將這個首先是在感覺材料的描述心理學領域中顯示出來的區別理解爲一個普遍區別的特例。然後它超出意識內容的領域，在**對象一般**的領域中成爲一個理論上極爲重要的區別。因此，對這個區別之闡釋在對象本身之**純粹的（先天的）理論**[1]中占有體系性的地位，這門理論所探討的是那些從屬於**對象範疇**[2]的觀念，如整體與部分、主體與屬性、個體與種類、屬與種、關係與集合、統一、數字、序列、序數、數值等等，以及與這些觀念有關的先天眞理[3]。[2]我們的分析研究在這裡也不能接受實事系統學的規定。我們不能對那些在澄清認識的研究中被我

B₁226
A223

1　本書第二一八—二一九頁。

2　有關這些「形式對象範疇」以及從屬於它們的形式—本體論本質眞理可以參閱《純粹邏輯學導引》的結尾一章（本書第一卷，第二版，第67—68節，第二四四—二四六頁）。

[1]　在A版中未加重點號。

[2]　在A版中未加重點號。

[3]　在A版中爲：整體與部分、主體與屬性之間的關係，並列的部分或屬性以及其他等等關係。

們所使用、並且在某種程度上是作爲槓桿來運用的困難概念不加檢驗，然後等待它們出現在邏輯領域的系統聯繫之中。我們在這裡並不進行對邏輯學的系統闡述，而是要以認識批判的方式澄清邏輯學，並且爲所有這類未來的闡述提供一個準備。

對獨立的和不獨立的內容之間區別的更深入論證會如此直接地導向一門關於整體與部分的純粹（屬於形式本體論的）學說，以至於我們不得不對這些問題進行較爲詳盡的探討。

第一章　獨立對象與不獨立對象的區別

第1節　複合對象與簡單對象，有環節對象與無環節對象

由於下列研究在主要實事方面是圍繞部分關係進行的，因此我們首先對這些關係做一個完全一般的闡釋。

對象可以相互處在**整體**與**部分**的關係中，或者也可以處在一個整體的並列部分的關係中。這是先天建基於對象的觀念之中的關係種類。每一個對象都是現實的或可能的部分，就是說，存在著包含著這個對象的現實的或可能的整體。另一方面，也許並非每一個對象都必須具有部分，由此而產生出對對象的觀念劃分，即劃分爲**簡單**對象和**複合**對象。

「複合的」和「簡單的」這兩個術語透過下列規定而得以定義：具有部分—不具有部分。但我們可以在第二種或許較爲自然的意義上理解它們，在這個意義上，複合性——也恰恰與這個詞的詞源相近——指明這個整體的許多分離部分，以至於那些不能被「分解」爲許多部分的東西，即那些不能被劃分爲至少是兩個**分離**[1]部分的東西，就必須被標示爲是**簡單的**。在一個感性顯現者的統一中，我們可以發現例如作爲因素的完全確定的紅的色彩（Rotfärbung），然後又可以發現顏色（Farbe）這個屬因素（Gattungsmoment）。但顏色和確定的紅不是分離的因素。然而另一方面，紅的色彩和覆蓋它的廣延則是分離的因素，

[1] 在A版中未加重點號。

A224　$B_1$227

因爲它們就其內容來說相互間無共同之處可言。如果我們將這裡的一般劃分關係、將一個整體以內的各個分離部分的關係稱作連結，我們便可以說，它們在最寬泛的意義上是相互連結的。首先可以理解，必須將被連結的部分稱之爲連結的環節（Glied），但如果對一個整體的環節作如此寬泛的理解，那麼顏色和形態就必須被看作是在一個有色的廣延之物的統一中被連結的諸環節。這與語言的使用是相背的。在這個整體那裡，環節彼此間相互「不獨立」，並且我們可以發現它們是如此緊密地統一起來，以至於我們恰恰可以談論一種「滲透」（Durchdringung）。在那些自身分爲塊片（zerstückt）或可以分爲塊片（zerstückbar）的整體那裡，情況則不同，在這裡只有關於環節或分爲環節的說法才是唯一自然的說法。在這裡，部分不僅是分離的，而且是彼此間相互「獨立的」，它們具有相互連結的「塊片」的特徵。

我們在對部分關係的考慮的最初起點上便可以看到，這些部分關係處在特徵各異的形式中，而且我們預感到，這些形式取決於獨立的對象性與不獨立的對象性之間的基本區別，我們在這一篇中所要討論的就是這個區別。[2]

[2] 在A版中爲：人們在這裡也可以不說簡單對象與複合對象，而毋寧與此有別地談論無環節對象和有環節對象。這第二個對簡單之物與複合之物的區分關涉到一個較少普遍的、儘管還是原始的劃分關係；即關涉到在連結整體和連結環節之間的關係。因此，我們將連結整體，或簡言之：連結，理解爲一個整體，它具有多個分離的部分。這些部分本身叫作環節。在這個定義的寬泛意義上，顏色和形態必須被看作是在有色的廣延之

$B_1$228

第2節　引入對不獨立對象和獨立對象（內容）的劃分

我們在最寬泛的意義上理解「部分」的概念，這個最寬泛的意義允許我們將所有在一個對象「之中」[3]可區分的部分，或者客觀地說，所有在它之中「現存的」東西都稱之爲部分。對象——而且是自在和自爲的對象，即從它交織於其中的所有聯繫中抽象出來的對象——在「實在的」意義上，或更確切地說，在實項的意義上所「具有」的一切，在一個現實地建造它的東西的意義上所「具有」的一切[4]，都是部分。據此，每一個不相關的「實在」謂詞都

A225

物的統一中被連結的環節。在較窄的意義上，人們將彼此間相互「獨立的」分離的部分，換言之，將一個整體的分離「塊片」稱之爲環節。我們很快將會仔細地確定這些概念。

例如：與亞里斯多德的屬與種之關係相符的、在直觀因素之間的關係，布倫塔諾術語中的「邏輯」劃分關係已經告訴我們，必須將這兩個不同的概念對子現實地分離開來。一個由最小種類所規定的顏色事例在第二個意義上是簡單的（即無環節的），在第一個意義上是複合的：這裡的這個紅，撇開它的空間延展不論，不能被分化爲分離的部分，但它仍然含有部分。在紅這個抽象中包含著顏色的因素，但並非是另一個新的因素對顏色進行補充，使它成爲紅，相反，只是顏色自身「類化」（speziert）成爲紅，這個紅是顏色，但卻不等同於顏色。

[3] 在A版中加有重點號。

[4] 在A版中爲：對象在實在意義上所「具有」的一切。

指向這個主體對象的一個部分，例如：「紅的」和「圓的」，但不會是「實存著的」或「某物」。同樣，每一個在同樣意義上「實在的」[5]連結形式，例如空間構形的因素，都應當被看作是整體的一個本己部分。

在一般的話語中，「部分」這個術語並沒有在如此寬泛意義上被理解。如果我們試圖精確地表達出我們對此概念範圍的限制，從而使得通常話語中的「部分」概念有別於我們的「部分」概念，那麼我們就會遇到那個基本區別，它被我們稱之爲在**獨立**部分和**不獨立**部分之間的區別。每當談及絕然的部分（Teile schlechthin），人們所看到的常常是**獨立的**部分（我們標示性地稱作：**塊片**）。由於每一個部分都可以成爲一個本己的對象（或者，如我們通常所說的那樣：「內容」），即那個朝向它的表象的對象，並且因此而能夠被稱之爲對象（內容）[6]，所以剛才提到的那個對部分的區分指明了一個對對象（內容）普遍的區分。「對象」這個術語在這裡始終是在最寬泛的意義上[7]被運用。

誠然，通常在談到對象時與在談到部分時完全一樣，人們會不自覺地想到獨立對象。在這方面，「內容」這個術語所受的限制較少。人們也一般地談及抽象內容。相反，關於內容

B$_1$229

[5] 在A版中爲：實在的。

[6] 在A版中爲：（或者也可以說：內容）。

[7] 在A版中爲：是在適當寬泛的意義上。

的說法通常僅僅是在心理學的領域中活動，儘管我們在現在有待研究的這個區分上要提出一種限制，但我們不滯留在這個限制上。[1]

獨立與不獨立內容的區別是在心理學領域中，更確切地說，是在內部經驗的[8]現象學領域中歷史地形成的。在對洛克的論戰中，柏克萊闡述說[2]：我們有能力將過去感知到的事物再當下化（Vergegenwärtigung），但也有能力在想象中將它們複合起來或分割開來。我們可以表象一個雙頭人，可以表象一個半人半馬，或者也可以表象自爲的個別塊片，一個頭、一個鼻子、一隻耳朵。相反，構想一個「抽象的觀念」卻是不可能的，例如構想一個脫離開運動物體之運動的運動「觀念」。在洛克的分離意義上，我們只能抽象出一個被表象的整體的這樣一些部分，這些部分雖然事實上與其他部分合爲一體，但也可以不帶有其他部分而現實地存在。但是，由於在柏克萊看來，存在（esse）始終意味著被感知（perzipi），所

A226

1 在現在的研究範圍中，對兩種意義上的被表象內容的混淆還不是一個威脅，這兩種意義是指：在一個隨意被表象的對象（在心理學領域中爲：任何一個心理學材料）意義上的被表象的內容與在表象的合乎含義的「何物」（Was）意義上的被表象內容。

2 柏克萊：《人類知識原理》，〈引論〉，第10節。

[8] 在A版中還有：純粹。

以這個不能實存（Nicht-existieren-können）無非也就意味著不能被感知（Nicht-perzipiert-werden-können）。尤其還要注意，對於他來說，被感知之物就是觀念，亦即在實項被體驗內容意義上的意識內容。

據此，柏克萊的這個區分的本質意見可以被看作是一種容易理解的術語變化，也可以被理解爲以下的話語：[3]

從共屬性的觀點來看，共同被表象的（或者說，在意識中共存的）內容可以被劃分爲兩個主要等級：獨立內容和不獨立內容。[4]凡是在一個表象複合體（內容複合體）的因素按**其本性來說可以分開被表象**的地方，那裡就會有獨立內容現存（vorhanden）；如果情況並非如此，那麼現存的就是不獨立的內容。

B$_1$230

3 並且幾乎可以根據斯圖姆夫的《論空間表象的心理學起源》（一八七三年，第一〇九頁）而得到逐字逐句的理解。

4 斯圖姆夫以往使用「部分內容」這個表達，最近他偏好「屬性因素」這個表達[9]。

[9] 在A版中爲：但它幾乎無法在這個特定的意義上得到確定。

第3節　不獨立內容的不可分性

爲了對「能夠分開被表象」和「不能分開被表象」做出進一步的描述，我們可以利用斯圖姆夫的敏銳的和未受到足夠關注的說明來進行下列闡釋：[5]

我們在**某些**內容方面具有這樣的明見性：在連同這些內容一起被給予的（但不包含在它們之中的）內容中至少是一個內容的變化或取消必定導致這些內容本身的變化或取消。在**另一些**內容那裡則缺乏這種明見性；我們可以想象，在所有與它們共存的內容隨意變化或取消的情況下，它們仍然不受影響地保持原狀；而這種想法並不含有不一致性。第一種內容**只能**被想象爲一個包羅萬象之整體的**部分**，而後一種內容則顯現爲可能的，即使在它們之外根本不存在其他的東西，就是說，沒有任何東西與它們一起聯合成一個整體。

任何一個現象事物及其他的任何一個塊片都在剛才所做精確闡述的意義上是**可分開表象的**。我們可以「分開地」或「自爲地」表象一匹馬的頭部，這就是說，我們可以在想象中抓住它，同時可以隨意地使這匹馬的其他部分以及整個直觀環境發生變化並使它們消失。確切地看，這個現象事物或事物塊片，即這裡的這個感性顯現物本身（這個用感性質性來充實的

A227　$B_1$231

5 我在下面的論述中將採用我的文章「論抽象內容與具體內容」（〈對基礎邏輯學的心理學研究〉，第一卷，《哲學月刊》，一八九四年，第三十期）。

顯現著的空間形態）在其描述內涵方面永遠不會保持絕對的同一；但在這個「顯現」的內容中無論如何也不含有任何這樣的東西，這種東西明見地要求：這個變化在作用上必然地依賴於那些與它共存的「顯現」的變化。我們可以說，這一點在顯現著的客體本身的顯現方面是有效的，而且對於作爲現象事物在其中顯現的體驗本身的顯現來說也是有效的，同時還對於在這些體驗中被對象地「立義」的感覺複合體來說有效。音響和音響構成物的顯現、氣味和其他體驗的顯現在這裡提供了有利的合適例證，我們可以輕易地想象它們是與所有事物性此在的關係相分離的。[10]

A228

[10] 在A版中爲：確切地看，被抓住的這個現象事物在其描述內涵方面永遠不會保持絕對同一；但無論如何在這個「顯現」的內容中不含有任何這樣一種東西，這種東西明見地要求，這個變化在作用上必然地依賴於那些與它共存的「顯現」的變化。我們可以說，這一點在顯現著的客體方面是有效的，而且對於被體驗的顯現來說也是有效的，同時還對於在這些顯現中被對象地「釋義」的感覺複合體來說有效。音響和音響構成物的顯現、氣味和其他主觀體驗的顯現在這裡提供了有利的合適例證，我們可以輕易地想象它們與所有事物性此在的關係相分離。。

第4節　根據斯圖姆夫所做的事例分析

我們現在來看幾個不可分的內容的例子。我們可以用視覺的質[6]與廣延之間的關係，或者將這兩者與限定形態的關係作爲這樣的例子。以某種方式可以肯定的是：這些因素可以彼此互不倚賴地變更。顏色變更時，廣延可以不變；在廣延和形態隨意變更時，顏色可以不變。但確切地說，這種不倚賴的變更性僅僅涉及在它們的屬（Gattungen）中的因素的種（Arten）。在顏色的因素就因素種類方面而言保持不變時，其擴展和形式可以在種類上隨意地變化，反之亦然。同一個（種類上相同的）質和質的映射可以超出任何廣延而延展（ausdehnen）或擴展（ausbereiten）；反過來，同一個廣延也可以用任何質來加以「覆蓋」。但作用的依賴性在這樣一些因素變化中仍然具有一個活動空間[11]，必須注意的是，

6　「質性」的德文原文是「Qualität」，一般譯作「質」。與此相對的概念是「量」（Quantität），例如在黑格爾的邏輯學中。但在胡塞爾哲學中，「Qualität」是一個與「質料」（Materie）和「充盈」（Fülle）相對的概念，它們構成意向本質的核心要素。胡塞爾在本書的第五、六研究中對此有詳細論述。所以，這實際上涉及「Qualität」所具有的傳統意義和在胡塞爾那裡的現時意義，但這兩個意義又如此密切地交織在一起。這裡和以後的譯文只能根據情況的不同而做出相應的選擇。——中譯注

[11]　在A版中爲：空間。

$B_1$232

這些因素並不僅僅是種類在觀念上所包含的那些東西。顏色因素作爲被直觀的具體之物的[12]直接部分在兩個具體直觀中已經不是同一個東西了，即便質、顏色這個屬的最小的差（Differenz）還是同一個。斯圖姆夫做了一個重要說明：「質（Qualität）以某種方式參與廣延的變化。我們在語言上對此的表達爲：顏色在減少、在變小，直至消失。增長和減少是對量的（quantitativ）變化的標示。

事實上，透過廣延的變化，質也一同受到侵襲，儘管它所特有的變化方式並不取決於廣延的變化。它在這裡不會變得較爲不綠或變爲紅；它本身沒有程度，只有類，自身無法增長或減少，而只能變換。但儘管如此，如果我們根據它的這種特有的方式而使它保持完全不變，例如使它仍然是綠色的，那麼它就會透過量的變化而受到侵襲。這並不只是語言的非本眞表達或一種錯誤的引申運用，這一點表現在：它逐漸減少直至消失爲止，它最後透過量的單純變化而成爲零。」7

我們採納這個觀察。我們認爲只還需要補充一點：實際上受到侵襲的不是質，而是在直觀中那個從屬於質性的直接因素[13]。因此，人們必須將質理解爲第二階段的抽象之物，如

A229

7 斯圖姆夫，同上書，第一一二頁。

[12] 在A版中爲：具體直觀的。

[13] 在A版中爲：那個從屬於質性的直接直觀因素。

形態和廣延的尺度。但恰恰由於我們在這裡所闡述的規律性的緣故，有關的因素只能借助於那些透過質和廣延這些屬而得以規定的概念來被指稱。那個使質細微地區別於現有的質的因素的東西，不再受到顏色這個屬的劃定，因而我們合理地將質，例如特定的細微差異（Nuance）紅，稱之為**最小的**差。同樣，特定的形態是形態這個屬的最終的差，儘管直觀的相應直接因素還可以受到進一步的細微區分。但一個最終的差的連結在形態和顏色的屬之內完全確定了這些因素，它們有規律地一同確定了那些在各種情況中可能相同和不同的東西。直接因素的依賴性因而涉及這些因素的某種規律性關係，這種關係純粹是透過這些因素的更高一層的抽象之物而得以確定的。

斯圖姆夫還補充了以下闡述，[8]這些闡述對我們來說是極有價值的：

「從這裡［即從前面所描述的質與廣延這些因素在作用上的依賴性中］可以得出，這兩個因素**就其本性而言是不可分的**，它們以某種方式構成**一個整體內容**，它們只是這個內容的部分內容。如果它們只是一個總和的環節，那麼也許可以想象，簡單地說，當廣延離開時，質也會離開（它不能獨立存在）；但質以這種方式僅僅透過量的減少和消失而逐漸減少並消失，同時它作為質在這裡又不以它的方式受到改變，這是不可理喻的……。無論如何，它們不可能是獨立的內容，它們**就其本性而言不可能分離地和相互獨立地在表象中存在**。」

8 斯圖姆夫，同上書，第一一三頁。

對強度與質的關係也可以做類似的闡述。一個聲音的強度並非是一個對於它的質來說無關緊要的東西，一個對它的質來說陌生的東西。我們無法將強度如其所是地自爲保留下來，並且隨意地改變質，甚或湮滅質。隨著對質的取消，強度也無可避免地被取消，反之，隨著對強度的取消，質也同樣會被取消。並且，這一點明見無疑地不僅是一個經驗事實，而且也是一個先天的、建基於純粹本質之中的[14]必然性。此外，在變化的過程中也表現出與前面所討論的情況相似的狀況：我們也將強度向零的界限的連續接近感覺爲質的印象的減弱，而質本身（在種類上）則保持不變。

直觀內容的**統一因素**還提供了大量的進一步例證，這些因素是指建基於那些原本可區分的因素之上的因素，它們對這些原本可區分因素進行時而同類、時而不同類的**連結**，亦即**將它們連結成爲一個感性－直觀的整體**。就這些因素而言，我們獲得了關於整體、連結等等的第一個較窄的概念，此外還獲得了關於外部感性整體或內部感性整體的不同的屬和類的不同概念。

顯而易見，這些統一因素無非就是這樣一些內容，它們被埃倫菲爾斯（Ehrenfels）稱之爲「構形質」（Gestaltqualität），被我自己稱之爲「形態的」（figurale）因素，被邁

[14] 在A版中爲：明見的。

農稱之爲「被奠基內容」。[9]但在這裡還需要對現象學的統一因素和客觀的統一因素進行補充區分，前者賦予體驗或體驗部分本身（實項的現象學材料）以統一，後者則屬於意向的、一般說來超越出體驗領域的對象和對象部分。——對我來說，里爾時常建議的表達「統一因素」在其直接的可理解性中具有闡明性的長處，因而可以希望它被普遍地接受。[15]

第5節　對不可分性這一概念的客觀規定

斯圖姆夫的這種思考的目的在於證明廣延與質的相互不可分性，即它們的不獨立性，而我們則更多地是希望從這些思考中獲得益處，以便定義這種不可分性或不獨立性，或者說，從另一方面定義可分性或獨立性。斯圖姆夫本人在上述引文的最後一段爲我們提供了依

---

9 參閱埃倫菲爾斯：〈論構形質〉，《科學哲學季刊》，一八九〇年；筆者的《算術哲學》，一八九一年，尤其是整個第十一章；邁農，〈心理分析理論文獻〉，《心理學與感官生理學雜誌》，第十六期，一八九三年。

[15] 在A版中爲：但在這裡還需要對現象學的統一因素和客觀的統一因素進行補充區分，前者賦予心理體驗或體驗部分以統一，後者則屬於意向的，一般說來非心理的對象和對象部分。——里爾向我建議的「統一因素」這一表達在其直接的可理解性中具有闡明性的長處，因而可以希望它被普遍地接受。

據。[10] 我們可以「自爲地」、「分離地」表象一個內容，這意味著什麼？這意味著，針對[16]現象學領域而言，針對[17]現實被體驗內容的領域而言，這樣一個內容可以從所有與共存內容的融合中解脫出來，並且最後從意識統一中掙脫出來？顯然不是。在這個意義上，所有內容都是不可分的。而且這同樣也適用於在顯現者本身的整體統一方面的顯現的事物內容。如果我們表象一個「馬頭」這樣一個內容，那麼我們爲此不可避免地要在一個聯繫中[18]想象它，這個內容從一個共同顯現的對象性背景中突顯出來，它不可避免地要連同雜多的[19]其他內容一起被給予，並且以某種方式與它們聯合在一起。因此，透過表象可以將這個內容脫離出來，這意味著什麼？我們對此只能做出如下回答：

10 參見被我們加了重點號的語句（A 230/B_1 233：「它們［質與廣延］就其本性而言不可能分離地和相互獨立地在表象中存在。」——中譯注）。

[16] 在A版中爲：局限於。

[17] 在A版中爲：局限於。

[18] 在A版中爲：會在意識聯繫中。

[19] 在A版中爲：千百種。

可分性無非意味著，在共同連結的並且共同被給予的內容的無限的（任意的、不爲任何建基於內容**本質**[20]中的規律所妨礙的）變更中，我們可以在表象中同一地堅持這個內容；並且這也意味著，它始終不會因爲這些共同被給予的內容的任何一個隨意組成的消除而受到影響[21]。

但在這裡還明見地包含著：

這個內容的實存就其自身、就其本質而言[22]根本不取決於其他內容的存在，它就像它本身所是的那樣，能夠先天地、即按其本質而言存在，即使除它之外[23]根本不存在任何東西，或者，即使在它周圍的所有東西都發生隨意的、即無規律的變化。

或者，顯然與此完全等值的是：**對其他內容的依賴性並不建基於內容本身的「本性」之中**，**並不建基於它的觀念本質之中**，它在其本質中（它正是透過這個本質才成爲它所是）並不關心所有其他內容。也許，其他內容**事實上**正是連同這個內容的**此在**並根據經驗規則而被給予的；但在其可從觀念上把握的本質中，這個內容是獨立的，這個本質透過它本身、亦即

B$_1$236　A232

[20] 在A版中爲：本性。

[21] 在A版中爲：，以至於它最後甚至不會受到對這些內容之突出的影響。

[22] 在A版中爲：這個內容的存在在表象中以及在意識中。

[23] 在A版中還有：在意識中。

先天地不需要一同混雜的其他本質。[24]

與此相符，**不獨立**性的意義是在**依賴性**的肯定思想中。這個內容按其本質[25]來說與其他內容結合在一起[26]，如果沒有其他內容與它同時存在，它就不能存在。這裡無須再強調，它們與它是結爲**一體**的。因爲，難道會存在著一種不帶有如此鬆散的結合或「融合」的本質共存嗎？所以，不獨立的內容只能作爲**內容部分**存在。

我們可以不說內容和內容部分，而只說對象和對象部分（如果我們將內容這個術語看作是較爲狹窄的、限制在現象學[27]領域中的術語），並且我們已經獲得了一個**客觀的區分**，這個區分擺脫了所有的關係，即一方面與立義行爲的關係，另一方面與某個有待立義的現象

[24] 在A版中爲：當然需要考慮，我們是否能夠絕對地提出此類主張。在我們的例證中，我們並未賦予獨立性的情況以明見性，毋寧說，我們僅僅談到不獨立性的非明見性。人們可以懷疑，我們是否曾眞正地具有過這樣一個肯定的明見性，即：一個內容相對於所有一同被結合的內容而言是獨立的，它同一地作爲它之所是而保持下來，與所有共存內容的隨意變化相容。但是我們無疑可以假定，缺乏明見地可注意到的依賴性就意味著獨立性；可分性的意義僅僅在於這樣一個思想：**在內容本身的本性中並不建立著對其他內容的依賴性，它就如它所是的那樣，不關心所有其他內容**。

[25] 在A版中爲：本性。

[26] 在A版與B版中均爲：不結合在一起。在第三版中已得到糾正。第四版再次與A版和B版相符。

[27] 在A版中爲：心理。

B$_1$237　A233

學[28]內容的關係。因此，**我們無須回涉到意識上、例如回涉到「表象方式」的區別上**[29]就可以規定這裡所探討的「**抽象之物**」與「**具體之物**」的區別。所有運用這種關係而進行的規定要麼是（由於混淆了抽象的其他概念）不正確的，要麼是誤解性的，或者，它們無非只是對純粹客觀的和觀念的事態的主觀表達而已，無論這類表達在其他情況下是如何易解和如何常見。

第6節　續論：與對一個流行規定之批判相連結

所以我們有時聽到人們用下列公式來表達獨立內容與不獨立內容之間的區別：獨立內容（或內容部分）可以自爲地（für sich）被表象，不獨立內容只能自爲地被注意到，但不能自爲地被表象。但對這個公式可以做這樣的指責：「自爲」在這些劃分性表達（「自爲地被注意」——「自爲地被表象」）中產生著不同的作用。自爲地被注意的是一個特別朝向它的注意（一個強調的關注）的對象；自爲地被表象的是一個特別朝向它的表象的對象——至少是當「自爲」在這裡和在那裡一樣具有相似的作用時。但在這個前提下便無法堅持這個在

[28] 在A版中爲：心理。

[29] 在A版中爲：**回溯到表象方式上**。

可以自爲地被注意的東西和可以自爲地被表象的東西之間的區別。難道在這一類情況中，突出性的關注與表象不相容並因此排斥表象？但不獨立的因素，如特徵或關係形式，與獨立內容，如「窗戶」、「腦袋」等等一樣，同樣是（如前所述）那些朝向它們的表象的對象。否則我們根本就無法談論它們。自爲地關注和自爲地表象（在前面所預設的意義上）並不相互排斥，以至於我們可以將它們聚合在一起：在感知性的「**立義**」（wahrnehmende Auffassung）中，自爲地被關注的東西同時確然地被表象；而自爲地被表象的複合內容，例如「腦袋」，同樣也自爲地被關注。

「自爲」在表象那裡實際上意味著一些與我們剛才所設想的完全不同的東西。「分離地表象」這個等值的表達已經清楚地指明了這一點。這指的顯然是這樣一種可能性，即：將這個對象表象爲一個**自爲存在的**東西，一個在其**此在**中相對於所有其他東西而言**獨立的東西**。一個事物或一個事物的塊片可以自爲地被表象，這意味著，它就是它之所是，哪怕在它之外的所有東西都遭到毀滅；因此，當我們表象它時，我們不必依賴於另一個**在它之中**、**在它之旁**或**與它相連**結的東西，即一個可以說是由於其仁慈才使它得以存在的東西；我們可以表象，唯有它自爲地存在著，除它之外沒有其他東西。每當我們直觀地表象它時，總會有一個聯繫、一個包含著它的整體一同地被給予，甚至是不可避免地一同被給予。我們對「腦袋」這個視覺內容的表象不能不帶有視覺背景，前者是從後者中突出出來的。但這種「不能」（Nicht-können）完全不同於另一種對不獨立內容進行定義的「不能」。如果我們將視覺內容「腦袋」看作是獨立的，那麼我們是指：儘管那個背景會不可避免地一同被給予，它

$B_1$238 A234

仍然能夠被表象爲自爲存在的，並且因此也能夠自爲孤立地被直觀；只是我們無法借助於原初的或習得的聯想力量或其他純粹事實性的聯繫來做到這一點。「邏輯」可能性並不因此而動搖，例如我們的視野「有可能」[30]聚縮在這一個內容上，以及如此等等。

「表象」一詞在這裡所表達的東西，更精確地被稱作「思維」。[11]我們不能將一個特徵、一個連結形式和類似的東西思維爲自在、自爲存在著的，思維爲與所有其他東西相分離的、因而唯一存在的東西；我們只能在事物類的內容那裡進行這種思維。每當「思維」這個詞在這種特有的意義上出現時，我們都可以發現在前面已經暗示過的那些對客觀的、而且是先天的事態的主觀陳述之中的一個陳述。一個對象（我們現在還是選擇這個較爲普遍的術語，它也包含可體驗到的直觀內容）可以自在、自爲地存在，另一個對象則只能在其他對象中或其他對象旁存在，這樣的區別並不涉及我們的主觀思維的實際性（Faktizität）。這是實事性的、建基於實事的純粹本質之中的區別，但是，由於這些區別存在，而我們知道它

11 「思維」的德文原文是「Denken」，它和「表象」（Vorstellen）一樣具有「想象」（Phantasieren）的含義。在有些地方，「Denken」和「Vorstellen」實際上應當譯作「想象」。但爲了突出這三個概念的差異，我在前面已經並且在後面仍然在中譯文中區分這三個概念，即使這種譯法會顯得生硬。——中譯注

[30] 在A版中未加引號。

$B_1$239　A235

們，所以它們促使我們做出這樣的陳述：一個與此相偏離的思維是不可能的，也就是說，一個與此相偏離的判斷是錯誤的。我們不能思維的東西，就不可能存在，不可能存在的東西，我們就不能思維。——這種等值性規定了在「思維」的確切概念與在通常的主觀的意義上的表象和思維之間的區別。

第7節　透過引入純粹規律概念和純粹屬概念[31]來更明確地刻畫我們的規定

因此，只要「能夠（Können）」這個詞是在與「思維（Denken）」這個精確的術語的聯繫中出現，它指的就不是主觀的必然性，即那種「不能夠**表象**爲別樣的（Sich-nicht-anders-vorstellen-können）」[32]**主觀無能力**（Unfähigkeit），而是指那種「不可能**是**別

[31] 在A版中爲：規律思想。
[32] 在A版中未加重點號。

樣的（Nicht-anders-sein-können）」的客觀—觀念[33]必然性。[12]後者按其本質在絕然的（apodiktische）明見性意識中成爲被給予性[34]。如果我們維持對這個意識的陳述，那麼我們就必須堅持：在這樣一個客觀必然性中相關地包含著一個分別確定的純粹規律性。首先，顯然普遍有效的是，客觀必然性完全是與在客觀規律性基礎上的存在相等值的。[35]一個自爲的單個個別性在其存在方面是偶然的。它是必然的，這是因爲[36]，它處在規律性聯繫之中。[37]禁止別樣存在（Anders-sein）的恰恰是規律，這就是說，它不僅是在此地和此時是這

B_I240

12 隨這個命題一起得到突出的是，明見性的思想從本體論上轉變爲純粹本質規律性的思想，這對進一步研究的內容來說具有決定性的作用。在我的「關於一八九四年德國邏輯學著述的報告」（《系統哲學文庫》，第三卷，第二二五頁，注釋一）中，我已經十分明確地做出了這一轉變。

[33] 在A版中爲：客觀的。

[34] 在A版中爲：在絕然的明見性中被我們主觀地（雖然只是例外地）意識到。

[35] 在A版中爲：任何客觀必然性的本質都處在一個分別確定的規律性中並且在其中找到對它的定義。換言之，客觀必然性無非意味著客觀規律性，或者說，在客觀規律性基礎上的存在。

[36] 在A版中爲：這意味著。

[37] 在A版中還有：在其中。

樣的，而且完全是這樣的，在規律性的普遍性中是這樣的。但現在必須注意，正如我們在這裡、即在對「不獨立」因素的闡述中所談到的必然性具有一個建基於實事性本質中的觀念或先天必然性的含義一樣，這個規律性也相關地具有一個本質規律性的含義，即一個絕對普遍有效的規律性的含義。任何與經驗此在的關係都不能限制規律概念的範圍，任何經驗的此在設定都不能被糾纏到規律意識之中，在經驗一般的規則和規律那裡，情況便是如此。「自然規律」、在經驗科學意義上的規律不是本質規律（觀念規律、先天規律），經驗必然性不是本質必然性。[38]

據此，一個不獨立部分的「不能自爲實存（Nicht-für-sich-existieren-können）」就意味著，存在著一個本質規律，根據這個規律，一個關於這個部分的純粹的種（例如顏色、形式等等的種）的內容之實存預設了某些從屬的純粹的種的內容之實存，這些內容（如果還有必要補充的話）是指：這個不獨立的部分作爲部分、作爲某種附在這些內容上的東西、作爲與它們相連結的東西所應歸屬的那些內容。我們可以更簡單地說，不獨立的對象是這樣一些純粹的類的對象，在這些對象方面存在著這樣一個本質規律：只要它們實存，它們就只有作爲某些從屬的類的全面整體的一個部分實存。這恰恰就是這個更簡練的表達所指的：它們是部分，這些部分僅僅作爲部分而實存，而不能被思維作某種自爲存在的東西。這張紙的色彩

A236

[38] B版的附加。在A版中未分新段落。

是這張紙的一個不獨立的因素；它不僅事實上是部分，而且就其本質、**就其純粹的類而言注定是部分存在**（Teil-sein）；因爲一個色彩一般和色彩純粹的自身只能作爲因素實存於一個有色之物中。在獨立的對象那裡則缺乏這樣一種本質規律，它們可以被納入到全面的整體之中，但它們並不必須被納入到全面的整體之中。

我們已經對這個規定性區別的陳述進行了批判，「自爲地表象」在這個陳述中所指的必須是什麼，只有對這一點做出澄清，我們才能完全清晰地獲得這個區別的本質。這個區別在此表明自身是一個客觀的、在有關客體（或部分內容）本身的純粹本質[39]之中被論證的區別。現在人們要問，那個陳述的剩餘部分情況又是如何的呢？即是說，「不獨立的對象或因素『僅只』能自爲地被注意，或者只有透過**唯一**的關注才區分於共同連結的對象或因素【但不是自爲地被表象】」，這樣一個陳述能夠對這個區別的規定起到什麼作用。我們在這裡只能回答：沒有任何作用。因爲，如果這個「僅只」唯獨與那個「自爲表象」相關，那麼它的排斥性的對立面已經做完了所有可做之事。確切地說，肯定性的規定當然處在不獨立之物這方面，否定性的規定處在獨立之物這方面；由於我們將前者稱之爲不可自爲表象的，所以我們在雙重否定中只是回到了本來的出發點上。但無論如何，我們不需要回溯到那種強調性的關注上去，並且我們看不出它對我們有什麼用處。當然，一個腦袋可以與具有此腦袋

[39] 在A版中爲：本性。

的人相分離地被表象。一種顏色、形式等等不能以這種方式被表象，它們需要有一個基底（substrat），它們雖然可以在這個基底上獨個地被注意到，但卻不能與這個基底相分離。但是，例如在視覺方面[40]，腦袋也「僅只」能夠「自爲地被注意到」，因爲它不可避免地作爲一個總的視野的組成部分而被給予[41]；而如果我們不是將它理解爲一個組成部分，如果我們將背景當作是某種對它來說在實事上陌生的和無關緊要的東西，從這個背景中「抽象」出來，那麼這並不是因爲這個內容的特殊性的緣故，而是因爲這個事物立義的狀況的緣故。

B₁242

第7節a　獨立的和不獨立的觀念

我們的區分首先涉及「在觀念普遍性中」被思維的個體個別性的存在，即那些純粹被理解爲觀念個別性的存在。但它們顯而易見也引申到觀念本身上，這些觀念可以在一種相應的、即使是有所改變的意義上被標示爲獨立的和不獨立的觀念。例如：在純粹的種（Art）的直至最高的屬（Gattung）的階段系列方面，一個最高的純粹屬的最低的差（Differenz）可以叫作相對獨立的，而且在這裡，每一個較低的種相對於較高的種都是相對獨立的。就某

[40] 在A版中爲：作爲視覺內容。

[41] 在A版中爲：是一個總的視野的組成部分。

些屬而言，與它們相應的個體個別性無法先天存在，除非這些個體個別性同時屬於其他屬的個體的、但純粹被思維的範圍；這樣一些屬在關係到後一類屬時是不獨立的。其他例證領域的情況在經過必要的修正後（mutatis mutandis）亦是如此。

第8節　將獨立內容與不獨立內容之間的區別分離於直觀上突出的內容和直觀上融合的內容之間的[42]區別

我們[43]還必須準備應對一個指責。人們也許會堅持認爲，一個獨立內容如何作爲自爲有效的和隔離於所有周圍事物的統一而得以貫徹，另一方面，一個不獨立的內容如何被刻畫爲某個只是根據其他的、而且獨立的內容才被給予的東西，在這兩種方式中存在著一個現象學區別，[44]我們沒有充分地考慮這個區別。

A238 B₁243

在這裡首先要考察以下描述性的事態。不僅直觀的不獨立因素是部分，而且我們也必須以某種（在概念上無法中介的）方式將它們理解爲部分；也就是說，如果它們所處於其中的

[42] 在A版中還有：現象學。

[43] 在A版中爲：我。

[44] 在A版中還有：一個直接可感受到的區別，。

具體的總體內容沒有得到統一的突出，它們就不能自爲地被注意；但這並不意味著，它們在確切的意義上成爲**對象**。我們不能自爲地注意到一個形態或顏色，除非具有這個形態和顏色的整個客體得到突出。有時，儘管看起來只有一個「顯眼的」顏色或形式突現出來，但對這個過程的當下化會表明，這裡得到現象性突出的也是整個客體，但恰恰是借助於那種顯露給我們的、並且唯一在眞正意義上是對象性的特殊性[45]。對一個感性統一因素的突出——例如對空間構形因素的突出，這個因素與其他統一因素一起論證了那個作爲統一而湧現出來的感性集合體的內部封閉性——[13]與對這個感性—統一整體本身的把握也處在類似的關係之中。所以，以此方式對一個內容的突出[46]時而也是對另一個緊密從屬於它的內容之注意的

13 參閱筆者的《算術哲學》，第一卷（一八九一年），第十一章，第二二八頁（一「大道」的樹、一「群」鳥、一「行列」的鴨）。

[45] 在A版中爲：不僅直觀的不獨立因素是部分，而且，我們也必須以某種（即在概念上無法介紹的）方式將它們理解爲部分；如果沒有先行地注意到它們所處於其中或與其聯合爲一體的其他內容，它們就不能自爲地被注意到；我們不能自爲地注意到一個形態或顏色，除非具有這個形態和顏色的整個客體被注意到。有時，儘管看起來只有一個「顯眼的」顏色或形式直接突現出來，但對這個過程的當下化或許會表明，這裡首先顯露給我們的是整個客體，但恰恰是借助於那種不斷地和獨個地受到關注的特殊性。

[46] 在A版中爲：注意。

基礎。14

如果我們研究這個事態的更深層原因，那麼我們便會注意到，在現象學領域中或在直觀被給予性本身的領域中[47]，與獨立和不獨立內容之區別相交叉的還有與第一個區別混在一起的第二個區別，即：直觀地「**被劃分的**」、從相連的內容中「**突顯出來**」或「**隔離開來**」的內容和那些與此相連內容**相融合**的、不帶分界地**過渡**到它們之中的內容之間的區別。誠然，這些表達是多義的，但它們合在一起便可以說明，這實際上關係到一個本質上全新的區別。

因此，一個內容在與共存的內容的關係中受到直觀上的劃分，它不是「無區別地」過渡到這些共存的內容之中，以至於它創造出一個與它們相並列的特有屬，並且能夠自爲地得到突出[48]。直觀上未被劃分的內容與其他共存的內容一起構成一個整體，它自身並不從這個整體中分離出來，它與它的伴侶不僅連結在一起，而且「融合」在一起。如果我們在以上意義上思考獨立內容，即思考那些無論其環境如何變化仍然是它們所是的獨立內容，那麼它們並

14 取自筆者的〈對基礎邏輯學的心理學研究〉，《哲學月刊》，一八九四年，第三十期，第一六二頁。

[47] 在A版中爲：，但也僅僅在現象學領域中。

[48] 在A版中爲：得到注意。

A239　$B_1$244

不會因此就必然具有完全另一種劃分的獨立性。一個具有均勻的或連續映射的白色的直觀平面的各部分是獨立的，但不是被劃分的。

如果我們問，這種直觀的劃分包含著什麼，那麼過渡和交流的圖像首先會將我們引向那些內容連續劃分自身層次的情況。這尤其是對感性具體之物的領域而言（更確切地說：對在外部感性領域中的獨立內容而言）。在這裡，劃分多重地建立在**間斷性**的基礎上。可以對這個[49]命題做如下陳述：

兩個同時的感性具體之物，**如果其中一個具體之物的全部直接構造因素「持續地」過渡為另一個具體之物的相應構造因素**，**那麼它們必然構成一個「無差異的統一」**。**某些相應因素的相同性情況在這裡應當被看作是這種持續性的可靠臨界點**，**即被看作是持續「向自身的過渡」**。

這一點能夠以顯而易見的方式引申到多數具體之物上：在這些多數的具體之物中，如果總合的具體之物可以排成這樣一個序列，以至於它們可以持續地、一步一步地連結在一起，那麼每一個個別的具體之物就始終是不劃分的，也就是說，我們剛才所詳細標誌出的東西對於這些相鄰的對子來說是有效的。**但只要一個個別之物不突出於所有其他個別之物中的一個個別之物**，**那麼它就始終是與它們無所區別的**。

$B_1$245
A240

[49] 在A版中還有：（強烈地被理想化了的（idealisiert））。

第9節　續論：指明融合現象的更廣泛領域

誠然，這些命題在某種意義上[50]提供了對事實的理想化的表達。連續性和間斷性當然無法在數學的精確性上得到把握。那些中斷之處不是數學的局限，而間隔不一定會「過於微小」[51]。

我們還可以對清晰的和含混的劃分或劃界之間做出更爲細緻的區分，而且是在經驗模糊的意義上進行劃分，就像人們在日常生活中談論與鈍的甚或抹圓的尖端和棱角相對的銳的尖端和棱角一樣。顯然，所有直觀被給予性本身的本質構形原則上都不能納入到像數學概念那樣的「精確概念」或「觀念—概念」之中。被感知的樹本身，確切地說，那個被把握的、在對其意向對象的有關感知中可以作爲因素被分析的樹，它的空間構形不是一個幾何學的構造物，不是在精確幾何學意義上的「觀念之物」或「精確之物」。同樣，直觀性的顏色本身不是觀念顏色，後者的種類是在「顏色物體」中的觀念點（Punkt）。在直觀被給予性上透過直接的觀念化（Ideation）而把握到的本質是「不精確的」本質，它們不能混同於「精確的」本質，後者是在**康德意義上的觀念**，它們（如「觀念的」點、觀念的面、空間構形或在「觀

[50] 在A版中爲：僅僅。

[51] 在A版中未加引號。

念」顏色物體中的「觀念」顏色種類）是透過一種特殊的「**理想化**」（Idealisierung）而產生出來的。因此，所有純粹描述的描述概念，亦即與直觀直接地和忠實地相符合的描述概念，也就是所有現象學描述的描述概念，都原則上不同於客觀科學的規定概念。現象學的任務就在於澄清這些事態，這個任務尚未得到嚴肅的把握，而且在這裡所進行的研究中尚未得到解決。[52]

同樣肯定的是，這種透過間斷而產生的劃分，或者說，這種透過連續而產生的融合僅只包含著一個非常有限的領域。

我還記得斯圖姆夫對奇特的**融合**（Verschmelzong）事實的研究，[15] 我們在這裡顯然是在這個研究領域中活動。當然，我們所偏好的那些事例在融合現象的範圍中起著一種特有的

$B_1$246

15 如所周知，斯圖姆夫首先在較窄的意義上將「融合」定義爲各個同時的**感覺質**（Empfindungsqualitäten）之間的關係，它們借助於這種關係而顯現爲一個感覺整體所含的各部分。但他沒有放棄指明那個較寬的、對我們來說在這裡是決定性的融合概念。參閱斯圖姆夫，《聲音心理學》，第二卷，第17節，第六十四頁以後。

[52] 在A版中爲：前者是處在幾何學理想概念的路線上，而後者則根本不能被理想化爲在幾何學上精確的概念。但人們完全可以間接地借助於精確概念來進一步描述它們。現象學的任務就在於，借助精確的概念來盡可能清晰地描述直觀的模糊構成物，這個任務很久以來一直未得到充分的把握，並且在這裡所進行的研究中尚未得到解決。。

作用。如果我們更貼近地觀察一下這些事例，那麼我們在這裡就會從具體之物、從獨立的「感覺整體」回溯到它們的直接的、不獨立的因素上，或者說，回溯到首先屬於它們的種類上。間斷性本身與在同一個僅高於它的純粹屬[53]中的最低的種類差有關；也就是說，例如與在與顏色質的比較中的顏色質有關。但我們並不將間斷性定義爲共存內容在這些最低差方面的單純間距。同時的聲音具有間距，但缺少在確切意義上的間斷性。只有當這種間斷性超出一個連續變更的因素，即空間或時間的因素而「**相鄰地擴展開來**」時，它才會涉及那些種類差因素。例如：在一個**空間界限或時間界限**「旁」，視覺的質過渡到另一個質中。在從空間部分向空間部分的連續過渡中，我們並非同時也在覆蓋的質中繼續行進，相反，「相鄰的」質至少在一個空間位置上具有一個有限的（而且不是過於微小的）間距。同樣，在現象學相續中的間斷性那裡，情況也是如此。在這裡得到劃分的不僅是質，例如顏色與顏色，毋寧說，整個具體之物都在相互界分，視野劃分爲局部。在這個相合關係中（只有涉及這個關係時才可談論間斷性）的顏色間隔恰恰同時也使一同連結的因素——在我們的例子中這是指被覆蓋的空間部分——得以劃分。否則這種劃分根本無法從這種融合中掙脫出來。空間性必然會持續地變更。只有當一個間斷性透過被覆蓋的因素創造出來，而且只有當那個與此變更的一個塊片相符的整體隨之而被劃分出來，這個變更的塊片才能自爲地受到注意，並且首先在

[53] 在A版中爲：屬（亞里斯多德意義上的）。

意識中得到「突出」。[16]

我們在這裡首先將空間性理解爲例如感覺因素，對它的客觀統攝才構造出顯現著的和本眞的空間性。但另一方面，我們在這裡也可以將它理解爲根據對顯現事物本身的各個直觀而可把握的「空間之物」；也就是將這個空間之物理解爲這樣一種意向因素，在這種意向因素中恰恰直觀地宣示出、而且是以不同的方式在不同的直觀中宣示出這個物理「事物本身」的客觀的、在客觀測量中可規定的空間構形。[54]

如果感性直觀的具體之物是借助於相鄰因素的間距才得以劃分的，那麼這整個具體之物的自身突出[55]就是相對於它的內容所具有的相互棄置的諸因素而言較早的那個因素[56]。這也許取決於在這個具體之物的各個因素[57]之間尤爲密切的融合，即取決於它們之間的相互「滲

16 參閱本書第二研究，第二二七頁，我們在那裡形象地談到不獨立因素在觀念化的抽象意識中的單純「被強調」，相對於另一些情況而言，在那些情況中，它們本身是被意指、被關注的客體。

[54] 在A版中爲：不言而喻，我們將空間性理解爲感覺因素，對它們的客觀統攝才構造出顯現著的和本眞的空間性。

[55] 在A版中爲：在現象學角度上對這整個具體之物的自爲注意。

[56] 在A版中爲：自爲注意。

[57] 在A版中爲：方面。

透」，這種滲透在變化和毀滅過程中的相互依賴性中宣示出來。這種融合不是一種以連續性方式或以另一種取消劃分的方式進行的相互混合；但它仍然是一種尤爲密切的共屬性。一旦有**一個**因素透過間斷性而爲此提供了準備，這種共屬性就必然地會將這些相互滲透的因素的整個複合體一舉（mit einem Schlag）突顯出來。

更爲深入和透徹的分析還能夠證明許多有趣的描述性區別；對於我們的目的來說，這些相當粗糙的闡述就已經夠了。我們的研究已經可以使我們看到，我們帶著這個在闡述中所探討的在突出的和不突出內容（或者也可以說，在自爲可表象內容和自爲不可表象的內容、獨立內容和不獨立內容——因爲這些表達也在這裡出現）之間的區別是在模糊的「主觀」直觀性[58]領域中活動，這個領域恰恰也具有其奇特的本質特性，因此，我們帶著這個區別根本無法接近在抽象內容和具體內容之間，或者，如我們在前面所偏好說的那樣：在獨立內容和不獨立內容之間的普遍**本體論**[59]區別。在前一種情況中，即在對統一地自身劃定之內容與混合在背景中之內容的區分中所關涉的[60]是分析和融合的事實，被劃定的內容在這裡既可以是獨立內容，也可以是不獨立內容。因此，人們不應混淆這兩個區別。而如果人們例如將一個

A243

[58] 在A版中爲：主觀體驗。
[59] 在A版中爲：基礎**客觀的**。
[60] 在A版中還有：僅僅。

有均勻色彩之平面的**無區別部分**[61]的不獨立性與抽象因素在描述上完全不同的另一種不獨立性放在一起，或者，如果人們想透過那些屬於行爲領域的現象學事實[62]來論證在「具體」和「抽象」之間的本體論區別之本質：在具體之物上的表象行爲是直接的行爲，因此，只要它不需要其他表象作爲基礎，它也就是獨立的行爲；然而把握抽象內容的行爲卻是一個間接的和不獨立的行爲，因爲它的基礎必須是由對一個所屬的具體之物的表象所構成；——如果人們這樣做，那麼他們就正是在混淆這兩個區別。但從我們的分析中可以得出，在**這個**描述性事態上可把握到的那些東西還與完全不同的事物聯繫在一起，而且這些東西無論如何還不足以揭示出本體論區別的本質。[63]

$B_1$249

第10節　屬於各種不獨立性的規律之雜多性

根據至此爲止的思考，在不獨立性中任何時候都包含著一個**先天規律**，這個規律的概念基礎是在有關部分和整體的普遍之中。但這個規律可以在較大的和較小的規定性中被把握

[61] 在A版中未加重點號。

[62] 在A版中爲：主觀事實。

[63] 在A版中爲：但我們已經認識到，這個描述性事態還與完全不同的事物聯繫在一起，並且，這個事態無論如何還不足以揭示出這個區別的本質。。

並且被說出。要想確定不獨立性的概念，我們只需要說：一個不獨立的對象作爲它之所是（即由於它的本質[64]規定性）只能存在於一個較廣泛的整體之中。但它有可能時而是這種、時而又是那種對象，因此它爲了能夠存在下去而所需要的補充方式也會變換。如果我們現在例如說：感覺質的因素，如感覺顏色的因素，[65]是不獨立的，它需要一個它在其中得以現身（verkörpern）的整體，那麼在這裡起主導作用的規律性只是在一個方面得到規定，即在這個部分方面得到規定，它的特徵被給定爲感覺質。相反，這個整體的方式，即一個這樣的質作爲部分存在的方式，以及它爲了能夠存在而需要的補充方式則始終是不確定的。如果我們說，一個感覺質只能處在一個「感覺領域」中，更進一步說，一個感覺顏色只能處在視覺的感覺領域中，或者它只能作爲一個「廣延」的「質化」（Qualifizierung）而存在，那麼情況就完全不同。在這裡，規律性也是在各個不同的方面得到規定的；視覺的感覺領域這個概念是一個被給予的概念，它在這個整體的各個可能的種中標示著一個確定的和特殊的種。同樣，「質化」概念和「廣延」概念在各種不同可能性中標示著一個特殊的可能性，這些可能性是指一個不獨立之物如何規律性地寓居於一個整體之物中的可能性。這個特殊性透過感覺質的本質或透過廣延的本質而受到普遍的規定，但每一個不獨立之物都以它自己的方式包含

[64] 在A版中爲：一般。

[65] 在A版中爲：質。

在視覺感覺的本質統一之中，或者說，包含在視覺領域的本質統一之中，所有這些統一性都被納入這個領域。這個方式是無法進一步得到描述的。因爲，例如：什麼東西使「是『感覺因素』」的規定性與「以『質』的方式是感覺因素」的規定性得以區分開來，對這個問題無法做出進一步的回答[66]，我們無法指明一個附加的、不含有質的概念的規定性；就像對這樣一個問題：什麼東西附加到「顏色」之上才能使「紅」這個種類產生出來，我們對此只能再回答說：是「紅」。

無論如何，不獨立性的概念連同定義它的、但只是間接地和一般地標示出來的規律性指明了在實事上確定的並多重變換著的本質規律。這並非是某些部分種（Teilarten）所具有的特別性（Absonderlichkeit），即：它們只須是部分即可，而無須顧及與它們相混雜的是什

[66] 在A版中爲：如果我們說，一個質只能處在一個客體之中，這個客體以一個內部因素的方式，更進一步說，一個內部特徵的方式在自身中承載著這個質，那麼情況就完全不同。在這裡，規律性也是在不同的方面得到規定：內部特徵這個概念是一個被給予的概念，它在這個整體的各個可能的種中僅僅在各種不同的可能性中標示著一個可能性，這些可能性是指一個不獨立之物如何規律性地寓居於一個整體之物中的可能性。質具有其種類確定的方式，它以這種方式是內部特徵，因爲，根據這個寓居者是質，還是廣延，或其他等等的不同情況，「是內部特徵」這個普遍規定性也會各不相同——誠然，這會使對這個規律的表達成爲一種表達絕對確定的表達；但它已經可以充分滿足我們的必要的和可能的要求。因爲，什麼東西使「是『內部特徵』」的規定性與「以『質』的方式是內部特徵」的規定性得以區分開來，對這個問題無法做出進一步的回答。

麼，它們被納入於其中的聯繫是何種狀況；相反，存在著某種確定的必然性關係，即**在內容上確定的**純粹規律，這些規律隨著不獨立內容的**純粹的種**的不同而有所變換，並且因此而規定了對這種內容給予這些補充，對那種內容給予那些補充。在這些規律中被連結的種類、即爲那些（恰恰從這些規律的立場來看）偶然個別性的領域劃界的種類有時是、但不始終是最低的差。如果一個規律例如規定「顏色」這個種的內容與「廣延」這個種相關，那麼它並不是在規定一個特定的廣延具有一個特定的顏色，反過來它也不在規定一個特定的顏色具有一個特定的廣延。因此，最低差的值在這裡並不處在任何作用關係中。規律僅僅指稱最低的種（即自身**直接**具有最終種差之雜多性的種）。如果我們另一方面對質的間距對奠基性的質的依賴性進行觀察，那麼我們可以看到，這個間距是透過奠基性的質的最低種差而得到單義的規定，即規定爲最低的差。

據此，不獨立性的概念是與**在統一聯繫中的**觀念**規律性**的概念相等值的。[67]如果一個部分處在觀念規律性的聯繫中，而非僅僅處在事實性的聯繫中，那麼它就是不獨立的；因爲這樣一種規律性聯繫無非意味著，這樣的一個部分就其本質來說只能規律性地存在於它和某些這種或那種相屬的其他部分的連結之中。即使當一個規律所陳述的不是必然性，而更多地是**一種連結的不可能性**時，當它例如陳述：一個部分A的此在將一個部分B的此在作爲與它不

$B_1$251
A245

[67] 在A版中爲：因此，不獨立性的概念是與在**統一聯繫中的規律性**的概念相合的。

相容的東西而加以排斥；——即使在這時，我們也被引回到不獨立性上。因爲只有當A和B兩者以相互排斥的方式要求同一個東西時，A才能排斥B。一個顏色排斥另一個顏色，也就是說，在同一塊平面上，它們都應當完全覆蓋這塊平面，但恰恰卻都不能完全覆蓋這塊平面。每一個對特定範圍的本質規律性的排斥都有一個對相應性劃界的肯定性的、本質規律性的要求與之相符合，反之亦然。

第11節　這種「質料」規律與「形式」規律或「分析」規律的區別

我們已經一再強調，那些對不獨立性的某些等級做出定義的必然性或規律是建立在內容的本質特殊性的基礎上，建立在它們的特性基礎上；或者更確切地說，它們建立在純粹的屬、種、差[68]的基礎上，有關不獨立的和補充的內容作爲偶然的個別性便從屬於它們。如果我們思考這些觀念對象的總體，那麼我們隨之就會具有所有觀念可能的個體個別性（存在）的純粹「本質」、「實質」（Essenz）的總體。與這些實質相符合的此外還有「含有實事的概念」，或者說，那些明確區分於「單純形式概念」的命題和不帶有任何「含有實事的質料」的命題。在後一類概念中包含著在《純粹邏輯學導引》的最後一章中曾談到過的

$B_1$252
A246

[68] 在A版中爲：（亞里斯多德的）種或差。

「形式邏輯學範疇」以及與它們具有本質聯繫的「形式本體論範疇」，還包含著從這些範疇中產生出來的句法構成。相對於「房屋」、「樹木」、「顏色」、「聲音」、「空間」、「感覺」、「感受」等等這些表達出實事內涵的概念而言，像「某物」、「一個東西」、「對象」、「屬性」、「關係」、「連結」、「多數」、「數量」、「序列」、「序數」、「整體」、「部分」、「數值」等等這樣一些概念就具有根本不同的特徵。後者圍繞在某物或對象的空泛觀念周圍並透過形式本體論的公理而與這個某物或對象相連結，而前者則排列在各個最高的含有實事的屬（「質料範疇」）的周圍，「質料本體論」便根植於這些屬中。這個對「形式的」本質領域和「含有實事的」或質料的本質領域的主要劃分給出了在「分析—先天的學科」與「綜合—先天的學科」的眞正區別，或者說，給出了在「分析—先天的規律和必然性」與「綜合—先天的規律和必然性」之間的眞正區別；對此，下一節將會做出系統的規定。

現在已經很明顯，所有屬於各種**不獨立**性的規律或必然性都將自身納入到綜合先天的領域之中，而且人們現在已經完全理解，是什麼將它們區分於那種作爲不含實事的單純形式的先天。[69]一方面是那種像因果規律那樣規定著各個事物的—實在的變化之不獨立性的規

[69] 在A版中爲：這樣，那種將這些「綜合必然性」與「分析必然性」（在某種意義上可以說：將「質料必然性」與「形式必然性」）分離開來的本質區別也同時得到標示。。

律，或者是那種（通常沒有受到充分表達的）規定著單純的質、強度、廣延、界限、關係形式等等的不獨立性的規律；另一方面是純粹分析的普遍性，如：「如果沒有部分，一個整體就不能存在」，或者是分析的必然性，如：「如果沒有臣民、僕人、子女，一個國王、一個主人、一個父親就不能存在」，如此等等；人們不能將這兩方面的東西置於同一層次之上。在這裡可以這樣一般地說：相關之物相互需要對方，如果它們相互喪失，它們就不能被思維，或者說，它們就不能存在。如果我們將對立一方的某個命題與上述命題相並置，例如：「如果沒有一個具有顏色的東西，一個顏色就不能存在」，或者「如果沒有某個被顏色覆蓋的廣延，一個顏色就不能存在」等等，——那麼我們立即就會看出這裡的區別所在。「顏色」並不是一個相對的表達，其含義包含著對它與其他東西的關係的表象。儘管沒有具有顏色的東西，顏色就不存在，但某個有色之物的存在，更進一步說，一個廣延的存在並不是在顏色概念中得到「分析」論證的。

下列思考揭示出這個區別的本質。

如果沒有整體，一個是此整體之部分的部分**本身**根本不能存在。但另一方面我們又說（即與**獨立**的[70]部分相關）：如果沒有整體，一個是此整體之部分的部分常常能夠存在。這裡當然不存在矛盾。它所指的是：如果我們根據它的**內部內涵**，根據它的本己本質來觀察這

[70] 在A版中未加重點號。

個部分，那麼擁有同一個內涵的東西也就可以存在，即使它在其中的那個整體不存在；它可以在不帶有與其他東西之連結的情況下自爲地存在，而這時它也恰恰就不是部分了。這種連結的變化和完全取消在這裡並不關涉到這個部分的本己的、帶有這種或那種[71]內涵，並不在其此在中取消它[72]，只是它的相關性喪失了，它的部分—存在[73]喪失了。而在其他部分那裡，情況則相反；在所有連結之外，它們作爲非—部分由於其內涵的特性是無法被思考的。因此，這種不可能性，或者說，這種可能性是建立在內容的本質特殊性基礎上的。用「分析的」公式來表達：如果沒有整體，一個是此整體之部分的部分就不能存在，情況則會完全不同。將某物稱作部分，同時又缺乏相屬的整體，這將是一個「矛盾」，即一個「形式的」、「分析的」悖謬[74]。這裡所涉及的不是一個部分的內部內涵，在這裡作爲基礎的「形式」規律性與前面所說的含有實事的規律性沒有相同之處，因而不會干擾它。 A247 $B_1$254

誠然，相關之物的相互制約性指明了某些相互要求的因素，即指明了在每一個相關性上都必然互屬的關係和關係規定。但它僅僅是在形式的非規定性中做出這種指明。這裡起主導作用的規律性是一個對所有關係本身來說都起主導作用的規律性；它恰恰只是一個形式規律

[71] 在A版中爲：內部。

[72] 在A版中爲：取消它的存在。

[73] 在A版中爲：部分存在。

[74] 在A版中爲：「悖謬」。

性，它建基於「分析本質」之中，在這裡是指建立在關係這個形式範疇中的本質中。它自身從關係和關係環節的含有實事的特殊性中不接受任何東西並且僅僅將這些關係和關係環節稱之爲「某些」。[75]例如：在只有兩個關係環節的簡單情況中，這個規律性意味著：如果「某個α」與「某個β」具有「某種」關係，那麼這個β就與那個α具有「某種相應的」關係。α和β在這裡是無限的變項（Variable）[76]。

第12節　有關分析命題和綜合命題的基本規定[77]

我們一般可以做如下的定義：

「分析規律」絕對是普遍的（因而是擺脫了所有明確的和隱含的對個體之存在設定）命題，它們除了形式概念之外不含有任何其他命題，如果我們回溯到原始的概念上，那麼這也就是說，它們除了形式範疇之外不含有任何其他範疇。與分析規律相對立的是它們的殊相化

[75] 在A版中爲：但它僅僅是在間接地、不確定地做出這種指明。這裡起主導作用的規律性是一個對所有關係一般（überhaupt）來說都起主導作用的規律性：它恰恰只是一個形式的規律性，它自身從關係環節的特殊性中不接受任何東西並且僅僅將這些關係和關係環節稱之爲「某些」。。

[76] 在A版中未加重點號。

[77] 在A版中爲開始新的一節。參閱本章版本注[83]。

（Besonderungen），這些殊相化是透過引入含有實事的概念以及可能的設定個體存在的思想（例如：「這個」、「皇帝」）而產生的。就像規律的殊相化產生出必然性一樣，分析規律也產生出「分析必然性」。人們所說的「分析命題」通常是分析的必然性。如果它們含有此在設定（例如：「如果這棟房屋是紅色的，那麼紅便屬於這棟房屋」），那麼分析必然性就與這個命題的那些內涵有關，由於這些內涵的緣故，這個命題是分析規律的經驗殊相化，也就是說，分析必然性與經驗的此在設定無關。[78]

我們可以這樣來定義：「分析的必然命題」是這樣一些命題，它們具有完全獨立於它們的（確定地被思考或在不確定的普遍性中被思考的）對象性以及完全獨立於可能的情況實際性，完全獨立於可能的此在設定之有效性的眞理；也就是說，它們是這樣一些命題，它們可以將自身完整地「形式化」，並且將自身把握爲特殊情況或對透過這種形式化而有效形成的形式規律或分析規律的經驗運用。在一個分析命題中必定有可能做到：完全保留這個命題的邏輯形式，用「某物」這樣一個空泛的形式來取代任何一個含有實事的質料，並且透過向相應的判斷形式「絕對普遍性」或規律性的過渡來排斥任何一個此在設定。[79]

[78] B版的附加。

[79] 在A版中爲：「分析命題」是這樣一些命題，它們具有完全獨立於它們對象的內容特性（並因此也獨立於對象的連結形式）的有效性；因而它們是這樣一些命題，它們可以將自身完整地形式化，並且將自身把握爲特殊情況或對透過由此而形成的形式規律或分析規律的單純運用。所謂形式化就在於，在已被給予的分析命題中，一切含有實事的確定都被不確定之物所取代，並且這些不確定之物而後被理解成無限制的變項。

例如：「這棟房屋的存在包含著它的屋頂的存在、它的牆的存在以及它的其他部分的存在」是一個分析定理。因爲分析的公式是指：一個整體G（α、β、γ……）的存在完全包含著它的部分α、β、γ……的存在。這個規律並不包含任何表達一個含有實事的屬或類的含義。人們可以看到，包含著例如「此物」的個體存在設定透過向純粹規律的過渡而喪失。而這是一個分析規律，它純粹是由形式-邏輯的範疇和範疇形式所構成。[80]

如果我們具有分析規律和分析必然性的概念，那麼當然（eo ipso）也就可以得出「先天綜合規律」的概念和「綜合先天必然性」的概念。每一個以一種方式包含著含有實事概念的純粹規律都是一個先天的綜合規律，這種方式是指：在保眞的要求下不允許將這些概念形式化。這些規律的殊相化就是綜合的必然性：其中當然也包含經驗的殊相化，如：「這個紅不同於那個綠」。[81]

這裡所做的陳述應當足以表明一個本質區別，即建基於內容的種類本性之中的規律與分析的和形式的規律之間的區別，前者是與不獨立性相關的規律，後者則作爲純粹建基於形

B_1256　A248

[80] 在A版中爲：這棟房屋的存在包含著它的屋頂的存在、它的牆的存在以及它的其他部分的存在，這是一個分析定理。因爲分析的公式是指：一個整體G（α、β、γ……）的存在完全包含著它的部分α、β、γ……的存在。這個規律並不包含任何表達一個內容的屬或類的含義，它純粹是由「範疇」所構成。。

[81] 在A版中爲：對此後面還會有進一步的論述。在A版中未分新段落。

式[82]「範疇」之中的規律而對所有「認識質料」都無動於衷。

注釋一：可以將這裡所給出的規定與康德的規定相比較，後者在我們看來絕不應當被稱作是「古典的」。我們認爲，前者已經滿意地解決了一個最重要的科學理論問題並且同時向系統地劃分各種先天本體論邁出了關鍵性的第一步。在我日後出版的著述中將會有進一步的闡述。

注釋二：顯而易見，如果那些主要是在這一節中爲我們所探討的概念：「整體」和「部分」、「獨立性」和「不獨立性」、「必然性」和「規律」不是在本質事件的意義上被理解，即不是被理解爲純粹概念，而是被解釋爲經驗概念，那麼它們的意義就遭受了改變。但對於我們以下的研究目的來說，沒有必要再深入地闡釋這些經驗概念以及它們與純粹概念的關係。[83]

[82] 在A版中爲：建基於純粹。

[83] B版的附加。在A版中有以下內容：

第12節　具體之物與事物。將獨立性和不獨立性的概念引申地運用於延續性和因果性的領域，以此使這對概念更爲普遍化

具體之物的概念作爲獨立的內容（內容在這裡被理解爲最寬泛意義上的對象一般）並不例如與事物的概念相重合，正如不獨立的內容也不能簡單地被看作是事物特性一樣。在事物統一中所包含的不僅僅是一個個別化的具體之物；它還包含著（**觀念地**說）一個從可能性上來看無限的雜多性，這個雜多性是指同一個形式所具有的在時間上延續著的、在變化和保持這兩個概念的意義上始終相互過渡的具體之物的雜多性，這個雜多性（無論它是自爲地，還是連同相同構造的確定相屬的雜多性一起）被包含在**因果性的統一**之中。這就是說，存在著**一個**與這些雜多性有關的**規律性**，它使在**某一**個時間點上共存的具體之物單義地依賴於那些在變化或保持的意義上被劃歸給它們的、在一個確定的、但可以隨意選擇的過去時間點上的具體之物。如果我們就每一個具體的變化過程或保持過程來談論同一個變化和保持的**具體之**物，那麼我們也就可以說：事物就是那些統一包含在因果規律中的具體之物，即是說：它們受一個規律性的制約，根據這個規律性，這些在某一個時間點上的具體之物的值（即在被給予的構造規定性的時間點上的具體之物的值）可以借助於在任何以後的時間點上的「同一些」具體之物的值而得到規定，後一種值從而也可以借助於前一種值而被闡釋爲單義的時間作用。

A249

這樣一個規律聯繫將一組具體之物標明爲所有受因果規律性制約的事物的總和或體系。如果我們想較爲公式化地、更爲仔細地規定這個規律聯繫，那麼我們例如可以列出以下式子：

$$G_1(\alpha^{(1)}, \beta^{(1)}, \ldots t), G_2(\alpha^{(2)}, \beta^{(2)}, \ldots t) \ldots G_n(\alpha^{(n)}, \beta^{(n)}, \ldots t)$$

「n」是隨意的具體之物。在它們之中，時間規定性「t」始終具有同一值並且在將要進行的變更過程中發生一致性的變化。「α」、「β」……這些象徵一般說來將必定意味著各種不同的規定性，正如「G_1」、「G_2」……G_n一般說來意味著具體之物的不同統一形式一樣。但這並不排除這樣一種可能性，即：在這些關係中存在著同形性（Gleichförmigkeit）。只是當例如所有「G_λ」都是同一個類型「G」時，在各種「G」中相一致的規定性便不可能同一到這樣一種程度，以至於產生的結果不是單純的相似性（Ähnlichkeit）或相同性（Gleichheit），而是同一性（Identität）了。

如果我們現在將$\alpha^{(1)}$、$\beta^{(1)}$……$\alpha^{(2)}$、$\beta^{(2)}$……思考爲變項，那麼因果規律首先在於，一種自由的變更是不可能的；相反，透過一個隨意的、但確定的值「t」，例如「t_0」，以及屬於這些變項的值$\alpha_0^{(1)}$、$\beta_0^{(1)}$……$\alpha_0^{(2)}$、$\beta_0^{(2)}$……，這些變項的值得到單義的規定。這個規律性不僅涉及「N」次被觀察的「G」，而且還關係到具有「G」形式的所有具體之物，這就是說，包含在統一屬於因果觀念的具體化形式等級中的隨意具體之物。因此，由這種規律性所構成的基本規律是這樣一種規律，在這些規律的基礎上，每一個可以在先給定的個別具體之物的變化狀況都能夠得到單義的給定，無論它是在其全面的此在的前提下，還是在它與隨意的其他具體之物的共存的前提下受到觀察。當然，無論如何還要補充的是對本質統一的因果系統概念，即一個被包含在統一的相互作用中的事物群組概念的確定。這裡所關涉的是這樣一種情況：一個特殊的規律性以這樣一種

A250

統一的方式將這個群組中的所有事物都連結在一起，以至於只要其中的一個事物失落，那麼所有其他事物的變化序列就必定會發生變更，而且，我們不可能將整個群組分解爲多個相互間無關的群組（即分解爲帶有單純時間上共存、但相對獨立的變化序列的群組）。

在因果性中，一個瞬間的具體之物，無論它是自爲的，還是與其他共存的具體之物相連的，都依賴於以前的瞬間——因而在某種意義上是不獨立的。但必須注意，獨立性這個概念至此爲止只是被我們定義爲在共存中的獨立性。這裡也談到過變化；但這僅僅具有在與幾何學中所談變化相似的意義，也就是說，在共存中的作用關係透過對共合性（konkomitierend）變更的觀念思考而得到澄清，然而這種作用關係所指的並不是因果的依賴性。在幾何學變化中所關涉的僅只是一種從確定的個別價值到規律的變更置換以及一種對一同被規定的價值系列的思想關注。我們所涉及的情況也與此相似。然而，獨立內容和不獨立內容的概念可以輕易地被普遍化，以至於人們能夠區分共存的情況和相續的情況。我們只需適當地擴展整體的概念（以及那些分析地從屬於它的概念），使人們不僅可以談論共存的整體（統一、連結），而且也可以談論相續的整體。這樣，我們的概念就完全可以引申地運用於事物，而在此同時被關注的只是那個特殊的內容，即關於存在和共存的話語在事物那裡所接受的內容。獨立性，在這裡是指絕對意義上的獨立性，恰恰可以在笛卡兒的實體定義中得到陳述：「能自己存在而其存在並不需要其他事物的一種事物」（res quae ita existit, ut nulla alia re indigeat ad exsitendum）。但我們在這裡無法再兼顧由因果關係所帶來的那些複雜性，這將會使我們遠離自己的論題。我們將局限在那些僅僅是從一個瞬間到另一個瞬間的過程中現實的並且匯合成時間性整體的具體之物，它們提供了事物性規律的基礎。因此我們仍然不涉及事物，但從現在起，普遍的、延伸到相續統一之上的概念將是決定性的概念。。

A251

第13節　相對的獨立性和不獨立性

我們至此爲止將獨立性視爲是一種絕對之物、視爲是某種對所有一同被連結的內容的不依賴性；不獨立性則被我們視爲是矛盾的對立面、視爲是相應的、至少對一個內容的依賴性。但至關重要的是，我們也應當將這些概念定義爲**相對**的概念，從而也就將絕對的區分刻畫爲相對區分的極限狀況。促使人們做出這種定義的原因在於實事本身。在**單純感覺被給予性的領域**之內（也就是說，現在不是那個在它們之中展示的、顯現的事物本身），視覺延伸的因素[17]連同它的所有部分都被我們看作是不獨立的，但在**受到抽象觀察的延伸**之內，它們的每一個塊片都被看作是**相對獨立**的，它們的每一個因素，例如與「狀態」和「大小」[18]相區別的形式，都被我們看作是**相對不獨立**的。[84]因此，關於獨立性的話語、即關於那個可以

17 對於顯現的有色空間形態的空間**廣延**來說展示性的因素。

18 「狀態」和「大小」在這裡當然標誌著感覺領域中的事件，標誌著對於在未修正的意義上的意向（顯現）狀態和大小而言的展示性因素。

[84] 在A版中爲：**在意識內容的領域**之內，廣延的因素連同它的所有部分都對我們顯現爲不獨立的，但在**受到抽象觀察的廣延**之內，它們的每一個塊片都顯現爲**相對獨立**的，它們的每一個因素，例如與狀態和大小相區別的形式，都顯現爲**相對不獨立**的。

是絕對地或在其他相關性中被接受的不獨立性的獨立性之話語，所關涉的是一個整體，這個整體透過它的所有部分的總和（也包括這個整體本身）構造出一個領域，那些以前曾是無限制地進行的區分必須在這個領域之內活動。我們因此可以定義：

整體G的任何一個部分內容，如果它只能作爲部分存在，並且只能作爲整體中的一種部分存在，即在爲G所規定的全部內容總和中被代表的那個部分而存在，那麼這個部分內容就意味著是「在整體G之中和相對於整體G而言不獨立的」部分內容，或者說，相對於那個爲G所規定的全部內容總和而言不獨立的部分內容。任何不處在此種狀況中的部分內容則意味著是「在整體G之中和相對於整體G而言獨立的」部分內容。我們常常也簡稱爲「這個」整體的不獨立部分或獨立部分，並且在相應的意義上簡稱爲整體之部分（部分整體）的不獨立部分和獨立部分。[85]

這個定義顯然還可以得到進一步的普遍化。人們可以輕易地將這個定義理解爲[86]：不僅[87]設定了一個部分內容與一個更廣泛的整體的關係，而且還完全一般地設定了一個部分與另一個部分的關係，即使這兩個部分是相互分離的。據此，我們做如下定義：

[85] 在A版中這一段全部加有重點號。

[86] 在A版中爲：改造爲。

[87] 在A版中爲：不再。

如果存在著一個建基於有關內容屬的特殊性中的**純粹規律**，根據這個規律，這個純粹屬的一個內容α先天地只能夠在其他內容之中或與其他內容相連結地存在，這些其他內容是指那些爲β所規定的全部純粹內容屬的總和內容，那麼，一個內容α「相對於一個內容β來說」，或者相對於爲β以及它的所有部分所規定的全部內容總和來說，「是不獨立的」。如果這個規律不存在，那麼我們便把α稱作是「相對於β獨立的」。[88]

我們可以簡單地說：如果存在著一個建基於屬的本質α、β中的規律，根據這個規律，純粹屬α的一個內容只能夠在屬β的一個內容中或與這個內容相連結地存在，那麼這個內容α相對於內容β來說便是不獨立的。我們在這裡顯然不用去考慮，α和β這兩個屬也可以是兩個複合體的屬，以至於多種多樣的屬也可以與這些複合體因素相符地相互交織在一起。從這個定義中可以得出，一個α**本身**在絕對普遍性中依賴於某個β的統一的一同被給予（Mitgegebensein），或者換言之，純粹的屬α在與其相符的個體個別性的可能此在方面依賴於屬β，或依賴於與它的範圍的個別性相連結的一同被給予。我們可以簡短地說：一個α

---

[88] 在A版中爲：**如果存在著一個建立在有關內容屬的特殊性中的**「**規律**」，**根據這個規律，這個屬的一個內容α只能夠在其他內容之中或與其他內容共同地存在，這些其他內容是指那些爲β所規定的全部內容屬的總和內容，那麼，一個內容α**「**對於一個內容β來說**」，**或者對於爲β以及它的所有部分所規定的全部內容總和來說**，「**是不獨立的**」。**如果這個規律不存在，那麼我們便把α稱作是**「**相對於β獨立的**」。

的存在就β屬而言是相對獨立的或不獨立的。

在此定義中談到的必然相關存在（Zusammenbestehen）或者是與隨意的時間點有關的[89]共存（Koexistenz），或者是在延伸的時間中的相關存在。在後一種情況中，β是有關時間性的整體，而時間規定性就會（亦即作爲時間相關性、時間距離）一同出現在爲β所規定的內容總和中。所以，一個自身含有時間規定t_0的內容κ可以要求另一個帶有$t_1 = t_0 + \Delta$時間規定的內容λ的存在，並且可以就此而言是不獨立的。在現象學的「意識流」事件中，最後提到的對不獨立性的示範性證明提供了這樣一個本質規律：每一個現時的、被充實了的意識—現在必然會並且始終會過渡到一個剛才的曾經存在者（Gewesen）之中；因此，意識當下對意識未來提出連續的要求；與此相關，這個剛才的曾經存在者本身具有現時現在的內在特徵，這個曾經存在者的滯留（retentional）意識恰恰在要求這個被意識爲曾經存在過的現象的曾經存在。當然，我們這裡所說的時間就是那個屬於現象學意識流本身的內在時間形式。

此外，我們還可以列舉一些在其他方向上的例證：在我們定義的意義上，每一個塊片、即視野的每一個具體充實的片斷，在視覺的因素直觀的具體整體中並且相對於這個整體而

A253
$B_1$259

[89] 在A版中爲：時間性的。

言都是獨立的[90]，而這樣一個塊片的每一個顏色，這個整體的顏色構成等等都是不獨立的。而被充實的視野、被充實的觸域等等在瞬間、感性的整個直觀的整體中並且相對於這個整體而言又再是獨立的，質、形式等等則不獨立，無論它們是附著在整體之上，還是附著在個別環節之上；我們同時注意到，所有那些被看作是相對於前例中的整體而言不獨立和獨立的東西，同樣也必須被看作是相對於這個現在是決定性的整體本身而言的不獨立的和獨立的。也就是說，這樣一個普遍眞理是有效的：

相對於一個β而言是獨立的或不獨立的東西，也會相對於任何一個整體β'而言始終保留這個特性，這個β'是指：相對於這個β'而言，那個β是獨立的或不獨立的，——這樣一個命題反過來當然不成立。[91] 因此，儘管隨我們劃分界限的方式不同，相對性也會發生變化；而且儘管相對概念也隨之而發生變化，剛才所提到的那個對於處在上述聯繫之中的各個內容群組而言的規律仍然會提供某種關係。因此，例如：如果我們將某個屬於任何時間點的共存群組與包含著它們的相續群組進行比較，並且在可能的情況下也與無限完滿的（現象學）時間

[90] 在A版中爲：例如：在我們的定義的意義上，每一個塊片，即視野的每一個具體充實的片斷，在視覺的瞬間直觀的整體中都是獨立的。

[91] 在A版中爲：相對於一個整體β而言是獨立或不獨立的東西，相對於任何一個整體β'而言也會始終保留這個特性，這個β'是指：相對於這個β'而言，那個β是獨立的——這樣一個定理反過來當然不成立。。

進行比較，那麼我們就會看到這種狀況。相續群組的獨立之物是較爲全面的東西，也就是說，並非所有那些在共存的序列中被看作是獨立的東西都必定會在相續的序列中也被看作是獨立的；但反之則然。事實上，共存的一個獨立之物（例如：視覺領域中[92]的一個具有具體充盈的有限塊片）相對於被充實的時間整體而言是不獨立的，只要我們將它的時間規定性思考爲單純的時間點。因爲一個時間點本身如前所述是不獨立的，它只能在一個被充實的時間延伸的聯繫中[93]、在一個綿延中得到具體的充實。但如果我們用一個時間綿延來取代這個時間點，在此時間綿延中，有關的具體內涵被思考爲絕對不變的，那麼這個綿延的共存在此擴展了的領域中也可以被視爲是獨立的[94]。

A254

[92] 在A版中爲：視野中。

[93] 在A版中爲：在一個時間延伸中。

[94] 在A版中爲：甚至也可以被看作是獨立的——只要它沒有被附加的因果關係所涉及。

第二章　關於一門整體與部分的純粹形式之理論的思想

$B_1$261

第14節　奠基概念與相關的原理

在前一節的最後一段中所陳述和使用的那個規律不是一個經驗規律，另一方面，它也不是一個直接的本質規律，[1]它和一些相近的規律一樣，被允許使用一個先天證明。唯有那種能夠在新的面目中向我們演繹論證已知定理的可能性才能更清晰地揭示嚴格[2]規定的價值。我們在這裡要稍作滯留，以便能夠關注這樣一個巨大的科學方面的興趣，這個興趣在任何領域中都要求對演繹的理論化進行構建。

「定義」。——如果一個α本身本質規律性地[3]只能在一個與μ相連結的廣泛統一之中存在，那麼我們就要說：「一個α本身需要由一個μ來奠基」，或者也可以說，「一個α本身需要由一個μ來補充」。如果α_0、μ_0據此而是那些處在給定狀況中的純粹屬α或μ所具有的確定的、在一個整體中實現了的個別情況，那麼我們就說，α_0「受到」μ_0的「奠基」，並且，如果α_0的補充需要只能透過μ_0來得到滿足，那麼α_0便「僅僅」受到μ_0的奠基。我們當然也可以將這些術語引申地運用於種本身。這裡的多義性是完全無害的。此外，我們更不確定

[1] 在A版中爲：相反，。
[2] 在A版中爲：精確。
[3] 在A版中爲：一個§本身（即規律性地）。

A255

地說，這兩個內容，或者說，這兩個純粹的種處在一個「奠基關係」之中，或者也處在「必然連結」的關係之中；當然，在這裡並未指定在這兩個可能的和不相互排斥的關係中的哪一個關係。α_0需要補充，它奠基於某個因素之中；這兩個不確定的表達顯然與α_0是「不獨立的」表達同義。

「定理1」。——如果一個α本身需要由一個μ來奠基，那麼每一個含有一個α，但不含有一個μ的整體就同樣也需要這樣一種奠基。

這個定理是十分明晰清楚的。如果一個α沒有μ的補充就不能存在，那麼一個含有α並且不含有μ的整體也就無法滿足α的補充需要，那麼現在這個整體本身也就分有這種補充需要。

我們可以在顧及前一節的定義的情況下陳述這樣一個系定理：

「定理2」。——如果一個整體將不獨立因素作爲部分包含在自身之中，但又不含有這個不獨立因素所需求的補充，那麼這個整體同樣是不獨立的，並且，相對於任何一個自身含有那些不獨立因素的更高序列的獨立整體而言，它是不獨立的。

「定理3」。——如果G是Γ的「也就是說，[1]相對於Γ的」一個獨立部分，那麼G的每一個獨立的部分g也就是Γ的一個獨立部分。

$B_1$262

1 即在前一節中所定義的簡稱方式的意義上。這裡處處都要注意這個簡稱。

這就是說，如果g相對於Γ而言需要一個μ的補充，即在Γ的領域內具有一個$μ_0$的奠基，那麼這個補充或奠基必定也一同包含在G之中。因爲否則G根據「定理1」就會在μ方面需要補充，而由於$μ_0$是Γ的一個部分，根據「定理2」相對於Γ是不獨立的，這就與前提發生矛盾。然而根據這個前提，g是G的一個獨立部分，因而相對於G也是獨立的；所以，在G的領域中不可能存在某種可以爲g奠基的東西；故而在整個Γ的領域中也不可能存在這種東西。

這個定理在對字母進行合適的修改之後也可以得到這樣的陳述：**如果α是β的一個獨立部分，β是γ的一個獨立部分，那麼α也就是γ的一個獨立部分**。

或者還可以更簡略些：**一個獨立部分的一個獨立部分就是整體的一個獨立部分**。

「定理4」。——**如果γ是整體G的一個不獨立部分，那麼它也就是任何一個G是其部分的其他整體的一個不獨立部分**。

γ相對於G是不獨立的，這就是說，它在一個屬於G領域的$μ_0$中具有一個奠基。當然，這同一個$μ_0$也在任何一個比G更高的序列的整體領域中出現，即在一個將G作爲部分包含於自身的整體領域中出現；因此，γ相對於這些整體中的任何一個都必然是不獨立的。（相反，我們可以附加一句，γ就一個更低序列的整體而言則完全可以是獨立的；我們只需這樣來劃定它的界限，即：它始終將必須的補充μ排斥在外。所以，抽象地看，當一個顯現的廣延的一個塊片被看作因素時，它相對於這個廣延是獨立的，[4]但這個廣延本身相對於被充實的廣延的具體整體而言是不獨立的。）

我們的這個定理可以用與前一個定理相似的方式陳述出來，即：

如果α是β的一個不獨立部分，β是γ的一個不獨立部分，那麼α也就是γ的一個不獨立部分。

一**個不獨立部分的一個不獨立部分就是整體的一個不獨立部分。**

「定理5」。——**一個相對不獨立的對象也是絕對不獨立的，而一個相對獨立的對象則可以在絕對的意義上是不獨立的。**

對此的證明可以參閱前面幾節。

「定理6」。——**如果α和β是某一個整體G的獨立部分，那麼它們自身也是相互獨立的。**

因爲，如果α需要受到β的補充或受到β的某個部分的補充，那麼在受G規定的各部分總和中就會有α奠基於其中的部分（即β的部分），那麼α相對於它的整體G就會是不獨立的。

[4] 在A版中爲：抽象地看，一個廣延的一個塊片相對於這個廣延是獨立的，。

第15節　轉向對更重要的部分關係的考察

讓我們現在來考察一下在整體與部分以及在同一個整體的各個部分的先天關係中幾個值得注意的差異。這些關係的普遍性爲各種最爲繁雜的區別留下了豐富的活動空間。並非每一個部分都以相同的方式包含在整體中，而在整體的統一中，並非每一個部分都以相同的方式與任何一個其他部分交織在一起。我們在對不同整體中的部分關係進行比較的過程中，甚至在對同一個整體中的部分關係進行比較的過程中就已經發現明顯的區別，它們是通常談論的那些有關各種不同整體和部分的基礎。例如：手是人的一個部分，但其方式完全不同於：這隻手的顏色是人的一個部分；心理行爲是人的一個部分，以及，這些現象的內部因素是人的一個部分。廣延的各個部分相互聯合，但其方式完全不同於：它們本身與它們的顏色聯合在一起，如此等等。我們很快會看到，這些區別完全屬於我們現在的研究領域。

第16節　相互間奠基和單方面奠基，間接奠基和直接奠基

如果我們來觀看一個整體的任意一對部分，那麼會有如下可能性存在：

一、在這兩個部分之間存在著一種奠基關係。

二、不存在這種關係。在前一種情況中，奠基可以是

(a) 一種**相互間**的奠基。

B₁265　A258

(b)一種單方面的奠基，它根據相關的規律性而是可逆的或不可逆的。所以，顏色和廣延在一個統一直觀中[2]相互奠基，因爲不帶某種廣延的顏色，不帶某種顏色的廣延是無法想象的。相反，一個判斷特徵是單方面奠基於作爲基礎的表象之中，因爲表象無須作爲判斷基礎起作用。布倫塔諾對「相互間可分離性」部分和「單方面可分離性」部分的區分在範圍方面與這裡的區分相一致，但在定義方面不一致。布倫塔諾關於「相互間可分離性」的補充說法相當於對所有奠基關係的取消。

現在我們感興趣的還有這樣一個問題：這些部分的相對獨立性或不獨立性究竟處在何種狀況之中，這裡所說的相對當然是指相對於它們在其中受到觀察的那個整體。如果在兩個部分之間存在著一個相互間的奠基關係，那麼它們的相對不獨立性便是毫無疑問的；例如在質性和地點的統一之中。如果在兩者之間僅僅存在著單方面的奠基關係，那麼情況便會不同；在這種情況下，奠基性的內容（儘管不言而喻地不是被奠基的內容）能夠是獨立的。所以，在一個廣延中，一個塊片的形態奠基於這個塊片之中，也就是說，一個相對於這個整體而言[5]不獨立之物奠基於一個對它來說獨立的東西之中。

---

2 更確切地說：在一個視覺的被直觀之物本身的統一中。

[5] 在A版中爲：（即相對於這個廣延的整體而言的）。

此外，一個部分在另一個部分之中的奠基還可以是：

(a) 一個**直接的**奠基，或者

(b) 一個**間接的**奠基，這要取決於這兩個部分是處在直接的連結之中，還是處在間接的連結之中。當然，這個關係與前一個關係一樣，它並不束縛在個體現有的因素上，而是根據其本質組成[6]與奠基關係有關。如果α_0直接地奠基於β_0之中，但間接地奠基於γ_0之中（只要β_0是直接地奠基於γ_0之中），那麼普遍的並且根據純粹的本質來說有效的是：一個α直接地奠基於β之中，間接地奠基於γ之中。其原因在於：只要一個α與一個β連結在一起，它們就是直接地連結在一起，而且還有，只要一個α與一個γ連結在一起，它們就是間接地連結在一起。**間接性和直接性的次序是在純粹的屬中得到規律性論證的。**[3]例如「顏色」這個屬因素，以及「亮度」這個因素，它們只能以完全不同的方式在一個最低的差的因素中並隨這

B₁266

3　這句話的德文原文爲：「Die Ordnung der Mittelbarkeit und Unmittelbarkeit ist in den reinen Gattungen gesetzlich begründet.」。由於「begründen」一詞具有「給出根據（基礎）」、「論證」等等含義，所以這裡的譯文也可以是：「**間接性和直接性的次序規律性地奠基於純粹的屬之中。**」——中譯注

[6]　在A版中爲：普遍組成。

個因素——例如「紅」、「藍」等等——而實現。而「亮度」因素又只有在與某個廣延規定性的聯繫中才能實現。這些在任何時候都是直接的連結和奠基決定了在「顏色」因素或「亮度」因素和「廣延規定性」因素之間的間接連結和奠基。[7]這些從屬於間接奠基的聯繫規律顯然是分析規律，而且它們是那些從屬於直接奠基的聯繫規律的推斷結果。

第17節　對塊片、因素、物理部分、抽象、具體這些概念的精確規定

我們現在也可以將其他一些熟悉的和基本的概念還原爲前面所確定的那些概念，並且由此而賦予它們精確的（exakt）規定性。如前所述，即使有些個別的術語值得考慮，然而無論如何，下面將要劃歸給它們的那些概念卻極爲重要。

我們首先確定對「部分」這個概念的基本劃分，即劃分爲**最狹窄意義上的「塊片」或部分**，以及劃分爲整體的「因素」[8]或「抽象部分」。**我們將任何一個相對於整體G獨立的部**

[7] 在A版中爲：間接性和直接性的次序是在純粹的屬中得到規律性論證的。例如「顏色」這個因素只能以完全不同的方式在一個最低的差的因素中並隨這個因素而實現，例如「紅」、「藍」等等。而「紅」、「藍」這些因素又只有在與某個地點規定性的聯繫中才能實現。這些在任何時候都是直接的連結和奠基決定了在「顏色」因素與「地點規定性」因素之間的間接連結和奠基。

[8] 在A版中還有：（方面）。

A260

分稱作「塊片」，將任何一個相對於它不獨立的部分稱作這同一個整體G的「因素」（[9]一個抽象部分）。在這裡，這個整體本身——絕對地或相對於一個更高的整體來看——是否獨立，這是無足輕重的。因此，抽象部分可以再具有塊片，而塊片也可以再具有抽象部分。我們談論一個時間綿延的塊片，儘管這個時間綿延是抽象的東西，我們同樣也談論一個廣延的塊片。這些塊片的形式就是寓居於這些塊片之中的抽象部分。

我們將那些不共同具有同一塊片的各個塊片稱作相互排斥的（「分離的」）塊片。我們將那種把一個整體劃分爲多個相互排斥之塊片的做法稱作對此整體的「分片」（Zerstückung）。兩個這樣的塊片還可以共同具有同一個因素。所以，這個共同的界限就是對於一個被劃分的連續所具有的劃界塊片而言的同一因素。如果塊片在嚴格的意義上是分離的，也就是說，它們不再同一地含有一個因素，那麼它們就叫做「被分開的」。

由於一個抽象部分在與每一個整體的相關性中，並且在包含此整體的對象[10]之總和的相關性中都是抽象的[4]，所以，一個在相對觀察中的抽象之物在絕對觀察中當然也是抽象的。

B$_I$267

4 根據定律四，第二六三頁[11]。

[9] 在A版中還有：一個方面或。

[10] 在A版中爲：內容。

[11] 在A版中爲：第二五六頁。

絕對的觀察可以被定義爲相對觀察的極限情況，在這種情況中，相關性受對象[12]普遍的全部總和的規定；因此，我們無須對在絕對意義上的抽象之物或不獨立之物做出先行的定義。據此，一個絕然的抽象就是一個對象[13]，相對於它，有一個整體存在，它是這個整體的一個不獨立部分。

如果一個整體可以用這樣一種方式被分片，以至於這些塊片從本質上來說就是那個最低的屬，即由這個未劃分的整體所規定的屬，那麼我們就將這個整體稱作「擴展的整體」，將它的塊片稱作「擴展的部分」。[14]例如：將廣延劃分爲廣延，尤其是將空間線段劃分爲空間線段，將時間線段劃分爲時間線段，以及如此等等，都屬於這類分片。

我們在這裡還可以繼續做如下定義：

一個對象[15]在與其抽象因素有關時叫做「相對的具體」，並且在與其最貼近的因素有關時叫做「它們最貼近的具體」。（我們在後面幾節中將會更確切地規定這裡所預設的這個在

$B_1$268　A261

---

[12] 在A版中爲：內容（對象）。

[13] 在A版中爲：內容。

[14] 在A版中爲：如果一個抽象可以用這樣一種方式被分片，以至於這些塊片從本質上來說就是那個最低的屬的抽象，即由未劃分的整體所規定的屬，那麼我們就將這個整體稱作物理整體，將它的塊片稱作物理部分。

[15] 在A版中爲：內容。

較貼近和較疏遠因素之間的區別。）一個本身在任何方面都不是抽象的具體可以被稱作「絕對的具體」。每一個絕對獨立的內容都具有抽象的部分，這個定理是有效的，因此，每一個這樣的內容也可以被看作是和稱作是絕對的具體。也就是說，這兩個概念具有相等的範圍。出於相同的理由，人們也可以將塊片稱之爲具體部分，當然，根據整體本身或者僅僅具有抽象部分、或者本身就是抽象的不同情況，這裡的具體應當被理解爲絕對的具體或相對的具體。凡在僅僅使用「具體」的地方，它通常所指的都是絕對具體。

第18節　一個整體的間接部分和直接部分的區別

與塊片和抽象部分之區別密切相關的是間接部分和直接部分之間的區別，或者說得更明確些，貼近部分和疏遠部分的區別。因爲，關於直接性和間接性的說法可能會在雙重的意義上被理解。我們首先討論這個說法的最貼近意義。

如果θ(G)是整體G一個部分，那麼這個部分的一個部分，如θ(θ(G))，就又再是整體的一個部分，然而是它的間接部分。這樣，θ(G)便可以叫做這個整體所具有的一個相比較而言的直接部分。這個區別是一個相對的的區別，因爲θ(G)本身又可能是一個間接的部分，即在涉及它作爲部分包含於其中的這個整體的另一個部分時。如果我們將絕對間接的部分理解爲這樣一些部分，與這些部分相關，在整體中存在著一些它們本身作爲部分寓居於其中的部分；如果我們將絕對直接的部分理解爲這樣一些部分，這些部分不能被這個整體的任

B_{I}269　A262

何一個部分看作是部分，那麼前面這個相對的區分就變爲絕對的區分了。一個廣延所具有的任何一個幾何學部分都在這個絕對的意義上是間接的；因爲它一再地（幾何學地）具有包含那些部分的部分。列舉絕對直接部分的恰當事例則要更困難。我們可以舉這樣一個例子：如果我們在一個視覺直觀中突出所有內部因素的統一複合體，這些因素在單純的地點變化的情況下始終保持同一，那麼這個複合體就是這個**整體**[16]的一個部分，這個部分不再可能具有更高序列的部分。這一點也應當適用於它們的單純廣延的整體，這是就那個幾何學的、不依賴於位置而完全一致的立體而言。如果我們將這個區分局限在同一類的各個部分上，那麼統一的色彩因素就是一個絕對直接的部分，只要這個整體不具有這樣一些同類因素，即對此整體來說又可以再作爲部分而加以分割的因素。與此相反，附著在整體的一個塊片上的色彩可以被看作是間接的，只要它參與了整體的總體色彩。在涉及「廣延」這個種時，這一點適用於總體廣延，它是一個絕對直接的部分，同樣也適用於這個廣延的一個塊片，它是這個廣延事物的一個絕對間接部分。

[16] 在A版中未加重點號。

第19節　這個區別的一個新的意義：整體的較貼近和較疏遠部分

如果我們注意到某些在對整體和間接部分之間的關係進行比較性觀察時會湧現出來的奇特區別，那麼關於直接部分和間接部分的說法便會獲得一個全新的內容。[5] 如果我們想象一個擴展性的[17]整體被分片，那麼塊片就可以繼續被分片，塊片的塊片又可以再次被分片，如此等等。部分的部分在這裡和原初的[18]部分一樣，它們以完全相同的方式也是整體的部分；並且我們不僅注意到與部分關係的類有關的相同性，這種部分關係的類決定了就整體而言關於同類部分的說法——塊片的塊片又是整體的塊片[6]——，而且，這樣兩種關係的相同性：一方面是在整體和間接部分之間的關係，另一方面是在整體和（相對）直接部分之間的關

$B_1$270　A263

5 參閱鮑爾查諾，《科學論》，第一卷，第58節，第二五一—二五二頁，以及特瓦爾多夫斯基，《關於表象的內容和對象的學說》，第9節，第四十九—五十頁。

6 這是對前面第14節，第二六二頁[19]定律三的一個新表達。

[17] 在A版中爲：物理的。

[18] 在A版中爲：直接的。

[19] 在A版中爲：第二五五頁。

係，也在以下情況中宣示出來，即：同一個部分透過可能的劃分而得以產生，它可以時而作爲較先的部分，時而作爲較後的部分產生，由於這些可能劃分的差異性，我們沒有理由以包含在整體中的方式使一個部分絕對地優先於其他部分[20]：這種劃分的等級次序在這裡並沒有一個在部分與整體關係方面實事確定的和固定的層次與之相符。關於間接和直接部分的說法並不是一個缺乏客觀根據的隨意說法。物理整體確實具有那些首先被觀察到的部分，而這些部分又同樣確實地具有在它們之中各不相同的、因而在與整體的關係中間接的部分；在繼續進行的每一次劃分中，情況都是如此。但是，這些部分中的最疏遠部分自身並不比最貼近部分距離整體更遠。部分的層次次序無論如何也是[21]由劃分的層次次序所決定的，而劃分的層次次序則缺乏客觀基礎。在擴展性的[22]整體中不存在作爲第一劃分層次的自在第一劃分，也不存在具有確定範圍的劃分群組；實事的本性沒有規定從一個已有的劃分導向另一個新的劃分的進程或劃分層次的進程。我們可以在不輕視內部優先的情況下以任何一個劃分爲開端。隨人們所偏好的劃分方式的不同，每一個間接部分都可以被看作是直接部分，每一個直接部分也可以被視爲是間接部分。

[20] 在A版中爲：使後者以某種內部的方式優先於前者。

[21] 在A版中爲：僅僅是。

[22] 在A版中爲：物理的。

A264

如果我們觀察其他的例子，情況就會完全不同。一個直觀統一的音序，如一個旋律，是一個整體，在其中我們可以發現作爲部分的個別聲音。任何一個這樣的聲音又具有部分，具有質和強度因素等等，它們作爲部分的部分也是這個旋律的部分；但很明顯，個別聲音的「質」以間接的方式寓居於整體之中，這種間接性不能被歸諸於我們主觀的劃分次序或其他的主觀動機。儘管可以確定，如果個別聲音的「質」自爲地被注意到，那麼這個聲音本身必定會得到「突出」。對這個間接部分的特殊把握（Sondererfassung）預設了對直接部分的特殊突出。但人們不會將這個現象學關係混同於在這裡被觀察的客觀實事狀態；[23]明見無疑的是：只有當「質」是個別聲音的部分時，它自身才是這個旋律的部分；它直接地屬於這個個別聲音，但卻只是間接地屬於這整個的聲音構成物。因而這個「間接」在這裡與那種隨意的、甚或受心理學壓迫所決定的對某個劃分進程的偏好無關，這個進程是指我們必定會首先遇到聲音，然後才遇到它的質的因素；相反，自在地看，在這個旋律的整體中，聲音是較早的部分，它的質是較晚的、間接的部分。聲音的強度情況也與此相同；甚至在這裡看上去幾乎是這樣一種情況，就好像強度使我們進一步遠離旋律的整體，就好像它不是聲音的直接因

[23] 在A版中爲：儘管可以確定，爲了自爲地注意到個別聲音的質的因素，我們首先必須突出這個聲音本身；因此，對這個間接部分的特殊立義（Sonderauffassung）在這裡預設了對直接部分的特殊立義；但人們不會將這個主觀必要性混同於明見客觀的實事狀態；。

素，而是更貼近聲音的質一樣，也就是說，在與聲音的關係中已經是第二性的部分（這個觀點當然不是毫無疑義的，因而需要受到更爲仔細的考慮）。如果我們合理地在被觀察的聲音的質中，例如在c中設定一個部分，這個部分展示出它與所有其他的聲音所共有的東西，即它們的屬因素，那麼這個部分就第一性的寓居於質之中，第二性的寓居於聲音之中，第三性的才寓居於這整個聲音構成物之中；如此等等。同樣，寓居於一個視覺被直觀之物（本身）的擴展部分[24]之中的顏色因素或形態因素首先被加入到這個部分之中，其次才加入到這個直觀整體之中。與整體關係更爲間接的是寓居於有形廣延[25]之中的「量」（volumness），是首先從屬於這種廣延在量的方面的東西（Größenartige）（在純粹直觀被給予性本身的領域中當然談不上眞正量的規定性）[26]。

根據這些闡述，對間接部分和直接部分之區分的新的和重要的意義便能夠變得明晰起來。但只要在任何一個整體中都存在著一些直接屬於它本身，而非首先屬於它的一個部分的部分，那麼這個區別就不只是一個相對的區別。對於個別部分來說，它是一個在現在的意義上的間接部分或不是這樣一個部分，並且如果是，那麼它是在第一層次上，還是在第二層次

A265
B$_1$272

[24] 在A版中爲：一個視覺直觀的物理部分。
[25] 在A版中爲：形態。
[26] 在A版中爲：（即先於所有量的規定性）。

和更進一步的層次上是間接的部分，這是已經自在地固定確定了的。爲了在術語上進行區別，人們可以說整體的「較貼近的」和「較疏遠的」部分；而爲了更確切的加以規定，人們也可以說整體的「第一性的」、「第二性的」……部分；間接部分和直接部分這兩個術語可以在更普遍的、可運用於任何部分的意義上保留下來。第二性的部分是第一性部分的第一性部分，第三性的部分是第二性部分的第一性部分，如此等等。這一系列的概念顯然是彼此互不相容的。

第一性部分能夠是、甚至一般說來將會同時是絕對間接的。然而也有一些第一性部分是絕對直接的部分，也就是說，它們不會作爲部分包含在任何整體的部分之中。一個廣延所具有的任何一個塊片都第一性的包含在這個廣延之中，儘管它始終可以被理解爲這個廣延的間接部分。客觀上始終存在著一些部分，它就是這些部分的部分。與此相反，一個廣延的形式卻不會作爲部分而包含在這個廣延的某個部分之中。

第20節　彼此相對較貼近和較疏遠的部分

我們在前面談及在與整體的相關性中並從屬於這個整體的間接部分和直接部分、貼近部分和疏遠部分。但是，在我們觀察那些處在相互關係之中的部分時，我們也常常使用這些術語，儘管是在完全不同的意義上；我們談到部分之間的直接聯繫和間接聯繫，在間接聯繫中我們還進行區分。我們說，某些部分相互間較爲貼近，某些部分相互間較爲疏遠。這裡需要

A266
$B_1$273

考察下列關係。一個通常的情況是：一種連結形式將兩個部分α、β特定地組合爲一個部分統一，這個部分統一排斥其他的部分；而且，不是α，而是β以同樣的方式與γ相連結。在這種情況下，α現在也與γ連結在一起，這是透過一個複合的、由$\alpha\frown\beta$和$\beta\frown\gamma$的連結所構成的統一形式來完成的。這樣，我們便將這種$\alpha\frown\beta$和$\beta\frown\gamma$的連結稱作直接的連結，而將α與γ之間以$\alpha\frown\beta\frown\gamma$的形式進行的連結稱作間接的連結。如果還進一步存在著$\gamma\frown\delta$、$\delta\frown\varepsilon$等等連結，那麼我們會說，它們的終極環節δ、ε……是在不斷提高的間接性中與α相連結，δ是比γ更疏遠的一個部分，ε則是比δ更疏遠的一個部分，如此等等。在這裡所描述的顯然只是一個簡單的特殊情況。每一個字母α、β、γ……例如都可以組合一個複合的部分統一，即一個由各個統一連結的環節所組成的完整群組，這樣，在這種將部分統一作爲整體加以銜接的連鎖（Verkettung）之基礎上，不同群組的環節也顯現在這些較爲貼近和較爲疏遠的聯繫的關係中。

在這裡並沒有談到，是否還存在著其他的連結，尤其是沒有談到，在間接地相連結的環節之間是否還存在著直接的連結（甚至是與那種在直接相連結的環節之間的連結屬於同一個屬的連結）。我們僅僅根據那些受基本連結規定的複合關係的形式來觀察這些環節。當然，對這些形式的觀察在那些已標明的情況中將會具有特別重要的意義，這些情況絕大多數都已在理論上和實踐上受到考察，它們的特性可以簡單地用一條直線內的各個點的連結來加以說明。如果我們將隨意的一串點從一條直線中突出出來，那麼我們就會注意到：各個間接被連結的環節與直接鄰近環節的直接連結屬於同一個最低的連結屬，而且前者與後者的區

A267
$B_1$274

別僅僅在於它們最低的種差，而這個差本身又受到各個中介性連結的差的單義規定。這種狀況表現在時間序列中，表現在空間構形中，簡言之，只要連結可以透過同一個屬的**被指向的線段**而得到描述，這種狀況便會表現出來。一言以蔽之：處處都存在著**線段加法**。但在這裡，在我們所做的純粹形式的觀察中，我們可以對所有這些都忽略不計。

我們可以用下列方式從概念上進行本質性的把握。如果兩個連結共有某些環節，但並非共有所有環節（也就是說，彼此不相合，就像是同一些環節透過多種連結而得以聯合一樣），那麼它們便構成一個「連鎖」（Verkettung）。每一個連鎖而後都是一個複合連結。連結現在分爲含有連鎖的連結和不含連鎖的連結；前一種連結是後一種連結的複合體。一個不含連鎖之連結的各個環節就意味著是「直接相連結的」或「相鄰的」。在每一個連鎖中，並因此而在每一個含有連鎖的整體中都必定存在著直接相連結的環節，即從屬於那些不再包含連鎖的部分連結（Teilverknüpfungen）的環節。這樣一個整體所具有的所有其他環節都意味著是彼此「間接相連結的」。一個「簡單的連鎖」α⌒β⌒γ（它之所以簡單，是因爲它不含有作爲部分的連鎖）的共同環節在這些規定的意義上是與它的相鄰環節直接地相連結的，這些相鄰環節本身是間接地相連結的；如此等等。彼此相距較貼近或較疏遠的說法始終與連鎖有關：按照有關形式上可以輕易規定的補充，「鄰居」（＝直接相連結的環節）、「鄰居的鄰居」等等這些概念提供了「疏遠」的等級，並因此而無非只是一、二等等這樣一些「序數」而已。當然，這個補充的目的在於考慮：是否能夠透過對一個「進程方向」的確定來保證這些概念的單義性；例如透過列舉一組概念構成關係的本質**不等邊**性，就像「A的

A268
B$_1$275

右鄰」（A右邊第一個）、「A的右鄰的右鄰」（A右邊的第二個）等等。——這項研究的本質目的並不要求我們對這個自身不無重要意義的問題做出更爲詳盡的分析。

第21節　借助於奠基概念來精確地規定整體與部分的確切概念及其本質類別

在以上所進行的考察中，我們的興趣在於整體與部分之間，或者說部分與部分之間（相互結合成爲一個「整體」的內容之間）的最普遍的本質關係。在我們所做的與此相關的定義和描述中**預設了**整體這個概念。但這個概念**處處都可以省缺**[27]，人們可以用那些被稱之爲部分的內容的**簡單共存**來替代它。例如人們可以這樣來定義：

如果一個α按其本質[28]來說（也就是說，規律性地，根據它的特殊特性）沒有一個β的存在就不能存在，而是否需要某個δ、ε的共同存在又懸而未定，那麼，**一個α類的內容便奠基於一個β類的內容之中**[29]。其他定義的情況與此相似。綜觀所有這一切，人們可以用一種值得注意的方式**借助於奠**

[27] 在A版中爲：我們至此爲止在我們的定義中、在演繹定理中和描述中始終談到整體，我們在整體中將內容理解爲部分。但**整體這個概念現在處處都可以省缺**。

[28] 在A版中爲：本性。

[29] 在A版中未加重點號。

基概念來定義「整體的確切概念」：

我們將一個「整體」理解爲那些**由一個統一的奠基所涵蓋**的、並且不依靠其他內容的內容之總和。這樣一個總和的內容被我們稱作部分。關於「奠基統一」的說法應當表明，**每一個內容與每一個內容都透過奠基而相互聯繫**，無論這**是直接的**，還**是間接的聯繫**。這種聯繫可以這樣發生：所有這些內容都不依靠外部的力量而直接或間接地相互奠基；或者也可以這樣發生：反過來，**所有內容一起**爲一個新的內容奠基，並且同樣不依靠外部的力量。在後一種情況中不排斥這樣的可能，即：這個統一的內容是由一些部分內容所構成，這些部分內容以某種方式奠基於這個預設的總和的部分群組中，這種奠基的方式與總體內容奠基於整個總和之中的方式相類似。最後，中介性的情況也是可能的，在這種情況中，奠基的統一例如可以這樣形成：α與β爲一個新的內容奠基，β然後又與γ，γ再與δ爲一個新的內容奠基，如此等等，簡言之，以連鎖的方式奠基。

人們立即注意到，對**整體的本質劃分**是如何受到這類區別的規定的。在首先被標示的情況中，各「部分」（被定義爲有關總和的環節）是「相互滲透的（durchdringen）」；在另一些情況中，各部分是「相互外在的」，但卻規定著實在的連結形式，無論是以全部連鎖的方式，還是以成對連鎖的方式。只要談到狹義上的「聯合」、「連結」以及如此等等，人們就是在指第二種整體；即是說，彼此相對獨立內容（整體而後被分離爲這種作爲其塊片的內容）爲**新的**內容，即爲那些作爲它們的「聯合形式」的內容奠基。關於整體與部分的說法通常也以這些情況爲依據。

A269
B$_1$276

同一個整體可以在某些部分上是滲透，在另一些部分上是聯合：例如：感性顯現的事物、被感性質所覆蓋的直觀被給予空間構形（完全如其顯現的那樣）就其相互奠基的因素如色彩、廣延而言是滲透，這個顯現的事物就其塊片而言則是聯合。[30]

第22節 感性的統一形式與整體

在進一步的研究開展之前，我們有必要明確地指出：**根據我們定義的標準，在每一個整體中並不必須包含著一個在特殊的、聯合所有部分的「統一因素」意義上的特有形式**。如果這個統一好比是透過連鎖而形成的，以至於每一對相鄰的環節都爲一個新的內容奠基，那麼我們定義的要求就已經得到滿足，這裡並不需要有一個特有的、**共同**奠基於所有部分之中的因素，即統一因素存在；而且人們幾乎不能先天地主張：必須假設這樣一個因素。我們的整體概念根本沒有提出這樣的要求，即：這些部分也只有以群組的或成對的方式透過特有的統一因素連結在一起。只有當整體是一個「擴展**性的**」[31]**整體並且完全可以分**解爲塊片時，這些統一因素才不言自明地是先天必需的。

A270 $B_1$277

[30] 在A版中爲：顯現的事物就其面（Seiten）而言是滲透，就其塊片而言是聯合。。

[31] 在A版中爲：「物理的」。

看起來不可思議的是，我們彷彿滿足於這些定義，甚至竟敢認爲，**所有整體**——**只有可分片的整體除外**——**都缺乏聯合的統一形式**，例如：廣延與色彩的統一、聲音的質與聲音強度的統一，或者，在一個事物感知的感覺組成與那個與它相對而在特殊的現象學因素方面被感知意識所加入的東西之間的統一，以及其他的統一等等，它們都僅僅建立在單方面的或相互間的奠基之基礎上，除此之外，並沒有一個特有的形式內容、一個特有的統一因素透過它們的共在而得到奠基。[32]無論如何這是一個醒目的事實：每當連結的形式能夠作爲特有的因素而在直觀中[33]現實地得到表明時，有關的被連結之物彼此總是相對獨立的部分；例如：在旋律統一中的各個聲音，或在顏色構形統一中以塊片形式被劃分的各個色彩，或在複合形態的統一中各個局部形態，以及如此等等。相反，如果我們在視覺顯現的統一中努力地尋找那種與賦予塊片以統一的形式內容相並列的形式內容，這種形式內容將不獨立的因素[34]，例如色彩與廣延，相互連結在一起，或者，如果在色彩中努力地尋找色調和亮度，在廣延中尋找

[32] 在A版中爲：看起來更不可思議的是，我甚至認爲，或許**所有整體**——**只有可分片的整體除外**——**都是感性無形式的**，例如：廣延與色彩的統一、聲音的質與聲音強度的統一，感覺與對象釋義的統一等等，它們都僅僅建立在單方面的或相互間的奠基之基礎上，除此之外，並沒有一個特有的形式內容、一個特有的統一因素透過它們的共在而得到奠基。。

[33] 在A版中爲：感性的因素而透過內感知或外感知。

[34] 在A版中爲：「各個面」。

A271　　$B_1$278

形式因素和量值因素[35]，以及如此等等，那麼這些努力都將會是徒勞的。不言自明，我們現在絕不會將這個「找不到」（Nicht-vorfinden）硬說成是一種「不存在」（Nicht-sein）。但無論如何，在這裡至關重要的是，詳細地考慮那種「不帶有」抽象感性形式的感性統一之可能性，並且在可能的情況下澄清這種可能性。

在這點上，也許首先令人感到奇特的是，單純的共存必然性和補充要求——它們無非在於，某些種類內容的存在決定了某些被劃歸的種類的內容的同時存在——在我看來應當在發揮著賦予統一的作用。人們立即會反駁說：儘管如此，這些內容難道不能在完全分離的情況下相互並列，在它們的此在中相互依賴，但卻仍然可以完全不相聯合？情況並不像這裡所聲稱的那樣：奠基就意味著聯合的統一。[36]

[35] 在A版中爲：形式和量（volumness）。

[36] 在A版中爲：隨意地散布在所有地方，而並不是像它們現實所做的那樣在直觀統一中浮現給我們嗎？我們則與此相對地指出：只要一個α奠基於一個β之中，就不可能有一個含有α而不含β的獨立存在，因而也不可能有這樣的獨立意識、獨立封閉行爲體驗。無論我們對一個心理的自爲存在P進行多麼狹窄的劃界，只要α得以實現，β必然也同時實現。它的自爲存在、它的獨立性恰恰在於，它仍然是它所是，即使其他的實在之物被毀滅。但β一旦消失，α也就不存在，P從而也就發生變化。對方將會回答：我們可以承認這一點。但因此卻並不會給出任何實在的統一，不會在心理領域中給出直觀的統一。在後一種情況中，這兩種內容儘管必然處在同一個意識中，但卻是完全分離地相鄰相處。

我們的回答很明確。關於分離的說法[37]蘊含著分離內容的相對獨立性的思想；我們恰恰已經排斥了這些內容。相鄰的圖像爲我們提供了證明；它顯然預設了相對獨立的內容，這些內容僅僅因爲是這樣的內容就能夠爲這種相鄰的**感性**形式奠基。這個不合適的圖像（其所以不合適是因爲它想透過感性形式的事例來說明感性的無形式性）所極力推薦的，就是在單純的空間共處中被給予內容的相互無關性。這樣，人們將這樣一個思想強加進來：不是在沒有鬆散的形式進行統一的情況下，而是在根本沒有任何形式進行統一的情況下，各個內容之間才相互無關；也就是說，它們永遠不會相聚，它們永遠是分散的。想將內容束縛在一起，但卻沒有一條束帶，這難道不是一個矛盾？——當然對於那些被此圖像所預設的內容來說，這是完全正確的。但我們所說的那些內容卻相互間極爲有關，它們是相互奠基的，因而它們不需要索鏈和束帶就可以相互連鎖或相互連結，可以相互抵達[38]。甚至所有這些表達對它們來說實際上都毫無意義。但在談論分離無意義的地方，如何克服分離的問題也就是無意義的。

不言而喻，這個觀點不僅適用於我們所舉證的直觀對象的領域（尤其是現象學內容的領域），而且也適用於對象一般的領域[39]。我們恰恰要說，**所有眞正進行統合的東西**

A272
B1279

[37] 在A版中還有：，無論它是透過不同意識而產生的分離，還是在同一個意識之內的分離，它都。

[38] 在A版中還有：以及如此等等。

[39] 在A版中爲：不言而喻，這個觀點也可以從我們至此爲止所觀察的現象對象領域（尤其是現象學內容的領域）被轉用到對象一般的領域上。

（Einigende）都是奠基關係。因此，獨立對象的統一只有透過奠基才能成立。由於它們作為獨立的對象並不相互奠基，因此它們本身只能一起為新的內容奠基，這些新的內容恰恰因為這一事態而在奠基性的「環節」方面被稱之為賦予統一的內容。然而，相互（無論是雙方面還是單方面）奠基的內容也具有統一——一個由於很少帶有中介、因而無比密切的統一。這種「密切性」恰恰在於，它們的統一並不是透過一個新的內容才產生的，這個新的內容本身也只是由於它同時奠基於許多自身相互分離的環節之中才得以「產生」。如果人們將這個內容稱作「統一」，那麼統一顯然就是一個「實在的謂詞」，一個「實證的」、「實在的」[40]內容；這樣的話，其他的整體在這個意義上便不具有統一；我們甚至都不能說，這個特有的[41]統一因素是與每一個被統一的環節相一致的。但如果我們不接受這個如此錯誤和實際上必然會導致歧義的術語，那麼我們就必須在一個統一性奠基所能達到的範圍內談論各個統一和整體。這樣，我們便可以對任何一個以此方式被統一的內容總和進行這樣的陳述：它具有統一，即使那個被劃歸給它的謂詞並不是「實在的」謂詞，就好像在整體中的某處會有一個「統一」的組成部分被凸現出來一樣。統一恰恰就是一個範疇的謂詞。

由於對在整體學說中一個早已為人熟知並令人感到壓抑的困難的清除，我們的觀點能夠保證提供理論上的優勢，這個並不微小的理論優勢也將是人們所需要考慮的。這個困難是

[40] 在A版中還有：、「感性的」。

[41] 在A版中為：感性的。

$B_1$280　A273

指那些部分關係的無限複雜性，它們似乎會導致統一因素的無限複雜性，並且是在每一個整體中的統一因素的無限複雜性。我們所反對的那種觀點是以一個被誤認的自明性爲出發點的，即：只要兩個內容構成一個實在整體，在那裡必定有一個特有的部分（統一因素）存在，它將這兩個內容連結起來。如果現在統一因素ε屬於A和B，那麼，一個新的因素ε_1也屬於A和ε——因爲這兩者也是一致的——；屬於B和ε又有一個新的因素：ε_2；而屬於ε和ε_1以及同樣屬於ε和ε_2的又是新的因素ε_1^2和ε_2^1；如此無限地進行下去。如果人們現在對連結與聯繫、「感性質料」和「範疇形式」不加區分，如果人們更多地是將那些無窮繁雜的、先天可能的、根據一個觀念規律性而導向無限複雜的立義區別納入到作爲實在因素的對象中去，那麼就會產生像特瓦爾多夫斯基在其「心理學」研究中爲我們所展示的那種既細膩又奇異的分析。7

我們的觀點將會省去這些不斷分裂爲新系列的各個部分的無窮後退（Regresse）。實在地（在一種可能的感性中可感知地）實存著的無非只是整體的塊片之總和以及建基於塊片組合之中的感性統一形式。但是，爲那些在塊片之內的因素以及爲那些**帶有**塊片的統一因素提供統一的東西，則是在我們所做定義之意義上的奠基。

最後還要談一下「統一因素」這個概念。我們將它區分於那個**賦予整體以統一的「形式」概念**。我們在前面已經順帶地定義了這個概念。明確地說，我們將它理解爲**一個內容**，

$B_1$281　A274

---

7 參閱特瓦爾多夫斯基：《關於表象的內容和對象的學說》，第10節，第五十一—五十三頁。

這個內容透過許多內容而被奠基，並且是*透過所有這些內容*，而不僅僅是透過它們其中的個別內容被奠基。（我們顯然在這裡預設了*我們的*奠基概念。）如果我們局限在現象領域，那麼這個內容會隨其奠基本性的不同而既可以是一個外部感性的內容，也可以是一個內部感性的內容。

注釋：統一因素與所有其他抽象內容一樣將自身按序納入到各個純粹的[42]屬和種之中。[8]所以，「空間形態」的屬分化爲「三角形」，而「三角形」又分化爲新的種「特定的三角形」，這是指在任何移動和反轉過程中保持「同一」的特定三角形。[44]在這些例證上可

8 參閱我的《算術哲學》，一八九一年[43]，第二三二頁。

[42] 在A版中爲：眞正的（亞里斯多德的）。

[43] 在A版中爲：第一卷。

[44] 在A版中爲：所以，空間形態的屬分化爲三角的種，而三角又分化爲更低的種：確定的三角，這是指在任何移動和反轉過程中保持「同一」的確定三角。這個最終可能的區別又使人們能夠下降到那個在其絕對狀態方面也確定了的三角，這個三角始終還是一個抽象之物，並且在涉及其他更高層次的種時是一個相對的具體之物。

以清楚地看出，統一因素的屬單義地受到那些為它們奠基的內容屬的規定，同樣，前者最低的差也單義地受到後者最低的差的規定。人們此外還注意到，在統一因素那裡可以區分第一、第二、第三……階段的因素或形式，這種區分是根據以下情況的變化來進行的，即：這些統一因素究竟是直接奠基於絕對內容之中，還是已經奠基於第一階段的這種形式之中，還是進一步奠基於那些本身已奠基於第一階段形式之中的形式中。人們此外還可以看到，較高階段的形式內容必然會與較低階段形式的一整個系列交織為一個整體，並因此而在這種交織中隨時展示出**相對於最終奠基性的絕對因素而言的複合形式**。在複合感性構形的領域中，尤其是在視覺和聽覺構形的領域中，人們很容易便可以舉證這一點，同時還可以從概念中先天地明察到這個普遍事態。

第23節　範疇的統一形式與整體

在這裡所嘗試的對整體概念之規定的意義上，由某些內容構成的**一個單純的總和**（一種單純的一同存在[45]）不能被稱作**整體**，就像一個相同性（作為同一種存在）或相異性（作為

$B_1$282　A275

[45] 在A版中還有：或一同被意指。

不同種的存在，或在另一種意義上：不同一的存在）也不能被稱作整體一樣。[9]「總和」是對一個「範疇的」、僅僅與思維「形式」相符合的統一[47]的表達，它標誌著某個與各自客體相關的**意指統一**（Einheit der Meinung）的相關物[48]。只要客體僅僅是在思想上被聚合在一起，它們本身就既不會以客體群組的方式，也不會以所有客體一同的方式爲一個新的內容奠

$B_1$283

9 與作爲**範疇統一**的相同性相區別的是感性的**相同性因素**，後者與前者所處的關係完全相同於那些被我們用來標示多和非同一性的間接符號的感性數量特徵與多和非同一性本身所處的關係。參閱我的《算術哲學》，第二三三頁。本書在總和、統一因素、複合體、整體和更高層次對象方面的所有論述都可以參閱我的這部處女作（它是對我的沒有出版、僅僅部分印刷出來的一八七七年任教資格文章的加工）。許多較新的關於「構形質」的論述都始終沒有注意到這部著作，儘管在這部著作中已經可以在相當大的程度上發現以後科內利烏斯、邁農等人在分析、對多的理解、複合體這些問題上雖然術語各異、但基本思想相同的論述。——對此我不得不表示遺憾。我覺得，即使在今天，爲了有關現象學和本體論的問題去仔細閱讀《算術哲學》仍然是有益的，尤其是因爲這部著作是第一部對較高序次的行爲和對象進行評價和深入研究的著作。[46]

[46] 在A版中爲：《算術哲學》，第一卷，第二三三頁。

[47] 在A版中爲：與各自的所有客體相關的**意指統一**。

[48] A本的附加與修改：這裡所涉及的與範疇相對立的質料概念在本書，第二卷，第六研究，第42節，第六〇八頁上將會以**材料**（Stoff）的標題區別於質料的其他概念。

基；它們不會透過統一的意向而獲得實事性的連結形式，它們也許是「自身無聯合的和無關係的」。這一點表現爲：相對於它們的質料而言，總和形式完全是無關緊要的，也就是說，總和形式可以在那些被把握的內容發生完全隨意變更的情況下繼續存在。[49]但一個被奠基的內容依賴於奠基性內容的特殊「本性」；存在著一個純粹的規律，這個規律使被奠基內容的屬依賴於奠基性內容的特定被標示出來的屬。一個在完整和眞正意義上的整體完全就是一個受最低的「部分」屬規定的聯繫。在每一個實事性的統一中都包含著一個規律。根據不同的規律，換言之，根據各種不同的、作爲部分而起作用的內容，各種不同的整體得以規定自身。因此，同一個內容不能隨意不拘地忽而作爲這種整體的部分、忽而作爲那種整體的部分起作用。這個部分的存在，更確切地說，這樣一類部分的存在（形上學類的、物理類的、邏輯類的部分或任何其他可以區分的部分）根據規律是建基於有關內容的純粹屬的規定性之中的，這些規律在我們的意義上[50]是先天規律或「本質規律」。這是一個基本的明察，必須完全根據其含義來探討它，並且因此而最終表達它。隨此明察的獲得，整體與部分的系統關係理論之基礎也同時在其純粹形式方面、在其可從範疇上加以定義並可從整體的「感性」質料中得到抽象的類型方面被給予。

A276

[49] 在A版中爲：或一個「純粹的思維形式」。

[50] 在A版中爲：在某種意義上甚至。

在探討這一思想之前，我們還必須消除一個顧慮。總和概念是一個純粹範疇的概念，而整體的形式、奠基統一的形式正是在與它的對立中作爲一個質料的形式顯現給我們。但在前一節中不是已經說過，統一（並且說的恰恰是由奠基而形成的統一）是一個範疇的謂詞嗎？然而在這裡必須注意，從我們的學說來看，統一這個觀念或整體這個觀念是建立在奠基之上，而奠基又建立在純粹規律之上；其次，規律一般的形式是一個範疇形式（規律不是含有實事之物，即不是可感知之物），而且就此而言，奠基整體的概念也是一個範疇概念。但包含在任何一個這樣的整體中的規律之內容是受那些奠基性內容類別和進一步被奠基的內容類別的質料特殊性所規定的；正是這個內容上確定的規律賦予整體以其統一。因此，我們將這種統一的觀念的任何一個觀念可能的殊相化（Besonderung）都合理地稱作一個質料的統一，或者也稱作實在的統一。[51]

根據我們以前的論述，[10] 那些對於各種不同的整體來說建構性的規律是綜合先天的規律，它們與那些屬於單純範疇形式的分析先天的規律，例如屬於整體一般的形式觀念的規律

A277　$B_1$284

10 參閱本項研究第11—12節，第二五一頁以後。

[51] 在A版中爲：因此，我們將這個統一合理地稱作一個質料的統一，或者也稱作實在的統一。但另一方面這並不意味著，它是一個帶有感性可抽象形式的統一。

以及屬於這個觀念的單純形式殊相化的分析先天規律，處於對立之中。我們在下面尤其要關注這種殊相化。

第24節　整體和部分的純粹形式類型。先天理論的假設

整體與部分的**純粹形式**是按照**規律的純粹形式**而被規定的。在這裡起作用的僅只是奠基關係的形式普遍之物——這在定義中已經顯示出來——以及它能夠實現的那些先天複合體。只要我們從有關內容類別的殊相中「抽象出來」，我們就從某一個整體上升到它們的純粹形式、它們的範疇類型之上。更明確地說，這種「形式化的」「抽象」完全不同於我們通常在抽象標題下所理解的那種東西，也就是說，它是一種完全不同的功能，不同於那種例如將普遍的「紅」從一個具體的視覺被給予性中或將屬因素「顏色」從一個已被抽象出來的紅中突出出來的功能。我們以形式化的方式用一些不確定的表達，如「某個內容類別」、「某個其他的內容類別」等等，來取代那些標示著有關內容類別的名稱；與此同時，在含義方面也進行著相應的替代，即純粹範疇思想對質料思想的替代。[11]

11　關於形式化對一門作爲普遍數理模式（mathesis universalis）的邏輯學觀念之構造所起的作用可以參閱本書第一卷《純粹邏輯學導引》，第67—72節。——需要強調的是，每當我們自己談到抽象時，我們至此爲止所指的是對一個不獨立的內容因素的突出，或者說，在觀念化抽象的標題下所指的是相應的觀念化，而不是形式化。

人們從我們前面所做的規定中完全可以明顯地看到，必須對抽象部分和塊片之間的區別進行形式的、在這個意義上純粹範疇性的描述。只是這些規定必須根據我們現在的形式化趨向而得到合適的解釋，它們必須以那個在我們最後定義意義上的純粹整體觀念爲其基礎。我們在前面[12][52]根據例證僅僅描述性地說明了在較爲貼近和較爲疏遠的部分之間的區別，這個區別現在也被還原爲明顯奠基關係的單純形式，並因此而被形式化。

前面我們已經在這些例子中看到，在某些直觀整體的分片（**Zerstückungen**）順序中一再地產生出整體本身的塊片，所有這些塊片都與這個整體相貼近，並且同樣可以被看作是一個第一性分片的結果。分片的結果在這些例子中沒有透過整體的本質而得到在先的標示[53]。這裡的問題首先在於**整體的塊片的塊片又再是整體的塊片**[54]這個定理——我們在前面[13]已經

B₁278

B₁286

12 參閱本項研究第19節，第二六九頁。

13 本書第二六二頁[55]，定理三（參閱前面第二七〇頁）。

[52] 在A版中未加注腳，而是：（第19節）。

[53] 在A版中爲：只是某種主觀之物，在實事本身之中並不存在自然的秩序。

[54] 在A版中未加重點號。

[55] 在A版中爲：第二五五頁。

（只是用其他的語言）[56]純粹形式地證明了這個定理。其次，在這裡還涉及這樣一些塊片，劃片（Abstückungen）的順序對於這些塊片來說是無意義的，因爲在**奠基**中沒有一個階段順序與這個劃片順序相符合。所有塊片都始終與整體處於同一個奠基關係之中。所以，在與整體關係的**形式**中不含有任何區別，所有部分都「以相同的方式包含在整體之中」。如果我們對美學統一進行分片，例如：對一個星形進行分片，這個星形本身又是由多個星形所構成的，而這些星形則又是由線段，最後是由點所組成的——那麼情況就會完全不同。點爲線段奠基，線段則爲作爲新的美學統一的個別星形奠基，這些星形最後又爲那些作爲在此現有情況中最高統一的星形構成物進行奠基。點、線段、星形以及最終的星形構成物現在並不像一線段的部分線段那樣相互並列；在它們之中包含著一個固定的奠基層次順序，在此順序中，一個層次上的被奠基之物逐次成爲下一個較高層次上的奠基之物，而且在每一個層次上都規定了新的、而且只能在此層次上被達到的形式。我們在這裡可以附加這樣一個普遍定理：

塊片本質上是整體的間接的或疏遠的部分，它們就是這個整體的塊片，只要它們透過聯合的形式而與其他塊片統一爲整體，這些整體本身又透過新的形式而構造出更高階段的整體。

[56] 在A版中未加括弧。

因此，在相對於整體較爲貼近和較爲疏遠的部分之間的這個區別，其本質根據就在於那
種可從形式上加以表達的奠基關係的差異性之中。

類似的情況也表現在不獨立因素的範圍中，只要我們考慮在這樣一些因素之間的本質形 A279
式區別，即在那些**只能在完整的整體**中滿足其補充要求的因素與那些**只需在整體的塊片中**即
可滿足此要求的因素之間的區別。這一情況又造成了在共屬性的方式中、**在奠基形式中**的一 B₁287
個區別：根據這個區別，一些部分，如一個被直觀之物的整個廣延，都僅僅屬於作爲整體的
這個事物，另一些部分，如塊片的廣延，則特別屬於這個塊片，並且以較爲疏遠的方式才屬
於整體。這個間接性已經不再像在線段劃分中第二層次的塊片的間接性那樣是一個非本質的
間接性了，相反，它是一個本質的、可以透過這些關係的形式本性而得到描述的間接性。基
於明晰可見的相似理由，由**不獨立的因素和與整體最貼近的因素所構成的塊片較之於這些因**
素本身距整體更遠；至少在這樣一種情況下是如此，即：我們在直觀領域所發現的那個有效
定理是確切的：這些塊片只能直接地奠基於整體的一個塊片之中。下一個定理也可以從形式
上得到表達：由**抽象部分所構成的抽象部分較之於前者本身距整體更遠**。我們可以在形式上
一般地說，**如果抽象部分的補充要求僅僅在一個部分中便得到滿足**，那**麼抽象部分就是距整**
體較遠的部分，是**本質上間接的部分**。而後，這個部分或者就已經是整體的一個塊片，或者
還需要進一步的補充。在後一種情況中的間接性就在於，包含著奠基形式的那個補充規律在
原初被觀察的抽象部分那裡指明了一個整體，這個整體根據一個新的補充規律而是並且必定
是一個更廣泛的整體的部分：這個整體就是完整的整體，它因此而只是間接地含有前一個部 A280

分。據此我們也可以說：**整體的抽象部分**，**即那些不是整體之塊片的抽象部分**，**較之於塊片的抽象部分距整體更近**。

這個思想只想並且只能被看作是未來對整體與部分之學說的探討的一個大致闡釋。要想對我們所看到的這種純粹理論加以現實的實施，就必須以數學的精確性來定義所有概念，並且透過形式論證（argumenta in forma），即以數學的方式來演繹這些定理。這樣便會產生出一個對在整體與部分的**形式**[57]中先天可能的複合體的規律性的全面概觀（Übersicht），以及對在這個領域中的可能關係的一種精確認識。在這一章中初現端倪的這些純粹形式探討已經表明，這個目的是伸手可及的。無論如何，在這裡和在任何地方一樣，從模糊的概念構成和理論向數學精確的概念構成和理論的進步是對先天聯繫之充分明察的前提條件和無可避免的科學要求。

第25節　有關透過對整體之因素的分片來對整體進行分片的補充

最後我們還要做一個或許是有趣的說明。

如果在與整體的相關性中觀察這個整體的塊片，那麼這些塊片不可能是相互奠基的，既不能單方面奠基，也不能雙方面奠基；既不在整體方面，也不在其部分方面奠基；這是一個

$B_1$288

[57] 在A版中未加重點號。

分析定理。另一方面，從這些決定性的定義的內容中絕不可能推導出這樣一種不可能性，即[58]：就一個更廣泛的整體而言——所有這些塊片在其中都只能被看作是不獨立的因素——這些塊片不可能論證一種奠基關係。但在我們所能達到的純粹直觀和明見性的領域中，我們確實（de facto）找不到一個例證，而各種奇特的部分又恰恰是在這個領域中發生聯繫。我們可以陳述一個在較寬泛意義上的現象學定理：在一個相對抽象物中的每一個塊片都與在這個抽象物的每一個相對具體物中的一個塊片相符合，並且是以這樣一種方式相符合，即：相對抽象物的這些相互排斥的塊片論證著在每一個相對具體物的塊片中相互排斥的塊片。換言之：**對一個不獨立因素的分片決定了對這個具體整體的分片**，**因爲相互排斥的塊片在本身不進入相互奠基關係的情況下便將新的因素引向自身**，**透過這些新的因素**，**它們便個別地補充爲整體的塊片**。[59]

[58] 在A版中爲：但先天可能的是。

[59] 在A版中爲：誠然，在純粹直觀和明見性的領域中，我們找不到一個例證，而各種奇特的部分又恰恰是在這個領域中發生聯繫。我們可以陳述一個現象學定理：**在一個相對抽象物中的每一個塊片都與在這個抽象物的每一個相對具體物中的一個塊片相符合**，**並且是以這樣一種方式相符合**，**即**：**相對抽象物的這些相互排斥的塊片是在每一個相對具體物的塊片中論證著相互排斥的塊片**。換言之：對一個不獨立因素的分片決定了對這個具體整體的分片，因爲相互排斥的塊片在本身不進入相互奠基關係的情況下將新的因素引向自身，透過這些新的因素，它們便個別地補充爲整體的塊片。

$B_1$289　A281

我們舉幾個例子來說明。對一個視覺的、持續不變的、但抽象於時間因素的內容而做的擬（quasi-）空間性擴展之分片也規定了對這個內容本身的分片。對於與空間分片有關的空間直觀被給予性來說也是如此。被劃分的空間塊片爲相互獨立的補充因素奠基：一個塊片的色彩並不是由例如某個其他塊片的色彩所奠基的；在這個意義上人們也可以說，這些補充是透過對那些爲它們奠基的空間之物本身的分片而被分片的，或者說，它們將自身分片爲空間之物的塊片。這些塊片的色彩與塊片本身處在同一種劃分關係（排斥、蘊含、交叉）中。對一個因素的分片同時也導致對整體的分片，這個特殊事態的根據顯然在於，**這個因素的塊片即使在更廣泛的整體中也並不相互奠基**，相反，它們的奠基各自需要新的因素；然而這個特殊事態的根據同時還在於，這些新的因素本身又只有在那些塊片中才能找到它們的必要奠基，但它們卻不能進行相互的奠基。

A282 在直觀的時間整體那裡，情況也與此相同：如果我們對一個具體的過程的綿延進行分片，那麼我們也就將這個過程本身分片了：與時間片斷相符合的是運動片斷（我們可以在最寬泛的亞里斯多德意義上理解運動這個術語）。同樣的情況也適用於靜止；它也具有其片斷，這些片斷必須被看作是在我們的規定意義上的塊片，因爲在一個部分綿延過程中的靜止以及在其他部分綿延過程中這一個部分綿延，它們兩者在任何方面都不處在明見的奠基關係之中。

[60] 如果我們不是局限於必須在直觀中進行研究的本質被給予性領域，而是更多地考慮自然的經驗—實在聯繫，那麼情況就會完全不同。

但這種過渡需要對概念進行擴展。我們使所有概念構成都與純粹本質領域相聯繫，奠基規律服從於純粹本質規律，總的說來，這些部分本質上是一致的，是以那些與部分和因素相符的觀念的先天聯繫爲根據的。另一方面，自然連同其所有事物性也肯定具有它的先天，對此先天進行系統的把握和展開，這是一門自然本體論尚未完成的任務。但從一開始便明見無疑的是，在通常意義上的自然規律不屬於這個先天，不屬於自然的這個純粹的和「普遍的」形式，它們不具有本質眞理的特徵，而只具有事實眞理的特徵。它們的普遍性因而不是「純粹的」或「絕對的」普遍性，同樣，所有服從於它們的事物性發生的「必然性」也都帶有「偶然性」。自然連同其所有物理學規律恰恰是一個事實，這個事實也可能是另外一種樣子。如果我們眼前在不考慮其附帶的偶然性的情況下將自然規律作爲現實的規律來對待，如果我們將所有那些由我們所創造的純粹概念與這些自然規律相聯繫，那麼我們便獲得經過修改的觀

[60] 在A版中爲：如果我們不是局限於直觀內容和明見地建基於它們之中的規律性，而是更多地考慮那些我們只能透過後天的歸納方式而認識的在共存與相續中的實在聯繫，那麼情況就會完全不同。只要我們考慮一下這個並不明見清楚，但卻在或然性中被假定的必然性關係的意義，這種必然性關係將空間和時間上分離之物相互連結在一起，那麼我們就可以明確地看到，對空間和時間因素的分片並不一定導致對具體整體的分片（對事物或對實在變化過程的分片）。

$B_1$290

念：經驗的奠基、經驗的整體、經驗的獨立性和不獨立性。但如果我們想象一個普遍的事實自然的觀念，它的單個的殊相化（Besonderung）就是我們的現有的自然，那麼我們就會獲得普遍的和不束縛在我們的自然上的關於經驗的整體、關於經驗的獨立性等等的觀念，而且這些觀念對於一個普遍自然的觀念來說顯然是構造性的，它們連同它們所包含的本質關係都必須納入到一門普遍的自然本體論之中。

在預設了這一點之後，我們要返回到我們的特殊問題上。我們在質料的本質領域中無法找到這樣一個例證，即：對一個不獨立因素的分片，例如對一個空間和時間因素的分片，並不導致對具體整體的分片（對事物或對實在包含過程的分片），然而在所有共存和相續的經驗—實在聯繫的領域中，情況則完全相反。只要我們考慮一下這個將空間和時間上的分離之物相互連結在一起的經驗必然性關係的意義，那麼這一點就會得到清楚的表明。如果根據一個確定的因果規律在時間段 t_1-t_0 上進行的具體變化序列必然與某個在相鄰的時間段 t_2-t_1 中的變化序列相銜接，那麼前者便會因此而喪失相對於後者的獨立性。如果眼前在每一個具體的變化過程中都本體論地（在普遍自然觀念的範圍內）包含著這樣一種確定的、並且就其本質來說只能經驗地被認識的規律，這些規律爲此過程指定某些必然的、時間上相鄰的結果，而且不用說，每一個過程本身又是在先發生之原因（Anzedenzien）的一個必然結果，那麼由此而已經得到表達的是，自然的每一個具體變化過程就它在其中得以實現的那個更廣泛的時間整體而言是不獨立的，並且，對一個時間段的分片並不決定著對它所屬的那個具體時間整體的分片。然而，對變化過程的限制是無必要的，而且嚴格地說甚至是不可行的。正如力學在同一個觀點上觀察靜止與運動，正如它將靜止也一同理解爲有規律的運動的極限情況和特殊情況，人們也應當對這些在亞里斯多德術語意義得到擴展的觀念進行類似的操作。即使是一個脫離了所有世界的僵滯「靜止」[61]的臆想情況也無法不受這個得到恰當表達的因果規律的制約。如果我們想象一個帶有具體內涵的極短時間段在僵滯的無變化中得到充實，假設自然的觀念還允許這種思維的可能性，如果我們將在此時間延續期間的整個具體現實都還原爲這個無變化的存在，那麼這個因果規律肯定會要求說，[62]這個存在由後而來（a parte post）必定是永恆地僵滯不變的（然而它由前而來（a parte ante）卻是產生出來的，無論是產生於永恆的靜止之中，還是產生於規律性的變化之中）。由此，在顧及到那些制約著所有時間性存在的因果聯繫的情況下，我們可以主張，對時間因素的分片永遠不會導致對具體時間整體的分片。儘管那些包含在分片中的補充因素按照時間塊片而得到劃分，但這種劃分並沒有在時間具體之物中完成任何分片；恰恰是在時間上被劃分的內容的相互因果奠基阻礙了這個分片的進行。

當然，空間分片的情況也與此相同，至少在這樣一些整體方面是如此，在這些整體中，空間和時間的延展（Ausdehnung）達到相合，以至於隨著每一個對一個因素之分片的進行，

A283
$B_1$292

[61] 在A版中未加引號。

[62] 在A版中爲：肯定會存在著一個因果規律，根據這個規律，。

對另一個因素的分片也同時被給予，反之亦然。對一個運動的空間因素的分片與對這個運動的時間因素分片一樣，它們並不決定著對這個運動本身的分片。

從這些思考中可以得出，如果我們觀察那些作爲不獨立因素[63]而寓居於一個具體充實的時間性統一之中的時間段，並且是在與此統一的相關性中觀察這些時間段，即那些在任何一個包含它們的時間延展方面抽象地（in abstracto）具有塊片特徵的時間段，那麼可以看到，一旦這些時間段失去了這種塊片的特徵，它們也就同時在客觀時間之內、在自然時間之內喪失了它們之間的相互獨立性。「每一個客觀的時間綿延[64]都只是一個時間部分，這個部分不僅可以進行，而且也要求進行兩方面的無限（in infinitum）伸展」——這個定理顯而易見僅只是因果性的一個結果並因此而與時間充實發生關係。透過這種時間充實，這個時間部分不僅就它的自爲的充實來看，而且就相鄰的時間部分及其充實來看都成爲不獨立之物。時間部分的這種不獨立性以及時間部分的相互奠基服從於一些規律，這些規律並不是一種僅僅將時間段與時間段連結在一起的規律，而是[65]一種將具體充實的時間整體與完全相同的時間整體連結在一起的規律。由於在這些規律中，除了其他一些展示著充實性時間內容因素的

[63] 在A版中未加重點號。

[64] 在A版中爲：時間段。

[65] 在A版中爲：是間接的，因爲不存在一種將時間段與時間段連結在一起的規律，而僅僅存在著。

變項之外，還有時間或者說時間段作爲相互影響的變項在起作用，因而這些時間段也在與更廣泛的具體統一的相關性中間接地獲得了奠基關係。空間塊片與更廣泛的空間統一的關係以及最終與整個無限的自然空間的關係當然也與此相類似。「每一個空間塊片都要求全面的擴展，或者我們在這裡可以更確切地說，要求有全面擴展的可能性，直至這一個空間的無限性」——這個定理也是某些因果關係，更進一步說，某些自然規律的結果。我們可以在想象中隨意地擴展空間段和時間段，我們可以在想象中將自己置身於任何一個幻想的空間界限或時間界限，與此同時，新的空間和時間不斷地展現給我們的內部目光——所有這些都沒有證明空間塊片和時間塊片的相對奠基，它們沒有證明這樣一個必然性，即：空間和時間必須是**實在**（realiter）[66]無限的，或者也**只能**夠是實在無限的。它們所能證明的僅僅是一個因果規律，這個因果規律預設並因此而要求：任何一個現有的界限都是可以繼續超越的。[67]

[66] 在A版中未加重點號。

[67] 在A版中還有一個段落：人們透過歸納和或然性的方式將因果聯繫理解爲後天的；無論如何，這些因果聯繫是先天可能的，它們作爲可能性是明見的。因此，如果我們在這裡局限在那些能夠先行於特別科學研究、因而不是預設這種研究的東西上，那麼我們至少可以區分以下兩種情況，一種情況是剛才還被我們看作現實情況的可能情況，即：一個不獨立因素的塊片——從一個更廣泛和更具體的整體的立場來看——可能進入到一個奠基關係之中；另一種情況則與此相對，即：這種塊片不能進入到奠基關係之中，並且對這個不獨立因素的分片有可能引起對這個具體整體的分片。

第四研究　獨立的與不獨立的含義的區別以及純粹語法學的觀念[1]

A286 $B_1$294

[1] A本的附加與修改：對本書第四研究，尤其是對引論最後一個段落的補充與修改：如果我們對充實性含義的概念做足夠寬泛的理解，以至於它包含直觀的整個領域，無論是完善的直觀，還是象徵性含糊的直觀，同時我們在本書，第六研究，第45節所進行的擴展的意義上來理解直觀概念，即把直觀一直擴展到範疇之物的領域——那麼我們就可以將所引最後一個段落第二行中的「大都」全部刪去。這樣，「含義」就是「一個客觀化行爲之意向本質」的一個等值物，而第四研究的全部結果都對這個含義概念有效（撇開某些自明的修正不論）。參閱本書，第二研究，第31節，第一八〇頁（即A180/$B_1$182。——中譯注）上的「A本的附加與修改」，以及整個第二研究；此外還可參閱本書，第六研究，第八章（尤其是第62—65節）。

引論

在以下的思考中，我們要將注意力朝向在含義領域（Gebiet der Bedeutungen）[2]中的一個基本區別上，這個區別隱蔽在不可見的語法區別之後，亦即隱蔽在那種在自義的（kategorematisch）與合義的（synkategorematisch）表達[1]、完備的與不完備的表達之間的區別之後。對這些區別的澄清會導致我們將那種對獨立和不獨立對象[3]的普遍劃分運用於含義領域，以至於在這項研究中所探討的這個區別，可以被描述爲獨立與不獨立含義的區別。它爲確定本質性的含義範疇提供了必要的基礎，而那些**先天的**、**不考慮含義客觀有效性**（實在的或現實的眞理或對象性）的**含義規律**便植根於這些含義範疇之中。這些規律在含義複合體的領域中發揮著支配作用，並且具有將它們的意義與無意義分離開來的功能，但這些規律還不是在確切意義上的所謂邏輯規律；它們賦予純粹邏輯學以**可能的含義形式**，即複合的、具有統一意義的含義的先天形式，這些形式的「**形式**」**眞理**或「**對象性**」[4]才是由確切

1 「自義」與「合義」是源自亞里斯多德的一對概念。一個含義（或範疇、詞項），如果自身就有含義，它就是自義的；如果一個含義（或範疇、詞項）只有在與其他含義相聯時才有含義，它就是合義的。我們也可以將它們翻譯爲：「可獨立意指的」和「不可獨立意指的」。——中譯注

[2] 在A版中爲：含義領域（Bedeutungsgebiet）。

[3] 在A版中爲：內容。

[4] 在A版中未加引號。

A287

意義上的「邏輯規律」來制約的。前一種規律所抵禦的是無意義（Unsinn），而後一種規律所抵禦的則是形式的或分析的**悖謬**（Widersinn）[5]、形式的荒謬性。如果後一種純粹邏輯規律所陳述的是**對象的可能統一**根據**純粹的形式**[6]所先天要求的東西，那麼前一種含義複合體規律所規定的則是**意義的單純統一**[7]所要求的東西，即：根據哪些先天形式而將不同含義範疇的含義聯合爲一個含義，而不是制定出一個雜亂的無意義。

人們認爲，現代語法學必須建立在心理學和其他經驗科學的基礎之上。與此相反，我們在這裡卻明察到，普遍的、尤其是[8]先天的語法學的舊觀念透過我們對先天的、規定著可能含義形式之規律的指明就可以獲得一個無疑的基礎，並且至少[9]可以獲得一個經驗確定範圍的有效性領域。在何種程度上還可以指明例如一個屬於語法學之先天所具有的其他領域，這個問題已經不處在我們的興趣範圍之內了。在純粹邏輯學之內存在著一個不考慮所有對象性的規律的領域，這些規律不同於在通常的和確切的意義上的邏輯規律，它們有充分的理由可

$B_1$295

[5] 在A版中爲：悖謬，即形式矛盾。

[6] 在A版中未加重點號。

[7] 在A版中未加重點號。

[8] 在A版中爲：甚至是。

[9] 在A版中爲：同時。

以被稱之爲**純粹邏輯語法學的規律**[10]。更好的做法是將「含義的純粹形式學說」與預設它們的「純粹有效性學說」對置起來。[11]

第1節　簡單的與複合的含義

我們以對含義的一個首先是不言自明的劃分爲出發點，即將含義劃分爲**簡單**含義與**複合**含義。這個劃分與對簡單的與複合的表達或話語的語法劃分相符合。只要一個複合表達具有**一個**含義，它就是一個**表達**；它作爲複合表達是由部分所構成，這些部分本身也是表達並且作爲表達而具有其自己的含義。如果我們例如讀到，「一個鐵一般的男人」、「一個贏得其臣僕熱愛的國王」以及類似的東西，那麼我們就會感受到作爲部分—表達的部分—含義：「男人」、「鐵」、「國王」、「愛」等等。

A288
$B_1$296

[10] 在A版中爲：**純粹語法的規律**。

[11] 在A版中爲（另起一個新段落）：這裡需要說明的這個區別的本性會導致這樣一種結果，在這個區別的範圍內，在含義這個標題下被理解的大都既可以是意指的含義，也可以是充實的含義。其原因在於，在意向行爲和充實行爲之間，或者說，在它們的觀念內容之間存在著一致性，這種一致性已經得到大致的說明，並且在本書的後面部分還會得到更仔細的劃定。

如果我們現在在一個部分—含義中又發現部分含義，那麼在這些部分—含義中，含義也是作爲部分出現；但這顯然不能無限地（in infinitum）繼續下去。我們在繼續進行的劃分中最後必然會處處遇到作爲因素的簡單含義。確實存在著簡單的含義，「某物」（Etwas）就是一個確鑿無疑的例證。在對這個詞的理解中進行的表象體驗肯定是組合的，但含義卻不帶有絲毫複合的成分。

第2節　含義的複合性是否僅僅是對象複合性的反映（Reflex）

無論所有這些看起來如何明白清楚，仍然會有各種問題和懷疑產生出來。首先是這樣一個問題：含義[2]的簡單性和複合性是否只是那些在它們之中以意指的方式「被表象的」[12]對象的複合性或簡單性的反映。起初人們會這樣來理解。表象所表象的是對象並且是對象的精神映象（Abbild）。然而只要稍作考慮便可看出，這種映象的比喻在這裡和在其他一些情況中一樣是一種假象，而且那種預設的平行在任何方面都是不成立的。首

A289
B$_1$297

---

2 我們同樣也可以說：表象。因爲隨著對這個特殊問題的回答，更普遍的、與表象一般（客體化行爲一般）有關的問題顯然也就得到了回答。

[12] 在A版中爲：被表象的。

先，複合含義可以「表象」[13]簡單對象。我們的表達「簡單對象」本身便提供了一個既清楚又關鍵的例證。在這裡，是否有這樣一個對象，這是完全無關緊要的。[3]

但反之也依然有效的是，簡單含義同樣能夠「表象」複合對象，能夠以意指的方式與複合對象發生關係[14]。人們會懷疑（儘管在我看來這種懷疑是沒有理由的），在前面所舉的例子中，簡單名稱（「男人」、「鐵」、「國王」等等）確實表達了簡單含義[15]；但像「某個東西」（Etwas）和「一個東西」（Eins）這些名稱必須被看作是有效的。在這些名稱那裡可以看出，它們可以在其不確定性中與所有可能之物發生關係，即與任何一個複合對象發生關係[16]，雖然是以一種完全不確定的方式進行的，即作爲單純的某物。

---

3 當特瓦爾多夫斯基指責鮑爾查諾（我們在這裡所遵循的正是鮑爾查諾）說，簡單對象是不存在的，這時他（《關於表象的內容和對象的學說》，第九十四頁）顯然已經離開了須待決定的整個基地。參閱特瓦爾多夫斯基自己的提問，同上書，第九十二頁，他在這裡明確地談到**被表象的**對象。這裡所涉及的是被意指的含義**本身**。

---

[13] 在A版中未加引號。

[14] 在A版中爲：表象對象。

[15] 在A版中爲：「簡單表象」。

[16] 在A版中爲：意指所有可能之物，即意指任何一個複合對象。

此外還很明顯的是：即使一個複合含義所涉及的是一個複合對象[17]，在含義的每一個部分中也不包含著對象的一個部分，反之則更是如此。雖然特瓦爾多夫斯基反駁了鮑爾查諾所舉的合適例證「無山的田野」；但這種反駁的原因在於，特瓦爾多夫斯基將含義與對被意指對象的直接—直觀表象等同起來[18]，同時他完全沒有把握住關於含義的基本的、邏輯上唯一具有決定性的概念。因此，他的失誤在於把含義的組成部分（「無山」）理解爲「根據詞源（Etyma）的種類來進行的輔助表象」。4

第3節　含義的複合性與具體意指的複合性。被蘊含的含義[19]

懷疑還會從另一個方面湧現出來，並且是從大量的情況中湧現出來；這就是要[20]決定：

4 特瓦爾多夫斯基：《關於表象的內容和對象的學說》，第九十八頁。

[17] 在A版中爲：與一個複合對象相符合。

[18] 在A版中爲：把對被意指對象的直接—直觀表象看作是含義。

[19] 在A版中爲：含義的複合性的確切意義。蘊含性的含義。

[20] 在A版中還有：無疑地。

一個現有的含義是否必須被看作或是複合含義，**或是簡單含義**。如果我們例如將從屬於專名的含義，簡言之：**專有含義**，理解爲簡單含義，那麼這就會與以下狀況相背，即：我們可以在一個確定的和顯然合理的意義上進行陳述，我們例如用舒爾茲這個專名（被理解爲一個我們**所認識**的[21]人的名字）來表象一個確定的人，即一個這樣的生物，它具有我們所表象的所有那些屬於一個普遍的人的部分和屬性，並且具有一些使這個人突出於所有其他人的個體特性。但**另一方面**人們卻可能會懷疑，在專有含義之內的這個專門被意指之物（Eigenbedeuten）和這個或多或少被清晰表象的對象的那些相續得到突出的屬性規定是否應當被歸屬爲部分含義[22]，或者甚至是否可以認爲，這個專有含義與那個複合含義是同一的，後者是指我們在從對象方向上分析「舒爾茲」表象的內容的過程中逐步以「一個是α、β、γ……的A」的形式組合起來的那個複合含義。

[23]在進一步的思考中我們注意到，這裡必須區分**簡單性**和**複合性**的雙重意義，即：在一個意義上的簡單性並不排斥另一個意義上的複合性。我們首先必須無疑地拒絕將專有含義理解爲一個被劃分爲**各個含義**的、並以此方式而是複合的含義；但我們必須承認，在這裡，

$B_1$298
A290

[21] 在A版中爲：所熟悉的。

[22] 在A版中爲：專有含義的那些相續得到突出的屬性規定是否可以被看作是部分——含義。

[23] 在A版中未分新段落。

含義意識[24]自身確實帶有一個確定的、當然是非常需要得到澄清的複合。儘管可以肯定，所有那些被後加的闡釋和概念的把握而從被指稱的、並帶著某個內容被表象的「舒爾茲」中突出規定了的東西，都會不斷地提供新的含義，而不是提供一些例如在原初的含義中已經實項蘊含著、只是未得到突出的部分含義。專有含義無疑是簡單的。此外還很明顯的是：表象內涵、即這個「舒爾茲」在與這個專名相一致地受到表象時所帶有的內涵，可以發生多重變化，而專名卻是在同一的含義中起作用，始終「直接地」指稱著同一個「舒爾茲」。另一方面，這裡的問題並不在於對含義意識的**偶然**表象附加物，而是在於必然的、儘管內容上變化不定的表象組成，沒有這些表象組成，現時的含義不可能獲得朝向被意指的對象性的方向，它也就根本不可能作爲含義存在。在有意義地運用專名時，我們必須將專門被指稱之物，在這裡是指「舒爾茲」這個確定的人，表象爲這個確定的、帶有某個內容的人。無論對這個人的表象是多麼非直觀，多麼貧乏、模糊、不確定，這個表象內容不能完全沒有。這種不確定性——此外它在相當大的程度上甚至是必然的（因爲即使是對一個事物實在的直觀最生動和內容最豐富的表象也只是不完整的和單面的表象）——永遠不可能是完全無內容的。它自身在其本質中顯然包含著進一步規定的可能性，而且這種規定不是在隨意的方向上，不是在其他人的方向上，而恰恰是就在這個同一的、在可能情況下被意指的「舒爾茲」

$B_1$299

[24] 在A版中爲：這個含義。

的方向上。或者我們也可以與此相等值地說：透過其本質，在完全的具體性中所把握的各個含義意識論證了與某些群組而非其他群組的直觀達到充實相合（Deckung）的可能性。由此可見，這種意識，即使它是完全非直觀的意識，也必然會帶有某些意向內容，透過這些內容，這個個體不是作爲某個完全空泛的東西，而是作爲以某種方式確定了的並且可以根據某些類型（作爲物理事物、作爲動物、作爲人等等）來加以確定的東西而被表象，即便不是被意指。

據此，在這個從屬於專名的含義意識方面首先表現出一種確定的雙重性、一個雙重的方向，在這個方向上可以談到複合性或簡單性。含義本身的簡單性或複合性規定了一個方面。這個方面就是意指本身的純粹本質所在的那個方面，只有具體完整的含義意識所具有的**這樣一**個意向本質才屬於這個方面，如果對這個意向本質作特殊理解，那麼它就是含義。在我們這個專門意指的事例中，這個方面是簡單的。但它必須預設一個更寬泛的意向內涵作爲基礎，這正好符合這樣一個狀況，即：在同一意義上的同一個被意指之物（或者說，透過同一個專名而單義地被指稱之物）能夠以極爲不同的方式，帶著變化不定的組成而在規定性特徵方面「被表象」，並且必須帶著某個組成而被表象——而這種變化和這個組成的複合卻並不涉及含義本身。

這個方面恰恰提供了分析的可能性，而後提供了謂詞的含義理解的可能性。如果我們試圖回答例如這樣的問題，即：被稱作「舒爾茲」的對象在現有的事例中是作爲什麼、作爲何種確定之物而被表象的，那麼我們就在進行這種分析和謂詞理解。只有將這些對原初含義意識加以複合的構成與此原初意識本身進行對照，我們才可以弄清這裡所探討的區別，即在兩種（具體）含義賦予的體驗之間的區別：一種含義賦予的體驗在其意指方面純粹作爲意指是複合的（或簡單的），而另一種體驗則僅僅在第二個方面，即在被意指之物被意識到時所帶有的表象內涵方面才是複合的（或簡單的）。正如我們前面所見，那些在對各個被表象之物本身進行謂詞分析時所出現的含義是新構成的含義，它們並不以某種方式實項地蘊含在原初的含義、蘊含在自身完全簡單的特有含義之中。專名E可以說是在一個射束中（in einem Strahl）指稱對象（或者說，專有含義E在一個射束中意指對象），這個射束自身是單一的，因而在同一個意向對象方面不需要被區分。闡釋性的含義，如「E是A」、「（EA）是B」、「EB是A」以及如此等等，它們是多射束的，至少是在許多階段上並且以各種形式構造起來的，以至於它們可以帶著不同的內容朝向同一個對象。多層次性並不妨礙它們的**統一性**：這是統一的、複合的含義。相應的含義意識在純粹的含義方面是一個意指，然而是一個複合的意指。[25]

[25] 在A版中爲：由於專有含義所表象的恰恰是這個人，並且是直接地表象這個人，所以這個人的雜多規定性必然展示在表象的意向中；也就是說，它以某種方式被表象；但它們卻可以說是在一個脈動中被表象，它們只是「隱含地」，而非「顯露地」被表象。專有含義不是由那些作爲被劃分意向而指向對象規定性（即指向那些構造著被表象對象本身的規定性）的**含義**所複合成的。只有逐步的分析和根據這種分析而進行的定語判斷與謂語判斷行爲才爲每一個隱含地被意指的特徵提供了一個被分離的含義。

我們在前面預設，專名[26]是一個**已認識**的人的專名。其中還包含著，它正常地發揮作用，也就是說，它不僅僅在一個間接的意義上被理解爲「一個確定的、叫做舒爾茲的人」。後面這個含義當然是複合的。

顯然，在以下的情況中也存在著類似的困難和解決的企圖，這些情況所涉及的是一些其他實體性的含義，最後是某些屬性含義和其他的含義[27]；例如「人」、「德行」、「正義」等等。此外還要提到的是：**邏輯定義**，即我們在其中爲劃分性分析的困難設定界限，但首先是爲語詞含義的波動設定界限的邏輯含義，當然只是一個實踐—邏輯學的工藝概念，這個概念並不能在眞正的意義上劃定含義，而且不能從內部劃分含義。毋寧說，含義在這裡，正如

但是，以此方式而產生的被劃分的表象不單在主觀上不同於原初被劃分的表象：好像這些原初被劃分的表象的個別因素只會對我們主觀的注意分離開來一樣；毋寧說，我們透過比較可以看到，這兩方面的行爲在其本質內容方面，即在其含義方面是不同的。專有含義作爲含義是簡單的，它們不具有含義方面的劃分和形式，儘管它們自身也帶有不同的因素，這些因素與某些作爲闡釋性含義的部分而起作用的含義相符合。區別也表現在，對同一個簡單含義有許多在邏輯形式方面並因而在含義內涵方面各不相同的闡釋。人們應當注意到，直接等值的形式，如「一個α是βχδ……」，「一個αβ是χδ……」，「一個β是σχδ……」以及如此等等，它們在含義方面已經各不相同。

[26] 在A版中還有：在我們的例子中。

[27] 在A版中爲：語詞含義。

A291

它之所是，是與一個關於被劃分的內涵的新含義相對置的，這個新含義是我們在依據有關含義而進行的判斷中所應當遵循的規範。爲了避免邏輯上的危害，我們將這樣一些判斷作爲不可靠的判斷排斥出去，在這些判斷中，有關含義不能爲它們的正常等值物所替代；同時我們還建議運用這樣一個規則，即：在認識活動中盡可能利用這些正常的語詞含義，或者經常用正常語詞含義來進行測定，並在它們的認識作用中做出合適的使用安排，以此來調整已有的語詞含義。 A292

附注：在對這一節的首次加工中已探討過的含義意向雙重性，在這一次的加工中受到了更清楚的和在現象學上更深入的理解。在對本書的原初設想中，筆者並沒有窮盡這個區分的*完整*意義，因而也沒有窮盡它的有效範圍。仔細的讀者會發現，本書第二部分的第六研究並未對這個區分做出應有的顧及。[28] B₁302

[28] 在A版中爲（未用小字體，未分新段落）：作爲這些考慮的重要結果而湧現給我們的是一個複合性的雙重概念，從而又有一個簡單性的雙重概念。在一個意義上，複合性是由部分所組成，這些部分*本身又具有含義的特徵*。這恰恰是一個最終的事實：許多含義能夠理解成一個含義。我說的是「能夠」，因爲我們將會看到，並非在任何一群含義那裡情況都是如此；在相反的情況下，我們具有的是一堆含義，但不具有統一的含義。另一方面，當含義的統一缺乏這種複合性時，含義便必須被看作是簡單的。人們在這個*正常*的意義上來談論

第4節　關於複合表達的「合義」組成部分之有含義性（Bedeutsamkeit）問題

對複合含義的考察立即導致一個新的和基礎性的劃分。在通常情況下，這些含義是作爲被劃分的語詞複合體的含義而被給予我們的。但在這些語詞複合體方面產生出一個問題，是

複合含義，就像談論複合的機器、數字、形態等等一般：人們將那些由機器複合成的機器同樣理解爲機器，將那些由數字複合成的數字同樣理解爲數字，將那些由形態複合成的形態同樣理解爲形態，以及如此等等。因此，如果有必要強調這個複合性的特殊意義，那麼我們談論那些作爲含義而是複合的含義是最合適不過了。其次還存在著這樣的含義，這些含義自身帶有某些可分因素的含義，但並非以被劃分的特別含義的形式：它們不是含義，但作爲內容卻顯然是複合的。關於這些含義，我們說：它們是隱含性的並且具有一個被隱含的內容。這樣，下列定理顯然是有效的：

對於每一個隱含性的含義來說都存在著另一個對它內容進行劃分或闡釋的含義。

關於複合含義與簡單含義的說法也可以在一個普遍的意義上被理解，這個普遍意義也對稱地包含著剛才所進行的那個劃分，以至於只有那些帶有部分的含義與不帶含義的部分處在相互對立中。而後，這個普遍性可以使我們區分，這些部分本身是否又是含義。（顯然，「某個東西」這個含義在這個最普遍的意義上，亦即在任何意義上都是簡單的；它不僅作爲含義是簡單的，而且也不帶有絲毫隱含的內容的痕跡。）然而，在這裡與其他地方一樣，不值得推薦在這個最普遍意義上來談論複合性和簡單性。我們將繼續以這個說法的正常意義爲基礎，也就是說，在這個意義上，複合的含義是由含義複合而成的。

否複合體的每一個語詞都應具有一個專門的含義，並且是否應當將語言表達的所有劃分和形式都看作是對含義的一個相應劃分或含義的一個相應形式的特殊標記。在鮑爾查諾看來，「語言中的每一個語詞」都被用來「標示一個專門的表象」，「有些語詞也」被用來「標示完整的定理」；[5]也就是說，他也賦予每一個連詞和介詞以專門的含義。另一方面，人們常常聽到有關這樣一些語詞和表達的談論，這些語詞和表達是「單純共同意指著的」（bloß mitbedeutend），也就是說，它們自爲地不具有任何含義，而只是在與其他語詞和表達聯繫時才獲得含義。人們區分對表象的完整的和不完整的表達，也進一步區分關於判斷、感情現象和意志現象的完整和不完整表達，並且在這個區別的基礎上區分自義符號或合義符號的概念。所以馬爾蒂用自義符號或自義名稱來標示「所有那些語言的標示手段，這些表達手段不是單純共同意指性的（例如『父親的』、『爲了』、『不更少』等等），但它們也不自爲地構成對一個判斷（陳述）或對一個感情和意志決定等等（請求、命令、提問等）的完整表達，而只構成對一個表象的表達。『倫理學的創立者』、『一個侮辱了他父親的兒子』就是名稱。」[6]由於馬爾蒂以及其他的作者在同樣的意義上理解「合義的」和「共同意指的」這

5　鮑爾查諾：《科學論》，蘇爾茲赫，一八三七年，第一卷，第57節。「表象」在這裡所指的是「表象自身」，它與我們的含義概念相符合。

6　馬爾蒂：〈論無主語語句以及語法與邏輯的關係〉，第三篇，《科學哲學季刊》，第八期，第二九三頁注。

$B_1$303　A294

些術語，也就是在符號的意義上來理解，「這些符號只有與其他話語組成部分一起才具有一個完整的含義，無論它們是有助於喚起一個概念，即僅僅作爲一個名稱的部分，還是有利於對一個判斷（一個陳述）的表達，或是有利於對一個情感運動或一個意志（一個祈求式、命令式等等）的傳訴」，[7]因此，如果更爲澈底的話，他們應當對自義表達的概念做相應寬泛的理解，使它伸展到某些意向體驗（在布倫塔諾意義上的「心理現象」）[29]所具有的所有自爲地有含義的或完整的表達之上，這樣便可以個別地劃分：關於表象或名稱的自義表達，關於判斷或陳述的自義表達等等。當然，這個附加的順序是否合理，例如名稱是否在同一個意義上是關於表象的表達，就像祈使句是關於祈求的表達，願望句是關於願望的表達等等一樣；還有，那些所謂透過名稱和定律而「表達出來的」東西是否就是意指本身的體驗，它們與含義意向或含義處在何種關係之中——這些問題還必須受到我們的認眞探討。[30]但無

7　馬爾蒂：〈論語法與邏輯的關係〉，載於《符號論文集》。爲維也納一八九三年第四十二屆語言學家和教師大會出版的布拉格德國古代文化研究學會紀念文集，第一二一頁，注二。

[29]　在A版中爲：心理現象。

[30]　在A版中爲（在一個注腳中）：當然，這個附加的順序是否合理，例如名稱是否在同一個意義上是關於表象的表達，就像祈使句是關於祈求的表達，願望句是關於願望的表達等等一樣——這個問題還應當受到我們的認眞探討。

論如何，對自義的和合義的表達的劃分以及通常對它們的引進所作的陳述肯定具有某種合理性[31]，因此在合義的語詞方面我們得出一個見解，這個見解反駁了前面提到的鮑爾查諾學說。也就是說，由於自義之物與合義之物之間的區別是一個語法區別，因此看上去作爲這個區別之基礎的實事狀況是一個「單純的語法實事狀況」。我們常常使用許多語詞來表達一個「表象」[32]——可以說，這裡的原因在於各個語言的偶然特性。在表達中的劃分與在含義中的某個劃分沒有任何關係。因此，那些協助構造這個表達的合義語詞實際上是完全無含義的，只有整個表達才眞實地帶有一個含義。

但對語法區分還可以做另一種解釋，只要人們決定，將表達的完整性或不完整性理解爲對含義的完整性或不完整性的表現，也就是說，只要人們將語法區別理解爲對某個本質性的含義區別的表現。[8] 語言爲表達一個表象而使用的例如多詞的名稱並非出於偶然和情緒，而 B₁304 A295

8 在這裡所引的後一篇文章中，馬爾蒂將一個自義的符號定義爲這樣一個符號：它自爲地單獨喚起一個完整的表象並透過這個表象的中介而指稱一個對象。但對合義符號的這個附加定義（參見前面）並沒有完全清晰地表達出，語法劃分應當建立在含義領域中的一個本質劃分的基礎上，馬爾蒂肯定持有這一觀點。

[31] 在A版中爲：但即使在這裡選擇了這些術語，這個區分本身也肯定不缺乏某種合理性。

[32] 在A版中未加引號。

是爲了將許多互屬的部分表象[33]與不獨立的表象形式在獨立完整的表象統一內表達出來。 9 一個不獨立的因素，例如：一個使兩個表象聚合爲一個新表象的意向連結形式，也可以找到其含義表達，也可以規定[34]一個語詞或一個語詞複合體的特有含義意向。很明顯，無論是哪一種表象、哪一種可表達的「思想」，只要它們應當在含義意向的領域中**忠實**地映現自身（sich spiegeln），那麼，無論先天如何發生，每一個在表象方面的形式都有一個在含義方面的形式與之相符合。[35]而且，如果語言應當在其言語材料中忠實地反映（widerspiegeln）先天可能的含義，那麼它就必須擁有語法形式，這些形式可以賦予所有可區分的含義形式以一個可區分的「表達」，現在這是指一個感性可區分的標誌。

9 更確切地看，「表象」一詞在這裡並不是指「表象行爲」，而是指那個在表象中被表象的東西本身，連同其各個劃分和形式，它恰恰是連同它們一起而在表象中被意識到的。因此，「表象形式」是被表象之物的形式，在以後的研究中也應注意這一點。

[33] 在A版中爲：部分—表象。

[34] 在A版中爲：構成。

[35] 在A版中爲：很明顯，如果「本眞的」表象應當在含義意向的（「符號性」含義的）領域中忠實地映現自身，那麼，無論先天如何發生，每一個在表象方面的形式（可能充實的形式）都有一個在含義方面的形式（意向形式）與之相符合。

A296 $B_1$305

第5節　獨立的與不獨立的含義。感性語詞部分的不獨立性與表達性語詞部分的不獨立性

這個觀點顯然是唯一正確的觀點。我們不僅必須區分自義的與合義的表達，而且也必須區分自義的與合義的含義；[10]但我們談論獨立的與不獨立的含義更具有標示性。當然，並不排除這樣一種可能，即：在含義移動的過程中，一個未劃分的含義取代了原初被劃分的含義，以至於現在在整個表達的含義中不再有任何東西與各個表達環節（Ausdrucksglieder）相符合。但在這種情況下，表達喪失了一個在眞正意義上的複合表達的特徵，即使它在語言的發展中通常還融合在一個語詞中。我們現在不再將它們的環節看作是合義的表達，因爲它們根本不再是表達。只有有含義的符號才被我們稱作表達，並且只有那些由表達所複合成的符號才被我們稱作複合的表達。沒有人會因爲「國王」這個詞是一個由多個母音和輔音組成的詞就將它稱作是一個複合的表達。與此相反，我們卻可以將多詞的表達看作是複合表達，因爲詞的概念就在於表達某物；只是這個詞的含義並不必須就恰恰是一個獨立的含

10　馬爾蒂最近在其《普遍語法學與語言哲學基礎研究》（薩爾河畔的哈勒，一九〇八年）中談到「自義的」（autosemantisch）與「合義的」（synsemantisch）的符號（第二〇五頁以後）。

A297　　B₁306

義。正如不獨立的含義只能作爲某些獨立含義的因素而存在一樣，不獨立含義的語言表達也只能作爲獨立含義的表達形式組成部分起作用，因而它們成爲**語言上**不獨立的表達，成爲「不完整的」表達。

首先產生出來的對自義與合義表達之區別的理解純粹是一種外在的理解，它把表達的合義部分與完全不同類的表達部分，即那些一般說來無含義的字母、母音和輔音，置於一個層次之上。我之所以說「一般說來」，這乃是因爲即使在這些表達部分中也存在著許多眞正的合義，如屈折變化前綴和屈折變化後綴。但在無比多的情況中它們都不是作爲表達之表達的部分，即不是意指的部分，而是作爲一個感性現象之表達的部分。因此，即使合義分散地存在，它們也得到理解；它們被理解爲在內容上確定的含義因素的載體，這些因素需要得到某種補充，這個補充儘管在質料方面是不確定的，但在形式方面卻受到被給予內容的一同規定並因此而受到規律性的限定。另一方面，只要合義正常地發揮作用，就是說，只要它在與一個獨立封閉的表達的聯繫中出現，那麼，正如對任何一個例子的回憶，都會告訴我們的那樣，它總是會與整個思想具有一個**確定的**含義關係，它是思想的某個不獨立環節的含義載者，並且因此而對這個表達本身做出特定的貢獻。如果我們考慮到，同一個合義的表達可以在無數不同的組合中出現，而且處處展開同一個合義功能，那麼這個說明的正確性便會明見無疑；所以我們能夠在合義的歧義性中理性地進行思考、懷疑，或者對此進行爭論，同一個小品詞、同一個關係詞或謂詞在那裡和在這裡所意指的是否是同一個東西。因此，對一個

A298　B_{I}307

像「但是」這樣的小品詞，對於像「父親的」這樣一個第二格，我們可以在好的意義上說：它們具有一個含義；而在像「bi」這樣一個詞的塊片那裡，我們就不能這麼說。儘管前者與後者對我們來說都需要；但這兩種需補性（Ergäzungsbedürftigkeit）是完全不同的：在前者那裡，它所涉及的不僅僅是表達，而且首先是思想；在後者這裡，它所涉及的則只是表達，或者毋寧說，只是那些尚待成爲表達、尚待成爲一個思想的可能引發者的表達塊片。隨著複雜的語詞框架的相續構成，整體含義也逐步地構造起來；[11]在語詞的相續構造中所構造的僅僅是語詞，只是在語詞形成後才會附有思想。儘管語詞塊片已經以一種方式引發著思想，即：它是語詞塊片，對它的補充必須是怎樣的；但這當然不是塊片的含義。並且，如果出現這樣或那樣的補充 [bi——billig（便宜的）、bissig（尖刻的）、Bimsstein（浮石）、

11　人們不應像馬爾蒂一樣（《普遍語法學與語言哲學基礎研究》，第二一一—二一二頁。）從字面上理解這個運算式，並且把這樣一個思想強加給這個運算式，這個思想是指：整體含義是用部分含義構造起來的，就像是有那些能夠自爲存在的「磚石」構造起來的一樣。我所詳細論證的關於不獨立含義之學說的課題恰恰在於說明，這個思想是錯誤的！我不能認爲，在本文中的論述可以引起這樣一種解釋，並且不能認爲，整個闡述以某種方式被馬爾蒂的指責所切中。參閱在後面對脫離出來的合義之理解的說明。[36]

[36]　在A版中爲：馬爾蒂：《符號論文集》，第一〇五頁，注。

Birne（梨）、Gebilde（構成物）……]，那麼含義就會變化，但在含義的雜多性中卻並不能發現可以作爲其[37]含義而劃歸給這個語詞部分 [bi] 的共同之物；我們在個別的語詞含義中也無法找到這樣一個劃分，這個劃分根據這一個環節而建立在這個語詞部分的有含義性上：它恰恰是無含義的。

第6節　其他區分的對立。不完備的、異常簡略的和欠缺的表達

在我們對獨立含義與不獨立含義之間的區別進行必要的澄清，透過與更普遍概念的連結來對這個區別進行更詳細的描述[38]，以及與此相連地確定在含義領域中的最重要事實、確定在這個領域中主宰著的規律性的存在之前，有必要將我們用來作爲出發點的語法區別[39]區分於其他的、與它相混淆[40]的區別。

合義的表達作爲不獨立表達以某種方式需要補充，就此而言，人們也將它稱作不

[37] 在A版中未加重點號。

[38] 在A版中爲：在我們透過與更普遍概念的連結來對獨立含義與不獨立含義之間的區別進行更詳細的描述。

[39] 在A版中爲：有關區別。

[40] 在A版中爲：相交錯。

完整的表達。但不完整的說法還有另一個意義，這個意義不應與這裡所考察的需補性（Ergänzungsbedürftigkeit）混爲一談。爲了說明這一點，我們首先注意，獨立含義和不獨立含義的劃分與簡單含義和複合含義的劃分相互交錯。例如：「比一間房更大」、「在上帝的自由天空下」、「生活的憂慮」、「但你的信使們」（doch deine Boten）、「先生」、「尊敬」；這些含義都是不獨立的，它們雖然具有許多不同的組成部分卻仍然是統一的含義。因此，許多不獨立的含義，或者部分獨立、部分不獨立的含義可以交織成一個相對完備的統一，這個統一作爲整體卻只具有不獨立含義的特徵。複合的、不獨立的含義的這個事實在語法上表現在複合的、合義的表達的相對封閉的統一之中。每一個這樣的表達之所以是一個[41]表達，乃是因爲它包含著一個含義，而它之所以是一個複合表達，乃是因爲它以劃分的方式表達一個複合含義。就這個含義而言，它是一個完整的表達。如果我們仍然將它稱作不完整的，那是因爲它的含義雖然具有統一性，卻仍然需要得到完整化。由於這個含義只能在一個更廣泛的含義聯繫中存在，所以對它的語言表達也指明一個更廣泛的語言聯繫，即指明一個對一個獨立、完備的話語的補充。

完全不同的情況表現在那些異常簡略的話語那裡，這些話語賦予思想——無論它是獨立的，還是不獨立的思想——以一個不完整的、即使在話語的某些狀況中可能是完全得到理解

$B_1$309

[41] 在A版中加了重點號。

的表達。我們在這裡也可以舉欠缺的表達爲例，在這些表達中由於一個語言聯繫[12]的連續性而缺乏個別的句法環節，而「分肢」（disjecta membra）的某個共屬性卻仍然可以被認出。這些欠缺的話語的需補性顯然具有與合義的需補性完全不同的特徵。並非因爲這個所屬的含義不獨立，而是因爲一個統一的含義發生斷裂，欠缺的話語才無法作爲完備的話語，甚至根本無法作爲話語起作用。如果我們辨認一段欠缺的碑文「Caesar...qui...duabus...」，那麼外在的依據表明，這裡所涉及的是某個語句的統一，某個含義的統一；但這個間接的思想並不是這個殘篇的含義，實際上它根本不具有統一的含義，並且因此也不構成表達；一個部分由獨立含義、部分由不獨立含義構成的無聯繫的相互並列，與此相關的一個對這樣的含義來說非本己的附帶思想，即：它們可能屬於某個含義統一。——這就是被給予的一切。

關於不完備的、不完整的、需要補充的話語顯而易見地包含著非常不同的東西。一方面是合義的表達，另一方面是異常簡略的表達，最後是欠缺的表達，它們根本不是表達，而只是表達的碎片。這些概念相互交錯。一個簡略的表達可以是自義的，一個合義的表達可以是無欠缺的，如此等等。

A300 $B_1$310

12 「語言聯繫」的德文原文爲「Sprachzusammenhang」，通常亦被譯作「語境」。——中譯注

第7節　將不獨立含義理解爲被奠基的內容

我們已經認識到，將表達區分爲自義表達與合義表達，這一看似無關緊要的區分是與在含義領域中的一個根本區分相符合的。儘管我們將前一個區分作爲我們的出發點，後一個區分仍然表明是一個原初的區分，也就是說，前一個語法區分是透過它才得到論證的。

表達這個概念，或者說，單純語音的和完全感性的表達部分與眞正詞義上的部分表達之間的區別，或者我們可以更確切地說，前者與**句法**（詞幹、前綴、後綴、[13]語詞、協調的複合詞）之間的區別——它只有透過向含義區別的回溯才能得到確定。如果含義區分爲簡單的和複合的含義，那麼**這種**複合性必然也會回歸到最後有含義的部分上，回歸到句法部分上，因此也又回歸到表達上。相反，對作爲單純感性現象的表達的分解永遠只會產生出單純感性的和不再是有含義的部分。同樣的情況也表現在以此爲基礎而對表達進行的區分那裡，即：將表達區分爲自義的表達和合義的表達。人們當然可以這樣來描述它們，即：它們中間有一些可以自爲地單獨作爲完整的表達、作爲完成的話語來使用，另一些則不能。但如果人們想限定這個描述的多義性，並且想規定這個描述的有關意義並同時規定內部的理由，即：爲什麼有些表達可以作爲完成的話語而自爲地單獨存在，其他的表達則不能；那

13　這些和前面提到的那些，只要它們在語言發展過程中沒有失去它們的清晰含義。

麼，正如我們所見，人們就必須回溯到含義領域，並且在其中指明那種附在某些含義上，即附在「不獨立的」含義上的需補性。

將含義的含義標示爲不獨立的含義，這就已經意味著，我們在其中看到了這些含義的本質。在關於不獨立內容的論述中，我們普遍地規定了不獨立性的概念，這同一個不獨立性也就是我們相信在含義領域中可以採納的那個不獨立性。我們論述說，[14]不獨立的內容就是那些不能自爲地、而只能作爲一個更廣泛整體的部分而存在的內容。這種「不—能」的先天[43]規律根據是在有關內容的本質天性[44]之中。每一個不獨立性都包含著一個規律，根據這個規律，相關種類的內容，譬如說α這一類，只能在與整體G（αβ……μ）的聯繫中存在，β……μ在這裡是**特定**內容類別的符號。我們強調特定，因爲沒有一條規律會僅僅意味著：在α類和任意的其他類之間存在著聯繫，也就是說，一個α需要補充，無論是哪一種補充；相反，在規律性中包含著聯繫本性的確定性；不獨立的與獨立的變項具有其透過固定的種、屬特徵

$B_1$312　A302

14　參閱本書第三研究，第5—7節，第二三五頁以後。[42]

[42] 在A版中爲：第二三三頁以後。

[43] 在A版中爲：客觀的。

[44] 在A版中爲：本性。

所劃定的領域。當然，而且從本質規律上說，連同種類一起被規定的還有這個聯繫的屬•形•式。我們尤其可以感性直觀的具體之物爲例。但我們也可以舉其他領域、行爲體驗[45]及其抽象內容的領域爲例。

我們在這裡所感興趣的只是含義。[46]我們將含義理解爲觀念統一；但不言而喻，我們的區分從實在領域引申到[15]觀念領域。在具體的意指行爲中與含義相符合的是某個因素，這個因素構成了這個行爲的本質特徵，也就是說，這個因素必然地從屬於任何一個具體行爲，即這個含義在其中得以「實現」的任何一個行爲[47]。但是，考慮到對行爲在簡單行爲和複合行爲兩方面的劃分，一個具體行爲現在也可以包含許多部分行爲，而這些部分行爲能夠或是作爲獨立部分，或是作爲不獨立的部分寓居於整體之中。特別是一個意指行爲本身也可以是複•合的，即由含義行爲所複合而成。這樣，在整體中就包含著一個整體含義，而在每一個部分行爲中就包含著一個部分含義（一個含義部分，它本身又是一個含義）。據此，如果一個

15　參閱本書第三研究，第7節A，第二四三頁。

[45]　在A版中爲：心理行爲。

[46]　在A版中還有：誠然，。

[47]　在A版中爲：這個因素將此行爲描述爲意指性的。

含義能夠構成一個具體意指行爲的全部充分含義，我們就將它稱作獨立的，如果不是這種情況，我們就將它稱作不獨立的。不獨立的含義只能在一個具體意指行爲的一個不獨立的部分行爲中得到實現，它們只能在於某些其他的、補充著它們的含義的連結中得到具體化，它們只能在一個含義整體中「存在」。根據我們的觀點，如此定義的作爲含義之含義的不獨立性規定了含義（Synkategorematika）的本質。

第8節　這個觀點的困難。(a)含義的不獨立性是否只是在於被意指對象的不獨立性

然而我們現在也要考慮我們這個觀點所具有的困難。首先我們要闡釋含義的獨立性和不獨立性與被意指對象的獨立性和不獨立性之間的關係。人們起先會相信，前一個區分可以還原爲後一個區分。[16]含義賦予的行爲作爲「表象」，作爲「意向」體驗[49]而關係到對象。

16 我們在前面（第2節，第二九六頁以後[48]）曾探討過一個相似的、實事上相近的問題。

[48] 在A版中爲：第二八八頁以後。

[49] 在A版中爲：作爲表象。

如果現在某個對象的組成部分是不獨立的，那麼它就不能自爲單獨地「被表象」[50]；因而相應的含義便要求補充，它自己也就是不獨立的。似乎由此而可以得出這樣一個不言自明的規定：自義的表達指向獨立的對象，合義的表達指向不獨立的對象[51]。

人們很快便可以確信這個觀點是錯誤的。「不獨立的因素」這個表達就已經提供了一個決定性的反駁。這個表達是一個自義的表達，但卻表象著一個不獨立之物。因此，**每一個不獨立之物**都可以，並且也是以直接的方式，變成一個**獨立含義**[52]**的對象**，例如：「**紅**」、「形態」、「相同性」、「量值」、「統一」、「存在」。人們可以從這些例子中看出，不**僅質料的**[53]對象因素有獨立的含義與其相符合，而且**範疇的**形式也有獨立的含義與其相符合，這些獨立的含義朝向這些形式，並且因此而使它們成爲自爲的對象；而這些對象並非在獨立性[54]的意義上是自爲存在的。獨立的、朝向不獨立因素的含義之可能性並不是什麼令人驚訝的東西，我們只需考慮：雖然含義在「表象」一個對象之物，但它並不因此而具有一個

[50] 在A版中未加引號。

[51] 在A版中還有：（即對象性因素，無論它是特徵，還是關係形式）。

[52] 在A版中爲：表象。

[53] 在A版中未加重點號。

[54] 在A版中爲：不獨立性。

$B_1$314　A304

映象的特徵；相反，它的本質毋寧在於某種意向，這個意向能夠以意向的方式[55]「朝向」任何東西，「朝向」獨立之物和不獨立之物。因此，任何東西都能夠以意指的方式成爲對象性的，即成爲意向的客體。

第9節　(b)對被分離出的合義之理解

一個嚴重的困難在於，如何理解那些從任何連結中被分離出來的合義。如果我們的觀點是正確的，那麼這種情況根本就不可能存在；根據我們的觀點，自義完備的話語（邏各斯（λόγος））的不獨立因素是不可分解的。因此，怎麼可能將這些因素放到所有連結之外進行考察，就像亞里斯多德已經做過的那樣？他在「無連結的表達」（τὰ ἄνευ συμπλοκῆς）、「非複合的語詞」（τὰ κατὰ μηδεμίαν συμπλοκὴν λεγόμενα）這些標題下所把握的是所有語詞種類，也包括合義。

我們首先可以採取這種方式來對付這種指責，即：我們指出「本眞」表象與「非本眞」表象的區別，或者，在這裡是同一個意思，我們指出單純意指的含義與充實的含義的區別。我們也就可以說：

[55] 在A版中還有：，以瞄向（abzielend）意指的方式。

被分離的含義，如「相同」、「相連」、「與」、「或」，不能獲得直觀的理解，不能獲得含義充實，除非是在與一個更廣泛的含義整體的聯繫中。如果我們想「弄清」「相同」這個詞意味著什麼，那麼我們就可以觀看一個直觀的相同性，我們必須現時地（「本眞地」）進行一個比較，並且在此基礎上對一個「a=b」的定理形式做出充實的理解。如果我們想弄清「與」這個詞的含義，那麼我們就必須現實地進行一個集合行爲（Kollektionsakt），並且在這個如此被本眞地表象出來的總和中使「a與b」這種形式的含義得到充實。情況始終如此。充實性含義的不獨立性因而必然是在每一個完成了的充實中作爲更廣泛的內涵的一個充實性含義的組成部分起作用，這種不獨立性現在決定著關於意向含義之不獨立性的**引申**說法。[17]

A305 $B_1$315

在這裡無疑有一個正確的和有價值的思想。我們也可以這樣來表達它：**任何一個合義的含義**，**即任何一個不獨立的含義意向的行爲**，**如果不與一個自義的含義相聯繫**，**就不可能具有認識作用**。當然，我們也可以不說**含義**，而說**表達**，它通常被理解爲語音**與**含義或意義的**統一**。但現在出現了一個問題，當我們對在這個充實狀態中產生作用的相合性統一

17 顯然，在整個闡述中，「充實」同時也代表著它的對立面「失實」（Enttäuschung），即代表著一種現象學上特殊的方式：在一個含義整體中矛盾地連結在一起的含義如何在直觀澄清和明晰化的過程中把握到它的明見的「不相容性」，而被意指的統一則在直觀的不統一性中達到「失實」。

（Deckungseinheit）、即對意指含義與充實含義之間的相合性統一進行思考時，我們是否可以認爲：充實的含義是不獨立的，意指的含義是獨立的；換言之，是否可以認爲，關於在直觀未充實的含義意向和表達方面的不獨立性的說法只是一個非本眞的說法，即只是透過在一個可能的充實中[56]的不獨立性而得到規定的。這幾乎是無法接受的，這樣我們又被帶回到這樣一個觀點上，即空泛的含義意向——「非本眞的」、「象徵的表象」，這些表象賦予在所有認識功能之外的表達以意義——自身帶有獨立性和不獨立性。但開始時所提出的問題現在又回來了：如何解釋這樣一個無可反駁的事實，即：單個的合義，例如：單個的詞「與」可以被理解？它們在其意向含義方面是不獨立的，這恰恰意味著，這些意向只能在自義的聯繫中才能存在；因此，這個被分離的小品詞，單個的「與」必定只是一個空泛的聲響。

這個困難只能透過以下方式來解決：

這個被分離出來的合義或者是根本不具有與它在自義聯繫中所具有之含義相同一的含義，或者是具有同一個含義，但卻經歷了一個即使在實事上也完全不確定的含義補充，以至於它成爲對暫時生動的和完整化了的含義的一個不完整表達。我們對這個孤立的「與」的理解有兩種方式：或者是：「某個爲我們所熟悉的小品詞」的間接的、儘管在語詞上未說出的思想，即作爲異常含義的思想伴隨著這個「與」；或者是：一個「A與B」的思想借助於

[56] 在A版中爲：充實的。

B_I316　A306

模糊的實事表象，並且在不帶有任何語詞的補充的情況下產生出來。在後一種情況中，只要「與」這個詞本眞地屬於這個內部進行的完滿含義意向的一個因素，並且是屬於與在自義的聯言表達聯繫中之因素相同一的那個因素，那麼它所產生的作用便是正常的；但如果它不處在與其他表達的聯繫中，即其他那些爲現有含義的補充部分提供清晰顯示的表達，那麼它所產生的作用便是不正常的。

透過這種方式，困難便得以消除，而我們可以認爲，獨立含義與不獨立含義之間的區別既涉及含義意向的領域，同樣也涉及充實的領域，因而，意向和充實之間的相即（Adäquation）之可能所要求的那個作爲必然的實事狀態確實存在著。

A307

第10節　含義複合體中的先天規律性

如果獨立的與不獨立的含義的區別關係到獨立的與不獨立的對象[57]的區別，那麼這裡實際上已經包含著在一個含義領域中的基本事實，即：**含義服從於這樣一些先天規律，這些規律將含義的連結調整爲新的含義**。根據我們對不獨立對象[58]所做的完全普遍的闡述，在任何

B$_1$317

[57] 在A版中爲：內容。

[58] 在A版中爲：內容。

一個不獨立含義的情況中都包含著某個本質規律，這個規律透過新的含義來調整這個不獨立含義的需要補充性，即證明這個含義必然被納入於其中的那些聯繫的種類和形式。由於沒有連結形式就根本不能將含義聚合成新的含義，而這些連結形式本身又具有含義，亦即不獨立的含義的特徵，所以顯而易見，在所有含義連結中都有本質規律性（先天的本質規律性）[59]在發揮作用。自然，我們在這裡所面臨的最重要的事實並不只是含義領域所特有的，而是在所有發生連結的地方都發揮著作用。所有連結都服從於純粹規律，尤其是所有那些質料的、局限在一個實事統一的領域上的連結，在這些連結那裡，連結的結果必定與連結的環節處在同一個領域：處在與形式的（「分析的」）連結的對立中，這些形式連結，如聯言連結，並不依賴於一個領域的實事特殊性，並不爲它們連結環節的含有實事之本質所束縛。我們在任何一個領域中都不能[60]將所有個別性透過所有形式加以統一，相反，個別性的領域先天地限制了可能形式的數量，並且規定了占取它們的規律性。但這個事實的普遍性並不會免除人們的這樣一個義務，即：在每一個被給予的領域中證明這些形式，並且研究它們之展開的特定規律性。

[59] 在A版中爲：規律性。

[60] 在A版中爲：所有連結都服從於規律，尤其是所有那些質料的、局限在一個實事統一的領域上的連結，在這些連結那裡，連結的結果必定與連結的環節處在同一個領域：我們永遠不能。

特別是在含義領域方面，最倉促的思考就已經可以表明，我們在含義與含義的連結中是不自由的，並且因此在有意義地被給予的連結統一中不能對各個因素進行隨意的混合。各個含義只能以某種事先確定的方式相互搭配，並且重新構造出有意義的統一含義。連結的不可能性（Unmöglichkeit）是一個本質規律性的不可能性，這首先是指，它不僅僅是一種主觀的不可能性，我們無法進行統一的原因並不僅僅在於我們的事實無能（Unfähigkeit）（不僅僅在於我們「精神組織」的壓迫）。在我們於此所看到的[61]情況中，這種不可能性更多地是一種客觀的、觀念的、奠基於含義領域的「本性」和純粹本質之中的[62]不可能性，並且它本身應當透過絕然的明見性來把握。更確切地說，這種不可能性並不附著在須統一的含義的單個特殊性上，但卻附著在它們所屬的本質的**屬**上，即附著在**含義範疇**上。儘管個別的含義本身已經是種類之物，但相對於含義範疇而言，它還只是一個單個的特殊性[63]。在數學領域中也是如此，在數值上確定的數相對於數的形式和數的規律而言只是一個單個的特殊性[64]。因此，只要我們在被給予的含義那裡明察到連結的不可能性，這種不可能性就會證明一個絕對普遍的規律，按照這個規律，如果在相同的順序中並且根據對同一個純粹形式的標準對相 A308 $B_1$318

[61] 在A版中還有：無數。

[62] 在A版中爲：先天地奠基於含義領域的本性之中的。

[63] 在A版中爲：偶然的個別性。

[64] 在A版中爲：偶然的個別性。

應含義範疇的含義進行連結，那麼它們必定不會產生出任何統一的結果——一言以蔽之，這是一種先天的不可能性。

當然，剛才所闡述的這一切既對含義連結的不可能性有效，也對含義連結的**可能性**有效。

我們現在考慮一個例子。「這棵樹是綠的」這個表達是一個統一的有含義的表達。如果我們在形式化的過程中從被給予的含義（獨立的邏輯命題）過渡到相應的純粹含義內涵，過渡到「命題形式」，那麼我們就獲得「這個S是p」這樣一個形式觀念，它在其範圍中所包含的全都是獨立的含義。現在很明顯，可以說對這個形式的質料化、對規定著這個形式之殊相化的各個命題的質料化能夠以無限多的方式進行，但我們在這裡並不自由，而是被束縛在固定的界限上。並非任何一個隨意的含義可以取代S，而且並非任何一個隨意的含義可以取代p。我們可以在這個形式的框架內將「這棵樹是綠的」這個例子改變爲「這個金子」、「這個阿拉伯數字」、「這個藍色的烏鴉」等等「是綠的」，簡言之，我們可以用任何一個隨意的、在某種擴展了的意義上是名詞的質料來替代S，同樣也可以用任何一個隨意的形容詞質料來替代p：我們而後還可以一再地獲得一個統一的有意義的含義，並獲得一個具有以上形式的獨立命題——但一旦我們不遵守含義質料的範疇，這個意義統一便會喪失。凡一個名詞質料所在之處，任何一個隨意的名詞質料都可以在此，但一個形容詞的質料或一個關係質料或一個整體陳述的質料卻不能在此；但這些範疇的一個質料所在之處，這樣的一個範疇卻可以一再地在此，即是說，在此的永遠是這一個範疇的一個質料，而非其他範疇的質料。這一點對所有含義都有效，無論它們的構形有多麼複雜。

儘管在對質料範疇之內的質料進行自由交換的過程中會出現錯誤的、愚蠢的、可笑的含義（整個語句或可能的語句環節），但這裡所產生的必然是統一的含義，或者說，這樣一些語法表達，這些表達的意義可以得到統一的實施。一旦我們超出這些範疇，情況便不再如此。儘管我們能夠將語詞並置：「這個輕率的[18]是綠的」；「更有力是圓的」；「這棟房子是相同的」；我們可以在對「a是與b相似的」這樣一個形態的關係陳述中用「馬」來代替「相似的」，但這樣的話，我們始終只會獲得一個語詞系列，在其中每一個詞本身都有意義，或者指明一個完整的意義聯繫，但我們原則上沒有獲得一個統一的完備的意義。如果我們想在一個統一被劃分的含義中對那些本身已經是形式統一的環節進行隨意的交換，或者想用一個從其他含義中隨意取出的環節來取代一個環節：例如：如果我們試圖用一個名詞環節來替換一個假言的前句（在一個被我們稱作假言語句的含義整體中的一個單純的環節），或者在一個選言判斷中用一個假言後句來替換一個選言的環節，那麼我們就更無法獲得一個統一的

B₁320

18 我們在這裡有意將這個在主語位置上的形容詞小寫（dieses leichtsinnig），以此表明，形容詞的含義例如在作爲形容詞謂語時同樣應當取代已標明的主語位置。還可參閱下面第11節。（胡塞爾在這裡所說的小寫或大寫問題是指：在德語語法中，形容詞在主語位置上或作爲名詞被使用時應當與所有名詞一樣大寫，例如這裡的「這個輕率的」應當寫作：dieses Leichtsinnig。但胡塞爾在這裡並沒有執此慣例。這個注釋就是對此「破例」的說明——中譯注）

完備的意義。我們無須具體地進行這類事情，但我們也可以在相應的純粹含義構形（語句形式）中進行這種嘗試：在這裡很快就可以得出這樣一個先天明察，即：這些有關純粹形態的各個環節之本質決定了如此被意指的連結是不可能的，或者說，這種形式的環節只有作為特定構造的含義形態之環節才是可能的。

最後，不言而喻的是，形式的純粹因素在一個含義的具體統一中永遠不能與經驗因素的構形相交換，即與那些為含義提供實事關聯性的因素的構形相交換，或者說，對那些統一有意義的含義形態的殊相化——如「一個S是p」;「如果S是p，那麼Q就是r」，以及如此等等——原則上不可能如此發生，以至於這個「詞項」，含義形態的這個實事相關的質料，被抽象地取出的形式因素所替代。雖然我們可以將語詞相互排列：「如果這個或綠了」，「一棵樹是與」等等；但這個含義系列無法被理解為一個含義。這是一個分析定理：在一個整體中，形式根本不能作為質料起作用，質料根本不能作為形式起作用，顯而易見，這也可以引申地運用到含義領域。

總的來說，在實施和思考這種事例分析時，我們認識到，每一個具體的含義都是一個材料（Stoff）和形式的相互包容，每一個具體的含義都服從於一個可以透過形式化而得到純粹確定的形態觀念，此外，每一個這樣的觀念都有一個先天的含義規律與之相符合。這是一個根據句法形式來用句法材料構造統一含義的規律；這些句法材料受固定的、先天屬於含義領域的各個範疇的制約，而這些句法形式，正如人們很快就可以認識到的那樣，是先天被規定的並且自身聚合成一個固定的形式系統。在這裡產生出一個重大的、對於邏輯學和語法學

B_1321

來說同樣根本性的任務：證實這個包容著含義王國的先天基本狀況（Verfassung），在一門「含義的形式論」中研究形式結構的先天體系，也就是說，研究那些將所有含有實事的含義個性置而不論的結構的先天體系。

第11節　各種指責。植根於表達或含義本質之中的含義變異

但現在需要顧及到可能的指責。首先人們不應受到這樣一種情況的迷惑，即：每一個範疇的含義，哪怕是含義的形式，如「與」，都可以被置於主語的位置上，而處在這個位置上的通常是主語的含義。如果人們更仔細地觀看，那麼這完全是透過含義變異的方式而發生的，借助於這種含義變異，那些例如取代名詞位置的東西實際上又再是一個名詞性的東西，並沒有一個具有其他句法形態的含義（如一個形容詞的含義，甚或是一個單純的形式）被簡單地移植過來。這樣一種情況例如出現在像「『如果』是一個小品詞」、「『與』是一個不獨立的含義」這樣的命題中。[65]確實，這些語詞現在處在主語的位置上，但明晰

[65] 在A版中爲：例如：「如果是綠的」這個表達就是無含義的，並且由於明察到這一點，所以我們也認識到，如果不是用「如果」，而是用一個隨意的合義來取代S，那麼從S是p的形式中所得出的就完全是一種無意義性。儘管「如果」通常是一個形式表達，它在這裡恰恰也不是作爲形式表達起作用，而是作爲可變的因素，這個因素在基本規律性的意義上可以被任何一個（出自不獨立含義範疇的）因素所取代。但如果我們寫

A309　B$_1$322

無疑的是，它們的含義並不是它們在正常聯繫中所獲得的含義。毫不奇怪，透過**含義變化**的途徑，每一個語詞、每一個表達都可以被置於一個自義整體的任何一個位置上。但我們在這裡所看到的並不是語詞的複合，而是含義的複合，至多是那些保持著恆定含義的語詞的複合。從邏輯上看，所有含義變換都可以被評判爲是異常性。朝向同一的－統一的（identisch-einheitlich）含義的邏輯興趣要求含義作用的恆定性。但實事的本性卻會導致：**某些含義變化甚至就屬於任何語言的語法正常組成**。透過話語的聯繫，變異了的含義仍然可以輕易地被理解，而且，如果變異的動機具有澈底的普遍性，如果它們例如植根於表達本身的普遍特徵之中，甚或植根於含義領域自身的純粹本質[66]之中，那麼，有關的異常性類別就會一再回返，邏輯異常之物就會顯現爲是在語法上被證實的。

下「如果這棵樹是綠的」，那麼這個「如果」就是與作爲不可變形式的「是」一同在起作用，而其他的含義則構成可變的質料；這是就這樣一種規律性而言，即：當且僅當S和p始終限制在某些含義等級（對此至今還沒有足夠普遍的並且同時是單義的名稱）的範圍內時，每一個「如果S是p」這種形式的連結才會產生一個有意義的含義。

第11節　指責。質料的偷換（suppositio materialis）及其相似物

人們在這裡幾乎不會受這樣一個指責的迷惑，即：每一個含義都可以被置於主語的位置上，例如在「『如果』是一個小品詞」，「『與』是一個不獨立的含義」這樣的命題中。

[66] 在A版中爲：本性。

在這裡包含著被經院哲學家們稱作「偷換質料」（suppositio materialis）的東西。據此，每一個表達，無論它——在其正常含義中——是一個自義的還是合義的表達，都可以作爲它自己的名稱出現，也就是說，它將自己稱作語法現象。如果我們說「『地球是圓的』是一個表達」，那麼作爲主語表象而起作用的不是陳述的含義，而是對表達本身的一個表象；被判斷的不是地球是圓的這個**實事狀態**，而是這個**陳述語句**，而這個語句本身是異常地作爲它**自己**的名稱在起作用。如果我們說「『與』[67]是一個連詞」，那麼我們並沒有將那個通常與「與」這個語詞相符合的含義因素置於主語的位置上，相反，處在這裡的是獨立的、指向「與」這個語詞的含義。在這個異常的含義中，「與」實際上不是一個合義的表達，而是一個自義的表達，它將它自己稱作語詞。

當表達所承載的**不是它的正常含義**，而是**對此含義的一個表象**（即一個將此含義作爲其對象來朝向的含義）時，這裡便出現了一個與偷換質料（suppositio materialis）完全相似的東西。例如：當我們說「『與』、『但』、『更大』是不獨立的含義」時，情況便是如此。我們通常在這裡說：「與」、「但」、「更大」這些詞的含義是不獨立的。同樣，在「『人』、『桌』、『馬』是事物概念」的表達中作爲主語表象起作用的也是對這些概念的表象，而不是概念本身。在這些情況中和在前面的情況中一樣，含義變化通常至少會在文字表達中被指示出來，例如透過引號或其他「異類語法的（heterogrammatisch）表達手段」

[67] 在A版中未加引號。

A311　$B_1$323

而被指示出來。所有帶有「**變異**」謂語而不帶有「**限定**」謂語的表達，都以剛才所標示的那種方式或以類似的方式異常地起作用：以或多或少複雜的方式，整個話語的正常意義可以被另一個意義所取代，無論這另一個意義通常是如何被構造的，它在一個就正常解釋標準來看是虛假主語的位置上獲得一個以這種或那種方式與此相關的表象，而且整個表象或是在邏輯－觀念意義上的表象，或是在經驗－心理學意義的表象，或者也可以是在現象學意義上的表象。以「半人半馬是詩人們的一個臆造」爲例。我們在略作修正後可以這樣說：我們對半人半馬的表象（即對「半人半馬」整個含義內涵的主觀表象）是詩人們的臆造。「是」、「不是」、「是眞」或「是假」等等這些謂語是變異性的。它們所表達的不是虛假主語的屬性，而是相應主語含義的屬性。例如「2×2＝5是錯誤的」；這意味著，這個想法是一個錯誤的想法，這個命題是一個錯誤的命題[68]。

如果我們在前一段的例子中將這樣一些例子刪去，在這些例子中，變異性表象是一個主觀表象，更確切地說，一個在現象學或心理學意義上的表象，並且，如果我們在剛才所闡述的意義上來限制我們對這個與質料的偷換相似之物的理解，那麼就會注意到，這裡所關涉及的是含義的變化，或者更確切地說，關係到那些**植根於含義領域本身之觀念本性中的意指**的變化。即是說，它們是在某種其他的、從表達中抽象出來的意義上植根於含義變化之中，這個意義與關於算術構成物之「變形」（Transformationen）的算術說法在某種程度上

[68] 在A版中爲：「空泛的」想法。

相似。在含義領域中存在著先天規律性，根據這種規律性，含義能夠以某些方式在保持一個本質核心不變的情況下發生改變。[69]這裡當然也包括那種先天就能夠將任何一個隨意的含義改變爲一個與它相關的「直接表象」的改變，即改變爲關於原初含義的專有含義的改變。與此相符，語言表達在變異了的含義中是作爲它原初含義的「專名」而起作用的。這個變異[70]借助於它的先天普遍性而決定了一個[71]由普遍語法學的歧義性所構成的大群組，這些歧義性是動詞性意指之變異的歧義性，它們超出了所有經驗[72]語言的特殊性範圍。此外，我們在進一步的研究中還將有機會遇到這種建基於含義本身之本質中的其他例證，譬如遇到這樣一些重要的例子，在其中整個語句都可以透過名詞化出現在主語位置上，並且因此也可以出現在任何一個要求名詞環節的位置上。這裡還要指出形容詞謂語名詞化或定語名詞化的情況，以便消除一些對在前幾節中所做闡述的懷疑。形容詞可以說是注定要行使謂語的功能，並且進一步行使定語的功能。它通常是在「更原初的」、未變異的含義中起作用，就像我們前面的例子：「這棵樹是綠的」。如果我們說「這棵綠樹」，那麼它自身——撇開它的句法功能不論——也沒有發生任何變化。句法形式相對於句法材料始終具有一種變化方式，即使例如一

[69] 這裡的重點號以及以某些方式爲B版所加。
[70] 在A版中爲：它。
[71] 在A版中爲：那個。
[72] 在A版中爲：個別。

個作爲主語而產生作用的名詞含義變得具有了賓語的功能，或者，即使一個作爲前句而產生作用的語句變得具有了後句的功能，這種變化方式最先需要得到確定，並且是對含義領域的貫穿結構之描述的一個主要課題。但是，如果形容詞不僅作爲一個名詞含義的定語因素產生作用，而且自身還名詞化，即成爲一個名詞，那麼形容詞方面的東西，即那些在謂語功能變化爲定語功能的過程中保持同一的句法材料，就還要經歷一個變異。例如：「綠是一種顏色」和「綠的存在（綠色）是顏色存在（顏色性）的一個差」。這兩者所陳述的並非是絕對同一個東西，儘管這兩個說法在發生模稜兩可的變動；因爲前一次所指的是一個出自具體對象之內容組成的不獨立因素，而後一次所指的則是存在的名詞化，這個存在是那個在範疇謂語陳述中在謂語環節方面做出的、而且被置於主語語句位置上的謂語語句的相關物。因此，同一個詞「綠」在名詞化的過程中改變了它的含義；至少是透過書寫方式，即借助於開頭的大寫字母，這個變異的一個普遍特徵在文字表達中顯露出來（因此，書寫方式絕不是在邏輯和語法上無價值的）。原初的含義和名詞化了的含義，「綠的」（grün）和「綠色」（Grün）、「是綠的」（ist grün）和「是綠色」（Grün-sein）顯然共同具有一個本質因素，一個同一的「核心」，它是一個抽象的東西，它在兩方面都具有不同的「核心形式」，具有不同於「句法形式」（它們本身已經以某些核心形式並帶著這些核心形式而預設了作爲句法材料的核心內容）的形式。如果對形容詞核心內容（核心本身）的核心形式之變異產生出一個名詞類型的句法材料，那麼這個自身具有確定構造的名詞就會出現在所有那些句法功能中，這些句法功能恰恰根據形式的含義規律來要求作爲句法材料的名詞。這些簡要的說明在這裡已經足夠了。更詳細的說明將包含在對我們的形式論的系統闡述中。

B$_1$326

第12節　無意義（Unsinn）與悖謬（Widersinn）

當然，人們必須將規律性的不相容性，亦即我們在對含義的研究中所涉及的不相容性，區別於其他那些在「一個圓的四方形」的例子中所表明的不相容性。正如我們在第一研究中已經強調過的那樣，[19]人們不能將無意義之物（Unsinnige）與悖謬之物（Widersinnige）混爲一談，人們在誇張的說法中也喜歡將後者稱作是無意義的，儘管它不如說是構成了有意義之物的一個部分領域。一個「圓的四方形」的連結確實提供了一個統一的含義，這個含義在觀念含義的「世界」中具有其「實存」（「Existenz」）、存在（Sein）的方式；但絕然明見的是，沒有一個對象能夠與這個存在的含義相符合。相反，如果我們說「一個圓的或者」;「一個人與是」;以及如此等等，那麼就根本不會存在作爲其被表達的意義而與這種連結相符合的含義。這些聚合在一起的語詞，儘管會引起我們對某個透過它而被表達的統一含義的間接表象；但我們同時具有絕然的明見性：這樣一個含義是不可能存在的，這樣一種連結的含義部分在一個統一的含義中是不相容的。人們不會將這個間接的表象作爲那些語詞複合體的含義來運用。表達在正常地產生作用時可以喚起它的含義；但如果理解不能進行，那麼表達——例如：借助於它與有含義或被理解的表達的感性相似性——所招來的就是對「某

$B_1$327　　A312

19 參閱本書第一研究，第15節，第五十四頁以後，三。

個」相屬含義的非本眞表象，而人們所失去的恰恰是含義本身。

這兩方面不相容性的區別因而是很明顯的：在一種情況中，某些部分含義在統一含義中是不相容的，以至於這種狀況關係到整個含義的對象性或眞理。不存在並且也根本不可能存在這樣一個對象（例如：一個事物、一個實事狀態），在這個對象中，所有那些由一個統一含義借助於彼此「不相容的」含義而表象爲統一歸屬於此對象的東西，都聯合爲一；但這個含義本身是存在的。像「木質的鐵」和「圓的四方形」這樣的名稱，或像「所有三角形都具有五個角」這樣的命題，它們都與任何其他名稱和命題一樣是正當的名稱或命題。在另一種情況中，統一含義本身的可能性不容某些部分含義在它之中共存。這樣，我們便只具有一個間接的、瞄向這個綜合——此綜合是指把某些部分含義綜合爲一個含義的綜合——的表象，並且因此而明察到，永遠不會有一個對象與此表象相符合，也就是說，像在這裡被意指的這樣一個含義不可能存在。不相容性的判斷在這個情況中是針對表象，而在前一種情況中則針對對象；在這種情況中，出現在判斷統一中的是表象的表象[73]，而在前一種情況中，出現在判斷統一中的則是素樸的表象。

這裡所探討的先天不相容性以及另一方面所探討的相容性或它們所包含的含義連結之規律性至少可以在這樣一些規則中部分地找到它們的語法特徵，這些規則主宰著話語部分的語

A313

[73] 在A版中爲：（用鮑爾查諾的話*來說）表象的表象；並加有注腳：*鮑爾查諾，《科學論》，第一卷，第19節（鮑爾查諾也將它稱作「象徵表象」）。

法連結。如果我們詢問，在我們的語言中，爲什麼某些連結被允許，而某些連結被拒絕，其原因何在，那麼，我們誠然可以看到，相當大的一部分原因在於偶然的語言習慣，並且根本在於那些在一個語言共同體這裡是這樣、在另一種語言的發展那裡又是那樣的事實性。但另一部分的原因則會歸結爲在獨立含義與不獨立含義之間的本質區別以及與此密切相關的含義連結和含義變化的先天規律，在任何一門發展了的語言中，這些規律必然會在語法的形式論中以及在一個從屬的語法不相容性的種類中或多或少地顯示出來[74]。

第13節 含義複合體的規律與純粹邏輯—語法學[75]的形式論

一門已實施的含義科學的任務現在便在於，研究含義的本質規律構造以及建基於其中的含義連結和含義變異的規律[76]，並且將它們回歸爲最小數目的獨立的原素規律。爲此顯然需要首先探究原始的含義形態及其內部結構，並且與此相關地確定那些在規律中劃定了不確定之物的（或者在一個與數學完全相似的意義上：變項的）意義和範圍的純粹含義範疇。

[74] 在A版中爲：得到論證。

[75] 在A版中爲：邏輯。

[76] 在A版中爲：含義連結規律（以及緊密包含在它們之中的含義變異規律）。

算術可以在某種程度上向我們說明，形式的連結規律的功效何在。[77]根據某些已有的綜合形式，無論這是普遍的，還是僅僅在某些可給定的條件下，從每兩個數中可以產生出諸多新的數。對 $a+b$、ab、a^b 等等的「直接運算」可以無限地將數作爲結果提供出來，而對 $a-b$、a/b、$\sqrt[b]{a}$、${}^b\log a$ 等等的「反向運算」則只能在一定限制下提供數。這種情況每次只能透過一個**實存命題**，或者更確切地說，透過一個**實存**規律來確定，並且有可能從某些原始的公理出發而得到論證。從我們至此爲止所能做的少數暗示中可以看出，類似的、即與含義的實存或不實存有關的規律存有於含義領域之中，而且，在這些規律中，含義並不是自由的變項，而是局限在這些或那些建基於含義領域本性的範疇範圍之中。

純粹含義邏輯學的更高目標在於含義的對象有效性，**只要這種有效性是受純粹含義形式的制約**，**在這門純粹含義邏輯學中**，**關於含義的本質構造的學說爲含義的形式構造規律奠定了必然的基礎**。傳統邏輯學分散地提供了在關於概念與判斷學說中的相關起點，但沒有意識到普遍的以及隱藏在純粹含義觀念的觀點後面的目標。此外，關於「判斷」——現在應當理解爲「命題」——的要素結構和具體構成形式的學說顯然包含著整個含義形式論，因爲，任何一個具體的含義內涵或者就是命題，或者作爲可能的環節而歸入到命題之中。始終需要關

[77] 在A版中爲：首先劃分那些在此規律中作爲不確定之物（或者在一個與數學完全相似的意義上：作爲變項）出現的本質含義範疇。算術可以在某種程度上向我們說明，這裡所要求的究竟是什麼。

$B_1$329

注的是，純粹邏輯學本身是排斥「認識質料」的，在這種排斥的意義上，所有那些能夠給予使含義形式（類型、形態）與實事性的存在領域發生**特定**聯繫的東西都始終是被排斥的。對總體的實事性（Sachhaltigkeit）、即在含義範疇上得到清楚確定的實事性（例如名詞含義、形容詞含義、直陳含義）的普遍表象，處處都被用來充當實事性的概念（也包括最高的概念，如物理事物、空間之物、心理之物等等）。

因此，在一門純粹邏輯學的含義形式論中，問題首先在於：在剛才被描述的純粹性範圍中對**原始**形式進行確定。進一步需要確定的是**獨立含義、完整命題的原始形式**，連同其內在的**劃分和劃分中的結構**。此外還要確定**複合與變異的原始形式**，這些形式根據其本質而准許可能的環節具有不同的範疇（在此必須注意：完整的命題也可以在其他命題中成爲環節）。接下來的問題就在於對其他那些由繼續進行的**複合與變異所派生出**的無限雜多的形式做出系統的概覽。[78]

[78] 在A版中爲（另起一個新段落）：在純粹邏輯學中，自然的領域致力於貫徹剛才所暗示的問題，致力於**關於含義形式**的學說，或者我們也可以說，致力於關於邏輯判斷和命題的形式學說。（因爲這門學說顯然將關於邏輯表象的學說——在最狹窄的意義上被理解爲可能的主語含義——完完全全地包含在自身之中。）這裡所涉及的問題在於對**原始**的形式進行確定，並且對其他那些由繼續進行的複合與變異而從它們之中派生出的形式做出系統的概覽。

A315　B$_1$330

當然[79]，這些需要確定的形式是「**有效的形式**」[80]；這就是說，它們是在任意的殊相化中提供了現實存在的含義——**作爲**含義而存在的含義——的形式。因此，**首先，在每一個原始的形式中都同時包含著某個先天的實存規律**，這個規律陳述：每一個遵循此形式的含義連結也現實地產生出一個統一的含義，只要這些術語（不確定之物、現實的變項）屬於一定的含義範疇。但對派生出的形式的演繹則可能同時也是對這些形式的有效性的演繹；也就是說，在這些派生的形式中必定也包含著存在規律，但這些規律是從原始形式的存在規律中演繹出來的。

例如：在每兩個名詞含義M和N中都有規律地包含著原始的連結形式「M與N」，這個規律在於：連結的結果又是這個範疇的一個含義。如果我們不用名詞含義，而用其他的範疇，例如陳述含義或形容詞含義，那麼整個規律依然存在。以「M與N」形式連結起來的隨意兩個語句又再產生出一個語句，兩個形容詞又再產生出一個形容詞（又再產生出一個含義，它可以作爲一個複合的、但統一的定語或謂語而存在）。在兩個隨意的語句M、N中又再包含著原始的連結形式「如果M，那麼N」、「M或N」，以至於這個結果又是一個語句。在一個名詞含義S中和一個形容詞含義p中各自包含著原始的形式Sp（例如：「紅房

[79] 在A版中爲（未分新段落，直接緊跟前一段落）：顯而易見。

[80] 在A版中未加引號。

$B_1$331

子」），從規律上看，這個結果是名詞含義範疇的一個新含義。我們還可以舉出許多這樣的例證。在所有這些問題中，必須注意與此有關的規律陳述，即：在設想「語句」、「名詞的」、「形容詞的」、「表象」等等這些規定著規律的變項的範疇觀念時，我們從那些變換不定的句法形式中抽象出來，這種句法形式在可能的情況下從屬於這些含義，並且在某種規定性中必然地從屬於這些含義。我們談論的是同一個名稱，無論它是處在主語位置上還是處在有關賓語的功能中；我們談論的是同一個形容詞，無論它是在謂語中還是作爲定語發揮作用；我們談論的是同一個語句，無論它是作爲自由句，還是作爲聯言句、選言句，還是作爲假言前句或假言後句起作用，無論它是處在某個陳述性複合句的這個位置上，還是那個位置上。顯然，那些常常被使用、但從未受到過科學澄清的關於傳統邏輯學「詞項」（Termini）的說法也由此而得到了規定。這些「詞項」作爲變項在傳統邏輯學所關注的那些邏輯規律中發揮作用，[20]同樣也在我們的結構規律中起作用，而那些劃定可變性範圍的範疇是術語的範疇。對這些範疇的科學確定顯然是我們的形式論的首要任務之一。[81]

20 它爲眞正的純粹邏輯學教義所提供的，例如整個三段論學說，都被納入到陳述含義的邏輯學（「陳述」（apophantisch）邏輯學）之中。

[81] 在A版中爲：在原始形式M和N中包含著這樣一個存在規律：每一對透過「與」而連結起來的名詞含義（可能的主語含義）都又再產生出一個新的含義。。在A版中不再跟有新段落。

如果人們在這些被把握到的原始形式中有步驟地，並且一再地用一個簡單的術語來替代這些形式的連結，並且如果人們在這裡所使用的始終是原始的存在規律，那麼這樣做的結果就是產生出新的、在隨意的複合中相互套接的形式，它們具有在演繹上可靠的有效性。例如對於聯言的並列複合句來說

（M與N）與P

（M與N）與（P與Q）

{（M與N）與P}與Q

以及如此等等，對於選言的和假言的語句連結來說以及對於隨意的含義範疇的其他連結形式來說也是如此。人們完全可以理解，這些複合以一種在組合理論上可概述的方式無限地繼續進行下去，每一個新的形式，作爲對它們的術語而言的可變性領域，都始終束縛在這些含義範疇方面上，而且只要這個領域被遵守，所有據此而構成的含義連結也就必然會實存，即必然會展示出一個統一的意義。人們也會看到，相關的實存句是從屬於原始形式的語句的不言自明的演繹結果。我們並不始終使用同一個連結形式，而是顯然可以在任意變異的過程中，在規律允許的範圍內利用各種不同的連結形式來進行組合性的構造，並且如此而以有規律的方式來想象對複合形式之無限性的制定。我們可以使這些實事狀態[82]以表達的方式

[82] 在A版中爲：平凡現象。

被意識到，這樣，我們便獲得**對含義領域在所有那些形式方面的先天構造之明察，這些形式的先天源泉來自於那些基本形式**[83]。

當然，這種明察以及**最終**[84]對整個含義領域的形式構造的全面明察就是這些研究的唯一目的。如果人們希望，透過對含義類型以及它們所包含的存在規律的陳述就能夠實際地獲得含義複合的重要規則，或者說，表達的語法複合的重要規則，那麼這是不理智的。這裡並不存在那種會使人們錯失正確路線的誘惑，也就是說，這裡並不存在對這條路線進行科學規定的實踐興趣。一旦偏離正常的形式，**無意義**就會如此直接地顯示出來，以至於我們在思維和言說的實踐中幾乎[85]不會失足於這些偏離。但理論的興趣卻因此而更強烈，它附著在對所有可能的含義形式和原始結構的系統研究[86]上。更確切地說，這裡的問題在於明察到：所有可能的含義都服從於範疇結構的一個固定的、在含義先天的總體觀念中顯示出來的類型論（Typik）[87]，而且在含義領域中有一種先天的規律性在起著支配作用，根據這種規律性，

[83] 在A版中爲：對意識領域在所有那些形式方面的先天構造之明察，這些形式的先天源泉來自於雙重劃分的集合連結的所具有那些素樸的基本形式。

[84] 在A版中爲：或者毋寧說。

[85] 在A版中爲：根本。

[86] 在A版中爲：這些平凡性。

[87] 在A版中爲：納入到固定的範疇形式中。

具體形態的所有可能的形式都處在對少量原始的、透過存在規律而確定的形式的系統依賴性中，因此，可以透過純粹的構造而將前一類形式從後一類形式中推導出來。由於這個規律性是一個先天的和純粹範疇的規律性，所以，隨著這個規律性的被獲得，我們便科學地意識到「理論理性」構建的一個基本的和主要的部分。

補充：我剛才曾談到複合與變異。實際上在這個須劃界的領域中也包含著變異的規律性。前面所討論的類似偷換質料的東西已經說明，這指的是什麼。那些根本不易澄清的關係作用（先天的句法）的區別提供了其他的例證，例如主語名稱何時被置於賓語的位置上；亦即這樣一些區別，這些區別與經驗區別發生多重的混淆，一起匯入到格的形式之中並完全匯入到語法句法的形式之中。這裡也包含著在形容詞含義的定語作用和謂語作用以及這類相似的東西之間的區別。[21]

---

21 在本書第一版中，我曾在此處對這門含義形式論的研究做了預告，在此期間，這些研究已經受到多次修改並在我自一九〇一年的哥廷根大學的講座中得到闡釋。我希望很快能在我的《哲學與現象學研究年鑑》中將它們提供給更多的公眾。[88]

[88] 在A版中爲：這部著作的續篇應當提供對含義形式論的研究，在這些研究中，我將會對所有這些問題進行更爲深入的分析。

第14節　須避免的無意義的規律與須避免的悖謬的規律。純粹邏輯語法學的觀念

這裡所討論的形式含義規律提供了對有意義之物領域和無意義之物領域的劃分，這些含義規律在寬泛的詞義上當然必須被看作是形式邏輯的規律。自然[89]，在談到邏輯規律時，人們所想到的絕不會是這些規律，而是僅僅會想到完全不同的規律，想到那些與我們實際的認識興趣無比貼近的規律，這些規律局限在那些與**對象可能性和眞理**[90]有關的有意義含義上。讓我們來更進一步地考慮這兩種規律的關係。

那些屬於本質含義形式的先天規律並不決定，在這些形式中所應構造的含義是「對象性的」，還是「無對象的」，它們（如果事關命題形式）是否產生可能的眞理。根據以上所說，這些規律僅只具有劃分意義與無意義的功能。「無意義」這個詞在這裡（需要再次強調這一點）應當得到眞正的和嚴格的理解；一堆語詞，如「國王但是或者類似並且」，是無法受到統一理解的；每一個語詞自身都具有一個意義，但並非每一個複合詞都具有一個意義。**意義的這些規律**，規範地說，**須避免的無意義的這些規律將普遍可能的含義形式歸諸於邏輯學**，只有**邏輯學才能首先規定它們的客觀價值**。而邏輯學是以這樣一種方式來進行規

A318　$B_1$334

[89] 在A版中爲：此外，我們絕不想聲稱，這些提供了對有意義之物領域和無意義之物領域的劃分，並且在寬泛的詞義上必須被看作是形式邏輯的規律已經包容了邏輯規律的範圍。相反。

[90] 在A版中未加重點號。

定，即：它提出完全不同類的規律，這些規律將形式一致的意義與形式不一致的意義、形式的悖謬劃分開來。

含義的一致性或悖謬性意味著相對於客觀不可能性（不相容性）而言的客觀的和同時是先天的可能性（一致性、相容性），換言之，它意味著被意指對象之存在的可能性或不可能性（被意指的對象性規定的存在相容性和存在不相容性），只要它受含義的本己本質的制約，並且可以從此本質中絕然明見地被明察到。透過我們的概念規定，這個在客觀的、含義一致的意義與悖謬之間的對立明確地被區分於在意義與無意義之間的對立（在這裡必須注意，這兩個概念在通常的鬆散的說法中相互滲透，並且任何一個悖謬，甚至任何一個對經驗眞理的嚴重損害都常常被稱之爲無意義）。但在這裡我們還需要劃分質料的（綜合的）悖謬與形式的（分析的）悖謬；爲前一種悖謬擔負責任的是含有實事的概念（含有實事的最終含義核心），這種情況表現在例如「一個四方形是圓的」這樣的命題中以及表現在任何一個錯誤的純粹幾何學命題中；在後一種悖謬中所包含的恰恰是所有那些單純形式的，即建基於含義範疇的純粹本質之中的客觀不相容性，但不包含所有含有實事的「認識質料」。（相似的劃分當然也貫穿在一致性意義的對立概念的始終。）[91]規範地說，像矛盾律、雙重否定律

[91] 在A版中爲：這些規律將形式的（形式「可能的」）意義與形式的悖謬劃分開來。這個悖謬雖然常常也被稱作無意義，就像我們自己甚至也常常聽到人們將一種對經驗眞理的嚴重損害稱之爲無意義一樣；但這個無意義現在所指的是客觀的，更確切地說，形式的、純粹建基於邏輯範疇之中的不相容性，對於這種不相容性本身來說，所有「認識質料」都是無關緊要的。

或肯定前件假言推理（modus ponens）這樣的規律都是避免**形式悖謬**的規律。它們向我們表明，哪些對象之物可以借助於純粹的「思維形式」[92]而有效，即是說[93]，根據那個含義在其中被思考的純粹含義形式，對於含義的客觀有效性[94]來說，哪些東西可以先於這個被意指的對象性的所有質料而被陳述出來。這些規律不應受到損害，否則在我們從其含有實事的特殊性方面來思考（in Rechnung ziehen）[95]對象之物之前就已經會有錯誤產生出來。它們在我們所做的第三研究[22]的意義上是「分析的」規律，與綜合的「先天」規律處在對立之中，後者包含著實事性的概念，並且在其有效性方面束縛於這些概念之上。在分析規律的領域中，這些形式規律，即建基於純粹含義範疇之中的客觀有效性規律完全區別於「本體論的—分析的規律」，後一種規律建基於**形式本體論的範疇**（如對象、屬性、多等等）之中，並且明確地規定著分析之物的第二個較狹窄的概念。我們可以將它標示爲「陳述—分析之物」

22　參閱本書第三研究，第11節以後，第二五一頁以後。

[92]　在A版中未加引號。

[93]　在A版中爲：或者說。

[94]　在A版中爲：客觀性。

[95]　在A版中爲：觀察（ansehen）。

（das Apophantisch-Analytische），標示爲「陳述邏輯學」意義上的「陳述—分析之物」。在這兩種規律之間部分存在著等值關係，但僅僅是部分存在。對此我們在這裡無法進行更深入的分析。

如果我們現在撇開所有客觀有效性的問題不論，而將自己限制在那個純粹植根於含義的類本質之中的先天上，即限制在這項研究所指明的這門學科上，這門學科所研究的是原始的劃分類型和連結類型以及建基於其中的含義複合與含義變異的操作規律——那麼我們同時就可以認識到，由十七和十八世紀理性主義所提出的一種**普遍語法學**的思想無疑是合理的。[96] 在這個問題上，我們已經在引論中做了大致的說明，這裡無須再進行詳細的闡釋。首先是一些較老的語法學者會本能地看到這個被標示的規律領域，儘管他們還無法從概念上對它進行澄清。在語法學領域中也存在著一個固定的標準、一個不可逾越的先天規範。正如在眞正邏輯學領域中先天之物作爲「純粹邏輯」區別於經驗的和實踐的邏輯之物一樣，在語法學領域中那些可以說是「純粹」語法之物，即先天之物（它被人們恰當地稱作：語言的「觀念形式」），也區別於經驗之物。經驗之物在兩方面都是部分地透過普遍的、然而卻是事實性的人類本性特徵而得到規定，部分地也透過種族的偶然殊相化，更確切地說，透過民族及其歷

A319

[96] 在A版中爲（另起一個新段落）：正是那些透過每一個在邏輯學意義上的「形式」所說明的先天含義規律才爲由十七和十八世紀的理性主義所提出的一門**普遍語法學**的思想提供了一個可靠的依據。

史、個體及其個體生活經驗的偶然殊相化而得到規定。但是，先天之物至少在其原始形態中在這裡或那裡以及在其他所有的地方是「不言自明的」，甚至是平凡的；但對它的系統指明、理論關注和現象學澄清卻具有最重要的科學和哲學意義，並且也具有相當大的困難。[97]

人們當然可以引進經驗意義上的普遍人類之物的（在某些方面還是模糊的）[98]領域，從而將這個普遍語法學的思想擴展到先天領域之外。在這個最寬泛意義上的普遍語法學能夠存在並且必須存在，我毫不懷疑（也從未懷疑），這個擴展了的領域「富有重要的和充分的特定認識」。[23]但是，在這裡和其他所有的地方一樣，當哲學興趣在發揮作用時，這便是一件極爲重要的事情，即：對先天之物與經驗之物進行明確劃分，並且認識到，在這門在其最廣泛的範圍中被理解的學科內，對於語法學者來說十分重要的源自含義形式論的認識具有其本己的特徵，它們恰恰從屬於一門需要受到純粹劃分的先天學科。在這裡和在其他地方一樣，人們不得不服從於康德的明察，不得不完全實現這一明察的哲學意義：如果人們允許各

$B_{1}337$

23　正如馬爾蒂——他奇怪地認爲是在對我進行反駁——在其《普遍語法學與語言哲學基礎研究》，第六十一頁所述。

[97]　在A版中爲：但對它的指明和理論關注卻具有最重要的科學和哲學意義。。

[98]　在A版中爲：較爲模糊的。

門科學的界線相互交織，那將不會使科學增多，而只會使科學畸形。人們必須注意到，一種在此最寬泛意義上的普遍的語法學是一門具體的科學，這門科學恰恰以這種具體科學的方式為了解釋具體事件的目的而將某些認識聚合起來，這些認識在本質不同的理論科學中具有其理論位置，也就是說，它的位置時而在經驗科學之中，時而在先天科學之中。如今在我們這個科學時代，人們所擔心的是，經驗一般的研究在語法的事情上和在其他地方一樣不要被疏忽。先天研究的情況則與此相反，它們的意義在我們這個時代已處於衰頹的危險中，儘管所有的原則性明察最終都必須回溯到它們之中。所以我在這裡要為一門關於「總體的和理性的語法學」（「grammaire générale et raisonnée」）、一門關於「哲學語法學」的舊學說所具有的相當一部分權利辯護；亦即為這門學說中的這樣一些東西辯護，它們——儘管是以含糊的、不成熟的意向的方式——的目的在於眞正意義上的「理性之物」，尤其是語言的「邏輯之物」，在於含義形式的先天。24 [99]

24 我很樂意承認，馬爾蒂的指責（在我看來這些指責除此之外並不適用於此項研究——以及本書其他研究——的原則特性）在這一點上是合理的，即：我在本書第一版中的下列說法走得太遠：「所有那些對一門關於「總

[99] 在A版中為：但人們必須弄清，所有那些對一門關於「總體的和理性的語法學」（「grammaire générale et raisonnée」）的舊學說的指責都僅只切中了它的歷史形態的模糊性以及對先天之物和經驗之物的混淆。在A版中未分新段落。

如果我的看法正確，那麼對於語言研究來說具有根本意義的就是：清楚地意識到這些在這裡暫時只是被暗示的區別，並且獲得這樣一個明察：語言不僅具有諸多生理學的、心理學的和文化史的基礎，而且還具有諸多先天基礎。後者[100]涉及本質含義形式以及它們的複合或變異的先天規律，並且，一個不受到這個先天[101]一同規定的語言是無法想象的。任何一個語言研究者都是以產生於這個領域之中的概念來進行操作，無論他自己是否明白這個事態。

我們最後可以說：在純粹邏輯學內，含義形式論作爲一個自在地看是第一性的和基礎性的領域而劃定了自身的範圍。從語法學的立場來看，它揭示了一個觀念的框架[102]，每一個事實性語言——有的遵循普遍人類的動機，有的遵循偶然變換的經驗動機——都以不同的方式

A320
B$_1$339

體的和理性的語法學」（「grammaire générale et raisonnée」）的舊學說的指責都僅只切中了它的歷史形態的模糊性以及對先天之物和經驗之物的混淆」。

---

[100] 在A版中爲：喚起這樣一個明察：語言不僅具有一個生理學的、心理學的和文化史的基礎，而且還具有一個先天基礎。它。

[101] 在A版中爲：恰恰不受到這些規律。

[102] 在A版中爲：；這就是關於純粹含義範疇以及那些先天建基於它們之中的複合或變異規律的學說。它僅只搭起了這樣一個觀念的支架。

在用經驗的質料來充塞和改裝這個框架。無論歷史語言的事實內容以及它們的語法形式以這種方式在經驗上受到多少規定，任何一種歷史語言都必定束縛在這個觀念框架上；因此，對這個框架的理論研究必然構成對所有語言之最終澄清的基礎之一。人們在這裡只需始終牢牢地關注這樣一個主要之點：所有在純粹形式論中被把握到的、根據環節劃分和結構而被系統研究的含義類型——例如：語句的基本形式、帶有許多特殊形態和劃分形式的命令句、陳述複合句的原始類型，如：聯言的、選言的、假言的語句統一，或者，普遍性、局部性這一方面與單個性另一方面的區別、複數的句法、否定的句法、情態的句法等等——所有這些都完全是先天的、植根於含義本身的本質之中的存有（Bestände），接下來，那些根據複合或變異的操作規律而被制定出來的含義形態也是這樣一種存有。因此，相對於經驗—語法學的特徵而言，它們是自身在先之物，並且事實上是與一個絕對固定的、在經驗覆蓋中或多或少完善地顯示出來的「觀念框架」[25]相同的。人們必須看到這一點，然後才能有意義地詢問：德語、拉丁語、漢語等等如何表達「這個」存在句、「這個」命令句、「這個」假言前句、「這個」「可能的」和「或然的」情態、這個「不」等等？語法學者是滿足於他關於含義形式的前科學的私人見解，或者說，是滿足於歷史語法，如拉丁語法，所提供給他的經驗含混

25 與馬爾蒂對這種相同性之恰當性的反駁正相反對，參閱馬爾蒂：《普遍語法學與語言哲學基礎研究》，第五十九頁，注。

的表象，還是看到了在科學確定的和理論聯繫的內涵中的純粹形式系統，這不可能是無關緊要的；恰恰在我們的含義形式論中不可能是這樣。[103]

在我們這個邏輯領域中，關於眞理、對象性、客觀可能性的問題還始終被排除在外，在顧及到這一點並且在顧及到剛才所描述的這個領域在解釋所有語言本身的觀念本質所具有的功能的情況下，人們可以將這個純粹邏輯學的奠基性領域標示爲「純粹邏輯語法學」[104]。

$B_1$340

注釋[105]：

一、在本書第一版中我曾說到「**純粹語法學**」，這個名稱是作爲康德的「純粹自然科學」的類似物而被考慮並且被明確地標示出來的。但是，我們絕不能主張，純粹含義形式論包容了整個普遍—語法學的先天——例如：在那些在語法上極有影響的心理主體之間相互理解的關係中還包含著一個特有的先天——，所以關於**純粹邏輯**的語法學的說法具有優先權。

[103] B版的附加。在A版中不再跟有新段落。

[104] 在A版中加有重點號。

[105] 在A版中未列入目錄。

二、[106]根據這裡所做的闡釋，沒有人會將這樣的想法歸諸於我們，即：我們認爲一種在普遍科學意義上的「普遍」語法學是可能的，這門語法學將所有特殊的語法作爲偶然的特性包含在自身之中：就像普遍數學理論將所有可能的個別情況先天地包含在自身中並且一舉予以解決一樣。當然，在這裡也談到了在類似[107]意義上的普遍語法學，更確切地說，純粹邏輯的語法學，同樣也談到普遍語言科學。這種普遍語言科學所探討的是那些可以**先**行於關於特定語言之科學的普遍學說，尤其探討對於所有這些特定語言都同樣有效的前設和基礎；與此相同，純粹邏輯[108]語法學在其**較狹窄**的[109]範圍內也是如此，它只研究這些基礎中的**一個**基礎，即：這個基礎的理論家園就是純粹邏輯學。當然，將這個基礎納入到語言科學之中的做法只會有助於在**運用方面**的[110]興趣；在另一個方向上，心理學事件的那些基礎也是如此。

當然，馬爾蒂在這方面有不同的觀點，就像他在先天研究與經驗研究的理論次序方面也見解相左一樣。參閱《普遍語法學與語言哲學基礎研究》，第21節，第六十三頁以後。在該書第六十七頁的注釋中他認爲，我劃歸給純粹邏輯學的那些邏輯—語法認識，「從**理論**

[106] 在A版中爲：一、。

[107] 在A版中爲：同一個。

[108] 在A版中爲：普遍。

[109] 在A版中未加重點號。

[110] 在A版中未加重點號。

的觀點來看」，「其自然的家園是在語言心理學之中。而邏輯學以及語言心理學的那些受規律確定的（nomothetisch）部分將從這些認識中吸取那些對它們的目的來說有益的和適當的東西。」我只能將馬爾蒂的這一見解看作是原則錯誤的見解。根據這個見解，我們就要將算術，並且進一步將形式數學的所有學科都納入到——如果不恰好是在語言心理學之中的話——心理學之中。在我看來，形式數學的這些學科是與那門較狹窄意義上的純粹邏輯學，即在含義有效性學說意義上的純粹邏輯學本質統一的，而這門純粹邏輯學又是與純粹形式論本質統一的（參閱本書第一卷《純粹邏輯學導引》的最後一章）。所有這些學科都必須在一種「普遍數學」的本質統一之中得到探討，並且至少純粹地區分於所有經驗科學，無論它們被稱作物理學，還是被稱作心理學。數學家們確實就是在這樣行事，儘管他們是在排除了專門的哲學問題的情況下，並且是以一種可以說是素樸的—獨斷論的方式在行事，他們沒有去顧及哲學家們的指責——我認爲這正有益於科學。[111]

三、[112]沒有什麼比對邏輯學和語法學這兩個邏輯領域的混淆給關於邏輯學與語法學之間的正確關係的問題討論所帶來的混亂更大了；我們將邏輯學領域和語法學領域明確地區分爲

A321

[111] 在A版中爲（未分新段落，直接緊跟前一段落）：此外，我們自己則偏好純粹語法學這個名稱，它作爲康德「純粹自然科學」的類似物而指明所有語法的先天基礎。

[112] 在A版中爲：二、。

較低層的和較高層的領域，並且透過它們的否定性對立面——無意義領域和形式悖謬的領域——而描述了這兩個領域。邏輯的東西、在較高的、趨向於形式眞理或對象性的領域的意義上的邏輯的東西對於語法學來說肯定是無關緊要的。並非所有邏輯的東西都是無足輕重的。但是，如果人們誤以爲這個較低的領域過於狹窄，不言自明，並且在實踐上毫無用處，以此敗壞這個領域的名聲，那麼對此我們首先必須回答：對於哲學家來說，對於一個有資格的純粹理論興趣的宣導者來說，受實踐效益問題的左右是一件糟糕的事情。他必定也知道，恰恰在這種「不言自明之物」後面隱藏著最困難的問題，以至於人們能夠悖謬地、但不無深意地將哲學標示爲關於平凡性的科學。無論如何，在這裡初看起來如此平凡的東西在更仔細的觀察中也成爲一個深刻、複雜問題的源泉。由於這些問題對於邏輯學家來說，對於其興趣在於客觀有效性的邏輯學家來說，並不是最先被感受到的問題——儘管用亞里斯多德的話來說是「自在第一的」問題——，所有毫不奇怪的是，在至此爲止的邏輯學中（包括鮑爾查諾的邏輯學）還未對這些問題進行過科學的闡述或對一門純粹邏輯形式論的觀念進行過構想。邏輯學以此方式而缺失一個第一性的基礎，缺失了一種科學嚴格的和從現象學上得到澄清的對原始含義因素和含義結構的區分，並且缺失了對相關本質的認識。這樣也就說明，尤其是有許多在一個本質性的方面延伸到這個領域之中的「概念理論」和「判斷理論」爲什麼還沒有產生出可信的成果。事實上，之所以出現這種情況，很大一部分的原因在於缺乏正確的觀點和目標，在於混淆了那些在此必須澈底劃分開來的問題層次，在於那種時而公開、時而披著某些僞裝起作用的心理主義。但在這種缺陷中（由於邏輯學家的目光始終關注於形

B$_{I}$342

式）顯然也證明了包含在這些實事本身之中的困難性。[113]

四、[114]有關相近的和對立的見解可以參閱施泰因哈爾的《心理學與語言科學引論》《引論》，第四章，〈說話與思維，語法學與邏輯學〉，第四十四頁以後）。尤其要指出的是對洪堡之觀點的出色闡釋（同上書，第六十三頁以後），從這個闡釋中可以得出，我們透過在這裡所做的陳述而在某種程度上接近了這位偉大的、也爲施泰因哈爾所崇敬的研究者。施泰因哈爾本人站在對立的一邊，他所做的指責看起來已經透過我們所進行的區分而得到了明確的解決，因此我們可以不必考慮再進行深入的批判。

[113] 在A版中爲：但其次還要考慮到，至今爲止還缺少一門哪怕是得到粗躁勾畫的形式論；更確切地說，至今爲止還沒有人能夠對原始含義因素和含義結構進行科學嚴格的和從現象學上得到澄清的區分，並且對各個被推導出來的形式及其連結與改變進行科學的概覽，因此，它們無論如何也不是一項極爲輕易的任務。

[114] 在A版中爲（並且在B版中也錯誤地爲）：三、。

第五研究　關於意向體驗及其「內容」

A322
$B_1$343

引論

我們在本書的第二研究中澄清了種類一般的觀念性（Idealität）的意義，並因此也同時澄清了純粹邏輯學所考察的含義的觀念性的意義。與所有觀念的統一都有一個實在可能性與之相符合一樣，與含義相符合的是實在可能性，有可能還包括現實性，與種類含義相符合的是意指的行爲，而種類含義無非就是從意指的行爲中觀念地把握到的因素[1]。但現在產生出與心理體驗的屬有關的新問題，含義這個最高的屬就是在這些體驗中獲得其起源、同時還產生出與這些體驗的最低的種有關的新問題，本質不同的含義種類就是在這些體驗中展開自己的。因此，這裡所涉及的乃是對含義概念及其本質變種（Abartungen）之起源問題的回答，或者說，對這個問題做出一個較之於我們至此爲止的研究所提供的更爲深入和更爲廣泛的回答。與此密切相關的還有進一步的問題：含義應當處在一些可以在某些方面直觀地顯現出來的含義[2]意向之中。我們多次談到，含義意向透過對應性的（korrespondierend）直觀而達到**充實**，而且我們談到，這種充實的最高形式是在明見性中被給予的。因此而產生出這樣一個任務：描述這個奇特的現象學[3]關係，並規定它的[4]角色，也就是說，澄清建基於這個關

[1] 在A版中爲：觀念地把握到的意指的行爲的特徵。

[2] 在A版中爲：行爲。

[3] 在A版中爲：現象的。

[4] 在A版中還有：邏輯。

係之中的認識概念。對於分析研究來說，這個任務和前面那個與含義本質（尤其是邏輯表象和邏輯判斷的含義之本質）有關的任務是根本不可分的。

這裡的研究還不會從事這些任務；因爲在我們解決這些任務本身之前，我們還必須進行一項更爲一般的研究。「**行爲**」（Akte）應當是意指的體驗，而在各個個別行爲之中的合乎含義之物恰恰應當處在**行爲體驗**[5]之中，而非處在對象之中，而且這個合乎含義之物應當處在那些使此個別行爲成爲一個「**意向的**」、「朝向」對象的體驗的東西之中。同樣，充實性直觀的本質處在某些**行爲**之中：思維與直觀作爲行爲應當是不同的。當然，這個充實本身應當是一個特別屬於行爲特徵的關係。如今在描述心理學中，沒有什麼比「**行爲**」的說法更有爭議的了；每當行爲概念在我們至此爲止的研究中被用來進行描述，被用來表達我們的觀點時，它若不是甚而與立即的拒絕連結在一起，便是與懷疑連結在一起。因此，解決上述任務的一個重要前提在於，在說明所有其他概念之前，首先澄清行爲這個概念。人們將會發現，在**意向體驗**意義上的行爲概念劃定了在（以現象學的純粹性而被把握到的）[6]體驗領域中的一個重要的屬的統一，並且因此，將含義體驗納入到這個屬中的做法實際上提供了一個對這個屬的極有價值的特徵刻畫。

[5] 在A版中爲：行爲特徵。

[6] 在A版中爲：心理。

不言而喻，在對行爲本身之現象學本質的研究中也包含著對行爲特徵與行爲內容之間區別的澄清，並且包含著在行爲內容方面對那些從根本上不同的含義的指明，在這些含義中談到一個行爲的「**內容**」。

如果人們不在相當大的程度上深入分析「表象」的現象學，那麼行爲本身的本質就無法得到充分的說明。對這兩者之間的緊密聯繫的聯想是由這樣一個著名的命題所喚起的：每一個行爲或者是一個表象，或者以表象爲基礎。[1]然而這裡的問題在於：在這裡應當採用這些非常不同的表象概念中的哪一個，於是，對這些相互混合的、本身構成歧義性之基礎的現象的劃分便成爲這項任務的一個本質性部分。

我們以不失妥當的方式把對剛才粗略指出的那些問題（它們還與一些其他的問題緊密相連）之探討與對許多相互滲透的關於意識的概念之描述—心理學區分連結在一起。人們常常將心理行爲稱之爲「意識活動」，稱之爲「意識與一個內容（對象）的關係」，並且人們有時恰恰將「意識」定義爲一個對任何一種心理行爲的總括性表達。

A324　$B_1$345

1　這是布倫塔諾的著名命題。胡塞爾在後面還會一再地回溯到這個命題之上。——中譯注

第一章　意識作爲自我的現象學組成與意識作爲內感知

第1節　意識這個術語的多義性

人們在心理學中經常談論**意識**，同樣也經常談論意識內容和意識體驗（通常會直截了當地說：內容和體驗），這些談論與對心理現象和物理現象的劃分有關，隨此劃分而得到標誌的一方面是屬於心理學領域的現象，另一方面是屬於物理科學領域的現象。與這一劃分問題密切相關的是我們所面臨的這樣一個問題，即：根據心理行爲的現象學本質來界定心理行爲的概念[1]，就此而論，這個概念恰恰是在這個關係中產生的，亦即被誤認爲是對心理學領域的劃界。意識的**一個**概念現在合理地使用在對這種界定的正確實施上，而意識的**另一個**概念則提供了對心理行爲的規定。無論如何，我們必須區分幾個在實事上相近並因此而容易混淆的意識概念。

下面將會解釋我們感興趣的三個意識概念：

一、意識作爲經驗自我所具有的整個實項（reell）的現象學組成、作爲在體驗流統一中的各種心理體驗的交織[2]。

A325　$B_1$346

---

[1] 在A版中爲：對心理行爲的概念進行適當的劃界。

[2] 在A版中爲：意識作爲精神自我所具有的整個現象學組成。[意識＝現象學的自我，作爲心理體驗的「捆索」（Bündel）或交織（Verwebung）。]。

二、意識作爲對本己心理體驗的內覺知（inneres Gewahrwerden）。

三、意識作爲任何一種「心理行爲」或「意向體驗」的總稱。

幾乎無須再說：意識概念的所有多義性並沒有在這裡得到窮盡。我想到的是，尤其在一些非科學的語言中還有一些常用的說法，例如：「進入到意識之中」，「達到意識」，「被抬高了的」和「被壓抑了的自身意識」，「自身意識的蘇醒」（最後一種說法在心理學中也常常出現，但卻具有完全不同於日常生活中的意義），以及如此等等。

由於所有這些可能得到區分標示的術語具有多義性，因而我們只能透過一條間接的道路來對這些相互襯托的概念做出明確的定義，這就是將同義的表達加以並置，將不同的表達加以對置，並且對它們進行適當的修改和解釋。也就是說，我們將會用得上這些輔助手段。

第2節　一[3]、意識作爲自我體驗的實項──現象學[4]統一。體驗的概念

我們從下列總括開始：如果現代心理學家將他的科學定義爲或者說能夠定義爲一門關於作爲具體意識統一[5]的心理個體的科學，或者定義爲一門關於體驗個體的意識體驗的科

[3] 在A版中的目錄中加了重點號。

[4] 在A版中爲：現象學的。

[5] 在A版中爲：意識（或意識統一）。

A326　$B_1$347

學，或者定義爲一門關於體驗著的個體的意識內容的科學，那麼，在這種情況下，這些術語的相互並列便規定了一個特定的意識概念，並且同時還規定了特定的體驗概念和內容概念。在「體驗」和「內容」這兩個標題下，現代心理學家所指的是實在的事件（reale Vorkommnisse）（馮特合理地將它們稱之爲：事端（Ereignisse）），這些每時每刻都在變化的事件在雜多的連結和滲透中構成[6]各個心理個體的實項[7]意識統一。在這個意義上，只要感知、想象表象和圖像表象、概念思維的行爲、猜測和懷疑、快樂和痛苦、希望和恐懼、期望和意願等等在我們的意識中發生，它們就是「體驗」或「意識內容」。隨著這些體驗在其整體上和在其具體的充盈中被體驗到，構成這些體驗的各個部分和抽象要素也一同被體驗到，這些部分和要素是實項的意識內容。當然，這裡的問題並不在於：有關的部分是否能夠以某種方式自爲地被劃分，它們是否被限定在與它們自身有關的行爲中，尤其是它們是否自爲地是並且能夠自爲地是「內部的」、在它們的[8]意識此在中進行把握的感知的對象。

現在需要立即指出，我們可以「純粹」現象學地把握這個「體驗」概念，也就是說，我們可以在排斥所有與經驗—實在此在（與人或自然動物）的關係的情況下來把握這個概念，

[6] 在A版中爲：構造出。

[7] 在A版中爲：實在。

[8] 在A版中還有：明見的。

$B_1$348

這樣，描述心理學意義上的（即經驗—現象學意義上的）體驗概念就成爲純粹現象學意義上的體驗概念。[1]透過我們在下面將要進行的澄清性的舉例說明，人們能夠相信並且必須相信：我們隨時都可以自由地進行這種爲我們所要求的排斥，而且我們必須「純粹地」把握那些首先是在這些舉例說明上進行的或有待進行的上述意義的「描述—心理學」的指明，並且我們必須進一步將這些指明理解爲純粹本質明察（理解爲先天本質明察）。自然，我們在所有類似的情況中都應當這樣做。

因而，例如在外感知的情況中，顏色這個感覺因素構成了一個具體的看（在現象學的視覺感知顯現意義上的看）的一個實項組成部分[9]，一個「被體驗的」或「被意識到的內容」，例如感知的特徵以及顏色對象的完整感知顯現，也同樣構成這樣一個實項組成部分。與此相反，即使這個對象本身被感知到，它也沒有被體驗到或被意識到；同樣，在這個對象上被感知到的色彩也沒有被體驗或被意識到。如果這個對象不存在，也就是說，如果感知批判性

A327

1 關於這個問題可以參閱我的《純粹現象學與現象學哲學的觀念》，載於《哲學與現象學研究年鑑》第一卷，一九一三年，第二篇。

[9] 在A版中爲：因而，例如：在外感知的情況中，顏色因素構成了我的具體的看（在心理學的視覺感知顯現意義上的看）的一個實在組成部分。

地[10]被評價爲是假象、[11]幻覺、臆想等等，那麼被感知的、被看到的這個對象的顏色也就不存在。在正常的和非正常的感知、正確的和虛假的感知之間的這些區別與內部的、純粹描述的或現象學的感知特徵無關。被看到的顏色——即在視覺感知中作爲這個對象的屬性而在顯現對象上一同顯現出來的並且被設定爲與這個對象相一致地當下存在著的[12]顏色——即使存在，也肯定不會作爲[13]體驗存在，而在這個體驗中，即在這個感知顯現中，與這個顏色**相符合**的是一個實項的組成部分。與顏色相符合的是**顏色感覺**，是有著質性規定的現象學[14]顏色因素，它在這個感知中，或者說，它在這個特別屬於它的感知組元中（在「對象色彩的顯現」中）經歷了客體化的「立義」。人們常常將顏色感覺與對象的客觀顏色混爲一談。恰恰是在我們這個時代有這樣一種觀點非常受歡迎，這種觀點認爲，這兩者實際上是一回事，它們的差異僅僅在於人們對它們的考察的「角度和興趣」不同；從心理學或主觀的角度來看，它們叫作感覺；從物理學或客觀的角度來看，它們又叫作外在事物的屬性。但我們在這裡

[10] 在A版中爲：認識批判地。

[11] 在A版中還有：心理學地被評價爲。

[12] 在A版中爲：作爲這個對象的屬性而被劃歸給這個顯現對象的。

[13] 在A版中還有：觀看者的。

[14] 在A版中爲：主觀的。

只要指出這樣一個易於理解的區別就可以了：一方面是這個球的在客觀上被看作是同等的紅，另一方面是在感知本身中主觀顏色感覺的無疑的、甚至是必然的映射——這個區別一再地重複地表現在**所有**[15]類型的對象屬性上以及表現在與這些屬性相對應的感覺複合中。

我們可以將在這裡所做的關於個別規定性陳述引申地運用到具體的整體上。從現象學上看，這樣一種主張是錯誤的，這種主張就是：在感知中被意識到的內容與在**它**[16]之中被感知到的（感知地被意指的）外在對象之間的區別僅僅是一種考察方式的區別，這種考察方式所考察的是同一個現象，但一次是在主觀聯繫（在與自我有關的現象的聯繫）中進行考察，另一次則在客觀聯繫（在實事本身的聯繫）中進行考察。這種含糊性使得人們不僅將**客體的顯現本身存在於其中的那種體驗**（例如：具體的感知體驗，在這種感知體驗中，客體被我們臆指爲是自身當下的），而且也將**顯現的客體本身**都稱作顯相（Erscheinung）；對於這種含糊性，我們怎麼明確強調都不爲過。這種含糊性的假象會立即消失，只要人們以現象學的方式思考一下，在對這種顯相的體驗中，從顯現的客體本身那裡究竟能夠發現哪些實項的東西。事物的顯相（體驗）不是顯現的事物（即被我們誤認爲在生動的自身性中的「對立之物」）。顯相被我們體驗到，它們隸屬於意識聯繫，事物對我們顯現出來，它們隸屬於現象

A328　$B_1$350

[15] 在A版中未加重點號。

[16] 在A版中未加重點號。

世界[17]。顯相本身並不顯現出來，它們被體驗到。

如果我們自身作爲這個現象世界2的各個環節顯現給我們，那麼物理事物和心理事物（軀體和人格）就在與我們的現象自我的物理關係與心理關係中顯現出來。不言而喻，**現象客體**（人們也喜歡將它們稱之爲意識內容）與**現象主體**（作爲經驗人格、作爲事物的自我）**的這種關係必須與另一種關係區分開來**，這就是**在我們的體驗意義上的意識內容與在意識內容之統一的意義上的意識**（經驗自我的現象學組成[18]）**的關係**。前者涉及兩個顯現著的事物之間的關係，後者則涉及個別體驗與體驗複合之間的關係。當然，反過來，自我這個顯現的人格與外在顯現的事物的關係同樣也必須區分於**作爲體驗的事物顯象**（Dingerscheinung）**與顯現著的事物之間的關係**。如果我們所說的是後一種關係，那麼我們就應當明白，[19]體驗

2　如果我們的整個考察不是描述心理學的考察，而是純粹現象學的考察，那麼現象世界在這裡就僅僅是指顯現的世界，而關於這個世界的存在與否的所有問題——連同在它之中顯現的經驗自我——都始終是被排斥的。因此，正如我們至今爲止所做的那樣，在任何一個新的、首先是以心理學方式進行的分析中也必須注意，這種分析的確能夠進行那種賦予它以「**純粹**」現象學價值的「純化」工作。

[17]　在A版中爲：在意識聯繫之中，我們體驗到顯現，作爲在現象世界中的存在，事物對我們顯現出來。

[18]　在A版中爲：現象學的自我。

[19]　在A版中還有：主觀。

A329

本身並不是那個「在」它「之中」意向地[20]當下的東西；就像例如我們確定，顯現活動的謂項並不同時就是在它之中的顯現之物的謂項一樣。這裡還有一個新的關係，即**客體化的關係**，我們將這種關係歸諸於在顯現中**被體驗到的感覺複合**與**顯現的對象**的關係；也就是說，如果我們說：感覺複合在顯現的行爲中被體驗到，但同時以某種方式「被立義」、「被統攝」，而被我們稱爲對象之顯現的東西，[3]恰恰就處在這種對諸感覺的賦靈（beseelend）立義的現象學特徵中[21]。

我們認爲，以上在感知方面所做的本質區分是必要的，這樣才能將這兩者區分開來，即：在感知之中的東西、即實項地組成[22]體驗的東西，以及那些在非本眞的（即「意向的」）意義上「在它之中」[23]的東西；對其他的行爲也應當做出類似的本質區分。我們很快

$B_1$351

3 或者也被稱之爲在前面的意義上以及在更寬泛的意義上的顯現，在這種顯現中，（被現象學地理解的）體驗本身就被稱之爲顯現。

[20] 在A版中爲：意指地。

[21] 在A版中爲：對諸感覺的賦靈（beseelend）立義。

[22] 在A版中爲：構成。

[23] 在A版中未加引號。

就必須對這些區分進行更普遍的探討。這裡的關鍵僅僅在於，從一開始就將某些令人迷惑的思維方向消除殆盡，這些思維方向有可能使這些須待澄清的概念所具有的素樸意義產生混亂。

第3節　現象學的體驗概念和通俗的體驗概念

帶著相同的意圖，我們還要指出，*我們的「體驗」概念與通俗的「體驗」概念是不一致的*，而在這裡起作用的又是剛才所簡述的在實項的內容和意向的內容之間的差異。

如果有人說，我體驗了一八六六年和一八七〇年的戰爭，那麼在這個意義上的「體驗到」就意味著一些外在過程的組合，而體驗在這裡是由感知、判斷和其他的行為所組成的，在這些行為中，這些過程成為對象性的顯象（Erscheinung），並且常常成為某個涉及經驗自我之設定的客體。對我們來說具有決定性現象學意義上的體驗[24]意識，在自身中當然不是將這些過程以及將參與這些過程的事物當作它的*「心理體驗」*、當作它的實項組成部分或內容來擁有。包含在這種意識體驗中的東西，實項地在它之中現存的東西，乃是有關的感知的行為、判斷的行為等等，連同它們變換不定的感覺材料、它們的立義內容、它們的設定特徵

[24] 在A版中還有：自我或。

A330　$B_1$352

等等。因此，體驗在這裡的含義與在前面的含義是完全不同的。體驗外在的過程，這就意味著：具有某些朝向這些過程的感知行爲、（無論應當怎樣加以規定的）知識行爲等等。這種擁有（Haben）立即在現象學意義上爲完全另一種體驗提供了一個例子。它僅僅意味著某些內容是一個意識統一的組成部分，是在一個經驗自我的現象學統一意識流中的組成部分。這條意識流本身是一個實項的整體[25]，它由雜多的部分所實項地合成，每一個部分都叫作「被體驗」。在這個意義上，自我或意識所體驗的東西也就是它的體驗。在被體驗或被意識的內容與體驗本身之間不存在區別。例如：被感覺到的東西就是感覺。但如果一個體驗「關係到」一個與它本身有區別的對象，例如：外感知關係到一個被感知的對象，稱謂表象關係到一個被指稱的對象，以及如此等等，那麼，這個對象便沒有在這裡所確定的意義上被體驗或被意識，而只是被感知、被指稱等等。

這一事態證實了**內容**這個說法，它在這裡是完全**本眞**的說法。「內容」[26]這個詞的通常意義是一個相對的意義，它完全一般地指向一個全面的統一，這個統一所具有的內容就在於

[25] 在A版中爲：這種具有（Haben）同時就是另一種完全不同的在內部（innerlich）上的體驗的例子。它僅僅意味著某些內容是一個意識統一的組成部分，是一個「體驗著的」主體的組成部分。這個主體本身是一個實在的整體。

[26] 在A版中未加引號。

其從屬的各個部分的總和。在整體的內容中包含著那些可以被理解爲一個整體之部分的東西以及事實上實項地[27]構造出整體的東西。在關於內容的通常的、描述—心理學的說法中，這個隱蔽的關係點，亦即相應的整體，就是實項的意識統一。它的內容是在場（präsent）「體驗」的總和，並且，人們所理解的複數的內容，就是這些體驗本身，這就是指所有那些作爲實項的部分而構造出各個現象學意識流[28]的東西。

第4節　體驗著的意識與被體驗的內容之間的關係不是現象學特有的關係種類

以上的闡述表明，我們所思考的體驗與一個體驗著的意識（或一個體驗著的「現象學自我[4]」）[29]的關係並不回溯到一個特有的現象學結論上。在通常說法意義上的自我是一個經驗對象，本己自我和異己自我都是如此，任何一個自我都像任意的一個物理事物一樣，就像

A331　$B_{I}353$

4　在第一版中，整個意識流都被稱作「現象學自我」。

[27] 在A版中爲：共同地。

[28] 在A版中爲：自我或意識。

[29] 在A版中爲：或心理個體或自我。

一棟房子或一棵樹等等一樣。無論科學加工對這個自我概念進行怎樣的改造，無論它如何遠離臆想，自我總是一個個體的事物性的對象，它與所有這類對象一樣，在現象上[30]不具有其他統一，而只具有這樣一個統一性，這個統一性是透過被統一在一起的各個現象屬性而被給予這個自我的，它[31]建基於這些現象屬性的本己內容組成之中。如果我們將自我身體從經驗自我那裡分離出來，並且，如果我們而後再將純粹心理自我限制在它的現象學內涵上，那麼它就還原爲意識統一，即還原爲實在的體驗複合，我們（也就是說，每一個就其自我而言的人）可以在我們之中明見地發現它的一個部分，並且可以理由充分地假定它的其餘部分。因而，在現象學上還原了的自我[32]不是一個在雜多體驗的上空飄浮著的怪物；相反，很簡單，它與這些體驗自身的連結統一是同一的。某些連結形式便建基於這些內容的本性以及制約著這些內容的規律之中。這些形式以雜多的方式從一個內容跑到另一個內容，從一個內容複合跑到另一個內容複合，最後，一個統一的內容總體便得以構成，這無非就是在現象學上還原了的自我本身。這些內容恰恰與[33]內容一般一樣，以特定的規律性的方式相互聚合，融合爲更爲全面的統一，在它們如此成爲一體並且是一體的同時，現象學的自我或意識統一便已構

[30] 在A版中爲：現象學的。
[31] 在A版中還有：確然地。
[32] 在A版中爲：顯而易見，自我。
[33] 在A版中還有：實在的。

成，它除此之外不再需要一個特有的、負載著所有內容並將這些內容再次加以統一的自我原則。在這裡和在其他地方一樣，這樣一種原則的功能是令人費解的。[34]

對於在這個段落中所表達的對「純粹」自我的反對意見，作者在這裡〔即在第二版中〕不再持贊同態度，這從前面所引用的《純粹現象學與現象學哲學的觀念》的文字中已經可以看出。〔參閱《純粹現象學與現象學哲學的觀念》，第57節，第一〇九頁；第80節，第一五九頁。〕

[34] 在A版中還有新段落：如果我們想更嚴格一些，那麼我們就應當區分這一瞬間的現象學自我、在綿延的時間中的現象學自我與作爲滯留對象、作爲變換中的恆久之物的自我。正如外部事物不是此刻的分散特徵的複合體，而是在那個貫穿於雜多現實和可能變化之始終的統一之中才作爲在變換中的滯留之物而構造出自身一樣，自我作爲生存主體也是在那個包容了體驗複合體的所有現實和可能變化的統一之中才構造起自身。而這個統一已不再是現象學的統一了，它處在因果規律性之中。我們在這裡當然不得不放棄討論這樣的問題，即：在意識內容的單純統一的連續性中——借助於這種連續性，這些內容以統一變化的方式相互過渡，並且，它們首先當然在每一個瞬間都自爲地是連續統一的——是否確實包含著一個因果—規律性的紐帶，這個結論在這裡產生出一個在形上學意義上的（不是在神祕意義上的）事物性統一。我們在這裡不得不完全放棄討論這樣一個問題：相互並列的心理事物與物理事物是否能夠以及如何能夠作爲具有同等權利的事物性統一而得到區分。這裡所關心的僅僅是現象學問題，而在這個問題上可以肯定：現象學還原的自我，即從其每時每刻不斷發展的體驗組成來觀察的自我，它自身承載著它本身的統一，無論它在因果考察中是否必須被看作是事物。。

第5節　二[35]、「內」意識作爲內感知

根據我們在前面三節中的考察，意識、體驗、內容這些術語所具有的**一個**意義得到了規定，更確切地說，**一個**描述心理學的意義，而在進行現象學的「純化」的過程中則是一個**純粹**現象學的意義。此後，除非我們要明確地表明其他概念，否則我們將繼續堅持這個意義。

意識的**第二個**[36]概念在**內意識**這個說法中得到表露。它就是人們所說的那種——無論是在一般情況中，還是在某些類別情況中——伴隨著現時體驗的體驗並將這些體驗作爲其對象而與之相聯繫的「內感知」。人們通常認爲這種內感知具有明見性，這種明見性表明，人們將這種內感知理解爲**相即**（adäquat）感知，這種相即感知並不把任何在感知體驗自身中非直觀被表象的和非實項地被給予的東西附加給它的對象；相反，這種相即感知完全就像它的對象事實上在感知中和隨感知一同被體驗到的那樣來直觀地表象和設定這些對象。**每一個**感知的特徵都在於這樣一種意向，即：將它的對象把握爲一種在親身的（leibhaft）自身性中的當下對象。與這種意向相符的是在顯著的完善性中的感知，當對象的確是在感知自身之中並且是在最嚴格意義上「親身」當下地、毫無遺留地被把握爲它本身之所是時，也就是說，

[35] 在A版的目錄中加了重點號。

[36] 在A版中未加重點號。

當對象實項地被包含在感知本身之中時，這種感知就是**相即的**感知。因此，顯而易見，甚至可以從感知的純粹本質中明見地得出，相即感知**只**能是「內」感知，它只能朝向那些與它一同被給予的、與它同屬於一個意識的體驗，而且確切地看，這只是對純粹現象學意義上的體驗有效。另一方面，人們絕不能反過來以心理學的說法聲稱：每一個朝向本己體驗的感知（即根據自然詞義而可以被稱作內感知的體驗）都必定是一個相即的感知。[37]對於在這裡出現的「內感知」這個表達的雙重含義，我們最好是堅持在術語上區分內感知（作爲對本己體驗的感知）和相即的（明見的）感知。這樣，那種不當的認識論的和心理學上被誤用的在內感知和外感知之間的對立也就會消失，它一直偷偷地取代著在**相即**[38]感知和**不相即**[39]感知之

---

[37] 在A版中爲：**每一**個感知的特徵都在於這樣一種意向，即：將它的對象當作一種自身當下的東西來把握，完全當作與它自身所是的那樣存在著和被意指的東西來把握。與這種意向**相符合**的是感知；當對象確實作爲它之所是而在「此」，而是生動當下的時，亦即當它在感知中本身當下並與感知相一致時，這種感知就是相即的感知。因此，顯而易見，甚至可以從感知的單純概念中明見地得出，相即感知只能是內感知，它只能朝向與它一同被給予的、與它一同屬於一個意識的體驗；而反過來人們絕不能以心理學的說法聲稱，每一個朝向本己體驗的感知（即根據自然詞義而被稱之爲內感知的體驗）都必定是一個相即的感知。

[38] 在A版中未加重點號。

[39] 在A版中未加重點號。

間的眞正對立，後一種對立才建基於這些體驗的**純粹**現象學本質之中。6

在一些研究者那裡，例如：布倫塔諾，這兩個至此爲止被探討的「意識」概念之間會形成一個密切的關係，因爲這些研究者相信可以將第一個意義上的內容之被意識狀態（Bewußtsein）（或被體驗狀態（Erlebtsein））同時也理解爲第二個意義上的意識。在第二個意義上被意識到的或被體驗到的東西，就是內部地（innerlich）（這在布倫塔諾那裡也就意味著：**相即地**）被感知到的東西；在第一個意義上被意識到的東西是指作爲在意識統一中的體驗一般而[40]在場的（präsent）東西。這種含糊性驅使人們將意識理解爲一種知識，即一種直觀的知識，這種含糊性向人們推薦的是一種令人無法承受的觀點。我提醒大家注意由以下狀況而產生的那種無窮後退（unendlichen Regreß）：內感知本身又再是一個體驗，因此需要新的感知，這個新感知同樣又需要更新的感知，如此等等；布倫塔諾曾試圖透過對第一性的和第二性的感知方向的劃分來解決這個倒退。由於我們的目的在於純粹現象學的確定，因此，只要我們還無法從現象學上證明對內感知連續活動之設定的必然性，我們就必須將這一類理論置而不論。[41]

6 參閱《邏輯研究》第二卷，第二部分關於「內感知與外感知」的附錄。

[40] 在A版中爲：心理上。

[41] 在A版中爲：只要我們還無法從經驗上證明對內感知連續活動之設定的必然性，我們就能夠放棄這類人造理論。

A334　$B_1$356

第6節　第一個意識概念起源於第二個意識概念

很明顯，第二個「意識」概念是「更原初的」[42]概念，並且[43]是「自在更早的」概念。按照科學有序的方式，我們可以從它出發，即從較爲狹窄的「意識」概念出發，透過下列思考而進一步達到第一個和較爲寬泛的「意識」概念：如果我們將「我思故我在」（cogito, ergo sum），或者毋寧說，將「我在」（sum）看作是一種在所有懷疑面前都能夠聲言其有效性的明見性，那麼顯而易見，這裡不可能出現作爲自我的[44]經驗自我。由於我們另一方面必須承認，「我在」這個命題的明見性不可能依賴於對始終可疑的、哲學的自我概念的認識和接受，因此我們最好是說：在「我在」這個判斷中，明見性取決於某個沒有在概念的明晰中得到劃界的、經驗的自我表象的核心。如果我們再進一步提出這樣的問題，即在這個沒有從概念上得到理解並且因此而無法說出的核心中包含些什麼，也就是說，在各種情況下明見無疑地構成在經驗自我上的被給予之物[45]的東西是什麼，那麼，最貼近的回答就是：內（＝相即）感知的判斷。不僅「我在」是明見的，而且，具有「我感知這個或那個」這樣一

[42] 在A版中未加引號。
[43] 在A版中還有：也。
[44] 在A版中還有：完整的。
[45] 在A版中爲：經驗自我。

$B_1$357　A335

種形式的無數判斷也是明見的——也就是說，只要我在這裡不是單純地進行意指，而是明見可靠地確定：被感知之物是作爲它被意指的東西而被給予的；我將它本身把握爲它之所是。例如：這個充實著我的快樂；這個剛剛浮現在我面前的想象顯現，以及如此等等。所有這些判斷都分有「我在」這個判斷的命運，它們無法從概念上得到完整的理解和表達，它們只有在其生動的、但無法透過語詞而得到恰當傳訴的意向中才是明見的。無論這種相即被感知之物是在那種含糊的陳述中得到了表達，還是始終得不到表達，它都已經構成了一個在認識論上第一性的、絕對可靠的領域，這是一個由還原在相關瞬間中所給出的東西的領域，這個還原是指將現象的經驗自我還原爲它的純粹現象學地可把握的內涵[46]；反之也是正確的：在「我在」這個判斷中，正是這個在自我下面相即被感知的東西，才構成了那個最先使明見性成爲可能並爲明見性提供論證的核心。[7]在這個領域中還要加進另一個領域，對此，我們

---

7 〔這裡仍然保留了《邏輯研究》第一版中原有的文字闡述，沒有對它做根本性的改動。這個闡述在這一點上是不合適的，即：經驗自我和物理事物一樣，是同一個等級的超越。如果對這種超越的排斥以及向純粹現象學被給予之物的還原不保留作爲剩餘的純粹自我，那麼也就不可能存在眞正的（相即的）「我在（Ich bin）」的明見性。但如果這種明見性確實作爲相即的明見性而存在著——誰又能否認這一點呢？——，那麼我們怎麼能夠避開對純粹自我的設定呢？它恰恰是那個在「我思」的明見性的進行（Vollzug）中被把握到

---

[46] 在A版中爲：由屬於自我的東西所構成的領域。

只須將所有那些與感知本質相銜接的滯留（Retention）看作是剛才當下的過去之物並對它
們進行還原，同樣，我們也須要將再回憶（Wiedererinnerung）當作屬於一個以前的體驗現
時性而宣示出的東西並對它們進行還原，將這兩者還原爲它們的曾在的現象學內涵，亦即透 $B_1$358
過在滯留與回憶「中」的反思回溯到再造性的現象學之物上。同樣，我們也如此對待那些[47]
我們根據經驗的理由可以設定爲與每一時刻的相即被感知之物共存的東西，或設定爲與滯留
與回憶的反思性組成曾共存的東西，也就是說，設定爲與它**連續統一地相關聯**的東西。如果
我在這裡說：「連續統一地相關聯」，那麼這就是指具體的現象學整體的統一，它的各個組 A336
成部分或者是在共存中相互奠基、即相互要求的各個**因素**，或者是透過其本己本性在共存中
爲統一形式進行奠基的各個**塊片**（Stücke），這些[48]形式是指那些作爲實項地寓於整體之中
的因素而一同現實地屬於整體內容的東西。而這些共存的統一持續地從一個時間點過渡到另

的自我，而這種純粹的進行明確地將這個自我從現象學上「純粹地」和「必然地」理解爲一個屬於「我思」類型的「純粹」體驗的主體。」（這是胡塞爾在《邏輯研究》第二版中補加的注釋，方括號也爲胡塞爾本人所加。——中譯注）

[47] 在A版中爲：在這個領域中還包含著那些被回憶展示爲以前曾對我們明見當下存在過的、因而屬於本己曾在的自我的東西。（「我曾是」的明見性或明見或然性。然後，在這個領域中還包含著）。

[48] 在A版中還有：實在的。

一個時間點，它們構造出一個變化的統一、意識流的統一，這種統一就其自身而言至少要求至少有一個對於整體的統一來說根本性的、即與它這個整體不可分割因素的持續固持或持續變化。扮演這一角色的首先是內在地包含在作爲時間性顯現統一的意識流中的時間展示形式（也就是說，不是事物世界的時間，而是與意識流一同顯現出來的時間，而意識流也正是在這個時間中流動）。這個時間中的每一個時間點都在所謂「時間感覺」的連續映射中表現出自身；只要在這個意識流的現時階段中展現出一個整體的時間視域，那麼每一個這樣的現時相位（Phase）便都會具有一個統握它的所有內容的形式，這個形式始終是連續同一的，而它的內容則不斷變化。

因此，這就構成了自我的現象學內容、構成了在心靈主體意義上的經驗自我的現象學內容。向現象學之物的還原產生出這個實在地自身封閉的、在時間上不斷發展的「體驗流」的統一。[49]「體驗」這個概念從「內部地被感知到的東西」和在這個意義上的被意識之物擴展

[49] 在A版中爲：具有這一功能的首先還有主觀時間意識，它被理解爲「時間感覺」的映射（Abschattung），無論聽起來有多麼悖謬，這種主觀時間意識展示出這個意識片刻所具有的一個無所不包的形式，亦即那些在一個客觀時間點上共存的體驗所具有的一個形式。因而這就構成了作爲心靈統一的自我、作爲它的所有「體驗」的統一的自我的內容，這個統一是實在地自身完備的、在時間上不斷發展的統一。

成爲一個意向地構造著經驗自我的「現象學自我」的概念。[50]

[50] 在A版中爲：一個實項地構造著心靈或恆久自我之物的概念；因而由此也擴展爲那個規定著作爲關於「心理」體驗或「意識內容」學說的心理學領域的概念。後面這句以及第7節在B版中被刪除：這裡是對心理學和關於物理自然的科學之間相互劃界這個有爭議問題表示態度的合適場所，這個問題已經受到諸多討論並且與最貼近的認識論興趣相關。

第7節　心理學與自然科學的相互劃界

心理學必須根據自我體驗（或意識內容）的本質種類和複合形式來——描述地——研究這些自我體驗（或意識內容），然後才能——發生地——探尋它們的產生與消亡、它們的構造和改造的因果形式與規律。意識內容是它們的關於自我的內容，因此，心理學的任務也在於研究自我的實在本質[不是神祕的，而只是一個可以從經驗上論證的自在（Ansich）]、心理因素向自我的合成，還有它們的發展與衰亡。

與經驗自我相對立的是經驗物理事物、非自我，它們同樣是共存和相續的統一並要求事物性的存在。對於本身是自我的我們來說，它們只是作爲意向的統一而被給予，這些統一是在心理體驗中被意指的統一，是被表象或被判斷的統一。但它們自己卻並不因此而僅僅是表象，正如它們也不作爲表象而相對於我們這些陌生自我一樣，而這種情況也適用於陌生自我。物理事物被給予我們，它們處在我們面前，它們是對象——這意味著，我們具有某些感知和與這些感知相符的判斷，這些感知與判斷「朝向這些對象」。與所有這些感知與判斷的系統相符合的是作爲意向相關物的物理世界。我們可以在個別之物那裡、在個別之物的共同體

A337

（作爲它們共有的判斷系統）那裡以及在科學的統一中考察這些判斷的系統，隨我們這些考察情況的不同，這裡還應當進行進一步區分：個別自我的世界、經驗社會共同體的世界，以及在可能的情況下還有知識者（Wissender）的觀念共同體的世界：（在觀念上完善了的）科學的世界、自在的世界。心理體驗和諸自我也根據它們的意義和它們的規律性聯繫而只能在作爲客觀有效的表象和判斷系統的科學中表明自身，並且它們只能作爲自我中的意向體驗的目的而被給予。但它們在一個確定的、極爲狹窄的領域中確實是作爲它們自身所是而被給予，然而這對於物理事物來說卻是永遠不會發生的。柏克萊─休謨的學說將顯現的物體還原爲「觀念」的捆索（Bündel），這種學說無法正確地評價這樣一個事實：即使這些捆索的要素觀念在心理上可以得到實現，這些捆索本身、這些被意指的要素的複合體也不曾在、並且也永遠不會在人類意識中作爲複合觀念而實項地當下。沒有一個物體是可以被內感知到的──並非因爲它是「物理的」，而是因爲例如三維空間形式在任何一個意識中都無法被相即地直觀到。但相即直觀與內感知是二而一的。各種現象主義理論的基本缺陷就在於，它們不能區分作爲意向體驗的顯現和顯現的對象（賓語謂語的主語），並且因此而將被體驗的感覺複合體等同於對象特徵的複合。無論如何，心理學的客觀統一與自然科學的客觀統一不是同一的，至少不像它們作爲科學加工的第一被給予性所期待的那樣同一。至於這兩種科學在完善了的發展中是否可以被展示爲相互分離的，這要取決於：是否在兩方面所涉及的都確實是分離的、或至少是相互間相對獨立的實在（而獨立性在這裡當然不意味著：這兩方面的實在必須透過某些神祕的鴻溝、透過聞所未聞的區別而被分離開來）。也許我們最好還是反過來說：只有這兩門科學的進一步發展才能告訴我們，這種分離是否存在。確定無疑的是，從它們的出發點來看，亦即從它們所從事加工的原本事實領域來看，這兩門科學是在很大的程度上互不依賴的，而且在它們的上升發展中也將仍然如此。

A338

顯然不能排除現象主義作爲被論證了的理論而提出的這樣一種可能（在我看來，它沒有能超出那些模糊的、儘管不無價值的思想序列），即：所有關於物理事物和事件之說法的客觀根據都僅僅在於那些在雜多意識的心理體驗之間的合乎規律的相關性。但接受這種理論並不能取消對科學的劃分。將**體驗**（意識內容）區別於 A339 在體驗中被表象的（甚至被感知或判斷地被認之爲存在的）非體驗的做法一如既往地仍然是劃分作爲研究領域的科學的基礎，也就是說，它仍然是在目前的科學發展階段上唯一能夠做出的劃分的基礎。對一門「**無心靈的心理學**」的要求與對一門「**無物體的自然科學**」的要求是一致的；前者所指的是這樣一門心理學，它不去顧及所有那些與心靈有關的形上學假設——之所以不顧及，乃是因爲這些假設只有在完善了的科學中才能成爲明察——；後者所指的是這樣一門自然科學，它首先拒絕所有那些關於物理之物的形上學自然的理論。但現象主義的理論也是這樣的一門事先便受到形上學束縛的理論。它不應走在對這兩門科學的劃分物體之前。這種劃分必須建立在純粹現象學的基礎之上，而在這點上我相信，上述闡釋可以用來完滿地解決這個爭議很大的問題。這些闡釋所利用的僅僅是這樣一個最基本的現象學區別，即在感知和「行爲」一般的描述內容和被意指對象之間的區別。

不言而喻，心理學家們已經注意到了這個區別。我們在霍布斯、笛卡兒和洛克那裡就發現了這個區別。人們可以說，近代的所有偉大思想家都時而接觸到或探討過這個區別。可惜他們對此只是偶爾爲之，卻沒有以此區別爲開端並且在每一步驟中都最仔細地關注它；換言之，沒有使它成爲**科學認識論和心理學的基礎**。只有這樣，言說方式和思維方式才會是科學準確的，儘管它們因此也自然會變得非常煩冗和不適。

在較爲狹窄意義上的意識是顯現之物（Erscheinendes）；如果人們想以習慣的方式將它稱作現象的話，那麼它 A340 就是心理**現象**（Phänomen）。相反，在較爲寬泛意義上的意識的很大一部分實際上都不是顯現之物。因爲人

第8節　純粹自我與被意識性

至此爲止我們還根本沒有思考過純粹自我（「純粹統覺」的自我）。一些與康德相近的研究者認爲，而且還有一些經驗[51]研究者也認爲，這個純粹自我意味著一個統一的關係點，所有意識內容本身都以完全特殊的方式與這個關係點發生聯繫。因而這個純粹自我本質地包含在這個「主觀體驗」或意識的事實之中。「意識（Bewußt-sein）」[8]就是與自我的關係」，而且意識內容就存在於這個關係之中。「所有那些只要是[52]在意識中與自我有關的東西，我

8　胡塞爾在這裡所引用的是納托普的文字。納托普將德文中的「意識」一詞（Bewußt-sein）用一個破折號分開：Bewußt-sein，其用意在於強調「意識」的本義是一種「被意識到」（bewußt）的存在（sein）。——中譯注

們肯定不能說，所有心靈的東西都被感知，或者哪怕是都可以被感知（即在實在可能性的意義上）。因此，將心理學定義爲關於心理現象的科學，這種做法只能被理解爲是將自然科學定義爲關於物理現象的科學。有關的現象在兩方面都沒有標示出那些透過它們而得以窮盡的科學客體領域，而只標示出科學研究的最近切入點。如果做這樣的理解，那麼我們對這些定義當然也沒有什麼可以指責的了。。

[51]　在A版中爲：經驗主義的。

[52]　在A版中還有：始終。

們都稱作內容，無論它們還具有哪些其他的屬性。」「這個關係對於所有那些有著複雜變化的內容來說都顯然是同一個；實際上它就是構成意識的共性和特性的東西。我們要用被意識到（Bewußt-heit）這個表達來強調這個關係（在這裡我仍然還在引用納托普的話），[9]以便將它區別於意識的整體事實。」「自我作爲一個與被我所意識到的內容相關的主觀關係中心以一種無法比擬的方式與這些內容相對立，自我與這些內容的關係與這些內容與自我的關係並不是同一種關係，自我並沒有像內容被它所意識到那樣也被內容所意識到；自我恰恰在這一點上表明自己是無與倫比的：他物可以被它意識到，但它卻永遠不能被他物意識到。它本身不能成爲內容並且與能夠成爲意識內容的東西毫不相同。正因爲此，我們也根本無法對它做出更進一步的描述；因爲，如果我們試圖描述自我或與自我的關係，那麼所有那些被我們用來進行描述的東西都只能取自於意識內容之中，因而無法切中意識本身，無法切中自我或與自我的關係。換言之，我們對自我所做的任何表象都會使自我成爲對象。然而，由於我們將自我看作是對象，我們也就已經不再將這個自我看作是自我了。『我在』不是對象，而是一種與所有對象相對立的東西，只是相對於自我而言，某物才是對象。同樣的道理也適用於與自我的關係。意識（Bewußt-sein）就意味著對於一個自我而言的對象：這個對象本身不能再成爲對象。」

A341
$B_1$360

9　參閱納托普《根據批判方法而做的心理學引論》（簡稱爲《心理學引論》）的整個第4節，第十一頁以後。

「儘管被意識到（Bewußtheit）這個事實是一個心理學的基本事實，它可以被斷言爲現存的事實，它可以透過區分而得到關注，但是它卻不能被定義，不能從其他的東西那裡被推導出來。」

無論這些陳述給人的印象有多麼深刻，我在更仔細的思考中也無法證實它們的合理性。如果我們不能思考那個「心理學的基本事實」，那麼我們又如何能夠確定它；而如果我們不使作爲被確定的客體的自我和意識「成爲對象」，我們又如何去思考它？只要我們透過間接的、象徵的思想朝向這個事實，這個事實就已經成爲對象了；但在納托普看來，它應當是一個必須本身在直接直觀中被給予的「基本事實」。實際上他明確地主張，它可以「被斷言爲是現存的事實」並且可以「透過區分而得到關注」。被斷言的東西、被關注的東西難道不是內容嗎？它難道不會成爲對象嗎？即使狹義上的對象概念被排除掉，這裡的問題首先也在於廣義上的對象概念。如果我們對一個思想、一個感覺、一個不舒服的感受等等進行關注，那麼我們也就使這些體驗成爲內感知的對象，雖然這種對象**並不是在事物意義上的對象**；與此完全相同，那個被關注的自我的關係中心以及自我與一個內容的確定關係**也是對象性地被給予的**。

我現在當然必須承認，我無法將這個**原始自我**絕對地看作是必然的關係中心。[10] 我唯一

B₁361　A342

10 【在此期間我已經學會發現，這個自我就是必然的關係中心，或者說，我學會了，不應當因爲擔心自我形上

能夠注意到、也就是**唯一能夠感知到的是經驗自我**和它與那些本己體驗或外在客體的經驗關係，這些體驗和客體在被給予的一瞬間恰恰成為特殊「朝向」的對象，而在這裡，無論是在「外部」，還是在「內部」，都始終留存一**些不具有與自我的關係的**東西。

我在這裡找不到其他的澄清這一事態的途徑，因而只能讓經驗自我連同它與客體的聯繫服從現象學的分析，這樣就必然產生出前面所提出的那個觀點。我們將自我—軀體（Ich-Körper）排斥掉，它和其他東西一樣顯現為物理事物，我們考察那個與這個軀體經驗地連結在一起的並且顯現為隸屬於這個軀體的**精神自我**。在還原到現象學—現時的被給予之物上之後，這個被給予之物便為我們提供了在前面曾描述過的那種可以反思性地把握到的[53]體驗複合。這個複合與心靈自我的關係類似於[54]一個被感知的外在事物的「被感知到的那個面」與這整個事物的關係。我只能這樣來理解自我與它的對象的被意識到的意向關係：在意識統一

學（Ichmetaphysik）的各種蛻變而對被給予之物的純粹把握產生動搖。參閱〔《邏輯研究》第二卷，第五研究」第6節的注釋，第三五七頁。」（這是胡塞爾在《邏輯研究》第二版中補加的注釋，方括號也為胡塞爾本人所加。——中譯注）

[53] 在A版中為：心理。

[54] 在A版中為：相當於。

的現象學整體組成中也包含著這樣一些意向體驗，在這些體驗中，自我軀體、作爲精神人格的自我以及整個經驗自我主體（自我、人）是意向客體[55]，而且這些意向體驗構成了現象自我[56]的本質現象學核心。

這樣，我們就面臨著第**三個**「意識」概念了，這個概念是透過行爲或意向體驗而得到劃界的，我們在下一章中將會分析這個概念。誰否認意向體驗的特性，誰不想承認這個事實，即：對我們來說最爲可靠的就是：用現象學的語言來說，對象處在某些行爲之中，某物作爲對象在這些行爲中顯現出來或在這些行爲中被思考；那麼他當然也就不會理解，對象本身如何又能夠成爲對象。在我們看來，事情很明顯：行爲「朝向」一些行爲的特性，在這些行爲中，某物顯現出來；或者：行爲朝向經驗自我並且朝向它與對象的關係。[57]在這裡，構成自我的現象學核心的是行爲，它們使自我（經驗自我）「意識到」對象，自我在它們之中「朝向」有關的對象。

我也無法明晰地看到，自我與意識內容的關係毫無區別這種說法如何可能有效；因爲，如果內容被理解爲體驗（現象學自我的實項構成），那麼內容加入到體驗統一中去的方式就

[55] 在A版中爲：在體驗複合體中恰恰也包含著意向體驗。

[56] 在A版中加了引號。

[57] 在A版中爲：自我與對象的經驗關係；而。

A343　$B_1$362

完全取決於內容的特殊性，就像部分加入到整體中去的情況一樣。但如果內容所指的是某個對象，即作爲感知、作爲臆想、作爲回憶或期待、作爲概念表象或謂詞判斷等等的意識所朝向的對象，那麼這裡顯然存在著區別，這些區別在這裡所運用的表達的順序中就已經體現出來。

也許人們會對我們在前面所提出的這樣一個主張不滿，即：自我本身顯現給它本身，自我具有關於它自身的意識和特殊感知。但經驗自我的自身感知是一個日常的事實，它並不難以理解。自我可以和其他任何外在事物一樣被感知到。對象不能在所有部分、所有方面都被感知到，這一點對於自我和對於其他事物一樣是無關緊要的。因爲感知活動的本質在於，它是一種對對象的臆指的（vermeintlich）把握，而不在於，它是一種相即的直觀。儘管感知活動屬於自我的現象學組成，但它顯然與其他那些「被意識到」、但未被關注的東西一樣，本身並不共同處在感知的把握性目光之中；這在某種程度上與下列情況相似：例如：在一個被感知的外在事物那裡，它的一些因素顯現出來，但卻未被把握到，這些因素也就沒有被感知到[58]。自我在那裡、事物在這裡都叫作被感知；並且它們事實上也確實是被感知到，以生動的自身當下的方式被意識到。

••••第二版的補充。必須明確強調，在這裡對純粹自我問題所持的（並且，如前所述，不再

[58] 在A版中爲：一個被感知的外在事物的背面沒有被感知到。

A344　B₁363

爲我所贊同的）態度**對於這一卷的整個研究來說始終是無關緊要的**。儘管純粹自我的問題不僅在其他領域中非常重要，而且作爲純粹現象學的問題也是一個非常重要的問題，我們也仍然可以在對整個自我問題不做表態的情況下系統深入地研究現象學的極爲全面的問題領域，這些領域普遍地涉及意向體驗的實項內涵以及它們與意向客體的本質關係。但我們在這裡的研究僅僅限制在這些領域之中。因爲考慮到納托普在第二次加工後最新出版的《心理學引論》第一卷這部如此重要的著作對上面的論述做了深入分析，所以我在這一版中沒有刪除這些論述。

第二章　意識作爲意向體驗[1]

[1] 在A版中爲：心理行爲。書眉標題也與此相應地爲：「意識作爲心理行爲」。

第三個意識概念現在在現象學本質組成方面與「心理行爲」的概念相一致，對這個概念的分析需要得到更爲詳細的闡述。與這個概念相關，關於意識內容的說法，尤其是關於我們表象、判斷等等內容的說法獲得了多重含義，最爲重要的工作就在於對這些含義進行區分，並且進行最爲詳盡的研究。

第9節　布倫塔諾對「心理現象」劃界之意義

在描述心理學的類別劃分中，沒有什麼比布倫塔諾在「*心理現象*」的標題下所做的、並且被他用來進行著名的心理現象和物理現象之劃分的分類更爲奇特，並且在哲學方面更有意義的分類了。我並不能[2]贊同那種引導著這位偉大[3]研究者的、並且在他所選擇的這些術語中已表露出來的信念，即：已經獲得了對「現象」的詳盡分類，透過這種分類，心理學和自然科學的領域可以得到劃分，並且關於對這些學科之研究領域的正確定義的有爭議問題能夠以十分簡單的方式得到解決。儘管將自然科學定義爲關於物理現象的科學，將心理學相應地定義爲關於心理現象的科學，這些定義是以一個好的意義爲基礎的[4]；但人們仍然可以有嚴肅的理由來反駁說，布倫塔諾之劃分的概念就是在這些定義中以同樣名稱出現的概念。可以

B$_1$364　A345

[2] 在A版中爲：想。

[3] 在A版中爲：出色。

[4] 在A版中還有：，而且我們自己在前面也曾暗示過這個意義。

表明，並非所有在心理學的可能定義意義上的心理現象都是布倫塔諾意義上的心理現象，即心理行爲，而且另一方面，在布倫塔諾那裡模糊地起作用的標題「物理現象」也包含著很大一部分眞正的心理現象。[1]然而，布倫塔諾對「心理現象」概念之構想的價值根本不取決於：他想用這個構想來達到什麼樣的目的。我們在這裡所遇到的是一個被明確劃界的體驗綱（Klasse），它將所有那些在某種**確切**意義上被描述爲心理的此在、被意識的此在的東西都包含在自身之中。一個實在的生物，如果它缺乏這類體驗，如果它自身僅僅具有像感覺體驗這樣一種內容，[2]同時它無法對這些內容進行對象性的解釋，或者無法透過它們而使對象被

1 在本書這一卷第二部分結尾[5]「附錄」（外感知與內感知。物理現象與心理現象）的闡述中將會表明，布倫塔諾自己大概也意識到了這一素樸定義的不恰當性，從而認爲有必要附加一個限制（參閱布倫塔諾《出自經驗立場的心理學》，第一卷，第一二七頁以後），但我的不同觀點並不是在朝向這種限制的方向上運動。

2 我們不能再說：被體驗的。體驗概念的起源在於心理「行爲」[6]的領域，而儘管對這個領域的擴展將我們引導到一個同樣也包含著非行爲的概念上，但那種與一個將這些非行爲劃歸給行爲或併入到行爲中的[7]聯繫，簡言之，與一個意識統一的關係，仍然是本質性的，以至於我們在沒有行爲的地方便不再談論體驗。

[5] 在A版中還有：第二。

[6] 在A版中爲：「心理行爲」。

[7] 在A版中爲：實在。

B$_1$365

表象出來——並且更無法在進一步的行爲中與對象發生聯繫，無法判斷對象[8]，無法爲對象感到高興或沮喪，無法愛對象和恨對象[9]，無法欲求和討厭對象，——那麼就沒有人會願意將這樣一個生物稱作是一個心理生物。如果人們認爲值得一問的是，究竟能否想象一個僅僅是感覺複合的生物，那麼我們只需指出那些在現象上是外部的事物就夠了，這些生物合乎意識地透過感覺複合而展示自身、但絕不自身顯現出來，我們將這些事物稱作是無靈魂的生物或物體[10]，因爲它們都絲毫不具有在上述例證意義上的心理體驗。如果我們不去考慮心理學，而是進入到較爲狹窄的哲學範圍之中，那麼這類體驗的基本重要性就體現在：唯有從屬於它的那些體驗才受到最高的規範科學的考察；因爲，只有在這些體驗中，而且僅僅當它們是在現象學的純粹性中爲我們所把握時，才能找到抽象出這樣一些基本概念的具體基礎，這些概念在邏輯學、倫理學、美學中，並且是作爲構造這些學科的觀念規律的概念，而發揮著

[8] 在A版中爲：無法對對象進行判斷和推測。

[9] 在A版中爲：無法期望對象和懼怕對象。

[10] 在A版中爲：這個生物將會是一個與在現象上外部的事物同類的東西，它們作爲單純感性內容的複合體而顯現給我們。如果人們認爲值得懷疑的是，究竟能否想象一個僅僅是感覺複合的生物，那麼我們只需指出那些在現象上是外部的事物就夠了，這些生物合乎意識地透過感覺複合而展示自身、但絕不自身顯現出來，我們將這些事物稱作是無意識的生物或物體。

A346　B$_1$366

系統的作用。由於我們在這裡也提到了邏輯學，所以我們同時也聯想到那個促使我們更詳盡考察這些體驗的特殊興趣。

第10節　作爲「意向體驗」的行爲所具有的描述性特徵

但現在是對布倫塔諾分類的本質，即對在**心理行爲**意義上的意識概念之本質進行規定的時候了。在上述分類方面興趣的引導下，布倫塔諾本人將有關的區分引入到對他所設定的兩個基本類型的「現象」之相互分離的形式之中，這兩種現象是指心理現象和物理現象。他一共獲得了六個規定，我們在這裡從一開始就只能考察其中的兩個，因爲所有其他的規定都毀壞性地帶有某些迷惑人的歧義，這些歧義使得人們無法再堅持布倫塔諾的現象概念，尤其是他的物理現象概念，而後還有他的內感知和外感知的概念。[3]

在這兩個被偏好的規定中，有一個規定直接地表明了心理現象或行爲的**本質**。這個本質在隨意的例子中都可以明確無誤地顯露出來。在感知中有某物被感知，在圖像表象（Bildvorstellung）中有某物形象地（bildlich）被表象，在陳述中有某物被陳述，在愛中有某物被愛，在恨中有某物被恨，在欲望中有某物被欲求，如此等等。布倫塔諾看到了在

A347

3　詳細論述可以參閱剛才所提到的「附錄」〔外感知與內感知。物理現象與心理現象〕。

這些例子上可以把握到的共同之物，他說：「……每一個心理現象都可以透過這樣一種東西而得到描述，中世紀經院哲學家們將這種東西稱作一個對象的意向的（或心靈的）內實存（Inexistenz），而我們——雖然我們所用的表達也並非完全單義——則將它稱作與一個內容的關係、向一個客體（在這裡不應被理解爲一個實在）的朝向，或內在的對象性。每一個心理現象自身都含有作爲客體的某物，儘管不是以同樣的方式。」[4]這種「意識與一個內容的關係方式」（正如布倫塔諾在其他地方也常常表達的那樣）在表象中就是表象的方式，在判斷中就是判斷的方式，如此等等。如所周知，布倫塔諾將心理現象劃分爲表象、判斷和情感活動（「愛與恨的現象」），他的這種分類嘗試便建基於這種關係方式之上，布倫塔諾恰恰將這種關係方式區別於三種根本不同的（有可能多重地特殊化的）方式。

這裡的問題並不在於，人們是否認爲，布倫塔諾對「心理現象」的分類是妥當的，人們是否承認，它正像它的天才宣導者[11]所要求的那樣對心理學的整個探討具有奠基性的意義。我們只關注對我們來說至關重要的一點：意向關係具有各種本質特殊的差異性，或者簡言之，意向——它們構成「行爲」的描述性的種屬特徵——具有各種本質特殊的差異性。對

$B_1$367

4 布倫塔諾：《出自經驗立場的心理學》，第一卷，第一一五頁。

[11] 在A版中爲：布倫塔諾。

一個實事狀態的「單純表象」[12]意指它的這個「對象」的方式不同於那種將此事態認之爲眞或認之爲假的判斷方式。重又不同的是猜測與懷疑的方式、希望與懼怕的方式、喜歡與厭惡的方式、欲求與逃避的方式；對一個理論懷疑做決定（判斷決定）或對一個實踐懷疑做決定（在考慮選擇的情況中的意願決定）；對一個理論意見的證實（對一個判斷意向的充實）或對一個意願意見的證實（對一個意願意向的充實），以及如此等等。當然，儘管並非所有行爲都是複合體驗，但大多數的行爲都是複合體驗，並且意向本身在這裡常常也是多重性的。情感意向建基於表象意向或判斷意向等等之上。但確定無疑的是，我們在化解這種複合的過程中始終會達到原始的意向特徵，這些特徵根據其描述性的本質[13]不能再被還原爲其他的心理體驗；同樣明白無疑的是，「意向」（「行爲特徵」）這個描述性的屬的統一表明了這樣一些種類的差異性，這些差異性建基於這個屬的純粹本質之中，並且因此作爲先天而先行於經驗心理學的事實性[14]。存在著本質不同的意向的種和亞種。尤其不可能僅僅借助於那些不屬於意向屬的因素而將所有行爲的區別還原爲那些織入進來的表象和判斷的區別。因此，例如：美學的贊許與厭惡是一個意向關係的方式，這種方式表明自身相對於那種對美學

A348 $B_1$368

[12] 在A版中未加引號。

[13] 在A版中爲：在描述上。

[14] 在A版中爲：而不能僅僅被理解爲是將那些此類因素補充成爲具體統一的體驗的區別。

客體的單純表象或理論評價而言具有明見和本質不同的特性。儘管美學的贊許和美學的謂語可以被陳述，而且這種陳述是一個判斷並作爲判斷而包含著表象。但這樣一來，美學意向就與它的客體一樣是表象和判斷的**對象**了；它自身始終在本質上不同於這些理論行爲。將一個判斷評價爲確切的，將一個情感體驗評價爲高尚的，這種評價預設了類似的和相近的，但卻非種類同一的意向[15]。對判斷決定和意願決定的比較等等也會表明這一點。

如果將意向關係純粹描述性地理解爲某些體驗的內部特性，那麼我們就把這種意向關係看成是「心理現象」或「行爲」[16]的本質規定性了，這樣，我們就會將布倫塔諾的定義即「『心理現象』或『行爲』是『在自身中意向地包含著一個對象的現象』」[5]視爲是一個實質性的定義，這個定義的「實在性」[17]（在舊的意義上）當然可以透過舉例而得到確證。[6]

A349　B₁369

---

5 同上書，第一一六頁。

6 因而對我們來說，這樣一類有爭議的問題是不存在的，如：所有心理現象、例如感受現象、是否確實具有前面所標示的那種特性。我們所提的問題毋寧在於：有關現象是否是「心理現象」。這個問題的特殊性是由於

---

[15] 在A版中爲：將一個判斷認同或贊同爲眞實的，將一個情感體驗認同或贊同爲好的、高尚的，這種認同或贊同預設了類似的和相近的、但卻非種類同一的意向。

[16] 在A版中爲：「心理行爲」。

[17] 在A版中未加引號。

換一種說法，並且同時從純粹現象學上來理解就是：在這種體驗的範例性個別情況中進行的觀念化（Ideation）—而且這種觀念化是這樣進行的，它使任何經驗—心理學的觀點和此在設定都被排除在外，並且使受到考察的僅僅只是這些體驗的實項現象學內涵——為我們提供了純粹現象學的屬觀念（Gattungsidee）「意向體驗」或「行為」，而後也進一步提供了它們的純粹本性（Artung）。[7]感覺和感覺複合表明，並非所有體驗都是意向的[18]。無論被感覺的視野的某個塊片（Stück）如何透過視覺內容而得到充實，這個塊片都是一個體驗，它

這些語詞的不合適性而產生的。關於語詞的不合適性，我們在後面還會做進一步的說明。

7 如果我們限制在心理學聯想的範圍以內，那麼現象學的純粹體驗概念自身便接受了有關心理實在的概念；更確切地說，它變更為一個動物生物（無論這是一個事實自然的生物，還是一個帶有各種觀念可能「動物」生物的觀念可能自然的生物——即在後一種情況中排斥了此在設定）所具有的**心理狀態**的概念。進一步的結果是，「意向體驗」這個**純粹現象學**的屬觀念（Gattungsidee）變更為平行的和相近的**心理學的**屬觀念。根據對心理學聯想的究竟是排出還是引入的不同情況，這同一種分析或是獲得純粹現象學的意義，或是獲得心理學的意義。

[18] 在A版中為：在這個詞義上的「心理現象」。

自身可能包含著許多部分內容，但這些[19]內容並不是被整個體驗[20]所意指的對象，並不是在它之中的意向[21]對象。

以下的思考將更仔細地說明在關於「內容」[22]的一種說法和另一種說法之間的根本區別。人們始終可以確信，在範例分析和比較中所把握到的兩方面內容都作爲純粹的本質區別而可以在觀念化中得到明察。我們在這裡所力求達到的所有現象學確定都應（即使不做特別強調）被理解爲本質確定。

對於我們來說極有價值的第二個心理現象規定被布倫塔諾表達爲：「它們或者就是表象，或者建基於作爲其基礎的表象之上」。8「如果一個東西沒有被表象，那麼它也就不能被判斷，也不能被欲求，不能被希望和被懼怕。」9在這個規定中，表象當然沒有被理解爲被表象的內容（對象），而是被理解爲表象行爲。

8 布倫塔諾：《出自經驗立場的心理學》，第一卷，第一一一頁（第3節結尾）。

9 同上書，第一〇四頁。

[19] 在A版和B版中加了重點號。在第三版中被糾正。第四版又再與A版和B版相符。

[20] 在A版和B版中爲：整體。在第三版中被糾正。第四版又再與A版和B版相符。

[21] 在A版中爲：被意指。

[22] 在A版中爲：含有。

這個規定看起來不是我們的研究的合適出發點，其原因在於，它預設了一個表象的概念，而我們首先需要將這個概念從這個術語所包含的多重的、並且根本不易區分的歧義中解脫出來。但對行爲[23]概念的闡釋在這裡提供了一個自然的開端。無論如何，這個規定同時也陳述了一個重要的、並且在內容方面可以引發進一步研究的命題，我們必定還會回溯到這個命題上。

第11節　對那些在術語上相近的誤釋的抵制：(a)「心靈的」或「內在的」客體

在我們堅持布倫塔諾的本質規定的同時，我們卻不得不拒絕他的術語，因爲，正如我們已經暗示的那樣，我們的信念與他的信念之間有偏差。在涉及有關類型的體驗時，我們最好是既不談論心理現象，也根本不去談論現象。心理現象僅僅在布倫塔諾的立場上才有其合理性，根據這種立場，心理學的研究領域應當（主要是）以這類體驗爲界限的，然而從我們的立場來看，所有體驗在這方面都是同樣合理的。至於現象這個術語，它不僅帶有相當不利的多義性，而且它還含有一個十分可疑的理論信念，我們在布倫塔諾那裡可以明確地找到這種信念，即：每一個意向體驗都是一個現象。由於現象在這個主要的、也是被布倫塔諾所接受

[23] 在A版中爲：心理行爲。

的說法中標誌著一個顯現的對象本身，因此這就意味著，任何一個意向體驗都不僅具有與對象的關係，而且本身也是某些意向體驗的對象；人們在這裡尤其會想到這樣一些體驗，這些體驗會使某物在最特殊[24]意義上顯現給我們，這種體驗就是感知：「每一個心理現象都是內意識的對象。」但我們已經說過，我們對能否贊同這個命題抱有極大的懷疑。

其他的批評則與一些表達有關，布倫塔諾或是與心理現象這個術語平行地使用這些表達，或是以限定的方式使用這些表達，此外它們也是一些常用的表達。無論如何，以下這些說法非常值得懷疑，而且足以令人誤入歧途：被感知、被想象、被判斷、被期望的對象等等（或者說，以感知、表象的方式等等）「進入意識」，或者反之，「意識」（或「自我」）以這種或那種方式與這些對象「發生關係」，這些對象以這種或那種方式「被納入到意識之中」等等；但還有一些說法也同樣如此：意向體驗「自身含有作爲客體的某物」等等。[10]這類表達與兩個誤釋相接近：第一個誤釋在於，這裡所涉及的是一個實在的進程或在意識或自我與「被意識」的實事之間的一個實在關係；第二個誤釋在於，這裡所涉及的是在兩個可以用相同方式在意識中實項地找到的實事，即行爲與意向對象之間的一種關係，是一種類似於

A351

10 參閱同上書，第二六六、二六七、二九五頁以及其他各處。

[24] 在A版中爲：最有限。

一個心理内容與另一個心理内容之間的相互套接關係。如果在這裡無法避免關於一種關係的説法，那麼就必須避免這樣一些表達，這些表達會正式邀請人們將這些關係誤釋爲一種心理學——實在的關係，或誤釋爲一種從屬於體驗實項内容的關係。[25]　B₁372

我們再進一步考慮上述第二個誤釋。這種誤釋之所以會產生，乃是因爲受到一些表達之大力推薦的緣故，這些表達是指被用來標示意向體驗的本質特性的内在對象性這個表達以及一個對象的意向的或心靈的内實存這些同義的經院哲學表達。意向體驗的特別之處在於，它們以不同的方式與被表象的對象發生關係。它們恰恰是在意向的意義上做這件事。一個對象　A352

[25] 在A版中爲：這類表達與兩個誤釋相接近：第一個誤釋在於，這裡所涉及的是意識或自我對「被意識的」實事所做的一個實項行動（Aktion），至少涉及一個在每個行爲中都可以描述性地發現的在這兩者之間的關係；第二個誤釋在於，這裡所涉及的是在兩個可以用相同方式在意識中被發現的實事，即行爲與意向對象之間的一種實項關係，是一種類似於一個心理内容與另一個心理内容之間的實在相互套接關係。如果在這裡永遠無法避免關於一種關係的説法，那麼就必須避免這樣一些會正式邀請人們將這些關係誤釋爲一種心理學——實在的關係，或誤釋爲一種需要進行描述性理解的關係的表達。

在A版中還加有一個注腳：進一步的論述可以參閱本章結尾的附錄，第三九六頁以後。

在它們之中「被意指」11 [26]、「被瞄向」[27]，並且是以表象的方式，或者同時也以判斷的方式，如此等等。但在這裡所包含的無非是，某些體驗是體現性的，它們具有意向的特徵，並且特殊地具有表象意向、判斷意向、欲求意向等等特徵。並非是（我們在這裡撇開某些例外情況不論）兩個實事合乎體驗地[28]體現，並非是這個對象被體驗到，並且與此平行，朝向這個對象的意向體驗[29]也被體驗到；並非是兩個在部分的和較全面的整體的意義上的實事，而是只有一個東西（eines）[30]是體現性的，即意向體驗，它的本質描述特徵正是有關的意向。隨意向的種類殊相化（Besonderung）的不同，它完整而單獨構成對這個對象的表象或對它的判斷等等。如果這個體驗是體現性的，那麼——我要強調，這是它本己的本質所決定

$B_1$373

11　突出的注意（Aufmerken）、留意（Bemerken）在這裡沒有在「意指」、「意向」的詞義上被採納。參閱這一章後面本章第13節。

[26] 在A版中未加引號。注腳爲B版的附加。

[27] 在A版中未加引號。

[28] 在A版中爲：心理地。

[29] 在A版中爲：行爲。

[30] 在A版中爲：一個實事。

的——[31]與一個對象的意向關係便確然地得以進行，一個對象便確然地是「意向當下的」；因爲它們所表達的完全是同一件事。這樣一個體驗當然可以連同它的這個意向處在意識之中，即使是在對象不存在，甚或根本不可能存在的情況下；對象被意指，即對它的意指是一個體驗；但它這樣僅僅是被意指，並且事實上是無（nichts）。

如果我表象朱比特神，那麼這個神就是被表象的對象，它在我的行爲中是「內在當下的」，在它之中是「心靈的內實存」，無論那些在實際解釋中的錯誤說法做何種說明。我表象朱比特神，這意味著，我具有某個表象體驗，在我的意識之中[32]進行著一個對朱比特神的表象。人們盡可以在描述分析中劃分這個意向體驗，但人們當然不會在其中找到像朱比特神這樣一類東西；因此，「內在」、「心靈」對象不屬於體驗的描述（實項）組成，因此，它也根本不是內在的或心靈的。它自然也不在心靈之外（extra mentem）。它根本就不在。但這並不妨礙那個對朱比特神的表象是現實的[33]，是這樣一種體驗、這樣一種特定的心緒（Zumutesein）方式，以至於每一個在自身經歷它的人都可以說。他表象的是那樣一個帶有這些或那些虛構的眾神之王。另一方面，如果被意指的對象實在地存在著，那麼從現象學

[31] 在A版中爲：在其心理的、具體的充盈中是體現性的，那麼。

[32] 在A版中爲：在我（我的意識）之中。

[33] 在A版中爲：實在的。

A353

的[34]角度來看也不會有任何變化。對於意識來說，被給予之物是一個本質上相同的東西，無論被表象的對象是實在存在的，還是被臆想出來的，甚或可能是悖謬的。我對「朱比特」的表象不會不同於我對「俾斯麥」的表象，對「巴比倫塔」的表象不會不同於對「科隆大教堂」的表象，對一個「等千角形」的表象不會不同於對一個「等千面體」的表象。[12]

如果這些所謂的內在內容更多只是一些**意向的**（被意指的）內容而已，那麼另一方面，那些屬於意向體驗實項組成的**眞正內在**內容就**不是意向的**：它們構建起行爲，它們作爲必

$B_1$374

12 我們在這裡可以不去考慮那些構成[35]對被表象之物的存在信念的可能設定特徵（Setzungscharakter）。——人們又可以確信，在這裡所進行的考察中，所有對自然現實連同人和其他體驗著的動物的前設都是可以被排斥的，以至於這些考察可以被理解爲是對**觀**念可能性的思考。最終人們會看到，這些考察採納了方法上的排斥性考慮（Ausschaltungsüberlegungen）的特徵，這種排斥性思考會將先驗統覺的實事與設定劃分開來，然後便可確定，哪些東西屬於體驗本身的實項本質組成。這樣，體驗便是**純粹**現象學的體驗，只要對體驗的心理學統覺也一同被排斥。[36]

[34] 在A版中爲：心理學的。

[35] 在A版中爲：隱含。

[36] 在A版中爲：因爲這種信念是可以缺失的，或者可能是錯誤的。

然的基點而使意向得以可能，但它們自身並沒有被意指，它們不是那些在行爲中被表象的對象。我看到的不是顏色感覺，而是有色的事物，我聽到的不是聲音感覺，而是女歌手的歌，以及如此等等。[13]

而對表象有效的東西，對於建基於它之上的其他意向體驗也有效。對一個客體進行表象，例如：對「柏林宮殿」進行表象，我們會說，這是一種在描述上這樣或那樣確定了的心緒。對這個宮殿進行判斷，對它的建築美感到喜悅，或對能夠這樣做而抱有希望，如此等等，這些是新的體驗，在現象學上以新的方式得到描述。所有這些體驗的共同之處在於，它們是對象意向的方式，我們在通常的說法中對這些方式只能做這樣的表達，即：這個宮殿被感知，被想象，在圖像中被表象，被判斷，它是那個喜悅的對象，那個希望的對象，以及如此等等。

還需要做更詳細的研究來確定，關於在表象中被表象的對象、在判斷中被判斷的對象

A354

13 那種對內在對象與超越對象的貌似自明的區分是以一個舊傳統的模式爲依據的，即：從內部被意識到的圖像—外部被意識到的自在存在。對此可以參閱本章結尾的附錄（對「圖像論」和關於行爲的「內在」對象之學說的批判），第四二一頁及以後各頁[37]。

[37] 在A版中爲：第三九六頁以後。

的形象說法的合理性何在，以及究竟如何來完整地理解行爲的對象關係[38]；但就我們至此爲止所深入的境地而言，無論如何已經很明顯，我們最好是完全避免這種關於內在對象的說法。放棄這種說法並不會造成困難，因爲我們已經具有「意向對象」這個表達[39]，它不會屈從於類似的懷疑。

如果顧及關於對象在行爲中的意向「被包含」這種說法的非本眞性，那麼我們可以明確無疑地看出，這樣一些平行的和等值的說法：對象是「被意識的」、「在意識之中」、「內在於意識」[40]等等，它們帶有極爲有害的歧義性；因爲，「意識」在這裡所指的東西，完全不同於它根據前面所闡釋的兩個意識含義的標準所能指的東西。整個近代心理學與認識論都受到這些以及與它們相近的歧義性的迷惑。在心理學思維方式和術語起主導影響的情況下，我們不便再用我們自己的術語去反駁當今心理學的那些術語。由於我們的第一個意識概念——這個概念，從經驗—心理學來理解，將屬於心理個體之實在統一的體驗流以及所有實項地構造這個意識流的因素都同樣地標記爲被意識（bewußt）——已表現出穿越心理學的趨向，所以我們在前一章中就已經決定（但僅只是在排斥眞正心理學之物的前提下，亦即在

B$_1$375

[38] 在A版中爲：如何理解意向行爲一般的客觀性。

[39] 在A版中爲：在「意向對象」的表達中已經具有這樣一個表達。

[40] 在A版中未加引號。

現象學的純粹性中）偏好這個意識概念，這樣，在無法避免的情況下（要想避免幾乎是不可能的）我們就必須帶著必要的謹慎來使用這種在內感知的意義上和在意向關係的意義上關於意識的說法。[41] A355

第12節　(b)行爲以及意識或自我與對象的關係

類似的情況也表現在那個**首先**提到的誤釋上，[14] 這種誤釋以爲，一方面是意識，另一方面是被意識到的實事，它們兩者是在實在的[43]意義上發生關係。人們常常不說「意識」[44]， $B_1$376

14　參閱本書第三七一頁。[42]

[41] 在A版中爲：由於我們的第一個意識概念——這個概念將屬於心理個體之實在統一的體驗，即將所有實項寓居於它之中的體驗、實項地構造它的因素都同樣地標示爲被意識（bewußt）——已表現出貫穿的趨向，所以我們在前一章中就已經決定堅持這個意識概念，這樣，在任何一個要求術語之嚴格性的情況下，我們就必須避免這種在內感知的意義上和在意向關係的意義上關於意識的說法。。

[42] 在A版中爲：第三五一頁。

[43] 在A版中爲：眞正的。

[44] 在A版中未加引號。

而說「自我」[45]。顯現在自然反思中的實際上不是個別行爲，而是作爲有關關係的一個關係點的自我，而這些關係的第二個關係點則處在對象之中。如果人們還注意到行爲體驗，那麼自我看上去必然是透過這個行爲體驗或在這個行爲體驗之中與對象發生關係，在後一種看法中人們甚至會傾向於把自我作爲本質的和始終同一的統一點附加給每一個行爲。然而，這樣我們便又回歸到在前面已經被拒絕了的看法上，即把純粹自我看作是關係中心。

但如果我們可以說是生活在有關行爲之中，如果我們沉湎於例如對一個顯現的過程的感知考察之中、或者沉湎於想象的遊戲、沉湎於閱讀一個童話、進行一個數學證明以及如此等等之中，那麼我們根本不會注意到，作爲這些被進行的行爲之關係點的自我。雖然自我表象（Ichvorstellung）「隨時準備著」尤爲輕易地突出自身，或者毋寧說「隨時準備著」以新的方式進行；但只有當它現實地被進行並且與有關行爲融爲一體時，「我們」才與對象發生關係，從而使某種可以得到描述指明的東西與自我的這種關係相符合。而描述性地處在現實體驗之中的是一個相應的複合行爲，它將自我表象作爲一個部分，將對關涉實事的各個表象、判斷、希望等等作爲第二個部分包含在自身之中。從客觀方面來看（因而也是從自然反思的立場來看），自我在每一個行爲中都意向地與一個對象有關，這當然是正確的。這甚至可以說是一種純粹的自明性，只要我們將自我僅僅看作是「意識統一」，看作是體驗的「捆

A356

[45] 在A版中未加引號。

索」，或者從經驗實在的理解和自然的理解出發，將自我看作是在意識統一中作爲體驗的個人主體而意向地構造起來的連續的事物性統一：即作爲在體驗中具有其「心理狀態」的自我，作爲進行著有關意向、有關感知、有關判斷等等的自我。如果一個關於這個或那個意向的體驗是體現性的，那麼自我當然就具有這個意向。[46]

因此，自我表象一個對象，它以表象的方式與一個對象發生關係，它具有作爲其表象客體的對象——這個命題所陳述的東西[47]與以下命題相同：在現象學的自我中，在這個具體的體驗複合體中，某個根據其種類特性被稱作「對有關對象之表象」的體驗是實項當下的。同樣，自我對對象做判斷，這個命題也就相當於：在自我中，有關帶有這樣或那樣規定性的判

B$_1$377

[46] 在A版中爲：這甚至可以說是一種純粹的自明性，只要我們將自我僅僅看作是「意識統一」，看作是體驗的「捆索」，或者最好是將自我看作是一個連續的事物性統一，這個事物性統一在屬於一個「自我」的體驗中構造起來，因爲這些體驗的種類的和因果的特殊性在規律上要求這種統一。自我這樣一種構造部分包含在這個統一之中的還有有關的意向體驗、有關的感知、判斷等等。如果一個關於這個或那個意向的體驗是體現性的，那麼自我作爲全面的整體當然就具有這個意向，正如心理事物具有那些作爲部分內容而將它構造起來的屬性一樣。如果部分與統一的整體發生關係，那麼結果就會是這樣一種擁有關係：整體「擁有」部分；因此，自我也「擁有」意向關係，這是表象著的、判斷著的自我，如此等等。

[47] 在A版中還有：完全。

斷體驗是當下的，如此等等。我們在**描述**中[48]無法回避這個與體驗自我的關係；但各個體驗自身並不處在一個包含著作爲部分體驗的自我表象之複合體中。描述是在客體化反思的基礎上進行的；在這種反思中，對自我的反思與對行爲體驗的反思連結成爲一個關係行爲，自我本身在這個行爲中顯現爲一個借助於其行爲而與行爲對象發生關係的自我。顯然，隨此而發生了一個本質描述性的變化。尤其是原初的行爲不再是簡單地在此存在了，我們不再生活於其中，而是**對它進行關注**，並且**對它進行判斷**。

因而必須遠離、並且透過這些思考來排除這樣一種誤釋，即認爲：與自我的關係是一種屬於意向體驗本身的本質組成的東西。[15]

第13節　對我們的術語的確定

根據這些批判性的準備工作，我們現在來確定我們自己的術語，我們對術語的選擇要做

15　參閱此項研究第一章的補充，前面第三六三頁［邊碼 $B_1$363］，以及參閱我的《純粹現象學與現象學哲學的觀念》第一卷上的有關章節（可以參閱該書第57節和第80節。——中譯注）。

[48]　在A版中還有：當然。

$B_1$378　A357

到，盡可能將那些有爭議的前設和有干擾的歧義始終排除在外。因此，我們將完全避免心理現象這個表達，而且，凡在需要正確性的地方，我們都使用「意向體驗」這個說法。在這裡，人們應當在前面所確定的意義上來理解「體驗」[49]。「**意向的**」這個定語所指稱的是須被劃界的體驗組所具有的共同本質特徵[50]，是**意向**的特性，是以表象[51]的方式或以某個類似的方式與一個對象之物發生的關係。作爲簡稱，我們將迎合外來的和本己的語言習慣而使用「行爲」（Akt）這個詞。

這些表達當然也不是完全無可置疑的。我們常常在對某物進行特別關注和**注意**的意義上來談論一個**意向**。然而**意向對象並非始終受到特別的注意和關注**[52]。有時是許多行爲同時當下，並且交織在一起，但注意力卻是以一種突出的方式在這些行爲中的一個行爲中「活動」。我們同時體驗到所有這些行爲，但我們卻可以說是沉湎於這一個行爲之中。無論如何，如果我們考慮到從歷史上流傳下來並且透過布倫塔諾而又經常被使用的關於意向對象的說法，那麼，在一種相關的意義上談論意向也許並非不合適，尤其是對於在注意（我們有理由不把它

[49] 在A版中還有：，即簡單地理解爲在心理個體統一中的實項的、構造的塊片或因素。

[50] 在A版中爲：種屬特徵。

[51] 在A版中爲：意指。

[52] 在A版中爲：意向對象並非始終受到特別的注意和關注。

A358

看作是一個特殊的**行爲**）[16][53] 意義上的意向來說，我們還具有「注意」（Aufmerken）這個術語。但這裡還要考慮到另一個歧義。「意向」這個表達是在瞄向（Abzielen）的形象中表象出行爲的特性，因而非常適合於那些可以順當地、易懂地被標示爲理論瞄向意圖或實踐瞄向意圖的行爲。但這個形象的說法並不同樣也適合於所有行爲；如果我們更仔細地關注在此項研究第10節中所羅列的例證，那麼我們不會看不到，必須區分關於意向的一個**較爲狹窄的**和一個**較爲寬泛的**概念。與**瞄向**的活動形象相符的是作爲相關物的**射中**（Erzielen）的活動（發射與擊中）。與此完全相同，與某些作爲「意向」的行爲（例如判斷意向、欲求意向）B$_1$379
相符合的是另一些作爲「射中」或「充實」（Erfüllungen）的行爲。因此，這個形象的說法完全適合於第一種行爲；但充實也是行爲，即也是「意向」，儘管它們（至少一般說來）不再是那個**較爲狹窄的**、**指明一個相應充實的**意義上的意向。這個歧義一旦被認識到便不再有害。不言而喻，只要涉及這個較狹窄的概念，就必須做出明確的說明。此外，「行爲特徵」這個平行的表達也可以幫助我們避開某些誤解。

至於另一方面關於**行爲**（Akt）的說法，人們在這裡不應聯想到原初的詞義「actus」A359

16 參閱本研究第19節，第四一〇頁。

[53] 在A版中爲：（我們根據以上所述不傾向於把它看作是一個特殊的**行爲**）。

（行動），**關於行動**（Betätigung）**的想法必須始終被排斥**。[17]但「行爲」這個表達在一大批心理學家的用語中是如此根深蒂固，而另一方面卻又如此被用損、並且如此清楚地脫離了它的原初意義，以至於我們——尤其是在做出這個明確的保留之後——可以無所顧忌的繼續使用它。如果我們不想引進全新的、有別於所有生動的語感和所有歷史傳統的人造語詞，那麼我們將幾乎無法避免剛才所說的那一類不利因素。

第14節　對將行爲設定爲一類在描述上被奠基的體驗之做法的疑慮

在所有這些術語性的闡釋中，我們已經相當深地進入到我們的邏輯學—認識論興趣所要求的那種描述分析之中。但在我們繼續這種描述分析之前，有必要顧及到某些涉及我們描述之基礎的指責。

17　如果納托普（《心理學引論》[54]，第二十一頁。）針對那種將心理行爲說成是意識活動或自我活動的做法指責說：「只是因爲意識常常或始終伴隨著努力，它看上去才像是一種活動，而它的主體則看上去像是活動者」，那麼我們完全贊同他的觀點。我們也拒絕「活動的神話」；我們將「行爲」不是定義爲心理活動，而是定義爲意向體驗。

[54]　在A版中爲：同上書。

$B_1$380

首先是對我們在行爲或意向體驗的標題下所描述的那一類體驗的劃界受到一組研究者的全力反駁。在這方面，布倫塔諾引入這種劃界的原初方式，他用這種劃界所想達到的目的，或許還有他所遭受的一些誤解，都造成了一些迷惑，它們使人無法看到這種劃界的極具價值的描述內涵。例如納托普便堅定地反對這種劃界。但如果這位出色的研究者指責說[18]：「儘管我可以自爲地或在與其他意識內容的關係中考察聲音，同時無須繼續顧及它對一個自我而言的此在，但我不能自爲地考察我的聽，同時卻不去想到聲音」，那麼我們在其中並不會發現有任何能使我們產生迷惑的地方。聽無法與對聲音的聽相分離，就好像聽在沒有聲音的情況下還可以是某種東西一樣；這一點是確定無疑的。但這並不是說，我們無須再區分一個雙重的東西：被聽的聲音、感知客體，以及對聲音的聽、感知行爲。納托普對被聽的聲音所做的陳述肯定是正確的：「它的爲我的此在，這就是我對它的意識。意識只能在一個爲我的內容的此在中被發現，如果有人除此之外還能以其他方式去發現意識，那麼我是不會……去仿效他的。」但我覺得，這個「一個爲我的內容的此在」是一個可以並且需要受到進一步現象學分析的實事。首先是在注意的方式中區別。內容對我來說可以根據以下情況的不同而以不同的方式此在，即：我究竟是僅僅隱含這個內容，而並不在整體中對它加以特別的突

18 納托普：《心理學引論》，第一版，第十八頁。

B$_1$381　A360

出，或是對它加以突出；再有，我究竟是[55]僅僅附帶地注意到它，還是優先地注意它，特別地關注它。對我們來說更爲重要的則是在以下兩種內容的此在之間的區別，前者是指被意識到的，但本身未成爲感知客體的感覺，後者則是指感知客體。對聲音例子的選擇稍許掩蓋了這個區別，但並未[56]取消這個區別。「我聽」，這在心理學中可以意味著，我感覺到；在通常的說法中則意味著，我感知到：我聽到小提琴的柔板、鳥兒的鳴叫，如此等等。不同的行爲可以感知同一個東西，但卻可以感覺完全不同的東西。對同一個聲音，我們這一次是在空間較近處聽到，另一次是在空間較遠處聽到。反之亦然：對同一個感覺內容，「我們」這一次做這樣的「立義」（auffassen），另一次做那樣的「立義」。[57]通常人們在關於「統覺」的學說中主要強調這樣一種狀況，即：在刺激相同的前設下，被感覺的內容並不始終是同一個，因爲，由於從以往體驗那裡遺留下來的心境（Dispositionen），在現實地爲刺激所決定的東西上面布滿了那些透過對這種心境（無論是對所有的心境，還是對一些心境）的現時化而產生的各個因素。但僅僅做此強調是遠遠不夠的，而且最主要的是，現象學的問

[55] 在A版中爲：還是。

[56] 在A版中還有：完全。

[57] 在A版中爲：不同的人可以感覺到同一個東西，但卻可以感知爲完全不同的東西。我們自己就將相同的感覺內容這一次做這樣的「釋義」（deuten），另一次做那樣的「釋義」。。

題根本不在於此。無論在意識中體現性的（被體驗的）內容如何產生，人們都可以想象，在意識中存在著相同的感覺內容，但它們受到不同的立義，換言之，在同一內容的基礎上可以有不同的對象被感知到。但是立義[58]本身永遠不能被還原爲新的感覺的湧入（Zufluß），它是一個行爲特徵，是「意識」的一種方式，是「心緒」的一種方式：我們將在這種意識方式中對感覺的體驗[59]稱作對有關對象的感知。以自然科學心理學的考察方式在自然此在的範圍內所能確定的東西，在排除了所有經驗—實在之物的情況下，爲我們產生出它的純粹現象學組成。如果我們觀看純粹的體驗及其特有的本質內涵，那麼我們便觀念地把握住純粹的種類和種類的實事狀態，在這裡是指純粹的種類：感覺、立義、感知、與其被感知之物相關的感知，以及所屬的本質關係。然後我們也可以明察到這樣一個總體性的本質事態：被感覺的內容的存在完全不同於被感知的對象的存在，後者透過前者而得到體現（präsentiert），但卻不是實項地被意識。[60]

透過對例證進行合適的更換，透過向視覺感知領域的過渡，所有這些就會變得更爲清

[58] 在A版中爲：釋義。

[59] 在A版中爲：它。

[60] 在A版中爲（一個新段落）：因此，被感覺的內容的存在完全不同於被感知的對象的此在，後者透過前者而得到體現（präsentiert），但卻不是實項地被意識。。

$B_1$382 A361

楚[61]。讓我們在這裡把下列思考擺到懷疑者們的眼前。我看到一個事物，例如：這個盒子，我看到的不是我的感覺。我看到的始終是這同一個盒子，無論它如何旋轉和翻面。我在這裡所具有的始終是這同一個「意識內容」——如果我喜歡將這個被感知的對象稱之爲意識內容的話。我隨著每一次轉動而具有一個新的意識內容，如果我在一種更爲合適的意義上將被體驗的內容稱之爲意識內容的話。因此，各種不同的內容被體驗到，但卻只有這一個對象被感知到。因此，一般說來，被體驗的內容本身並不是被感知的對象。在此必須注意，對於感知體驗的本己本質來說，對象的現實存在或不存在是無關緊要的；因而感知究竟是對這樣顯現還是那樣顯現的對象的感知，究竟是對作爲這個還是作爲那個而被意指的對象的感知，在這個問題上，對象的現實存在或不存在也是無關緊要的。此外，在被體驗內容變換的過程中，我們以爲（vermeinen）感知地把握到同一個對象，這個事實本身又屬於體驗的領域。我們體驗到「同一性意識」，即體驗到這個『以爲』把握到同一性。我現在要問，這個意識的根據何在？下面這些回答是否可以說是確切的，即：儘管在這兩方面都有不同的感覺內容被給予，但它們是在「同一個意義上」被立義、被統攝[62]，而根據此意義，這個立義是[63]一

[61] 在A版中爲：人們還會更清楚地看到這一點。

[62] 在A版中爲：被釋義（被立義、被統攝）。

[63] 在A版中未加重點號。

個**體驗特徵**，它首先構成「**對象的為我的此在**」？還有，同一性意識是在這兩方面的體驗特徵的基礎上作為這樣一種直接的意識而進行，即關於它們**所意指的是同一個東西**的意識？而這個意識又是一個在我們的定義意義上的行為，它的對象相關物處在上述同一性之中？我相信，所有這些問題都明見地要求得到肯定的回答。我認為，沒有什麼比在這裡出現的內容與行為的區別更為明見的了，更特殊地說，沒有什麼比在展示性[64]感覺意義上的感知內容與在立義性的並帶有其他各種重疊特徵的意向意義上的感知行為之間的區別更為明見的了；這種意向在與被立義的感覺的統一中構成了完整具體的感知行為。

當然，在體驗的最寬泛的描述意義上的意識內容也是意向特徵，並且同樣是完整的行為；就此而論，我們所能發現的所有區別肯定都是內容的區別。但在這個可體驗之物的最寬泛領域之內，我們相信能夠發現在兩種意向體驗之間的明見區別：在一種意向體驗中，**意向對象**[65]透過各個體驗的**內在**特徵而構造出自身，在另一種意向體驗那裡，情況則不是如此，也就是說，它們是這樣一種內容，這種內容雖然可以作為行為的基石而起作用，但**本身卻不是行為**[66]。

[64] 在A版中為：體現性。

[65] 在A版中未加重點號。

[66] 在A版中未加重點號。

A362

如果將感知與回憶[67]進行比較，並且再將這兩者與借助物理圖像（繪畫、塑像等等）或符號的表象進行比較，我們就會獲得可以進一步說明這個區別，並且可以使各種不同的行爲特徵得以相互襯托的有益例證。但最有益的例證是由表達提供的。如果我們想象，[19]例如：某些形態或阿拉伯圖形（Arabesken）首先純粹美學地作用於我們，而後我們突然領悟到，它們可能是一些象徵或文字符號。這裡的區別何在？或者我們來看這樣一種情況：某人關注地傾聽一個他完全不懂的詞，把它當作單純的聲音複合，同時絲毫不知這是一個詞；我們再比較一下這個情況：以後，當他熟悉了這個詞的含義時，他在一段對話中聽懂了這個詞，但並不帶有對這個詞的直觀化。相對於那個無思想的（gedankenleer）[69]**語音**而言，這個被理解的、但僅僅象徵性地起作用的表達所多出的部分究竟在哪裡？我們是簡單地直觀一個具體的A，還是將它立義爲「一個隨意的A」的「代表」，這裡的區別何在？在這些和無數類似

A363 $B_1$384

---

19 參閱[68]筆者〈對基礎邏輯學的心理學研究〉（簡稱爲〈心理學研究〉），載於《哲學月刊》，第三十期，一八九四年，第一八二頁。

[67] 在A版中爲：想象表象。

[68] 在A版中爲：我所引用的是。

[69] 在A版中爲：無思想的（gedankenlos）。

的情況中，行爲特徵都發生了變異。所有邏輯區別，尤其是所有範疇形式的區別都建構在[70]意向意義上的邏輯行爲之中。

在這類範例分析中表明，現代統覺學說是不充分的，它甚至忽略了對於邏輯學—認識論興趣來說至關重要的方面。它沒有正確地對待這個現象學的實事狀態，它根本沒有對這個事態進行分析和描述。然而立義的區別首先是描述性的區別；並且與認識批判者相關的唯有這些區別，而不是在無意識的心靈深處或在生理發生的領域中的某些隱蔽的和假設的過程。唯有這些區別才能受到像認識批判所預設的那種純粹現象學的、排除了所有超越性設定的把握。對我們來說，統覺就是在體驗本身之中，在它的描述內容之中相對於感覺的粗糙此在而多出的部分（Überschuß）；它是這樣一個行爲特徵，這個行爲特徵可以說是賦予感覺以靈魂（beseelt），並且是根據其本質來賦予靈魂，從而使我們可以感知到這個或那個對象之物，例如看到這棵樹、聽到這個鈴響、聞到這個花香等等。感覺以及這些對它進行「立義」或「統攝」的行爲在這裡被體驗，但它們並不對象性地顯現出來；它們沒有被看到、被聽到，沒有帶著某個「意義」被感知。另一方面，對象則顯現出來、被感知，但它們沒有被體驗。不言而喻，我們在這裡要排除相即感知（adäquate Wahrnehmung）的情況[71]。

[70] 在A版中爲：範疇形式都包含在。

[71] 在A版中爲：只須排除相即感知的極限情況。

類似的情況顯然在其他地方也有效；例如對於那些屬於素樸的和映象的（abbildend）想象[72]行爲的感覺（或者我們也可以將它稱之爲作爲立義基礎起作用的內容）[20]也有效。圖像化（verbildlichend）的立義使我們[73]不是具有一個感知顯現，而是具有一個圖像顯現，在這種顯現中，圖像地被表象的對象（在一張畫像上的半人半馬）在被體驗的感覺的基礎上顯現出來。[21]人們同時理解了，在與意向對象關係中的**表象**（感知的、回憶的、臆想的、映 A364

20 嚴格地說，感覺應當屬於感知行爲，而不屬於想象行爲。所以胡塞爾在這裡又補加了括弧中的說明，即：感覺在這裡是「作爲立義基礎起作用的內容」。這是一個較爲寬泛的表達。我們還可以做進一步的定義：作爲感知立義基礎起作用的內容是感覺；作爲想象立義基礎起作用的內容是想象材料，即：Phantasma。——中譯注

21 由於缺乏經過充分準備的現象學基礎，並且因此而缺乏清晰的概念和提問，關於感知表象和想象表象之間關係的諸多爭論不會得出眞正的結果。關於簡單感知與映象意識和符號意識的關係問題也同樣如此。我認爲可以毫無疑義地證明，**行爲特徵**在這裡是各不相同的，例如：帶有**圖像性**（Bildlichkeit）的體驗成爲一個根本

[72] 在A版中爲：想象（Phantasie）和想像一般（Imagination überhapt）。（「想象」（Phantasie）和「想像」（Imagination）在胡塞爾的術語中基本上是同義詞。——中譯注）

[73] 在A版中還有：現在。

象的、標示的對對象之意向）意味著什麼，在與實項屬於行爲的感覺的關係中的立義、釋義、統覺意味著什麼。

從這些被考察的例子來看，我認爲這也是明見的：事實上存在著本質不同的「意識方式」，即本質不同的與對象之物的意向關係的方式；在感知的情況中，在素樸「再造的」當下化情況中[75]、在通常對塑像、繪畫等等之立義意義上的圖像表象情況中，還有在符號表象和純粹邏輯學意義上的表象情況中，意向的特徵都是不同種類的特徵。每一種邏輯上不同的、在思想上表象一個對象的方式都有一個意向上的差異性與之相符合。我認爲同樣無可爭議的是，我們之所以知道所有這些區別，乃是因爲我們在個別情況中觀視到（erschauen）它們（即直接相即地把握到它們），在概念中對它們進行比較，並因此而在不同的行爲中使它們又再成爲直觀客體和思維客體。我們也隨時可以從這些被直觀到的區別中透過觀念化的抽象而相即地把握到那些在它們之中個別化的純粹種類和那些從屬的種類本質聯繫。如果納

全新的意向方式。[74]

[74] 在A版中爲：我認爲可以毫無疑義地證明，這兩方面的行爲特徵是各不相同的。一旦弄清了這一點，人們就幾乎不會決定再多此一舉地去規定一個在感覺材料與想象材料之間的本質區別。

[75] 在A版中爲：在想象表象的情況中。

A365　$B_1$386

托普反對說[22]：「毋寧說，意識的所有豐富多樣性都在它的內容之中。一個簡單感覺的意識作爲意識在種類上絲毫不能區別於一個世界的意識；意識的因素在這兩種意識中是完全相同的，區別僅僅在於內容」，——那麼我覺得，他沒有區分意識與內容的不同概念，甚至想把它們的同一性提升爲認識論原則。我們在前面已經闡明，我們自己在何種意義上主張，意識的所有雜多性都處在內容之中。在這個意義上，內容就是體驗，它實項地構造著意識；意識本身是體驗的複合。但世界永遠不再是思維者[76]的體驗。體驗是對此世界的意指，世界本身是被意指的對象。我還要明確強調，對於這個區分來說，人們如何來對待以下的問題是無關緊要的，這些問題是指：構成世界或隨意一個其他對象之客觀存在和眞實、現實的自在存在的是什麼；人們如何將客觀存在規定爲相對於主觀的被思狀態（Gedacht-sein）連同其「雜多性」的「統一性」；以及在何種意義上可以將形上學的內在存在與超越存在對立起來，如此等等。在這裡所涉及的毋寧說是一個先於所有形上學的並處在認識論的門口的區分，因此在這裡沒有什麼問題被預設爲是已回答了的，這些問題恰恰還應由認識論來回答才是。

$B_1$387

22 納托普：《心理學引論》，第十九頁。

[76] 在A版中爲：思維這個世界的人。

第15節　同一現象學[77]屬（並且尤其是感受這個屬）的體驗是否能夠一部分是行爲，一部分是非行爲

在意向體驗的種屬統一方面產生出一個新的困難。

即人們可能會懷疑，將體驗劃分爲意向體驗和非意向體驗的觀點僅只是一個外在的觀點，以至於同一些體驗或同一現象學[78]屬的體驗忽而具有與對象之物的關係，忽而又不具有這種關係。有些文獻已經對舉證這種或那種觀點的例子做了闡釋，而且還部分地闡釋了消除這些懷疑的思想，即在這樣一個有爭議的問題方面做了闡釋：意向關係的特徵是否足以劃分「心理現象」（作爲心理學的區域）。這個有爭議的問題尤其涉及感受（Gefühle）領域的某些現象。由於意向性在其他的感受那裡明顯可見，因此人們有可能會產生雙重的懷疑：或者人們也會懷疑這些感受行爲：它們是否只是非本眞地帶有意向關係，它們是否更多地是直接地和眞正地從屬於那些與它們相交織的表象；或者人們只是懷疑，意向特徵對於感受這個類別來說是否具有本質性，因爲人們承認這一類行爲具有這種特徵，但否認另一類行爲具有這種特徵。這樣，在通常被討論的那個有爭議問題與我們在這裡所提出的問題之間的聯繫便

[77] 在A版中爲：描述。

[78] 在A版中爲：描述。

得以明瞭。

我們首先要考慮，在感受這個種類的行爲中能否發現這樣一類體驗，它們本質上具有一個意向關係；然後我們要觀察，這個種類的其他體驗是否有可能缺乏這種關係。

(a) 是否存在著意向感受[79]

在我們普遍稱之爲感受的許多體驗那裡都可以清晰無疑地看到，它們確實具有一個與對象之物的意向關係。這種情況表現在例如對一段樂曲的喜愛，對一聲刺耳的口哨的厭惡等等方面。每一個快樂或不快都是對某個被表象之物的快樂或不快，它們顯而易見也是一種行爲。我們也可以不說快樂，而說對某物的喜好，對某物的愉悅，對某物的偏愛；我也可以不說不快，而說對某物的反感，對某物的厭惡等等。

否認感受之意向性的人說：感受只是心態（Zustände），不是行爲、意向[80]。每當它們與對象發生關係時，它們總要借助於與表象的複合。

A367

[79] 未列入A版的目錄。

[80] 在A版中爲：主動的意向。

後一個命題自身是無可指責的。布倫塔諾一方面維護感受的意向性，[23]另一方面自己在並不自相矛盾的情況下主張：感受與所有不是單純表象的行爲一樣，必須以表象爲基礎。[24]我們在感受方面只能與那些透過交織在一起的表象而對我們表象出來的對象發生關係。在爭執的雙方之間的差異只是表現在：其中的一方實際上是要說，感受就其自身來看不含有任何意向，它並不超出自身而指向一個被感受的對象；只是透過與一個表象的一體化（Vereinheitlichung），它才獲得與一個對象的確定關係，但這個關係只能透過**這種**與一個意向關係的連結狀況而得到規定，而且它本身不能被理解爲是一種意向關係。而對立的一方所要否認的恰恰是這一點。

在布倫塔諾看來，這裡有**兩個**意向建造在一起，奠基性的意向提供**被表象**的對象，被奠基的意向則提供**被感受**的對象；前者可以脫離後者，但後者卻不可脫離前者。而在對立的觀點看來，這裡只有**一個**意向，即表象意向。

在現象學直觀[81]中對這個實事狀態所做的關注的當下化（vergegenwärtigen）表明，人們顯然應當優先採納布倫塔諾的觀點。如果我們帶著好感朝向一個實事，或者這個實事

$B_1$389

23 布倫塔諾：《出自經驗立場的心理學》，第一卷，第一一六頁以後。

24 同上書，第一卷，第一〇七頁以後。

[81] 在A版中爲：內部經驗。

使我們感到反感，那麼我們是在表象它。但我們不只是具有表象，而後再加上感受，即再加上某個自在自爲地與此實事無關的、然後僅僅透過**聯想**[82]而被連結的東西；相反，喜歡（Gefallen）或厭惡（Mißfallen）**指向**這個被表象的對象，沒有這種指向，它們就根本不能存在。如果兩個心理體驗，例如：兩個表象，在客觀—心理學的意義上形成一個聯想關係，那麼，與對那些有可能以再造方式實現的體驗在客觀心境方面的調節（objektiven dispositionellen Regelung）相符合的就是一個在現象學上可指明的「聯想統一特徵」。除了每個表象所具有的那種與其對象的意向關係之外，我們還可以從現象學上發現一個聯繫關係（Zusammenhangsbeziehung）：一個表象，例如一個關於「那不勒斯」的表象，它會「帶有維蘇威火山」的表象，前者與後者以特殊的方式結合在一起，以至於我們就這些被表象的對象而言——這裡的根本問題在於它們如何以一種需要進一步加以描述的方式被表象——也可以說，這一個對象令我們「回想起另一個對象」（這句話現在可以被理解爲對一個現象學事件的表達）。但人們現在很容易看到，即使在這裡以某種方式也形成了一個新的意向關係，但一個聯想的環節卻並不會因此而成爲另一個聯想環節的對象。意向關係在聯想中並不會亂作一團。因此，它如何從一個被聯想的意向中爲那個自身不是意向的東西創造出對象來

[82] 在A版中未加重點號。

呢？此外很明顯，這種現象學—聯想的關係是一個非本質的關係[83]，不能將這種關係與喜歡和被喜歡之物的關係置於同一個層次之上。再造性表象在不發揮再造功能的情況下也是可能的。但一個沒有被喜歡之物的喜歡卻是不可思議的。而且，一個沒有被喜歡之物的喜歡之所以不可思議，這不僅僅是因爲我們在這裡所從事的是相關性表達；即這樣一些表達，就像我們說一個沒有原因的結果，一個沒有父親的孩子是不可思議的一樣；而且還因爲喜歡的種類本質要求這個與被喜歡之物的關係。與此完全相同，信念的因素是先天不可想象的，除非它是一個關於某物的信念。再又相同的是，沒有一個欲求（根據其種類特徵）不帶有被欲求之物，沒有一個贊同或准許不帶有某些須得到贊同或准許的東西，以及如此等等。所有這些都是意向，都是我們所說的行爲。它們的意向關係都要「歸功於」（verdanken）某些作爲其基礎的表象。但在這種「歸功」的說法中也完全正確地包含著這樣的意思，即：它們自身現在也具有那些歸功於他者的東西。

人們也看到，奠基性的表象引發（bewirken）被奠基的行爲，這種說法絕沒有正確地[84]

[83] 在A版中爲：結伴出現，那麼它們就可能達成極爲緊密的連結；但第一個表象並不會因此而成爲對第二個表象的對象的表象；無論這種連結有多麼緊密，它也不會擾亂意向關係。因此，它如何爲那個自身不是意向的東西創造出一個意向來呢？對那不勒斯的表象帶有對維蘇威火山的表象：我們說，第一個表象令我們回想起第二個表象的對象。但任何人都可以看出，這是一個外在的關係。

[84] 在A版中爲：沒有充分地。

描述這兩者之間的關係。雖然我們說，對象引起（erregen）我們的好感，正如我們在其他情況下說，一個事態引起我們的懷疑，迫使我們贊同，激起我們的欲望等等。但這些虛假的[85]因果性[86]的各種結果，即被引起的好感、被引起的懷疑或贊同，自身完完全全地具有意向關係。這並不是一種外在的因果關係，按照這種關係，結果作爲它在自身被考察過程中之所是，即使在無原因的情況下也仍然可以想象，或者，原因的成就乃是在於，某個可以自爲存在的東西被附加了進來。

更仔細地考慮一下便可以得出，在這裡以及在任何地方將意向關係看作因果關係，也就是說，將一個經驗的、實體—因果的必然性聯繫強加於意向關係，這都是一種悖謬。因爲意向客體，即被理解爲「引發者（bewirkendes）」的那個客體，在這裡只能是意向客體，但卻不可能是在我之外現實存在並實在地、心理物理地規定著我的心理生活的東西。我在一個圖像中或在想象中所表像表象出的一場半人半馬之戰同樣可以像現實的秀麗風景一樣「引起」我的美感，而如果我將現實的風景也心理物理地理解爲在我心靈中被引起的這個狀

[85] 在A版中爲：顯現的。

[86] 在A版中還有一個注腳：這當然不是指，這裡有一個因果性「被內感知」。在這些情況中確實顯現出一個因果性，它在這些情況中就是意向客體。但在這些情況中和在其他情況中一樣，都包含著這樣一個事實：這個意向之物是一個現實被給予之物，這個顯現是相即的直觀。

態的實在原因，那麼這個「因果性」就完全不同於這樣一種因果性，即：我將這個被看見的風景——恰恰借助於這種顯現方式，恰恰借助於它的「圖像」的這種顯現顏色或形式——因果地看作是我的愜意（Wohlgefallen）的「源泉」、「根據」、「原因」。愜意狀況（Wohlgefälligsein）或愜意感覺（Wohlgefallenempfinden）並不「從屬於」作為物理實在、作為物理原因的風景，而是在與此有關的行為意識中從屬於作為*這樣或那樣顯現*著的、也可能是這樣或那樣被判斷的、或令人回想起這個或那個東西等等之類的風景；它作為這樣一種風景而「要求」、而「喚起」這一類感受。

(b) 是否存在著非意向感受。對感受感覺與感受行為的區分

現在，進一步的問題在於，除了那些意向體驗的感受種類以外，是否還存在著其他不是意向體驗的感受種類。初看起來，我們對這個問題也必須以一個自明的是（Ja）來加以回答。在所謂感性感受的寬泛領域中無法找到意向的特徵。如果我們被灼，那麼感性的疼痛顯然不能與一個信念、猜測、意願等等置於同一個層次上，而應當與粗糙或光滑、紅或藍這樣一些感覺內容相提並論。如果我們再現這種疼痛或某些感性快樂（如一朵玫瑰的香味、一道菜的鮮味等等），那麼我們也會發現，這些感性感受與從屬於這些或那些感官領域的感覺融合在一起，完全就像感覺自身相互融合一樣。

自然，每一個感性感受，如灼熱的疼痛與被灼，都與對象之物有關；一方面與自我有

A370　$B_1$392

關，更確切地說，與被灼的身體部位有關，另一方面則與灼熱的客體有關。但在這裡又再表現出與其他感覺的同形性（Gleichförmigkeit）。例如觸覺也同樣關係到接觸的身體部位與被接觸的異體。儘管這種關係是在意向體驗中進行的，人們卻不會想把這些感覺本身標示爲意向體驗。這裡的事態毋寧說是這樣的：感覺在這裡是作爲感知行爲的展示性（darstellend）[87]內容而發揮作用，或者（這種說法可能會造成誤解），感覺在這裡經歷了有關對象性的「立義」或「釋義」。因此，它們自己不是行爲，但行爲是用它們構造起來的，即當感知立義這一類的意向特徵占據了它們，可以說是賦予它們以靈魂時。正是以這種方式，只要這種灼熱的、紮刺的、鑽心的疼痛從一開始就與某些觸覺融合在一起，它似乎就必須被看作是感覺；無論如何，它看上去是以其他感覺的方式在起作用，即作爲一個經驗的、對象性的立義[88]的起點。

對此當然是無可指責的，因此人們會認爲，這個被提出的問題已經解決。似乎已經證明，一部分感受可以被劃歸爲意向體驗，另一部分感覺應當被劃歸爲非意向體驗。

然而這裡還會有這樣的懷疑產生：這兩方面的「感受」說法的確屬於一個屬。我們在前面談到喜歡或不喜歡、允許或不允許、重視或[89]低估這樣一些感受——這是一些明見地與贊

---

[87] 在A版中爲：體現（präsentierend）。

[88] 在A版中爲：釋義。

[89] 在A版中爲：與。

同和拒絕、認爲可能和認爲不可能這樣一些理論行爲，或與深思熟慮的判斷決定和意志決定等等相近的體驗。人們不可能將那種痛感和快感納入到這個僅僅包含著行爲的屬的明確本質性之中；它們毋寧說在描述上，在其種類本質方面與那些觸覺、味覺、嗅覺同屬一類。它們至多只是展示性[90]內容或意向客體，而本身不是意向，在這裡表明了一個如此根本的和描述性的區別，它使我們根本不可能再去嚴肅地考慮堅持一個眞正的屬的統一的說法。誠然，在前面所說的行爲和這裡所說的感覺這兩方面都同樣有關於「感受」的說法。但這個情況並不會使我們產生懷疑，正如在涉及觸覺時，通常有關在觸摸意義上的感受活動（Fühlen）不會使我們產生誤會一樣。

布倫塔諾就已經在闡釋有關感受的意向性問題時指出了這裡所討論的歧義性。[25]他將——儘管不是用這些表達，但根據其意義上是如此——疼感與快感[「感受感覺」（Gefühlsempfindung）[91]]區別於在感受意義上的痛苦和愉悅。前者的內容——或者我乾

[25] 同上書，第一卷，第一一一頁。

[90] 在A版中爲：統一之中：它們毋寧說在描述上與那些觸覺、味覺、嗅覺同屬一類。它們至多只是體現性。

[91] 在A版中未加引號。

A371 $B_1$394

脆說，前者[26]——被他看作是（在他的術語中）「物理現象」，後者則被他看作是「心理現象」，因而它們屬於本質不同的更高屬。這個觀點在我看來是完全確切的，我只是懷疑，感受這個詞的主導含義趨向是否在於那種感受感覺，而且那些被稱之爲感受的雜多行爲是否是由於那些本質上與它們交織在一起的感受感覺才獲得了這個名稱。當然，人們不能把術語的合適與否的問題與布倫塔諾之劃分的正確與否的問題混爲一談。

在分析所有感受感覺與感受行爲的複合體時，人們也必須始終關注並充分利用這個區分。所以，例如對一個幸運事件的喜悅（Freude）肯定是一個行爲。但這個行爲不是一個單純的意向特徵，而且[92]是一個具體的和本身（eo ipso）複合的體驗，它在其統一中不僅包含著對可喜之事的表象和與此相關的喜歡（Gefallen）的行爲特徵；而且還有一個快感與表象相連結，這種快感一方面被立義爲和定位爲（lokalisiert）感受著的心理物理主體之感受引動（Gefühlsregung），另一方面被立義爲和定位爲客觀的特性：這個幸運的事件看上去像是有美妙的微光在閃爍[93]。這個以此方式而帶有愉快色彩的事件本身現在才是喜悅的朝向、

A372

$B_1$395

26 我在這裡一如既往地將疼感等同於疼感的「內容」，因爲我根本不承認有特有的感覺行爲。顯而易見，我不能贊同布倫塔諾的這個學說，即表象這個屬的行爲以感受感覺的形式成爲感受行爲的基礎。

[92] 在A版中爲：但卻。

[93] 在A版中還有：，愉快則顯現爲是附在這事件上的東西。

喜歡、欣喜以及人們所說的其他這類狀況的基礎。同樣，一個悲傷的事件也不僅僅根據它的事物性內涵和聯繫，根據那些自在和自爲地作爲事件而從屬於它的東西被表象；相反，它看上去帶有悲傷的[94]色彩。經驗自我所涉及的（作爲心中的痛苦）和定位的同一類不快感（Unlustempfindung）在對事件的特定感受立義[95]中與經驗自我本身發生關係。這個關係是純粹表象的關係；只有在敵意的厭惡、主動的不喜歡等等之中才存在著一個本質上新的意向形式。建基於快感和痛覺之上的行爲特徵喪失時，快感和痛覺仍可以持續。當引起快樂的事實退而爲次時，當它們不再被立義爲是帶有感受色彩的時，甚或根本不再是意向客體時，快樂的引起（Lusterregung）卻仍然還能持續更長的時間[96]；它有可能自己被感覺爲是愜意的（wohlgefällig）；它不是作爲一個在對象上被喜歡的特性之代表而起作用，而是僅僅與感受著的主體相關，或者自己就是一個被表象的和被喜歡的客體。

在欲求和意願的領域中也可以做類似的闡釋。[27]如果人們發現，這裡的困難在於，似乎

27　這裡需要指出，施瓦茲在《意願心理學》（萊比錫，一九〇〇年）的第12節中也探討了類似的問題，這些探討可以用來參照，並且也許可以用來補充。

[94]　在A版中還有：主觀。

[95]　在A版中爲：對此事件的朝向。

[96]　在A版中爲：當我們已不再朝向引起快樂的事實時，快樂的引起則還在持續。

A373

並非每一個欲求都要求一個與被欲求之物的有意識聯繫，因爲我們常常活動於一些含糊的要求與渴望之中，而且追求的是一個未得到表象的終極目標；而且尤其是如果人們指明那些自然本能的廣泛領域，這些本能至少在原初時缺乏有意識的目標表象，那麼我們會回答說：或者在這裡僅只存在著欲求感覺（我們可以根據類比來談論欲求感覺，但不必主張，這種感覺屬於一個本質上新的感覺屬），即存在著那種確實缺乏意向關係並因此而在屬上有異於意向欲求的本質特徵的體驗。或者我們說：這裡所涉及的雖然是意向體驗，但卻是被刻畫爲具有不確定朝向的意向[97]的體驗，在這裡，對象朝向的「不確定性」不具有匱乏（Privation）的含義，而是必然標示著一個描述性的特徵，亦即一個表象特徵。所以，當「某物」在動，當「它」簌簌作響（「es」raschelt），當「有人」摁鈴以及如此等等時，我們所進行的表象，亦即那個先於所有陳述和所有動詞表達而進行的表象，也是一個帶有不確定朝向的表象；而這個「不確定性」在這裡屬於這樣一些意向的本質，這些意向的確定性恰恰在於，表象一個不確定的「某物」。

當然，有可能是這種觀點適合於一些情況，而另一種觀點則適合於另一些情況，因此我們在這裡也不會承認在意向的與非意向的欲望或欲求之間的屬共同體（Gattungsgemeinschaft）關係，而只承認它們之間的模稜兩可（Äquivokation）的關係。

B$_1$396

[97] 在A版中爲：是一些作爲不確定朝向的意向而構造起來的體驗。

還應注意的是，我們的分類說法朝向具體的複合體，而且這些單位的整體特徵可以時而顯現爲受到感覺因素（例如快樂感和欲望感）的規定，時而顯現爲受到以它們爲依據的行爲意向的規定。據此，表達在其形成過程中和在其被使用的過程中時而以感覺內容爲依據，時而則以行爲意向爲依據，這樣便爲那些可疑的模稜兩可狀況提供了契機。

補充。這種觀點帶有這樣一種自明的趨向，即：**將所有強度區別都在第一性的和本真的意義上都看作是奠基性感覺的強度區別**；而只有在行為的具體整體特徵一同受到它們的感覺基礎之強度區別的規定時，才在第二性的意義上將這些強度區別看作是具體行為的強度區別。**行為意向**、即那些不獨立的因素，它們賦予行為以其作為行為的本質特性，並且將行為分類描述為判斷、感受等等——這些行為意向自身是**無強度的**。但這裡還需要有深入的分析。

第16節　描述內容與意向內容的區分

我們已經針對那些指責而確立了我們對行爲本質的理解，並且承認它們的本質屬統一在於意向特徵之中（在唯一描述性意義上的被意識性）。在此之後，我們要引入一個重要的現

$B_1$397　A374

象學區分。根據至此為止的闡釋，這個區分很容易得到理解；它就是對行為的**實項**[98]內容和行為的**意向**內容的區分。[28]

我們將一個行為的實項[99]現象學內涵理解為這個行為的無論具體還是抽象的部分的整體概念，換言之，實項地建造著（aufbauend）[100]這個行為所具有的部分體驗的總體概念。闡

---

28 在本書的第一版中為「實項或**現象學**內容」。事實上，「現象學的」這個詞與「描述的」這個詞一樣，在本書的第一版中所**意指的**都僅僅與實項的體驗組成有關，並且在這一版中至此為止也主要是在這個意義上被使用。這與心理學觀點的自然出發點相符合。但是，在對已進行的各項研究的再次深思中以及在對被探討的實事的更深入考慮中——尤其是從這裡開始——，有一個問題會變得敏感起來，並且還會愈來愈敏感，即：對意向的對象性本身（就像它在具體的行為體驗中被意識到的那樣被理解）的描述展示了另一個描述的方向，即純粹直觀地和相應地進行的描述的方向，這個方向不同於對實項的行為組成的描述方向，並且這種描述也必須被標示為現象學的描述。如果人們遵循這些方法的暗示，那麼，這裡得以突破的問題領域就會得到必然的和重要的擴展，而且，透過對描述層次的完全有意識的劃分，我們就會獲得長足的進步。參閱我的《純粹現象學與現象學哲學的觀念》第一卷（尤其是在第三篇中關於意向活動與意向對象的闡述）。

---

[98] 在A版中還有：或**現象學的**（描述心理學的）。

[99] 在A版中為：或。

[100] 在A版中為：構造著（konstituierend）。

明和描述這些部分，這是在經驗觀點中進行的純粹描述心理學分析的任務。這種分析的目的完全就在於，對內部經驗到的[101]自在自為的體驗進行剖析，一如它們在經驗[102]中實項地被給予的那樣，而且同時不去顧及那些發生的（genetisch）聯繫，也不去顧及它在自身之外可能意味著什麼，以及它可能對什麼有效。對一個被發出的語音構成的純粹描述心理學[103]分析會發現語音和語音的抽象部分或統一形式，它不會發現像聲音振動、聽覺器官等等這一類東西；另一方面也不會發現使此語音構成成為名稱的那個觀念意義，更不會發現透過這個名稱而可能被指稱的那個個人。這個例子已經足夠[104]清楚地表明我們所關注的東西。我們當然只有透過這種描述的[105]分析才能知道行為的實項[106]內容。在這裡，由於直觀的不完全的清晰性以及描述性觀念的不完全合適性，簡言之，由於方法的缺陷，我們可以用福爾克特的話來說，所有「虛構的感覺」都可能一同出現，這是無可否認的。但這只涉及在個別情況中的有

A375 B₁398

[101] 在A版中為：感知到的。
[102] 在A版中為：感知。
[103] 在A版中為：現象學。
[104] 在A版中為：可以。
[105] 在A版中為：現象學的。
[106] 在A版中為：現象學。

關描述分析的可靠性。如果確有明見無疑的東西存在，那麼它就是：意向體驗包含著可區分的部分與方面，這裡的關鍵僅在於此。

但是，現在讓我們將心理學—經驗科學的觀點轉變為現象學—觀念科學的觀點。我們排除所有經驗科學的統覺和此在設定，我們根據其純粹的體驗組成來接受被內部經驗到的東西或以其他方式被內部直觀到的東西（如單純想象），並且將它們當作觀念化的單純實例性基礎；我們從它之中直觀出觀念一般的本質和本質聯繫——即在總體性的各個層次上的觀念體驗種類和觀念有效的本質認識，它們對於有關種類的觀念可能體驗來說具有先天的和絕對普遍的有效性。這樣，我們獲得純粹的（在這裡是朝向實項組成的）現象學明察，它的描述是一種完全觀念科學的明察，並且是純粹明察，不帶有任何「經驗」，即對實在此在的共同設定（Mitsetzung）。每當我們以簡略的方式只說對體驗的實項的（以及現象學的）分析與描述，我們都必須注意：在闡述中與心理學的東西所發生的連結僅只是一個中間階段，從那些屬於心理學的經驗—實在觀點和此在設定中（例如：從那些作為在一個實在的時—空世界中體驗著的動物實在「狀態」的體驗中）不會有任何東西繼續發揮效用，一言以蔽之，我們所指的和所要求的始終是純粹現象學的本質有效性。

在實項意義上[107]的內容是對最普遍的、在所有領域中都有效的內容概念在意向體驗上的

[107] 在A版中為（未分新段落，直接緊跟前一段落）：在這種實項意義上。

素樸運用。如果我們將實項內容與意向內容對置起來，[29]那麼意向內容這個詞已經暗示，它所涉及的是意向體驗（或行爲）本身的特性。但在這裡有不同的概念呈現出來，它們全都建基於行爲的種類[108]本性之中，能夠以並且也常常已經以相同的方式在「意向內容」的現象學標題下被意指。我們首先必須區分意向內容的三個概念：行爲的意向對象，它的意向質料（與它的意向質性相對），最後是它的意向本質。我們將在以下一系列極爲一般的（對於認識的本質澄清這個較爲有限的目的來說也是不可或缺的）分析中了解這些區別。[109]

29 「實在的」（real）聽起來要比「意向的」更好，但它絕然帶有事物性超越的思想，而這個思想恰恰是應當透過向實項體驗內在的還原而被排除。我們最好還是有意識地將那種事物性關係劃歸給「實在的」這個詞。

[108] 在A版中未加重點號。

[109] 在A版中爲：我們必須區分意向內容的三個概念：行爲的意向對象，它的質料（與它的質性相對），最後是它的意向本質。我們將在以下一系列極爲普遍的、對於認識澄清這個較爲有限的目的來說也是不可或缺的分析中了解這些區別。

第17節　在意向對象意義上的意向內容

意向內容的第一概念不需要繁瑣的準備。它與意向對象有關，如果我們例如表象一間房屋，那麼它便與恰恰這間房屋有關。我們在前面已經闡述過，一般說來，意向對象並不屬於實項內容，並且毋寧說，意向對象完全不同於實項內容。這不僅對那些朝向「外部」事物的行爲有效，而且也部分地對那些與本己在場的（präsent）體驗有意向關聯的行爲有效：例如：當我在談及我的現時當下、但屬於意識背景的體驗時。只有當意向確實朝向那個在意向行爲本身中被體驗到的東西時，例如：在相即[110]感知的行爲中[111]，局部的相合才會出現。

在這個被理解爲行爲對象的意向內容方面可以做如下區分：一方面是那個如其被意指的對象（Gegenstand, so wie er intendiert ist），另一方面就是那個被意指的絕然對象（schlechthin der Gegenstand, welcher intendiert ist）。在任何一個行爲中都有一個對象「被表象」爲這樣或那樣確定了的對象，而且正是作爲這樣的對象，它在可能的情況下是變換不定的意向目標，即判斷的、感受的、欲求的意向等等的目標。但是，對於行爲本身的實項組成來說外在的[112]（現實的或可能的）認識聯繫現在可以透過它們匯合爲一個意向統一的

A376
B$_{I}$400

[110] 在A版中爲：內（相即）。

[111] 在A版中還有：；因此，每當一個現象學的個別分析確實達到其目的時。

[112] 在A版中爲：對於行爲本身來說完全陌生的。

$B_1$401 A377

方式而賦予這個同一地被表象的對象以客觀屬性，這些屬性與眼前這個行爲的意向根本沒有關係，或者說，有可能會產生出多種新的表象，所有這些表象恰恰根據這個客觀的認識統一而能夠提出這樣的要求，即：它們表象的是同一個對象。於是，在所有這些表象之中，被意指的對象都是同一個，但在每一個表象之中，意向都是不同的，每一個意向都以不同的方式意指這個對象。所以，對「德國皇帝」的表象將它的對象表象爲皇帝，並且表象爲德國的皇帝。而這個皇帝是弗里德里希三世大帝的兒子和維克多利亞女王的孫子，以及其他許多東西，它們在這裡都是未被指稱的和未被表象的特性。據此，人們在涉及一個被給予的表象時完全可以前後一貫地談論它的對象的意向內容與意向以外的內容；但在這裡也可以找到一些不帶有特殊術語的合適而明晰的表達，如對象的被意指之物（das Intendierte vom Gegenstand）[113]等等。

與這裡所討論的區分相關聯的還有另一個更爲重要的區分，即在**對象性**（Gegenständlichkeit）與**對象**（Gegenstände）之間的區分，前者受到**一個完整的行爲的朝向**，後者則受到**各種不同的、構成這個行爲的部分行爲的朝向**。每一個行爲都意向地關係到一個從屬於它的對象性。這一點既對簡單行爲有效，也對複合行爲有效。**即使一個行爲是由部分行爲複合而成的**[114]**，只要它是一個行爲，那麼它就會在一個對象性中具有其相關**

[113] 在A版中爲：在對象上的被意指之物（das Intendierte am Gegenstand）。

[114] 在A版中未加重點號。

物。正是關於這個對象性，我們在完整的[115]和第一性的意義上陳述說，這個行爲與此對象性有關。部分行爲（如果它們的確不僅僅是行爲的部分，而且是作爲部分寓居於複合行爲之中的行爲）也與對象有關；這些對象一般不等同於整個行爲的對象，儘管它們有時可以等同。當然，人們以某種方式也可以對整個行爲陳述說，它與這些對象發生關係，但這只是在一種第二性的意義上有效；這個完整的行爲是由那些第一性的意指這些對象的行爲所構成；僅僅在這個意義上，它的意向才同樣地指向這些對象。或者，從另一方面來看，這些對象協助構造出這個完整行爲的本眞對象，即以它被意指的方式；僅僅在這個意義上，它們才同樣是這個完整行爲的對象。這些對象大體上是作爲各個關係的關係點而起作用，這個第一性的對象正是借助於這些關係而被表象爲相關的關係點。例如：與「桌上的餐刀」這個名稱相符的行爲顯然是一個複合行爲。整個行爲的對象是一把餐刀，一個部分行爲的對象是一張桌子。但只要整個行爲所意指的恰恰是一把在桌子上存在著的餐刀，也就是說，只要這把餐刀是在與桌子的這種狀態關係中被表象，人們也就可以在第二性的意義上說，桌子是這個稱謂的整體行爲的意向對象。爲了說明另一類重要的事例，我們再來看「餐刀躺在桌子上」這個命題。在這裡，儘管餐刀是被判斷或被陳述的對象；但它仍然不是第一性的對象，即不是完整判斷的對象，而只是判斷主體的對象。與整個判斷相符的是作爲充分完整對象的被判斷的實事狀

[115] 在A版中未加重點號。

$B_1$402
A378

態，它作爲同一的東西可以在一個單純表象中被表象，在一個期望中被期望，在一個問題中被提問，在一個懷疑中被懷疑，以及如此等等。就後一種情況而言，儘管這個與判斷相一致的期望「餐刀應當躺在桌子上」與餐刀有關，但我在這個期望中所期望的不是餐刀，而是餐刀躺在桌子上，是實事的這種狀態。而這個實事狀態顯然不能混同於有關的判斷，更不能混同於對此判斷的表象——我所期望的根本不是這個判斷或任何一個表象。同樣，相應的問題與餐刀有關，但被提問的不是餐刀（這根本沒有意義），而是餐刀在桌子上的躺的狀態；被提問的是：是否是這種狀態。

關於意向內容之說法的第一個意義就暫時談這些。考慮到這個說法的多義性，我們最好是在所有意指意向對象的情況中都不說意向內容，而只說相關行爲的意向對象。

第18節　簡單的與複合的行爲、奠基性的與被奠基的行爲

我們至此爲止，只了解了關於意向內容之說法的一個含義。這個說法的其他含義將會在以下的研究中展現給我們。在這些研究中，我們將要關注行爲的現象學本質[116]的幾個重要特性，並且要澄清那些建基於它們之中的觀念統一。

[116] 在A版中爲：內容。

我們接著剛才已經接觸到的在簡單行爲與複合行爲之間的區別來進行我們的研究。任何一個由諸多行爲複合而成的統一體驗並不會因此就已經是一個**複合行爲**，正如並非任何一個對各個機器的任意連結都是一個複合機器一樣。我們可以透過比較來說明：這裡還需要什麼。一個複合機器是一個由諸多機器複合而成的機器，並且這種聯合在於，這個整體機器的功能是一個整體功能，它包含著部分機器的功能。複合行爲的情況也與此相似。每一個部分行爲都具有它的特殊意向關係，每一個行爲都具有它的統一對象和它與此對象的關係方式。但這些雜多的部分行爲組合成一個整體行爲，它的整體功能就在於這個意向關係的統一性。而個別行爲透過它們的個別功能也在對此發揮作用；被表象的對象性的統一以及與它相關的意向關係的整個方式並非與部分行爲**相並列**地構造起來，而是在它們之中並以聯合它們的方式構造起來，透過這種聯合而得以成立的不僅是一個體驗的統一性，而且是一個統一的**行爲**。如果部分行爲不以它們的方式表象它們的對象，整體行爲的對象也就不能像它事實上所顯現的那樣顯現：這些部分行爲應當在整體之中發揮作用，無論它們所表象的[117]是這個總體對象的部分，還是與這個對象相關的外在關係環節，還是它的關係形式等等。這同樣也適用於那些行爲因素，它們超出這種表象活動而構成部分行爲的[118]質性的東西（Qualitative）

$B_1$404
A380

[117] 在A版中爲：所展示的。

[118] 在A版中還有：可以說是。

以及它與整體行爲之質性的統一，並且因此而規定著這些和那些對象性「被接受到意識之中」的各種不同方式。

我們可以舉斷言的或假言的謂語陳述爲例。整體行爲在這裡明確地劃分爲部分行爲。斷言[119]陳述的主語環節是一個奠基性的行爲（主語設定），在這個行爲上建立起謂語設定，對謂語的肯定或否定。同樣，假言陳述的前設是在被明確劃界的部分行爲中構成的，結論的相對設定便建基於這些部分行爲之上。而各個整體體驗在這裡顯然是一個行爲，它是一個判斷，帶有一個整體對象性，即帶有一個實事狀態。正如判斷不與主語行爲和謂語行爲、前設行爲和結果行爲相並列，也不處在它們之間，而是在它們之中作爲持之以恆的統一一樣，在被判斷的實事狀態的相關方面是客觀的統一，它作爲在這裡所顯現的東西而由主語和謂語所構成。由被前設的東西以及據此而被設定的東西所構成。

情況還可能更爲複雜。在這樣一個多環節行爲（此外，這個行爲的環節本身有可能[120]再次被劃分）的基礎上還可以建造起一個新的行爲，例如：在對一個實事狀態的覺察的基礎上建立起一個喜悅，它因此而是對這個實事狀態的喜悅。這個喜悅不是一個自爲的具體行爲，而且這個判斷也不是一個並列存在的行爲，相反，這個判斷對於喜悅來說是一個奠基性

[119] 在A版中爲：關係。
[120] 在A版中爲：常常會。

的行爲，它規定著喜悅的內容，它實現著喜悅的抽象可能：因爲沒有這個奠基，喜悅就根本不能存在。[30]判斷又可以進行奠基，無論是爲猜測，還是爲懷疑、提問、期望、意願行爲等等奠基；反之亦然，後一類行爲也可以作爲奠基出現。因此，存在著雜多的組合，行爲在這種組合中匯合成整體行爲；哪怕是最倉促的觀察也可以得出，這些行爲是透過基礎性的和使它們有可能具體化的[121]行爲而進行相互交織，或者說，相互奠基，在這種交織方式或奠基方式中存在著奇特的區別，它們需要受到系統的研究（哪怕是描述心理學的研究），但這種研究至今爲止幾乎還沒有開始的跡象。

第19節　在複合行爲中注意力的作用。以語音與意義之間的現象學關係爲例

$B_1$405 A381

我們可以透過一個例子來說明在這方面的差異性究竟有多大。我們對這個例子的興趣並不亞於前面所分析的那些例子，我指的是那個已經考慮過的[31]表達與意義的整體。這個例子

30 因而這裡所說的是在我們本書第三研究的嚴格意義上的奠基，我們只能在這種嚴格性中使用這個術語。

31 本書第一研究，第9節和第10節。

[121] 在A版中爲：建造它們的。

還將說明一個進一步的觀察結果，這個觀察結果是任何人都可以注意到的，即：組合起來的各個行爲是主動地發揮作用的，在這種主動性方面可以說是能夠產生極爲重大的區別。在一般情況下，那個包含著所有部分行爲之統一並將它們納入自身之中的行爲特徵——無論這裡所涉及的是一個特有的行爲意向，像是喜悅，還是一個貫穿在所有部分之中的統一形式——將會展開最大的主動性。我們首先生活在這個行爲之中，也生活在從屬性的行爲中，但卻只是根據它們對於整體行爲及其意向所具有的作用含義的標準才生活在這些行爲中。我們剛才曾談到作用中的含義區別，這種說法本身顯然只是以另一種方式表達了對有關方式的某種偏好，這種方式有利於一些部分行爲而不利於其他的部分行爲。

現在讓我們來觀察這個已被預告的例子。它所涉及的是一些行爲與另一些完全不同的行爲的統一；在前一種行爲中，一個表達作爲感性的語音而[122]被接受、被構造，而在後一種行爲中所構造的則是含義；這樣一種結合顯然在本質上不同於後一種行爲與它們在其中透過直觀而得到或貼近或疏遠之充實的行爲的統一。並且，不僅是在連結的方式上存在著本質的差異，而且一種行爲與另一種行爲在被進行時所帶有的主動性也各不相同。例如表達會被感知到，但「我們的興趣並不生活在」[123]這種感知之中；如果我們不分心的話，我們不會去注意

[122] 在A版中爲：物理地。

[123] 在A版中未加引號。

標示（Zeichen），而毋寧會去注意被標示之物（das Bezeichnete）[124]；因而，起主導作用的主動性應當屬於賦予意義的行爲。那些進行闡明或解釋、或起著其他作用的直觀行爲，有可能伴隨著這些賦予意義的行爲，並一同被織入到整體行爲的統一之中，這些直觀行爲在不同的程度上利用著這個主導「興趣」[125]。這些行爲可以占據主導地位，例如在感知判斷和具有相似構造的圖像性判斷中便是如此，在那裡我們只想表達我們生活於其中的那個感知或想象；或者在明見無疑的規律判斷中也同樣如此；它們更可以退讓並且最後顯現爲是完全附帶性的，例如：在對主導思想的不完整的、甚或完全非本眞的直觀化[126]的情況中，這時，它們便只是一些幾乎不帶有任何興趣的倉促的想象材料。（但人們在極端的情況下會懷疑：那些伴隨著的直觀表象[127]是否還屬於表達行爲的統一，或者，它們是否只是伴隨者，與有關行爲共存，但並不與它們連結成有關行爲。）

對在表達方面的實事狀態進行盡可能的澄清，這對我們來說具有特別的價値，正因爲此，我們想對幾個要點做進一步的闡釋。

[124] 在A版中爲：意義。
[125] 在A版中未加引號。
[126] 在A版中爲：圖像化。
[127] 在A版中爲：圖像表象。

$B_1$407 表達與意義是在某些行爲中展示給我們的兩個客觀統一。表達自身，例如：被書寫的語詞，正如我們在本書第一研究中所闡述的那樣，[32]是一個和在紙上的任意筆劃或墨跡相同的物理客體；因此，它與任何其他的物理客體一樣，是在同一個意義上「被給予」我們，即是說，它顯現；而它顯現，這裡的意思就相當於：某個行爲是體驗，在其中這個和那個感覺體驗以某種方式「被統攝」。與此相關的行爲當然是感知表象或想象表象；在它們之中，表達在物理的意義上構造出自身。[128]

A383 但如我們所知，使表達成爲表達的東西是與它相連結的行爲。這些行爲並非是外在地與表達相並列，好像只是與它同時地被意識到，毋寧說它們與表達是一體的，並且是如此地一體，以至於我們很難不承認，這種對一些行爲和另一些行爲的連結（因爲在表達這個標題下面，我們以輕鬆而隨便的方式所指的當然是那個表象著[129]這個表達的行爲統一）確實產生出一個*統一的整體*行爲。所以，例如一個陳述、一個斷言是一個嚴格統一的體驗，而且我們喜歡直截了當地說，是判斷這個屬的體驗。我們在我們之中所找到的並不是一批行爲，而是一

32 本書第一研究，第10節，第四十頁［即 B_1 40］。

[128] 在A版中還有：這些行爲對於表達來說是非本質性的，因爲它們同樣也可以在非—表達那裡出現。

[129] 在A版中爲：展示著。

個行爲，在這個行爲上我們似乎劃分出一個身體的方面和一個精神的方面。同樣，一個表達性的願望不是表達與願望的單純並列（此外並不再加上[130]一個對願望的判斷——這當然是有爭議的），而是一個整體，一個行爲；而我們恰恰將它稱作願望。即使物理表達、語音在這個統一中被看作是非本質的，而它也的確是非本質的，因爲隨意的一個其他語音都可以取代它並發揮同樣的作用；它甚至可以完全消失掉。但一旦它在此並作爲語音而發揮作用，它便會與附加的行爲融合爲一個行爲。同樣肯定的是，這裡的這個聯繫在某種程度上是一個完全非本質的[131]聯繫，因爲表達本身，即顯現的語音（客觀的文字符號等等）不應被看作是這個在整體行爲中被意指的對象性組成部分，並且根本不應被看作是某種「在實事上」屬於這個對象性、以某種方式規定著這個對象性的東西。因此，語音構造行爲對整體行爲——例如對這個斷言——所做的貢獻在特徵上完全不同於另一種貢獻，即不同於奠基性行爲根據前面所討論的例子、即那些屬於在完整的謂語陳述中的謂語環節的部分行爲所做的貢獻。但另一方面我們無須否認，在所有這些情況中都存在著某個在語詞與實事之間的意向聯繫。例如：透過語詞對實事的指稱，語詞又以某種方式顯現爲是與實事相一致的，是一種屬於實事的東西，只是它當然不會顯現爲是實事的部分或實事的規定性。因此，這種實事的無關係性並不

[130] 在A版中爲：以及在兩者之間的。

[131] 在A版中爲：外在的。

A384　B₁408

排斥一個確定的意向統一，這種統一與那種連結是相符的，這個連結是指相應的各個行爲連結成一個唯一的、作爲相關物的行爲。[132]爲了證實這一點，我們還可以回憶一下那個難以消除的偏好，即誇大語詞與實事之間的統一，並且強加給它一個客觀的特徵，甚至是以一種神祕統一的形式。[33]

在這個被連結的行爲中，即在這個包含著表達顯現（Ausdruckserscheinung）和給予意義的行爲中，從本質上規定著整體行爲特徵的顯然是後一種行爲，或在它們本身之中主宰的行爲統一。據此，我們用同一個名稱來指稱表達性的體驗和相應的非表達性體驗：判斷、願

33 對這裡所討論的行爲組合的更深入分析之嘗試可以參閱本書第六研究，第6節和以後各節。

[132] 在A版中爲：因此，動詞行爲對整個行爲，如對這個斷言，所做的貢獻完全不同於另一種貢獻，即不同於奠基性行爲根據前面所討論的例子，即那些屬於在完整的謂語陳述中的謂語環節的部分行爲所做的貢獻。但另一方面我們無須否認，在所有這些情況中都留存著某種在語詞與實事之間的現象聯繫。例如：透過語詞對實事的指稱，語詞又以某種方式承擔實事，*它以某種方式又顯現爲是與實事相一致的，一種附在實事上的東西，只是當然不會顯現爲是實事的部分或實事的規定性。因此，實事的無關係性並不排斥某種現象的統一，這種統一指向一種連結，即相應的各個行爲連結成一個唯一的、作爲相關物的行爲。*參閱埃德曼：《邏輯學》，第一卷，第二〇五頁。

望以及其他等等。所以，在這個組合中，這一類行爲以特有的方式占據支配地位。對此我們常常這樣來表達：如果我們正常地進行一個表達**本身**，那麼[133]「我們」並不「生活在」那些將表達作爲物理客體而構造出來的行爲之中；我們的「興趣」並不屬於這個客體，毋寧說，我們是生活在那些給予意義的行爲中，我們明確地「朝向」[134]這個在它們之中顯現的對象之物，我們的目標就在於它，我們在特別的、**確切的**意義上意指它。我們也指明，對物理表達的特別朝向也是可能的，但這種朝向會從本質上[135]改變這個體驗的特徵：它恰恰已經不再是一個在正常詞義上的表達活動了。

我們在這裡所涉及的顯然是一個普遍的、儘管做了所有的努力仍然未得到充分澄清的事實，即**注意力**的事實。[34]在這裡，對正確認識的最大妨礙肯定就在於對這個狀況的誤識：**注意力是一種突出作用，它屬於在前面精確規定了的「意向」體驗意義上的行爲**；所以，只要人們仍然將那種在意識中一個內容之素樸此在意義上的被體驗狀況（Erlebtsein）混同於意

34 在本書第二研究中（第22節，第一六〇頁以後），我們在對流行的抽象理論進行批判時已經遇到過這個事實。

[133] 在A版中爲：由於一個表達**本身**在發揮作用，因此。
[134] 在A版中未加引號。
[135] 在A版中爲：完全。

向的對象性，那麼對注意力的描述理解也就無從談起。行爲[136]必須在此存在，這樣我們才能夠在它們之中「生活」，在可能的情況下「融入到」它們的進行之中[137]，而且當我們（在需要得到進一步描述的各種進行樣式中）這樣做的同時，我們關注這些行爲的對象，我們附帶地或首要地朝向這些對象，在可能的情況下以這些對象爲探討的課題。前者和後者所指的同一件事，只是從不同的方面被表達出來而已。

與此相反，人們卻這樣來談論注意力，就好像它是對各個被體驗到的內容的偏好性突出樣式的一個標題[138]。人們同時還這樣說，就好像這些內容（各個體驗本身）就是我們通常所說的被我們注意到的東西。我們當然不否認對被體驗內容的注意的可能性，但每當我們注意到被體驗的內容時，它們恰恰都是一個（「內部」[139]）感知的對象，而感知在這裡並不是在意識聯繫中內容的單純此在，而毋寧是一個行爲，在這個行爲中內容對我們來說成爲對象性的。所以這完全是某些行爲的意向對象，並且只是我們所注意和能夠注意的意向對象。與此相一致的那些通常的說法，對這種說法所進行的哪怕最短促的反思也能夠爲我們提供有關的

[136] 在A版中未加重點號。

[137] 在A版中爲：「融入到」它們的進行之中，在它們之中「生活」。

[138] 在A版中爲：對各個被體驗到的內容以及可以對隨意的這樣一些內容的一種偏好性突出。

[139] 在A版中未加引號。

情況。根據這些情況，注意力的各個對象就是——內部的和外在的——[140]感知、回憶、期待的對象，或者也是一個科學思考的實事狀態，以及如此等等。確然，只有當我們「在意識中具有」我們所注意到的那些東西時，我們才能談及注意力。那些不是「意識內容」的東西，也就不能被注意，不能被關注，不能成爲意識的課題。這是不言自明的，但現在「意識內容」這個詞的歧義性便是危險的。這種不言自明性絕不意味著，注意力的方向必然是一個朝向在體驗意義上的意識內容的方向，就好像事物以及其他那些不是體驗的實在對象或觀念對象也不能被注意一樣[141]；相反，這意味著，首先必須有某個基礎性的行爲，在這個行爲中，我們所應關注的東西在最寬泛的詞義上對我們成爲對象，或者說，被表象給我們。這種表象可以是一個非直觀性的[142]表象，也可以是一個直觀性的表象，它可以是一個不相即的表象，也可以是一個相即的表象。另一方面當然要考慮，當我們「生活在一個行爲之中」並且首要地或附帶地朝向它的對象，在可能的情況下「特殊地探討」它們時，這個行爲相對於其他同

A386

[140] 在A版中未加破折號。

[141] 在A版中爲：確然，只有當我們的「意識」「朝向」我們所注意的那些東西時，我們才能談及注意力。但這種不言自明性並不意味著，注意力是一種行爲，它必然朝向並且必然能夠朝向意識內容（體驗）；B版的這段文字的最後一句中也不能在第三版中被改爲不能也。第四版又再與B版相符合。

[142] 在A版中爲：象徵性的。

時的行爲所受到的**偏好是否本身應當被看作是一個行爲**[143]，這個行爲因此而使所有占優勢的行爲都確然地成爲複合行爲；或者，在注意力的標題下所涉及的毋寧說只是（在其特有的殊相中還有待進一步描述的）行爲的**進行樣式**（Vollzugsmodi）——情況無疑正是如此。

但我們在這裡並不想貫徹一門注意力的「理論」，而只想闡述注意力作爲行爲特徵的突出性要素而在複合行爲中所發揮的重要作用，透過這種作用，注意力在本質上影響著這些複合行爲的現象學構形（Gestaltung）。

第20節　一個行爲的質性與質料之間的區別

我們剛才所探討的是在這兩種行爲之間的區別，一種是我們生活於其中的行爲，另一種是並列進行的行爲。在與此完全不同的方向上還存在著一個極爲重要的、並且首先是完全自明的區別[144]，即在行爲的普遍特徵與行爲的「內容」[145]之間的區別，前者隨情況的不同而將行爲標示爲單純表象的或判斷的、感受的、欲求的等等行爲，後者將行爲標示

[143] 在A版中爲：並且「特殊地探討」它的對象時，這個行爲相對於其他同時的行爲所受到的**偏好**是否本身應當被看作是一個**行爲**。

[144] 在A版中爲：比這個區別更爲重要的還有另一個、並且首先是完全自明的區別。

[145] 在A版中未加引號。

$B_1$411

爲對**這個**被表象之物的表象，對**這個**被判斷之物的判斷[146]等等。所以，例如「2×2＝4」和「易卜生被看作是在戲劇藝術中現代現實主義的主要創始人」這兩個斷言都具有一種斷言的質性（qualifiziert），每一個斷言都具有斷言[147]的質性。我們把這個共同之處稱作**判斷質性**（Urteilsqualität）。但這一個判斷是對這一個「內容」的判斷，那一個判斷則是對那一個「內容」的判斷；爲了有別於其他的內容概念，我們在這裡要說**判斷質料**（Urteilsmaterie）。我們在所有行爲那裡都要進行這種在「質性」和「質料」之間的相似區分。

質料這個標題所涉及的不是對行爲各個組成部分，如主語行爲、謂語行爲等等的劃分和聚合性的再統一。根據這種統一而形成的是這個行爲本身的統一整體內容。[148]我們在這裡所關注的是完全不同的東西。質料意義上的內容是具體行爲體驗的一個成分，這個成分可以爲這些行爲體驗以及完全不同質性的行爲所共同具有。因此，如果我們提出一系列同一性，在這些同一性中，質性發生變換，而質料則始終保持同一，這時，質料便會最清楚地表現出來。對此無須多做解釋。我們回想一下這個常見的說法：**同一個**內容這一次可以是一個單純

$B_1$412　A387

---

[146] 在A版中爲：**這個**表象、**這個**判斷。

[147] 在A版中爲：判斷。

[148] 在A版中還有：但。

表象的內容，另一次則可以是一個判斷的內容，在其他的情況中又可以是一個問題、一個懷疑、一個願望等等的內容。如果有誰表象「火星上存在著智性生物」，那麼他所表象的東西與陳述「火星上存在著智性生物」的人所陳述的，與提問「火星上存在著智性生物？」的人所提問的，以及與期望「願火星上存在著智性生物！」的人等等所期望的是同一個東西。我們在這裡十分謹慎而明確地列出這些完全相應的表達。在行爲質性不同情況下的「內容」相同性在語法上得到了鮮明的突出，這樣，語法構成的和諧便可以扼要地說明我們的分析方向。

因此，在這裡叫做同一個內容的東西是什麼呢？在不同的行爲中的意向對象性顯然是同一個。同一個實事狀態在表象中被表象，在判斷中被設定爲有效的，在願望中被期望，在問題中被提問。但這個說明還不能使我們得出透過以下的思考而確定的東西。對於實項現象學的考察來說，對象性本身什麼也不是；一般說來，它是超越於行爲的。**無論在何種意義上，以何種權利談論對象性的「存在」，無論對象性是實在的還是觀念的，無論它是眞實的、可能的還是不可能的，行爲都「朝向對象性」**。[149]如果人們要問，一個行爲中的不存在者或超越者根本就不在這個行爲中，卻可以被看作是意向對象，這一點如何理解，那麼對此的回答只能是那個我們在前面已經給出的，而且事實上也是足夠充分的回答：對象是意向

[149] 在A版中未加重點號。

A388

的對象，這意味著，一個行爲在此存在，它帶有確定地被描述的意向，在這個確定性中的意向恰恰構成了被我們稱作對這個對象之意向的東西。與這個對象的關係是一個屬於行爲體驗的本己本質組成的[150]特性，而表明這種特性的行爲體驗（根據定義）就叫做意向體驗或行爲。[35] **所有在對象性關係方式中的區別都是有關意向體驗的描述性區別**。

然而現在首先需要注意，在行爲的現象學本質中所宣示出來的特性，即：這個行爲與**某些**對象性發生關係，與另一些則不發生關係，這個特性並不能窮盡行爲的全部現象學本質。我們剛才談到對象性關係方式中的區別。但在這種方式中聚合著各種根本不同的和完全相互獨立變更的區別。一些區別涉及**行爲質性**；諸如當我們談及這樣一些區別時，根據這些區別，對象性時而以被表象的對象性的方式，時而是以被判斷、被提問的對象性的方式等等而是意向的。與這種變更相交錯的是另一種完全獨立於它的變更，即對象性關係的變更；這一個行爲可以與這個對象之物發生關係，另一個行爲可以與那一個對象之物發生關係，而在此同時，這些行爲是具有相同的質性還是具有不同的質性，這是無關緊要的：**任何一個質性**

35 參閱這一章結尾部分的附錄，第四二二頁以後[151]。

[150] 在A版中爲：可體驗的。

[151] 在A版中爲：第三九六頁以後。

A389　B₁413

都可以與任何一個對象性關係相組合。這第二個變更因而關係到**在行爲的現象學內容中的第二個方面，一個不同於質性的方面**。

這後一個變更涉及對對象之物的變換不定的朝向，但人們恰恰不習慣於將此說成是不同的「對象關係方式」，儘管方向上的區別必定是被包含在行爲本身之中的。

只要再做進一步的觀察，我們便馬上可以看到，這裡把握到另**一個獨立於質性的變更可能性**，這個變更可能性也與對象之物的不同關係方式有關；與此同時，我們注意到，剛才所進行的那種雙重變更並不完全勝任這樣一項工作，即：將那些被我們定義爲質料的東西清楚地區別於質性。根據這種變更，我們需要在一個行爲上做兩方面的劃分：質性——它將這個行爲標示爲例如表象或判斷——以及質料——它賦予這個行爲以對對象之物的確定朝向，例如使表象所表象的恰恰是這個東西，而不是其他對象。這無疑是正確的，但在某些方面卻會引起誤解。初看起來，人們會傾向於對這個事態做如此簡單的解釋：質料是在行爲上的這樣一種東西，它賦予行爲以恰恰是對這個對象，而非對另一個對象的朝向，——因此，這個行爲是透過它的質性特徵和透過它的應當意指的對象而得到單義的規定。正是這種誤認的自明性會表明自身是錯誤的。事實上顯而易見的是，**即使我們同時確定質性和對象性方向，仍然可能產生某些變更**。兩個同一的、例如都帶有表象質性的行爲可以顯現爲，而且是明見地顯現爲朝向同一個對象之物，而這兩個行爲在其完整的意向本質方面卻無須一致。例如：對「等邊三角形」的表象與「等角三角形」的表象在內容上不同，但它們卻明見無疑地朝向同一個對象。它們表象同一個對象，但卻「以不同的方式」。類似的情況也適用於這樣一些

$B_1$414

表象，如「a+b的長度」與「b+a的長度」；而且不言而喻，也適用於這樣一些陳述，這些陳述只是在這些「等值的」表達上有所區別，**除此之**外在含義方面則是同一的。在對其他一些等值的陳述的比較中同樣可以看到這種情況，例如：「將會有雨」和「天要下雨」。但只要我們列舉以下一系列行爲：判斷「今天要下雨」、猜測「今天也許會下雨」、提問「今天會下雨嗎？」、願望「但願今天會下雨！」等等，那麼它們便示範性地證明，**同一**性的可能性不僅表現在對象性關係方面，而且也表現在**這個從新的意義上被理解的對象性關係方式方面**，因而這是一個不受行爲質性所指定的方式。

質性只是確定了，那個**以特定方式**已「被表象出來的東西」（「vorstellig Gemachte」）是否作爲被期望之物、被提問之物、被判斷之物、被設定之物等等而意向地當下。據此，「質料」必須被我們看作是那個在行爲中賦予行爲以與對象之物的關係的東西，而這個關係是**一個具有如此確定性的**關係，以至於透過這個質料，**不僅行爲所意指的對象之物一般得到了牢固的確定，而且行爲意指這個對象之物的方式也得到了牢固的確定**。[152][36]我們還可以更清楚地說，質料是包含在行爲的現象學內容之中的行爲特性，這個特

A390
$B_1$415

---

36 可惜有關確定性和不確定性的說法不可避免地帶有多義性，這種多義性是有害的。當人們例如談到感知表象

[152] 在A版中未加重點號。

性不僅確定了，行爲對各個對象性進行立義（auffassen），而且也確定了，行爲將這些對象性立義爲**何物**[153]，它在自身中將哪些特徵、關係、範疇形式[154]附加給這些對象性。行爲的質料決定了，對象被行爲看作是這個而不是那個對象，它在某種程度上就是那個爲質性奠基的（但無視那些質性區別的）**對象性立義**的意義（或簡稱爲「立義意義」）。相同的質料永遠不可能給出一個不同的對象關係；但不同的質料卻能夠給出一個相同的對象關係。後者已經透過前面的例子而得到表明，即：那些等值的、但非同語反復的表達的區別如何涉及這個質料。當然，與這些區別相符合的並不是對這個質料的可能分片（Zerstücken），就好像一個塊片（Stück）與一個相同對象相符合，另一個塊片則與對它的不同表象方式相符合一

的不確定性時，那麼這裡便包含著，這個被感知的對象的背面雖然一同被意指，但卻是相對「不確定地」被意指，而清楚地被看見的前面則「確定地」顯現出來；或者，當人們談到在「局部」陳述中，如在「一個A是B」，「幾個A是B」的判斷中的不確定性——相對於在一個單個陳述，如在「這個A_0是B」中的確定性而言——時，那麼很明顯，這種確定性和不確定性與在這裡的正文中所說的確定性和不確定性具有完全不同的意義——後者屬於可能質料的特殊性，這在後面還會更清楚地表現出來。

[153] 在A版中爲：確定了，行爲將各個對象性立義爲**何物**。

[154] 在A版中爲：形式、關係。

樣。顯然，先天的對象關係只有作爲對象關係的確定方式才是可能的；它只有在一個完全確定的質料中才能成立。

我們還要附加一個說明：**行爲質性無疑是行爲的一個抽象因素**，這個抽象因素如果脫離開任何質料就絕對無法想象。或者，難道我們應當例如將這樣一個體驗認作是可能的，它是一個判斷質性，但卻不是對一個確定質料的判斷？這樣的話，判斷也就喪失了它明見地作爲本質特徵而擁有的那個意向體驗的特徵。

類似的情況也適用於質料。人們也無法想象一個既非表象質料，也非判斷質料以及其他等等的質料。

從現在開始，我們必須注意關於「對象的關係方式（Weise der gegenständlichen Beziehung）」之說法的雙重意義。根據前面所進行的考察，這種關係方式時而與質性的差異性有關，時而與質料的差異性有關；我們將會透過一些合適的、兼顧到質性和質料這兩個術語的措辭來對付這個雙重意義。以後我們將會看到，這個說法還具有其他的重要含義。[37]

37　參閱本書第二部分，第六研究，第27節中對這些含義的列舉。

第21節　意向本質與含義本質

我們眼前想推遲對這些有關的和相當困難的問題的進一步研究，立即轉向對一個新的區分的探討；在這個區分中我們又可以獲得一個關於行爲的「**意向內容**」的新概念，這個概念有別於行爲的完全描述性的內容。

在每一個行爲的描述性內容中，我們已將質性和質料作爲兩個相互要求的因素區分開來。如果我們再將這兩者聚合在一起，那麼初看上去我們似乎以此便可使這個相關的行爲復原。然而在進一步的觀察中我們會得出另一種觀點，即：**這兩個因素在達成統一時並不能構成具體完整的行爲**[155]。事實上，即使兩個行爲在質性方面和在質料方面相互相同，它們也仍然有可能在描述上相互不同。只要我們現在（正如我們將要聽到的那樣）必須將質性和質料看作是一個行爲的完全本質性的並因此而永遠不可或缺的組成部分，那麼合適的做法便是將這兩者的統一（它只構成完整行爲的一個部分）標示爲行爲的「意向本質」。在我們堅持這個術語以及堅持與它相關的對事態之理解的同時，我們還要引進第二個術語。即：只要涉及那些在表達時作爲或可以作爲含義賦予的行爲而起作用的行爲——我們以後再研究，是否所有行爲都能作爲這種行爲起作用——，我們就應尤爲特別地談及行爲的「合乎含義的

[155] 在A版中未加重點號。

A392　$B_1$417

（bedeutungsmäßig）本質」。透過對這個本質的觀念化抽象，在我們觀念意義上的含義便產生出來。

爲了論證我們的這個概念規定的合理性，我們首先可以指明以下一系列新的認同。我們通常在好的意義上說，一個個體在不同的時間，或者說，幾個個體，無論在同一時間還是在不同的時間，可以具有*同一個*表象、回憶、期待，可以進行*同一個*感知、陳述*同一個*斷言、抱有*同一個*願望、*同一個*希望等等。[38]

具有同一個表象，這雖然也意味著，表象同一個對象，但前者所意味著的東西並不等同於後者所意味著的東西。我對格陵蘭的冰天雪地的表象肯定不同於南森[39]對它們的表象；但對象卻是同一個。同樣，「直線」和「最短線」這兩個觀念對象是同一的，但對它們的表象（在對直線定義適當的情況下）卻是不同的。

此外，關於同一個表象或同一個判斷等等說法並不是指行爲的個體同一性，就好像我的意識在某種程度上是與另一個意識生長在一起一樣。這種說法同樣不是指完全相同的狀態，即在行爲的所有內部構造物方面的不可區分性，就好像這一個行爲僅僅是另一個行爲的

B$_1$418　A393

38 必須始終注意到，這些示範性舉證所具有的任何經驗心理學成分在對現象學本質區別的觀念把握過程中都是不重要的，並且都被排斥在外。

39 南森（Fridtj of Nansen, 1864-1930），著名的挪威探險家。一八八八年首次橫越格陵蘭。著有《格陵蘭橫越記》等書。——中譯注

複製品一樣。如果我們具有諸多表象，在這些表象中，實事不只是普遍地被表象給我們，而且是作爲恰恰這同一個實事被表象給我們，按照前面的闡述也就是說：在同一個「立義意義」[156]上，或根據同一個質料被表象給我們，那麼我們所具有的是關於一個面的這同一個表象。這樣一來，儘管還存在著其他現象學差異，我們在「本質」中所具有的實際上還是這同一個表象。如果我們考慮一下表象對更高行爲所具有的奠基作用，那麼這樣一種本質同一性的含義便會最清楚地表現出來。因爲我們也可以將**這個**[157]本質同一性等值地稱之爲：如果在兩個表象中的任何一個表象的基礎上，並且純粹自爲地看（即分析地看），可以對被表象的實事做出完全同一而非不同的陳述，那麼這兩個表象在本質上便是同一個表象。其他類型行爲的情況也與此相似。如果關於一個被判斷的實事狀態的一切在這一個判斷看來（純粹根據判斷內容本身）都是有效的，並且這一切對另一個判斷來說也必然有效，那麼這兩個判斷在本質上便是同一個判斷。它們的眞值顯然是同一的，因爲「這個」判斷、作爲判斷質性和判斷質料之統一的這個意向本質是同一的。

我們現在也要弄清：**意向本質並沒有在現象學上窮盡行爲**。以一個具有單純臆想（Einbildung）之質性的想象表象爲例：當那些一同構造著它的感性內容的充盈和生動性

A394　$B_1$419

[156] 在A版中未加引號。

[157] 在A版中未加重點號。

發生增加或減少時，或者就對象來說：當對象時而較爲清晰明白地[158]顯現出來，時而又陷入到朦朧模糊之中，失去其色彩，以及如此等等時；這個想象表象在以上所考察的方面的變化是**非本質**的。無論人們在這裡是否設定強度變化，無論人們原則上是否否認在這裡所出現的感性想象材料與在感知中的感覺材料的相同性[159]，既然只有行爲的意向保持不變，或者說，行爲的**意指**保持不變，那麼這裡的關鍵也就不會在於絕對的質性、形式等等。在臆想性的（fingierend）想象顯現所發生的所有這些在現象學上如此重大的變化過程中，對象本身可以始終作爲同一個不變的、帶有同樣規定性的對象站立在我們的意識面前（質料的同一性），然後我們不是將變化歸諸於這個對象，而是歸諸於「顯現」（Erscheinung），我們將這個對象「**意指爲**」恆定持久的；而且我們是以單純臆想（Fiktion）的方式來這樣意指它（質性的同一性）。相反，在對一個將自身給定爲是變化的對象（雖然存在著貫穿的同一形式，在意向對象中與這個形式相符合的是「自身」變化的對象同一性）的統一表象過程中，質料會發生變換；如果在一個不變地被意識的對象方面，有一些新的特徵進入到立義之中，這些特徵先前還不屬於對象的意向內容，不屬於這個表象對象本身，那麼類似的情況也

[158] 在A版中還有：形象地。

[159] 在A版中爲：感覺與在感知中的感覺的相同性。

會表現出來。[160]

感知的情況也並無二異。當我們共同進行「這同一個」感知或只是「重複」已進行的感知時，它所涉及的只是質料的同一統一，因此也是意向本質的同一統一，它絕不排斥在體驗的描述性內涵中的變換。這同樣也適用於想象在感知上，或者說在被感知之物的表象化上所具有或所能具有的那個變換部分[161]。關於這個在我面前的菸盒的背面的想象表象[162]究竟是否會在我之中活躍起來，它在充盈、持續性、生動性等等方面是否是這樣或那樣的狀況：這些都無礙於感知的本質內容（立義意義），也就是說，無礙於在感知上的這樣一種東西，這種東西（如果理解適當）可以解釋，相對於許多在現象學上相異的感知行為而言的同一個感

[160] 在A版中為：對象本身可以始終作為同一個對象站立在我們的意識面前（質料的同一性），我們不是將變化歸諸於這個對象，而是歸諸於圖像顯現（Bilderscheinung），我們將這個對象意指為恆定持久的；而且我們是以單純臆想（Einbildung）的方式來這樣意指它（質性的同一性）。當然，這需要有一個前提，即：有關的表象恰恰想要將一個恆定的對象形象化（verbildlichen）。但如果它的目的在於一個變化的對象，那麼這個表象就會在一條表象流中隨著相應變更的表象意向而展開；這樣，我們在有關恆定之物的表象方面所說的東西，也適用於這個流動的表象。

[161] 在A版中為：這一點已經從想象在感知上所具有或所能具有的那個變換部分中清楚地表現出來。

[162] 在A版中為：展示。

知，這種說法爲什麼是完全合理的。在所有這些方面，對象都以預設的方式是作爲帶有同一些規定性的同一個對象而被感知的，即以感知的方式「被意指」或「被立義」和被設定。

此外，只要一個想象表象以想象的方式（imaginativ）將對象或實事狀態立義爲這樣一個東西，而一個感知以感知的方式（perzeptiv）將這個表象或實事狀態立義爲「恰恰是同一個東西」，那麼這個感知也可以與這個想象表象一起共有這個質料，這樣，如果那個想象表象沒有在客觀上爲這個對象或實事狀態附加任何東西，那麼這個感知也不會附加任何東西給它。由於表象現在也同樣具有質性（回憶），所以我們已經看到，直觀行爲的種類區別並不受意向本質的規定。

類似的情況當然適用於任何一種行爲。幾個人抱有同一個願望，如果他們的願望意向是同一個。也許在一個人那裡，這個願望是明晰的，而在另一個人那裡則不是；在一個人那裡，這個願望在奠基性的表象內涵方面是直觀清楚的，而在另一個人那裡則或多或少是非直觀性的，如此等等。無論在何種情況下，這個「本質之物」的同一性都顯然在於前面所區分的兩個因素，即在於同一的行爲質性和質料。因此，我們爲那些明晰的、尤其是**含義賦予**的**行爲**所要求的是同一個東西，並且是如此要求，即：如我們事先已經陳述過的那樣，它們的**合乎含義之**物，即在它們之中構成觀念含義之實項現象學相關物的東西，與它們的意向本質恰好是相同的。

爲了證實我們對合乎含義的本質（具體的意指）的理解，我們回想一下那些被我們用來

$B_1$421

劃分含義統一和對象性統一的同一性系列，[40]並且回想一下那些常常被我們用來說明我們關於意向本質之普遍理解的明晰體驗的例子。「這個」判斷或「這個」陳述的同一性在於同一的含義，這個同一的含義恰恰作爲同一個東西而在雜多的個別行爲中重複出現，而且它在這些行爲中是由合乎含義的本質來代表的。在行爲的其他組成部分方面還存在著極爲重要的描述性區別，對此我們已經做了詳細的闡述。[41]

[163]

第11節與第20節的附錄[165]對「圖像論」和關於行爲的「內在」對象之學說的批判

在對行爲與主體之間的關係進行現象學解釋的過程中，人們必須防止兩個基本的和無法根除的錯誤：

A396

40　參閱本書第一研究，第12節，第四十七－四十八頁。

41　參閱本書第一研究，第17節和第30節，第九十六頁以後[164]。

[163]　在A版中無注腳，而是：（第四十六頁以後）。

[164]　在A版中爲：第九十七頁以後。

[165]　未列入A版的目錄。

一、人們必須防止**圖像論**（Bildertheorie）的錯誤。這種理論認爲，它只要說：事物本身是「在外面」，或者至少在一定的情況下是如此，而在意識之中的是一個作爲事物之代表的圖像，這樣它便充分地澄清了（在每一個行爲中都包含的）表象事實。[166]

相反，人們必須注意到，這種觀點完全忽略了最重要的一點，即：我們在圖像表象中**根據**顯現的「圖像客體」（Bildobjekt）[167]所**意指的是被映象**（abgebildet）的客體（「圖像主題」（Bildsujet）[168]）。但現在作爲圖像而起作用的客體的圖像性顯然不是內部的特徵（不是「實在的謂語」），就好像一個客體，例如：一個紅色的和球形的客體，也是圖像性的一樣。因此，我們如何能夠超越出在意識中唯一被給予的圖像，並且將它作爲圖像而與某個外在於意識的客體聯繫起來呢？僅僅指明圖像和實事之間的相似性是不夠的。至少在實事確實存在的情況下，這種相似性作爲一個客觀事實無疑是現存的。但對於一個被預設爲只具有這個圖像的意識來說，[42]這個事實完全就是無；因此，它不能幫助我們澄清這個與其外在客 $B_1$422

42 我們暫時還是採用這個說法。確切地看，這是一個非本眞的、在圖像論中被解釋過的說法；這種解釋由於是本眞的解釋，所以也是錯誤的解釋。

[166] 在A版中還有一個連結號，未分新段落。
[167] 在A版中未加引號。
[168] 在A版中未加引號。

體（圖像主題）的表象性關係的本質，更確切地說，這個映象化（abbildlichen）[169]關係的本質。無論兩個對象之間的相似性有多大，它都不會使一個對象成爲另一個對象的圖像。只有透過一個表象自我[170]所具有的能力，即：將這個相似之物用來作爲一個相似之物的圖像代表，直觀當下地僅僅具有這一個相似之物，但卻不意指它而去意指另一個相似之物——只有透過這種能力，這個圖像才完全成爲圖像。但這裡所包含的只能是：圖像本身是在一個特別的意向意識中構造自身，而且這個行爲的**內部**[171]特徵、這個「統覺方式」的**種類**[172]特性，不僅構成了被我們稱作圖像表象的東西，而且還根據特殊的並且同樣是內部的規定性而造出被我們稱作對這個或那個**確定**客體之圖像表象的東西。這種反思的和關係的說法將圖像客體與圖像主題對立起來，但這種說法所指明的並不是兩個在這個想象行爲本身之中現實顯現的客體，而是可能的和在新的行爲中進行著的[173]認識聯繫，在這些**聯繫**之中，圖像意向得到充實，並且圖像和被當下化的實事之間的綜合也隨之而得到實現。關於內部圖像（相對於外在

[169] 在A版中爲：想象性。
[170] 在A版中爲：生物。
[171] 在A版中未加重點號。
[172] 在A版中爲：內部。
[173] 在A版中爲：的表象性。

對象）的粗糙說法在描述心理學中（更在純粹現象學中）不應得到容忍。繪畫對於一個構造圖像的意識來說只是一個圖像，也就是說，這個意識只是透過它的（在這裡是奠基於感知之中的）想象性的（imaginativ）統覺才賦予一個原本地和感知地顯現給它的客體以一個圖像的「有效性」和「含義」。如果立義據此而已經將一個意向地被給予意識的客體預設爲圖像，那麼這顯然就會導致一個無窮後退（unendlichen Regreß），即：使這個客體本身得以構造並且是一再地透過一個圖像而被構造，也就是說，就一個素樸的感知而言認真地談論一個寓居於它之中的「感知圖像」，感知借助於這個圖像而與「實事本身」發生關係。另一方面，人們在這裡無論如何必須學會明察：在任何情況下都需要對一個表象對象的某種「構造」，即對意識而言的、並且在意識之中的「構造」、在意識的本己本質內涵之中的「構造」；因此，一個對象對於意識來說是其所以是被表象的，這並非是因爲，一個與超越的實事本身以某種方式相似的「內容」就存在於意識之中（確切地看，這純粹是一種悖謬），而是因爲，意識與它的對象性的所有關係都作爲與一個「超越的」實事的關係而包含在、並且原則上也只能包含在意識自身的現象學本質之中。如果這裡所涉及的一個素樸的表象，那麼這種與「超越的」實事的關係便是一個「直接的」關係；如果這裡所涉及的是一個被奠基的表象，例如一個映象性的表象，那麼這種關係便是間接的關係。

據此，人們不能這樣說和這樣想，就好像這個所謂的「圖像」與意識的關係就相當於這個圖像與放置這個圖像的房間的關係一樣，就好像用兩個客體之相互包容的基本事實（Substruktion）就可以做出說明一樣。人們必須上升到這樣一個基本的明察上：唯有透過一種對相應行爲的現象學的本質分析，我們才能獲得這裡所期望的那種理解，這些行爲在這裡所指的是在舊的和極爲寬泛意義上的「想像」（Imagination）行爲體驗（康德[43]和休謨的想象力）；而且首先是要上升到這樣一個明察上：這些行爲的（先天）本質特殊性就在於，在它們之中「顯現出一個客體」，並且時而是素樸地、直接地顯現，時而又如此顯現，以至於這個客體不「被視爲是」自爲的，而「被視爲是」對一個與它相似的客體的「圖像性當下化」。而後，在這裡不應忽視的是，這個代現性的（repräsentierend）圖像客體與所有顯現的客體相同，它本身又是在一個（首先爲圖像性特徵奠基的）行爲中構造起來的。 $B_1$424

這個闡述在經過必要修正後（mutatis mutandis）顯然可以引申地運用於在較寬泛的符號論意義上的代現論上。符號存在也不是一個實在的謂語，它同樣也需要一個奠基性的行爲意識，需要回溯到某些新的行爲特徵上，這些行爲特徵是在現象學上唯一決定性的東西，而且就這個謂語而言，是唯一實項現象學的東西。

此外，所有這些「理論」都被這樣一個指責所言中，即：它們根本無視那些爲數眾多的具有本質區別的表象方式之充盈，這些表象方式可以在直觀表象和空泛表象這兩個種類之內透過純粹現象學的分析而得到指明。

二、如果人們對「單純內在的」或「意向的」對象這一方面以及與它們可能相符的「現

43　在這裡尤其要參閱康德的《純粹理性批判》，A 120（正文與注釋）。

實」的和「超越的」對象另一方面進行實項的區分，那麼，即使人們將這個區別解釋爲是一個在意識中實項地現存的符號或圖像與被標示或被映象的實事之間的區別；或者，即使人們以隨意的其他方式將某個實項的意識材料，甚至將那種在賦予含義因素的意義上的內容強加給這個「內在」對象，這都將是一個重大的錯誤。這種延續了許多世紀的錯誤（人們可以想一下安瑟倫的本體論證明）之所以產生的原因雖然也在於實際的困難，但它們的支撐點卻在於有關內在性之說法以及其他類似說法的歧義性。[174]只要人們對此做出陳述，那麼任何人

[174] 在A版中爲：正如繪畫對於一個有素質的觀眾來說只是圖像，他是透過他的（在這裡是奠基於一個感知之中的）想象性統覺才賦予它以一個圖像的有效性或含義：所以，想象圖像也只是在想象表象中的圖像，即借助於想象表象的特殊意向特徵。

據此，人們不能這樣說和這樣想，就好像這個想象圖像與意識的關係就相當於這個圖像與放置這個圖像的房間的關係一樣，就好像用兩個客體的相互包容就可以解決一切，甚至可以做出任何解釋一樣。人們必須上升到這樣一個基本的明察上：想象的行爲特徵是一個絕對無法還原的現象學事實，它的唯一特殊性在於，在它之中「顯現出一個客體」，並且是如此顯現，以至於這個客體不被看作是自爲的，而被看作是對一個與它相似的客體的「圖像性當下化」。在這裡也不應忽視的是，這個代現性的（repräsentierend）圖像客體與所有顯現的客體相同，它本身又是在一個（首先爲圖像性特徵奠基的）行爲中構造起來的。

這個闡述在經過適當修正後（mutatis mutandis）顯然引申地運用於在較寬泛的符號論意義上的代現論上。符號存在也不是一個實在的謂語，它同樣也需要一個奠基性的行爲意識，需要回溯到某些新的行爲特徵上，這

A398

都會承認：表象的意向對象與表象的現實對象以及在可能情況下的外在對象是「同一個」，而且對這兩者進行區分是一件悖謬的事情。如果超越的對象不是表象的意向對象，那麼這個超越的對象就根本不是這個表象的對象。而且顯而易見，這只是一個分析定理。表象的對象、「意向」的對象，這就是並且也就意味著被表象的、意向的[175]對象。如果我表象一個上帝或一個天使、[176]一個自在的智性存在或一個物理事物或一個圓的四角形等等，那麼這個在這裡被指稱的和超越的東西恰恰是被意指的，因此是（只是用不同的語詞來表達）一個意向客體；在這裡，這個客體是否存在，是否被臆構，或者是否荒謬，這都是無關緊要的。對

些行為特徵是在現象學上唯一決定性的東西，並且，就這個謂語而言，是唯一的實在之物。

此外，所有這些「理論」都被這樣一個指責所言中，即：它們根本無視那些為數眾多的具有本質區別的表象方式，這些表象方式可以在直觀表象和象徵表象這兩個種類之內無須特殊的分析工藝就得到指明。

2.如果人們將「單純內在的」或「意向的」對象這一方面以及與「超越的」對象另一方面的區別等同於一個在意識中（被誤認為）是現存的符號或圖像與被標示或被映象的實事之間的區別；或者，如果人們以隨意的其他方式將某個實項的意識材料，甚至將那種在賦予含義因素的意義上的內容強加給這個「內在」對象，這都將是一個同樣嚴重的錯誤。這種延續了許多世紀的錯誤（人們可以想一下安瑟倫的本體論證明）之所以產生，乃應歸功於有關內在性之說法以及其他類似說法的歧義性。

[175] 在A版中為：被意指的。

[176] 在A版中為：或。

象是一個「單純意向的」對象，這當然不意味著：它存在著，但只在意向（intentio）中存在（因而是意向的一個實項組成部分），或者在意向中存在著它的某個影子；而是意味著：意向、這個對一個具有如此屬性的對象的「意指」（Meinen）[177]存在著，[44]但不是這個對象存在著。另一方面，如果意向對象存在著，那麼不僅意向存在著，意指存在著，而且被意指之物也存在。——但對這些至今還受到許多研究者如此誤釋的自明性[178]，我們已經說得夠多了。

當然，前面所做的闡述並不排除這樣的可能，即：（正如前面已涉及的那樣）在被意指的絕然對象（Gegenstand schlechthin）與如其被意指的對象（Gegenstand, so wie er intendiert ist）（在立義意義中並且可能在直觀的「充盈」中）之間存在著區別，並且需要對後者進行專門的分析和描述。

44 需要一再強調，這個意指（Meinen）並不恰恰就意味著對這個對象的覺察（Merken），甚或意味著對它的課題性從事狀況（mit ihm thematisch Beschäftigtsein），儘管這類情況也一同包含在我們關於意指的一般話語中。

[177] 在A版中未加引號。

[178] 在A版中爲：自明之理（Truismen）。

第三章　行爲的質料與基礎性的表象

B1426

第22節　行爲的質料與質性之間的關係問題

我們以下列思考來結束這些與整個意向體驗的現象學建構[1]有關的一般研究，這個思考對於澄清我們那些尤其屬於含義領域的主導問題而言是至關重要的。它涉及**質性**與**質料**的關係，以及涉及這樣一個問題：每一個行爲在何種意義上**需要一個**「表象」**作爲它的基礎**，而且也包含著這樣一個表象。我們在這裡立即會遇到一些基本的困難，這些困難至此爲止[1]尚未被關注過，至少是尚未被表達過。在我們現象學認識中的這個漏洞是一個嚴重的漏洞，因爲人們不得不做出這樣的判斷：如果這個漏洞不被塡補，就談不上對意向體驗的本質[2]建構的確實理解，因此也談不上對含義的確實理解。

我們將質性與質料作爲兩個因素、作爲所有行爲的兩個內部構成物區分開來。這肯定是合理的。例如：如果我們將一個體驗稱之爲判斷，那麼，將它與願望、希望和其他類型的行爲區分開來的必定是它所具有的一個內部的規定性，而非它的外在附加標號。它與所有判斷

1　當然是指本書第一版的出版時間而言。

[1] 在A版中爲：構造。

[2] 在A版中爲：內部。

A400

共有這個規定性；但使它區別於任何一個其他的（或者說「本質」[3]不同的）判斷的首先（撇開某些以後還須研究的因素不論）是質料。質料也展示了行爲的一個內部因素。這一點透過比較的方式比透過直接的途徑更能得到表明——因爲人們例如不能輕易地[4]在孤立的個別判斷中分析性地分解質性與質料——，這種比較是指在相應的同一性方面進行比較，在這些同一性中我們將質性不同的行爲相互並列，並且在每一個行爲中找到作爲共同因素的同一質料，類似於在感性領域中找到相同的強度或顏色。**問題只是在於**[5]，**這個同一之物是什麼**，**以及它與質性因素的關係如何**。這裡所涉及的是否是行爲的兩個分離的、儘管是抽象的組成**部分**，就像在感性直觀中的顏色和形態；或者它們處在另一種關係之中，處在**屬與差**的關係之中，以及如此等等。這個問題極爲重要，尤其是因爲，質料應當是在行爲中賦予行爲以**特定對象關係**的東西。而只要回想一下，所有思維都是在行爲中進行的，我們就可以看出，基本的[6]認識論的興趣就在於，盡可能地澄清這個關係的本質。

B1427

[3] 在A版中未加引號。

[4] 在A版中爲：沒有人會想。

[5] 在A版中未加重點號。

[6] 在A版爲：重大的。

第23節　將質料理解爲一個「單純表象」的奠基行爲

最貼近的答案是由那個被布倫塔諾用來規定他的「心理現象」的著名命題所提供的，即：每一個心理現象，或者用我們的劃界和指稱來說，每一個意向體驗或者是一個表象，或者以一個表象爲基礎。更確切地說，這個奇特命題的意義在於，在每一個行爲中，意向對象都是一個在一個表象行爲中被表象的對象，而且如果這裡所涉及的並非從一開始就是「單純表象」，那麼，一個表象就始終會與一個或多個行爲，或者毋寧說，與一個或多個行爲特徵[7]如此奇特和緊密地交織一起，以至於被表象的對象會因此而同時作爲被判斷的、被期望的、被希望的等等存在於此。因此，這種多重的意向關係並不是在於各個行爲的相互連結的並列與相續中進行的，就好像對象會隨著每一個行爲都重新地，亦即一再地成爲意向的當下；相反，這種多重的關係是在一個嚴格統一的行爲中進行的，在這個行爲中，一個對象只顯現唯一的一次，但它在這個唯一的當下中是一個組合意向的目標。對這個命題，我們也可以用其他的語詞來進行分析：一個意向體驗，只有當一個爲它表象出對象的表象體驗在它之中在場（präsent）時，它才能獲得它與一個對象之物的關係。對於意識來說，如果它不進行那個使對象成爲對象[8]、並且使對象有可能成爲一個感受、一個欲求等等對象的表

[7] 在A版中爲：行爲質性。

[8] 在A版中爲：對於我們來說，如果沒有表象爲我們表象出對象。

象，那麼對象就是無。

這些新的意向特徵顯然不能被理解爲**完整的和獨立的行爲**。如果沒有客體化的表象行爲，也就是說，如果它們不奠基於這個行爲之中，它們甚至是無法想象的。如果一個被欲求的對象或實事狀態不是在欲求中並隨著欲求而同時被表象，那麼它不僅事實上不會出現，而且它絕對是無法想象的。在任何情況下都是如此。因此，這[9]是一個具有先天性（Apriorität）要求的事態；它所陳述的普遍定律是一個明見[10]清晰的**本質規律**。據此，我們例如不會將欲求的附加看作是這樣一種東西的附加，這種東西作爲在此存在者也是自爲的東西，而且最主要的是，這個東西可能已經自爲地是對一個對象之物的意向；我們毋寧須要將這種附加看作是一個不獨立要素的附加，這是一個意向的要素，因爲它確實具有與對象之物的關係，而且它沒有這種關係就先天地無法被想象，但它只有透過與一個表象的緊密交織才能展開這個關係，或者才能獲得這種關係。然而這種**表象**比一個單純的**行爲質性**要**更多**；與那個透過它而被奠基的欲求質性相對，它完全可以作爲「單純」表象而自爲存在，即是說，它可以作爲一個具體的意向體驗而自爲地存在。

我們對這些闡述再附加一個說明，這個說明應當爲以後的考察所關注，即：（如我們所

A402

$B_1$429

[9] 在A版中還有：甚至。

[10] 在A版中加有重點號。

假設的那樣，在布倫塔諾的意義上）[11]可以作爲對「單純表象」之舉證而有效的是：所有單純臆想表象（Einbildungdvorstellung）的情況，在這些情況中，顯現的對象既不被設定[12]爲是存在的，也不被設定[13]爲是不存在的，與此相關的所有其他行爲都停止了[14]；同樣可以作爲對「單純表象」之舉證而有效的還有這樣一些情況，在這些情況中，我們理解地接受一個表達，如一個陳述句，同時並不做出相信或不相信的決定。尤其是在這種與存在信仰（belief）特徵——正是它的附加才使這個判斷得以完善——的對立之中，單純表象的概念得到了闡明，而這個對立在近代的判斷理論中起著何種重要的作用，這是眾所周知的。

如果我們現在回到我們的命題上，那麼，正如在開始時已經提到的那樣，人們很容易將這個在此命題中得到表達、並且剛才已得到闡釋的實事狀態運用在對質料與質性關係的解釋上，並據此而對這個關係做這樣的規定：在質性變換的情況下，質料的同一性就建基於奠基性表象的「本質」同一性。[15]換言之，只要行爲具有同一個「內容」，並且，它們在意向本

[11] 在A版中爲：在布倫塔諾的意義上。

[12] 在A版中爲：意指。

[13] 在A版中爲：意指。

[14] 在A版中爲：取消了。

[15] 在A版中爲：在質性變換的情況下，質料的同一性意味著奠基性表象的「本質」同一性。

質上的區別僅僅在於，一個行爲是對這個內容的判斷，另一個行爲是此內容的願望，第三個行爲是對此內容的懷疑等等，那麼這些行爲「本質上」就是以同一個表象[16]爲基礎的。如果表象是一個判斷的基礎，那麼這個表象（在質料現在的意義上）就是判斷內容。如果它是一個欲求的基礎，那麼它就是欲求內容；如此等等。

剛才曾談到「本質上」同一個表象。這並不是說：質料和奠基性的表象確實就是同一個東西，因爲質料只是行爲的一個抽象因素而已。根據前面的思考，關於本質上同一個表象的說法所涉及的毋寧是具有同一個質料的表象，這個質料當然還可以透過那些對此質料來說不重要的因素而從現象學上得到區分。由於質性也是同一個質性，所以，所有這些表象都具有同一個「意向本質」。[17]

A403

B1430

[16] 在A版中爲：就是以同一個表象行爲。

[17] 在A版中爲：那麼表象和表象內容據此而是同一個嗎？在單純表象中因而就無須區分質性與質料嗎？在某種意義上是如此。但我們必須更仔細些。根據我們前面的思考，「同一個表象」在不同的情況下會表現出現象學的區別。在這種關於「同一個」表象之說法中所說，並且爲此表象奠基的那個同一性是表象的意向本質的同一性，簡言之，是表象本質的同一性。如果我們在談到奠基性表象以及在對多個行爲進行比較考察的過程中談到同一個表象或不同的奠基性表象時所指的是這個同一性，那麼行爲的質料與爲它奠基的表象實際上就是一回事了。。

因此而產生出以下的事態：

任何一個其他的意向本質都是一個質性與質料的組合體，而表象的意向本質僅僅是質料——或者人們也可以說，僅僅是質性。換言之：所有其他行爲的意向本質都是組合的，而且是這樣一種組合，即：它們必然將一個表象本質作爲它們的一個組成部分包含在自身之中，唯有這個狀況現在才論證了質性與質料的區別；而在質料的標題下所理解的恰恰是這個必然的奠基性的表象本質。正因爲如此，在那些確然是單純表象的簡單行爲那裡，這個質性與質料的區別完全消除了。因此人們也必須說：質性與質料之間的區別並不標示著行爲抽象因素的根本不同種屬的區別。自在和自爲地看，質料本身無非就是「質性」而已，即表象質性。被我們稱作行爲的意向本質的東西，恰恰就是在行爲中的全部質性之物；這種質性的東西實際上就是在行爲中相對於偶然變換之物而言的本質之物。[18]

這個事態可以以如下方式得到陳述：

如果一個行爲是簡單的行爲，即單純表象，那麼它的質性[19]便與我們稱作意向本質的東

[18] 在A版中還有：然而，考慮到這個觀點已經改變，按照這個改變後的觀點來說，「質性」現在在術語上已經不處在與質料的對立之中，因此，我們最好還是不說質性，而說意向或行爲特徵。事實上，在放棄了對在行爲特徵中的任何內部劃分之後，這兩者是相互一致的。在A版中未分新段落。

[19] 在A版中爲：意向。

A404

西相吻合。如果它是複合的行爲——每一個不同於單純表象的行爲都屬於這種行爲，包括組合表象——，那麼這個複合的意向本質無非就是那些統一連結在一起並且同時論證著一個統一的整體質性的各個質性的組合體；但這個組合體是這樣的一個組合體，即：每一個在構成物中的原本的或組合的質性，只要它本身不是表象質性，就都必須透過一個表象質性而被奠基，這個具有這種作用的表象質性就是，或者說，就叫做相應的「質料」，而在涉及組合的整體行爲時，它就是整體質料，或者說，它就叫做整體質料。[20]

第24節　困難。區分各個質性屬的問題

儘管這整個觀點看上去都如此明晰，而且依據於一個如此無疑的明見性，它仍然還不是一種完全排除了其他可能性的觀點。當然，那個已經表明的明見性（布倫塔諾命題的明見性）是存在的，但問題在於，人們是否將某些它本身根本不包含的東西強加到它之中。無論

[20] 在A版中爲：同樣的情況也適用於組合的整體意向。這個整體意向又分化爲多個部分意向，在這些部分意向中必然始終可以找到一個表象意向。這個表象意向構成了意向本質的這樣一個部分，這個部分原先被標示爲質料，並且首先，幾乎像自明的一樣，作爲一個與其他意向——即原先的所謂質性——相比是異質的東西（Heterogenes）顯現給我們。

如何，對表象的這種特殊偏好[2]是引人注目的，它把表象看作是在意向體驗中這樣一個屬，唯有這個屬的意向本質，或者換言之，它的意向質性[22]才可能是眞正簡單的；而且與此有關還存在著這樣一個**困難：如何來理解意向本質**（或簡稱爲：意向）[23]**的各個不同屬的最終種差**。例如：如果我們進行判斷，那麼這個完整的判斷意向、這個在陳述行爲中與陳述句含義相符合的因素就應當是組合的，應當是由一個使此實事狀態得到表象的表象意向和一個作爲本眞判斷特徵的補充意向所構成的，這樣，這個實事狀態便以存有的實事狀態的方式而得以成立。我們要問，這種附加意向的最終種差的情況現在又是如何的呢？最高的意向屬自身殊相化爲（besondert sich）——無論是直接地，還是間接地——判斷意向，而我們在這裡當然必須純粹自爲地、在抽象於那些所謂奠基性表象意向的情況下來接受這個判斷意向。這種判斷意向現在就已經是最終的種差了嗎？

2　即對那些「單純的」和與「存在信仰」（belief）行爲相對的表象的特殊偏好，我們要再次強調這一點。我們在後面兩章中將會詳細地研究，在以其他表象概念爲基礎的情況下，布倫塔諾命題的意義何在[21]。

[21]　在A版中爲：其他表象概念的情況如何。

[22]　在A版中爲：意向。

[23]　在A版中爲：**意向**。

爲了保持清晰的概念，讓我們來對比考察一個眞正的屬本質的[24]分差的可靠例子。在本質的[25]意義上，質性屬分化爲顏色種，顏色又分化爲下屬的紅，並且是特定的紅的微差（Rotnuance）；這是最終的種差，對它不能再進行眞正的、在這個屬之內的分差（Differenzierung）；這裡的唯一可能的是與其他的、屬於其他屬的規定性的交織，這些其他的規定性本身就其屬而言又是最終的差。雖然這種交織在內容上還發揮著規定性的作用，但已經不在眞正的意義上發揮分差的作用了。[3] 所以，「同一個」紅可以接受具有這個或那個形態[27]的延展。紅的顏色在變化，但不是**作爲**質性在變化，它是按照那個本質上從屬於它的因素來變化的，即按照延展[28]這個新的屬的因素。我是說：就這個**本質上**從屬的因素而言。因爲在顏色一般的本質中甚至就包含著，顏色沒有延展[29]就不可能存在。

3 參閱本書第三研究，第4節以後，第二三一頁以後[26]。

[24] 在A版中爲：亞里斯多德。
[25] 在A版中爲：亞里斯多德。
[26] 在A版中爲：第4節、第二二八—二二九頁。
[27] 在A版中爲：幾何形式的。
[28] 在A版中爲：廣延。
[29] 在A版中爲：空間規定性。

現在再回到我們的事例上來。我們探問，在具體的判斷中附加給表象的那個判斷特徵的情況如何？這個特徵在所有判斷那裡都是完全相同的東西嗎？因而這種判斷意向（純粹觀念地理解，即這種簡單的、不與表象相組合的判斷意向）實際上就已經是最低的種差了嗎？[4] 我們應該可以毫不動搖地接受這種說法。但如果我們接受它，並且試圖前後一致地對[30]**所有意向種類**都做此假設，那麼我們在表象那裡便會遇到嚴峻的困難。因爲，如果在表象這個類之內也不再含有分差，那麼在這個表象與那個表象之間的種類區別，如在「皇帝」表象與「教皇」表象之間的區別，便與表象的意向本身無關。因此，使這些表象得以分差的東西是什麼？或者更確切地說：使這些意向本質、這些表象**含義**得以分差的東西（Differenzierendes）是什麼？它們必定是在「表象」這個特徵（質性）和一個完全不同屬的第二特徵之間的[31]組合體；由於在表象特徵的範圍內，所有在對象性方面的區別性都顯然

$B_1$433 A406

4 我在這裡不想顧及「肯定判斷」和「否定判斷」這兩個有爭議的亞種。那些承認有這些種類的人可以在這裡的討論中處處用例如「肯定判斷」來替代絕然判斷；那些否認有這些種類的人則可以按字面的意思來採納我們的說法——這不會對這些闡述的本質發生影響。

[30] 在A版中加有重點號。

[31] 在A版中爲：由「表象」這個特徵（質性）和一個完全不同屬的第二特徵所構成的。

已經蕩然無存，因而使這個組合體具有完整意義的便是這個第二特徵。換言之，那個從屬於表象的意向本質（在這些例子中是含義）現在便不可能是表象意向的最終種差；相反，對最終分差的表象意向還必須附加一個全新的、完全不同屬的規定性。這樣一來，每一個表象含義便都是「表象意向」和「內容」——作爲兩個相互交織的不同屬的觀念統一——的組合。如果回到我們的舊名稱上，我們就必須說：倘若我們像前面所做的那樣認爲，所有的意向種類都不言自明地以同樣的方式分差，那麼我們就必須再下決心去確定一個在行爲質性與質料之間的本質區別。我們就無法再堅持這樣一種看法，即：在我們先前所規定的意義上的質料與一個奠基性的表象的意向本質是同一的，而這個意向本質本身又與一個單純的表象質性[32]是同一的。

第25節　對這兩種解答之可能性的更詳細分析

在這裡有些人會驚奇地發問：爲何需要如此之多的複雜性，除非這裡所涉及的困難是我們自己爲自己設置的。一切都非常簡單。每一個表象行爲當然都具有表象種類的普遍行爲特徵，而對這個特徵不能再進行進一步的眞正分差。但是，使表象區別於表象的是什麼呢？當

[32] 在A版中爲：表象意向。

A407　$B_1$434

然是「內容」[33]。對「教皇」的表象所表象的是教皇，對「皇帝」的表象所表象的是皇帝。

然而只有這樣一些人才會滿足於這種「自明性」，他們從未弄清過這裡起作用的現象學區別（[34]從觀念統一方面來說是種類區別），而且他們首先是從未對作爲對象的內容和作爲質料（立義意義，或者說，含義）[35]的內容進行過基本的劃分；同樣，他們恰恰是在這個關鍵之處無視這樣一個眞理：本眞意義上的對象在表象「中」就是無（nichts）。

因此，這些複雜性是完全必要的。**在表象中是無的對象也無法產生出在表象與表象之間的**差，因此更不能產生出那種我們所熟悉的、源自各個表象的本己內涵的、在表象所表象的**那些**東西方面的差。如果我們現在將這個「何物」（was）理解爲那個不同於被意指對象的並且寓居於表象本身之中的「內容」，那麼問題恰恰在於，我們應當將這個內容理解爲什麼。我們在這裡只能看到兩種可能性，我們在前面已經對這兩種可能性做了暗示，並且想在這裡對它們再次做出盡可能清晰的說明：

要麼我們認定，那些構成變換不定的意向本質並因此而同時構成在表象的實項[36]內容

A408

[33] 在A版中未加引號。
[34] 在A版中還有：以及。
[35] 在A版中爲：含義。
[36] 在A版中爲：描述。

中變換不定之對象性關係的東西就是表象質性本身，它時而這樣，時而那樣地發生分差。「教皇」和「皇帝」的表象（不是教皇和皇帝本身）的區別完全類似於「紅」和「藍」顏色（這兩方面都被看作是特定的差，都被看作是微差）的區別。普遍之物是表象，特殊之物是那個根據含義本質而完全確定的、[37]最終分差的表象。同樣，在類似的情況中，普遍之物是「顏色」，特殊之物是「這個」或「那個」特定的「顏色」，這個「微差紅」，那個「微差藍」[38]。一個表象之所以能夠與一個確定的對象並且以一種確定方式發生關係，這並非是因爲它在那個外在於它的、自在和自爲存在的對象上有所活動（Sichbetätigen）：就好像這個表象是在一種須嚴肅對待的意義上「朝向」這個對象，或者以其他方式與對象相關相交，猶如寫字的手用筆一樣；表象與對象的關係根本不能歸諸於某個似乎外在於表象的恆久之物，而只能歸諸於表象的本己[39]特性。這一點對任何一種觀點來說都有效；但它對我們現在的這個觀點的規定則在於：各個被給予的表象只是因爲它們具有**這樣或那樣分差的表象質性**[40]才恰恰是一個**以這種方式表象著這個對象**的表象。

B_I435

[37] 在A版中爲：「內容上」確定的，即。

[38] 在A版中爲：顏色，特殊之物是這個或那個顏色，這個微差紅，那個微差藍。

[39] 在A版中爲：內部。

[40] 在A版中還有：（或表象意向）。

要麼我們認定，作爲這裡提供給我們的**第二種**可能性，那個在關於（觀念唯一的）「教皇」表象以及關於這個語詞含義的說法中經歷了對「教皇」的觀念化[41]抽象的完整意向本質（或者，在這些論證中：完整含義本質），是某種本質上的組合之物，這個組合之物可以被劃分爲兩個抽象因素：一個因素是表象質性，是純粹自爲地被理解的並且設置相同的表象行爲特徵；另一個因素是「內容」（質料），它不作爲那個特徵的**差**[42]而從屬於它的內部本質[43]，而僅僅是附加進來，並且使含義得以完整。兩者的關係現在就像是「特定的顏色」與「廣延」的關係。每一個顏色都是某個廣延的顏色；所以每一個表象都是對某個內容的表象。這個聯繫在兩方面都不是偶然的聯繫，而是一個必然的，而且是先天的聯繫。

這個類比也暗示出，我們是如何想要理解、而且在目前的立場上如何必須理解這種組合。這是一個還缺乏合適名稱的組合形式。布倫塔諾和幾個與他相近的研究者在這裡談到「對形上學部分的連結」；斯圖姆夫偏好「屬性[44]部分」這個名稱。將內部特性結合成現象的、外在的事物之統一的做法提供了典型的例證，根據這些例證可以設想出這個組合形式的

[41] 在A版中爲：對教皇的總體化。

[42] 在A版中未加重點號。

[43] 在A版中加有重點號。

[44] 在A版中爲：心理學。

B1436　A409

觀念。據此應當注意：那個補充特徵，即作爲規定性內容而附加給純粹的、只能透過抽象而區別於內容的表象質性[45]特徵的補充特徵，確實必須被看作是屬於一個新屬的。因爲，一旦人們想把它本身再理解爲質性[46]特徵，我們在這裡所要努力克服的那些困難便會重新湧現出來，唯一變換的只是名稱而已。

因此，如果我們在這裡可以決定將「內容」或「質料」區分於行爲質性的屬[47]，那麼我們就必須說：質性特徵，即那個自在自爲地使表象成爲表象、並前後一致地使判斷成爲判斷、使欲求成爲欲求以及如此等等的質性特徵，它在其內部本質中不具有與對象的關係。但在這個本質中建立著一個觀念規律的關係，這個關係就是：這樣一個質性特徵沒有補充的「質料」就不可能存在；只有帶著這個「質料」，那種與對象的關係才能進入到完整的意向本質之中並因此而進入到具體的意向體驗本身之中。這一點自然也可以引申地運用於表達性體驗的合乎含義之本質上，即引申地運用於這樣一個體驗上，由於這個體驗的緣故，我們才可以譬如說談論不同個人所陳述的同一個判斷。這個合乎含義之物，觀念地說，這個含義，在具體的判斷體驗那裡就是那個在與「內容」（判斷質料）的屬性[48]交織中的判斷設定

$B_1$437　A410

[45] 在A版中爲：意向。

[46] 在A版中爲：意向。

[47] 在A版中爲：從行爲意向的屬中分割出來。

[48] 在A版中爲：「形上學」。

之行爲特徵（抽象的判斷質性），與「對象」、亦即與實事狀態的關係便透過這種方式而得以完善。人們不得不說，如果這個判斷性設定不帶有一個內容，那麼它先天是根本無法想象的，就像一個無廣延的顏色。

第26節 對被倡議的觀點的斟酌與拒絕

我們應當如何在這兩個相互爭執的、同樣受到仔細思考的可能性之間做出應有的決斷呢？如果我們接受第一種可能性，那麼，表象在意向體驗的系列中便是一個令人討厭的例外。因爲，「意向質性」這個「本質屬」將「表象」、「判斷」、「願望」、「意願」等等質性作爲同級次的（gleichgeordnet）種包含於自身，在這個「意向質性」的「本質屬」內，「表象」這個種還要分差，即分差爲所有那些被我們稱作對這個或那個「內容」（這些或那些質料）之表象的區別，而判斷質性、願望質性、意願質性等等則是最終的差[49]；內容的區別在它們那裡只是與各個質性相組合的或「奠基性的」表象質性的區別。對這個

[49] 在A版中爲：意向質性這個屬將表象、判斷、願望等等質性作爲同層次的種包含於自身，在這個意向質性的屬內，表象這個種還要分差，即分差爲所有那些被我們稱作對這個或那個「內容」（質性或那些質料）之表象的區別，而判斷、願望等等則是最終的差。

事態也不可能做出其他的理解。因爲我們例如不可能透過這樣一種方式來制定出同形性（Gleichförmigkeit），即：將不同判斷的不同內容以及不同願望、意願[50]等等的不同內容同樣也理解爲判斷、願望、意願這些質性種[51]的差，以及如此等等。各種不同的純粹[52]種不可能具有**同一個**最終的差。即使我們現在設定：在同一層次上有不同的種，在這些種中，有一些種**自身還包含著**最終的差，而所有其他的種**自身就已經是**最終的差，這難道不也仍然是一個新的徒勞無益的做法而已嗎？ A411

如果我們據此而去親近**第二個被闡述的**[53]可能性，那麼這種可能性看起來立即會迫使我們進一步改變我們的觀點。因爲，我們還有什麼嚴肅的理由去堅持這個命題：每一個意向體驗或者是一個「單純的」表象，或者隱含著表象作爲它的必然「基礎」？這樣一種對表象——作爲[54]**行爲**——的偏好，這樣一種對所有本身不是表象的行爲的組合，它看上去就幾乎是一種毫無意義的假設了。如果——在現在這個關鍵考慮的意義上——那些被理解爲一個**特有**屬 B₁438

[50] 在A版中爲：感受、問題、願望。

[51] 在A版中爲：判斷、感受、問題這些種。

[52] 在A版中爲：亞里斯多德。

[53] 在A版中未加重點號。

[54] 在A版中加有重點號。

的體驗的「內容」只有透過組合（哪怕是透過最緊密的組合，透過那些積極的、內部的特性）才能與表象的行爲特徵相統一，而且如果這種組合方式表明自己**在這裡**能夠使那種被我們稱作具有這個內容之行爲的東西得以成立，那麼，爲什麼在其他行爲那裡，情況就會不同，或者至少可以說，情況就**必定**有所不同呢？這裡所說的表象質性與「內容」的組合形式從另一方面決定著這個整體，即：「對這個內容的表象」[55]。爲什麼在其他行爲那裡，例如在判斷那裡，在判斷質性和內容方面的同一個組合形式就不能使這個整體得以成立，即：「對這個內容的判斷」[56]？

有可能某些行爲種類的**特殊性**有規律地要求一個中介；有可能會出現這樣一種情況，即：某些行爲質性只能在組合中出現，以至於它們在其他的、而且與同一個質料相關的行爲質性的行爲整體中必然以例如對這個質料的一個表象爲基礎，這樣，它們與質料的連結便必須是一個間接的連結。但是，以上所說的這種情況必然會時時處處地發生；首先是這裡所涉及的「單純表象」這個行爲種類會起著如此重要的作用；然後是每一個本身不是單純表象的行爲只有透過單純表象的中介才能獲得其質料——這樣一些論斷看起來並非自明無疑，而且從一開始看起來也就不太可能。

[55] 在A版中未加引號。

[56] 在A版中未加引號。

A412

第27節　直接直觀[57]的證據。感知表象與感知

我們要用那些在對此類描述性的爭論問題之研究中必定是第一性的東西，即用「內感知的證據」，或者，我們有充分的理由寧可說，用對意向體驗的直接直觀的本質分析[58]的證據來結束這個論證。這種在闡述中的轉向是可靠的，並且在一定的情況下是必然的。我們肯定想證明，合理地被理解的內在本質直觀的明見性，或者如人們在這種情況下常常錯誤地表達的那樣，「內感知」的明見性[59]應當享有在認識論方面的所有尊嚴。但是，這並不能保證它的證據在被運用時——即在受到概念理解並在概念理解中受到陳述時——就不會喪失許多力量，並因此而受到合理的懷疑。在訴諸於同一個「內感知」[60]時，一些人會得出這個見解，另一些人會得出相反的見解；一些人在它這裡恰恰讀出或讀入這個，另一些人在它這裡則讀出或讀入那個。我們的情況也是如此。恰恰是已進行的分析使我們有能力認識到這一點，並且有能力將謬誤從對現象學本質直觀之被給予性[61]的解釋中個別地分離出來並加以鑒定。同

[57] 在A版中爲：內部經驗。
[58] 在A版中爲：描述性分析。
[59] 在A版中爲：（合理地被理解的）內感知的明見性。
[60] 在A版中未加引號。
[61] 在A版中爲：內感知。

$B_1$439

樣的情況也適用於那些根據對個別情況的內直觀[62]而形成的普遍命題的明見性；與這種明見性相對立的是那種解釋性的添加。

［我們在前面曾說：通常在訴諸於「內感知的明見性」時，人們不說內在本質直觀，而說內感知，這是**錯誤的**。因爲，更確切地看，所有這些訴諸都是用來確定這樣一些實事狀態的，這些實事狀態或者本身是純粹現象學領域的**本質**狀態，或者只是這些本質狀態在心理學實在領域中的引申運用。對現象學事態的確定永遠不可能將其認識基礎建立在**心理學經驗**中，尤其也不可能建立在自然詞義上的**內感知**中，而只能建立在**觀念化的現象學本質直觀**之中。儘管這種本質直觀以內直觀爲其實例性的出發點；但是，一方面，這種內直觀並不必須是現時的內感知和其他的內經驗（回憶），毋寧說，它同樣也可以利用任何一個在最自由的臆構中形成的內想象，只要這個內想象具有充分直觀的清晰性：而且這種內想象在使用上更具長處。另一方面，我們已經多次強調，現象學的直觀從一開始就排斥任何心理學的和自然科學的統覺以及實在的此在設定，其中包括心理物理自然的所有設定，連同現實的事物、身體、人、本己的經驗自我主體，以及所有超越出純粹意識的東西。實際上，這種排斥肯定是隨現象學本質直觀一同進行的，作爲在內直觀基礎上的內在觀念化，現象學的本質直觀使觀念化的目光唯獨朝向被直觀的體驗的**本己**實項的或意向的組成，並且使這些分散在單個體驗

[62] 在A版中爲：感知。

中的種類體驗本質以及它們所包含的（即「先天的」、「觀念的」）本質狀態被相即地直觀到。最爲重要的問題就在於，要完全弄清這個事態，並且要堅信，如果人們在認識論的闡釋中（同樣也在那種心理學的闡釋中，這種闡釋在提出關於意識材料的普遍命題的過程中訴諸於絕然的明見性）相信，明見性的源泉在於內經驗，尤其在於內感知，即此在設定的行爲，那麼這只是一個假象而已。這種根本性的誤釋決定著心理主義的一個變種，這個心理主義變種相信，只要它在談論絕然明見性，甚至在談論先天明察時並不確實地離開內經驗的基礎和心理學，它便可以滿足純粹邏輯學、倫理學和認識論的要求，並且以此而克服極端的經驗主義。從原則上說，以此方式是無法超越休謨的，休謨已經在觀念的關係（relations of ideals）的形式中承認了先天，但同時對內經驗和觀念化所做的原則區分如此之少，以至於他以唯名論的方式將觀念化錯誤地解釋爲偶然事實。」

我們現在進行個別的分析。每一個意向體驗都以一個「表象」爲基礎，這當然是明見無疑的；在我們所判斷的實事狀態沒有被表象給我們時，我們不能對這個實事狀態進行判斷，這是明見無疑的；在問題、懷疑、猜測、欲求等等那裡，情況都是如此。但「表象」在這裡所指的就是我們在這些聯繫之外標示爲表象的那些東西嗎？我們難道不可能屈服於歧義性的誘惑，尤其是如果我們使這種明見性成長壯大爲一個規律：每一個行爲體驗或者是「單純表象」，或者是以「表象」爲基礎？從一開始就會使我們感到驚奇的是這樣一種狀況：即使我們確實以嚴格描述的方式堅持那些體驗，對那些不是「單純表象」的行爲的分析也絕不是始終能夠成功地進入到那些所謂建構著[63]這些行爲的部分行爲之中。讓我們來把一個在意向關係方式中的眞實組合的情況與某個可疑組合的情況並列在一起，而且在這兩種情況中，質料是完全同一的。如果我喜歡的那個東西不以存在的方式、不以感知、回憶以及如此等等的方式與我面對，我就不能喜歡它。這個組合在這裡是清晰無疑的。只要我例如以感知的方式喜悅，那麼喜悅的行爲特徵就建基於感知之中；感知具有它自己的行爲特徵，並且透過它的質料而同時爲喜悅製作出質料。喜悅的特徵可以完全喪失，但感知卻仍然保留，自身不變地存有。因而這個感知無疑是在具體—完整的喜悅體驗中的一個組成部分。

感知馬上就會爲我們提供一個可疑的行爲組合的例證。在這裡和在所有行爲那裡一樣，我們區分質性與質料。用一個相應的單純表象，例如一個單純想象來進行比較就會表明，同一個對象可以**作爲**同一個（在同一個「立義意義」中）對象，但卻是以完全不同的「方式」被當下化。對象在感知中顯現爲是「生動地」、可以說是在本己個人中當下地存在。它在想象表象中則「只是浮現出來」，它「被當下化」，但不是生動地當下[64]。然而這並不是我們所要考察的區別；這是一個透過那些既與質料也與質性無關的因素而做出的區分，就像例如對同一個並且在同一個立義意義中被表象的對象的感知與回憶等等之間的區別一樣。在從這

$B_1$442
A414

[63] 在A版中爲：構造著。

[64] 在A版中爲：它在表象中則只顯現在圖像中，它被當下化，但不是自身當下。

些區別中抽象出來的情況下，我們將感知與某個與它相符的單純表象進行比較。根據我們的觀點，一個抽象的共同之物、質料在兩方面以不同的方式，在不同的行爲質性中被給予。根據另一個在我們看來是可疑的觀點，作爲此感知之基礎的質料並不又是一個行爲質性，即一個奠基性的單純表象行爲的質性。可以在分析中發現這方面的東西嗎？感知據此可以被看作是一個行爲組合，並且確實可以從它之中分離出一個作爲獨立行爲的單純表象嗎？

也許人們會指出一個完全相符的幻想的可能性，並且認爲，這個幻想可以在其假象被揭穿之後被理解爲是一個孤立的單純表象，它完全交織在感知之中，並爲感知提供質料。在這個幻想未被認識爲是幻想之前，它始終是感知。但感知特徵、存在信仰（belief）的行爲質性卻在此後喪失，留下的只是單純的感知表象而已。可以設定在所有感知那裡都存在著與此相同的組合；奠基性的感知表象——它們的質性構成感知的質料——始終受到「存在信仰」特徵的補充。

爲了進行更進一步的思考，我們考察一個具體的例子。當我們饒富興味地在蠟像館中漫步時，我們在臺階上遇到一個陌生女士可愛地招著手——著名的蠟像館玩笑。這是一個在一瞬間迷惑了我們的玩偶。只要我們還處在迷惑之中，我們所具有的便是一個感知，就像任何一個其他感知一樣。我們看見一位女士，而不是一個玩偶。一旦我們認識到這是一個錯覺，情況就會相反，我們看到的是一個**表象著**一位女士的玩偶[65]。這種關於表象的說法當

[65] 在A版中爲：一個玩偶（也就是說，我們始終還具有一個表象），並且是一個**表象著**一位女士的玩偶。

A415　$B_1$443

然不是指：玩偶是作爲女士的圖像（Bild）在起作用，也就是說，就像在蠟像館中「關於」拿破崙、「關於」俾斯麥的蠟像作爲映象（Abbilder）在起作用一樣。對玩偶事物的感知因而不是一個映象意識的基礎；毋寧說，女士是與玩偶相一致地顯現出來的：這兩個感知立義，或者說，這兩個事物顯現相互滲透，可以說是根據某個顯現內涵而相互相合。而且它們是以爭執的方式相互滲透，同時，注意的目光可以時而朝向這個顯現的客體，時而朝向另一個顯現的客體，但這卻是兩個在存在中相互取消的客體。[66]

現在人們可能會說：即使原初的感知表象在這裡並沒有達到已完全脫離出來的此在，而是在與一個新的感知，即玩偶感知的聯繫中出現，它也不會在這個玩偶感知中作爲奠基性感知而服務於一個本眞的感知：被感知的只是玩偶，唯有玩偶才在「信仰」5中現實地存在於此。[67]因此，對於眼前的目的來說，這種脫離已經充分完成。——[68]然而，只有當我們在這

5 「信仰」（Glauben）在這裡與前面提到的「存在信仰」（belief）相同，它在胡塞爾的術語中始終是指「存在信仰」，而非「宗教信仰」（faith）。——中譯注

[66] 在A版中爲：這個感知就是表象，而是意味著，被感知之物具有那種引起有關單純表象的實踐作用。此外，被感知之物（玩偶）在這裡也不同於那個應當借助於感知而得到表象的東西（女士）。。

[67] 在A版中爲：再作爲感知表象。。

[68] 在A版中未加破折號。

裡眞的有權利來談論這種脫離時，換言之，只有當（第二種情況中）那個對女士的表象確實可以被看作是保留在（在末了情況中）對同一個女士的感知中時，這種脫離才是充分的。然而表象在那裡（在假象被揭穿後）無非意味著在爭執中「被取消的」感知意識。這個感知意識——就它在出現時所帶有的質性而言——當然不會隱藏在原初的感知中。[69]這兩者當然具有一個共同之物；在我們的例子中——這個例子在這個問題上是最合適不過了——，它們彼此之間的相同性就是在感知與表象之間可能存在的相同性。這兩者當然（在無須如此寬泛的相同性的情況下就可以）具有同一個**質料**。在兩方面顯現出來的是同一個女士，她帶著同一的現象規定性顯現在這裡和那裡。但在這一方面，她作爲現實[70]站立在我們面前，而另一方面則相反，她作爲臆想生動地顯現著，但卻是一個虛無的東西（ein Nichtiges）。兩方面的區別都在於質性。[71]誠然，我們「幾乎」覺得，她本身、一個眞實的和現實的個人，是在此存在的。這種在質料和其他非質性的[72]行爲構成物方面的不同尋常的相同性確實會促使人們從圖像意識墜入到感知意識之中。唯有對這個招手女士的感知傾向（信仰傾向）所經歷的、

[69] 在A版中爲：圖像性意識。在感知中隱藏著對被感知之物的圖像表象嗎？。

[70] 在A版中爲：被意指的「自身」。

[71] 在A版中爲：是在圖像中，儘管是在最準確的圖像中存在於我們面前。

[72] 在A版中爲：描述性。

在玩偶感知（蠟做的事物等等）方面——這個感知與女士感知部分相合，但在其他因素上相斥——的生動矛盾，尤其是在其信仰質性方面的矛盾[73]，唯有它才阻止了我們現實地順從於這個傾向。但在所有這些情況中所涉及的差異都是這樣一種差異，它始終排斥了這樣一個想法，即：這個表象可以被保留在感知之中。同一個質料這一次是一個感知的質料，另一次是一個單純感知性臆想[74]的質料。這兩者明見無疑地不可能同時聯合在一起。一個感知永遠不可能同時是對被感知之物的臆想，一個臆想永遠不可能喪失對一個被臆想之物的感知[75]。

據此，這個描述性分析絕沒有偏好這個在許多人看來是不言自明的見解，即：每一個感知都是一個組合，在這個組合中，一個構成感知的質性之物（Qualitative）的存在信仰（belief）因素在一個**完整的**[76]、即帶有本己質性的「感知表象」的**行爲**[77]基礎上構造起自身。

[73] 在A版中爲：唯有在這個被意指的感知（招手女士）與那個與它部分相合，但在其他因素上相斥的玩偶感知（蠟做的事物等等）方面的爭執。

[74] 在A版中爲：臆構。

[75] 在A版中爲：是對被感知之物的臆構，一個臆構永遠不可能喪失對一個被臆構之物的感知。

[76] 在A版中未加重點號。

[77] 在A版中未加重點號。

第28節　對判斷方面的事態的特別研究

在[78]邏輯學家尤爲感興趣的一組行爲——即「判斷」，我們發現了類似的事態。**我們在這裡是從流行的含義出發來理解「判斷」這個詞**，**此含義傾向於陳述**（「**謂語陳述**」）[79]，並因此而排除了感知、回憶、以及類似的行爲（儘管在它們之間有著不無本質的親緣關係）。在判斷中，一個**實事狀態**[80]對我們「顯現爲」意向對象的，或者我們說得更清楚些，它對我們來說就是意向對象的。即使一個實事狀態所涉及的是一個感性被感知之物，它也不是一個能夠以一個被感知之物的方式感性地（無論是在「外部的」，還是在「內部的」感性之中）顯現給我們的對象。在感知中，一個對象自身作爲生動此在的對象被給予我們[81]。只要我們根據這個感知而做出判斷，即判斷**它存在**，我們就將它稱之爲[82]一個當下存在的[83]對象。在這個即使喪失感知也仍可以始終本質同一地持續下去的**判斷**中，「顯現者」、意向

[78] 在A版中還有：我們。
[79] 在A版中未加重點號；謂語陳述在A版中未加引號。
[80] 在A版中未加重點號。
[81] 在A版中爲：自身當下的對象展示給我們。
[82] 在A版中未加重點號。
[83] 在A版中加有重點號。

地被意識之物不是存在著的感性對象[84]，而是它**存在著的**事實。此外，在判斷中顯現給我們的還有，某物是在這樣或那樣的狀況中，而且這種顯現——它當然不應被理解為懷疑的猜測，而應被理解為（在給予判斷之說法的通常意義上）確定的意指、確然性、確信——在內容上完全可以在各種形式中進行；它是一種意指（Vermeinen）：「S是或不是；S是P或不是P；或者S是P，或者Q是r；如此等等」。

我們將**判斷意指的客觀之物**[85]稱之為「被判斷的實事狀態」；我們在反思認識中將它區分於作為行為的判斷**活動**本身，在這種判斷行為中，此物或彼物這樣或那樣對我們顯現為存在著的；正如我們在感知那裡區分被感知的對象與作為行為的感知活動一樣。現在，在這裡與這種類比相符的是對這樣一個有爭議的問題的思考：那些在判斷行為中構成質料的東西，亦即**那些將判斷確定為對這個實事狀態之判斷的東西**，**是否處在一個奠基性的表象行為之中**[86]。借助於這個表象，這個實事狀態首先被表象出來，而與這個被表象之物發生關係的是作為新行為的判斷設定，更確切地說，新建基於其上的行為質性。

[84] 在A版中加有重點號。

[85] 在A版中未加重點號。

[86] 在A版中僅部分加有重點號：那些將判斷確定為**對這個實事狀態之判斷的**東西**是否**處在一個奠基性的**表象行為之中**。

$B_1$446

現在，對於每一個判斷而言都有（在先天的、本質普遍性的意義上）一個表象，這個表象與判斷一起具有共同的質料，並且以完全相應的方式表象著那個與判斷所判斷的完全相同的東西，這一點是任何人都不會懷疑的。所以，例如與「地球品質約爲太陽品質的三十二萬五千分之一」這個判斷相符合的，乃是作爲從屬於它的[87]「單純」表象而被某人進行的行爲，這個行爲傾聽這個陳述，理解這個陳述，但卻找不到做出判斷性決斷的動機。我們現在要問：這同一個行爲是否也是判斷的組成部分，並且它是否僅僅透過那個作爲一個增添（Plus）而附加給一個單純表象的判斷性的決斷才使判斷得以分差？就我而言，我曾努力在描述分析中去發現對這些情況的證實，但卻徒勞無益。我根本找不到在這裡所要求的那種雙重行爲質性。當然，在對這種看法進行分析時，人們並不能從關於單純表象這個說法[88]中獲得更多的論據。「單純」（單純性）在這裡與在其他地方一樣，指明了一種缺失；但一種缺失並不始終能透過一個補充而得到消除。所以我們把「單純」臆構與感知對立起來。區別在於感知方面的一種優先（Vorzug），而不在於一種增添（Plus）。同樣，在關於與判斷相對立的單純表象的說法上，與單純表象的缺失相符合的是判斷的優先，即那種在恰恰只是被表象的實事狀態方面的判斷性決斷的優先。

A418

[87] 在A版中爲：與它相應的。

[88] 在A版中未加重點號。

第29節　續論：對實事狀態之單純表象的「承認」或「贊同」

也許會有其他人認爲，我們無法找到的那種組合會在另一些情況中表露出來。他們提醒我們注意這樣一些熟悉的體驗，在這些體驗中，我們並不立即做出判斷性決斷，但確有單純表象浮現在我們心中，**贊同**（承認，或者說，拒絕、否認）只是在以後才作爲一個明見的新行爲**補加進**來。

我們當然不想懷疑這種明見性；但我們卻可以對它並對整個事態進行另一種解釋。確實有一個新的行爲與「單純表象」相銜接，即：這個行爲緊隨單純表象之後，而後在意識中維持下去。但現在的問題是，**這個新的行爲**是否[89]**將舊的行爲完全包含在自身之中**，更進一步說，這個新的行爲是否簡單地產生於舊的行爲之中，以至於**特殊的判斷質性**、存在信仰（belief）的特徵又與這個作爲單純表象的行爲爲伴，從而使這個具體的判斷行爲得以完備——就像喜悅的行爲質性與感知行爲爲伴，由此而使具體的喜悅行爲得以完備一樣。毫無疑問，在新行爲從舊行爲之中產生的這一過程中，一個同一之物，以及包含於其中的、被我們稱作質料的東西都得到了保留。但這個同一之物並不非得是一個完整的表象行爲，而唯一的變化也並不非得是一個透過它而被奠基的新質性的附加。因此，對這個過程可以做如下

[89] 在A版中加有重點號。

的解釋：在原初的單純表象行爲那裡，表象的種類特徵爲判斷特徵所接替，而同一之物連同它所包含的[90]質料則可以在一個抽象的因素中存在，這個因素並不自爲地構成一個完整的行爲[91]。

但我們必須更仔細一些。借助於剛才所嘗試的這些思想，我們只是在某種程度上描述了這個事態的一部分；這裡尤其還缺乏對有關贊同的說法的論證。我們以一個例證來作爲更爲仔細的描述的基礎：在這個例子中將會優先談到贊同：我們贊同另一個人所陳述的一個判斷。他的說法並不會直接引起我們這方面的一致判斷；進行一個一致的判斷，簡單接受一個傳達，這並不意味著贊同。贊同所包含的毋寧是：我們首先理解這個陳述，同時自己並不做出判斷；因此，被陳述之物是作爲「單純被擱置的」[6]而被我們意識到[92]，並且我們現在來思索它或考慮它。因爲，所有這些行爲都顯然與贊同建基於其上的這個單純表象有關。我們

6 在胡塞爾現象學的術語中，「單純被擱置」（「bloß dahingestellt」）是指對表象之對象的存在與否，對判斷的實事狀態的眞實有效與否以及如此等等的不表態，存而不論。它基本等同於「單純的表象」、「單純的理解」等等。——中譯注

[90] 在A版中爲：、。

[91] 在A版中還有：，也不構成質性。

[92] 在A版中爲：顯現給我們。

對其他人所意指的東西進行深思；那些對我們來說首先被擱置的東西不應始終被擱置，我們對它進行提問，我們意圖做出決斷。然後，決斷產生出來，承認的贊許本身產生出來，我們現在做出自己的和與其他人一致的判斷。在這個判斷中肯定不含有先前的「單純表象」，不含有那個深思性的擱置和提問的行爲系列。毋寧說，一個判斷被給予，它一方面與說話者的判斷「相一致」，另一方面與深思的問題「相一致」，也就是說，具有同一個質料；贊同便是如此進行的。我贊同這個判斷，就是說，我也做同樣的判斷，我根據同一個質料進行判斷。我贊同這個問題，就是說，我認爲在這個問題中被提問的東西是眞實的；因此，行爲再次在同一個質料的基礎上得以進行。

可是更確切地看，這個分析仍然還是不完整的，實際上我們甚至還缺乏對贊同的種類之物的把握。問題與一致判斷的這種前後相續，或者，判斷與一致判斷的這種前後相續還不足以構成這個整體，即：對這個問題或對這個判斷的贊同判斷。顯然有某個過渡性體驗在爲這兩個不同的環節提供中介，或者毋寧說，在連結著這兩個環節。那個思索性的和[93]提問性的「意向」在一致性決斷中得到充實[94]，而在這個回答（它具有一個統一因素[95]的現象學特徵）的充實同一中，這兩個行爲不只是一個單純的前後相續，而且是密切統一相互相關的；這個

A420

$B_1$449

[93] 在A版中爲：或。

[94] 在A版中加有重點號。

[95] 在A版中還有：、一個構形質性（Gestaltqualität）。

回答適用於這個問題，這個決斷說：正是如此，就像我在思索性考察中所看到的那樣。

當這個思索——完全與天平的形象相符——發生上下動搖時，當提問轉變爲反問，而反問又轉變爲提問時（「它是這樣的，還是不是這樣的？」），這個意向也是一個雙重的意向，而整個思索體驗將透過這兩個可能決斷中的任何一個決斷而得到充實：「它是這樣的」、「它不是這樣的」。當然，在這種情況下，充實的回答尤其關涉到這個思索問題的與它相符的那一半。相反，在較爲簡單的情況中，帶有對立質料的決斷具有否定性充實的特徵，即帶有所謂失實（Enttäuschung）的特徵。這一點也自身引申地轉用於多重的析取（Disjunktion），即轉用於那些不單以是或否爲準的析取。這樣，否定性的充實便在於：「既非A，亦非B，亦非C」等等。

在這個與思索問題有關的充實體驗中，在這個對一種張力的鬆緩中，顯然也包含著關於贊同判斷之說法的原初源泉——這個贊同是指與另一個被某個說話者陳述出來的判斷有關的贊同。如果陳述者無法十分有把握地獲得一致性的判斷，那麼他就將傾聽者表象爲思索者，並且期望得到他的贊同；然後，即使相同的判斷未經思索就已經出現，他也將這種一致理解爲贊同，尤其是因爲，如果這種贊同經過了深思熟慮，它的價值便會得到更高的評價。即使傾聽者根本沒有理由去思索，他也樂於在其他人面前擺出一副思索者和贊同者的樣子，以便使其他人得到這種贏得的贊同的喜悅。所以，在素樸的一致中常常被置入[96]一些贊

[96] 在A版中爲：會引發。

A421

同的思想，而眞正的贊同是在組合體驗中構造起來的，在這種體驗中，一個被感知的或被表象的判斷導向一個提問，這個提問在相應的現時判斷中獲得它的充實（並且在相反的情況中獲得它的失實、拒絕）。

在經過這些思考之後，我們必須將贊同看作是一種過渡性體驗，它與對猜測、期待、希望、願望以及這一類「瞄向的」意向[97]的充實完全相似。例如：我們在願望充實的過程中所具有的也不是願望意向的單純前後相續以及被期望之物的出現，而是在特徵性充實意識中的統一。在這裡我們也可以發現質料方面的一致性；但僅僅靠這種一致性還無法做到這一點，否則它會使兩個具有同一質料[98]的隨意行爲成爲充實統一。只有充實意識才（以本質規律性的限制方式）使「S是P」的願望與判斷性經驗「S是P」相互協調，並且給予這種經驗以充實性行爲的相對特徵，給予這種願望本身以（確切意義上的）意指性、瞄向性行爲的特徵。

這種分析清楚地說明了我們同時想爲我們以後的研究所做的注釋，即：一個「判斷理論」，或者更恰當地說，一種對判斷的純粹現象學描述，如果它將判斷的特有質性等同於那種對一個被表象實事狀態（甚至是一個被表象的對象）的贊同或承認的，或者說，拒絕、

[97] 在A版中爲：等等。

[98] 在A版中爲：同一類。

否認，那麼它就是誤入歧途了。**這個附加的贊同不是一個附加給先前單純表象行爲的行爲質性**；透過這個分析而被現實地發現的東西，首先是單純表象（而它在這裡包括「擱置地—具有」[99]、提問和思索這些行爲的前後相續），它借助於充實特徵而過渡到一個具有相同質料的判斷中。並非這個判斷就自爲、自在地是對那個首先被給予的單純表象的承認；而是這個判斷僅僅[100]在這種充實聯繫中才是承認的、贊同的，只有在這種聯繫中，判斷才含有這個相對的謂語，正如「表象」[101]（或者說，思索）只有在這種聯繫中才具有對此贊同的「瞄向意向」[102]的相對特徵一樣。與其他充實種類、如願望充實的類比在這裡是富於教益的。所以，被期望的事實的出現，或者毋寧說，對這個出現的信仰[103]（這裡所關涉的不是客觀的出現，而是我們對此的知識、對此的信念）不能被當作是自爲的，它自身不具有願望充實的特徵，相反，只是對抱此願望，並且體驗到他的願望在充實的人來說，這種被期望事實的出現才具有願望充實的特徵。在這裡，沒有人會想把充實體驗描述爲：一個新的行爲質性被附加到原

B₁451

[99] 在A版中爲：被擱置—顯現。

[100] 在A版中還有：在此地、此時，。

[101] 在A版中未加引號。

[102] 在A版中爲：意向。

[103] 在A版中爲：關於這個出現的判斷。

初的願望上，甚或會想把這個過程的終極目的、充實的信念解釋爲一個組合，一個將此願望當作奠基性的部分行爲包含在自身之中的組合。

根據所有這些，對一個單純表象的後補性贊同的體驗不再能夠被用作論據，即證明那個爲我們所懷疑的、至少存在於判斷領域中的意向體驗之構造的論據。

補充[104]

不言而喻，我們並沒有忽略，在先於一個贊同而進行的思索中大都織入了一個朝向判斷決斷的願望意向。但我們認為，如果人們將那種對所謂**理論問題**（在這個問題中，那種「作爲問題的顯現」構造著自身）的**回答充實**[105]等同於奠基於其中的願望（**願望問題**[106]）之充實，那麼這就完全錯了。我們覺得，「問題」（「Frage」）是一個有雙重意義的詞。在一種意義上所指的是某個願望，在另一種意義上所指的是每一個這樣的願望都**預設**[107]的一個特種的

[104] 在A版中未列入目錄；在A版中未作爲標題列出；整個「補充」在A版中採用小號字體。

[105] 在A版中未加重點號。

[106] 在A版中未加重點號。

[107] 在A版中未加重點號。

行為。這個願望以「判斷決斷」為目標，也就是說，它以一個判斷為目標，這個判斷要對問題做出決斷，而當問題是析取的（disjunktiven）時候，這個判斷就要對懷疑（「兩個情況」）做出決斷。簡言之，願望的目的就在於對這個在這裡本身不是願望的「問題」的回答。[108]同樣，那些懷疑[109]也不是情感行為。它根本不是一個有別於理論問題、只是偶爾與理論問題交織在一起的行為，而恰恰是析取問題的特殊情況，在現在的理論意義上。

第30節　將同一的語詞理解和語句理解理解爲「單純表象」

也許有人會針對我們的懷疑而提出如下的普遍論據：

同一些語詞和語詞構成物在最爲不同的聯繫中保持其同一的意義，而且是作爲表達部分對於完全不同的行爲保持其同一的意義。因此，必定會有一個始終相同的體驗與它們相符合，這個體驗只能被理解爲是一個始終奠基性的表象。

這一個人判斷說「S是P」；另一個人聽到同一些語詞，並且理解這些語詞，但自己沒有作判斷。這些語詞在相同的意義上起作用，它們在相同的理解中被運用、被接受。這裡的

[108] 在A版中未分新段落。

[109] 在A版中未加重點號。

區別很明顯：在第二種情況中進行的是對語詞的單純理解，在第一種情況中所進行的則要更多。理解是相同的，但我們此外還做出判斷。讓我們來擴大一下這些例證的範圍。不同的個人可以期望、希望、猜測、懷疑等等這同一個東西：「S是P」，並且是在從屬性的表達行爲中。他們都理解這些共同的語詞；判斷者與對「S是P」的單純理解者所共有的那種東西，他們也都與判斷者一起共有。顯然，那種在判斷者那裡是附著於信念、願望、希望等等特徵而顯現出來的東西，在單純理解者那裡則是孤立地現存著（vorliegen）。單純理解在這裡就是單純表象，它始終爲同一個「質料」的行爲系列提供相同的基礎。當然，這種對表達性行爲的理解也可以引申地運用於非表達性行爲。

這肯定是一個站得住的論據。關於同一意義、相同的語詞理解和語句理解的說法指明了一個在各種不同的、在質料得到表達的行爲中始終相同的東西；甚至指明了這樣一個東西，我們不僅在這些行爲（信念、願望、希望等等）中添加了一個與這個東西有關的「執態」（「Stellungnahme」），即一個主體的行動，而且我們還以爲在一個主動性（Aktivität）中、在對理解的活動進行中同樣也占有了這個東西。然而，無論在這些東西中有多大一部分可以回歸爲特有的、確實是現象學的特徵之上，這裡都[110]需要注意：我們並沒

[110] 在A版中爲：即那些被我們完全以行爲的方式作爲一個行爲（aktio）、作爲一個主體的活動而添加進來的東西。然而，在這裡。

$B_1$453　A424

有像是用一種主動性來定義行爲這個概念，而是簡單地將這個詞作爲「意向體驗」這個表達的簡稱來使用。但我們將「意向體驗」理解爲任何一個這樣的具體體驗，它「意向地」與一個對象性發生「關係」，以熟悉的、只能透過例證來說明的「意識方式」。所以，對那種同一的理解又存在著兩種解釋的可能性：**要麼**這是一個共同之物，它不是完整的行爲，但卻是在有關行爲中賦予行爲以對象關係規定性的東西。而後，這個共同之物便在不同的行爲質性中被給予，各個行爲的完整的意向本質便由此而得以完備。**要麼**這個共同之物處在一個完整的意向本質之中，因此，一個共屬的群組的所有行爲都以一個特有的理解行爲爲基礎，這個行爲時而爲這些、時而爲那些行爲，或者毋寧說是行爲質性進行奠基；這樣，例如判斷[111]（透過單純表象對判斷質性的豐富）或願望（對願望質性的豐富）等等便產生出來。

無論如何，我們絕不能認爲已經可以確定：那種在**對陳述句的「單純理解」**中對奠基性表象的所謂孤立確實就是一種孤立，而且是在這裡所要求的意義上的孤立。在進一步的考察中更多會表明：**這個體驗與現時判斷的關係類似於例如單純想象表象與完全相應的回憶的關係**。這是與同一個在相同「意義」上被意識的對象的不同意向關係方式，這就意味著：這是**兩個具有相同質料和不同質性的行爲**。情況並不是這樣的：這兩個行爲中的一個行爲實項地

[111] 在A版中還有：即。

B₁454　A425

套接到另一個行爲之中，並且前者在後者中僅僅導致了一個新的質性的生成。[112]

第31節　對我們的觀點的最後一個指責。單純的表象與孤立的質料

誰在這裡無拘無束地深入到這些描述性關係之中，誰既不受偏見，也不受歧義性的迷惑，他就會與我們一同得出這樣一個信念：行爲意義上的表象，即那些作爲「**單純**」**表象**[113]而孤立地、尤其是與作爲種類特殊行爲的**判斷**[114]相對立的表象，它們在認識中並不起著像人們通常所認爲的那樣重要的作用，而且人們分派給這些表象的那些工作——即在所有行爲中使意向的對象性得以表象——是由**不獨立的體驗**[115]來承擔的，**這些不獨立的體驗必然屬於所**

[112] 在A版中爲：那種在對陳述句的「單純理解」中對奠基性表象的所謂孤立確實就是一種孤立，並且是在這裡所要求的意義上的孤立。在進一步的考察中更多地是表明，這個體驗與現時判斷的關係類似於單純想象表象與感知的關係。這是與同一個對象的不同意向關係方式，這就意味著：這是兩個具有相同質料和不同質性的行爲。它們兩個之中的任何一個行爲都不是單純的質料，或者不是實項地套接到另一個行爲之中，以至於這個行爲可以作爲另一個行爲的質料而被使用。

[113] 在A版中未加重點號。

[114] 在A版中未加重點號。

[115] 在A版中未加重點號。

有行爲，因爲它們作爲抽象的因素屬於所有行爲的意向[116]**本質**。

對立的一方會默默地一再受到以下論據的吸引：一個意向特徵要想能夠與一個對象之物發生關係，這個對象之物就必須**表象**給我們。如果我根本沒有表象一個實事狀態，那麼我又如何能夠將它認之爲眞、期望它、懷疑它，以及如此等等？**進行表象的東西**（Vorstelligmachende）恰恰就是這個**奠基性的表象**[117]。

這一點在實事上是無可指責的；這裡所說的東西是完全正確的；只是它並非是對我們觀點的批評。在每一個意向體驗中都確然地寓居著一個負責使實事得到表象的組元（Komponente）或方面（Seite）。但一個本身就是一個**完整的行爲**的組元——這恰恰是問題所在。首先這是與我們尤爲感興趣的**判斷**[118]以及作爲對**被判斷的實事狀態之表象**[119]而寓居於判斷之中的組元事例有關的問題。我們感到，這個組元就其本質因素而言，即就那個在它之中負責「表象」實事狀態的本質因素而言[120]，必定本質上與我們稱之爲**行爲質性**[121]的那些

$B_1$455　A426

[116] 在A版中未加重點號。

[117] 在A版中還有：，無論人們現在將它稱作表象，還是稱作質料。

[118] 在A版中未加重點號。

[119] 在A版中未加重點號。

[120] 在A版中爲：這個部分體驗。

[121] 在A版中未加重點號。

特徵不屬於同一個屬；換言之，它本質上必定與這樣一些熟悉的特徵不屬於同一個屬，由於這些特徵，被表象的實事才成爲被判斷的、被期望的等等實事。我們把前面所說的那種「單純」表象的特徵也看作是這一類特徵，但不把「內容」或質料的始終同一的因素看作是這一類特徵，即使它們，或者說，即使整個奠基性的行爲組元也被稱作表象或表象行爲。

人們最後還可能探尋這樣一條出路：如果人們承認，這些「內容」不是行爲質性，那麼，這些在行爲中、即在與行爲質性的補充交織中出現的內容看上去就完全有可能在其他的情況下也自爲地，或者說，在擺脫了所有行爲質性的具體體驗中出現。用後一種方式，單純表象的眞正事例便得以成立，它們是一些根本不是「行爲」的具體體驗，也就是說，倘若我們還堅持認爲，在行爲概念中必須包含著某個行爲質性的共存狀況，那麼情況便會是如此。

然而，在對與此有關的體驗進行關注性的本質考察的過程中，我們似乎不可避免地要把單純表象現實地理解爲一個行爲。我們根據範例直觀可以確信，質料與行爲質性的交織是抽象因素的交織。因此，質料不可能孤立出現，但它明見無疑地只有透過隨意的因素的補充才能獲得具體化，而這些隨意的因素在規律上是透過最高的行爲質性屬而得以劃界的。誠然，單純理解，以及整個單純「擱置」都在本質上完全不同於信仰的「設定」或其他猜測的、願望的「執態」等等。但這樣的話，我們便必須承認並且在現象學上確定：在行爲質性

的總體屬中存在著區別。7 [122]

7 對此參閱我的《純粹現象學與現象學哲學的觀念》第一卷，第三篇，第109節，第二二二頁以後。由於在那裡對「質性變更」（「中立性變更」）有了更深入的認識，因此提出了對一門關於「行爲質性」之學說進行進一步建構的要求，這門學說涉及在這一章中所作之思考的本質內涵，但也導致對這些已獲得的結論的部分修改性解釋。

[122] 在A版中爲：我們把前面所說的那種「單純」表象也看作是這一類特徵，但不把同一的「內容」或質料看作是這一類特徵，即使它們也被稱作表象或表象行爲。

我們的觀點無論如何會在這一點上，並且從根本上說是在一個次要之點上引起懷疑。如果人們承認，這些「內容」不是行爲特徵，那麼，這些在行爲中，即在與行爲特徵的補充交織中出現的內容，看上去就完全有可能在其他的情況下也自爲地，或者說，在擺脫了所有行爲特徵*的具體體驗中出現。用後一種方式，單純表象的眞正事例便得以成立，它們是一些根本不是「行爲」的具體體驗。

然而，在對與此有關的體驗進行關注性考察的過程中，把單純表象現實地理解爲一個行爲似乎是一種更正確的做法。透過內容而被當下化的對象同時也是某個朝向的對象，某個圖像化**考察的對象，或者是一種無論應當如何描述、與判斷、懷疑、猜測等等同屬一個個屬的「心理」活動的對象。誠然，這並沒有完全排除以下的可能性，即：內容有時自爲地出現，也就是說，在意向體驗之外出現。因爲我們的描述必然是在注意力的「目光領域」之內活動。那些超越出這個領域的東西，那些在較爲寬泛，而非較爲狹窄的意義上屬於「意識統一」的東西，它們不在我們考察的界限之內。但這種情況無論如何不適用於我們所諳熟的「單純」表象體驗。。* 參閱A本的附加與修改：行爲質性。** 參閱A本的附加與修改：擱置性。

第四章　在特別顧及判斷理論的情況下對奠基性表象所做的研究

第32節　表象這個詞的雙重意義以及「每一個行爲都透過一個表象**行爲**[1]而被奠基」這個命題所具有的被誤認的明見性

如果我們可以將前一章的結果看作是已確定了的，那麼我們就必須區分關於「表象」[2]的**雙重概念**。在**第一個**意義上的「表象」[3]是一個行爲（或者說，一個特有的**行爲質性**），就像判斷、願望、問題等等是行爲一樣。所有那些情況——即：分散的語詞或[4]完整的語句在其正常功能以外單純被理解的那些情況——都可以爲這個概念提供例證：我們理解陳述句、疑問句、願望句等等，同時自己卻不去判斷、提問、期望。與此相同的還包括所有那些對思想的非表達性的、不帶有任何「執態」的、「單純浮現地擁有（Vorschwebend haben）」，還有單純的想象以及如此等等。

在**另一個**意義上的「表象」[5]則不是行爲，而是**行爲質料**，它在每一個完整的行爲

[1] 在A版中未加重點號。
[2] 在A版中爲：**表象**。
[3] 在A版中未加引號。
[4] 在A版中爲：——無連結的語詞——以及。
[5] 在A版中未加引號。

中都構成意向本質的一個方面，或者具體地說，它是這樣一個質料，這個質料在與其他的、它爲了達到具體化而所需要的各個因素的聯合中——就是那種以後將被我們稱作代現（Repräsentionen）的東西。正如這種「表象」是任何一個行爲的基礎一樣，它也是（根據第一個意義的）表象行爲的基礎。如果質料是表象行爲的基礎，那麼[6]這個質料，即可以在各種不同的行爲中作爲同一質料而起作用的質料，便隨著一個特有的行爲質性「表象」、[7]以一種特有的「意識[8]方式」被給予。

如果我們根據以上的例子來確定關於單純表象行爲的說法，那麼無疑存在著這樣一種可能性，即：對這些行爲也可以做出像對其他行爲一樣的質性與質料的現象學分析。正如我們在判斷那裡區分信念的種類特徵與信念的內容一樣，在這裡也可以區分那種單純理解、擱置的特有心緒與構成這種理解之確定性的何物（Was）。這一點始終是有效的，無論人們選擇什麼樣的例證來說明單純表象或突顯它的概念。但我們必須始終關注[9]：我們在這裡的分析中所談的不是對行爲的可能分片，而是對這些行爲的抽象因素[10]或方面的區分。它們在比較

A428

[6] 在A版中爲：這樣。

[7] 在A版中爲：在一個特有的行爲質性「表象」中。

[8] 在A版中爲：意向關係。

[9] 在A版中爲：但還需要提醒的是。

[10] 在A版中爲：規定性。

性的觀察中展示出來，它們是包含在行爲本身的本質[11]之中的[12]因素，它們規定著將行爲納入到相同性或不同性系列之中的可能性。在這些系列中的那些直觀可證明的相同之物或不同之物恰恰就是那些方面，如質性和質料。所以，任何人也無法在方向、速度以及其他方面分解一個運動，但卻可以區分在這個運動上的這些規定性。

根據以上的研究已經可以得出，「每一個意向體驗或者本身是一個（單純）表象，或者以一個表象爲基礎」這個命題是一個被誤認的明見性。錯誤的根源在於表象所具有的上述雙重意義。如果理解正確，那麼這個命題的第一部分所說的是在某個行爲種類意義上的表象，它的第二部分所說的則是在單純的（在上述方式完備了的）行爲質料意義上的表象[13]。這個第二部分自爲地看，亦即「每一個意向體驗都以一個表象爲基礎」這樣一個命題，是一個眞正的明見性，只要表象被解釋爲完備的質料。

但在這裡有一個顧慮在告誡我們要小心。只有一種將「表象」解釋爲行爲的方式嗎？也許還可以對上述命題做其他的解釋，這些解釋始終還沒有爲我們的指責所接觸到？在這

B1458　A429

[11] 在A版中未加重點號。

[12] 在A版中還有：根據或。

[13] A本的附加與修改：確切地看，在這裡，行爲在排除行爲質性後所剩餘的一切都被算作是行爲質料；即，不單是立義意義，而且是全部「再現」（根據第六研究，第五六二頁以後）；但這個差異對進一步的考察沒有影響。

種情況下，我們的闡述雖然在它根據對表象這個詞的通常闡釋所預設的那個表象概念方面是確切的；但它在其他表象概念方面以及在由此而獲取的對這個多義變化命題的解釋方面則並非確切。

第33節　根據一個新的表象概念而對這個命題所做的修正。指稱與陳述

因此便產生出這樣一個*問題*，*根據一個其他的表象概念*是否就無法完整地堅持這個命題。

與行為統一相符合的是各個從屬於行為的客觀統一，是行為所「意向地」關涉到的那個（須在最寬泛意義上來理解的）對象性的統一。我們現在感到這個被思索的命題是可疑的，因為它將表象理解為某種*行為*[14]，這個行為應當與各個行為的總體對象統一發生關係，並為這個行為奠定基礎：那個在判斷中被意指、在願望中被期望、在猜測中被猜測以及如此等等的實事狀態，必然是一個被表象的實事狀態，並且是在一個特有的「表象」[15]行為中被表象的實事狀態。在這裡，表象這個標題包含著「單純」表象，即一個行為類，我們曾透過對分離語詞等等的單純理解，或者也透過對有關的、我們「完全中立地對待的」[16]陳述句的

[14] 在A版中未加重點號。

[15] 在A版中未加引號。

[16] 在A版中未加引號。

A430　$B_1$459

單純理解而對這個行爲類加以示範性的說明。但是，這個命題會立即獲得一個新的和無疑的意義，只要我們爲「表象」這個術語加上一個新的概念，這個新的概念很容易被理解，尤其是因爲，關於**名稱就是對表象之表達**的說法會將人們導向這個新概念。我們當然不能再要求，這種表象還意向地包含著各個行爲的總體客觀統一。也就是說，我們可以在「**表象**」的**標題下包容每一個這樣的行爲**，即：**在這樣的行爲中，某物在某種**「**較爲狹窄的**」[17]**意義上對我們成爲對象性的**，或是根據那些一舉把握性的（in einem Griff erfassend）、在一束意指的目光中（in einem Meinungsstrahl）意指著對象之物的感知和類似的直觀[18]，或者也可以根據那些**在範疇陳述中的單項的主語行爲**，即根據**那些**在假言陳述中作爲前項而起作用的**素樸前設性的行爲**，以及如此等等。

我們在這裡可以看到下列極爲重要的描述性區別：

如果我們進行一個**判斷**，一個自爲封閉的謂語陳述行爲[19]，那麼我們首先會覺得有某物**是或不是**[20]，例如「S是P」。但在這裡「表象」給我們的這個「是」（Sein）顯然也能夠以完全不同的方式表象給我們，只要我們說，「S的P狀態」（das P-Sein des

[17] 在A版中未加引號。

[18] 在A版中爲：感性**感知或臆構**。

[19] 在A版中爲：判斷。

[20] 在A版中未加重點號。

S）。同樣，「S是P」的實事狀態也可以在一個我們陳述「S是P」的判斷中被我們意識到，也可以在另一個判斷的**主語行爲**中被我們意識到，就像我們說，「S是P這個事實」，或者簡單地說，「S是P——導致了……，是可喜的，是可疑的等等」。同樣，如果我們在一個假言句或因果句的**前句**[21]中說「如果S是P」，或者說「因爲S是P」，在一個對立的後句中說「或者S是P」[22]，情況也是如此。在所有這些情況中，這個實事狀態——例如**不是這個判斷**——對我們來說都在另一個意義上是對象性的，並因此也在變化了的含義上是表象性的，這個含義已經不同於在判斷中的含義，這個實事狀態在其中建構該判斷的全部客觀相關物；這樣，它顯然便與事物在類似的意義上是對象性的，這裡的所謂事物是指我們在感知或想象或圖像觀看中透過一束目光所看到的那種事物[23]，——儘管一個實事狀態不是一個事物，並且根本不是一個在本眞的和較爲狹窄的意義上可以被感知、被臆構、被映象的東西。

在涉及那些**作爲主語發揮作用的**語句時，我們在前面的插入語中曾說，它們**不是例如對判斷的表象**，而是對**相應的實事狀態**的表象。這一點必須予以注意。判斷作爲具體的體驗當然

[21] 在A版中未加重點號。

[22] 在A版中爲：在一個對立句中說「或者（entweder）」。

[23] 在A版中爲：所看到的那種事物，或者是指我們在想象中所從事的那種想象客體，或者是指我們在繪畫中所觀察的那種被描畫的事物。

A431　$B_1$460

與事物一樣，是可能感知、臆構的對象，以及有可能是一個即使是非物理的映象的對象。這樣，判斷也可以作爲主語對象而在判斷中起作用。關於判斷的判斷便是這種情況。在對這些判斷的表達中，如果被判斷的判斷不僅僅受到間接的標示（例如作爲「這個」、「你的判斷」），一個語句就會處在主語的位置上。但是，當一個語句處在主語位置上時，這個語句並非始終具有指稱一個判斷的功能。對一個判斷所進行的判斷不同於對一個實事狀態的判斷；因此，從主語上表象或指稱一個判斷是一回事，從主語上表象或指稱一個實事狀態是另一回事。如果我譬如說，「S是P是可喜的」，那麼我所指的並不是，這個判斷是可喜的。在這裡，人們在判斷中所指的究竟是這個單個的行爲，還是這個語句，還是在特殊意義上的這個判斷，這也是無關緊要的。可喜的毋寧說是這個如此的狀態，這個客觀的實事狀態，這個事實。「S的P狀態（正義事業的勝利等等）是可喜的」這個客觀等值的、雖然在含義上有所變異的說法也表明了這一點。

如果人們以改變後的表象概念爲基礎，而且如前所述，放棄這樣的要求，即：表象作爲奠基性行爲包括了被奠基行爲的全部質料，那麼，前面曾被拒絕過的那個命題，即：每一個本身不是表象的行爲都必然奠基於一個表象之中，這個命題看上去便確實獲得了一個有價值的內容——我們或許完全可以[24]將它看作是一種明見性。當然，我們現在必須將這個命題

[24] 在A版中爲：可以冒險。

更確切地描述爲：每一個行爲或者本身是一個表象，或者便奠基於「一個或多個」表象之中。那些與此命題的第一部分有關的例證提供了感知、[25]回憶或期待、臆構等等單項的（單束的[1][26]）行爲。這便是「單純」表象。對此命題的第二部分的例證則提供了判斷（謂語陳述）以及與它們相對應的、在原先詞義上的單純表象。一個判斷至少要以一個表象爲基礎，正如每一個完全被說出的陳述至少會含有一個「名稱」。如果那種認爲簡單判斷具有「S是P」這種規範形式的流行看法是正確的，那麼我們甚至必須將兩個表象，或者說，兩個名稱設定爲最少的數量。但最大的數量則是無限的，在唯一的一個判斷中可能存在著任意多的表象，並且，即使人們將此歸因於這個判斷的複合，這也無關緊要；因爲任何一個複合判斷也都是一個判斷。

這個情況看起來也適用於所有其他的行爲，只要它們是完整的行爲。「願S是P」， A432

1　「單束」（einstrahlig）、「單項」或「單環節」（eingliedrig）與後面的「多束」（mehrstrahlig）、「多項」或「多環節」（mehrgliedrig）均指意向（目光）、意識方式的單一與雜多，或者說，行爲的簡單與綜合。——中譯注

[25]　在A版中還有：（純粹直觀的）。

[26]　在A版中爲：單層的（einfältige）。

「願眞理勝利」等等，這種願望在S和P中具有其表象，眞理是一個素樸的主語設定的對象，而願望便建基於在眞理上被謂語判斷地表象出來的勝利之上。在所有具有類似構造的行爲那裡，以及在較爲簡單的行爲那裡，例如：在那些直接建基於[27]直觀之上的行爲那裡，就像對一個被感知之物的喜悅那樣，情況也是如此。

最後我們還要補充一個命題[28]：在任何一個行爲組合中，最終奠基性的行爲必然是表象。

第34節　困難。名稱的概念。設定的與非設定的名稱

誠然，這個新的表象概念並非已經擺脫了困難。無可否認的是，那些注定被用作最後奠基的行爲在這一點上是共同的，即：它們都在某種確切的意義上使一個對象之物得到「表象」。但這並沒有說明：在這個意義上的表象是否標示著一個意向體驗的本質屬，而且是用這樣一種方式來標示，以至於這個屬的統一必然純粹透過行爲質性而得到規定，並且那些被排除在表象領域之外的行爲必然會完全屬於質性不同的屬。然而，剛才所說的那個共同性現

[27] 在A版中爲：建基於單項。

[28] 在A版中爲：至於表象本身，我們的命題並沒有回答，它們在可能的情況下是否同樣也奠基於表象之中。奠基或不奠基這兩種可能都存在，同時我們可以補充。

A433　$B_1$462

在究竟何在，這是一件根本不容易決定的事情[29]。

在這些方面還需要做更爲詳細的闡述。如果人們像通常所做的那樣，將名稱標示爲對表象的表達，那麼現在的表象概念在這裡便是本質可疑的。無論如何，所有在稱謂上可表達的「表象」構成了一個統一，我們首先要觀察這個統一。[30]誠然，關於表達之說法的不同意義導致了表象在這裡既可以是指稱謂的含義意向，也可以是指相應的含義充實。但這一種行爲與另一種行爲，非直觀的[31]行爲與直觀的行爲，它們在這裡都等同地屬於這個被劃定的表象概念[32]。我們[33]不能把名稱理解爲單純的名詞，僅憑它們自身並不能清楚地表現出一個完整的行爲。如果我們想要明確地把握住，名稱在這裡是什麼和意味著什麼，那麼我們最好是觀看一下名稱以正常含義作用於其中的各種聯繫，尤其是各種陳述。現在我們在這裡看到，那

B$_{1}$463

---

[29] 在A版中爲：那些注定被用作最後奠基的行爲在這一點上是共同的，即：它們都在某種確切的意義上表象一個對象之物，這一點是無可否認的。但是，在這個意義上的表象是否標示著一個意向體驗的本質屬，並且是用這樣一種方式標示，即，屬的統一純粹透過行爲質性而得到規定，並且被排除在表象領域之外的行爲必然完全屬於質性不同的屬——這是很難決定的疑難問題。

[30] 在A版中爲：決定性的。

[31] 在A版中爲：象徵的。

[32] 在A版中還有：，也不一同充塡這個概念。

[33] 在A版中還有：在這裡。

些應當作爲名稱起作用的語詞或片語，要麼能夠展示出一個完備的單層（einfältig）陳述主語（同時它們在這裡所表達的是一個完備的主語行爲），要麼（撇開句法構形不論）能夠在一個陳述中在不改變其意向本質的情況下行使單層的[34]主語作用，只有這時，這些語詞或片語才表達出一個完整的行爲。[2]據此，單純的名詞並不構成，也不與可能伴隨著的定語從句或關係從句一起構成一個完整的名稱；毋寧說，我們還必須再加上一個具有極爲重要的含義功能的定冠詞或不定冠詞。「這匹馬」、「一束花」、「一所用砂岩建造起來的房子」、「這次帝國議會的召開」——但也包括像「這次帝國議會召開了」這樣的表達，它們都是名稱。

現在讓我們來看一個奇特的區別。在許多情況中，但顯然不是在所有情況中，名稱、或者說，稱謂表象都是這樣一種類型的：它們將對象意指爲和指稱爲一個現實存在的對象，然而它們並不因此而比單純的名稱更多出什麼，換言之，它們並不能夠因此而被看作是完整的陳述。後一種情況已經因此而是不可能的，因爲陳述永遠不可能在含義不變的情況下取代主

2　因此，透過「A與B是P」，「A或B是P」這些例子而表明的在主語方面的聯言多樣性或選言多樣性是不可能的。我們也可以說：主語功能本身是一個簡單的功能，謂語陳述不是一個在擴展了的意義上的複數陳述。

[34]　在A版中爲：如其所是地行使。

語。雖然判斷可以作爲在被判斷對象意義上的判斷主語起作用，但永遠不能在意義不變的情況下作爲其他判斷的**主語行爲**、作爲「表象」起作用。在未做進一步論證的情況下，人們當然不願承認我們這個重要的命題。這個論證也會在進一步的研究中補上。因此，如果我們暫時撇開那些情況不論，即撇開完整的陳述似乎處在主語中的情況不論，那麼我們所要考察的便是名稱，如「海因里希王子」、「市場上的騎士塑像」、「過路的郵差」等等。誰在眞實的說法中和在正常的意義上使用這些名稱，誰就「知道」：海因里希王子是一個現實的人，而不是一個幻想中的形象、在市場上矗立著一座騎士塑像、郵差路過這裡。甚至比這還要更多些。這些對象在他看來肯定不同於那些被臆構的對象，而且這些對象不僅僅作爲存在著的東西顯現給他，他也將它們表達爲這樣一種東西。但他仍然在指稱的行爲中未對所有這些做任何謂語陳述；即使他作爲例外至少會以定語的方式，亦即以「現實存在著的S」這樣一種形式陳述出這個存在（在相反的情況下他也許會說：「被誤認的S」，「被臆構的S」，以及如此等等）。但這個設定也是在這個從語法上得以豐富的名稱中（這個名稱所經歷的是否不是單純的意義擴展，而是一個本質的意義變異，這個問題始終是被擱置的）透過行爲所具有的這個在定冠詞中被表達出來的因素而得以進行的，而唯有質料才發生了變化。無論如何，即使如此，這裡所陳述（謂語陳述）的也不是「S存在著」，而是S（在其可能的意義變異中）以定語的形式被表象爲**現實存在**的，此外它還被設定，並且因此而以「**這個**現實存

A435　$B_1$464

在的S」的形式被指稱；而指稱在這裡就其意義來說也與陳述不同一。[35]

如果人們承認這一點，那麼我們就需要區分兩種名稱，或者說，兩種稱謂行為，一種名稱賦予被指稱之物以存在的價值，另一種則不做此事。如果需要的話，每一個實存性思索的稱謂質料都可以為後一種名稱提供例證，這種質料確實不帶有任何存在－執態。[36]

將一個假言前句與一個因果前句加以比較就會表明，我們在其他的奠基性行為那裡顯然也可以找到類似的區別；但這是不足為奇的，因為這些行為與稱謂行為本質上相近。在設定性的行為與不設定的行為之間的區別一直延伸到在現在這個意義上的整個表象領域之上，這個領域已經遠遠地超出了真正稱謂表象的領域。在那些與此有關的直觀表象、即那些本身不起稱謂作用，但卻具有充實稱謂含義意向之邏輯使命的表象的領域中[37]，設定的行為是：感

[35] 在A版中為：但是，儘管如此而得以豐富的名稱與素樸的名稱具有邏輯上的等值性，這兩者的含義差異是無可置疑的。這個設定也是在這個已豐富了的名稱中透過行為所具有的這個在定冠詞中被表達出來的因素而得以進行的，而唯有質料才得到了擴展。無論如何，即使如此，這裡所陳述的也不是「S存在著」，而是S以定語的形式被表象為現實存在的，此外它還被設定，並且因此而以「這個現實存在的S」的形式被指稱；而指稱在這裡就其意義來說也與陳述不同一。

[36] 在A版中為：每一個否定的實存性判斷的稱謂質料都可以為後一種名稱提供例證，就像「沒有一個只有兩個角的三角形」。在A版中未分新段落。

[37] 在A版中為：直觀表象、即那些本身不起稱謂作用，但卻具有充實稱謂含義意向之邏輯使命的表象的較為狹窄的領域中。

性的、在設定性意指的一束光中獲取對象之物的感知、回憶和期待。不設定的行爲則是相應的、由於其存在價值被剝奪而是異常的感知，例如擺脫了對顯現物之現實的所有設定的[38]幻想，同樣還包括任何一個單純想象[39]的情況。**在每一個設定行爲中都包含著一個可能的、具有同一質料的不設定行爲，反之亦然。**

這個在特徵方面的區別現在顯然是一個**質性區別**，因此在表象概念中包含著某種不一致性。我們還可以在嚴格的意義上談論一個表象屬嗎？我們還可以認爲，設定性的表象和不設定的表象是這個統一屬的種或差嗎？[40]

人們認爲，[41]困難可以一舉被克服，只要人們將設定性行爲理解爲被奠基的行爲，並且因此而可以認爲，它們本身根本不是單純表象，而是奠基於表象之中，那個設定的特徵（人們在這方面只需考慮，這種特徵是否完全自明地與判斷質性的特徵是同類的[42]）是新附加給

A436

[38] 在A版中爲：隨著對顯現物之現實的懷疑而一起出現的。

[39] 在A版中爲：臆構。

[40] 在A版中還有：難道不會出現這樣一個想法，一個被重要的研究者看作是可靠眞理的想法：設定性的、賦予存在價值的行爲在質性上與判斷相近，亦即與判斷同屬於一個質性屬，而我們卻把這個質性屬排斥在表象領域之外？

[41] 在A版中還有：第一個問題的。

[42] 在A版中爲：可以爭論，這種特徵是否與判斷屬於同一類。

單純表象的。

但根據我們在前面所做的分析，這種觀點看起來相當可疑。正如一個單純表象行爲不能脫離開一個感知，或者，正如一個單純被理解的、但未被判斷的陳述不能脫離開一個現時陳述一樣，一個無設定的行爲例如也不能脫離開稱謂含義意向的設定行爲。對稱謂行爲與陳述行爲的這種類比必然是一個完善的類比，因爲每一個設定的和完整的稱謂行爲都先天地有一個可能的獨立陳述與之相符，而每一個不設定的行爲都先天地有一個相關的變異了的陳述（單純陳述理解）的行爲與之相符。這個分析因此也就會在更爲寬泛的領域中得出這樣一個結論：具有相同內容的設定行爲和不設定行爲[43]的共同之處不在於一個完整的行爲，而在於一個單純的質料，這個質料在兩種情況中是在不同的行爲質性中被給予的。人們可以單純地理解一個名稱，但這個單純理解並不包含在對這個名稱的設定性使用中。所以，這並不是一條能夠在表象這個類中，即在現在的稱謂行爲意義上的表象類中，消除這個可疑分裂的途徑。

$B_1$466

第35節　稱謂設定與判斷。判斷是否能夠成爲稱謂行爲的部分

但我們現在要回到前面所提出的關於設定性表象與陳述性判斷之間的相似性問題以及它

[43] 在A版中爲：設定名稱和不設定名稱。

們之間正確關係的普遍問題上。也許人們會試圖將這兩種行爲的區別看作是一個非本質的區別，而且例如會說[44]：設定性的名稱當然不是陳述，也就是說，不是獨立的謂語陳述，不是對一個所謂自足的判斷的表達。因此，它所提供的判斷只是這樣一個判斷，這個判斷[45]被用來作爲另一個建基於它之上的行爲的前提或基礎。正是這個不改變判斷之意向內涵的功能在分別規定著語言的形式。如果有人說「過路的郵差」……，那麼在其中當然便包含著「郵差路過這裡」的判斷。稱謂的形式只是對命題性（thetisch）主語功能的指示，它指明會有進一步的謂語設定產生出來。

然而，我們幾乎不可能贊同這種將有關區別完全外在化的做法——就好像在保持同一的判斷上僅僅連結了新的行爲，而且名稱的語法形式僅僅是對這種連結方式的間接指示特徵一樣。大多數邏輯學家，包括像鮑爾查諾這樣思想深刻的邏輯學家，都把名稱與陳述之間的區別看作是一個本質區別，而[46]這門日趨成熟的科學將會證明他們是合理的。在兩方面可能

[44] 在A版中爲：前面所涉及的關於設定性表象與判斷之間的相似性問題以及它們的正確關係的普遍問題尤其會帶來困難。也許人們會試圖再造並堅持前面所反駁的那種思想，這種思想企圖將稱謂的設定恰恰理解爲判斷的一種形式。例如人們說。

[45] 在A版中爲：它是一個判斷，但它現在只是。

[46] 在A版中還有：我相信，。

存在著一個[47]共同之處，但如果說這個區別只是一個外在的區別，那麼這必定會遭到否定。

> 更確切地說，人們必須弄清，稱謂行爲與完整的判斷永遠不可能具有同一個意向本質，因此，每一個功能轉變，即一個功能向另一個功能的轉變，即使在保持共同的組成的情況下也會在這個本質中引起必然的變化。

在這裡會引起[48]迷惑的大都是這樣一種狀況，即：眞正的謂語判斷、*完整的陳述*事實上可以在*「某種方式」上主語地發揮*作用。儘管這些陳述在這裡並不是主語行爲本身，它們也以某種方式補加給主語行爲，即作爲與在其他方面已被表象的主語有關的*限定性判斷*補加給主語行爲。例如：「這位大臣——他剛才已經先走了——將會做出決定」。人們在這裡也可以不用插入句而在無須改變意義的情況下說：「這位剛才已先走了的大臣」；或者「這位——剛才先走的——大臣」。但人們會看到，這樣一種理解並不始終是貼切的。儘管定語陳述常常可以展示一個限定性的謂語陳述，但即使它始終這樣做——何況這無疑是不可能的——，它也只涉及主語名稱的一部分。在刪除了所有這些限定性附加之後，剩餘下來的只是完整的名稱；而要想用一個只起主語作用的判斷來替代這個名稱，其結果只能是徒勞無益。在我們的例子中，限定性謂語陳述所依附的是「大臣」這個名稱，從這個名稱上無法再

[47] 在A版中爲：特徵上的。

[48] 在A版中還有：欺騙。

分割出第二個謂語陳述。在這裡奠基性的判斷是什麼？它在獨立的理解中叫做什麼？例如「大臣」就意味著「這位——他是大臣」？但這樣一來，「這位」（der）就是一個完整的名稱，並且會要求一個自爲的判斷。但這個判斷又如何陳述自己？例如：它是否是在獨立理解中受到這樣的陳述的判斷：「這位實存著」（der existiert）？但這裡又包含著同一個主語「這位」，於是我們陷入到一個無窮後退（unendlichen Regreß）之中。

毫無疑問，[49]名稱的一大部分、[50]也包括定語名稱，都直接或間接地「起源於」[51]判斷，並且根據這種起源而可以回歸爲判斷。但是，這種關於起源和回歸的說法已經表明，名稱與判斷是不同的。這裡的區別是如此明顯，以至於我們不會因爲理論成見的緣故或爲了更爲簡便起見就可以撇開這個區別而不顧。先行的判斷還不是從它之中產生出來的稱謂含義。**在名稱中作爲判斷的沉澱而被給予的東西並不是判斷，而是一個不同於判斷的變異**。在發生了變異的行爲中不再含有未變異的行爲。如果我們經驗到或明察到，「哈勒城位於薩勒河畔」、「π是一個超越數」，那麼我們便會繼續說，「薩勒河畔的哈勒城」[52]、「超越數

[49] 在A版中還有：從發生上看，。

[50] 在A版中爲：甚至。

[51] 在A版中未加引號。

[52] 在A版中爲：如果我們認識到一個科學思考的結論，即：兩個數字a、b單義地規定了一個冪ab，那麼我們在進一步的數學判斷和思考中便可以說「冪a^b」。如果我們認識到，「π是一個超越數」，那麼我們便會說。

π」。我們在這裡並不再進行[53]這個判斷，至少不要求進行這個判斷，而且，即使這個判斷附帶地被做出，它也不會更有利於這個稱謂含義的行爲。在任何情況下都是如此。

誠然，我們在前面曾談到，判斷可以在限定作用中出現；但對此不能做完全嚴格的和眞正的理解。因爲更確切地看，這個作用僅僅在於，使那個豐富著名稱的定語陳述[54]在我們眼前產生出來。判斷本身不是定語[55]作用，而且也永遠不可能行使這種作用；判斷只提供一個基地，定語[56]含義在這個基地上現象學地產生出來。如果這個作用得以完成，那麼判斷便可以消失，而定語[57]連同它的含義作用卻持存下去[58]。因此，在例外的情況下，我們所涉及的便是組合；定語作用與謂語作用交織在一起；謂語作用使定語作用從自身中產生出來，但同時卻附帶地自爲有效——所以才有那種在插入句中的正常表達。定語作用的通常情況則擺脫了這種複雜性。如果有人談到「德國皇帝」或「超越數π」，那麼他並不是指「皇帝——這是德國皇帝」或「π——這是一個超越數」。

[53] 在A版中爲：再造。

[54] 在A版中爲：限定。

[55] 在A版中爲：形容詞。

[56] 在A版中爲：形容詞。

[57] 在A版中爲：形容詞。

[58] 在A版中爲：繼續起作用。

爲了能夠完整地理解剛才所做的闡述，這裡還需要做一個重要的補充。我們說過，在進行了「變異的」行爲中不再含有「原初的」行爲，「原初的」行爲至多是附帶地並且以可或缺的方式與「變異的」行爲糾纏在一起。但這並不排斥這樣一種可能性，即：「原初的」判斷以某種方式「邏輯地」「處在」「變異的」行爲之中。這裡需要注意，**絕不能在一種經驗—心理學和生物學的意義上理解關於「起源」和「變異」的說法，相反，這種說法表達了一個建基於體驗的現象學內涵之中的特有本質關係**。稱謂、定語表象的本己本質內涵就在於，這種表象的意向「回歸到」相應的判斷上，它將自己作爲對這個判斷的「變異」而給予自身。如果我們「實現」「這個是P的S」（「這個超越數π」）這種類型的表象的意義，完全清晰和本眞地實施這個意義；如果我們因此而踏上對「被意指之物」這樣一個表達進行充實證明的道路，那麼我們可以說是必須訴諸於相應的謂語判斷，我們必須進行這種判斷，並且從這個判斷中「原初地」獲取稱謂表象，使此表象從這個判斷之中產生出來、被推導出來。同樣的情況在經過必要的修正後也適用於不設定的定語表象。從現象學上說，這些表象在「本眞的」進行中需要有那種在質性上變異了的謂語陳述行爲（現實判斷的對立面），這樣才能夠從這些行爲中原初地產生出來。因此，在定語表象的本質中現象學地包含著某種間接性，這種間接性一方面透過有關起源、推導的說法，另一方面透過有關回歸的說法而得到表達。於是可以得出，對每一個稱謂定語之有效性的論證都先天必然地回歸到相應判斷的有效性上，並且必須與此相關地說：稱謂對象在對它的各種範疇理解中是從所屬的實事狀態中

「被推導出來的」，這個實事狀態在其眞實存在中自在地先於稱謂對象。

因此，根據這些闡述，我們可以[59]完全一般地聲稱，在名稱與陳述之間存在著區別，這些區別或是與合乎含義的本質有關，或是建立在作爲本質不同的行爲的「表象」和「判斷」的基礎上[60]。在意向本質中，人們是感知地把握一個存在之物，還是判斷「它存在著」，其結果並不是一樣的；與此相同，人們是指稱這個存在之物本身，還是對它陳述說（謂語陳述）「它存在著」，其結果也不一樣。

如果我們現在注意到，每一個設定性的名稱都明見地有一個可能的判斷與之相符，或者說，每一個定語都明見地有一個可能的謂語與之相符，反之亦然；那麼，在我們否認了這些行爲在其本質方面的同一性之後，留存下來的便只有這樣一個看法：這裡存在著規律性的、而且顯然是觀念規律性的聯繫。這種聯繫作爲觀念規律性的聯繫並不是指這些相互排列的行爲的因果產生或經驗共存；而是指在這些有關的、可以在觀念上被把握的行爲本質[3]

3 在純粹邏輯—語法上，這裡有一種建基於意指的純粹本質之中的含義變更。（參見本書第四研究，第三一四頁。）

[59] 在A版中爲：因此很明顯，這裡關係到兩種本質不同的體驗，所以我們可以。

[60] 在A版中加有重點號。

A440

之間的某種觀念規律性的有效共屬性，這些行爲本質在現象學的觀念性王國中同樣具有它們的「存在」以及它們的「存在秩序」，就像純粹的數以及幾何構形的純粹天性在算術的或幾何的觀念性王國中也同樣具有的那樣。如果我們進入到純粹觀念的先天範圍之中，我們就可以說，從有關行爲的特殊含義本質來看，如果「人們」在純粹的、即絕對的普遍性中不「能夠」進行那些被歸諸於這些行爲的行爲，那麼「人們」也就不「能夠」進行這些行爲；我們甚至還可以說，即使從有效性邏輯學方面（geltungslogischer）來看，這裡也存在著規律等值形式中的歸序（Zuordnung）[61]，以至於如果不「潛在地」承認「S存在」，那麼人們——合理地——例如就不能開始說「這個S」。換言之，一個帶有某些設定性名稱的語句有效，而與這些名稱相符的存在判斷卻無效，這是一個先天的不相容性[62]。這是源自「分析的」觀念規律群組中的一個觀念規律，這些觀念規律建基於思維的「單純形式」之中，或者說，建基於範疇之中，即建基於作爲從屬於「本眞」[63]思維之可能形式的種類觀念的範疇之中。 $B_1$471

[61] 在A版中爲：從有關行爲的特殊含義本質來看，如果「人們」不「能夠」承認那些被歸諸於這些行爲的行爲是合理的，那麼「人們」也就不「能夠」進行這些行爲。

[62] 在A版中加有重點號。

[63] 在A版中爲：現時。

第36節　續論：陳述是否能夠作爲完整的名稱發揮作用

我們還必須[64]考慮一組重要的例證，以便能夠透過它們來證實我們對稱謂行爲與判斷之間關係的看法。這裡所涉及的是這樣一些事例，即：**陳述**句不僅在限定的意圖中得到運用，而且似乎在此——作爲現時陳述——構成名稱的**部分**，而且它們**看上去**恰恰是作爲名稱，**作爲完整的名稱**在發揮作用。例如：「終於下雨了，這使得農夫們很高興」。主語句是一個完整的陳述，這一點似乎是無可否認的。它指的是，現實地下雨了。這個判斷透過一個從句的方式所獲得的表達已經發生變異，因而這個表達在這裡只能被用來暗示這樣一個狀況：陳述在這裡處在主語位置上，它應當爲一個建基於其上的謂語設定提供根據行爲（Grundakt）。

所有這些聽起來都很動聽。但如果這種觀點在這些事例上獲得了現實的依據，而且這個觀點在這些事例方面的確是可靠的，那麼也就立即會產生出這樣一個疑問：儘管這種觀點受到我們的指責，它是否在更寬泛的範圍中仍然還可以堅持下去。

讓我們來進一步思考這個例子。對農夫們所高興的是什麼這個問題，人們回答說：「對**此**……，」或者「**對這個**事實，即終於下雨了」。因此，這個在存在方式中被設定的實事狀態是高興的對象，是被陳述的主語。我們可以對這個事實做不同的指稱。我們可以像在所有

[64] 在A版中爲：想。

其他對象那裡一樣簡單地說，「這個」，但我們也可以說，「這個事實」，或者更確定地說，「下雨這個事實」、「雨的落下」等等；其中也包括例子中的「下雨了」。在這個並列之中清楚地表明，這個語句是一個名稱，並且正是在對事實的所有其他稱謂表達意義上的名稱，並且它在所有意義給予的行爲中與其他名稱並無本質區別。像其他名稱一樣，它也進行指稱，並且指稱地進行表象，並且正如其他名稱指稱其他東西、事物、特性等等一樣，它指稱的（或者說，它表象的）恰恰是一個實事狀態，特別是一個經驗事實。

那麼現在在這個對此實事狀態的指稱與在獨立陳述中對此實事狀態的陳述之間存在著何種區別呢？在我們所舉的例子中，「終於下雨了」就是這樣一個陳述。

會有這樣一種情況出現：我們首先進行陳述，然後才以指稱的方式與實事狀態發生關係：「終於以及如此等等——這使得農夫們高興」。我們在這裡可以研究一下這個對比；它是無可置疑的。這個實事狀態在這一方面和另一方面是同一個，但它以完全不同的方式成爲我們的對象。在素樸的陳述中，我們對雨以及它的落下進行判斷；這兩者在確切的詞義上成爲我們的「對象」，它們是「被表象的」[65]。但我們所進行的並非是一種單純對表象的先後排列，而是一個判斷，一種特有的、將表象加以連結的「意識統一」[66]。而在這種連結中，關於實事狀態的意識對我們構造起自身。進行這個判斷與以這種「綜合的」、根據「某物」

[65] 在A版中爲：這一點在確切的詞義上成爲我們的「對象」，它是「被表象的」。

[66] 在A版中未加重點號。

來設定某物的方式意識到一個實事狀態，這兩者是一而二，二而一的。一個命題被設定，隨後第二個不獨立的命題也被設定，以至於在這些命題的相互奠基中，實事狀態的綜合統一被意向地構造出來。這個綜合的意識顯然不同於所謂在一個單束的命題中、在一個可能的素樸主語行爲中、在一個表象中與某物的對置（Gegenübersetzen）[67]。人們在比較的過程中必須關注，雨是以什麼方式「被意識」到的，並且首先人們必須對判斷意識，即：這個實事狀態的被陳述狀況（Ausgesagtsein），與在我們所舉事例中直接劃界的表象意識進行比較，即與這同一個實事狀態的被指稱狀況（Genanntsein）「這會使農夫們高興」的表象意識進行比較。「這（das）」就像一個手指一樣指明了被陳述的實事狀態。因此它指的是這同一個實事狀態。但這個意指不是判斷本身，判斷本身已經先行，也就是說，它作爲具有這些和那些屬性[68]的心理事件已經流走；相反，這個意指是一個新的和新型的行爲，它作爲指明性的行爲與那個事先已經在單束的命題中綜合地（亦即多束地）構造起來的實事狀態正[69]相對立，即在與判斷完全不同的意義上以此實事狀態爲對象。據此，這個實事狀態在判斷中「更原初地」被意識到；那個單束地指向這個實事狀態的意向以多束的意向爲前設，並且在其本

[67] 在A版中爲：進行這個判斷與以這種方式意識到一個實事狀態，這兩者是一而二，二而一的。但這個意識顯然不同於對象性的擁有（Gegenständlichhaben），不同於在一個可能的主語行爲中、在一個表象中與某物的對置。

[68] 在A版中爲：這樣和那樣構造起來。

[69] 在A版中爲：在主語上與實事狀態。

眞的意義上回歸爲多束的意向。但在每一個多束的意識方式中都先天地建立著被轉移到單束 $B_1$474
的意識方式之中的可能性（作爲「觀念的」本質規律性），實事狀態在這種單束的意識方式中在確切的意義上成爲「對象」或「被表象」。（就像例如在一個幾何構成物的觀念本質中先天地建立著這樣一個可能性，即：「人們」可以在空間中轉動它，透過變形而將它改變爲某個其他的構成物，以及如此等等。）無論如何，現在很明顯：[70]「意識的方式」、客體成爲意向客體的方式在兩方面是各不相同的——但這只是對此的另一種表達而已，即：我們所涉及的是「本質」不同的行爲[71]，是具有不同意向本質的行爲。

如果我們[72]撇開這個眞正的指明不論，那麼在前面這個例子中所強調的[73]「這個（das）」的本質也就包含在那個**處在主語位置上**的（並且處在某個恰恰要求[74]表象的聯繫中的任何一個其他位置上的）**單純**語句的思想中，正如另一方面在獨立的和本眞的陳述之思想中必然**不會含有**這個本質一樣。**一旦那個作爲定冠詞之基礎的含義因素活躍起來，一個在**

[70] 在A版中爲：儘管這個實事狀態以某種方式也在判斷中被意識到；但並非如此地被意識到，以至於它在判斷中確切地說就是一個**對象**。

[71] 在A版中未加引號。在A版中加有重點號。

[72] 在A版中還有：現在。

[73] 在A版中爲：這個。

[74] 在A版中還有：稱謂。

現在意義上的表象也就得以進行。[75]無論語言或對話是否確實需要冠詞，無論人們是說「der Mensch」（人），還是說「homo」（人），是說「Karl」（卡爾），還是說「der Karl」（這個卡爾），這都是無關緊要的。顯而易見的是，這個含義因素在起主語作用的語句「S是P」中不會缺失。事實上，[76]「S是P」就意味著「這個，即：S是P」，或者僅稍做改寫，「**這個事實**，這個狀況等等，即：S是P」。

根據所有這些來看，這個事態並不會導致我們在這裡談及一個判斷，[77]一個可能是**主語**或完全就是一個**稱謂行為**的現時謂語陳述。毋寧說，我們可以十分清楚地看到，在**作為實事狀態的名稱**[78]而起作用的**語句**[79]與在意向本質方面關於相同實事狀態的相應**陳述**[80]之間存在

[75] 在A版中還有：定冠詞甚至暗示出對象關係的「確定性」，就像不定冠詞暗示著對象關係的「不確定性」一樣。

[76] 在A版中為（另起一個新段落）：這個含義因素現在也存在於起主語作用的語句「S是P」。所以很明顯，我們剛才對單純的「這個」（das）所做的闡述也對主語句有效，這個主語句已經透過它的語法形式而回指著另一個含義因素，在這裡是指它應當關涉的那個名稱。即使這個稱謂的載者在表達中喪失，它的含義內涵對於完整的名稱來說仍然是不可或缺的，所以。

[77] 在A版中為：實際上。

[78] 在A版中未加重點號。

[79] 在A版中未加重點號。

[80] 在A版中未加重點號。

著一個**區別**[81]，這個區別只有透過觀念規律性的關係而得到中介。**在不改變其本質本性的情況下**，也就是說，在不改變其合乎含義的本質以及不隨之而改變含義本身的情況下，**一個陳述永遠不能作爲名稱起作用**，或者，**一個名稱永遠不能作爲陳述起作用**。

當然，這並不是說，一致的行爲彼此在描述方面就是完全異己的。陳述的質料與稱謂行爲的質料是部分同一的，兩方面都是借助於同一些術語來意指同一實事狀態，儘管是以不同的形式。據此，在表達形式上的較爲相近性並非偶然，而是建基於含義之中。如果**表達**即使在含義作用改變的情況下仍然保持不變，那麼我們所涉及便是一個歧義性的特殊事例。它從屬於那樣一類更爲全面的事例，在這些事例中，表達是在**異常的含義**中起作用。顯然，這些植根於含義領域的純粹本質之中的異常是一種**純粹語法方面**的異常。4

這樣，我們的觀點便始終可以得到前後一致的貫徹，我們始終區分表象與判斷，並且在表象之內區分設定的、賦予存在價值的表象與不設定的、不賦予存在價值的表象。我們也

A444

4 參閱本書第四研究，第11節，第三二一頁以後[82]和第13節的「補充」，第三三三頁[83]。

[81] 在A版中未加重點號。

[82] 在A版中爲：尤其是第三一一頁。

[83] 在A版中爲：第三一六—三一七頁。

可以毫不猶豫地**否定因果前句**[84]、「因爲S是P」這一類語句**所具有的判斷特徵**，**並且使它們與假言前句處於一種關係之中**，**這種關係與我們**[85]**所認識到的在設定性名稱與不設定名稱之間的關係是同一個關係**。儘管這個「因爲」可以回歸爲一個陳述著「S是P」的判斷；但這個判斷在因果句本身之中並沒有被進行，這裡沒有再陳述「S是P」，而是在一個素樸的「表象性」底座上——這個底座作爲在其本眞意義上的因果前句命題而被描述爲因果判斷綜合的變異——建立起（「據此」而進行）第二個後句命題。這個整體是判斷綜合的一個新形式，它的意義內涵在僅僅略作改寫的情況下可以表達爲：[86]這個奠基性的實事狀態的存在**決定**著隨後出現的實事狀態的存在。只有以這種**組合**[87]的方式，前句與後句在這裡才能**除此之外**[88]還作爲判斷起作用，就像我們陳述說，「S是p，並且因爲如此，所以Q是r」。這裡的問題不僅在於，綜合性地堅持這個結果，而且還在於，判斷性地、在關係性的綜合的意識本身之中擁有和堅持這兩個實事狀態：「S是p」和「Q是r」。[89]

[84] 在A版中未加重點號。

[85] 在A版中爲：此外。

[86] 在A版中爲：被陳述爲。

[87] 在A版中加有重點號。

[88] 在A版中未加重點號。

[89] 在A版中爲：在那種透過傳訴來接收的情況中常常出現的那樣。

剛才所做的這種擴展表明，在較爲狹窄的和本眞的意義上的稱謂表象對我們來説僅僅代表著一種更爲寬泛的，但具有確定範圍的「命題的」、「單束設定的」行爲。在後面也必須堅持這一點，即使我們的考察會束縛在現實的稱謂表象上；據此，「稱謂表象」這個術語只要作爲類術語起作用，它就必須在一個相當寬泛的意義上被理解。

或許也需要關注那個在這裡起著決定作用的術語，根據這個術語，「判斷」被理解爲一個獨立完成的陳述所具有的含義。這個含義不經歷內部的變異就無法成爲一個假言前句或因果前句的含義，就像它也不能成爲稱謂含義一樣；這便是我們在前面[90]所確定的命題。

[90] 在A版中爲：剛才。

第五章　關於判斷學說的進一步研究。「表象」作為稱謂行為和陳述行為的質性統一屬

A445
$B_1$477

第37節　以下研究的目的。客體化行爲的概念

前面所進行的這些研究尚未解決在第34節[1]一開始所提出的問題。我們結論是：「表象」與「判斷」是本質不同的行爲。在這個結論中——這些語詞的多義性要求我們一再回溯到那些恰恰是關鍵性的概念上——所談到的「表象」是在稱謂行爲意義上的表象，而「判斷」是在陳述、而且是在正常的、自身封閉的陳述之進行（Vollzug）意義上的判斷。指稱與陳述因而不「單純」在語法上是不同的，而且是「本質不同的」，而這又意味著，這兩方面的行爲，無論它們是含義賦予的行爲，還是含義充實的行爲，都在其**意向本質**方面各不相同，並且在這個意義上作爲**行爲種類**而各不相同。我們是否以此而證明了：表象與判斷、那些賦予指稱與陳述以含義和充實性意義的行爲，它們屬於意向體驗的不同「**基本類別**」（Grundklassen）[2]？

不言而喻，對此必須做否定的回答。這裡[3]沒有談及這一類東西。我們必須考慮到，意向本質是由「質料」和「質性」[4]這兩方面所構成，並且毫無疑問，對行爲的「基本類別」

[1] 在A版中還有一注腳：第四三三頁。

[2] 在A版中爲：「不同**基本類別**」。

[3] 在A版中還有：**根本**。

[4] 在A版中未加引號。

的區分只涉及行爲質性。我們還要進一步考慮到，從我們的闡述中並沒有得出：稱謂的和陳述的行爲必定具有**完全不同的質性**，當然也就必定具有不同的質性屬。

人們不應對最後強調的那一點抱有異議。在**我們的**意義上的行爲質料根本不是某種對行爲來說異己的東西、某種外在地附加在行爲之上的東西，而是行爲意向、意向本質本身的一個內部因素、一個不可分割的方面。關於「不同的意識方式」的說法，即我們在「不同的意識方式」中可以意識到同一個實事狀態的說法，不應當使我們產生迷惑。這種說法指明了不同的行爲，但它並不因此而就指明了各種不同的行爲質性。在質性同一的情況下（在構設質料這個觀念時我們便以此爲導向[1]），同一個對象性還能夠以不同的方式被意識到。例如：人們可以考慮一下等值的設定性表象。它們恰恰是借助於不同的質料而朝向同一個對象。所以，在一個陳述向一個稱謂的（或者一個與它相等的）功能——我們在前面強調過這個功能——過渡的過程中，那些本質性的含義變異所具有的內容可能僅僅在於：在**質性保持同一**，或至少（根據稱謂變異方式的不同）在**質性屬保持同一**的情況下，**質料發生變化**；除此之外，別無其他的內容。

在這裡所描述的是一個現實的事態，這一點已經透過對質料本身的關注考察而得到表明。我們在前面所討論的例證中已經認識到，在陳述含義被引申地運用到主語功能之中

A446 $B_1$478

1　參閱此項研究前面第20節，第四一四頁。

時，有必要透過在稱謂上有含義的冠詞或者透過像「這個狀況，即……」、「這個事實，即……」這樣的稱謂表達來進行補充，這個補充向我們證明，對意義的重新解釋是在同一被引申運用的質料的本質內涵的哪些方面宣示出來，也就是說，那些在原初陳述中不具有的立義功能，或者說，那些在原初陳述中由其他功能所代表的立義功能，是在什麼地方出現的[5]。我們處處可以看到，這兩方面相互一致的本質因素[6]經歷了一個不同的「範疇構形」[7]。例如人們也可以比較一下「[8]S是P」這個形式與它的稱謂變異「[9]是P的S」。

另一方面，下面的考察將會表明，就質性方面來看，在稱謂行為與陳述行為之間存在著屬的共性，與此同時，我們會完成對一個更新的表象概念的劃界，這個表象概念與最後被考察的那個表象概念相比還要寬泛，而且更為[10]重要，這個新的概念使那個關於每一個行為都

B1479
A447

[5] 在A版中還有：那些在原初陳述中不具有的質料因素，或者說，那些在原初陳述中由其他因素所代表的質料因素在哪裡補充給那些同一地被引申運用的質料。

[6] 在A版中為：組成部分。

[7] 在A版中未加引號。在A版中未加重點號。

[8] 在A版中還有：一個。

[9] 在A版中還有：一個。

[10] 在A版中為：無比。

建基於表象之中的命題獲得了一個新的和特別重要的解釋。[11]

爲了堅持對現在這兩個「表象」[12]概念的區分，我們（並不另外做出最終的術語建議）在涉及較爲狹窄的表象概念時說「稱謂行爲」，在涉及較爲寬泛的表象概念時則說「客體化的行爲」。在前一個標題下所指的不僅是那些作爲含義給予的行爲而依附於稱謂表達、或者作爲充實而附加給稱謂表達的行爲，而且是指所有相近地起作用的行爲，無論它們是否處在一個語法作用中[13]；對此，在前一章中對稱謂[14]表象概念做出了所有那些介紹之後，這裡幾乎已無須再做這些強調。

[11] 在A版中還有：這個擴展了的概念將會在其內部統一性方面擺脫這樣一些懷疑，這些懷疑在稱謂表象概念那裡使我們感到不安，這些懷疑是指：我們對這個稱謂的表象概念的限定是否完全合乎本性；爲了保持眞正的統一性，這個表象概念是否並不需要排斥組合的和在範疇上被奠基的行爲，從而僅僅局限在奠基性行爲領域中：對此，我們在本書第六研究中將會做出考察。*；*第二篇、第六章、第50節。（A本的附加與修改：第49節，第六二八頁以後）。

[12] 在A版中未加引號。

[13] 在A版中爲：恰恰是指所有那些處在一個語法功能的作用之外的行爲。

[14] 在A版中爲：至此爲止的。

第38節　客體化行爲的質性差異與質料差異

我們在稱謂行爲之內區分設定性行爲與不設定行爲。前者在某種程度上是存在意指；它們都將對象意指爲**存在的**，[2]無論它們是感性感知，還是在更爲寬泛的被誤認的存在把握（Seinserfassung）意義上的感知，還是一些其他並不自認爲是對對象「本身」（生動地或普遍直觀地）[16]之把握的行爲。其他的行爲則將它們對象的存在擱置起來；客觀地看，儘管對象可能存在著，但在這些行爲本身之中，對象並未在存在方式中被意指[17]，或者它沒有被看作是現實的，它毋寧說是「單純地被表象」。在這裡有效的是這樣一個規律，即：每一個設定性的稱謂行爲都有一個無設定的、一個具有同一質料的「單純表象」與之相符，反之亦然；當然，應當在觀念可能性的意義上來理解這種相符。

A448 $B_1$480

我們也可以這樣來表達這件事，某種**變異**使每一個設定性稱謂行爲都轉變爲一個具有同

2　參閱此項研究第34節，第四六四頁[15]。

[15] 在A版中爲：第四三四頁。
[16] 在A版中爲：本身。
[17] 在A版中爲：顯現。

一質料的單純表象。我們在判斷那裡也再次發現這同一種變異。每一個判斷都包含著對它的變異，即一個行爲，它恰恰將那個被此判斷認之爲眞的東西單純地表象出來，也就是說，在不決定眞與假的情況下，[3]對象性地擁有這個東西。從現象學上看，對判斷的這種變異與對設定性的、稱謂的行爲的變異是完全同類的。因此，判斷作爲設定性的陳述行爲所具有的相關項就是作爲不設定的陳述行爲的單純表象。這兩方面是具有同一質料、但不同質性的一致性行爲。正如我們現在在稱謂行爲那裡將設定性行爲與不設定行爲算作是一個質性屬一樣，我們在陳述行爲這裡也將判斷及其變異了的[18]對立面算作是一個質性屬。這些質性區別在兩方面是同一種區別，而且不能被看作是更高質性屬的區別。在從設定性行爲向不設定行爲的過渡過程中，我們並沒有像在從某個稱謂行爲向一個欲求或願望的過渡過程中所做的那樣，進入到一個異質的種類之中。但是，當我們涉及從一個設定性稱謂行爲向一個斷言陳述的行爲的過渡時，我們並沒有發現有任何理由去假設一個質性區別。在對相應的「單純表象」進行比較時，情況當然也同樣如此。唯有質料（[19]即在那個對於此項研究來說是決定性

A449

3 這裡需要注意，這種表達方式是一種轉化的表達方式。

[18] 在A版中爲：無設定的。

[19] 在A版中還有：應當強調。

的意義上的質料）才構成了這一個和另一個區別；因此，唯有它才規定著稱謂行爲的統一，並又規定著陳述行爲的統一。

據此，**一個全面的意向體驗屬的範圍得以劃定，這個意向體驗屬將所有被考察的這些行爲按照其「質性」本質都包容在一起，並且規定了「表象」這個術語在這個意向體驗的總體種屬中所能意謂的「最爲寬泛的」概念**。[20]我們自己想把這個質性統一的、在其自然的廣度中被理解的屬標示爲「**客體化行爲**」[21]的屬。我們可以進行如下的明確對比，這個屬

一、透過質性的分異（Differenzierung）而得出對設定性行爲——存在信仰（belief）行爲、在彌爾和布倫塔諾意義上的判斷行爲——與不設定行爲、在設定方面「變異了的」[22]行爲、相應的「單純表象」行爲的劃分。在這裡懸而未決的是，「設定的存在信仰」（「setzenden」belief）」的概念伸展得有多遠，它自身在何種程度上殊相化。

二、透過質料的分異而得出稱謂行爲與陳述行爲的區別——但在這裡仍要考慮，這個區別是否並不是一個在一系列同等質料區別中的個別區別。

事實上，如果我們概覽一下在前一章中所做的那些分析，那麼在這裡就會強烈地顯示出一個眞正澈底的對立，即在**綜合的、多束—統一的**行爲與**單束的、在一個命題中**設定性的

[20] 在A版中未加重點號。B版第一句中的全面的在A版中爲：更爲全面的，。

[21] 在A版中未加引號。

[22] 在A版中爲：無設定的。

$B_1$481

或擱置性的行爲之間的對立。但必須注意，這種謂語綜合僅僅意味著一種尤其受到偏好的綜合形式（或者毋寧說是一個完整的形式形態）而已，它與其他的、常常與它相交織的形式，如合取綜合與析取綜合，處在對立的狀態中。例如：我們在「A與B與C是p」這個複數的謂語判斷中具有一個統一的、限定在同一謂語p的三個謂語陳述層次之中的謂語陳述。「按照」基本設定A、第二設定B、第三設定C，同一地被堅持的p在一個三層次的行爲中被設定。這個判斷行爲在這裡彷彿是透過一個「休止符」而被劃分爲一個主語設定和一個謂語設定，以至於這一個主語環節就是對三個稱謂環節的一種統一合取（Konjunktion）。這些稱謂環節在合取中被聯合在一起，但它們絕不會合並爲一個稱謂表象。但是，謂語的綜合與「合取的」（或者更明確地說：**集合的**）綜合一樣，它也可以被「**稱謂化**」（Nominalisierung），在這種稱謂化的過程中，那個已經透過綜合而構造起來的集合體在一個新的單束行爲中成爲素樸地「被表象」的對象，並且因此而在確切的意義上成爲「對象」。對這個集合體的稱謂表象現在又再在其本己的意義上（在其相對於原初行爲而已改變了的「質料」中）「回指向」那個原初地構造著這個集合體的質料，或者說，那個原初地構造著它的意識。我們在進一步的考察中完全可以在所有的綜合中都找到那些在謂語陳述的綜合中湧現給我們的東西[4]（除此之外，我們在這裡僅僅堅持謂語的原形式，即「範疇」綜合的形式）：在所有綜合那裡，**稱謂化的基本操作**都是可能的，這種稱謂化的過程也就是**將那**

$B_1$482

4 參閱此項研究前面第35節，第四六九—四七〇頁。

種綜合的多束性轉變爲一個帶有所屬的回指性質料的「稱謂」單束性。

據此，我們在對概念可能的「客體化」行爲的這個考察中事實上回到了對「命題的」與「綜合的」行爲、「單束的」與「多束的」行爲的基本劃分之上。單束的行爲是無環節〔項〕的行爲，多束的行爲是有環節〔項〕的行爲。每一個環節都具有它的客體化的質性（它對「存在」的執態方式，或者說，相應的質性變異）以及它的質料。同時，這個綜合的整體作爲一個客體化的行爲具有一個質性和一個質料。對這樣一個整體的分析一方面會導向各個環節，另一方面導向綜合的形式（句法）。然後在環節方面又進一步導向單層的與多層的環節，亦即導向那些自身又再被劃分並同時又是綜合—統一的環節：諸如在前面的例子中的複數謂語陳述的合取主語；還有假言謂語陳述的合取前句連結；同樣還包括在這兩方面相應的析取連結，如此等等。

此後我們談到簡單的、單束的客體化環節，但這些環節並不因此就必然已經是在最終的意義上的第一性的環節。儘管如此，單束的環節仍然可以是稱謂化了的綜合，是對實事狀態或對合取狀態、析取狀態的稱謂表象，而它們的環節本身又可以是實事狀態，如此等等。因此，在質料中表現出一種或多或少是複雜的回涉性（Rückbezüglichkeit），並且隨之而在特別變異了的、間接的意義上表現出「隱含的」劃分與綜合形式。如果這些環節不再是回涉性的，那麼它在這方面也就是單層次的：就像在專名表象、或在所有單環節的（在闡明性綜合中不分離的）感知、想象表象等等那裡可以看到的那樣。這種完全素樸的客體化已經擺脫了所有「範疇」形式。顯然，只要對每一個（非素樸的）客體化行爲的分析是在這些爲它所含有的稱謂化中根據回指的階段順序而進行的，那麼這種分析就最終會回溯到這種「素樸的」、在形式與質料方面單層的行爲環節之上。

我們最後還說明，對可能劃分與綜合構形的一般考察會將我們導向這樣一個規律性，即在本書第六研究中作爲純粹邏輯學—語法的規律性而被我們討論過的規律性。在這方面的根本關鍵僅僅在於質料（客體化的行爲意義），在這些質料中，所有形式都在客體化綜合建構中鮮明地表現出來。例如：這裡包含著這樣的命題：任何一個統一封閉的客體化質料（因而每一個可能的獨立含義）都可以作爲環節質料而在任何一個可能形式的任何一個綜合中起作用；由此也使一個特別的命題得以自明：任何一個這樣的質料要麼是一個完整陳述的（謂語陳述的）質料，要麼是這個質料的一個可能環節。如果我們另一方面考慮到質性，那麼我們可以這樣來表達這個命題：觀念地看，任意的客體化質料可以與任意的質性相聯合。

如果我們觀看在這項研究的聯繫中我們尤爲感興趣的那個在稱謂行爲與陳述行爲之間的特殊區別，那麼前面所主張的那種任意質料與任意質性的相互連結的可能性就很容易得到證實。這種可能性在前一節的分析中尚未全面地表現出來，因爲我們[23]那時只涉及判斷的變

$B_1$484

[23] 在A版中爲（未分新段落，緊接前一段落）：無論如何，我們可以這樣表達這個命題：任何一個這樣的質料或者是一個完整陳述的質料，或者是這個質料的一個可能環節。但在這項研究的聯繫中，我們所感興趣的恰恰是那個在稱謂質料或行爲與陳述質料或行爲之間的區別，這個區別與最初提到的質性區別交叉在一起。在這種交叉方面還需要補充說明的是，我們在前一節中誠然。

異，亦即從設定性的陳述行爲向一個稱謂行爲的變異。但無可置疑的是任何一個質性變異爲「單純」表象的判斷也都可以轉變爲一個相應的稱謂行爲，「二乘二等於五」（在單純理解性的、非執態性的表達中）可以轉變爲「即（daß）二乘二等於五」這個名稱。由於我們在這種可以不涉及質性的從語句向名稱的轉變過程中，亦即在從陳述的和綜合的質料向稱謂質料的單純轉變過程中也要談到變異，所以有必要將那些其他完全不同類型的、與質性有關的（使設定性名稱或陳述轉變爲無設定的名稱或陳述的）變異明確地標示爲「質性變異」。只要在這裡始終得到保留，或者說，始終應當得到保留的是那個唯獨給定形式的或論證形式區別的質料（名稱仍然是名稱，陳述仍然是陳述，並且是根據所有內部的劃分與構形），那麼我們也可以談論設定性行爲的「共形（konform）變異」。[24]然而，如果共形變異的概念在合乎本性的普遍性中得到伸展，亦即被理解爲：它伸展到任何一個與行爲質料無關涉的變異

[24] 在A版中爲：但無可置疑的是任何一個質性變異爲單純表象的判斷也可以轉變爲一個相應的稱謂行爲，「二乘二等於五」（我們在表達中可以不相信它）可以轉變爲「即（daß）二乘二等於五」這個名稱。由於我們在這種可以不涉及質性的從語句向名稱的轉變過程中並且在整個從陳述質料向稱謂質料的轉變過程中也要談到變異，所以有必要將那些其他完全不同類型的、使設定性名稱轉變爲無設定的名稱的變異明確地標示爲質性變異。由於在這裡始終得到保留，或者說，始終應當得到保留的是那個唯獨給定形式的或論證形式區別的質料（名稱仍然是名稱，陳述仍然是陳述，並且是根據所有內部的劃分與構形），所以我們也可以談論設定性名稱或陳述的共形變異。

之上，那麼，正如我們還將要**進一**步闡述的那樣，[5]它就比這裡所涉及的質性變異概念**更爲寬泛**。

第39節　在客體化行爲意義上的表象及其質性變異

在將客體化[26]行爲聚合爲一個等級的做法方面，這樣一個狀況對我們來說具有決定性的作用：這整個等級的特徵就在於一個質性的對立，即：在任何一個稱謂的存在信仰（belief）中，同樣也在任何一個陳述判斷、任何一個完整的判斷中都包含著作爲其對立面的「**單純表象**」[27]。現在產生出一個疑慮，這個質性變異究竟是否適用於對意向體驗的一個等級的描述，或者它是否更多地是在這個體驗的總體領域中作爲劃分動機而具有其有效性。對於後一種可能，這裡有一個最貼近的論據：每一個意向體驗都有一個單純表象與之相符：與願望相符的是對願望的單純表象，與恨相符的是對恨的單純表象，與意願相符的是

5 參閱此項研究第40節、第四八九頁及以後各頁[25]。

[25] 在A版中爲：第四五四頁以後。

[26] 在A版中爲：名稱和陳述。

[27] 在A版中未加重點號。

對意願的單純表象，如此等等——與此完全相同，與現時指稱與陳述相符的是相應的單純表象。

然而，人們在這裡不能將根本不同的事物混爲一談。在任何一個可能的體驗中，就像在任何一個可能的體驗中，甚至完全一般地說，在任何一個可能的客體中都包含著一個與它相關的表象，而這個表象的質性既可以是設定性的，也可以是不設定的（作爲「單純」表象）。但從根本上說，這並不是一個表象，而是各種不同表象的一整個雜多性；即使我們在這裡（就像我們默默地所做的那樣）局限於稱謂表象這一類的表象上，這一點也仍然有效。這個表象可以作爲直觀表象和思想表象、直接表象或有表語中介的表象來表象它的客體，而且所有這一切都是以多層次的方式進行。但對於我們的目的來說，只需談到一個表象或者引證他們之中的某一個表象，如想象性（imaginativ）表象就夠了，因爲所有種類的表象都始終以同樣的方式是可能的。

所以，與任何一個客體相符合的是對這個客體的表象，與這棟房屋相符合的是對這棟房屋的表象，與這個表象相符合的是對這個表象的表象，對這個判斷相符合的是對這個判斷的表象，如此等等。但這裡需要注意，如我們前面所述，對這個判斷的表象不是對這個實事狀態的表象。與此相同，更一般地說，對一個設定的表象不是對這個以設定的方式被表象的對象的表象。這兩方面被表象的對象是不同的（verschiedene）[28]。因此，例如想要實現一個

[28] 在A版中爲：不同的（andere）。

$B_1$486　A451

實事狀態的意願不同於一個想要實現對這個實事狀態的一個判斷、一個稱謂設定。設定性行爲與它的質性對立面相對應的方式，完全不同於這個或一般某個行爲與對此行爲的表象相對應的方式。一個行爲的質性變異和一個與它相關的表象的制定，它們似乎是完全（total）[29]不同的「操作」。這兩種操作的本質區別表現在，後一個操作、即「表象客體化」的操作根據符號

A452

O，V(O)，V[V(O)]……

是「無限」可重複的，在這裡，O標誌著某個客體，V(O)標誌著對O的表象；但質性變異則不是如此；還有，表象性的客體化可以運用於所有客體，而質性變異則只對行爲具有意義。[30]再有，在一個變異的系列中，「表象」毫無例外地是稱謂表象，而在另一個變異系列中，這種限制則不存在；最後，在表象性的客體化那裡完全不涉及質性，也就是說，與變

$B_1$487

[29] 在A版中爲：完全（ganz）。

[30] 在A版中爲：這兩種操作的本質區別也表現在，後一個操作根據符號

O，V（O），V[V（O）]……

是「無限」可重複的，在這裡，O標誌著某個客體，V（O）標誌著對O的表象；但前一個操作則不是如此；還有，後一個操作可以運用於所有行爲和所有客體，而前一個操作、即那個質性變異則只對設定性的行爲具有意義。

異本質上有關的是質料，而在這裡，即在質性變異這裡，被變異的則恰恰是質性。每一個存在信仰行爲都具有有關「單純」表象作爲其對立面而與之相符，這個「單純」表象就像那個存在信仰（belief）行爲一樣，它以完全相同的方式，即根據同一的質料表象出同一個對象性，它與存在信仰行爲的區別僅僅在於，它不是以存在意指的方式設定這個被表象的對象性，而毋寧說是將這個對象性擱置起來。這種變異當然無法被重複，就像它在那些不屬於存在信仰概念的行爲那裡不會提供意義一樣。就是說，它事實上在這種質性的行爲與它們的對立面之間創造出一個唯一的聯繫。例如：設定性的感知或回憶的對立面是在一個相應的對同一質料的「單純」[31]臆構之中。例如在一個感知性的圖像直觀中便是如此，就像在觀察一幅繪畫時那樣，我們讓這幅繪畫單純美學地作用於我們，同時對被描繪之物的存在與不存在不做任何執態；或者在對一個「想象圖像」的直觀中也是如此，就像我們不做任何存在執態而沉湎於想象之中那樣。當然，「單純」表象在這裡[32]不又再是一個對立面，而這樣一個對立面應當是指什麼和應當做什麼，這在這裡是完全不可理喻的。如果「信仰」變化爲「單純表象」，那麼我們至多只能返回到信仰之上；但一種在相同的意義上重複和繼續的變異卻是不存在的。

[31] 在A版中未加引號。

[32] 在A版中爲：後者。

如果我們用表象客體化、稱謂客體化的操作來替換質性變異的操作，那麼情況便會不同。在表象客體化這裡，重複的可能性是明見無疑的。這一點最簡單地表現在行爲與自我的關係中，以及表現在這個關係被分派給不同時間點或不同個人的過程中。我這一次是在進行感知；另一次是我在表象我正進行著感知，再一次是我又在表象：我正表象我正進行著感知，如此等等。[6]或者另舉一例：A被描繪。第二幅繪畫映象性地展示出第一幅繪畫，然後第三幅繪畫又展示出第二幅繪畫，如此等等。這裡的區別是毋庸置疑的。當然這不是單純感覺材料的區別，而是立義性的行爲特徵的區別（尤其是意向質料的區別），沒有這種區別，關於想象圖像、繪畫等等的說法也就毫無意義。而且只要人們進行相應的體驗，並且同時反思地朝向[33]它們的意向區別，人們便可內在地把握到[34]這些區別，並且可從現象學上確定這些區別。例如：如果人們有所區分地陳述說，我現在具有對A的感知，對B的想象表象，C在這裡，在這幅繪畫中被展示，那麼情況便[35]是如此。誰弄清了這些關係，誰就不會犯下這

A453　$B_1$488

6 當然，對所有這些都不應做經驗—心理學的理解。它關涉到（在這項研究中始終是如此）先天的、建基於純粹本質之中的可能性，我們是在絕然的明見性中把握到這些可能性本身。

[33] 在A版中爲：意識到。

[34] 在A版中爲：體驗到。

[35] 在A版中還有：完全。

樣一些人所犯的錯誤，這些人宣布，**關於表象的表象**是在現象學上無法證明的，甚至就是單純的臆想。誰這樣判斷，誰就混淆了這裡相互區別的兩種操作，誰就是在把這個**關於**一個單純表象的表象硬說成是那種顯然是不可能的對這個單純表象的質性變異[36]。

我們相信，現在可以假設，在這些透過共形變異而得以相互協調的質性方面存在著一個屬共性，[7]而且我們認為這一點是正確的，即：這些質性中的這一個質性或其他的質性應當被歸屬於所有那些從本質上構成每一個在質性上不變異的或變異的判斷之統一的行為，在這裡，無論我們所觀看的是單純含義意向的行為，還是含義充實的行為，這都是無關緊要的。此外，不言自明的是，那些完全隨意的行為——我們在前面將它們區分於那些只是[8]在

$B_1$489

7　但可以參閱在我在《純粹現象學與現象學哲學的觀念》（第一卷）第二三三頁上對「屬共性」的解釋，即解釋為一種在「本質與對立本質」（Wesen und Gegenwesen）之間的特殊關係。對這項研究所得出的這些結論的進一步關注導致了某些根本性的深化和修正。尤其可以參閱同上書第109—114節、第117節中關於「中性變更」的論述。

8　參閱前一個注釋。

[36]　在A版中還有：；或者，誰也許就在把前一種操作硬說成是另一種同樣不能重複的共形變異，我們在下一節中將會談到這種變異。

設定性行爲那裡才有可能的質性對立面——它們作爲單純表象本身也是這樣一種對立面，只是它們不是相對於它們的原本行爲而言的對立面，這些原本行爲毋寧說是它們的表象客體。對一個願望的表象不是這個願望的對立面，而是某個與同一個對象有關的設定性行爲的對立面，例如是一個對此願望的感知的對立面。這個對子、即對此願望的感知和對此願望的單純表象，它們屬於同一個屬，這兩者都是客體化的行爲；而這個願望本身與對它的感知、或者說對它的臆構或其他某個與它相關的表象，則屬於不同的屬。

第40節　續論：質性變異與想象變異

人們很容易將設定性的行爲標示爲認之爲眞的（fürwahrhaltend）行爲，而將它們的對立面標示爲臆構性的行爲。儘管這兩個表達初看起來有其合理之處，但我們對此仍抱有疑慮，這些疑慮尤其是針對「臆構性行爲」這個術語確定而發。我們以對這些疑慮的思考爲契機，以便闡述幾個不無重要意義的補充。

整個邏輯學的傳統只是在判斷那裡、亦即在陳述含義那裡才談及認之爲眞。但現在，所有感知、回憶、期待，所有表達—稱謂的設定[37]，都被標示爲認之爲眞。此外，關於「臆

[37] 在A版中爲：象徵—稱謂的設定等等。

構」[38]這個詞，它在通常的說法中雖然是指臆構不設定的行爲；但它必須將它的原本意義擴展到感性臆構的領域之外，以至於在它的範圍中還包含著所有認之爲眞的可能對立面。另一方面，這個詞也需要受到限制，因爲必須始終排除這樣一種思想，就好像臆構要麼就是有意識的臆構，要麼就是無對象的表象，要麼甚至是錯誤的意見一樣。我們經常接受一些講述的故事，同時並不以某種方式對它們的眞實或虛假做出決斷。即使當我們在閱讀一部小說時，情況通常也是如此。我們知道，這裡所涉及的是一個美學的虛構；但這個「知道」在純粹美學的作用過程中始終是無效的。9 [39]在這些情況中，所有表達都既在含義意向方面、也在傾向性的想象充實方面是無設定行爲的載者，是在這個被考慮過的意義上的「臆構」的載者。也就是說，這一點適用於整個陳述。儘管判斷以某種方式在進行，但它們不具有現實判斷的特徵；我們不相信在小說中被講述的東西，但我們也不否認並且也不懷疑這些東西；我們不帶有任何認之爲眞，只是讓這些東西作用於我們，我們不進行現實的判斷，而是進行單純的「臆構」。但人們現在不應像通常所做的那樣，對這個說法做這樣的理解，就好像**想象**

A455

9 類似的東西也對藝術的其他表現有效，例如對美學的圖像觀察有效。

[38] 在A版中未加引號。

[39] 在A版中爲：是素質性的（dispositionell）。

判斷應當取代現實判斷的位置一樣。[40]毋寧說，我們所進行的不是判斷，即不是對它的實事狀態的「認之爲眞」，而是質性變異，即對同一個實事狀態的中性擱置，它絕不等同於對這個實事狀態的一種想象[41]。

臆構（Einbildung）這個名稱恰恰[42]帶有一種不妥當性，它[43]嚴重地阻礙著人們對這個名稱的術語引進：它所指明的是一種想象性的[44]立義，是一種想象立義或一種在眞正意義上的圖像性的立義，而我們卻絕不[45]能說，所有不設定性的行爲都是想象性的行爲，所有設定性的行爲都是非想象性的行爲。至少後者是不言自明的。例如：一個被想象的感性[46]對象既能夠以設定的方式作爲存在著的對象與我們相對立，也能夠以變異的方式作爲被臆構的對象與我們相對立。而且在對它的直觀之再現性內涵保持同一的情況下，這個對象甚至仍然能夠以上述兩種方式與我們相對立；這個再現性內涵所指的是那個不僅賦予直觀以與這個對象的

[40] 在A版中爲：臆構。並不是好像判斷現在成爲了臆構的對象。

[41] 在A版中爲：對恰恰同一個實事狀態的臆構。

[42] 在A版中爲：但並不。

[43] 在A版中爲：更爲。

[44] 在A版中爲：圖像性的。

[45] 在A版中爲：不。

[46] 在A版中爲：一個圖像性地被表象的。

關係的規定性，而且同時賦予它以一個想象性[47]再現的特徵，這個特徵將對象以想象性表象或映象性表象的方式當下化。例如：一幅繪畫的顯現內涵連同它的被描畫的形象等等保持同一，無論我們是將它們理解爲現實客體的表象，還是讓它們[48]純粹美學地、不設定地作用於我們。誠然，這裡顯得可疑的是：在正常的感知那裡是否也會純粹地表現出相似的事態[49]，即感知在保持它的其他現象學組成完全同一的情況下是否可能發生質性變異，並且是否可能因此而喪失它的正常設定特徵；問題在於那種對於感知來說特徵性的知覺性的（perzeptiv）對象立義，即：將對象立義爲一個「自身」（和生動）當下的對象，這種立義是否不會立即過渡爲這樣一個圖像立義，在這個圖像立義中，對象與在正常的感知性圖像性（繪畫等等）的情況中一樣顯現爲圖像性的，並且不再顯現爲自身被給予的。但人們在這裡可以指明一些感性的假象，例如那些可以被人們作爲「單純現象」而接受下來的立體觀測現象，就像美學客體一樣，也就是說，它們可以在不帶有執態的情況下，但卻作爲它們自身，而非作爲其他東西的圖像被接受下來。然而，感知可以在不改變其設定特徵的情況下過渡成爲一個一致性

[47] 在A版中爲：**圖像**性。

[48] 在A版中爲：以確定的**充盈和生動**性的方式圖像化。例如：一幅繪畫的顯現內涵保持同一，無論我們是將它理解爲現實客體的表象，還是讓它。

[49] 在A版中爲：這裡的疑問在於：是否可以假設在正常的感知那裡也會有相似的事態。

的圖像性（亦即過渡成爲一個行爲，這個行爲自身含有同一個質料，儘管是在不同的立義形式中）——這就夠了。[50]

我們看到，這裡可以區分兩個共形的變異，即質性變異與想象性[51]變異。在這兩個變異中，質料都保持不變。在質料同一的情況下，行爲中可以變換的不僅僅是質性。雖然我們將質性與質料理解爲「完全本質性的東西」，因爲它們是合乎含義的東西並且是與行爲不可分離的東西；但我們從一開始就已指出，在行爲中還可以區分其他因素。在下一項研究中將會進一步表明，正是這些因素對於非直觀的客體化[52]與直觀之間的區別、以及對於感知與想象之間的區別具有重要意義。[53]

[50] 在A版中爲：問題在於，那種對於感知來說是特徵性的知覺性（perzeptiv）對象立義，即：將對象立義爲一個「自身當下」的對象，這種立義是否不會立即過渡爲這樣一個想象性立義，在這個想象性立義中，對象與在想象和物理圖像性（繪畫等等）的情況中一樣顯現爲圖像性的，並且不再顯現爲自身被給予的。但無論如何，感知可以在不改變其設定特徵的情況下過渡成爲一個一致性的圖像性（亦即過渡成爲一個帶有同一個質料，儘管也帶有不同立義形式的行爲）。

[51] 在A版中爲：再現性。

[52] 在A版中爲：符號行爲。

[53] 在A版中還有兩個段落：包含在後一個區別中的想象性變異——這種變異使感知過渡爲一個帶有同一質料的想象，撇開這兩方面的設定特徵不論——同樣也不可以重複。儘管有許多圖像表象以共形的方式使帶有同

$B_1$492

一旦這些描述性的關係得以澄清，一個單純術語性的有爭議問題便也會得到昭示，即：人們是像我們在傳統的意義上所做的那樣，將「判斷」這個詞限制在（未變異的）陳述含義的領域之中，還是承認，整個存在信仰（belief）行爲的領域都是它的運用範圍。在第一種情況中並沒有完全地包含著行爲的一個「基本種類」，甚至沒有完全地包含著一個最低的質性差，因爲質料——在我們的質料概念中既包括「是」，也包括「不是」——在一同規定著這個劃界；但這些是無關緊要的。由於「判斷」[54]是一個邏輯術語，所以，唯有邏輯興趣和邏輯傳統才能決定，什麼樣的概念才能給予它以含義。人們在這方面也許不得不說，像（觀念的）陳述含義這樣一種基礎性的概念其本身就是最後的統一，所有邏輯之物都必須回溯到它之上；這樣的概念必須保持它的自然的和原生的表達。因此，「判斷行爲」[55]的術

A457

一規定性的同一個對象顯現出來，就像直觀已有的感知一樣；但它們相互之間的關係不同於直觀感知與它們之中的任何一個圖像表象之間的關係。感知在過渡爲圖像性時所經歷的轉變，即感知性立義向想象性立義的轉變當然不能在直觀想象本身上再次得到進行。

人們也不應將這種共形的變異混同於相互疊加而建構的表象之表象（Vorstellungsvorstellung）的構成；就像當圖像以其他圖像爲對象時，而其他圖像再又以其他圖像爲對象，如此等等。也許，恰恰是這種混淆，而且還有在前一節中所討論的那種混淆才助長了這樣的錯誤，即認爲：表象之表象是邏輯虛構。

[54] 在A版中未加引號。

[55] 在A版中未加引號。

語應當限制在相應的行爲種類上，限制在完備陳述的含義意向上，以及限制在與這些含義相適合的、具有同一個合乎含義之本質的充實上。將所有設定性行爲標示爲判斷的做法帶有一種傾向，即：將那個即使在質性相同的情況下也可使稱謂行爲分離於陳述行爲的本質性區別遮蔽起來，並且因此而使一系列重要的關係產生混亂。與「判斷」[56]這個術語相似的情況還表現在「表象」這個術語上。邏輯學應當如何來理解這個術語，這要由邏輯學自己的需求來決定。在這種情況下肯定要考慮到在表象與判斷之間的排斥性劃分，並且考慮到這樣一個狀況：表象願意被看作是某個以可能的方式構建著完整判斷的東西。然後人們是否應當接受那個表象概念，即鮑爾查諾在概括**邏輯判斷的所有部分含義**時用來作爲他的知識學之基礎的表象概念；或者人們是否應當限制在這種相對獨立的含義上，從現象學上說，限制在完成了的判斷環節上，尤其是限制在**稱謂行爲**上[57]；或者進一步說，人們是否毋寧必須偏好其他的劃分傾向，而將**單純的**再現理解爲表象，這種單純的再現是指各個行爲的總體內容，它在從質性中抽象出來之後留存下來，並且因而自身僅僅包含著意向本質中的質料。——這是困難的問題，並且無論如何也是在這裡無法決定的問題。[58]

[56] 在A版中未加引號。

[57] 在A版中還有：（如果人們把謂語也算作稱謂行爲的話）。

[58] 在A版中還有：但有一點可以肯定，並非所有那些爲了從現象學上澄清邏輯概念而需要的或不可或缺的區分都因此而已經作爲先天教理而從屬於邏輯學關係本身。

A458　$B_1$493

第41節　對關於表象作爲所有行爲之基礎的命題的新解釋。客體化行爲作爲質料的第一性載者

較早與較近時期的一批研究者對「表象」這個術語做如此寬泛的理解，以至於在「單純表象」的行爲中也包括了「認之爲眞的」[59]行爲，尤其也包括判斷，一言以蔽之：客體化行爲的整個領域。以這個重要的、鮮明地表現出一個封閉的質性屬的概念爲基礎，關於表象基礎的命題便獲得了——我們在前面已經做了預告——一個新的和尤爲重要的意義，從這個意義來看，前面那個建基於稱謂表象概念之上的命題僅僅是一個第二性的衍生物而已。即我們可以說：任何一個意向體驗或者是一個客體化行爲，或者以這樣一個行爲爲「基礎」，就是說，它在後一種情況中自身必然具有一個客體化行爲作爲它的組成部分，這個客體化行爲的總體質料同時是、而且個體同一地是「它的」總體質料。我們在分析那個尚未澄清的命題之意義時已經[10][60]說過的一切，在這裡幾乎都可以逐字逐句地加以運用，並且由此而同時

10　參閱此項研究第23節，第四二七—四二八頁。

[59]　在A版中未加引號。

[60]　在A版中爲：在此項研究第23節（第四〇〇頁以後）。

賦予「客體化行爲」這個術語以**合理性**。因爲，如果一個行爲，或者毋寧說，如果一個行爲質性不是那種客體化的行爲，或者不借助於一個與它交織爲一個統一行爲的客體化行爲，它就無法獲得自己的質料；若果如此，那麼客體化行爲也就僅僅具有唯一的一個作用：首先將對象性表象提供給所有其他的行爲，它們應當以新的方式與這個對象性發生關係。與一個對象性的關係完全是在質料中構造起來的。但我們的規律表明，**每一個質料都是一個客體化行爲的質料**，並且只有借助於一個客體化行爲才能成爲一個新的、奠基於它之中的行爲質性的質料。我們在某種程度上可以區分**第一性**的意向和**第二性**的意向，在這兩種意向中，後一種意向所具有的意向性要歸功於前一種意向的奠基。此外，對於這個作用來說，第一性的、客體化的行爲究竟是具有設定性（認之爲眞、信仰）行爲的特徵，還是具有不設定（「單純想象」、中性）行爲的特徵，這是無關緊要的。有些第二性的行爲完全需要認之爲眞，例如喜悅和悲哀；對於其他行爲來說，單純的變異[61]便足矣，例如對於願望、對於美感來說便是如此。基層的客體化行爲往往是一個複合體，它將這兩種行爲包容於一身。 A459

[61] 在A版中爲：臆構。

第42節　進一步的闡述。組合行爲的基本命題

爲了進一步澄清這個奇特的事態，我們再附加以下的說明。

每一個複合的行爲當然都是在質性方面的組合行爲，在它之中可以區分出多少個別行爲，它就具有多少質性（無論它們是屬於不同的、還是相同的種或差）。此外，每一個複合的行爲都是一個被奠基的行爲；它的總體質性不是各個部分行爲質性的單純的和，而恰恰就是**一個**質性，這個質性的統一就奠基於這些建構性的質性之中，正如總體質料的統一不是各個部分行爲質料的單純的和，而是奠基於部分質料之中一樣，只要那種根據部分行爲而對質料所做的劃分成立。但是，一個行爲能夠以本質不同的方式在質性方面組合，並且能夠以不同的方式奠基於其他行爲之中，這些本質區別是就這樣一些方式上的差異而言，即：不同的質性以不同的方式相互之間發生關係、與統一的總體質料以及在可能的情況下與部分質料發生關係，而且這些不同的質性以不同的方式透過不同的基本奠基而獲得統一。

一個行爲可以如此地組合，以至於它的組合總體質性可以被分片爲**多個**質性，而這些質性中的每一個質性都個體—同一地共有**同一個**質料；例如在對一個事實的喜悅中便包含著喜悅的種類質性與認之爲眞的種類質性，這個事實便是在這種認之爲眞中被表象給我們的。據此，人們會想：在這些質性中，除了某個隨意和唯一的質性以外，其他的任何一個質性都可以喪失，同時，一個具體、完整的行爲卻仍然會保留下來。人們此外還會想：任何一個屬的質性都能夠以上述方式與一個唯一的質料相聯合。我們的規律表明，所有這些都是不可能

A460　B$_1$495

的；相反[62]，在每一個這樣的組合中以及在每一個行爲中都必然存在著一個屬於客體化質性屬的質性，因爲，如果一個質料不是作爲一個客體化行爲的質料，它就根本不能被實現。

因此，屬於其他屬的質性始終奠基於客體化的質性之中；它們永遠不可能直接地和僅僅自爲地與一個質料相連結。只要它們出現，這個總體行爲便必然是一個在質性上「多形」（mehrförmiger）的行爲，即含有不同質性屬的各個質性的行爲；更確切地說，從這個行爲中隨時都可以（即單方面地[11]）分離出一個完整的客體化行爲，這個客體化行爲也將總體行爲的總體質料作爲它自己的總體質料來擁有。此外，在相應意義上的「單形」（einförmiger）行爲不一定非是簡單行爲不可。所有單形的行爲都是客體化行爲，甚至我們可以反過來說，所有客體化行爲都是單形的行爲；但客體化行爲[64]還可以是組合的。部分行爲的質料現在僅僅是總體行爲的質料部分；在總體行爲中構造起總體質料，因爲在部分行爲中包含著質料的部分，而在總體質性的統一之物中包含著總體質料的統一之物。此外，這

A461　B$_1$496

11 參閱本書第三研究，第16節，第二六四頁[63]。

[62] 在A版中爲：也就是說。
[63] 在A版中爲：第二五八頁。
[64] 在A版中還有：也。

種劃分可以是一種明確的劃分；但在稱謂化了的質料之內也可以（以那種在前面被描述過的[12]稱謂化方式）出現任何一種通常是在自由綜合中形式的隱含劃分。每一個陳述句都爲我們提供一個與此有關的例證，無論它是在正常的含義中（作爲斷言性的陳述句），還是在變異了的含義中起作用。與環節[65]相符合的是基層的部分行爲連同部分質料；與連結形式，即「是」與「不是」、「如果」與「所以」、「並且」、「或者」[66]等等相符合的是被奠基的行爲特徵，但同時也是總體質料的被奠基因素。在所有這些複合那裡，行爲都是單形的行爲；我們也只發現一個客體化的質性，這個質性屬於總體質料；而**與一個唯一的、並被當作整體的質料發生關係的不可能**[67]**是一個以上的客體化質性**。

從這些單形性中現在產生出多形性，無論它是透過客體化的總體行爲與**新型的**[68]、與總體質料有關的質性的連結而產生，還是透過新的質性與個別的部分行爲的單純結伴而產

12　參閱此項研究前面第38節，第四八二頁。

[65]　在A版中爲：「詞項」。

[66]　在A版中爲：「不是」（entweder）與「就是」（oder）。

[67]　在A版中爲：，我們大概可以做出這個普遍的斷言，。

[68]　在A版中未加重點號。

生；就像在一個統一被劃分的直觀基礎上，在一個環節方面產生好感，在另一個環節方面產生反感一樣。反過來也很明顯，在每一個組合行爲中，無論這個行爲所含有的是建基於總體質料上的**客體化行爲質性**，還是建基於它的部分上的**客體化行爲質性**，所有這些質性都可以說是能夠**被刪除掉的**；這樣，留存下來的是一個完整的客體化行爲，它自身仍然還含有原初行爲的總體質料。

在這裡起著主導作用的這個規律性的進一步結果還在於，**每一**個組合行爲的**最終奠基性**行爲（或者說，在稱謂環節中最終隱含的環節）必須是客體化行爲。所有那些稱謂行爲都是這種客體化的行爲，而且[13]最後，最終隱含的環節從任何一方面來看都是**簡單的**[69]稱謂行爲，是一個簡單的質性與一個單層的[70]質料的素樸聯合。我們也可以[71]這樣來陳述這個命題：所有簡單的行爲都是稱謂的行爲。只要在客體化行爲中出現一個被劃分的質料，那麼在其中也就可以找到一個範疇形式，而本質上所有範疇形式都是在被奠基的行爲中構造起自身

13　根據此項研究前面第38節，第四八三頁。

[69] 在A版中爲：最後，它們是簡單的。
[70] 在A版中爲：單項的。
[71] 在A版中爲：因爲我們可以。

A462

的；我們對此還會[14]做進一步解釋。

> 在這裡和在後面的闡述中，人們無須將質料理解為意向本質的單純抽象因素；人們也可以用行為的總體來替代它，只是要把質性——亦即我們在下一項研究中將其稱作再現（Repräsentation）的東西——從其中抽象出來：所有的本質之物而後都留存下來。

第43節　回顧以往對這個被探討的命題的闡述

現在人們也理解了，我們在前面此項研究前面[15]爲什麼可以聲稱：根據稱謂的表象概念來解釋的布倫塔諾命題在新的解釋中僅僅是對此命題的一個第二性結果。如果每一個本身不已經是（或者說，不純粹是）客體化的行爲都奠基於客體化行爲之中，那麼它不言而喻就必定最終也奠基於稱謂行爲之中。因爲，如我們已討論過的那樣，任何一個客體化行爲或者是

14　參閱本書第六研究，第二篇。

15　第41節，第四九三頁[72]。

[72]　在A版中爲：第四五八頁。

簡單的行爲，也就是說，當然是稱謂的行爲；或者就是複合的行爲，也就是說，奠基於簡單行爲、即稱謂的行爲之中的行爲。這個新的解釋顯然要重要得多，因爲只有在這個解釋中，這些本質性的基本關係才得到純粹的鮮明突出。而在另一種解釋中儘管沒有陳述不正確的東西，但兩個根本不同的奠基種類卻被混淆或被交叉在一起。

一、非客體化行爲（如喜悅、願望、意願）在客體化行爲（表象、認之爲眞）中的奠基，在這裡，一個行爲質性第一性的奠基於另一個行爲質性之中，然後才間接地奠基於一個質料之中。

二、客體化行爲在其他客體化行爲中的奠基，在這裡，一個行爲質料第一性的奠基於其他行爲質料之中（例如：一個謂語陳述的行爲質料奠基於那些奠基性稱謂行爲的行爲質料之中）。因爲我們也可以這樣來看待這個實事。一個質料不可能不帶有客體化的質性，這個狀況然後必然會具有這樣的結果：當一個質料奠基於其他質料中時，具有這個質料的客體化行爲也奠基於那些具有其他質料的客體化行爲之中。據此，這個事實，即任何一個行爲始終都奠基於稱謂行爲之中，便具有不同的起源。原初的起源始終在於：每一個簡單的，即不再包含質料奠基的質料都是一個稱謂質料，並且據此[73]，每一個最終奠基的客體化行爲都是一個稱謂行爲。但由於所有其他種類的行爲質性都奠基於客體化的行爲質性之中，所以，這種透過稱謂行爲而進行的最終奠基也可以從客體化的行爲引申地運用於所有的行爲。

[73] 在A版中爲：也就是說。

A463　B1499

第六章　表象與內容這兩個術語所具有的最重要歧義之匯總

第44節　「表象」

我們在前幾章中遇到了表象（Vorstellung）一詞所含有的一個四重性的歧義，或者説，五重性的歧義。

一、表象作爲**行爲質料**；或者我們在顯而易見的完善化中也可以説：表象作爲爲行爲奠基的**代現**（Repräsentation），即作爲行爲所具有的除質性以外的全部內涵；因爲這個概念在我們的闡述中也一同發揮著作用，雖然我們對質性與質料之間關係的特殊興趣在於特別強調質料。質料似乎是在説明：在行爲中被意指的是哪一個對象，並且它是在何種意義上被意指；但代現則除此之外還顧及到這樣一些因素，這些因素處在意向本質之外，並且使例如這個對象恰恰是以感知直觀的方式，或以想象直觀的方式，或以一種單純非直觀意指的方式被意指；對此，在下一項研究的第一篇中會有全面的分析。[1]

A464

[1] 在A版中爲：一、和二、表象作爲**行爲質料**；或者我們在顯而易見的變異中也可以説：表象作爲爲行爲奠基的**代現**，即作爲各個行爲的不包括所有質性在內的**整體**；因爲這個概念在我們的闡述中也一同發揮著作用，雖然我們對質性與質料之間關係的特殊興趣並不在於始終強調這個概念。質料似乎是在説明，在行爲中對象被意指爲什麼，哪些規定性應當被歸諸於它；但代現則除此之外還顧及到這樣一些因素，這些因素處在意向本質之外，並且（在它的透過質料而進行的立義中）使這個對象恰恰是以感知直觀的方式，或以想象直觀的方式，或以一種單純限制意指的方式被意指；對此，在下一項研究的第一篇中會有全面的分析。

二、[2]表象作爲「單純表象」，作爲某種「存在信仰」（belief）形式的質性變異，例如作爲單純的語句理解，不帶有贊同或反對的內部決斷，不帶有猜測或懷疑等等。

三、[3]表象作爲稱謂行爲，例如作爲一個陳述行爲的主語表象。

四、[4]表象作爲客體化行爲，即在這樣一個行爲種類意義上的表象，這個行爲種類必然在任何一個完整的行爲中都被代表，因爲每一個質料（或者說，代現）原本都必定是作爲這樣一個完整行爲的質料而被給予。在這個質性的「基本種類」中既包含著存在信仰（belief）行爲、稱謂的和陳述的行爲，也包含著它們的「對立面」，以至於在前面第二個和第三個意義上的[5]所有表象都屬於這個種類。

對這些「表象」[6]概念，或者說，對它們所包含的體驗的更爲詳細分析，以及對它們之間相互關係的最終確定必將是進一步的現象學[7]研究的任務。我們在這裡所嘗試的只是將這

$B_1$500

[2] 在A版中爲：三、。

[3] 在A版中爲：四、。

[4] 在A版中爲：五、。

[5] 在A版中爲：第三個和第四個意義上的。

[6] 在A版中未加引號。

[7] 在A版中爲：描述。

個術語的其他歧義一一列出。嚴格地區分這些歧義，這對我們的邏輯學—認識論努力來說具有極爲重要的基本意義。要想消解這些歧義，現象學分析是不可或缺的前提；誠然，我們在至此爲止的闡釋中只是部分地了解了這種分析；但那些缺失的東西已經在這裡多次被接觸到，並且大都得到了暗示，以至於我們可以將主要之點簡要地標示出來。因此，我們將這種列舉繼續進行下去：

五、[8]人們常常將**表象**與單純**思維**相對置。這樣一來，那同一個被標示爲**直觀**與**概念**之對立的區別在這裡也起著決定性的作用。我具有關於一個「橢圓面」的表象，不具有關於一個「庫默爾[1]面」的表象；但透過適當的描繪、透過模型或透過受理論引導的想象活動，我也可以獲得關於它的一個表象。一個「圓的四角形」、一個「正二十面體」以及其他類似的先天可能性是在這個意義上「無法表象的」。同樣，一個「多於三維的歐幾里得流形的完全限定的塊片」、「π」這個數以及其他類似的、不帶有任何不相容性的建構也是「不可表象的」。在所有這些不可表象性的事例中，被給予我們的是「單純的概念」；更確切地說，我

1 庫默爾（E. E. Kummer, 1810-1893），德國數學家。理想數理論的創立者。在幾何學、幾何光學方面亦有重要成就。——中譯注

[8] 在A版中爲：六、。

$B_1$501　A465

們所具有的是稱謂表達，而且這些表達透過含義意向而被啟動，在這些含義意向中，被意指的對象以或多或少不確定的方式——尤其是例如以不確定的定語的形式，「一個A」作爲被確定指稱的定語的單純載者——「被思維」（gedacht）。與單純思維相對立的是「表象」：它顯然就是對單純含義意向的充實，並且就是提供合適充實的直觀。這一類新的事例的有利之處在於，與那些無法滿足最終認識興趣的思維表象——無論它們是純粹象徵的含義意向，還是與部分的、不相即的直觀相混雜的含義意向——全面地和逐項地緊密相接的是一個「一致性的直觀」[9]：在感知或想象中被直觀到的東西恰恰是作爲如此特定的東西[10]矗立在我們眼前，就像它在思維這一方面所被意指的那樣[11]。因此，表象某物現在就意味著：對一個單純被思維的東西進行一個相應的直觀，亦即對一個雖然被意指、但[12]遠遠還沒有充分直觀化的東西進行一個相應的直觀。

六、[13]有一個極爲習常的表象概念涉及[14]想象與感知的對立。這個想象表象在通常的用

[9] 在A版中未加引號。

[10] 在A版中爲：此物。

[11] 在A版中爲：（「自身地」或「在圖像中」），它在思維這個方面就被意指爲這個東西。

[12] 在A版中爲：（亦即單純被意指）並且。

[13] 在A版中爲：七、。

[14] 在A版中爲：在直觀（即前一個意義上的表象）領域之內實存的。

A466

語中非常流行。如果我看見「彼得教堂」，那麼我就不是在表象它。但如果我在「回憶圖像」[15]中將它當下化，或者，如果我在勾畫、描繪的圖像等等中看到它在我面前，那麼我就是在表象它。

七、表象剛才曾是具體的想象行爲。更確切地看，作爲物理事物的圖像也是對被映象之物的表象，例如在「這張照片表象出彼得教堂」的語句中便是如此。這樣，表象便又意味著在這裡顯現的圖像客體（區別於圖像主題、被映象的客體）：這個在圖像顏色中顯現的事物不是被攝下的教堂（圖像主題），而只是表象著這個教堂。這個歧義也引申到在回憶或單純想象中的素樸當下化的圖像性上。被想象之物本身在體驗中的顯現以幼稚的方式被解釋爲一個圖像在意識之中的存在；顯現者，即在其顯現方式的如何（Wie）之中的顯現者，被看作是內部的圖像，並且就像一個被描畫出來的圖像一樣被看作是對被想象的實事的「表象」。人們在這裡沒有弄清，這個內部「圖像」以及它與其他可能圖像一起「表象」同一個實事的方式是意向地構造起來的，而且它們本身不能被看作是這個想象體驗的實項因素。[2]

八、在關於表象的這些歧義說法中，一旦假設了一個圖像關係，那麼以下的思想也就會

B₁502

2 參閱本書第四二一—四二二頁對圖像理論的批判。

[15] 在A版中未加引號。

發生作用。[16]

這個常常是非常不相即的圖像「代現出」（「repräsentiert」）實事，並且同時使人回憶這個實事，它是這個實事的符號。所謂它是實事的符號，這是指，它表明自己有能力進行對這個實事的一個直接的和更有內容的[17]表象。照片使人回憶起原型，並且同時是原型的代現者（Repräsentant），以某種方式是它的代表。它的圖像表象使一些判斷成爲可能，這些判斷通常是根據對原型的感知而做出的。一個對實事來說在內容上異己的符號，例如：一個代數符號，常常也以類似的方式發揮作用。它引發對被標示之物的表象（即使這個被標示之物是一個非直觀之物，一個積分，以及如此等等），而且據此而引發我們的思想（就像當我們將這個積分的完整的確定意義當下化時所做的那樣）；這個符號在數學運算的聯繫中同時還可以「代現性地」、作爲代表而起作用，人們用它來進行加法運算、乘法運算等等，就好

[16] 在A版中還有：想象圖像性（Phantasiebildlichkeit）上。想象圖像在內部體驗中顯現出來，這種內部體驗由於理解錯誤而被解釋爲一個圖像客體在意識中的存在：就好像在意識中隱藏著類似照片圖像之類的東西一樣。因此，這個內部圖像也被看作是表象，儘管更爲仔細的分析將能夠證明這個內部圖像與想象體驗（正是在這個體驗中，這個圖像才意向地構造出自身，並且借助於它，被映象的對象也意向地構造出自身）的區別。這些歧義性的基礎就在於以下這些可以做更普遍理解的思想：。在A版中開始一新段落。

[17] 在A版中爲：較爲相即的。

像被象徵之物在它之中直接地被給予了一樣。我們從前面的闡釋中得知，這個表達方式是相當粗糙的，[3]但它鮮明地體現出這個對於一種[20]關於表象的說法具有規定性的觀點。根據這種觀點，表象差不多意味著在**表象引發**（Vorstellungsanregung）與**代表**（Stellvertretung）**的雙重意義上的**代現（Repräsentation）。所以，數學家會一邊在黑板上描畫，一邊說：「OX所表象的是雙曲線的漸進線」，或者一邊計算，一邊說：「X所表象的是 f(X) = O這個等式的根」。[4]無論**符號**[21]是**圖像符號**[22]，還是**指稱符號**[23]，它都是對被標示之物的表象。

3　參閱本書第一研究，第20節，第六十八頁以後。還可參閱第二研究，第20節，第一五六—一五七頁[18]以及關於抽象與代現的一章，第一六六頁以後[19]。

4　這種說法在新近時期愈來愈不流行；在較早時期則相當習以為常。

[18]　在A版中爲：第一五五—一五六頁。

[19]　在A版中爲：第一六五頁以後。

[20]　在A版中爲：現在這個。

[21]　在A版中未加重點號。

[22]　在A版中未加重點號。

[23]　在A版中未加重點號。

現在這個關於代現的說法（我們並不想對它作術語上的確定）與**客體**有關。這些「代現性的」客體是在某些行為中構造起來的，並且透過某些進行超越解釋（hinausdeutend）[24]的表象活動的新行為而含有作為新客體「代表」的特徵。代現的另一個、也是較為原始的意義是那個在第一點中被暗示的意義，而代現者在這裡就是被體驗的內容，這些內容在代現中經歷了客體化的**立義**，並且以此方式（在本身不成為對象的情況下）說明一個客體對我們表象出來。

這又會引導到一個新的歧義上。

九、**感知**與**想象**的區別（而想象本身又表現出重要的描述性區別）始終被混同於**感覺材料**與**想象材料**的區別。前一個區別是行為的區別，而後一個區別則是非—行為（Nicht-Akte）的區別，即被體驗內容的區別，這些內容在感知或想象中被賦予[25]**立義**。（如果人們要想將所有在此意義上代現性的內容都稱作感覺，那麼人們就必須在術語上區分**印象性的感覺**[26]與**再造性的感覺**[27]。）在感覺材料與想象材料之間是否存在著描述性的區別，通常所提

$B_1$504　A468

[24] 在A版中為：關係到。

[25] 在A版中還有：釋義性的。

[26] 在A版中未加重點號。

[27] 在A版中未加重點號。

到的那些生動性、持續性或倉促性等等區別是否就已經夠了，或者它們是否可以回溯爲這兩種意識方式[28]；對此，我們在這裡無法進行深入的研究。無論如何可以肯定的是，這些可能[29]的內容區別並不就已經構成**感知與想象**的區別，這裡的分析明白無疑地表明，後者毋寧是行爲本身的區別。我們不可能想要把那個在感知或想象中描述地被給予之物看作是被體驗的感覺材料或想象材料的單純複合體。另一方面，它決定著對這兩者的過於習常的混淆的做法，即：人們時而將表象理解爲（根據第六點和第七點[30]）想象表象，時而理解爲相應的**想象材料**（想象圖像性的代現性內容的複合體），以至於在這裡產生出一個新的歧義。

十、由於混淆了顯現（例如具體的想象體驗或想象圖像[31]）與顯現者，**被表象的對**象也叫做表象。在感知那裡以及在整個表象那裡，即在單純直觀的意義上或已經得到邏輯理解的直觀意義上的表象，情況同樣是如此。例如：「世界是我的表象」。

十一、所有意識體驗（[32]在實項現象學的意義上的內容）都是在內感知或一個其他的內

[28] 在A版中爲：是屬於內容本身，還是屬於對內容的立義。

[29] 在A版中爲：在它們之間存在著。

[30] 在A版中爲：七、和八、。

[31] 在A版中爲：代現性的圖像。

[32] 在A版中爲：意識內容（＝體驗，。

部朝向（被意識性、原初統覺）的意義上被意識到，並且隨著這種朝向而肯定有一個表象被給予（意識或自我將內容置於自己面前）；以上這種看法導致人們將所有意識內容都標示爲表象。這就是自洛克以來的英國經驗主義的「觀念」（ideas）。（在柏克萊那裡被稱作「感知」（perceptions）。）具有一個表象和體驗一個內容，這兩個表達經常被等值地使用。

十二、在邏輯學內部，至關重要的是將特別的邏輯表象概念始終區別於其他的表象概念。這裡涉及許多概念，對此我們已經在前面順帶地談到過。這裡尤其還要指出在至此爲止的闡釋中尚未接觸到的一個表象概念，即：鮑爾查諾的「自在表象」概念，我們的解釋是：在一個完整陳述之內的任何一個獨立的或不獨立的部分含義都是這樣一個「自在表象」。

就所有純粹邏輯學的表象概念來看，一方面要將觀念之物區別於實在之物，例如：將純粹—邏輯學意義上的稱謂表象區別於這個表象實現於[33]其中的行爲。另一方面必須將單純的含義意向區分於那些爲它們提供以或多或少適當充實的體驗[34]，即區別於在直觀意義上的表象。

十三、每一個眞正深入到思維體驗現象學之中的人必定都可以經歷到這些被列舉的歧義的有害性，除了這些歧義之外，還存在著其他的、在某些部分不太嚴重的歧義。需要提到的

[33] 在A版中爲：構造於。

[34] 在A版中爲：感知或想象。

是例如關於在**意見**（δόξα）意義上的表象。這是一個透過顯而易見的轉義[35]而產生的歧義，我們可以在所有相近的術語那裡都可以發現這種歧義。我可以回想一下那個在口語中多重性的、但始終同義的用語：「這是一個流行的意見、表象、看法、觀點、見解等等」。

第45節　「表象內容」

顯而易見，與「表象」相關的表達也與之相符地是多義的。這一點尤其切中關於「**一個表象所表象的東西**」的說法，即關於表象「內容」的說法。從至此爲止的分析中已經可以看出，像特瓦爾多夫斯基在齊默曼之後所提倡的那種對表象的對象與表象的內容的單純區分還不夠深遠（儘管它的功績在於使人們能夠在這裡終於立足於確定的區別之上）。在邏輯學領域中（這兩位作者所考察的是這個領域，但並未有意識地限制在這個領域中），除了**被指稱的對象**之外，不僅要區分出一個作爲「內容」的東西，而且還可以並且還必須區分出**許多東西**。首先，在**內容**之中，例如：在稱謂表象之中，被意指的可以是一個作爲觀念統一的**含義**：在純粹—邏輯學意義上的表象。與它相符的是作爲在表象行爲的實項[36]內容中的實

[35] 在A版中爲：來自直觀性領域的同一個。

[36] 在A版中爲：**描述性**。

$B_{1}506$　A470

項[37]因素的意向本質連同表象質性和質料。在實項[38]內容中，我們再進一步區分那些可分離的、不屬於意向本質的組成部分：在行爲意識中（在意向本質中）經歷了對其立義[39]的「內容」，即：感覺材料與想象材料。此外，在一些表象那裡還有在形式與內容之間的多義性區別；尤爲重要的是質料（在一種全新的意義上）與範疇形式的區別，對此我們還將進行許多研究。例如：與此相聯繫的是那種本身並非單義的關於概念的內容的說法：內容＝「標記」的總和，並且有別於它們的連結形式。特瓦爾多夫斯基所陷入的（在前面已部分得到證明的）困境與混亂已經表明，關於內容的統一說法在與行爲、內容和對象的對置中是多麼可疑；與此同樣可疑的還有：他關於「在雙重方向上運動的表象活動」的說法，他對觀念意義上的含義的完全忽視，他借助於向詞源區別的回溯而對明見的含義區別一帶而過的心理主義做法，他對「意向內實存」學說以及普遍對象學說所做的探討。

A471

[37] 在A版與B版中爲：實在。在第三版中得到糾正。

[38] 在A版中爲：描述性。

[39] 在A版中還有：或釋義。

注釋[40]

人們近來常常陳述這樣一種看法，即：在表象與表象內容之間不存在區別，或者至少不存在一個在現象學上可證明的區別。人們對此所執的態度當然要取決於人們對表象與內容這兩個詞的理解。只要人們將它們解釋爲對感覺材料與想象材料的單純擁有，並且忽視或無視立義的現象學因素[41]，那麼人們這樣說便肯定是合理的：不存在一個特有的表象行為。表象與被表象之物是同一個東西。那種對內容的單純擁有，作為對體驗的單純體驗，不是意向的（恰恰透過一個立義意義而與對象之物發生關係的）體驗，尤其不是一個內感知[42]；因此，我們也將感覺等同於感覺內容。但是，一個曾對不同的表象概念做出區分的人怎麼能夠懷疑這一點：一個受到如此劃界的概念是無法被堅持的，而且它也從未被堅持過，這個概念之所以產生僅僅是由於對原初的意向表象概念所做的誤解的緣故？無論表象這個概念受到何種規定，所有人在這一點上是一致的：這種規定所切中的應當是一個不僅對心理學、而且對認識批判與邏輯學、尤其也對純粹邏輯學而言的決定性概念。所以，如果誰承認了這一點，但卻又以前面所標示的那個概念為基礎，那麼他就已經陷入到混淆之中。因為，那個概念在認識

[40] 未列入A版的目錄。

[41] 在A版中爲：解釋爲對感覺材料與想象材料的單純擁有（在抽象於所有立義的情況下）。

[42] 在A版中爲：根本不必然是對此的關注和對此的感知。

批判和純粹邏輯學中根本不起任何作用。

我也只能這樣解釋：正是出於這種混淆，像埃倫菲爾斯這樣通常是敏銳的研究者也時常會認為（《心理學與生理學雜誌》，第十六期，一八九八年）：我們不能放棄對一個不同於表象內容的表象行為的假設，這主要是因為，假如不這樣我們便無法說明在一個對象A的表象與對這個對象的表象之表象之間的心理學區別；他還從未能夠直接地確信那個現象「即不同於表象內容的表象行為」的存在。我在這裡要說，如果我們在**現象學上**查明了在表象與對此表象之表象之間的這個區別，一個表象行為本身便會直接直觀地展示給我們。但如果這種情況不存在，那麼我們就無法找到任何一種可以論證這樣一個區別之合理性的論據。同樣，我認為，如果我們弄清了在一個單純聲音構成與同一個作為被理解的名稱的聲音構成之間的區別，那麼我們也就直接查明了一個表象行為的存在。

$B_1$508 A472

附記

《邏輯研究》第一卷占全書篇幅的四分之一。這裡是第二卷的第一部分，占全書篇幅的二分之一。最後的四分之一由第六研究單獨組成，構成《邏輯研究》第二卷的第二部分。

這篇文字應當算是，但又不是「譯後記」——眞正的「譯後記」理應寫在《邏輯研究》第二卷的中譯全部完成之後。然而如所周知，胡塞爾在《邏輯研究》在第二卷中對第一版做了很大的改動，也就是說，在第二卷中，A版與B版的差異較大，因而在版本差異的注釋較之於第一卷有大幅度增加，而與此有關的翻譯方面說明也最好還是先說明，以免妨礙讀者閱讀。所以，嚴格地說，這不是一篇「譯後記」，而是一篇有關翻譯的技術說明，故而稱作「附記」。

需要說明的是以下幾點：

一、《邏輯研究》的中譯力圖盡可能完整、如實地反映出B版與A版的差異，它意味著胡塞爾在一九〇〇／〇一至一九一三年期間思想上的重要變化。中譯文中甚至保留了對胡塞爾在B版中增加或刪減的重點號、引號等等的標注。

但是，胡塞爾在原著中運用了各種不同的符號來分別突出不同的含義、概念、命題等等，這些符號包括重點號、引號、斜體字、大寫字母等等。中譯本在技術上不可能完全對應地再現這些符號，所以這裡將原著中的引號、斜體字、大寫字母統一用引號標出。胡塞爾在B版中對A版所做的與此有關的修改也不再標出，例如：在B版中將大寫字母改成斜體字等等。

二、有些文字、風格上的改動，在中文翻譯的上下文中無法或無須得到再現，當然也就省去，文字以胡塞爾修改過的第二版的爲準，例如：在第二版中胡塞爾刪除或加入的語氣詞

「wohl」、「ja」、「überhaupt」等等，如果在中譯文中無法體現，便擱置不論。再如：以第五研究第五章第40節（A 454/B_1 489）上的「儘管這兩個表述初看起來有其合理之處，但我們對它們仍抱有疑慮」這句話爲例：在第一版上的原文爲：「Beide Ausdrücke haben, [neben dem, was sie sich sichtlich empfiehlt, auch] ihre Bedenken」；方括號中的句子在第二版中被胡塞爾改作：[so viel im ersten Augenblick für sie zu sprechen scheint,]，而其意義在這裡並未因此而有所變動，所以這個修改在中譯文中便不再標出。最好的做法固然是像這裡所做的那樣標出原文，但這種做法又會使正文顯得更爲複雜，影響閱讀，反而會印證一句老話：得不償失。又如：在A版中，胡塞爾在第五研究的第五章中多次列舉「S是P」爲例；而在B版中，大寫P又全部改作小寫p。原編者將這個更動仍然標出，而我在文中卻不得不將這個改動省去，只採用B版的小寫p，因爲否則這一章要多加二十個版本注。

總之，之所以採取這些省略的做法，一方面是鑒於錯綜複雜的排版技術方面的原因，另一方面則是考慮到方便讀者閱讀的理由。但整體而言，在沒有絕對把握的情況下，我盡可能不做省略，而將省略與否的決定權留交讀者本人。

三、《邏輯研究》第二卷是根據海牙馬蒂努斯·內伊霍夫出版社《胡塞爾全集》第十九卷一九八四年的德文校勘版譯出。該校勘版的女編者爲潘策，與《邏輯研究》第一卷校勘版，亦即《胡塞爾全集》第十八卷一九七五年德文校勘版的編者霍倫斯坦不同，潘策僅將B版中增添的部分以異體字標出，但不再加以方括號的版本注：「B版的附加」。中譯本亦照此辦理，因而有別於《邏輯研究》第一卷。

四、中譯本中的版本注並不完全對應於德文校勘版中的版本注。再以第五研究、第五章、第40節（A 454/B, 489）上的例子爲證：胡塞爾將A版中「『象徵—稱謂的』[……]設定『等等』[……]」一句在B版中改爲「『表述—稱謂的』設定」。原編者用兩個版本注標出A、B版的差異：第一個版本注標出方括號中的差異（即：在A版中爲：「表述—稱謂的」），第二個版本注則標出刪去的「等等」（即：在A版中還有：「等等」）。而中譯本則將兩個版本注合併爲一（即：在A版中爲：「表述—稱謂的設定」）。此類情況還有一些，這裡不再一一枚舉。

五、其他技術說明，仍可參照《邏輯研究》第一卷中譯本上的「凡例」。

六、與校勘版相同，《邏輯研究》第二卷中譯本中的「參考文獻」、「人名索引」、「概念索引」將統一放在第二卷的第二部分之後，這裡不再列出。

譯者
一九九五年六月

經典名著文庫 176

邏輯研究　第二卷

現象學與認識論研究　第一部分

Logische Untersuchungen：Zweiter Band, Erster Teil

Untersuchungen zur Phänomenologie und Theorie der Erkenntnis

作　　者 —— 埃德蒙德・胡塞爾（Edmund Gustav Albrecht Husserl）
譯　　者 —— 倪梁康
發 行 人 —— 楊榮川
總 經 理 —— 楊士清
總 編 輯 —— 楊秀麗
文庫策劃 —— 楊榮川
本書主編 —— 蔡宗沂
特約編輯 —— 張碧娟
封面設計 —— 姚孝慈
著者繪像 —— 莊河源
出 版 者 —— 五南圖書出版股份有限公司
地　　址 —— 臺北市大安區 106 和平東路二段 339 號 4 樓
電　　話 —— 02-27055066（代表號）
傳　　眞 —— 02-27066100
劃撥帳號 —— 01068953
戶　　名 —— 五南圖書出版股份有限公司
網　　址 —— https://www.wunan.com.tw
電子郵件 —— wunan@wunan.com.tw
法律顧問 —— 林勝安律師事務所　林勝安律師
出版日期 —— 2022 年 10 月初版一刷
定　　價 —— 820 元

國家圖書館出版品預行編目資料

邏輯研究．第二卷，現象學與認識論研究（第一部分）／埃德蒙德・胡塞爾 (Edmund Gustav Albrecht Husserl) 著；倪梁康譯．-- 初版 -- 臺北市：五南圖書出版股份有限公司，2022.10
面；公分．--（經典名著文庫；176）
譯自：Logische Untersuchungen：Zweiter Band, Erster Teil, Untersuchungen zur Phänomenologie und Theorie der Erkenntnis
ISBN 978-626-343-048-8(平裝)

1.CST: 邏輯　2.CST: 現象學　3.CST: 知識論

150　　111010771